U0510825

教育部人文社会科学重点研究基地成果
中国语言文学国家"双一流"建设学科成果

汉语方言语法研究丛书

顾问　邢福义　张振兴

主编　汪国胜

宁波方言语法研究

增订本

阮桂君◎著

中国社会科学出版社

图书在版编目（CIP）数据

宁波方言语法研究 / 阮桂君著 . —增订本 . —北京：中国社会科学出版社，
2024.3

（汉语方言语法研究丛书）

ISBN 978 - 7 - 5227 - 3000 - 4

Ⅰ. ①宁…　Ⅱ. ①阮…　Ⅲ. ①吴语—语法—方言研究—宁波　Ⅳ. ①H173

中国国家版本馆 CIP 数据核字（2024）第 033978 号

出 版 人	赵剑英
责任编辑	张　林
责任校对	王佳玉
责任印制	戴　宽

出　　　版	中国社会科学出版社
社　　　址	北京鼓楼西大街甲 158 号
邮　　　编	100720
网　　　址	http://www.csspw.cn
发 行 部	010 - 84083685
门 市 部	010 - 84029450
经　　　销	新华书店及其他书店

印刷装订	北京君升印刷有限公司
版　　　次	2024 年 3 月第 1 版
印　　　次	2024 年 3 月第 1 次印刷

开　　　本	710 × 1000　1/16
印　　　张	28.25
字　　　数	451 千字
定　　　价	159.00 元

凡购买中国社会科学出版社图书,如有质量问题请与本社营销中心联系调换
电话:010 - 84083683
版权所有　侵权必究

总　　序

　　20 世纪 80 年代以来，随着汉语方言研究的拓展和深化，方言语法的研究越来越受到学界的关注和重视。这一方面是方言语法客观上存在着不同程度的不容小视的差异，另一方面是共同语（普通话）语法和历史语法的深入研究需要方言语法研究的支持。

　　过去人们一般认为，跟方言语音和词汇比较而言，方言语法的差异很小。这是一种误解，它让人忽略了对方言语法事实的细致观察。实际上，在南方方言，语法上的差异还是不小的，至少不像过去人们想象的那么小。当然，这些差异大多是表现在一些细节上，但就是这样一些细节，从一个侧面鲜明地映射出方言的特点和个性。比如，湖北大冶方言的情意变调，① 青海西宁方言的左向否定，② 南方方言的是非型正反问句，③ 等等，这些方言语法的特异表现，既显示出汉语方言语法的丰富性和复杂性，也可以提升我们对整体汉语语法的全面认识。

　　共同语语法和方言语法都是对历史语法的继承和发展，它们密切联系，又相互区别。作为整体汉语语法的一个方面，无论是共同语语法还是历史语法，有的问题光从本身来看，可能看不清楚，如果能将视线投向方言，则可从方言中获得启发，找到问题解决的线索和证据。朱德熙和邢福义等先生关于汉语方言语法的许多研究就是明证。④ 由此可见方言语法对于共同语语法和历史语法研究的重要价值。

---

　　① 　汪国胜：《大冶话的情意变调》，《中国语文》1996 年第 5 期。

　　② 　汪国胜：《从语法角度看〈现代汉语方言大词典〉》，《方言》2003 年第 4 期。

　　③ 　汪国胜、李曌：《汉语方言的是非型正反问句》，《方言》2019 年第 1 期。

　　④ 　朱德熙：《从历史和方言看状态形容词的名词化》，《方言》1993 年第 2 期；邢福义：《"起去"的普方古检视》，《方言》2002 年第 2 期。

　　本《丛书》由教育部人文社会科学重点研究基地华中师范大学"语言与语言教育研究中心"筹划实施并组织编纂，主要收录两方面的成果：一是单点方言语法的专题研究（甲类），如《武汉方言语法研究》；二是方言语法的专题比较研究（乙类），如《汉语方言疑问范畴比较研究》。其中有的是国家或教育部社科基金项目的结项成果，有的是作者多年潜心研究的学术结晶，有的是博士学位论文。就两类成果而言，应该说，当前更需要的是甲类成果。只有把单点方言语法研究的工作做扎实了，调查的方言点足够多了，考察足够深了，有了更多的甲类成果的积累，才能更好地开展广泛的方言语法的比较研究，才能逐步揭示汉语方言语法及整体汉语语法的基本面貌。

　　出版本《丛书》，一方面是想较为集中地反映汉语方言语法的研究成果，助推方言语法研究；另一方面是想为将来汉语方言语法的系统描写做点基础性的工作。《丛书》能够顺利面世，得力于中国社会科学出版社张林编辑的全心支持，在此表示衷心的感谢。《丛书》难免存在这样或那样的问题，盼能得到读者朋友的批评指正。

汪国胜

2021 年 5 月 1 日

目　　录

第二编　句法

第一章　导论

第一节　宁波及宁波方言

一　宁波概况

（一）地理人口

宁波地处长江三角洲东南部，浙江省东北部。东经 120°55′—122°16′，北纬 28°51′—30°33′。东临东海，东北与舟山群岛相望，南枕三门湾，南缘与三门、天台两县接壤，西境毗邻上虞、嵊县、新昌，北濒杭州湾。

宁波简称"甬"，现辖海曙、江北、镇海、北仑、鄞州、奉化 6 个区，宁海、象山 2 个县，慈溪、余姚 2 个县级市。共有 73 个镇、10 个乡、73 个街道办事处、775 个居民委员会和 2159 个村民委员会。全市陆域总面积 9816 平方公里，其中市区面积为 3730 平方公里。全市海域总面积为 8355.8 平方公里，根据 2018 年海岸线动态监视监测数据，海岸线总长为 1678 公里，约占全省海岸线的 1/4。全市共有大小岛屿 611 个，面积 277 平方公里。截至 2021 年年末全市常住人口为 954.4 万人，城镇人口占总人口的比重（即城镇化率）为 78.4%，其中，拥有户籍人口 618.3 万人，男性 304.4 万人，占 49.2%，女性 313.9 万人，占 50.8%。[1]

（二）历史沿革

宁波历史悠久。七千年前的河姆渡文化和田螺山文化即在宁波。春

---

[1]　数据来源于宁波市人民政府网络 www.ningbo.gov.cn2022 年的最新公布。

秋时为越国地，战国中期以后为楚国地。公元前222年，秦平定楚国江南之地，置鄞、鄮、句章三县，属会稽郡。两汉、三国至魏晋南北朝时期，三县除隶属的州、国和郡名时有变动外，其区域范围基本未变。隋开皇九年（589），三县同余姚合并，称句章县，县治置小溪（今鄞州区鄞江镇），仍属会稽郡。唐武德四年（621），改置鄞州，设州治于三江口（现宁波老城区）；武德八年（625）改称鄮县，属越州，县治复置小溪。唐开元二十六年（738）设明州，辖鄮、慈溪、奉化、翁山四县，州治仍建于小溪。唐长庆元年（821）州治由小溪迁至三江口，并建子城，为其后一千多年来宁波城市的发展奠定了基础。

宁波的名称各个时期并不相同。五代称明州望海军，北宋称明州奉国军，南宋称庆元府，元代称庆元路、浙东道都元帅府，明代称宁波府。宁波之名沿用至今。清顺治十五年（1658）设宁绍台道，驻宁波。1927年划鄞县城区设宁波市。1949年5月浙东解放，鄞县城区建置宁波市，城区亦为宁波专署驻地。1983年撤销专署，实行市管县体制，随着北仑深水良港的开发建设，宁波逐渐由河口城市向海港城市演进，并形成三江、镇海、北仑三片滨海临江发展的空间格局。1986年宁波列为全国历史文化名城，1987年经国务院批准，成为计划单列市。

宁波以港兴市，是中外闻名的商埠。唐时已是与日本、朝鲜及东南亚一些国家通商的主要港口。鸦片战争后，宁波被迫辟为"五口通商"口岸之一。在近代史上，宁波新兴工商业发展较早，"宁波帮"更是蜚声海内外。

（三）调查点简介

本书调查点余姚市三七市镇相岙村，位于余姚市东首23公里，宁波市西首24公里，属余姚市东大门距镇驻地3.5公里。相岙村东接宁波市江北区，南至二六市村，西接原官桥村，北接唐李张村，并与慈溪市桂家岙自然村相邻，处于一市两县（市）交界处。境内面积5平方公里，共有王家、阮家、上董、下董、大池头、东施岙等6个自然村，7个村民小组，615户，常住人口1557人。村境属半山区，东西北三面环山，有大批山地，土壤质地黏韧，以黄泥土、矿石为主，气候适中，气温略低于平原地区1—2℃。

相岙村2001年4月行政村撤并，相岙、东施岙二村合并，仍称相呑村。原相呑村，1949 年年初为慈溪县二六市镇十、十一保。1950 年为明山乡一村。1954 年划归余姚县。1956 年为明德乡新光高级社。1961 年为二六市公社相呑大队。1983 年为二六市乡相呑村民委员会。原东施呑村，1949 年初为慈溪县二六市镇十保。1950 年为明山乡一村。1954 年划归余姚县。1956 年为明德乡新光高级社。1961 年为二六市公社施呑大队。1981 年为东施呑大队。1983 年为二六市乡东施呑村民委员会。

二 宁波市区方言声韵调①

为了准确地描述本书所记录的宁波方言的例子，我们用国际音标作为标音符号，声调用的是五度制调值标调法。

（一）声母

宁波市区方言包括零声母在内共有 29 个声母。零声母开头有轻微的喉塞音［ʔ］，列举声母时作［ø］，列举如下，并各举一例字以示该声母的读音。

p 八　　pʰ 啪　　b 白　　m 麦　　f 法　　v 佛

t 搭　　tʰ 脱　　d 达　　n 捺　　l 勒

ts 资　　tsʰ 雌　　dz 瓷　　s 丝　　z 市

tɕ 见　　tɕʰ 千　　dʑ 其　　ɲ 女　　ɕ 西　　ʑ 徐

k 割　　kʰ 克　　g 轧　　ŋ 额　　h 喝　　ɦ 合

ø 矮

（二）韵母

宁波市区方言有 50 个韵母（包括自成音节的［m̩ n̩ ŋ̍］在内），列举如下，并各举一例字以示该韵母的读音。

ɿ 孜　　i 衣　　u 乌　　y 鸳　　ʮ 朱

a 啊　　ia 佳　　ua 怪

e 爱　　ie 且

ɔ 袄

---

① 本声韵调采用的是李荣主编、汤珍珠等编纂的江苏教育出版社版《宁波方言词典》中的语音系统，与朱彰年等编纂的《宁波方言词典》稍有出入。

o 哑　　io 标　　uo 花　　yo 霞

ɛ 晏　　　　　　uɛ 关

ɤ 丢　　iɤ 九

ø 端

ɐi 悲　　　　　uɐi 桂

əu 歌

œɤ 奏

ã 罉　　iã 央　　uã 横

ɔ̃ 肮　　　　　uɔ̃ 汪　　yɔ̃ 降

ũ 宽

əŋ 灯　　in 冰　　uəŋ 滚　　yəŋ 军

oŋ 东　　　　　　　　　yoŋ 兄

　　　　　　　　　　ʮøŋ 春

ɐʔ 八　　iɐʔ 叠　　uɐʔ 阔

oʔ 屋　　　　　　　yoʔ 吃

　　　iiʔ 益

　　　　　　　　　yəʔ 菊

　　　　　　　　　ʮœʔ 十

əl 而　　m̩ 姆　　n̩ 芋　　ŋ̍ 五

（三）声调

宁波市区单字声调有 7 个。

阴平 53　编　　　阴上 35　比　　阴去　44　变　　阴入 <u>55</u> 跌

阳平 24　皮　　　　　　　　　　　阳去　213　避　　阳入 <u>12</u> 敌

三　调查点方言的声韵调

本书的语料取自浙江省余姚市三七市镇相岙村，位于宁波市区的西部——慈城镇的边沿，在行政区划上属余姚市，但当地人说的是宁波方言。相岙村方言和宁波市区方言在语音上存在差异。

（一）声母

相岙村方言的声母与宁波市区方言一样，加上零声母也是 29 个，分别是 [p、pʰ、b、m、f、v、t、tʰ、d、n、l、ts、tsʰ、dz、s、z、tɕ、tɕʰ、 ʤ、ɳ、ç、z、k、kʰ、g、ŋ、h、ɦ]，零声母开头有轻微的喉塞音［ʔ］。

（二）韵母

田螺山方言的韵母总数上要少于宁波市区，不同之处可见下表。

宁波市区	田螺山地区	例子
ʮ	ɿ	朱趣住储
ɤ	y、ø	丢柳、砖川全酸善
Iɤ	y、ø	有优秋、周抽牛袖
œɤ	ø	谋负兜漏奏愁沟猴欧
ū	ø	半潘盘瞒官宽欢完豌
yəŋ	yoŋ	军菌裙训允
ʮøŋ	ən	准春旬纯
iɪʔ	ɪʔ	笔劈别滴敌立急热一
yəʔ	yoʔ	菊屈局血月鬱
ʮœʔ	əʔ	出室十

可见，田螺山地区韵母ʮ归入ɿ，ɤ、iɤ 归入 y 和 ø，œɤ、ū归入 yoŋ，ʮəŋ归入 yoŋ，ʮøŋ归入 ən，iɪʔ 归入 iʔ，yəʔ 归入 yoʔ，ʮœʔ 读成 əʔ。

另外，舌面前半高不圆唇元音 e 主要用于 ie 复韵母中，单独使用只用于如"爱"等少数几个字上。例如，"菜、财、改、海"等市区发 e 的字，在田螺山都发成 ie。

（三）声调

相岙村方言有 7 个单字调，其调类、调值列表如下，并各举若干例子以示该调类的读音。

调类	调值	例字
阴平	53	边端高开三科汪
阳平	22	龙宁才楼平存铜
阴上	35	懂古纸舔好小井
阴去	44	冻菜带变救货价
阳去	24	洞弄帽轿豆顺定
阴入	5	八甲挖北桌笔出
阳入	2	白辣滑敌席密十

阴平由高到中，一般记为˩53。阳平是个半低平调，它与阴去半高平调之间的区别在明母字、来母字最为明显。例如，明母字"棉"与"咪"，两者声韵相同，都是［mi］，区别就在声调："棉"是阳平 22，"咪"是阴去 44。

阴上 35 是中升至高，阳去 24 低升至中在"九—旧""摆—败""抖—豆""丑—寿"等对照字上清浊对立十分明显。

入声分阴阳，从分化理论来看，入声分阴阳根据清浊分得很清晰，但是自然语流中阴入、阳入已经不太容易区分，听起来两者差不多。不过在来母字、明母字中还残留一些需要由调值来区分意义的词，如"摝"（用手抓住物体摇晃）与"鹿"，两者声韵相同，都是［loʔ］，区别就在于调，前者调值为 5，后者调值为 2。

四　宁波方言研究现状

宁波方言在吴语中占有重要的地位，很早就引起了人们的兴趣。1876 年，传教士睦里逊（Morrison，W. T.）花了 16 年时间整理出版了《宁波方言字词汇解》（*An Anglo-Chinese Vocabulary of the Ningbo Dialect*）；1901 年和 1910 年，莫棱道夫（Mollendoff，P. G. von）先后出版了《宁波方言的音节》（*The Ningbo Syllabary*）和《宁波方言手册》（*The Ningbo Handbook*）。这些著作都是注音的例字、例句的汇编，学术水平不是很高，但是，我们可以从中窥见当时宁波方言的一些重要特点。

20 世纪 20 年代，赵元任在《现代吴语的研究》中对宁波方言的音系进行了具体的描写，使这一研究进入科学的轨道。30 年代，《鄞县通志》中的方言志部分对宁波方言的语音、词汇和谣谚等的整理和描写相当具体、细致，是当时的宁波方言的一张难得的"照片"。1949 年后，方言的调查和研究逐步展开，但是，吴语的研究偏重于苏州话、上海话和温州话，对宁波方言的研究有些冷落，或者说，精力照顾不到，研究的成果少一些。1978 年以后，宁波方言再一次成为语言学家关注的一个重要方言点，发表了相当数量的学术论文，在研究的深度和广度上向前迈进了一步。①

就语音研究来看，《〈宁波方言词典〉引论》（《方言》1996 年第 1 期）对宁波方言语音的内部差异、声韵调、连读变调、儿化残留等现象作了概述性的论述，还列了宁波方言单字音表。就目前的资料来看，宁波方言（宁波作为地级市）语音研究从 1921 年寒淘的《宁波方音和国音比较的札记》（《中华教育界》1921 年第 11 卷第 2 期）开始，国内研究宁波方言的工作沉寂了一个甲子的时间，从 1985 年开始，这方面的研究又重新恢复。研究新老派音系单字调与连读变调的文章集中出现了若干，例如：

《宁波方言的变调现象》（陈宁萍，《方言》1985 年第 1 期），《舟山方言两字组的连读变调》（方松熹，《方言》1987 年第 2 期），《宁波方言阴阳对转考》（汪维辉，《宁波师院学报》1988 年第 2 期），《宁波方言（老派）的单字调和两字组变调》（汤珍珠等，《语言研究》1990 年第 1 期），《宁波方言新派音系分析》（钱乃荣，《语言研究》1990 年第 1 期），《余姚音系简述》（朱红群，《宁波师院学报》1988 年第 2 期），《鄞县方言同音字汇》（陈忠敏，《方言》1990 年第 1 期），《宁波方言连调的探讨》（汪平，《语言研究》1990 年第 2 期），《宁波方言"虾猪鸡"类字声调变读及其原因》（陈忠敏，《语言研究》1992 年第 2 期），《宁波音韵母与北京音韵母对应规律的研究及应用》［金慧萍，《宁波大学学报》（人文科学版）1995 年第 1 期］，《谈普通话水平测试中宁波人发音难点及对策》（刘群，《宁波职业技术学院学报》2002 年第 2 期），《宁波话中的异读字》（朱东丰，《宁波师院学报》1988 年第 2 期），《宁波话的一二四等字群母字》（汤珍珠，《第三届国际吴方言学术研讨会论文集》），《宁波方言的"鸭"类词和"儿化"的残迹》（徐通锵，《中国语文》1985 年第 3 期），《〈宁波方言词典〉引论》（汤珍珠等，《方言》1996 年第 1 期），《甬江片吴语语音内部的共时比较》（方松熹，《第三届国际吴方言学术研讨会论文集》，上海教育出版社 2005 年版），《宁波话的一、二等群母字》（汤珍珠，《第三届国际吴方

---

① 徐通锵：《〈宁波方言词典〉序言》，《宁波方言词典》，朱彰年等编撰，汉语大词典出版社 1996 年版。

言学术研讨会论文集》，上海教育出版社 2005 年版）等。

进入 90 年代，宁波方言语音的研究从传统的描述，逐渐转入古今对比演变规律的探讨上，声学语音学的相关成果也运用进来，提高了宁波方言语音研究的整体水平。相关的文章有：

《百年来宁波音系的演变——附论音变规律的三种方式》（《徐通锵自选集》，河南出版社 1991 年版），《宁波方言声调变异》（陈忠敏，《中国语文》1996 年第 5 期），《论百年来宁波方言声母系统的演变》（胡方，《语言研究》2001 年第 3 期），《宁波方言元音的声学语音学研究》（胡方，《第三届国际吴方言学术研讨会论文集》）等。

宁波方言词汇方面的研究主要集中在方言词典的编纂和词语考释上（包括考本字）。这方面的研究在 30 年代就开始了。例如：陈训正的《甬谚名谓籀记》（《文澜学报》1935 年第一集；1936 年第 2 卷第 1 期），樊恭的《浙江象山方言考》（《人文月刊》1936 年第 7 卷第 2 期；第 7 卷第 3 期；第 7 卷第 4 期）。施文涛先生 1979 年在《方言》杂志上发表《宁波方言本字考》（《方言》1979 年第 3 期）后，宁波方言词语考释方面的文章也开始多起来。例如：《舟山群岛方言》（方松熹，《方言》1984 年第 1 期），《宁波方言探源》（薛恭穆，《宁波师院学报》1988 年第 2 期），《宁波方言古词语拾遗》（周志锋，《宁波师院学报》1988 年第 2 期），《宁波方言词语溯源》［周志锋、崔山佳，《宁波大学学报》（人文科学版）2001 年第 4 期］，《宁波方言词语考源（之二）》（崔山佳，《第三届国际吴方言学术研讨会论文集》，上海教育出版社2005 年版），《宁波方言词典的用字问题》（周志锋，《第三届国际吴方言学术研讨会论文集》，上海教育出版社 2005 年版）。方言词典方面，主要有两部词典：李荣主编，汤珍珠、陈忠敏、吴新贤编纂的《宁波方言词典》（江苏教育出版社 1997 年版）和朱彰年、薛恭慕、汪维辉、周志锋编纂的《宁波方言词典》（汉语大词典出版社 1996 年版）等。

宁波方言语法研究比语音研究的文章要少得多，而且主要集中在词法研究上，这方面方松熹、徐波、叶竹钧、朱彰年等的研究较为突出。具体有：

方松熹的《浙江吴语词法特点》［《舟山师专学报》（社会科学版）1998 年第 2 期］，徐波的《宁波方言中的"头"尾词》［《湖州师专学报》（哲学社会科学版）1997 年第 1 期］、《普通话与宁波话"子"尾的比较》［《湖州师专学报》（哲学社会科学版）1997 年第 4 期］、《宁波方言的语缀》［《宁波大学学报》（人文科学版）1998 年第 2 期］、《宁波方言形容词摹状形式》（《语文研究》2001 年第 3 期）、《宁波方言中的合音词》（《浙江海洋学院学报》1999 年第 4 期），叶竹钧的《慈溪话"小称词"与普通话词语的比较》［陈恩泉主编，《双语双方言》（六），汉学出版社 1999 年版］、《慈溪话普通话否定词语的用法比较》［陈恩泉主编，《双语双方言》（五），汉学出版社 1997 年版］，朱彰年的《宁波方言的虚词》（《宁波师院学报》1990 年第 4 期）、《宁波方言量词的重叠式》（《中国语文》1981 年第 3 期）等。

句法方面的研究主要有：

范可育的《宁波话"绳（侬）缚其牢"格式》（《吴语论丛》1988年），方松熹的《浙江吴语句法特点》［《舟山师专学报》（社会科学版）1996 年第 4 期］，阮桂君的《宁波话的完成体》［陈恩泉主编，《双语双方言》（八），汉学出版社 2004 年版］、《宁波话的被动句》（《汉语学报》2002 年下卷）、《宁波话语助词"看"》［《华中科技大学学报》（社会科学版）2005 年第 6 期］，君勤的《从宁波地区的"给"看语言的发展》（《语文知识》1958 年第 3 期），梅祖麟的《明代宁波话的"来"字和现代汉语的"了"字》（《方言》1981 年第 1 期），朱彰年的《宁波老城区方言语法特点举要》、朱彰年、薛恭慕、汪维辉、周志锋编撰的《阿拉宁波话》（华东师范大学出版社 1991 年版）等。另外，傅国通的《浙江方言语法的一些特点》［《杭州大学学报》（哲社版）1978 年第 2 期］、崔山佳的《近代汉语语法历史考察》（崇文书局 2004 年版）等也涉及宁波方言语法的若干内容。

此外，近年来的硕士博士学位论文对宁波方言的研究也有了进一步的拓展，如华中师范大学 2003 年阮桂君的硕士学位论文《宁波方言有标被动句》专门对宁波方言的被动句进行了较为深入的考察；2006 年以来宁波方言语法研究成果颇丰，主要集中在博硕士学位论文上，华中师范大学 2006 年阮桂君的博士学位论文《宁波方言语法研究》从体貌等若干个范畴入手，对宁波方言的体貌、重叠、否定、疑问、被动处置等语法范畴进行了考察；福建师范大学 2006 年蒋艳的硕士学位论文《宁波话中虚词"勒"及其语法化过程》对宁波方言的"勒"进行了共时和历时的考察；苏州大学 2006 年郑晓芳的硕士学位论文《宁波方言中与数量成分有关的动词重叠》则考察了"V 一 V""V 记 V 记"等格式的语法特点，讨论了动词重叠与数量之间的关系；上海师范大学 2007 年张琼的硕士学位论文《宁波话动结式谓语句中主谓间的前置受事》对宁波方言的动结式进行了考察，并对前置受事的问题作了探讨。

第二节　研究思路与方法

依据"小句中枢"和"句管控"的理论，选取宁波方言若干语法范畴，从"表""里"和"值"三个方面入手，力求对这些语法范畴作一些多角度的立体考察。

一　小句中枢说与句管控

邢福义（1995）提出"小句中枢说"，小句是最小的具有代表性和独立性的语法单位，在汉语各类各级语法实体中，小句居中枢地位。孤立地看汉语的七种语法实体，没有哪一种不重要，没有哪一种不可以成为强调的重点。因此，人们可以根据自己研究视点的偏向性，各取所需，认定"本位"。综观汉语语法，不能否认一个最基本的事实，这就是汉语语法偏重句法，这一点在汉语方言语法的现实中表现得更为明显。研究汉语方言语法，必须重视汉语的句法机制，着力揭示句法对各种语法因素起着制约作用的内在规律性。在句法机制的形成和运转过程中，居于中枢地位的是小句。没有其他任何一种语法实体，可以像小句那样起到"联络中心"和"运转轴心"的作用。因此，对于观察、描写汉语的句法机制来说，小句至关重要。

"句管控"是指小句如何在中枢地位上对汉语语法规则的方方面面发挥其管束和控制作用。邢福义（2001）指出，汉语语法的规则，无论属于哪一方面、哪个层次，都总要直接或间接地在"句管控"的局势下来完成。事实证明，普通话和方言的众多语法差异，只有通过句法机制的观察和分析才能弄清楚。

例如，宁波方言被动句的句法语义特征就受到"X 得 YVP"这个句式的管控。无论 X 是受事成分还是非受事成分，该句式表现的就是一种被动含义。例如，"黄狗得人家拷杀嚯"中，"黄狗"是受事主语，该句式表达一种被动含义非常明显。但是在"昨么夜到黄狗得夷叫勒一夜啦"中，"黄狗"却是个施事格，虽然如此，"X 得 YVP"这个小句进入这个句子后，赋予该句式被动语义，所以这个句子还是一个被动句，被动的承受者是言说者本人。从小句中枢和句管控的角度来考察宁波方言语法问题，能够把问题讨论得更加深入。

二　两个"三角"

方言语法的研究也应该重视两个"三角"（"普—方—古"大三角和"表—里—值"小三角）的立体研究。一方面，把方言语法研究、历史语法研究和共同语语法研究结合起来，以方言为出发点，纵观古汉语，以古证方；在共时的平面横向考察方言现象在共同语中的反映，并且与其他方言进行比较、区别。另一方面，在方言语法本身的各个范畴的研究上，从语形、语义、语用三个方面进行考察。通过外部（方言的古今对比，方言与共同语的对比，方言与方言的对比，方言与民族语言的对比）比较和内部（语形、语义、语用）考察，求得问题研究的深入，探测语法现象的演变轨迹和语法发展的规律。

第三节　相关说明

一　方言合作人信息

本书所使用的语料主要来自笔者的调查，调查地点为浙江省余姚市三七市镇相岙村，以下是方言合作人的相关信息。"S001"代表方言合作人的编号。

表1-1　　　　　　　　　　　方言合作人信息

合作人	S001	S002	S003	S004	S005	S006	S007	S008	S009
性别	女	女	男	男	男	男	女	女	女
出生年份	1955	1951	1937	1929	1954	1955	1954	1952	1942
职业	农民	农民	农民	农民	农民	农民	农民	农民	农民
文化程度	初中	小学	文盲	文盲	小学	小学	小学	文盲	小学
曾经到过	长沙 上海 武汉	世居 当地	世居 当地	宁波 绍兴	上海 南京	世居 当地	世居 当地	世居 当地	世居 当地

二　常用方言词枚举

正文例句中常用一些字，这里作总的说明，文中不再一一加注。

和总 ɦəu^{22} tso ŋ^{53}副词。都，全。

忒 t'ɐʔ^{5}副词。太。

介 ka^{44}代词。这么，如此。

葛 kə ʔ^{5}代词。这。

该 gɛ^{22}代词。那。

时格 zɿ^{22} kɐʔ^{5}副词。老是，总是。也作"是格"。

咋 dza^{22}（1）怎么。（2）什么。

啥 soʔ^5（səu^{44}或 so^{44}）什么。

勿 vəʔ^{2}副词。不。

莫 mɔ^{44}副词。别，不要。

晌 zɔ^{22}（一）会儿。

限板 ɦiɛ^{22} pɛ^{53}副词。肯定。

小顽 ɕio^{44} uɛ^{44}小孩。

旧年 dʑy^{24} ȵi^{35}去年。

闲话 ɦiɛ^{22} ɦuo^{22}话。也作"言话"。

昼过 tsø^{44} kəu^{53}中午。

夜到 ʑia^{22} tɔ^{44}晚上。

今么/昨么tɕiʔ^{5}məʔ^{2}/zoʔ^{2}məʔ^{2}今天/昨天。

天价t‘ i^{53} ko^{44}天气。

介貌ka^{44} mɔ^{21}这样。

驮dəu^{22}拿。

呕ø^{53}叫，称呼。

造孽zɔ^{22} ȵiʔ^{2}吵架。

庉dən^{22}住。

俉ṇ^{35}人称代词。你。

抲 k‘ uo^{44}抓。

埭da^{22}量词。趟。

园k‘ ɔ^{44}藏。

汏dʑia^{22}洗。

倷 nɐʔ^{5}人称代词。你，你们。

事体zɿ^{22} t‘ i^{24}事情。

生活sã^{44} ɦuəʔ^{2}（1）活儿。（2）能力，水平。

推板t‘ ɐi^{44} pɛ^{53}（1）形容词，差劲。（2）动词，相差。

嗏 dzɐi^{22}“咋会”的合音合义词。怎么，怎会。

的tiʔ^{5}（1）表示存在或动作的持续，近指。（2）用在句末加强祈使语气。

眼ŋie^{22}（1）表示存在或表示动作的持续，远指。（2）点儿。

交关tɕio^{44} kuɛ^{53}（1）副词。非常。（2）形容词。很多。也作“较关”。

犯关vɛ^{22} kɛ^{53}（1）形容词。情况不妙的、很不顺利的。（2）副词。非常。

煞sɐʔ^{5}用在形容词或动词后，表示程度极深。

第一编　词法

第二章　实词重叠

重叠是一种构形手段，本章从名词、动词、形容词、量词四种词类的重叠形式入手，考察了宁波方言实词重叠式的语形、语义特征。由于形容词重叠式与状态形容词的性质一致，本章还专门考察了宁波方言状态形容词的特点。

第一节　名词重叠

宁波方言名词重叠的形式主要有 AA 式、AABB 式、AAB 式和 A 么 A 式四种，其中以 AA 式最常见。

一　AA 式

AA 式是指单音名词的重叠式，包括亲属称谓名词、时间处所名词以及普通名词重叠三类。

（一）亲属称谓名词重叠

宁波方言有成系统的亲属称谓，重叠式是其中最主要的表达方式之一。例如：

公公（爷爷的弟弟）、爹爹（父亲）、伯伯（伯父）、舅舅

哥哥、姐姐、妹妹、弟弟

亲属称谓"AA 式"一般都有相应的"阿 A"式，意义与 AA 式相当。例如：

爹爹—爹—阿爹、舅舅—舅—阿舅

哥哥—哥—阿哥、弟弟—弟—阿弟

姐姐—姐—阿姐、妹妹—妹—阿妹

口语中，亲属称谓的单音形式很少用，AA 式已经具有词汇的地位。"爸爸、妈妈"的说法主要用于青少年，中年人一般说成"爹爹、姆妈"。

重叠式与非重叠式有时候在语音上会有差别。例如："妹妹"音 [mɐi⁴⁴ mɐi⁴⁴]，"阿妹"音 [ɐʔ⁵ mɐi³⁵]。

（二）时间、处所名词重叠

带有量的性质的时间词和处所词可以重叠，表示"每一"之义。例如：

时间词重叠：日日　夜夜　年年

处所词重叠：窠窠　塔塔（处处、到处）

时间词、处所词重叠在句中多作状语。例如：

（1）其年年上坟来和。（他每年都来上坟）

dzʑi²² n̩i²²⁻²¹ n̩i²² dzɔ̃²² vən²² lie²² fiəu⁰。

（2）我日日其拉屋落去坐眼。（我每天他们家去坐着）

ŋo²⁴ n̩iʔ² n̩iʔ² dzʑiɐʔ² lɐʔ² uo⁵ loʔ² tɕʻiʔ⁵ dzɐu²⁴⁻²² ŋɛ⁰。

（3）死人臭，一塔臭，活人臭，塔塔臭。（死人臭，臭一处，活人臭，到处臭）

çi³⁵⁻⁵³ n̩in²² tsʻø⁴⁴，iʔ⁵ tʻɐʔ⁵ tsʻø⁴⁴⁻⁵³，fiuɐʔ² n̩in²² tsʻø⁴⁴⁻⁵³，tʻɐʔ⁵ tʻɐʔ⁵ tsʻø⁴⁴。

（4）今年小鸭窠窠孵出。（今年小鸭每一窝都孵出来了）

tɕin⁵³⁻⁴⁴ n̩i²²⁻²¹ çio³⁵⁻⁴⁴ ɛ³⁵⁻⁴⁴ kʻəu⁵³ kʻəu⁰ bu²² tsʻəʔ⁵。

（三）普通名词重叠

表示一般事物名称的单音节名词重叠，主要指的是同义重叠，A 有实义，重叠后含"小"义，儿语和广用语中都有。例如：

a. 洞洞（较小的洞）、袋袋（口袋，布袋）、窠窠（小坑）、珠珠（珠子）、头头（一把手，负责人）、奶奶（乳汁或乳房）、泡泡

b. 鞋鞋、花花、糖糖、饼饼、蛋蛋、鸟鸟

a、b 都是同义重叠，其中 a 是广用语，b 是儿语。

二　AABB 式

AB 重叠形成 AABB 式，表示对该类事物的总称，具有描述性和周

遍性。例如：角角落落、缝缝道道、汤汤水水、头头脑脑、男男女女，
等等。

（5）诺角角落落、缝缝道道去寻夷遍。（你角角落落到处去找遍它）

no$\mathrm{?}^{22}$ ko$\mathrm{?}^{5}$ ko$\mathrm{?}^{5}$ lo$\mathrm{?}^{2}$ lo$\mathrm{?}^{2}$、voŋ^{22} voŋ^{22} do^{22} do^{22} tɕʻi$\mathrm{?}^{5}$ ʑin^{21} ʑi^{22} pi^{44}。

（6）今么屋落里里外外煞清爽。（今天家里里里外外非常干净）

tɕi$\mathrm{?}^{5}$ mə$\mathrm{?}^{2}$ uo$\mathrm{?}^{5}$ lo$\mathrm{?}^{2}$ li$^{24-22}$ li$^{24-22}$ ŋa$^{24-22}$ ŋa$^{24-22}$ sæ$\mathrm{?}^{5}$ tɕʻin$^{53-44}$ s$\tilde{\mathrm{o}}^{35-53}$

（7）没啥个好吃，每日吃眼汤汤水水。（没什么可吃的，每天喝些
汤汤水水）

mə$\mathrm{?}^{5}$ so$\mathrm{?}^{5}$ fio$\mathrm{?}^{2}$ ho^{35-44} tɕʻyo$\mathrm{?}^{5}$, mɐi$^{24-22}$ ŋi$\mathrm{?}^{2}$ tɕʻyo$\mathrm{?}^{5}$ ŋɛ$^{24-22}$ tʻ$\tilde{\mathrm{o}}^{53}$ tʻ$\tilde{\mathrm{o}}^{53}$ s$\mathrm{ŋ}^{35-44}$ s$\mathrm{ŋ}^{35-44}$。

（8）昨么镇上顶一眼头头脑脑和仔来开会。（昨天镇上的领导们都
在开会）

zo$\mathrm{?}^{2}$ mə$\mathrm{?}^{2}$ tsæn^{44} dz$\tilde{\mathrm{o}}^{22}$ tən$^{35-44}$ i$\mathrm{?}^{5}$ ŋie$^{24-22}$ dø$^{22-21}$ dø$^{22-21}$ no^{24-22} no^{24-22} fiəu^{22} ts$\mathrm{ŋ}^{0}$ lie^{22} kʻie$^{53-44}$ fiuɐi^{24}。

三　AAB 式

由 AB 重叠而来的 AAB 式不多见，只有有限的几个。例如：

洞眼—洞洞眼、奶脯—奶奶脯

AB 式重叠成 AAB 式后，一般会发生变调。

四　A 么 A 式

A 么 A 式是宁波方言口语中十分活跃的一种格式，具有强烈的感情
色彩。前 A 和后 A 并非单纯的重叠，而是一种附加手段，A 既可以是
名词，也可以是其他名词性结构或短语。例如：

（9）衣裳么衣裳勿穿，饭么饭勿吃，作业么作业勿做，一日到夜
只晓得一只手机捧的，眼睛搭要烂掉的嘞！（衣服衣服也不穿，
饭么饭也不吃，作业也不做，一天到晚只知道拿着手机，眼
睛都要烂掉了）

i$^{53-44}$ z$\tilde{\mathrm{o}}^{22-21}$ mə$\mathrm{?}^{2}$ i$^{53-44}$ z$\tilde{\mathrm{o}}^{22-21}$ və$\mathrm{?}^{2}$ tsʻø^{53}, vɛ^{24} mə$\mathrm{?}^{2}$ vɛ^{24} və$\mathrm{?}^{2}$ tɕʻyo$\mathrm{?}^{5}$, tso$\mathrm{?}^{5}$ ŋi$\mathrm{?}^{2}$ mə$\mathrm{?}^{2}$ tso$\mathrm{?}^{5}$ ŋi$\mathrm{?}^{2}$ və$\mathrm{?}^{2}$ tsəu^{44}, i$\mathrm{?}^{5}$ ŋi$\mathrm{?}^{2}$ to^{44} ʑia$^{24-22}$ tɕi$\mathrm{?}^{5}$ ɕio$^{35-53}$ tə$\mathrm{?}^{5}$ i$\mathrm{?}^{5}$ tsæ$\mathrm{?}^{5}$ sø$^{35-44}$ tɕi$^{53-44}$ pʻoŋ^{35} ti$\mathrm{?}^{5}$,

$\eta\epsilon^{24-22}$ tçin^{53} tɐʔ^5 io^{44} lɛ^{24} dio^{22} ti^5 lɐi^0!

（10）麻将么麻将，牌九么牌九，十点半么十点半，随诺啦！（麻将也好，牌九也好，十点半也好，都随你）

mo$^{22-21}$ tçiã$^{53-44}$ mə^2 mo$^{22-21}$ tçiã$^{53-44}$, ba$^{22-21}$ tçy$^{35-44}$ mə^2 ba$^{22-21}$ tçy$^{35-44}$, zəʔ^2 tie$^{35-44}$ pø^{44} məʔ^2 zəʔ^2 tie$^{35-44}$ pø^{44}, zɐi^{22} noʔ^2 la^{53}!

五 名词重叠的语义

名词重叠后词性还是名词性的，但派生出基式所没有的语义。宁波方言名词重叠所派生的语义主要有两类。

（一）表"小"义

一般来说，名词重叠的表义特点是指小，这在很多方言以及普通话中都是基本一致的。如"洞洞"与"洞"相比，前者可以用来形容很小的洞：鞋底漏了一个洞，衣服破了一个洞，老鼠洞，狗洞等两者都可以用，但是，山洞却不能用"洞洞"来形容。

（二）表"周遍"义

名词重叠表量具有周遍性含义。例如：

（11）灶井菩萨，诺得阿拉儿子个活灵，角角落落、缝缝道道寻一寻，得阿拉去呕呕来。（灶王菩萨，您把我儿子的灵魂，角角落落到处找一找，帮我们去唤回来）

tsɔ^{44} tçin$^{35-53}$ bu^{22} sɐʔ^5, noʔ^2 təʔ^5 ʔ^5 lɐʔ^2 ɳ$^{22-21}$ tsɿ^0 ɦoʔ^2 ɦuɐʔ^2 lin^{22}, koʔ^5 koʔ^5 loʔ^2 loʔ^2, voŋ^{22} voŋ^{22} dɔ$^{24-22}$ dɔ$^{24-22}$ ʑin^{22} iʔ^5 ʑin^{22}, təʔ^5 ʔ^5 lɐʔ^2 tçʻiʔ^5 ø$^{35-53}$ ø$^{35-44}$ lie^{22}。

（12）其日日去等，终于等到嘞。（他天天去等，终于等到了）

dʑi^{22} ɳiʔ^2 ɳiʔ^2 tçʻiʔ^5 tən^{35}, tsoŋ^{53} ɦy^{22} tən$^{35-53}$ tɔ^{44} lɐi^0。

（13）春节联欢晚会年年差大勿多。（春节联欢晚会每年差不多）

tsʻən$^{53-44}$ tçiʔ^5 li^{22} huø$^{53-44}$ vɛ$^{24-22}$ ɦiuɐi$^{24-22}$ ɳi$^{22-21}$ ɳi$^{22-21}$ tsʻuo^{44} da$^{24-22}$ vəʔ^2 təu^0。

"角角落落""缝缝道道"是 AB 重叠，表示每个角落，每个地方；"日日""年年"是单音名词重叠，表示每天、每年。

第二节　动词重叠

宁波方言动词重叠主要是 AA 式以及 AA 式的派生形式：AAO 式和 AAC 式；也有双音节重叠 ABAB 式。另外，本节还考察了两类并不十分典型的动词重叠式"A 勒 A"和"A 记 A 记"式。

一　AA 式

单音动词重叠是宁波方言动词重叠的主要形式，可单用，也可后加宾语或补语构成"AAO"式或"AAC"式。

（一）AA 单用

AA 置于名词或名词性结构后，作谓语。从语义上看，AA 的发音如果是前重后轻，则表示命令、建议或请求。如果 AA 的发音是前重后平，且拖长音，则表示悠闲自得、舒缓恬然的状态。AA 往往处于小句的末尾，句子以 AA 结束，没有后续成分。最简要的格式是 NAA。例如：

（1）衣裳汰汰。（衣服洗一洗）

i^{53-44} $z\tilde{ɔ}^{22-21}$ da^{24} da^{0}。

（2）咸齑腌腌。（咸菜腌一腌）

$ɦiɛ^{22}$ $tɕi^{53}$ $ʑi^{24}$ $ʑi^{0}$。

前一例是要求对方去洗手，后一例是要求对方去把咸菜腌一腌。

AA 前常加"来"或"去"，祈使意味更加明显。N 之前可以出现施事主语、呼语。例如：

（3）诺快眼尿去撒撒。（你快点去尿一尿）

$noʔ^{2}$ $k'ua^{44}$ $ŋɛ^{0}$ $sʅ^{53}$ $tɕ'iʔ^{5}$ dza^{24} dza^{0}。

（4）服务员，诺饭去热热。（服务员，把饭去热一热）

$voʔ^{2}$ vu^{24-22} $ɦy^{22}$, $noʔ^{2}$ $vɛ^{24}$ $tɕ'iʔ^{5}$ $ȵiʔ^{2}$ $ȵiʔ^{2}$。

前一例 N 前有施事主语"诺"，后一例 N 前有呼语"服务员"和施事主语"诺"。

N 和 AA 之间可以出现状语，用以表示时间或频率。例如：

（5）阿拉屋落多来来。（我们家要多来走走）

ɐʔ⁵ lɐʔ² uoʔ⁵ loʔ² təu⁵³ lie²² lie²²。

（6）推板东西少吃吃。（差劲的东西要少吃点）

t'ɐi⁵³⁻⁴⁴ pɛ³⁵⁻⁵³ toŋ⁵³⁻⁴⁴ çi⁵³ sɔ³⁵⁻⁵³ tç'yoʔ⁵ tç'yoʔ⁵。

NAA 式不能直接说成 NA 式，我们不能说"＊我尿去撒"，"＊诺饭去热"。如果在紧跟 N 后有"要"字，那么 AA 既可以采用重叠式，也可以采用基式。例如：

（7）咸斋腌腌。　咸斋（要）腌腌。　咸斋要腌。

（8）诺饭去热热。　诺饭（要）去热热。　诺饭要去热。

（9）阿拉屋落多来来　阿拉屋落（要）多来来　阿拉屋落要多来。

重叠与否在语义上有区别。重叠式表示时量的短暂性，表示动作分量的减轻以及动作的随意。非重叠式在语气上显得生硬得多。动词后有补语或宾语的时候，可以不重叠。

NAA 在普通话中多用"把"字句来表述，重叠式经常被翻译成"A 一 A"形式。例如：

宁波话	普通话
（10）面孔揩揩。	把脸擦擦/擦一擦。
（11）新闻看看。	把新闻看一看。

那些 N 的受事性质不是很明显的句子，不能转换成"把"字句。例如："诺快眼尿去屋屋"这样的句子就不太好说成"把"字句：＊你快点把尿去撒一撒。

（二）NAA 并举

1. NAA 并举的形式及语义

若干个 NAA 式并举在宁波方言中用以表示悠闲自得、舒缓恬然的状态。主要用于叙述句，不含尝试义。从语义上看，N 多为表示人的享受物，动词经重叠而产生一种随意、自然的放松感，所以重叠式总是出现于评价语句的前面，有较强的感情色彩。即使是一些繁重的劳动，只要进入该句式，那么这种繁重的劳动对人的感觉也就显得随意、轻松了。例如：

（12）其每日田种种，山开开，交关开心。（他每天种种田，开开山，非常开心）

dʑi²² mɐi²⁴ n̩iʔ² di²² tsoŋ³⁵⁻⁴⁴ tsoŋ³⁵⁻⁵³，sɛ⁵³ k'ie⁵³ k'ie⁵³⁻⁴⁴， tçio$^{53-44}$ kuε^{53} k'ie$^{53-44}$ çin^{53}。

（13）阿卿日勒猪肉卖卖，夜到猪杀杀，钞票压末泥样啦。（阿卿
白天卖卖猪肉，晚上杀杀猪，钞票多得不得了）

ə?^{5} tç'in$^{53-44}$ ȵi?^{2} lə?^{2} tsʅ$^{35-44}$ ȵyo?^{2} ma^{35} ma$^{35-53}$，ᶎia$^{24-22}$ tɔ^{44}
tsʅ^{35} sɐ?^{5} sɐ?^{5}，ts'ɔ^{53} p'io^{44} ə?^{5} mɐ?^{2} ȵi^{22} ziã^{24} la^0。

2. 与普通话的差异

宁波方言 NAA 式在普通话中的对应形式是 AAN 式，普通话中的
ANN 式并举如果不重叠，是一种客观陈述，重叠后虽然也能表示轻松
或漫不经心的意思，但和宁波方言相比，还是存在较大差异。

首先，普通话 AAN 并举，常用于句子的后半部分，宁波方言 NAA
式并举常用于句子的前半部分。

其次，宁波方言 NAA 式不能直接说成非重叠式，如"老酒喝喝，
麻雀搓搓"不能直接说成"老酒喝，麻雀搓"。普通话则可以把"打打
牌，下下棋"说成"打牌，下棋"，只不过在语气上显得有点急促
罢了。

二　AAO 式

AAO 式是动宾词语或短语的扩展式，每个 AAO 都存在其基式 AO，
但是并不是所有的 AO 都有重叠式 AAO。

（一）AAO 的结构特点

一般来说，动宾结构的 AO 式若 O 是受事宾语的话，都可以说成
AAO 重叠式。例如：

嗅嘴—嗅嗅嘴　拍手—拍拍手　发心—发发心　带信—带带信
掸尘—掸掸尘　打棚—打打棚　做人—做做人　出气—出出气
落脚—落落脚　做队—做做队　做生活—做做生活

如果 O 是非受事宾语的话，就不能重叠成 AAO 式。比如，"背耙"
"发情"等动宾词语就不能说成"背背耙""发发情"，因为"背耙"
实际上是"耙背"，"发情"实际上是"情发"，其中的 O 不是受事宾
语。有些 AO 虽然有 AAO 重叠式，但是意义发生了变化。如"泡汤"
和"泡泡汤"，前者除了动作义，还有引申义，比喻事情弄砸了，但是
重叠后，就只有动作义了。

（二） AAO 式的句法特征

AAO 式不像 AO 那样可以用于进行时，它不能用"来"（宁波方言进行体标记，相当于普通话的"正在"）修饰。可以说"我来掸尘。"（我在扫除灰尘）不能说"＊我来掸掸尘"。

AAO 前的主语一般由人称代词或者某个话题来充当，基本上只用于叙述句，有时候可以省略主语。例如：

（14）讲讲故事生活交关好。（讲故事本事非常大）

$k\tilde{\mathrm{o}}^{35-44}$ $k\tilde{\mathrm{o}}^{35-44}$ ku^{44-53} $z\mathrm{n}^{24-22}$ $s\tilde{a}^{53-44}$ $\text{ɦuə}\mathrm{ʔ}^2$ tɕio^{53-44} $kuɛ^{53}$ ho^{35}。

（15）背背书本事真大。（背书真厉害）

$bɐi^{24-22}$ $bɐi^{24-22}$ $sŋ^{53}$ $pən^{35-53}$ $zŋ^{24-22}$ $tsən^{53}$ $dəu^{24}$。

AAO 后续成分可以是语气词或形容词、动词性词语。例如：

（16）葛种人勿买东西，只会打打棚啦。（这种人不买东西，只会搅和）

$kəʔ^5$ $tsoŋ^{35-53}$ $ȵin^{22}$ $vəʔ^2$ ma^{24-22} $toŋ^{53-44}$ $ɕi^{53}$，$tɕiʔ^5$ $ɦuɐi^{22}$ $t\tilde{a}^{35-44}$ $t\tilde{a}^{35-44}$ $b\tilde{a}^{22}$ la^0。

（17）讲讲大话断命侃煞嚘。（吹牛拿手得很）

$k\tilde{\mathrm{o}}^{35-44}$ $k\tilde{\mathrm{o}}^{35-44}$ $dəu^{24}$ $ɦuo^{24-22}$ $dø^{2}$ min^0 $fɛ^{44}$ $sɐʔ^5$ $lɐi^0$。

（18）呕小顽带带信没带到。（叫小孩带信没有带到）

$ø^{35-44}$ $ɕio^{35-44}$ $uɛ^{22}$ ta^{44} ta^{44} $ɕin^{44}$ $məʔ^5$ ta^{44} $tɔ^0$。

第一例有句末语气词"啦"，第二例有后续成分形容词"侃"，第三例后续成分是动词短语"没带到"。

一般来说，AAO 后都需要有后续成分，这个后续成分表示判断或评价，是 AAO 这个动作的补充说明，具有表原因的作用。即使后续成分不出现，也蕴含一种原因。例如：

（19）今年我也发发心，到五磊寺去打打四六。① （今年我也决定做件事情，到五磊寺去打打四六）

$tɕin^{53-44}$ $ȵi^{22-21}$ $ŋo^{24}$ fia^{24} $fɐʔ^5$ $fɐʔ^5$ $ɕin^{53}$，$tɔ^{44}$ $ŋ^{22}$ $lɐi^{22}$ $zŋ^{24-22}$ $tɕʻiʔ^5$ $t\tilde{a}^{35}$ $t\tilde{a}^{35-44}$ $sŋ^{44}$ $loʔ^2$。

（20）我是大勒度量做做人啦。（我是大着肚量做做人）

---

① 打四六，宁波民间的一种超度灵魂的佛事活动。

ŋo²⁴ zɿ²² dəu²⁴ ləʔ² du²⁴⁻²² liã²²⁻²¹ tsəu⁴⁴ tsəu⁴⁴ n̩in²² la⁰。

前一例前半句以 AAO"发发心"结尾，引起听者的疑问："发什么心?"紧接着就出现后续句，说明"发心"的内容。后续句又出现 AAO式，而且用于句末，已然蕴含着某个原因。后一例蕴含言说者忍受着某些东西，听到这句话的人一般在心里都会提出疑问"为什么"。

三　AAC 式

普通话动词重叠式不能与表示完成的结果补语共现，很多动补式动词都不大能重叠。[①] 宁波方言 AAC 式是动补结构的扩展式，凡动结式或动趋式都具有其 AAC 重叠式。

（一）AAC 式的结构特点

AAC 式中的 C 多为形容词或趋向动词，所表示的意义往往是动词所表动作的结果。有些形容词如"煞、着、掉、开、好、倒、牢"等，趋向动词"落、出、起"等，结合面很广，可以与不同的动词结合重叠成 AAC 式。例如：

磕磕煞 kʻəʔ⁵ kəʔ⁵ sæʔ⁵	遮遮煞 tso⁵³ tso⁵³ sæʔ⁵	冻冻煞 toŋ⁴⁴ toŋ⁴² sæʔ⁵
碰碰着 baã²² bã²² dzæʔ²	寻寻着 zin²¹ zin²² dzæʔ²	点点着 tie⁵³ tie⁴⁴ dzæʔ²
丢丢掉 ty⁵³ ty⁴⁴ dio²¹	甩甩掉 guɛ²² guɛ²¹ dio²¹	破破掉 pʻəu⁴⁴ pʻəu⁴² dio²¹
驮驮开 dəu²¹ dəu²¹ kʻie⁴²	撬撬开 dzio²² dzio²² kʻie⁴²	挖挖开 uɐʔ⁵ uɐʔ⁵ kʻie⁴²
弄弄好 noŋ²² noŋ²¹ hɔ⁵³	做做好 tsəu⁴⁴ tsəu⁴² hɔ⁵³	烧烧好 sɔ⁵³ sɔ⁴⁴ hɔ⁵³
驮驮落 dəu²¹ dəu²² loʔ²	割割落 kəʔ⁵ kəʔ⁵ loʔ²	吹吹落 tsʻɿ⁵³ tsɿ⁴⁴ loʔ²
睏睏倒 kʻun²² kʻun²¹ tɔ⁴⁴	推推倒 tʻɐi⁵³ tʻɐi⁴⁴ tɔ⁴⁴	吹吹倒 tsʻɿ⁵³ tsʻɿ⁴⁴ tɔ⁴⁴
搭搭牢 tɐʔ⁵ tɐʔ⁵ lɔ²²	连连牢 li²¹ li²¹ lɔ²²	黏黏牢 ni⁴⁴ ni⁴²lɔ²²
撮撮起 tsʻəʔ⁵ tsʻəʔ⁵ tɕʻi⁴⁴	驮驮起 dəu²¹ dəu²² tɕʻi⁴⁴	带带起 ta⁴⁴ ta⁴²tɕʻi⁴⁴
驮驮出 dəu²¹ dəu²² tsʻəʔ⁵	踢踢落 tʻiʔ⁵ tʻiʔ⁵tsʻəʔ⁵	付付出 fu⁴⁴ fu⁴²tsʻəʔ⁵
跌跌落 tiʔ⁵ tiʔ⁵ loʔ²	错错落 tsʻəu⁴⁴ tsʻəu⁴²loʔ²	翻翻落 fɛ⁵³ fɛ⁴⁴ loʔ²

有些形容词，如"齐、扁、碎、燥、熟"等，结合面相对窄一些，经常与某些动词搭配着使用。例如：

煨煨熟 uɐi⁵³ uɐi⁴⁴ zoʔ²	拉拉直 la²¹ la²² dzəʔ²	吹吹燥 tsʻɿ⁵³ tsʻɿ⁴⁴ sɔ⁴⁴

---

① 李宇明《动词重叠的若干句法问题》，《中国语文》1998 年第 2 期。

摆摆齐 pa⁵³ pa⁴⁴ ẓi²²　　踏踏扁 dɐʔ² dɐʔ² pi⁵³　　敲敲碎 kʻɔ⁵³ kʻɔ⁴⁴ sɐi⁴⁴

某些双音节形容词也可以进入补语的位置。例如：

汰汰清爽 da²⁴ da²⁴⁻²² tɕʻin⁵³ sɔ̃⁰　　揩揩干净 kʻa⁵³ kʻa⁴⁴ ki⁴⁴ ẓin⁰

AAC 的构成实际上有两类：一类是 AC 经过 A 的重叠，形成 AAC 式；另一类是重叠式 AA 后加补语 C 构成的 AAC 式。一般来说，凡是可以说成"AA 夷"式的 AAC 都是动词重叠后加 C 变来的；凡是不能说成"AA 夷"式的，则是由动补式 AC 重叠而来的。从动词的角度来看，凡是自动动词，一定是由 AC 重叠而来的，他动动词则是由动词重叠后加补语变来的。例如："断断掉"，是动补式"断掉"重叠而来的，因为单独的"断"不能重叠成"断断"，重叠后的 AAC 形式更倾向于表述一种状态，意思是"断了"。又如："跌跌倒"，"跌"是自动动词，具有不可控性，没有"跌跌"的说法，所以"跌跌倒"是"跌倒"重叠变来的，而不是"跌跌"重叠后加"倒"变来的。他动动词"撬"，本身可以有重叠式"撬撬"的说法，后加结果补语"开"形成 AAC 式。

（二）AAC 式的句法特征

AAC 在句中作谓语，既可用于祈使句，也可用于叙述句。用于祈使句的时候前面一般加"去"。例如：

（21）诺明朝该只黄狗去敲敲煞。（你明天去把那只狗打死）

noʔ² m̩²² tsɔ⁵³ gɛ²² tsɐʔ⁵ ɦuɔ̃²² kən³⁵⁻⁵³ tɕʻiʔ⁵ kʻɔ⁵³ kʻɔ⁴⁴ sɐʔ⁵。

（22）衣裳快眼去汰汰清爽。（快把衣服洗一洗）

i⁵³⁻⁴⁴ zɔ̃²²⁻²¹ kʻua⁴⁴ ŋɛ⁰ tɕʻiʔ⁵ da²⁴ da²⁴⁻²² tɕʻin⁵³ sɔ̃⁰。

（23）葛记东西和总吃吃光，下遭咋弄？（现在把东西都吃完了，以后怎么办呢）

kəʔ⁵ tɕi⁰ toŋ⁵³⁻⁴⁴ ɕi⁵³ ɦɐu²² tsoŋ³⁵⁻⁵³ tɕʻyoʔ⁵ tɕʻyoʔ⁵ kuɔ̃⁰，ɦuo²² tsɔ⁵³ dza²⁴ noŋ⁰？

（24）诺等我晌，我烧酒先打打好。（你等我一会儿，我先把酒买买好）

noʔ² tən³⁵ ŋo²⁴⁻²² zɔ̃⁰，ŋo²⁴ sɔ⁵³ tɕy³⁵⁻⁴⁴ ɕi⁵³ tã³⁵⁻⁵³ tã³⁵⁻⁴⁴ hɔ⁰。

AAC 前的主语往往由名词或代词充当，可以是施事，也可以是受事。例如：

（25）其走走出两日勒么。（他出去两天了）

　　　dʑi²⁴ tsø³⁵⁻⁵³ tsø³⁵⁻⁴⁴ ts'ə↗⁵ liã²² n̩i↗² lə↗² mə↗²

（26）花瓶驮来得夷敲敲糊。（花瓶被他打碎了）

　　　huo⁵³⁻⁴⁴ bin²⁴⁻²¹ dəu²² lie⁰ tə↗⁵ ʐi↗² k'ɔ⁵³ k'ɔ⁵³⁻⁴⁴ ɦiu²²。

（27）阿拉饭吃吃好半日勒。（我们饭吃完已经半天了）

　　　ɐ↗⁵ lɐ↗² vɛ²⁴ tɕ'yo↗⁵ tɕ'yo↗⁵ hɔ³⁵⁻⁴⁴ pø⁴⁴ n̩i↗² lə↗²。

（28）爬爬起半日勒。（起床半天了）

　　　bo²²⁻²¹ bo²² tɕ'i³⁵⁻⁴⁴ pø⁴⁴ n̩i↗² lə↗²。

　　AAC 前面的名词性成分，要么是施事，要么是受事，不能出现表示描写、判断、说明性的名词性成分。第一例陈述对象是施事主语"其"；第二例陈述对象是受事主语"花瓶"；第三例陈述对象有两个，一个是施事主语"阿拉"，另一个是受事主语"饭"；第四例，省略了已知陈述对象"其"。

　　AAC 后常跟名词或形容词，多表示判断、评论或描写，用以说明达到某种状态的难易程度或动作状态持续的时间。例如：

（29）饭烧烧好半日勒，时格勿来吃啦。（饭做好半天了，总是不来吃）

　　　vɛ²⁴ sɔ⁵³ sɔ⁵³⁻⁴⁴ hɔ³⁵⁻⁴⁴ pø⁴⁴ n̩i↗² lə↗²，ʐʅ²² kɐ↗⁵ və↗² lie²² tɕ'yo↗⁵ la⁰。

（30）葛驮驮出省力和。（这拿出来挺方便的）

　　　kə↗⁵ dəu²²⁻²¹ dəu²² ts'ə↗⁵ sã³⁵⁻⁵³ li↗² ɦiəu⁰。

　　第一例说明饭已经煮熟半天了，表示"熟"这个状态持续的时间。第二例表示难易程度，说明把东西拿出来并不是很难。

（三）AAC 式与 AC 式的区别

　　首先，AAC 与 AC 都能在句中作主语。例如：

（31）敲敲掉交关简单。（打掉十分容易）

　　　k'ɔ⁵³ k'ɔ⁵³ dio²² tɕio⁴⁴ kuɛ⁵³ tɕi⁵³ tɛ⁰。

（32）敲掉交关简单。（敲掉很简单）

　　　k'ɔ⁵³⁻⁴⁴ dio²² tɕio⁴⁴ kuɛ⁵³ tɕi⁵³ tɛ⁰。

　　其次，动词前如果有名词性成分，这个成分在 AC、AAC 中都不能移动到动词后面，但是 AC 前若有名词性成分作主语，可以在 A 与 C 之

间加入代词"其",不过加入"其"后已然变为未然。AAC 则不能这样
处理。例如：

	已然	未然
(33)	饭烧好嘞。	饭烧其好。
(34)	葫芦摘起。	葫芦摘其起。
(35)	保险丝去搭搭牢。	*保险丝去搭搭其牢。

四　AA + 助词

AA 后除了加宾语和补语，还可以加助词，使 AA 带上相应的体意
义。常见的有"AA 看"和"AA 的""AA 夷"。

（一）AA 看

"AA 看"式动词的表义特点与 AA 式相当，也有"学试一下""试
试""姑且做一下"的意思，"看"字词义虚化，只做 AA 实语素的附
加成分，是尝试体的加强式。有时候还可以在 AA 与"看"之间插入宾
语成分。例如：

(36) 诺有本事走走钢丝看。（你有本事走走钢丝试试）

no $ʔ^2$ ɦy$^{24-22}$ pən$^{35-53}$ z̩ŋ$^{24-22}$ tsɔ̃^{35} tsø$^{35-44}$ kɔ̃$^{53-44}$ s̩ŋ^{53} k'ie^{44}。

(37) 我去问问其看。（我去问问他看）

ŋo^{24} tɕ'iʔ^5 mən^{24} mən^{24} dʑi^{22} k'i^{44}。

"AA 看"可用于祈使句，也可用于叙述句，还可单独成句，可以
无后续成分。受否定词修饰时，动词不再重叠。不能与趋向动词"起
来""落去"连用。例如：

(38) 我去问问看。（我去问一问）

ŋo^{24} tɕ'iʔ^5 mən^{24} mən$^{24-22}$ k'ie^{44}。

(39) 歌唱唱看。（唱歌试试看）

kəu^{53} ts'ɔ̃^{44} ts'ɔ̃^{44} k'ie^{44}。

(40) 快眼去查查看！（快点去检查检查）

k'ua^{44} ŋɛ$^{24-0}$ tɕ'iʔ^5 dzo^{22} dzo^{22} k'ie^{44}！

（二）AA 的

"AA 的"表示持续，通常需要后加"好嘞"以"AA 的好嘞"句式
出现。例如：

（41）葛窠坐坐的好嘛。（这儿坐着好了）

kəʔ⁵ kʻəu⁵³ zəu²² zəu²² tiʔ⁵ hɔ⁴⁴ lɐi⁰。

（42）乱弄弄弄的好嘛。（随便处理一下算了）

lø²⁴ noŋ²⁴⁻²² noŋ²⁴ noŋ⁰ tiʔ⁵ hɔ³⁵⁻⁴⁴ lɐi⁰。

"AA的"与"A的"相比，意思有所不同，"A的"是静态的，"AA的"是动态的。能与"的"连用的A必须具有持续性。例如：

（43）荡窠坐的。（坐在这儿）

dɔ̃²² kʻəu⁵³ zəu²² tiʔ⁵。

（44）荡窠坐坐的哈嘛。（坐在这儿好了）

dɔ̃²² kʻəu⁵³ zəu²² zəu²² tiʔ⁵ hɐʔ⁵ lɐi⁰。

第一例意思是"在这儿坐着"，第二例意思是"就坐在这儿好了"。

需要说明的是，有时候，在句子中两个动词连续出现，并不一定是动词重叠。例如：

（45）两个人讲勒差差猛勿多。（两个人说的差是差不多）

liã²² ɦoʔ² n̩in²² kɔ³⁵ləʔ² tsʻuo⁵³ tsʻuo⁴⁴ mã²¹ vəʔ² təu⁴⁴。

（46）吃吃咸斋汤，擦擦珍珠霜。（吃的是咸菜汤，擦的是珍珠霜）

tɕʻyoʔ⁵ tɕʻyoʔ² ɦiɛ²² tɕi⁴⁴ tʻɔ̃⁴⁴，tsʻɐʔ⁵ tsʻɐʔ² tsən⁴⁴ tsɿ⁴⁴ sɔ̃⁴⁴。

这两例中的"差差""吃吃""擦擦"之间在语音上都略有停顿，中间可以插入判断词"是"，意思不变：

（47）两个人讲勒差是差猛勿多。（两个人说的差是差不多）

liã²² ɦoʔ² n̩in²² kɔ³⁵ləʔ² tsʻuo⁵³ zɿ²² tsʻuo⁴⁴ mã²¹ vəʔ² təu⁴⁴。

（48）吃是吃咸斋汤，擦是擦珍珠霜。（吃的是咸菜汤，擦的是珍珠霜）

tɕʻyoʔ⁵ zɿ²² tɕʻyoʔ⁵ ɦiɛ²² tɕi⁴⁴ tʻɔ̃⁴⁴，tsʻɐʔ⁵ zɿ²² tsʻɐʔ² tsən⁴⁴ tsɿ⁴⁴ sɔ̃⁴⁴。

（三）AA夷

宁波方言第三人称代词"夷"在"AA夷"这个格式中本义已经虚化，它在句中永远处于连读变调组的末字位置，音强有所减弱。本格式表示祈使或舒缓语气。"夷"也可以说成"其"。

"AA夷"式前面的主语成分比较复杂，既可以是施事，也可以是受事，还可以是工具、方所等，有时候这些成分还能同时出现，构成一个复杂主语。例如：

（49）衣裳去补补夷。（把衣服去补一补）

i^{44} z$\tilde{ɔ}^{21}$ tɕ'i$?^5$ pu$^{35-44}$ pu$^{35-53}$ ʑi^{22}。

（50）诺衣裳去补补夷。（你把衣服去补一补）

no$?^2$ i^{44} z$\tilde{ɔ}^{21}$ tɕ'i$?^5$ pu$^{35-44}$ pu$^{35-53}$ ʑi^{22}。

（51）诺阿姨屋落衣裳去补补夷。（你到阿姨家里把衣服去补一补）

no$?^2$ ɔ^{44} ʑi^{22} uo$?^5$ lo$?^2$ i^{44} z$\tilde{ɔ}^{21}$ tɕ'i$?^5$ pu$^{35-44}$ pu$^{35-53}$ ʑi^{22}。

（52）诺阿姨屋落缝纫机衣裳去补补夷。（你到阿姨家里用缝纫机
把衣服去补一补）

no$?^2$ ɔ^{44} ʑi^{22} uo$?^5$ lo$?^2$ voŋ^{22} zən^{22} tɕi^{44} i^{44} z$\tilde{ɔ}^{21}$ tɕ'i$?^5$ pu$^{35-44}$ pu$^{35-53}$ ʑi^{22}。

"AA 夷"式有"把 + N + AA"或"把 + N + A 一 A"的意思。"AA
夷"是 AA 单用情况下的祈使加强式。例如：

AA	AA 夷
（53）手去揩揩。	手去揩揩夷。
（54）作业辣辣去做做。	作业辣辣去做做夷。
（55）宁波得夷去去。	宁波得夷去去夷。
（56）歌得阿拉唱唱。	歌得阿拉唱唱夷。

从语义来看，AA 式委婉、舒缓，"AA 夷"式则命令口吻更浓厚
一些。

"AA 夷"除了用于祈使句，还可用于叙述句，多作主语。例如：

（57）揩揩夷好。（擦一擦好）

k'a^{53} k'a^{53} ʑi^{22} hɔ^{35}。

（58）多忖忖夷是对个。（多想一想是对的）

təu^{53} ts'ən^{44} ts'ən^{44} ʑi^{22} zɻ^{22} tɐi^{44} ɦo$?^2$。

五 ABAB 式

ABAB 式动词是双音节动词 AB 的重叠形式，AB 一般为并列式动语
素的组合。例如：

打扫 tã^{53} sɔ^{44}—打扫打扫 tã^{53} sɔ^{44} tã^{53} sɔ^{44}

收作 sø^{44} tso$?^5$—收作收作 sø^{44} tso$?^5$ sø^{44} tso$?^5$

试范 sɻ^{44} vɛ^{21}—试范试范 sɻ^{44} vɛ^{21} sɻ^{44} vɛ^{21}

批评 p'i^{44} bin^{21}—批评批评 p'i^{44} bin^{21} p'i^{44} bin^{21}

ABAB 在句中一般作谓语，往往不需要后续成分。例如：

（59）房间去打扫打扫。（把房间去打扫打扫）

　　　võ²² kie⁵³ tɕʻiʔ⁵ tã⁵³ sɔ⁴⁴ tã⁵³ sɔ⁴⁴。

（60）诺回去反省反省。（你回去反省反省）

　　　noʔ² ɦiuɐi²¹ tɕʻi⁴⁴ fɛ⁵³ ɕin⁴⁴ fɛ⁵³ ɕin⁴⁴。

（61）也得诺休息休息。（也让你休息休息）

　　　ɦia²² təʔ⁵ noʔ² ɕy⁴⁴ ɕiʔ⁵ ɕy⁴⁴ ɕiʔ⁵。

　　一般来说，宁波方言 AB 式不单独与主语成句，需要有辅助性成分，如助动词、时间词等修饰才能成句。ABAB 没有这方面的限制。例如：

	AB	ABAB

（62）＊我打扫。　我打扫打扫。ŋo²⁴ tã⁵³ sɔ⁴⁴ tã⁵³ sɔ⁴⁴。

（63）我来打扫。　我来打扫打扫。ŋo²⁴ lie²² tã⁵³ sɔ⁴⁴ tã⁵³ sɔ⁴⁴。

（64）＊我打扮。　我打扮打扮。ŋo²⁴ tã⁵³ pɛ⁴⁴ tã⁵³ pɛ⁴⁴。

（65）我打扮记。　我打扮打扮记。ŋo²⁴ tã⁵³ pɛ⁴⁴ tã⁵³ pɛ⁴⁴ tɕi⁴⁴。

　　第三人称代词一般不用于 ABAB 前直接作主语，如果一定要用第三人称代词的话，必须在第三人称代词前加上一个表示使役的"呕"（相当于普通话的"叫、让"）。例如：

（66）呕其打扫打扫。（叫他打扫打扫）

　　　ø⁴⁴ dʑɿ²² tã⁵³ sɔ⁴⁴ tã⁵³ sɔ⁴⁴。

（67）＊其打扫打扫。

六　A 记 A 记

（一）"A 记 A 记"的句法特点

"A 记 A 记"式一般不单用，需要有后续成分。虽然是动词性的结构，但是在句中多作状语。具体有以下四种用法。

1. A 记 A 记 + VP + 语气词

（68）嘴巴歪记歪记哭嘞。（嘴巴歪着歪着哭了）

　　　tsɿ⁵³ po⁴⁴ ɦiɛ²² tɕi⁰ ɦiɛ²² tɕi⁰ kʻoʔ⁵ lɐi⁰。

（69）宕记宕记掉落嘞。（垂着垂着掉下来了）

　　　dã²² tɕi⁴⁴ dã²² tɕi⁴⁴ toʔ⁵ loʔ² lɐi⁰。

2. A 记 A 记 + A 眼

"A 记 A 记"的状态性十分明显，用来说明 V 持续的状貌。例如：

（70）墙壁后头阒记阒记阒眼。（墙壁后面正躲着）

z_ia^{22} $pi?^5$ $fi\varnothing^{22}$ $d\vartheta^{22}$ $i?^5$ $t\varsigma i^0 i?^5$ $t\varsigma i^0 i?^5$ ηie^{21}。

（71）屋楼顶宕记宕记宕眼。（屋顶上晃啊晃啊地吊着）

$o?^5$ $l\varnothing^{22}$ $t\vartheta n^{44}$ $d\tilde{a}^{22}$ $t\varsigma i^0$ $d\tilde{a}^{22}$ $t\varsigma i^0$ $d\tilde{a}^{22}$ ηie^{21}。

3. A 记 A 记 + 来 VP

"A 记 A 记"用来说明 VP 这一动作正在进行时的状貌。例如：

（72）钩记钩记来偷衣裳。（他偷偷摸摸地在偷东西）

$k\varnothing^{53}$ $t\varsigma i^0$ ko^{53} $t\varsigma i^0$ lie^{22} $t'\varnothing^{44}$ i^{44} $dz\tilde{o}^{21}$。

（73）手骨推记推记来造孽。（手推来推去在打架）

$s\varnothing^{44}$ $ku\tilde{a}^{44}$ $t'ei^{53}$ $t\varsigma i^0$ $t'ei^{53}$ $t\varsigma i^0$ lie^{22} $z\upsilon^{22}$ $\eta i?^2$。

4. A 记 A 记 + AP

"A 记 A 记"后也可跟形容词短语，例如：

（74）脚骨挑记挑记有趣煞勒。（脚挑啊挑的觉得有趣得紧）

$t\varsigma iv?^5$ $ku\tilde{o}^{44}$ $t'io^{44}$ $t\varsigma i^0$ $t'io^{44}$ $t\varsigma i^0$ fiy^{22} $ts'\gamma^{53}$ $sv?^5$ lei^0。

（75）面孔鼓记鼓记交关有趣。（脸鼓啊鼓的非常有趣）

mi^{22} $ko\eta^{35}$ ku^{44} $t\varsigma i^0$ ku^{44} $t\varsigma i^0$ $t\varsigma io^{44}$ $ku\varepsilon^{53}$ fiy^{22} $ts'\gamma^{53}$。

（二）"A 记 A 记"的语义特征

从语义上看，"A 记 A 记"是对行为在起点和终点之间的持续过程的观察，不能带表示时间、动量、结果的补语。其行为在持续过程中有起伏的分段延伸状态。强调的是行为的起伏跌宕，给人以鲜明的节奏感。"A 记 A 记"既有持续的意义，又包含了反复的意义，两者共存，但是反复的意义在某种程度上覆盖了持续的意义，使得持续意义相对减弱，节奏感增强。

第三节　形容词重叠

宁波方言形容词重叠式包括：单音节形容词的重叠式 AA，双音节形容词 AB 的重叠式 AABB、ABAB、AAB、ABB 以及生动形式"A 里 AB"式。

一　AA 式

宁波方言单音节形容词重叠，在结构形式上只有全叠式 AA 一种，即一个单音节形容词重叠一次。例如：

大大 dəu²² dəu²²　慢慢 mɛ²² mɛ²²　艮艮 gən²² gən²²　缺缺 tɕʻyoʔ⁵ tɕʻyoʔ⁵

长长 dzã²² dzã²¹　短短 tø⁴⁴ tø⁴²　浅浅 tɕi⁴⁴ tɕi⁴²　甜甜 die²² die²¹

咸咸 fiɛ²² fiɛ²¹　快快 kʻua⁴⁴ kʻua⁴²　老老 lɔ²² lɔ²¹

壮壮 tsɔ̃⁴⁴ tsɔ̃⁴²

AA 式常与"个"① 构成"AA 个"式。AA 作谓词或在并举语句中出现，一般不用"个"。例如：

（1）葛种山果甜甜个，蛮好吃。（这种山果甜甜的，很好吃）

kəʔ⁵ tsoŋ⁵³ sɛ⁵³ kəu⁴⁴ die²² die²¹ fioʔ², mɛ²¹ hɔ⁵³ tɕʻyoʔ⁵。

（2）其葛个人艮艮个。（这个人脾气很呛）

dʑi²⁴ kəʔ⁵ fioʔ² ȵin²² gən²² gən²² fioʔ²。

（3）诺慢慢来，莫摔煞。（你慢慢来，别摔了）

noʔ² mɛ²² mɛ²² lie²², mɔ²¹ guɛ²² sɐʔ⁵。

（4）面皮老老，肚皮饱饱。（脸皮厚一点，肚子就饱一点）

mi²⁴ bi²⁴ lɔ²² lɔ²¹, du²² bi²¹ pɔ⁴⁴ pɔ⁵³。

（5）红红提桶绿绿盖，千人走过万人爱。（红红的提桶绿绿的盖，
千人走过万人爱）

fioŋ²² fioŋ²¹ di²² doŋ²¹ loʔ² loʔ² kie⁴⁴, tɕʻi⁴⁴ nin²¹ tsø⁴⁴ kəu⁵³ vɛ²²
nin²¹ ɛ⁴⁴。

（6）高高斗、低低斗、冷冷斗、热热斗。（高高的斗、低低的斗、
冷冷的斗、热热的斗）

kɔ⁴⁴ kɔ⁴² tø³⁵, ti⁴⁴ ti⁴² tø³⁵, lã²² lã²¹ tø³⁵, ȵiʔ² ȵiʔ² tø³⁵。

前两例"AA 个"共同作谓语，用来说明主语的性状，第三例作状语，可以省略"个"单独使用，第四例是熟语，其格式具有稳定性，所以不能加"个"，最后两例是谜语的谜面，要求简洁，不用"个"，加上去后不影响语义的表达，但是显得不简洁。

---

① "个"，音［fioʔ］，相当于普通话的结构助词"的、地"。

宁波方言单音形容词的 AA 式其主要功能在于加强语言的音律美，在语义上表示的程度加强意味是很弱的。

有些单音节形容词不能重叠。如"绽、搅、盎、突"等，我们不能说成"绽绽、搅搅、盎盎、突突"。

在北部吴语，像苏州话、上海话中有一个与"个"使用频率相当的"叫"，与 AA 构成"AA 叫"式，常见的有"偷偷叫、静静叫、细细叫、扣扣叫、定定叫、实实叫、慢慢叫、轻轻叫、好好叫"等，一般作状语。宁波方言也有"AA 叫"的说法，但是只限于"慢慢叫""好好叫"等有限的几个词，没有苏州话、上海话那样发达。宁波方言"好好叫"用得比较多，语法功能也相对较强，除了可以作状语，还可以作定语和补语，例如：

（7）好好叫读书！（好好读书）[作状语]

$hɔ^{53} hɔ^{44} tɕio^{44} doʔ^2 sɿ^{53}$！

（8）好好叫一个人，变勒勿认得嘞！（好好的一个人，变得不认识了）[作定语]

$hɔ^{53} hɔ^{44} tɕio^{44} iʔ^5 ɦoʔ^2 n̠in^{22}, pi^{44} ləʔ^2 vəʔ^2 nin^{21} təʔ^5 lɐi^0$！

（9）呕我来弄格话，葛种事体弄勒好好叫嘞！（叫我来做的话这样的事情做得好好的了）[作补语]

$ø^{44} ŋo^{24} lie^{22} noŋ^{24} kɐʔ^5 ɦo^{24}, kəʔ^5 tsoŋ^{53} zɿ^{22} t'i^{35} noŋ^{22} ləʔ^2 hɔ^{53} hɔ^{44} tɕio^0 lɐi^0$！

二　AABB 式

AABB 式由双音节形容词 AB 前后两个语素分别重叠而来，其意义与 AB 相当。AB 的内部结构常见的有并列式、述宾式、偏正式和主谓式，又以并列式为主。例如：

并列式：

体汰 $t'i^{44} t'a^{53}$ —体体汰汰 $t'i^{44} t'i^{42} t'a^{44} t'a^{44}$

细巧 $ɕi^{44} tɕ'io^{53}$ —细细巧巧 $ɕi^{44} ɕi^{42} tɕ'io^{44} tɕ'io^{44}$

邋遢 $lɐʔ^2 t'ɐʔ^5$ —邋邋遢遢 $lɐʔ^2 lɐʔ^2 t'ɐʔ^5 t'ɐʔ^5$

闹热 $nɔ^{22} n̠iʔ^2$ —闹闹热热 $nɔ^{22} nɔ^{22} n̠iʔ^2 n̠iʔ^2$

述宾式：

落位 loʔ² ɦuɐi²²—落落位位 loʔ² loʔ² ɦuɐi²² ɦuɐi²¹

着力 dzɐʔ² liʔ²—着着力力 dzɐʔ² dzɐʔ² liʔ² liʔ²

把节 po⁴⁴ tɕiʔ⁵—把把节节 po⁴² po⁴⁴ tɕiʔ⁵ tɕiʔ⁵

推板 t'ɐi⁴⁴ pɛ⁵³—推推板板 t'ɐi⁴² t'ɐi⁴⁴ pɛ⁴⁴ pɛ⁴⁴

偏正式：

顺风 zən²² foŋ⁴⁴—顺顺风风 zən²² zən²¹ foŋ⁴⁴ foŋ⁴²

适意 səʔ⁵ i⁵³—适适意意 səʔ⁵ səʔ⁵ i⁴⁴ i⁴⁴

实惠 zəʔ² ɦɐi²²—实实惠惠 zəʔ² zəʔ² ɦɐi²² ɦɐi²¹

笃定 toʔ⁵ din²⁴—笃笃定定 toʔ⁵ toʔ⁵ din²² din²²

主谓式：

心焦 ɕin⁵³ tɕio⁴⁴—心心焦焦 ɕin⁵³ ɕin⁵³ tɕio⁴⁴ tɕio⁴⁴

风凉 foŋ⁴⁴ liã²¹—风风凉凉 foŋ⁴² foŋ⁴⁴ liã²² liã²²

当然也有说不出 AB 到底是什么结构关系的。例如：

白力 bɐʔ² liʔ²—白白力力 bɐʔ² bɐʔ² liʔ² liʔ²

切克 tɕ'iʔ⁵ kɐʔ⁵—切切克克 tɕ'iʔ⁵ tɕ'iʔ⁵ kɐʔ⁵ kɐʔ⁵

结棍 tɕiʔ⁵ kuən⁵³—结结棍棍 tɕiʔ⁵ tɕiʔ⁵ kuən⁴⁴ kuən⁴⁴

从以上例子可以看出，AABB 重叠形式跟形容词内部的结构关系没有什么必然联系，虽然这些结构在大的类型上属于"离心结构"，即该结构的核心的句法功能跟整个结构的句法功能是不一致的。比如，主谓结构"心焦"的核心应该是动词"焦"，但是，"心焦"这个词却是形容词性；又如，偏正结构"腥气"的核心应该是名词"气"，但是，"腥气"在这里却是形容词。可见，凡是非向心结构的双音节形容词在重叠时，一般按照 AABB 的形式重叠。另外，我们从下文还会看到，双音节形容词如果重叠成 ABAB 式后成了动词性的了，那么该双音节形容词一定能够重叠成 AABB 式。

由于类化的作用，有些一般不重叠的形式，也可以临时按 AABB 式重叠。例如：

干净—干干净净，? 卫生—卫卫生生

大方—大大方方，? 小气—小小气气

仔细—仔仔细细，? 粗心—粗粗心心

闹热—闹闹热热,? 热情—热热情情

冷清—冷冷清清,? 冷淡—冷冷淡淡

上述例子左边是典型的 AABB 式,右边是临时造出来的重叠式。我们在右边的例子上打上问号,并不是说不能这样说,而是在口语运用中,人们一般不会这样去用,但是,如果非要这样使用,也不会遭到强烈的抵制,人们可以很轻易地理解意义。例如:

(10) 葛个小顽做事体时格粗粗心心个,没大仔细。(这个小孩做事总是粗心的很,不怎么仔细)

kəʔ⁵ ɦioʔ² çio⁴⁴ uɛ⁴⁴ tsəu⁴⁴ dzʅ²² t'i³⁵ zʅ²² kɐʔ⁵ ts'u⁵³ ts'u⁴⁴ çin⁴⁴ çin⁴⁴ ɦioʔ² , mə²² da²² tsʅ⁵³ çi⁴⁴。

(11) 介貌样一弄,屋落弄勒卫卫生生嘛。(这样一收拾,家里弄得很卫生了)

ka⁴⁴ mɔ²² n̠iã²² iʔ⁵ noŋ²⁴ , uoʔ⁵ loʔ² noŋ²² ləʔ² ɦiuɐi²² ɦiuɐi²¹ sən⁴⁴ sən⁴⁴ lɐi⁰。

(12) 其葛个人有眼冷冷淡淡个,我癁去。(他这个人有些冷淡,我不想去)

dzi²² kəʔ⁵ ɦioʔ² n̠in²² ɦiy²² ŋie²² lã²² lã²¹ dɛ²² dɛ²² ɦioʔ² , ŋo²⁴ fie⁴⁴ tçi⁴²。

(13) 儿子出山勒,葛记看见阿拉老早热热情情嘛。(儿子有了出息,现在他们看见我们热情得很了)

ŋ̍²¹ tsʅ⁴⁴ ts'əʔ⁵ sɛ⁵³ ləʔ² , kəʔ⁵ tçi⁵³ k'i⁴⁴ tçi⁴² ɐʔ⁵ lɐʔ² lɔ²² tsɔ⁵³ n̠iʔ² n̠iʔ² dzin²¹ dzin²² lɐi⁰。

因此,离心结构的双音节形容词 AB 可以根据表达的需要在重叠成 AABB 式的时候适当参照类推原则。

三 ABAB 式

宁波方言有一类双音节状态形容词 AB,如"雪白、滚壮、冰冷"等,它们可以重叠成 ABAB 式,主要集中于表现颜色、外在属性和内在感觉的词语中。

(一)颜色

雪白 çiʔ⁵ bɐʔ²—雪白雪白 çiʔ⁵ bɐʔ² çiʔ⁵ bɐʔ²

墨黑 moʔ² həʔ⁵—墨黑墨黑 moʔ² həʔ⁵ moʔ² həʔ⁵

簇乌 tsʻoʔ⁵ u⁵³—簇乌簇乌 tsʻoʔ⁵ u⁵³ tsʻoʔ⁵ u⁵³，

焦黄 tɕio⁵³ ɦuõ²²—焦黄焦黄 tɕio⁵³ ɦuõ²² tɕio⁵³ ɦuõ²²

锃亮 dzã²¹ liã²⁴—锃亮锃亮 dzã²¹ liã²⁴ dzã²¹ liã²⁴

血红 ɕyoʔ⁵ ɦoŋ²²—血红血红 ɕyoʔ⁵ ɦoŋ²² ɕyoʔ⁵ ɦoŋ²²

碧绿 piʔ⁵ loʔ²—碧绿碧绿 piʔ⁵ loʔ² piʔ⁵ loʔ²

一般来说，表颜色的双音节形容词都可以重叠成 ABAB 式，只不过由于词频的不同，经常出现的词，如"雪白""血红""碧绿""焦黄""锃亮""簇乌"等在重叠成 ABAB 式时十分自然；那些较少使用的词，如"朱红""银辉""菜绿""宝蓝""月白"等词，其实也可以重叠成"朱红朱红""银辉银辉""菜绿菜绿""宝蓝宝蓝""月白月白"，只不过由于用得少，感觉比较陌生罢了。

（二）外在属性

的薄 tiʔ⁵ boʔ²—的薄的薄 tiʔ⁵ boʔ² tiʔ⁵ boʔ²

刷平 sɐʔ⁵ bin²²—刷平刷平 sɐʔ⁵ bin²² sɐʔ⁵ bin²²

簇新 tsʻoʔ⁵ ɕin⁵³—簇新簇新 tsʻoʔ⁵ ɕin⁵³ tsʻoʔ⁵ ɕin⁵³

粉燥 fən⁵³ sɔ⁴⁴—粉燥粉燥 fən⁵³ sɔ⁴⁴ fən⁵³ sɔ⁴⁴

页薄 ʑiʔ² boʔ²—页薄页薄 ʑiʔ² boʔ²ʑiʔ² boʔ²

精光 tɕin⁵³ kuõ⁵³—精光精光 tɕin⁵³ kuõ⁵³ tɕin⁵³ kuõ⁵³

贼笨 zɐʔ² bən²²—贼笨贼笨 zɐʔ² bən²² zɐʔ² bən²²

滚壮 kuən⁵³ tsõ⁴⁴—滚壮滚壮 kuən⁵³ tsõ⁴⁴ kuən⁵³ tsõ⁴⁴

煞齐 sɐʔ⁵ ʑi²²—煞齐煞齐 sɐʔ⁵ ʑi²² sɐʔ⁵ ʑi²²

滚圆 kuən⁵³ ɦiy²²—滚圆滚圆 kuən⁵³ ɦiy²² kuən⁵³ ɦiy²²

笔挺 biʔ² tʻin³⁵—笔挺笔挺 biʔ² tʻin³⁵biʔ² tʻin³⁵

普通话只有"笔直""滚圆"等少数几个双音节形容词可以重叠成 ABAB 式，宁波方言则相对多一些。

（三）内在感觉

削淡 ɕiɐʔ⁵ dɛ²²—削淡削淡 ɕiɐʔ⁵ dɛ²² ɕiɐʔ⁵ dɛ²²

喷香 pʻən⁵³ ɕiã⁵³—喷香喷香 pʻən⁵³ ɕiã⁵³ pʻən⁵³ ɕiã⁵³

蜜甜 miʔ² die²²—蜜甜蜜甜 miʔ² die²² miʔ² die²²

透鲜 tʻø⁵³ ɕi⁵³—透鲜透鲜 tʻø⁵³ ɕi⁵³ tʻø⁵³ ɕi⁵³

火热 həuV n̠iʔ² —火热火热 həu⁵³ n̠iʔ² həu⁵³ n̠iʔ²

火烫 həu⁵³ t‘ɔ̃⁴⁴ —火烫火烫 həu⁵³ t‘ɔ̃⁴⁴ həu⁵³ t‘ɔ̃⁴⁴

冰瀩 bin²¹ in⁴⁴ —冰瀩冰瀩 bin²¹ in⁴⁴ bin²¹ in⁴⁴

崩脆 poŋ⁵³ ts‘ɐi⁴⁴ —崩脆崩脆 poŋ⁵³ ts‘ɐi⁴⁴ poŋ⁵³ ts‘ɐi⁴⁴

这类重叠式的 A 大多数是实物，用来作喻体，AB 的语义可以通过"像 A 一样的 B"这样的模式来进行理解。

四 AAB 式

表现颜色、属性和内在感觉的双音节状态形容词除了可以重叠成 ABAB 式，还可以重叠成 AAB 式。例如：

表颜色：

雪白 çiʔ⁵ bɐʔ² —雪雪白 çiʔ⁵ çiʔ⁵ bɐʔ²

煞白 sɐʔ⁵ bɐʔ² —煞煞白 sɐʔ⁵ sɐʔ⁵ bɐʔ²

墨黑 moʔ² həʔ⁵ —墨墨黑 moʔ² moʔ² həʔ⁵

碧绿 piʔ⁵ loʔ² —碧碧绿 piʔ⁵ piʔ⁵ loʔ²

簇黑 ts‘oʔ⁵ həʔ⁵ —簇簇黑 ts‘oʔ⁵ ts‘oʔ⁵ həʔ⁵，

簇乌 ts‘oʔ⁵ u⁵³ —簇簇乌 ts‘oʔ⁵ ts‘oʔ⁵ u⁵³

蜡黄 lɐʔ² ɦuɔ̃²¹ —蜡蜡黄 lɐʔ² lɐʔ² ɦuɔ̃²¹，

血红 çyoʔ⁵ ɦoŋ²² —血血红 çyoʔ⁵ çyoʔ⁵ ɦoŋ²²

表属性：

的薄 tiʔ⁵ boʔ² —的的薄 tiʔ⁵ tiʔ⁵ boʔ，

刷平 sɐʔ⁵ bin²² —刷刷平 sɐʔ⁵ sɐʔ⁵ bin²²

簇新 ts‘oʔ⁵ çin⁵³ —簇簇新 ts‘oʔ⁵ ts‘oʔ⁵ çin⁵³，

笔直 piʔ⁵ dzəʔ² —笔笔直 piʔ⁵ piʔ⁵ dzəʔ²

粉燥 fən⁵³ sɔ⁴⁴ —粉粉燥 fən⁵³ fən⁵³ sɔ⁴⁴，

页薄 ʑiʔ² boʔ² —页页薄 ʑiʔ² ʑiʔ² boʔ²，

煞齐 sɐʔ⁵ ʑi²² —煞煞齐 sɐʔ⁵ sɐʔ⁵ ʑi²²，

笔挺 piʔ⁵ t‘in³⁵ —笔笔挺 piʔ⁵ piʔ⁵ t‘in³⁵，

表感觉：

雪淡 çiɐʔ⁵ dɛ²² —雪雪淡 çiɐʔ⁵ çiɐʔ⁵ dɛ²²，

喷香 p‘ən⁵³ çiã⁵³ —喷喷香 p‘ən⁵³ p‘ən⁵³ çiã⁵³

蜜甜 miʔ² die²²—蜜蜜甜 miʔ² miʔ² die²²，

火烫 həu⁵³ t‘ɔ̃⁴⁴—火火烫 həu⁵³ həu⁵³ t‘ɔ̃⁴⁴

透鲜 t‘ø⁵³ çi⁵³—透透鲜 t‘ø⁵³ t‘ø⁵³ çi⁵³，

火热 həu⁵³ ȵiʔ²—火火热 həu⁵³ həu⁵³ ȵiʔ²

崩脆 poŋ⁵³ ts‘ɐi⁴⁴—崩崩脆 poŋ⁵³ poŋ⁵³ ts‘ɐi⁴⁴，

冰冷 pin⁵³ lã²²—冰冰冷 pin⁵³ pin⁵³ lã²²

五　ABB 式

宁波方言能够重叠成 ABB 的词不多，重叠后更突出状态性。例如：

空省 k‘oŋ⁴⁴ sã⁵³—空省省 k‘oŋ⁴⁴ sã⁵³ sã⁰，

缓泛 ɦø²² fɛ⁵³—缓泛泛 ɦø²² fɛ⁵³ fɛ⁰

温吞 uən⁴⁴ t‘ən⁵³—温吞吞 uən⁴⁴ t‘ən⁵³ t‘ən⁰，

精光 tçin⁵³ kuɔ̃⁵³—精光光 tçin⁵³ kuɔ̃⁵³ kuɔ̃⁰

宽舒 k‘uø⁵³ sʮ⁴⁴—宽舒舒 k‘uø⁵³ sʮ⁴⁴ sʮ⁰，

老相 lɔ²² çiã⁵³—老相相 lɔ²² çiã⁵³ çiã⁰

老结 lɔ²² tçiʔ⁵—老结结 lɔ²² tçiʔ⁵ tçiʔ⁵，

老拆 lɔ²² ts‘ɐʔ⁵—老拆拆 lɔ²² ts‘ɐʔ⁵ ts‘ɐʔ⁵

六　A 里 AB 式

“A 里 AB” 式在构词方式上自成一类，有人称这类重叠形式为插入性半重叠①，它是双音节形容词 AB 的不完全的重叠，即 AB 这个双音节形容词只重叠 A，“里” 是衬字，AB 往往是个贬义词，该格式更具有形象性。例如：

啰里啰唆 uo²² li²² luo²² suo⁴⁴　　疙里疙瘩 kəʔ⁵ li²² kəʔ⁵ tɐʔ⁵

蹩里蹩脚 biʔ² li²² biʔ² tçiɐʔ⁵　　体里体汰 t‘i⁴⁴ li²² t‘i⁴⁴ t‘a⁴⁴

邋里邋遢 lɐʔ² li²² lɐʔ² t‘ɐʔ⁵　　热里热拆 ȵiʔ² li²² ȵiʔ² ts‘əʔ⁵

活里活络 ɦuɐʔ² li²² ɦuɐʔ² loʔ²　　糊里糊涂 ɦu²² li²² ɦu²² du²²

碎里碎气 sɐi⁴⁴ li²² sɐi⁴⁴ tç‘i⁴⁴　　鏖里鏖糟 ɔ⁴⁴ li²² ɔ⁴⁴ tsɔ⁴⁴

---

① 　参见刘丹青《苏州方言重叠式研究》，《语言研究》1986 年第 1 期。

第四节　量词重叠

宁波方言量词重叠主要有两种形式：①AA 式；②A 打 A 式。

一　AA 式

宁波方言量词的 AA 重叠与普通话相同，表示逐指或遍指义，在句中可以置于名词前，也可置于名词后来修饰名词。例如：

（1）杨梅只只是荸荠种。（每一个杨梅都是荸荠种）

z̧iã^{22} mei^{21} tsɐʔ^{5} tsɐʔ^{5} z̧ʅ^{22} bu^{21} dʑi^{22} tsoŋ^{44}。

（2）份份人家要驮出钞票。（每户人家都要出钱）

vən^{22} vən^{21} n̠in^{22} ko^{53} io^{44} dəu^{22} tsʻə^{5} tsʻɔ^{53} pʻio^{44}。

量词重叠也可以单独作主语，不过暗含说话双方共知的名词。例如：

（3）地震来勒，个个逃勿掉。（地震来了，人人逃不了）

di^{22} tsən^{44} lie^{21} ləʔ^{5} kəu^{44} kəu^{42} dɔ^{21} vəʔ^{5} dio^{22}。

（4）梗梗新鲜。（条条是新鲜的）

kuã^{53} kuã^{53} çin^{44} çi^{53}。

二　"A 打 A" 式

宁波方言量词重叠十分有特色的是 "A 打 A" 式。例如：

件打件 dʑi^{22} tã^{53} dʑi^{22}　　　个打个 kəu^{44} tã^{53} kəu^{44}

粒打粒 liʔ^{2} tã^{44} liʔ^{2}　　　只打只 tsɐʔ^{5} tã^{53} tsɐʔ^{5}

重叠后的 "A 打 A" 式的多了三种附加意义：

第一，表示 "每一"，同于普通话。例如：

（5）个打个新鲜。（每一个都新鲜）

kəu^{44} tã^{53} kəu^{44} çin^{44} çi^{53}。

（6）连考三忙，忙打忙勿及格。（连续考了三次，次次不及格）

li^{22} kʻɔ^{44} ləʔ^{2} sɛ^{44} mɔ̃^{22}, mɔ̃^{21} tã^{44} mɔ̃^{22} vəʔ^{2} dʑiʔ^{2} gɐʔ^{2}。

第二，表示多量，相当于普通话 "一 A 一 A" 格式。例如：

（7）其穿出来个衣裳套打套。（他穿出来的衣服一套一套的）

dʑi^{24} tsʻø^{53} tsʻəʔ^{5} lie^{22} fioʔ^{2} i^{44} dzɔ^{21} tʻɔ^{44} tã^{53} tʻɔ^{44}。

（8）人得蚊虫咬勒块打块肿起嘞。（人被蚊子咬得一块一块都肿起来了）

ȵin²² təʔ⁵ mən²² dzoŋ²¹ ŋɔ²² ləʔ² kʻuɐi⁴⁴ tã⁵³ kʻuɐi⁴⁴ tsoŋ⁵³ tɕʻi⁴⁴ lɐi⁰。

第三，表示"井然有序"。例如：

（9）庯两日要搬家，其老早得屋落个书箱打箱整好嘞。（过两天要搬家，他早早地把家里的书一箱一箱地整理好了）

dən²² liã²² ȵiʔ² io⁴⁴ pø⁴⁴ ko⁵³ dʑi²⁴ lɔ²² tsɔ⁵³ təʔ⁵ uoʔ⁵ loʔ² ɦoʔ² sʅ⁵³ ɕiã⁴⁴ tã⁵³ ɕiã⁴⁴ tsən⁵³ hɔ⁴⁴ lɐi⁰。

（10）其做生活交关仔细，田种勒株打株，像印板印过样啦！（他干活很仔细，田种得一株接着一株，像印板印出来一样）

dʑi²⁴ tsəu⁴⁴ sã⁴⁴ ɦuoʔ² tɕio⁴⁴ kuɛ⁵³ tsʅ⁵³ ɕi⁴⁴，di²² tsoŋ⁴⁴ ləʔ² tsʅ⁵³ tã⁴⁴ tsʅ⁴⁴，ʑiã²² in⁴⁴ pɛ⁴⁴ in⁴⁴ kəu⁵³ ʑiã²⁴ la²¹！

强调计量单位，一般要加后缀"个"，组成"个"字结构（与普通话"的"字结构相似）。例如：

（11）随便诺块打块个算还是分打分个算，总没零头和。（随你以块为单位算还是以分为单位算，总之是没有零头的）

zɐi²² bi²¹ noʔ² kʻuɐi⁴⁴ tã⁵³ kʻuɐi⁴⁴ ɦoʔ² sø⁴⁴ ɦua²² zʅ²¹ fən⁴⁴ tã⁵³ fən⁴⁴ ɦoʔ² sø⁴⁴，tsoŋ⁵³ məʔ² lin²² dø²¹ ɦəu²²。

当被修饰的是表示本身难以计算的事物的名称时，这种计量的意味更强烈。

（12）盒打盒个糖比散装个糖要贵。（盒装的糖比散装的糖要贵）

ɦɐʔ² tã⁴⁴ ɦɐʔ² ɦoʔ² dɔ̃²² pi⁴⁴ sɛ⁴⁴ tsɔ̃⁴⁴ ɦoʔ² dɔ̃²² io⁴⁴ tɕy⁴⁴。

小结

宁波方言实词重叠的形式可列表如下：

表 2－2　　　　　　　　宁波方言实词重叠

类型	名词	动词	形容词	量词
AA	洞洞	写写	高高	个个
AA＋助词	－	写写其、坐坐的、写写看	高高个、慢慢叫	－

续表

类型	名词	动词	形容词	量词
A 勒 A	–	拎勒拎	–	–
ABAB	–	处理处理	雪白雪白	–
AABB	角角落落	–	清清爽爽	–
AAB	–	–	绝绝薄	–
ABB	–	–	空省省	–
A 里 AB	–	–	碎里碎气	–
A 记 A 记	–	张记张记	–	–
A 打 A	–	–	–	个打个

综上所述，宁波方言重叠式的特点可以归纳为以下几点：

从语形看，名词重叠有 AA 式、AABB 式；动词重叠有 AA 式、AB-AB 式、"A 勒 A" 式、"A 记 A 记" 式；形容词重叠形式最为多样，有 AA 式、ABAB 式、AABB 式、AAB 式、ABB 式、A 里 AB 式；量词重叠有 AA 式、"A 打 A" 式。动词具有其他词类没有的重叠式 "A 勒 A" 和 "A 记 A 记" 式，它们可以用来判断一个词是否为动词或形容词。形容词也有其他词类没有的重叠式 "A 里 AB"，也可以作为判断动词和形容词的一条参考标准。量词独有的重叠形式是 "A 打 A" 式。

从重叠的语义看，动词重叠可表短时量少、可表持续、可表尝试、可表舒缓语气也可表加强语气；形容词重叠多表生动、夸张，带有情感色彩；名词重叠表 "小" 或 "周遍" 义；量词重叠表多量、周遍或并然有序。

第三章 名词语缀

本章主要介绍宁波方言的名词语缀，前缀重点介绍"老""阿""第""初"四个，后缀重点介绍"子""儿""头""式""佬""巴""法"七个，同时介绍"匠""人""家""胚""相""精""帮"七个类语缀。

第一节 前缀

宁波方言名词前缀主要有"老、阿、第、初"等有限的几个。其中，"阿"前缀是最具吴语特色的，"老、第、初"的用法与普通话大致相当。

一 阿

"阿"常用于单音节称谓、姓、名或排行前，构成"阿 X"格式，表示关系亲近或随意。

（一）阿 + 亲属称谓

"阿"用在单音节亲属称谓前，有三种语音形式：

1. 阿 [ɐʔ⁵]

阿爷 ɐʔ⁵ zia²² （祖父）　阿娘 ɐʔ⁵ niã²² （祖母）　阿爹 ɐʔ⁵ tia⁵³ （父亲）

阿伯 ɐʔ⁵ pɐʔ⁵ （父亲）　阿哥 ɐʔ⁵ kəu⁵³ （哥哥）　阿嫂 ɐʔ⁵ sɔ³⁵ （嫂嫂）

阿弟 ɐʔ⁵ di²² （弟弟）　阿姐 ɐʔ⁵ tçia³⁵ （姐姐）　阿妹 ɐʔ⁵ mɐi²⁴ （妹妹）

阿婆 ɐʔ⁵ bəu²² （婆婆）

2. 阿 [ã⁴⁴]

阿姆 ã⁴⁴ m̩²¹ （母亲）

3. 阿 ［ɔ^{44}］

阿叔 ɔ^{44} soŋ^{44}（叔叔）　　　　　阿婶 ɔ^{44} sən^{44}（叔母）

阿姨 ɔ^{44} ʑi^{22}（阿姨）　　　　　　阿舅 ɔ^{44} dʑy^{22}（舅舅）

阿公 ɔ^{44} koŋ^{44}（年长男子）　　　阿婆 ɔ^{44} bəu^{22}（年长女子）

（二）阿 + 排行

"阿"也可以放在兄弟姐妹排行前，例如：

阿大 ɐʔ^{5} dəu^{24}　阿二 ɐʔ^{5} ni^{24}　阿三 ɐʔ^{5} sɛ^{35}　阿小 ɐʔ^{5} ɕio^{35}

（三）阿 + 姓/名

用在姓或名前表示亲昵，一般取姓名最后一个字前加"阿"，语音为 ［ɐʔ^{5}］，后常跟称谓、职位或绰号。例如：

阿王（王为姓）　阿王书记（跟职位）　阿王阿姨（跟称谓）
阿王老猫（跟绰号）

阿国（国为名）　阿国老板（跟职位）　阿国阿舅（跟称谓）
阿国老鼠（跟绰号）

二　老

"老"一般用于排行、名词性语素及姓氏前，构成"老 X"式。

（一）用在排行前

"老"放在兄弟姐妹排行前，例如：

老大 lɔ^{24} dəu^{24}　老二 lɔ^{24} ni^{24}　老三 lɔ^{24} sɛ^{35}

（二）用在名词性语素前

"老"用在名词性语素前，有 ［lɔ^{22}］、［lɔ^{24}］两个读音。例如：

A. 老 ［lɔ^{22}］

老公 lɔ^{22} koŋ^{53}（丈夫）　老孃 lɔ^{22} nin^{53}（妻子）　　　老爷 lɔ^{22} ʑia^{53}

老师 lɔ^{22} sʅ^{53}　　　　　　老枪 lɔ^{22} tɕʻia^{44}（鸦片鬼）　老鼠 lɔ^{22} tsʻʅ^{53}

老菱 lɔ^{22} lin^{42}　　　　　　老蟹 lɔ^{22} ha^{53}（詈语）　　老酒 lɔ^{22} tɕy^{53}

老酢 lɔ^{22} kɔ^{53}　　　　　　老布 lɔ^{22} pu^{42}（土布）　　老气 lɔ^{22} tɕʻ^{42}

老伏鸡 lɔ^{22} bəu^{22} tɕi^{44}　　老油条 lɔ^{22} ɦy^{22} dyo^{22}

老虎灶 lɔ^{22} fu^{53} tsɔ^{44}　　老实头 lɔ^{22} zəʔ^{2} dø^{22}

老酒甏 lɔ^{22} tɕy^{44} bã^{22}

B. 老 [lɔ²⁴]

老板娘 lɔ²⁴pɛ⁴⁴niã²²　　老板 lɔ²⁴pɛ³⁵　　　　　　老鸦（乌鸦）lɔ²⁴ø³⁵

老鹰 lɔ²⁴in³⁵　　　　　老K牌 lɔ²⁴kʻie⁴⁴ba²²（扑克）

（三）用在姓氏前

"老"用在姓氏前，表示尊敬，语音为 [lɔ²⁴]。例如：

老方 lɔ²⁴fɔ³⁵　老陈 lɔ²⁴dzə²⁴　老王 lɔ²⁴ɦuɔ̃⁴⁴　老孙 lɔ²⁴sən⁴⁴

不过"老"也用于姓名前，属于绰号范畴，含年老的意思，语音为 [lɔ²²]。例如：

老利江 lɔ²²li²²kɔ̃⁴⁴　老国庆 lɔ²²koʔ⁵tɕʻin⁴⁴

三　第

用于排序，用法与普通话相同。例如：第一、第二、第三、第四……第十，等等。后面可以加上量名成分，例如：第一只（故事），第二个（人），第三梗（鱼），第四名，等等。

四　初

用于记1—10的日子，与普通话相同。例如：初一、初二、初三、初四……初十，等等。另外还有初级、初中的说法。

第二节　后缀

宁波方言名词后缀主要有"子""儿""头""式""佬""巴""法"等，也有"匠""人""家""胚""相""精""帮"等类语缀的用法。

一　子

宁波方言"子"尾很丰富，很多普通话用"儿"尾的，宁波方言用"子"尾。宁波方言里有一首由"子"尾组成的顺口溜：

正月拼瓜子，二月小顽放鹞子①，三月种田下秧子，四月上坟坐轿

---

① 鹞子：风筝。

子，五月端午吃粽子，六月稀客出门带扇子，七月西瓜劈芯子，八月月饼夹馅子，九月吊红夹柿子①，十月金柑夹桔子，十一月落雪子，十二月冻杀凉亭叫花子。

常见带"子"的还有：

架子、帽子、销子、簿子、房子、车子、炉子、哑子（哑巴）、帐子（蚊帐）、学生子、栗子、腰子、钩子、今么子（今天）、明朝子（明天）、后日子（后天）、前日子（前天）、明年子、老底子（过去）、旧年子（去年）、闲遭子（以前）

二　儿

宁波方言的"儿"尾已基本消失，只在少数词语中还保留着儿尾和儿化变音的痕迹。

例如：

牌：门牌 $[\text{mən}^{22}\ \text{ba}^{24-21}]$　　　　扑克牌 $[\text{p'o}ʔ^5\text{k'ə}ʔ^5\text{bɛ}^{22}]$

奶：奶娘 $[\text{na}^{24-22}\text{n̯iã}^{22}]$　　　　奶奶（乳房）$[\text{na}^{35}\ \text{na}^{35-53}]$

狗：狗肉 $[\text{kø}^{35-53}\text{ŋyo}ʔ^5]$　　　　好日黄狗 $[\text{hɔ}^{35-44}\text{n̯i}ʔ^2\text{ɦuŋ̃}^{24}\text{ki}^{44}$ $(\text{kən}^{44})]$

叔：叔叔 $[\text{so}ʔ^5\ \text{so}ʔ^5]$　　　　阿叔 $[\text{ɔ̃}^{44}\ \text{soŋ}^{44}]$

鸭：鸭毛 $[\text{ɐ}ʔ^5\ \text{mɔ}^{22-21}]$　　　　小鸭 $[\text{ɕio}^{35-44}\ \text{ɛ}^{44}]$

脚：大脚风 $[\text{dəu}^{24}\text{tɕiɐ}ʔ^5\text{foŋ}^{53-44}]$　　拐脚 $[\text{kua}^{44}\text{tɕiã}^{44}]$

猫：猫鱼（猫吃小鱼）$[\text{mɔ}^{24}\ \text{n̩}^{22-21}]$　老猫 $[\text{lɔ}^{22}\text{mɛ}^{22}]$

雀：百雀灵 $[\text{pɐ}ʔ^5\text{tɕ'iɐ}ʔ^5\text{lin}^{22}]$　麻雀 $[\text{mo}^{21}\text{tɕiã}^0]$

三　头

宁波方言里的"头"尾，用得很广泛，普通话里用"头"尾的、不用词缀的，甚至有些用"子"尾、"儿"尾的，宁波方言里也可以用"头"尾。例如，以下是用"头"尾组成的顺口溜：

老太婆，梳勒个绕绕头，走到街头，买梗鱼头，拎到河埠头，洗好鱼头，驮到灶头，老猫拖鱼头，老太婆拔出起拳头，打杀老猫头，拎起

---

① 吊红：红透的柿子。

猫头，走到山头，埋落猫头，眼泪鼻头，一眼吮告话头。

宁波方言的"头"尾，构词能力很强，许多名词性、动词性、形容词性、数量词性、方位词性的语素加"头"都可以构成名词。

1. 名词性语素＋头。例如：

纸头 tsɿ^{53} dø^0、钟头 tson^{44} dø^0、斧头 fu^{53} dø^0、鼻头 boʔ^2 dø^0（鼻涕）、牌头 ba^{22} dø^0、日头 ȵiʔ^2 dø^0（太阳）、砖头 tsɐi^{44} dø^0、灶头 tsɔ^{44} dø^0、梨头 li^{22} dø^0、被头 bi^{44} dø^0、石头 zɐʔ^2 dø^0

2. 动词性语素＋头。例如：

听头 t'in^{44} dø^0、忖头 ts'ən^{53} dø^0、看头 k'i^{44} dø^0、讲头 kɔ̃^{44} dø^0、派头 p'a^{44} dø^0、姘头 p'in^{44} dø^0、寻头 ʑin^{22} dø^0、来头 lie^{22} dø^0、扳头 pɐ^{44} dø^0（扳手）

3. 形容词性语素＋头。例如：

苦头 die^{22} dø^0、甜头 die^{22} dø^0、弯头 uɛ^{44} dø^0、多头 təu^{44} dø^0、大头 dəu^{22} dø^0、虚头 çy^{44} dø^0、亮头 liã^{22} dø^0、滑头 ɦuɐʔ^2 dø^0、独头 doʔ^2 dø^0（不合群的人）、老实头 lɔ^{22} zɐʔ^{22} dø^0、甜嫩头 die^{22} nən^{22} dø^0、嫱头 çyoʔ^5 dø^0

4. 数量词性语素＋头。例如：

大块头 dəu^{22} k'uɐi^{44} dø^0、一角头 iʔ^5 koʔ^5 dø^0（角票）、一分头 iʔ^5 fən^{44} dø^0（分票）、一元头 iʔ^5 k'uɐi^{44} dø^0、十元头 zəʔ^2 k'uɐi^{44} dø^0、独只头 doʔ^2 tsɐʔ^5 dø^0、五更头 ŋ̍^{22} kã^{44} dø^0

5. 方位词性语素＋头。例如：

东头 toŋ^{44} dø^0、西头 çi^{44} dø^0、里头 li^{22} dø^0、外头 ŋa^{22} dø^0、后头 ɦø^{22} dø^0

四　式

宁波方言表示带有某种名词的特性，可以在名词后加"式"，音 [səʔ^5]。例如：

阿姐式，特指男性娘里娘气的样子。

五　佬

表某类人，多带贬义，音 [lɔ^0]。例如：

乡八佬 çiã$^{53-44}$ pɐʔ^5｜ɔ^0、　小赤佬 çio$^{35-44}$ ts'əʔ^5｜ɔ^0、花佬 xuo$^{53-44}$

| ɔ⁰、阔佬 kuə?⁵ | ɔ⁰、好佬 xɔ³⁵⁻⁵³ | ɔ⁰

六　巴

"巴"表示物后缀，音［po］，儿化音变为［pø］。例如：

嘴巴 tsʅ⁵³ po⁰　　淋巴 lin²² po⁰　　尾巴 mi²² po⁰/pø⁰

七　法

宁波方言还有一类"法"尾词，表示范式、原则、途径等。常见的有：

（一）V + 法

"V + 法"表示实现动作的途径或范式。如弄法、讲法、吃法、看法、写法、忖法等。例如：

（1）葛种忖法勿对。（这种想法不对）

kə?⁵ tsoŋ³⁵⁻⁵³ tsʻən³⁵⁻⁵³ fɐ?⁵ və?² tei⁴⁴。

（2）也要有一种讲法。（也要有一种说法）

fia²⁴ io⁴⁴ fiy²⁴ i?⁵ tsoŋ³⁵⁻⁴⁴ kɔ̃³⁵⁻⁵³ fɐ?⁵。

（3）每个人有每个人个做法。（每个人有每个人的做法）

mɐi²⁴ fioʔ² ȵin²² fiy²⁴⁻²² mɐi²⁴ fioʔ² ȵin²² fioʔ² tsəu⁴⁴ fɐ?⁵。

（二）副词 + Adj + 法

"副词 + Adj + 法"表示达到某种程度，意思为"如此……的状貌"，句中可以表示条件，也可以作定语。例如：

（4）介难过法，莫去勒。（这么难过，别去了）

ka⁴⁴ nɛ²² kəu⁴⁴ fɐ?⁵，mɔ⁴⁴ tɕʻiʻi⁴⁴ lə?²。

（5）介难看法人，要夷寻死啊！（这么难看的人，要他做什么）

ka⁴⁴ nɛ²²⁻²¹ kʻiʻi⁴⁴ fɐ?⁵ ȵin²²，io⁴⁴ zi²² zin²² ɕi³⁵ a⁰！

八　类语缀

宁波方言还有一批不典型的后缀，结合面较宽，词性比较实。

（一）-人

指某一类人或某一职业的人，读音为［ȵin²²］，如小小人、大大人、城里头人、乡下头人、放电影人、斫柴人、种田人、生意人、读书人、好人、坏人、外头人、自家人。

（二）－家

指某一类人，读音为 $[kuo^{53}]$，如后生家、男人家、女人家、自家、人家、兄弟家、姐妹家、大家、做家（一起）。

"家"分文读和白读，白读为 $[kuo^{53}]$，文读为 $[tçia^{53}]$，文读的用法与普通话相同，如作家、科学家、数学家、物理学家、化学家、音乐家、画家等。

（三）－胚

指某一类人，读音为 $[p'ɐi^{44}]$，贬义。例如：强盗胚、贼胚、馋痨胚、懒惰胚、牛胚等。

（四）－相

指某种样子，读音为 $[çia^0]$。有两种情况，一种是"形容词＋相"，表示状貌。例如：福相、茄门相、（出）洋相、难为情相、恶相、罪过相、善相、呆头相。另一种是"动词＋相"，表示动作的样子。例如：坐眈坐相立眈立相、瞓相没大好、吃相推板、卖相交关好。

（五）－精

常规指的是妖怪，读音为 $[tçin^{53}]$。例如：狐狸精、猢狲精、野猪精、老虎精、白毛老鼠精、黑熊精、蛇精、黄鼠狼精、田螺精。也指物质经过提炼后的精华，如香精、糖精、酒精。

以上两种用法，通语中也是如此。宁波方言还有一种有别于通语的用法，指"娴熟、精通、擅长"某类技能的人，多带戏谑义和贬义，如流氓精、乱话精、大话精、人精。

（六）－帮

指因为某种目的而形成的特定组织或人群，读音为 $[pɔ̃^{53}]$。例如：宁波帮、青洪帮、码头帮、斧头帮、裁缝帮、本帮（菜）、外帮（人）。

第四章　方所

　　宁波方言表示方所的词语包括三类：①具体的地名，如相岙、黄龙尖、田螺山、二六市、并排桥根、太庵冈、王家等；②机构，如银行、卫生院、派出所、工商所、邮局、学校等；③方位词。这里主要介绍宁波方言的方位词。

第一节　方位词概说

　　宁波方言的方位词从音节上可分为单语素和合成两类。单语素有上、下、左、右、东、南、西、北、前、后、里、外、中、边、对、高、底等，较少单用。合成方位词是由单语素方位词后接"头、厢、底、顶"等构成，如上顶、高头、下头/下底、借手边边、右手边边、前头、后头、里头/厢、外头、中央/当中央/兜当中央/横当中央/半当中央、对过等。"东、南、西、北"这类词，多用"朝东、朝南、朝西、朝北"等方式表达，一般用于房屋建筑的位置。其中"上顶/高头""下头/下底"的使用较多。详见表4-1。

表4-1　　　　　　　　　　宁波方言方位词搭配

	顶	头	厢	底	边	其他
上	上顶					上半×
下		下头		下底		下半×
借手（左）					借手边边	
正手（右）					正手边边	
东					东边	朝东，正东

续表

	顶	头	厢	底	边	其他
南					南边	朝南，正南
西					西边	朝西，正西
北					北边	朝北，正北
前		前头				前半×
后		后头				后半×
里		里头	里厢			里半边
外		外头				外沿、外半边
中						中央、当中央、兜当中央、横当中央、半当中央
边		边头				
对		对头				对过、对门
高		高头				
底						底下

第二节　主要方位词

本节对宁波方言以下方位词作简要的描写：①顶/上顶、高头；②底；③下头；④借借手边边、正手/右手边边；⑤里厢/里头；⑥中央；⑦对边；⑧半×。

一　顶/上顶、高头

宁波方言表示物体表面的方位词既可以用"顶/上顶"［tən^{35}］，也可以用"高头"［kɔ$^{53-44}$ dø$^{22-21}$］，形式上置于名词后。例如：箱子顶/高头（箱子表面）、树上顶/高头（树上面，不是指树尖）、墙壁上顶/高头（墙壁上面）、桌凳上顶/高头（桌子表面）。

不过"顶"由于受到字本身含义的影响，也可以指"顶部"，这个时候只能用"顶"不能用"上顶""高头"。"山冈顶"指的是山顶。"山高头"则指山上，与山顶关系不大。例如：

（1）山冈顶爬上，人着力煞勒。（爬上上顶，人累坏了）

sɛ⁵³ kɔ̃⁵³⁻⁴⁴ tən³⁵⁻⁴⁴ bo²² zɔ̃⁰, n̩in²² tsɐʔ⁵ liʔ² sɐʔ⁵ ləʔ²。

（2）山高头莫去。（山上不要去）

sɛ⁵³ kɔ̃⁵³⁻⁴⁴ dø²² mɔ⁴⁴ tɕʻi⁴⁴。

另外，有些"N＋顶"的用法，已经固定成专有名词，如"地板顶"指的是铺设木地板的房间。又如"楼顶"，特指过去木结构两层楼的二楼。

"上顶"与"高头"在语义上还是有细微的差别。比如，"天上顶"和"天高头"虽然都是指"天上面"，但所指还是不太一样。"天上顶"偏向天的顶部，"天高头"偏向地面以上的整个较高位置的空间。

二 底

"底"表示下面，同类的还有"底下""下底"。例如：缸底、锅底、河底、井底；桌凳底下、眠床底下；桌凳下底、太阳下底。

"底"与"下底"语义上略有区别。"底"，指物体内部的最底部。"下底"指整个物体的下面。例如：

（3）小顽缸底翻进该嚹。（小孩掉到水缸底了）

ɕio³⁵⁻⁴⁴ uɛ⁴⁴ kɔ̃³⁵⁻⁵³ ti³⁵⁻⁴⁴ fɛ⁵³ tɕin⁴⁴ kie⁵³⁻⁴⁴ lɐi⁰。

（4）小顽缸下底幽眼。（小孩在水缸下面躲着）

ɕio³⁵⁻⁴⁴ uɛ⁴⁴ kɔ̃³⁵ ɦuo²² ti³⁵⁻⁴⁴ y⁵³⁻⁴⁴ ŋɛ⁰。

前一例，"缸底"指缸的内部最底部，人掉进去爬不出来。后一例，缸下底指整个缸的下面。

三 下头

"下头"也指下面，用法上和"底"等同，语义上略有差别。"底"多多少少都跟物体的"底部"有关，"下头"则指物体作为整体的下面，从距离上更靠近物体本身。例如：太阳下底，指的是太阳普照之下的地方；太阳下头，则多指太阳下边有什么东西。

四 借手边边、正手/右手边边

宁波方言左边和右边常用人的手来作为指示，左边用借手边边，右边用正手边边或右手边边。问路的时候，常常用到这两个词语。例如：

（5）甲：师傅，报国寺咋走走啦？（师傅，报国寺怎么走）

sɿ⁵³ vu²², pɔ⁴⁴ ko⁵ zɿ²⁴⁻²¹ dza²⁴ tsø³⁵⁻⁵³ tsø³⁵⁻⁵³ la⁰？

乙：葛垛路走落去，借手边边就是个。（沿着这条路走，左手
边就是）

kə⁵ da²⁴⁻²¹ lu²⁴ tsø³⁵⁻⁵³ loʔ² tɕ'i⁴⁴, tɕia⁴⁴ sø³⁵⁻⁵³ pi⁵³⁻⁴⁴ pi⁵³⁻⁴⁴
dzø²⁴ zɿ²² ɦioʔ²。

（6）甲：小后生，我要到阮家去，阿里垛路格去啦？（小后生，我
要到阮家去，要走哪一条路）

ɕio³⁵ ɦiø²² sã⁵³⁻⁴⁴, ŋo²⁴ io⁴⁴ tɔ⁴⁴ ȵy²²⁻²¹ kuo⁰ tɕ'i⁴⁴, ɐʔ⁵ li²⁴ da²⁴⁻²²
lu²⁴ kɐʔ⁵ tɕ'i⁴⁴ la⁰？

乙：正手葛垛路格去，走到底，借手边边转弯就到嘞。（从右
手这条路去，走到底，左转就到了）

tsən⁴⁴ sø³⁵⁻⁵³ kəʔ⁵ da⁰ lu²⁴ kɐʔ⁵ tɕ'i⁴⁴, tsø³⁵ tɔ⁴⁴ ti³⁵, tɕia⁴⁴ sø³⁵⁻⁵³
pi⁵³⁻⁴⁴ pi⁵³⁻⁴⁴ tsø³⁵ uɛ⁵³ zø²⁴ tɔ⁴⁴ lɐi⁰。

五　里厢/里头

里厢/里头是"里面、里边"的意思，"里厢"更倾向用于具体的
事物，"里头"既可以用于具体事物，也可以用于抽象事物。例如：屋
落里厢/里头，樟木箱里厢/里头，大学里厢/里头，庙里厢/里头，肚皮
里厢/里头，心里里头，脑子里头。

六　中央

"中央"是指中间，"当中央""兜当中央"指恰好正中间，"横当
中央""半当中央"指处于中间的大致位置，不一定是正当中。

七　对过

"对过"是"对面"的意思，有时候也用"对门"表示门对门的那
边。例如：

（7）河对过就是罗江。（河对面就是罗江）

ɦiɐu²² tɐi⁴⁴ kɐu⁴⁴⁻⁵³ zø²⁴ zɿ²² lɐu²² kõ⁵³。

（8）对门就是姓金个一份人家。（对门就是一户姓金的人家）

tɐi^{44} mən$^{22-21}$ zø^{24} zʅ^{22} ɕin^{44} tɕin^{53} ɦioʔ^2 iʔ^5 vən^{22} n̠in^{22} kuo^{53}。

八　半×

宁波方言还有"上、下、前、后、里、外"加"半 X"的用法，如上半日（上午）、下半日（下午）、后半日（下午）、前半局（前半部分）、后半局（后半部分）、半当中央（半中间）、里半边、外半边等。

第五章　数量

本章介绍宁波方言数词、量词的基本用法和数量结构的语法特点。

第一节　数词

宁波方言数词主要有基数、序数、分数、概数等用法。

一　基数

（一）0－10 基数词的表达

宁波方言基数词从 0－10 分别是：零［lin²²］、一［i？⁵］、二［n̠i²⁴］、三［sɛ⁵³］、四［sʅ⁴⁴］、五［n̩²²］、六［loʔ²］、七［tɕʻi？⁵］、八［pe？⁵］、九［tɕy³⁵］、十［zəʔ²］。需要说明的是，宁波方言 10，不能说成"*一十"，只能说成"十"。

（二）位数表达

宁波方言位数词主要有十、百、千、万、亿等。系数词能够放在位数词前组成复合数词。例如：三十、五千、一万、一亿等。11—19，采用"十"与其他数字直接拼合的方法，如 11、12 分别是"十一、十二"等；20，有专门的词"廿"，表示阴历 20 号也用"二十"［n̠i²⁴⁻²² zəʔ²］；21—29，采用"廿"与其他数字直接拼合的方法，如 21、22 分别是"廿一、廿二"；30 及 30 以上的数字，使用"数字 + 十 + 数字"的方式表达，如"三十一、四十二、五十八"等。在数数的时候，中间的"十"可以省略，如"三一、四二、五八"。

（三）"二"和"两"

"二"音［n̠i²⁴］，"两"音［lia²²］，"两"的使用范围比普通话要广，"二"的使用范围比普通话要小。

1. "二""两"通用

①宁波方言读数字时，个位数的"2"，既可以读"二"，也可以读"两"，如"一二三四""一两三四"，"八十二""八十两"，"四十二""四十两"。

②宁波方言小数既可用"两"也可用"二"，如"0.2"可以说成"零点两"，也可说成"零点二"。普通话只说"零点二（0.2）"。

③宁波方言分数用"二""两"皆可，如2/3，可以说成"三分之二"，也可说成"三分之两"，普通话只用"二"。

④在表达年份的时候，"二""两"通用，如"1992年"可以说成"一九九二年"，也可以说成"一九九两年"；"2022年"可以说成"两零两两年"，也可以说成"二零二二年"，普通话只用"二"。

2. 只用"二"

在"第"开头的序数词或排行中，偏向用"二"。例如：

①"第"开头的序数，一般用"第二"，不用"第两"。

②在一周的表达中，倾向用"星期二"或"礼拜二"，部分人口中也可以听到"星期两""礼拜两"的说法。

③在称谓排行中，排行第二的，用"二"不用"两"，如"二伯伯""二哥""二嫂""阿二""老二"等。

④数字"12""22"只能说成"十二""廿二"，不能说成"＊十两""＊廿两"。

3. 只用"两"

①在传统的度量衡及钱钞单位前，宁波方言除"二两"用"二"，其他都用"两"，如"两斤""两尺""两公分""两块""两角""两分"，普通话则"两""二"皆可，用"二"为多。

②在"百、千、万、亿"位数前，宁波方言用"两"，普通话"二""两"皆可。

③在表示最前面"两个"或最后两个的时候，用"两"不用"二"。如"头两个"（最前面两个）、"末脚两个"（最后两个）。

（四）其他情况

1. "三"的文白读音

"三"有文白两读，大多数情况下为文读，音 $[sɛ^{53}]$；白读音 $[sa^{53}]$，主要出现在"三四个""三五个""十三四个""十三五个"之类的概数用法中。

2. 考试零分的表达

考试得零分，除了说"零分"，也说"零蛋""蛋蛋""零蛋分"和"鸭蛋""大鸭蛋"。例如：

（1）其考试得勒一只零蛋分。（他考试得了一个零分）

dʑi²² kʻɔ³⁵⁻⁵³ sʅ⁴⁴ təʔ⁵ ləʔ² iʔ⁵ tsɐʔ⁵ lin²² dɛ²⁴⁻²² fən⁵³⁻⁴⁴。

（2）倷阿伯小辰光考试一日到夜考只大鸭蛋。（你父亲小时候考试总是考零分）

nɐʔ² ɐʔ⁵ pɐʔ⁵ çio³⁵ dzən²² ku͂ɔ⁵³⁻⁴⁴ kʻɔ³⁵⁻⁵³ sʅ⁴⁴ iʔ⁵ ȵiʔ² tɔ⁴⁴ ʑia²⁴⁻²² kʻɔ³⁵ tsɐʔ⁵ dəu²⁴⁻²² ɐʔ⁵ dɛ²⁴⁻²¹。

二 序数

宁波方言序数表达，一般用"第 + 数词"，如"第一、第二、第十、第一百零六"等。这里介绍特殊的序数词"头"和表倒数的"末脚"的用法。

（一）头

宁波方言有一个特殊的序数词"头"，类似普通话的"第"，但又有区别。

1. 头 + 一 + 量词

"头"前置于"一"，相当于普通话的"第"，如头一忙、头一埭、头一只、头一排、头一个。上面例子中的"一"也可以省略，说成：头忙、头埭、头只、头排、头个。有些已经成固定结构，不能补出"一"了，如"头胎""头生""头七""头等舱""新闻头条""头名状元"等。

2. 头 + 两/三 + 量词

"头"前置于"两"，表示靠前面的两个，序数，与"第"不同。例如：头两个学生 = 前两个学生 ≠ 第两个学生，头两日 = 前两天/刚刚

开始两天 ≠ 第两天，头两斤西瓜 = 前两斤西瓜 ≠ 第两斤西瓜，头两句言话 = 前两句话 ≠ 第两句话。

"头"前置于"三"及以上的数字时，只表示序数。

（二）表示倒数的顺序

表示倒数的顺序，常用"末脚""压末""压脚""倒数"。例如：

末脚第二（倒数第二）、压末第三（倒数第三）、压脚第一（倒数第一）、倒数第一

最后一名也可以说成"末脚/压末/压脚名"，不说"倒数名"；"末脚两个"指的是最后两个，不是"倒数第二个"。

三　分数

（一）分数的常规用法

宁波方言分数的表达大部分与普通话相同，一般都是"几分之几"的表述。如"三分之一"（$\frac{1}{3}$）、"七分之两"（$\frac{2}{7}$）等。分数前接整数时，整数和分数之间要补出"又"，如"二又二分之一"（$2\frac{1}{2}$）。

（二）分数的其他用法

宁波方言分数的表达，除了通用的"几分之几"，还可以用"股""成""折"表示分数。

1. 数 + 股 + 之 + 数

宁波方言"数 + 股 + 之 + 数"相当于普通话"几分之几"。例如：

三股之一（1/3）、五股之三（3/5）

2. 数 + 成

"数 + 成"表示所占百分比。例如：

一成（10%）、三成（30%）、一半淘成（50%）

3. 数 + 折

"数 + 折"常用于价格的打折，表示价钱的百分比。例如：

六折（60%）、对折（50%）、八八折（88%）

四　概数

宁波方言表示概数的词常见的有"头 + 两 + 量""一眼眼""多"

"特猛""几""上下""大约摸""毛"等。

（一）一眼、一眼眼

表示数量不是很多，常用"一眼""一眼眼"，相当于普通话的"一些""一点儿"。例如：

（3）东西少带一眼。（东西少带点）

toŋ⁵³⁻⁴⁴ çi⁵³ sɔ³⁵⁻⁵³ ta⁴⁴ iʔ⁵ ŋɛ⁰。

（4）小顽刚刚生出个辰光只一眼眼大。（小孩刚出生的时候只有一点点大）

çio³⁵⁻⁴⁴ ɦuɛ²² kuo⁵³⁻⁴⁴ kuo⁵³ sã⁵³⁻⁴⁴ ts'əʔ⁵ ɦoʔ² dzɐn²² kuɔ̃⁵³ tçiʔ⁵ iʔ⁵ ŋɛ²⁴ ŋɛ²⁴⁻²² dəu²⁴。

超过或不到某一数量，用"多一眼眼/少一眼眼/勿到一眼眼"。例如：

（5）葛人四十岁多一眼眼。（这个人四十岁多一点）

kəʔ⁵ ȵin²² sʅ⁴⁴ zəʔ² sʅ⁴⁴ təu⁵³ iʔ⁵ ŋɛ²⁴ ŋɛ²⁴⁻²²。

（6）今年奖金还好，比旧年少一眼眼。（今年奖金还好，比去年少一点点）

tçin⁵³⁻⁴⁴ ȵi²²⁻²¹ tçiã³⁵⁻⁴⁴ tçin⁵³⁻⁴⁴ ɦua²² hɔ³⁵，pi³⁵ dʑy²⁴ ȵi²² sɔ³⁵ iʔ⁵ ŋɛ²⁴ ŋɛ²⁴⁻²²。

（7）西瓜便宜交关，一块勿到眼眼。（西瓜便宜了很多，一元不到一点）

çi⁵³⁻⁴⁴ kuo⁵³ bi²² ȵi²²⁻²¹ tçio⁵³ kuɛ⁵³⁻⁴⁴，iʔ⁵ k'uɐi⁴⁴⁻³⁵ vəʔ² tɔ⁴⁴ ŋɛ²⁴ ŋɛ²⁴⁻²²。

拓展的还有"数＋多眼""数＋多些"，表示超出所述"数"的量，"多眼"表示客观多一点点，"多些"表示主观多一点点。

（二）独＋量＋头

数量只有单独一个，常用"独＋量＋头"表示。例如：

（8）独只头。（仅仅只有一个）

doʔ² tsɐʔ⁵ dø²²。

（9）独梗头。（仅仅只有一条）

doʔ² kuã³⁵⁻⁵³ dø²²。

表示前两个左右，常用"头＋两＋量"表示，"头"的发音为

[dø²²⁻²¹]。例如:

(10) 路边摊象棋要当心,头两盘会呕诺赢个,后头肯定要输掉个。(路边摊的象棋局要小心,前两局会让你赢,后面肯定要输的)

lu²⁴ pi⁵³⁻⁴⁴ t'ɛ⁵³⁻⁴⁴ ʑiã²⁴⁻²² dʑi²² io⁴⁴ tɔ̃⁵³⁻⁴⁴ ɕin⁵³,dø²²⁻²¹ liã²⁴ bø²² ɦiuɐi²⁴ ø³⁵⁻⁴⁴ noʔ² ʑin²² ɦioʔ²,ɦiø²² dø²²⁻²¹ k'ən³⁵⁻⁴⁴ din²⁴⁻²¹ io⁴⁴ sʅ⁵³ tio⁴⁴ ɦioʔ²。

(11) 头两日还有一眼新鲜,日脚多勒老早吭趣煞嘞。(头两天还有点新鲜,日子久了早就没兴趣了)

dø²²⁻²¹ liã²⁴ ȵiʔ² ɦiua²² ɦiy²⁴ iʔ⁵ ŋɛ²⁴ ɕin⁵³⁻⁴⁴ ɕi⁵³,ȵiʔ² tɕiɐʔ⁵ təu⁵³ ləʔ² lɔ²⁴ tsɔ³⁵⁻⁵³ m̩²¹ ts'ʅ⁴⁴ sɐʔ⁵ lɐi²²。

在"头+两+量"结构中,如果"头"发音变为[dø²²],那么整个意思是大约"2—3"这个数字的整数倍左右。例如:

(12) 葛梗鱼有头两斤重。(这条鱼有两斤多重)

kəʔ⁵ kuã³⁵⁻⁵³ ŋ²² ɦiy²⁴ dø²²⁻²⁴ liã²⁴⁻²¹ tɕin⁵³⁻⁴⁴ dzoŋ²²。

(13) 其每日吃勒眠眠勒吃,有头两百斤重的嘞。(他每天吃了睡睡了吃,估计有两百多斤重了)

dʑi²² mɐi²⁴ ȵiʔ² tɕ'yoʔ⁵ ləʔ² k'uən⁴⁴ k'uən⁴⁴ ləʔ² tɕ'yoʔ⁵,ɦiy²⁴ dø²² liã²⁴⁻²¹ pɐʔ⁵ tɕin⁵³⁻⁴⁴ dzoŋ²² tiʔ⁵ lɐi⁰。

(三) 量+把

个位数概数的表达,一般用"量+把"表示,如个把、年把、斤把、只把等。

(四) 数+数₊₁+量

用两个依序连着的数字表示概数。如"一两个""两三个""三四个""七八个""十一二个""十三四个""十五六个""十七八个"等。

(五) 毛/靠+数量

估摸着大概有某个数量,用"毛/靠+数量"表示。"毛"可以修饰任何一千以下的数字,"靠"主要用于"十""廿"这两个位数。例如:

(14) 来勒毛两个人。(来了一两个人)

lie²² ləʔ² mɔ²² liã²⁴ ɦioʔ² ȵin²²。

（15）打末子头来勒毛/靠十只野猪。（突然来了十只左右野猪）

$tã^{35-53}$ $mɐʔ^2$ $tsɿ^0$ $dø^{22}$ lie^{22} $ləʔ^2$ $mɔ^{22}/k'ɔ^{44-53}$ $zəʔ^2$ $tsɐʔ^5$
$ʑia^{24-22}$ $tsɿ^{35-44}$。

（16）毛/靠廿块洋钿好买来嚜。（二十来块钱可以买到了）

$mɔ^{22-21}/k'ɔ^{44-53}$ $ȵie^{24}$ $k'uɐi^{44}$ $ʑiã^{22}$ di^{22-21} $hɔ^{35-44}$ ma^{24-22}
lie^{22} $lɐi^0$。

（17）葛只猪有毛三百斤重的嚜。（这只猪有三百斤左右重了）

$kəʔ^5$ $tsɐʔ^5$ $tsɿ^{35}$ $ɦy^{24}$ $mɔ^{22-21}$ $sɛ^{53}$ $pɐʔ^5$ $tɕin^{53-44}$ $dzoŋ^{22}$ $tiʔ^5$ $lɐi^0$。

从语义上看，"毛"只表示约数，是对数字的估测；"靠"除了估测，还带有主观多量的意思，翻译成普通话的话，多用"十多＋量""二十多＋量"，而"毛"翻译过来是"数量＋左右"。

（六）数＋朝外/朝里

基数词后加"朝外/朝里"或"朝上/朝下"，表示超过或少于某一数量。例如：

一百朝外（超过一百）、四千朝上（超过四千）

六十只朝里（少于六十只）、两百斤朝下（少于两百斤）

（七）到顶、到坝

用"到顶""到坝"表示最多到达这个数量，不会超过。例如：

（18）阿拉估计封城一个月么到顶嚜。（我们估计封城一个月时间到顶了）

$ɐʔ^5$ $lɐʔ^2$ ku^{35-53} $tɕi^{44}$ $foŋ^{53-44}$ $dzən^{22}$ $iʔ^5$ $kəu^{44}$ $ʑyoʔ^2$ $mə^0$ $tɔ^{44}$
tin^{35} $lɐi^0$。

（19）两百块洋钿到坝嚜。（两百元钱到顶了）

$liã^{24-22}$ $pɐʔ^5$ $k'uɐi^{44}$ $ʑiã^{22}$ di^0 $tɔ^{44}$ po^{44} $lɐi^0$。

（八）固定用法

有部分固定词组，如"木佬佬""无千无万""呒百廿万""乌鳢鱼翻白"等表示数量极大。

第二节　量词

宁波方言量词的语法特点与普通话基本接近，一般跟数词结合，单音节量词大多数可以重叠，重叠后表示"每"或强调"多"，重叠的方式有"AA"和"A 打 A"两种。比如：

一个　三只　九梗

个个　只只　梗梗

宁波方言量词系统中，单音量词是最基本的，也是数量最多的，包括惯用量词和度量衡量词：

惯用物量词。例如：只，梗，盏，汏，瓜，节，局，场，爿，双。

惯用动量词。例如：毛，记，埭，圈，遍。

度量衡量词。例如：斤，两，钱，尺，寸，里，亩，分。

这里我们把宁波方言特殊的物量词作一个专题的介绍。这里所说的"特殊"，包括两种情况：宁波话所独有而普通话里没有的物量词，如"埭、梗、蓬"等；宁波话和普通话都有，但用法不同的物量词，如"只、件、根、顶"等。

一　物量词枚举

埭 da^{24}：用于条形物体，如一～路/疤/沟/河/田塍$_{田埂}$/溪坑，相当于普通话的"条"；也指一长排房屋或字，如一～屋/字，相当于普通话的"排"。

梗 kuã^{35}：用于条形物体，分别对应普通话的"条""根"。例如：一～$_条$鱼/蛇/舌头/被头$_{被子}$/手巾$_{毛巾}$/矮凳$_{凳子}$/肚肠$_{肠子}$；一～$_根$棒头$_{棍子}$/绳/钓鱼棒$_{钓鱼竿}$/汗毛$_{毫毛}$/头发。[1]

瓜[2] ko^{53}：用于块状物体，可以是坚硬的团状物，也可以是柔软的片状物，相当于普通话的"块"。例如：一～石头/料作/绢帕/西瓜，屁股四～生。

管 kø^{35}：用于管状物，相当于普通话的"把"和"支"。例如：一～$_支$枪，一～$_杆$秤，一～$_把$钥匙/尺/雪花膏。

塌 t'ɐʔ^5：用于地方，相当于普通话"处"。例如：一～地方，死人

---

① "埭""梗"的区别："埭"主要指附着于某个物体上的条状物体，如"河"是在地面上经过雨水冲刷形成的，"疤"是后来产生的附着于皮肤上的条状物体。"梗"则以整体而言，"鱼""绳""毛"是作为整体或单独个体而存在的条状物。

② 文中加波浪线的为同音替代字，本字待考。

臭，一~臭；活人臭，~~臭。

蓬 boŋ²²：用于捆状物体，相当于普通话的"撮""捆"。例如：一~毛/头发/稻草/柴蓬/焦泥/屙浸草。也用于烟雾状物体。例如：一~烟/灰尘/火。

沰 toʔ⁵：液体或有较多水分的堆状固体。例如：一~痰/糯糊/淖泥烂泥/鸡屙。

局 dʑyoʔ²：相当于普通话的"段""截"。例如：一~铅丝/毛线/棒头，矮一~，人一~~死。

脱 t'əʔ⁵：相当于普通话的"段""截"。例如：一~树根头/带鱼/毛竹/杨柳树/屙/鳗鲞；后门头一株杨柳树，锯~有~。①

拔 bɐʔ²/bəʔ²：用于团状物体，例如：一~头发/草/葱；饭吃勒一拔花头饭只吃了一点点。也可用于不成形的物体，例如：一~淖泥烂泥/灰尘。

潮 dzɔ²²：一群人或物，例如：一~人/鸭/鹅/鸡。也用于指次数，相当于普通话的"场"，例如：一~雪/雨/霜；该样子摆的雨还超两~落嚄那个样子(估计)还要下几场雨。

□t'ø³⁵：路程。例如：一~路；我陪尔走一~。

埕 dzən²²：盛酒容器专用量词。例如：一~老酒/烧酒。如果酒坛子用来装醋或酱油，也可说成"一~米醋/酱油"。

拍 p'ɐʔ⁵：用于三魂六魄的量词。例如：活灵缺一~。

坒 bi²⁴：用于指一层一层的物体，近于普通话的"排""列"。例如：一~砖头/瓦片；腌咸齑辰光先安一~盐，再安一~菜腌咸菜的时候先放一层盐，再放一层菜。

爿 bɛ²⁴：①用于指商店、工厂等。例如：一~店/厂/山/地/西瓜/竹园/稻/大麦/倭豆。②片，张：例如：一~树叶/鳗鲞。

领 lin²⁴：用于席子、蓑衣等。例如：一~席/蓑衣。

乓 p'a⁴⁴：用于串状物。例如：一~香蕉/葡萄。

离 li²²：用于海鲜。例如：一~带鱼/鳗鲞。

---

① "脱"和"局"的区别："脱"侧重指已经从整体中脱落自成一段的物体，"局"侧重指整体中的一部分，可以是脱落了的，也可以指没有脱落的。所以可以说"人一局局死"，不能说"＊人一脱脱死"。

柱 tsʐ²²：用于坟墓、石磨等。例如：一~坟/磨/碑。

级 tɕiʔ⁵：用于束状物体。例如：一~稻草/麦秆/蕃薯藤。

脚 tɕiɐʔ⁵：将整体分成若干股，成为"脚"。例如：东西八个人分八脚_{把东西按八个人分成八份。}

裥 kie³⁵：用于像橘子一般可以一瓣瓣分开的片状物体。例如：一~橘子/文旦。

绞 kɔ³⁵：用于圈形的线状物。例如：一~绒线/棉纱线/牵田绳。

窠 kʻəu⁵³：鸡等家禽两次抱窝间下的蛋称"一窠蛋"。例如：该只鸡一~有交关蛋好生。也用于指地方。例如：该~地方；其来该~。

畈 fɛ⁴⁴：指成片的田地。例如：一~田。

度 du²⁴：用于表示次数。例如：汏一~，漆一~，头~苦，二~补_{指喝茶。}

摊 tʻɛ⁵³：用于大张的纸。例如：写一~大字。

荚 tɕiʔ⁵：用于荚状物。例如：一~花生/毛豆/倭豆。

客 kʻɐʔ⁵：用于食品，相当于普通话的"份"。例如：一~盒饭/小笼/馄饨。

搭 kʻɐʔ⁵：指食指和拇指合成的圈儿的大小。例如：一~韭菜。

汉 xɐi⁴⁴：衣服、料子等一片或一幅为一汉。例如：毛线衫先织后~，再织前~。

稑 bei²⁴：谷穗专用量词。例如：一~稻稑/甜芦穄/稷菽/六谷。

刁 tio⁵³：用于穗状物体。例如：一~_朵稻稑/麦稑/荠菜/荷花/马兰；一~_条柴。

菩 bu²²：用于丛状块茎植物。例如：一~洋芋艿/山芋艿/蕉藕/生姜。

株 tsʐ⁵³：用于棵状的植物。例如：一~菜/杨柳树。

二 易混淆的物量词

下面是宁波话和普通话共有的量词，但在与名词的配合上，宁波话和普通话不是一一对应的，有的部分重合、部分相异，有的则完全相异。

枚 mei²²：普通话用于"别针、铁钉、戒指"，宁波话还可用于"指末头_{手指头}、抵针_{顶针}"等。

封 foŋ⁵³：宁波话"封"使用范围比普通话广，用于装封套的东西都可以用"封"。例如：一～信/蜡烛/自来火/人情。

顶 tin³⁵：普通话主要用于"帽子""轿子"，宁波话还可以用于"雨伞"。

根 kən⁵³：普通话用"根"的宁波话也用"根"。例如：一～棒头_{棍子}/头发/扁担。部分普通话用"条"的，宁波话用"根"。例如：一～_条被面/被头/矮凳/虫/蛇/手巾。

条 dio²²：宁波话"条"的使用范围要比普通话小得多，主要用于裤子类和香烟。例如：一～香烟/裤/裙。

部 bu²²：宁波话量词"部"相当于普通话"辆""台""架"。例如：一部脚踏车/嘉陵牌_{摩托车}/三轮车/拖拉机/汽车/铁车_{缝纫机}/路梯_{楼梯}。

件 dʑi²²：宁波话"件"用于"衣裳_{衣服}"外，还可以说：一～_颗糖。

份 vən²⁴：用于报纸文件等与普通话同，如一～报纸。宁波话还可用于"户、家、房"等，如一～人家，大～新妇，二～新妇。

只 tsɐʔ⁵：宁波话"只"是个通用量词，范围要比普通话广。可用于：①动物类（爬行类、鱼类除外），用法跟普通话同。例如：一～鸡/牛/白象/鸟/苍蝇/蟑螂。②人的身体部位，普通话大多用"个"，宁波话多用"只"。例如：一～手/脚/手指末头/手底爿_{手掌}/屁股/面孔/头/肚皮/肚脐眼。③日常用具，普通话多用"个"，宁波话习惯用"只"。例如：一～土笥_{土筐}/猪厩/水缸/电视机/冰箱/碗/蒸笼/水桶/洞眼_{小洞}/角子_{硬币}。④某些抽象的名词，普通话只能用"个"，宁波话"个""只"两可，且倾向于用"只"。例如：一～乱梦/故事/脑筋_{主意、点子}。

个 ɦoʔ²：宁波话"个"主要用于指人。例如：一～人/老板/神仙/教书先生。

三　物量词的特殊用法

物量词通常是用在数词/指示词与名词（包括名词性短语）之间，构成"数/指＋量＋名"组合，充当句中成分。从形式上看，宁波话比较特殊的物量词组合可以归纳为四类：①一＋量＋名；②量＋名；③领属/处所 + 量 + （名）；④形容词 + 量 + （名）。

（一） 一 + 量 + 名

"一 + 量 + 名"作宾语，宁波话与普通话用法相同，作主语，用法有别。普通话"一 + 量 + 名"作主语一般是泛指的，宁波话则可以是泛指，也可以是定指。例如：

(1) 一只老猫是话自家跟来，限板是只好老猫。（猫如果自己跟来的话，一定是只好猫）

i?⁵ tsɐ?⁵ lɔ²⁴ mɛ²² zʅ²² ɦuo²⁴ zi²⁴ kuo⁵³⁻⁴⁴ kən⁵³ lie²², ɦiɛ²⁴ pɛ³⁵⁻⁴⁴ zʅ²² tsɐ?⁵ hɔ³⁵⁻⁴⁴ lɔ²⁴ mɛ²²。

(2) 一个人是话自家勿努力，办法没个。〔人要是自己不努力，（那是）没有办法（的事情）〕

i?⁵ ɦio?² ɳin²² zʅ²² ɦuo²⁴⁻²¹ zi²⁴ kuo⁵³⁻⁴⁴ və?² nu²² li?², bɛ²⁴ fɐ?⁵ mə?⁵ ɦio?²。

(3) 一部梯子得夷驮带去，我自家搭用勿来嘞！（那架梯子被他借走了，我自己都不能用了）

i?⁵ bu²⁴ t'ie⁵³ tsʅ⁰ tə?⁵ zi²² dəu²² ta⁰ tɕ'i⁴⁴, ŋo²⁴ zi²⁴⁻²² kuo⁵³⁻⁴⁴ tɐ?⁵ zyoŋ²⁴ və?² lie²² lɐi⁰！

(4) 一顶雨伞坠带落，落雨天价真犯关。（那把伞掉了，下雨的天气真让人忧烦）

i?⁵ tin³⁵ ɦiy²² sɛ³⁵⁻⁵³ to?⁵ ta⁴⁴ lɔ?², lɔ?² ɦiy²² t'i⁵³⁻⁴⁴ kuo⁴⁴ tsən⁵³ vɛ²² kuɛ⁵³。

前例中"一只老猫""一个人"，泛指；后两例中"一部梯子""一顶雨伞"，定指。

用于定指的"一 + 量 + 名"结构前若加上领属成分，往往省略数词"一"，构成"领属 + 量 + 名"组合，如"我部车""其只书包""尔件衣裳"等。

（二） 量 + 名

"量 + 名"组合在普通话中一般只作动词的宾语用，如看了场电影；买了件衣服。宁波话"量 + 名"组合除了可作宾语，还可作主语。例如：

(5) 只书包去驮驮来。（那个书包去拿来）

tsɐʔ⁵ sɿ⁵³⁻⁴⁴ pɔ⁵³ tɕʻiʔ⁵ dəu²² dəu²² lie⁰。

（6）梗黄鳝鎏介刁滑啦！（这条黄鳝真是狡猾啊）

kuã³⁵ ɦuɔ̃²²⁻²¹ zɐi²² dzɐi²² ka⁴⁴ tio⁵³⁻⁴⁴ ɦuɐʔ²² la⁰！

前一例中"只书包"相当于"那个书包"，后一例中"梗黄鱼"相当于"那条黄鱼"，都是有定的，量词的指代性很明显。如果"量＋名"作宾语的话，那么就不定了。

（三）领属/处所＋量＋（名）

"领属/处所＋量＋名"可充当主语和宾语，量词具指代功能。例如：

（7）我只皮夹寻不着嚸。（我那个钱包找不到了）

ŋo²⁴ tɕiɐʔ⁵ bi²² kɐʔ⁵ zin²²⁻²¹ vəʔ⁵ tsɐʔ⁵ lɐi⁰。

（8）屋落坛灶要修过嚸。（家里那坛灶要修一修了）

uoʔ⁵ loʔ² dɐ²² tsɔ⁴⁴ io⁴⁴ ɕy⁵³ kəu⁴⁴ lɐi⁰。

（9）我今么睏诺张眠床。（我今天睡你那张床）

ŋo²⁴ tɕiʔ⁵ məʔ² kʻuən⁴⁴ noʔ⁵ dzã²² mi²² zɔ̃²²⁻²¹。

（10）明朝种龙地寺爿地。（明天种龙田寺那边的田）

m²² tsɔ⁵³ tsoŋ³⁵⁻⁴⁴ loŋ²²⁻²¹ di²⁴⁻²² zɿ²⁴⁻²² bɐ²² di²⁴⁻²²。

例（7）中"我只皮夹"，例（8）中"屋落坛灶"作主语，例（9）中"诺张眠床"，例（10）中"龙地寺爿地"作宾语。不管是作主语还是宾语，量词的指代义是确定无疑的。

当说话人之间对所说对象都明了的时候，可省略"名"，普通话则绝对不能这样使用。例如：

（11）我只比诺只好看。（我的那只比你的那只好看）

ŋo²⁴ tsɐʔ⁵ pi³⁵ noʔ² tsɐʔ⁵ hɔ³⁵⁻⁵³ kʻi⁴⁴。

（12）阿龙相公部老早卖掉眼嚸。（阿龙相公那部早就卖了的）

ɐʔ⁵ loŋ²² ɕiã⁴⁴ koŋ⁵³⁻⁴⁴ bu²⁴ lɔ²⁴ tsɔ³⁵⁻⁵³ ma³⁵ dio²⁴⁻²² ŋie²⁴⁻⁰ lɐi⁰。

（13）后头山株比新家㐂株年数多。（后头山那株比新家㐂那株年份上要久）

ɦø²² dø²² sɐ⁵³⁻⁴⁴ tsɿ⁰ pi³⁵ ɕin⁵³ kɐʔ⁵ ɔ⁴⁴ tsɿ⁰ ȵi²²⁻²¹ su⁴⁴ təu⁵³。

（14）上顶埭去种夷好。（把上面那条去种好它）

dzɔ̃²⁴ tən³⁵ da⁰ tɕʻiʔ⁵ tsoŋ⁴⁴ zi²² hɔ⁰。

（四）"形容词＋量＋名"组合

这类组合主要作主语，不作宾语。形容词一般由"雪白""簌新""墨黑"等充任。例如：

（15）簌新双鞋弄勒屙堆打。（崭新的一双鞋弄得脏兮兮的）

ts'oʔ⁵ ɕin⁵³ sɔ̃⁵³⁻⁴⁴ ɦia²² noŋ²⁴ ləʔ² əu⁴⁴ tɐi⁵³⁻⁴⁴ tã³⁵⁻⁰。

（16）雪白件衣裳穿勒一日，乌龟爬过样！（雪白的一件衣服穿了一天，就像乌龟爬过一样）

ɕiʔ⁵ bɐʔ² dʑi²⁴ i⁵³⁻⁴⁴ zɔ̃²²⁻²¹ ts'ø⁵³⁻⁴⁴ ləʔ² iʔ⁵ ɳiʔ²，u⁵³⁻⁴⁴ tɕy⁵³ bo²²⁻²¹ kəu⁴⁴⁻⁵³ ʑiã²⁴！

例中"量＋名"都可以看作"一＋量＋名"省去了"一"。这种用法不能省略"形容词"，也不能省略"名词"。

用于区别指代的时候，也可以省略"名"。例如：

（17）黑黑只是诺个，白白只是我个。（黑色的那个是你的，白色的那个是我的）

həʔ⁵ həʔ⁵ tsɐʔ⁵ zɿ²² noʔ² ɦioʔ²，bɐʔ² bɐʔ² tsɐʔ⁵ zɿ²² ŋo²⁴ ɦioʔ²。

（18）蓝蓝个件馱得我看看看。（蓝颜色的那件给我看一下）

lɛ²²⁻²⁴ lɛ²² ɦioʔ² dʑi²⁴ dəu²²⁻²¹ təʔ⁵ ŋo²⁴ k'i⁴⁴ k'i⁴⁴ k'ie⁴⁴。

实际上，"量名"前还可以用谓词性短语或小句来修饰，不过量词的指代功能依然不变。例如：

（19）昨么夜到穿过双鞋去馱来。（昨天晚上穿过的那双鞋去拿来）

zoʔ² məʔ² ʑia²⁴ tɔ⁴⁴ ts'ø⁵³ kəu⁴⁴ sɔ̃⁵³⁻⁴⁴ ɦia²² tɕ'iʔ⁵ dəu²² lie⁰。

（20）得其河勒丢掉眼梗棒头去撮来。（被他丢到河里的那条棒去拿来）

təʔ⁵ dʑi²² ɦəu²² ləʔ² ty⁵³ dio²² ŋɛ²⁴ kuã³⁵ bɔ̃²² dɐi²² tɕ'iʔ⁵ ts'əʔ⁵ lie⁰。

四　量词重叠

宁波话单音节物量词重叠有两种形式："AA"式和"A打A"式。

（一）"AA"式

AA式主要作定语用。在普通话里，AA作定语有两种情况：一种具有说明性，如"条条大路通罗马"中的"条条"；另一种具有描写性，如"天空叠着层层的思念"中的"层层"。宁波话里 AA 作定语表示"每一"的意思，不用于描写，不表示量"多"，后面也不能加"个的"字语法成分。例如：

（21）窠窠地方和总寻遍，也没寻着。（每个地方都找遍了，也没找到）

k'əu⁵³ k'əu⁵³ di²⁴ f ɔ̃⁰ ɦəu²² tsoŋ⁰ ʑin²² pi⁴⁴⁻⁵³，ɦa²⁴ məʔ⁵ ʑin²² tsɐʔ⁵。

（22）梗梗黄鱼煞新鲜！（每条黄鱼很新鲜）

kuã³⁵⁻⁵³ kuã³⁵⁻⁴⁴ ɦuɔ̃²²ŋ²² sɐʔ⁵ ɕin⁵³⁻⁴⁴ ɕi⁵³！

（23）株株毛笋黄泥拱！（每棵竹笋都是黄泥拱）

tsɿ⁵³ tsɿ⁵³⁻⁴⁴ mɔ²²⁻²¹ sən³⁵⁻⁴⁴ ɦuɔ̃²²⁻²¹ n̩i²² koŋ³⁵⁻⁴⁴！

（24）个个儿子大学考进啦！（每个儿子都考上了大学）

kəu⁴⁴ kəu⁴⁴ŋ²² tsɿ⁰ da²⁴ ɦioʔ² k'ɔ³⁵ tɕin⁰ la⁰！

在语序上，AA 可以移到被修饰的名词后面，如上例"窠窠地方""梗梗黄鱼""株株毛笋""个个儿子"都可以说成"地方窠窠""黄鱼梗梗""毛笋株株""儿子个个"。

以上 AA 作定语的用法多带有惊讶或意外的语义。"AA"可以用"A 打 A"替换，替换后遍指意更浓。

AA 加上数词"一"构成"一 AA"式后，可作状语。普通话中 AA 作状语，表示"逐一"的意思。形式上，作状语的 AA 后边通常不带"的"。例如：把礼物用锡纸层层包起来。聪明的赌徒不把把下注。宁波话里，用"一 AA"作状语，表示按时间顺序"逐一"，后边不带"个的"。"AA"不能直接作状语。例如：

（25）言话一句句讲。（话一句一句地讲）

ɦiɛ²²⁻²¹ ɦuo²⁴⁻²² iʔ⁵ tɕy³⁵ tɕy³⁵ kɔ̃³⁵。

（26）饭一口口吃，屙一脱脱撒。（饭一口一口地吃，大便一坨一坨地拉）

vɛ²⁴ iʔ⁵ k'ø³⁵ k'ø³⁵ tɕ'yoʔ⁵，əu⁴⁴ iʔ⁵ t'əʔ⁵ t'əʔ⁵ dza²⁴。

（27）砖头一垒垒码上去。（砖头一层一层地码上去）

tsɐi⁵³⁻⁴⁴ dø⁰ iʔ⁵ bi²⁴ bi²⁴ mo²² dzɔ̃²² tɕ'i⁴⁴。

（28）墙一途途打过去。（墙一堵一堵地砌过去）

dʑiã²² iʔ⁵ du²⁴ du²⁴⁻²² tã³⁵⁻⁵³ kəu⁴⁴ tɕʻi⁰。

普通话里，AA 还可以作谓语，对事物的情状加以描写，强调"多"的意思。如：白云朵朵，红旗飘飘，琴音声声。宁波话 AA 不作谓语。

（二）"A 打 A"式

宁波话量词重叠还有"A 打 A"形式，是 AA 重叠式的强调式，语法功能胜于 AA 式，可以作主语、谓语、状语、补语。

1. 作主语

"A 打 A"常作主谓谓语句中的小主语，强调"遍指"。例如：

（29）其拉屋落个人个打个交关有出息。［他们家的人个个（都）很有出息］

dʑɿeiʔ² lɛʔ² uoʔ⁵ loʔ² fioʔ² n̩in²² kəu⁴⁴ tã³⁵⁻⁵³ kəu⁴⁴ tɕio⁵³⁻⁴⁴ kuɛ⁵³ fiɤ²⁴⁻²² tsʻəʔ⁵ ɕiʔ⁵。

（30）葛篮杨梅只打只簌乌锃亮。（这篮子杨梅个个乌黑锃亮）

kəʔ⁵ lɛ²² ʑiã²² mɐi²² tsɐʔ⁵ tã⁰ tsɐʔ⁵ tsʻoʔ⁵ u⁵³ dzã²² liã²⁴。

这种用法比"AA"式更加普遍、自然。

2. 作谓语

"A 打 A"也可作谓语。例如：

（31）天上云朵打朵。（天上的云一朵一朵的）

tʻi⁵³ dzõ²² ʑyoŋ²² tuo³⁵ tã⁰ tuo³⁵⁻⁴⁴。

（32）河埠头屙浸草蓬打蓬。（河埠头的屙浸草一丛一丛的）

fiəu²² bu²⁴ dɐi²² əu⁴⁴ tɕin⁴⁴ tsʻɔ³⁵ boŋ²² tã⁰ boŋ²²⁻²¹。

"A 打 A"单独作谓语，A 只能是"朵""蓬""菩"等有限的几个量词，其他像"只""个""本""梗"等大部分量词用于"A 打 A"作谓语，必须有后续句来进一步说明语义。例如：

（33）牙齿粒打粒，样子嬔好好嘀！（牙齿一颗颗的，样子别说有多好）

ŋo²²⁻²¹ tsʻ̩⁰ liʔ² tã⁰ liʔ²，ʑiã²⁴ ts̩⁰ vɐi²¹ hɔ⁰ hɔ³⁵⁻⁵³ lɐi⁰！

（34）小猪只打只，卖相好哦！（小猪一只只的，样子真好）

ɕio³⁵ ts̩³⁵⁻⁴⁴ tsɐʔ⁵ tã⁰ tsɐʔ⁵，ma³⁵ ɕiã⁵³⁻⁴⁴ hɔ³⁵⁻⁵³ vɐʔ²！

3. 作状语

"A 打 A"可作状语。例如：

（35）葛眼花木盆打盆卖。（这些花木整盆整盆地卖）

　　kəʔ⁵ ŋɛ⁰ huo⁵³⁻⁴⁴ moʔ² bən²² tã⁰ bən²² ma³⁵。

（36）其买香烟只打只买个。（他买烟整只整只地买）

　　dʑi²² ma²⁴ ɕiã⁵³⁻⁴⁴ iʔ⁵³ tsɐʔ⁵ tã⁰ tsɐʔ⁵ ma²⁴ ɦoʔ²。

（37）其每毛甘蔗捆打捆驮得我吃。（他每次把甘蔗整捆整捆地拿
给我吃）

　　dʑi²² mɐi²⁴ mɔ²² ki⁵³ tsuo⁵³⁻⁴⁴ kʻuən³⁵ tã⁰ kʻuən³⁵⁻⁰ dɐu²² təʔ⁵ ŋo²⁴
tɕʻyoʔ⁵。

　　"A 打 A" 强调的是整体。"盆打盆"强调花木整盆卖，不拆开卖；
"只打只"强调买烟是整只整只买；"捆打捆"强调甘蔗以捆为单位。

　　4. "A 打 A" 作补语

　　"A 打 A" 作补语主要用于被动句中，置于"V 勒ᵥ得"后头，一般
不加"个"。例如：

（38）面孔得夷抓勒垛打垛。[脸被他抓得（伤疤）一条一条的]

　　mi²⁴ kʻoŋ³⁵ təʔ⁵ zi²² tsa⁵³⁻⁴⁴ ləʔ² da²⁴ tã⁰ da²⁴⁻²¹。

（39）一件衣裳得夷剪勒丝打丝！（那件衣服被他剪得成丝儿了）

　　iʔ⁵ dʑi²⁴ i⁵³⁻⁴⁴ zõ²² təʔ⁵ zi²² tɕi³⁵⁻⁴⁴ ləʔ² sɿ⁵³⁻⁴⁴ tã⁰ sɿ⁵³⁻⁴⁴！

　　"垛打垛""丝打丝"补充说明动词的结果。

五　宁波方言常见名词量词搭配表

表 5-1　　　　　　　　宁波方言名量搭配

量词	音标	例子
把	[po³⁵]	一把椅子、一把刀、一把芹菜、一把汗
本	[pən³⁵]	一本书、一本簿子、一本账
匹	[pʻiʔ⁵]	一匹马、一匹布
帖	[tʻiɐʔ⁵]	一帖药
味	[vi²⁴]	一味药
锭	[din²⁴]	一锭墨、一锭元宝
朵	[tuo³⁵]	一朵花、一朵云
顿	[tən⁴⁴]	①名量词：一顿饭、一顿酒；②动量词：打一顿、吃一顿

续表

量词	音标	例子
条	[dio²²]	一条裤、一条香烟
只	[tsɐʔ⁵]	一只手、一只茶杯、一只黄狗、一只故事、一只乱梦
盏	[tsɛ³⁵]	一盏油灯、一盏电灯、一盏酒盏
床	[ɔ̃²²]	一床被头、一床被单
株	[tsʅ⁵³]	一株杨梅树、一株柳树、一株桃、一株草药、一株万年青、一株菜、一株稻
粒	[liʔ²]	一粒米、一粒糖、一粒牙齿、一粒弹子、粒打粒
块	[kʻuɐi³⁵]	一块石头、一块淖泥、一块地皮、一块板、一块布
口	[kʻø³⁵]	一口井、一口棺材、一口饭、雪白一口牙齿、吃一口
个	[ɦioʔ²]	一个人、一个问题、一个脑筋、一个忖法
间	[kie⁵³]	一间屋、一间洋房、一间七架廊、一间猪厩间
片	[pʻi⁴⁴]	一片生姜、一片年糕干、一片鱼鳞
篇	[pʻi⁵³]	一篇文章、一篇新闻、一篇报道、一篇文言文
页	[ziʔ²]	一页书
段	[dø²⁴]	一段路、一段故事、一段段落
面	[mi²⁴]	一面镜子、一面铜锣、一面鼓
股	[ku³⁵]	一股绳、一股头发、一股气味、一股黑烟
座	[zəu²⁴]	一座山、一座庙、一座轿子、一座塔
刀	[tɔ⁵³]	一刀肉、一刀草纸
甏	[bã²⁴]	一甏酒、一甏醋
包	[pɔ⁵³]	一包包头、一包花生、一包红枣、一包糖
筒	[doŋ²⁴]	一筒纸头、一筒面
担	[tɛ⁴⁴]	一担米、一担茶、一担柴
排	[pʻa²²]	一排树、一排桌凳、一排屋
串	[tsʻɐi⁴⁴]	一串毛蟹、一串珠珠、一串香干、一串杨梅、一串葡萄
句	[tɕy⁴⁴]	一句言话、一句口诀、一句咒语、骂两句、一句佛
双	[sɔ̃⁵³]	一双袜、一双筷、一双手
对	[tɐi⁴⁴]	一对鸳鸯、一对夫妻、一对手镯、一对戒指
副	[fu⁴⁴]	一副眼镜、一副手套、一副牌、一副围棋
格	[kɐʔ⁵]	一格抽斗、一格路梯、一格格子、一格蒸笼
节	[tɕiʔ⁵]	一节毛竹、一节甘蔗、一节电池、一节车厢

续表

量词	音标	例子
板	[pɛ³⁵]	一板豆腐、一板揿钮、一板别针、一板夹钳
盅	[tsoŋ⁵³]	一盅老酒
瓢	[biɔ²²]	一瓢水、一瓢汤
勺	[zoʔ²]	一勺水、一勺盐、一勺米粉、一勺米、一勺水泥
桶	[doŋ²⁴]	一桶油、一桶水
盆	[bən²⁴]	一盆水、一盆衣裳
壶	[fiu²²]	一壶油、一壶老酒、一壶茶
笼	[loŋ²⁴]	一笼包子
听	[tʻin⁵³]	一听罐头、一听啤酒（外来词，tin）
渧	[ti⁴⁴]	一渧眼泪、一渧油、一渧药水
盒	[fiɐʔ²]	一盒自来火、一盒巧克力
篮	[lɛ²²]	一篮鸡蛋、一篮杨梅、一篮菜、一篮芋艿
袋	[die²⁴]	一袋米、一袋谷、一袋尿素、一袋猪屙
圈	[tɕʻy⁵³]	麻将搓两圈、跑步跑一圈
任	[zən²⁴]	当一任官
手	[sø³⁵]	一手字
堆	[tɐi⁵³]	一堆谷、一堆沙泥、一堆柴、一堆牛屙
列	[liʔ²]	一列火车
旅	[ly²⁴]	军队的编制
扇	[sɐi⁴⁴]	一扇门、一扇窗门、一扇猪肉
幅	[foʔ⁵]	一幅画、一幅字
尊	[tsən⁵³]	一尊菩萨、一尊佛像
身	[sən⁵³]	一身衣裳、一身长衫
阵	[dzən²⁴]	一阵风、一阵雨、一阵一阵痛
成	[dzən²⁴]	一成、两成、三成、九成九
沓	[dɐʔ²]	一沓钞票、一沓草纸、一沓黄表纸、一沓锡箔
批	[pʻi⁵³]	一批货、一批学生
套	[tʻɔ⁴⁴]	一套衣裳、一套银针、一套人民币、一套家具、一套书
枚	[mɐi²²]	一枚别针、一枚银针、一枚钉子、一枚螺丝、一枚校徽
笔	[piʔ⁵]	一笔账、一笔钞票、一笔赊账、一笔事体、一笔字
封	[foŋ⁵³]	一封信、一封压岁钿、一封人情

续表

量词	音标	例子
顶	[tin³⁵]	一顶帽子、一顶轿子、一顶雨篷、一顶帐子、一顶雨伞
根	[kən⁵³]	一根手指末头、一根扁担、一根头发、一根草
部	[bu²⁴]	一部汽车、一部机器、一部铁车（缝纫机）、一部路梯（楼梯）、一部电影
炷	[tsɿ³⁵]	一炷香、蚊虫咬一炷
场	[dzã²²]	一场戏文、一场电影、一场毛病、一场火
支	[tsɿ³⁵]	一支笔、一支飞镖、一支手枪
件	[dʑi²⁴]	一件衣裳、一件罩衫、一件糖
门	[mən²²]	一门亲事、一门课、一门考试
样	[ʑiã²⁴]	一样事体、一样东西
份	[vən²⁴]	一份报纸、一份人家、一份工作
坛	[dɛ²²]	一坛灶、一坛风箩（炉子）
埭	[da²⁴]	一埭河、一埭路、一埭疤、一埭字、走一埭
起	[tɕʻi³⁵]	一起交通事故、一起事体、一起矛盾
梗	[kuã³⁵]	一梗手巾、一梗鱼、一梗蛇、一梗棒头、一梗头发、一梗舌头、一梗绳、一梗被头、一梗矮凳、一梗油条、一梗眉毛
领	[lin²⁴]	一领席
齣	[tsʻəʔ⁵]	一齣戏
瓜	[ko³⁵]	一瓜西瓜、一瓜石头、一瓜屁股、一瓜揩桌布
管	[kuø³⁵]	一管枪、一管秤、一管钥匙、一管尺
爿₁	[bɛ²⁴]	一爿商店、一爿厂、一爿店、一爿山
爿₂	[pɛ³⁵]	一爿叶爿、一爿鳗鲞
斠	[tʻø³⁵]	一斠楼屋、一斠草屋
忙	[mõ²²]	去过一忙、吃过两忙饭、下忙到北京去
记	[tɕi⁴⁴]	一记、敲一记、吃一记
乒	[pʻã⁵³]	串：一乒香蕉、一乒葡萄
途	[du²⁴]	堵：一途墙、一途板壁
塔	[tʻɐʔ⁵]	处：一塔地方、做塔、各塔
蓬	[boŋ²⁴]	①撮，捆：一蓬头发、一蓬柴、一蓬稻草；②场，阵，股：一蓬烟、一蓬灰尘
局	[dʑyoʔ²]	段，截：一局铅丝、剩落半局、局打句

续表

量词	音标	例子
拔	[bəʔ²]	①缕，撮：一拔草、一拔葱；②用于不成形的物体：一拔淖泥、一拔灰、一拔屙
拍	[pʻɐʔ⁵]	指一部分：活灵缺一拍
坒	[bi²⁴]	排，列：一坒砖头、一坒盐、一坒菜
沰	[toʔ⁵]	指黏稠的液体或有较多水分的堆状固体：一沰痰、一沰浆、一沰屙、一沰糯糊、一沰淖泥
离	[li²⁴]	截：一离带鱼、一离鳗鲞
柱	[tsʅ³⁵]	用于坟墓、石磨等：一柱坟、一柱磨
住	[dzʅ²⁴]	顿：一住饭、日里三住饭，夜到三块板
级	[tɕiʔ⁵]	捆：一级草纸、一级稻草
潮	[dzɔ²²]	①群；指人、物众多者：一潮鸭、一潮鹅、一潮鸡；②场：一潮雨、一潮雪、一潮霜
裥	[kie³⁵]	片：一裥橘子、一裥文旦
□	[tʻø³⁵]	指一段路程：一□路、我陪诺走一□
绞	[kɔ³⁵]	用于圈形的线状物：一绞绒线、一绞棉纱线、一绞牵田绳、一绞稻绳
埕	[dzən²⁴]	一埕老酒、一埕米醋
架	[ko⁴⁴]	房屋的深度，两柱之间为一架：七架屋、五架屋
进	[tɕin⁴⁴]	用于房屋：一进房子、前进、后进
博	[poʔ⁵]	指房屋柱子与柱子之间的距离：五博屋、七博屋
缚	[bəu²⁴]	捆：一缚柴、一缚稻草
票	[pʻio⁴⁴]	类，批：该票货色倒还好个
窠	[kʻəu⁵³]	鸡等家禽两次抱窝间下的蛋称"一窠蛋"。该只鸡一窠有交关蛋好生、一窠地方、一窠小鸡
班	[pɛ⁵³]	用于人群：该班小青年
畈	[fɛ⁵³]	指成片的田地：一畈田、泼畈田、
度	[du²⁴]	次：漆一度、头度苦，二度补（喝茶）
吊	[tio⁴⁴]	串：一吊葡萄
摊	[tʻɛ⁵³]	用于大张的纸：写一摊大字
令	[lin²⁴]	一令纸头
渍	[zəʔ²]	剂，用于煎汤药：头渍二渍

续表

量词	音标	例子
荚	[tɕiʔ⁵]	用于荚状物：一荚花生、一荚毛豆、一荚倭豆
剧	[dʑiʔ²]	场，用于戏剧：一剧戏文、电视每日一剧
客	[kʻɐʔ⁵]	份；用于食品：一客盒饭、一客小笼、一客馄饨
搭	[kʻɐʔ⁵]	指食指和拇指合成的圈儿的大小：一搭韭菜
汉	[hɐi⁴⁴]	衣服、料子等一片或一幅为一汉：毛线衫先织后汉，再织前汉、帐门两汉生
移	[zi²²]	阵：一移乌风猛曝，人差眼得其吹勒河里、啥东西吃坏的嚼，肚皮移打移痛
拓	[tʻo ʔ⁵]	大拇指与中指张开的长度：一拓长
仞	[zən²⁴]	两臂平伸的长度：一仞长
道	[dɔ²⁴]	一道题目、一道光
团	[dø²²]	一团绒线、一团粢饭
届	[ka⁴⁴]	相当于"次"：开届会、剃一届头发、虫去除一届
支光	[tsʅ⁴⁴ kuɔ̃⁴⁴]	指灯的瓦数：六十支光日光灯
丘	[tɕʻy⁵³]	用于田地：其来该厢一~田做生活
脱	[tʻəʔ⁵]	段、截：一脱带鱼、一脱树根头、一脱毛竹、一脱屌
脚	[tɕiɐʔ⁵]	五兄弟家计分五脚、拼股我也有一脚
稽	[bɐi²⁴]	一稽稻稽、稽甜芦穄、一稽稷菽、稽六谷
刁	[tio⁵³]	一刁稻稽、一刁麦稽、一刁荠菜、一刁马兰
菩	[bu²⁴]	用于丛状块茎植物：一菩洋芋艿、一菩蕉藕、一菩生姜

第六章　指代

宁波方言代词系统主要由人称代词、指示代词和疑问代词构成。

第一节　人称代词

宁波方言人称代词有三套，两套表示单数，一套表示复数，语法功能和名词相似，能作主语、宾语、定语，不能作谓语、状语，不受副词修饰等。

一　第一人称

宁波方言第一人称代词单数为"我、我落、自家"，复数为"阿拉"。例如：

（1）我伤风气嚸，勿去。（我是主格）

$\eta o^{24} \ s\tilde{\sigma}^{53} \ fo\eta^{53-44} \ t\varphi'i^{44} \ l\textrm{\ae}i^{0}, \ v\textrm{\ae}?^{2} \ t\varphi'i^{44}$。

（2）我落勿去。（我落是主格）

$\eta o^{24} \ lo?^{2} \ v\textrm{\ae}?^{2} \ t\varphi'i^{44}$。

（3）莫骗我。（我是宾格）

$mo^{44} \ p'i^{44} \ \eta o^{24-22}$。

（4）个人事体自家做。（自家是主格）

$k\textrm{\ae}u^{44} \ \eta_{\textrm{\i}}in^{22-21} \ z\textrm{\i}^{24} \ t'i^{35} \ zi^{24} \ kuo^{53-44} \ ts\textrm{\ae}u^{44}$。

有些固定结构，如谚语、俗语中，也用"自"表示第一人称。例如：

（5）人家傲是珍宝，自傲自好是草包。（自，主格）

$\eta_{\textrm{\i}}in^{22} \ kuo^{53} \ \eta o^{24} \ z\textrm{\i}^{22} \ ts\textrm{\ae}n^{53} \ p\sigma^{35-44}, \ zi^{24} \ \eta o^{24-22} \ zi^{24} \ h\sigma^{35-44} \ z\textrm{\i}^{22}$

$ts'\sigma^{35-53} \ p\sigma^{53-44}$。

复数形式"阿拉"既可以用于排除式，也可用于包括式。例如：

（6）阿拉后日解封。

ɐʔ⁵ lɐʔ² ɦø²² n̠.iʔ² ka³⁵ foŋ⁵³⁻⁴⁴。

根据不同的语言环境，这个例子中的"阿拉"可以是包括式的，也可以是排除式的。如果说话者是向听话者陈述一种事实的话，"阿拉"不包括听话者；如果说话者是提醒、告知并要求的话，"阿拉"则既包括说话者这一方，也包括听话者那一方。

第一人称代词双数不用"俩"，而用"阿拉两个人"。例如：

（7）阿拉两个人渳两口。（我们两个喝两口）

ɐʔ⁵ lɐʔ² liã²⁴ ɦoʔ² n̠.in²² mi⁴⁴ liã²⁴ k'ø³⁵⁻⁴⁴。

（8）我也姓王，阿拉两个人和姓王。（我也姓王，我们两个人
都姓王）

ŋo²⁴ ɦia²⁴⁻²² çin⁴⁴ ɦiũ²²，ɐʔ⁵ lɐʔ² liã²⁴ ɦoʔ² n̠.in²² ɦiəu²² çin⁴⁴ ɦiũ²²。

二　第二人称

宁波方言第二人称代词单数为"尔"［n̩²⁴］、"诺"［noʔ²］，复数为"倷"［nɐʔ²］，双数为"倷两个人"。没有单独的尊称形式，尊称一般采用长辈的称呼加上第二人称。例如：

（9）尔咋辰光来啦？（你什么时候来？尔是主格）

n̩²⁴ dza²⁴⁻²¹ dzən²² kuõ⁵³⁻⁴⁴ lie²² la⁰？

（10）呒人话诺过。（没有人说过你。诺是宾格）

m̩²⁴⁻²¹ n̠.in²² ɦuo²⁴ noʔ² kəu⁴⁴。

（11）倷咋话啦？（你们怎么说？倷是主格）

nɐʔ² dza²⁴ ɦuo²⁴ la⁰？

（12）倷两个人又造孽啦？（你们两个人又吵架了？倷两个人是主
格，双数）

nɐʔ² liã²⁴ ɦoʔ² n̠.in²² ʑi²⁴ zɔ²² n̠.iʔ² la⁰？

（13）阿叔诺夜饭吃去。（叔叔你晚饭吃了再去。阿叔诺是主格，
尊称）

ɔ⁴⁴ soŋ⁴⁴ noʔ² ʑia²⁴ vɛ²⁴⁻²² tç'yoʔ⁵ tç'i⁴⁴。

（14）老伯倷今年过年屋落来哦？（伯伯你们今年过年家里回来不

回来？老伯俉是主格，尊称）

lɔ²⁴⁻²² pɐʔ⁵ nɐʔ² tɕin⁵³⁻⁴⁴ ȵi²²⁻²¹ kəu⁴⁴ ȵi²² uoʔ⁵ loʔ² lie²² vɐʔ²？

宁波方言第二人称单数还有一个特殊的"汝其"，用来对不知道名字的人的称呼，多在老年人口中出现，有时候也用"某人"，用法上多以"呼语"的方式出现。例如：

（15）汝其，诺得我香烟去买包来。（某人，你给我香烟去买一包）

zɿ²² dʑi²²，noʔ² təʔ⁵ ŋo²⁴ ɕiã⁵³⁻⁴⁴ i⁵³ tɕʻiʔ⁵ ma²⁴⁻²² pɔ⁵³⁻⁴⁴ lie²²。

（16）某人，尔啥人拉儿子啦？（某人，你是谁的儿子）

məu²² ȵin²²⁻²¹，n²⁴ soʔ⁵ ȵin²² lɐʔ²n²²⁻²¹ tsɿ⁰ la⁰？

三　第三人称

宁波方言第三人称代词单数为"其"［dʑi²²］，也有部分人用"夷"［ʑi²²］老派也用"其诺"，口语中不分性别，用于人，不用于非人。没有单独的尊称形式，一般用称呼后加第三人称代词的方式表达。复数为"其拉"［dʑiɐʔ² lɐʔ²］，也用"人家"　　［ȵin²² kuo⁵³］、　"别人"［biʔ²ȵin²²］，也可以使用"称呼＋拉"表示泛指的复数，没有尊称形式。双数为"其拉两个人"。例如：

（17）其后日开学。（他后天开学。其，单数，他，主格）

dʑi²² ɦø²² ȵiʔ² kʻie⁵³⁻⁴⁴ ɦioʔ²。

（18）莫去惹其。（别去惹他其，单数，他，宾格）

mɔ⁴⁴⁻⁵³ tɕʻiʔ⁵ za²⁴⁻²² dʑi²²。

（19）葛事体其拉一眼勿晓得。（这事他们一点都不知道。其拉，复数，他们，主格）

kəʔ⁵ zɿ²⁴ tʻi³⁵ dʑiɐʔ² lɐʔ² iʔ⁵ ŋɛ²⁴ vəʔ² ɕio³⁵ təʔ⁵。

（20）阿叔拉过年到相否来过。（叔叔他们过年到相否来过。阿叔拉，复数，叔叔一家，主格）

ɔ⁴⁴ soŋ⁴⁴ lɐʔ² kəu⁴⁴ ȵi²² tɔ⁴⁴ ɕiã⁵³⁻⁴⁴ ɔ⁴⁴⁻⁵³ lie²²⁻²¹ kəu⁴⁴。

（21）其拉两个人岁数加起来两百岁到快嘞。（他们两个人的岁数加起来两百岁都快到了。其拉两个人，双数，主格）

dʑiɐʔ² lɐʔ² liã²⁴ ɦioʔ² ȵin²² sɿ⁴⁴ su⁰ kuo⁵³ tɕʻi³⁵⁻⁴⁴ lie²² liã²⁴ pɐʔ⁵ sɿ⁴⁴ tɔ⁴⁴ kʻua⁴⁴ lɐi⁰。

四　人称代词的领属形式

宁波方言人称代词的领属结构有两种表达形式，一种为"人称代词"后加"个"表示领属，另一种为人称代词后加量词表示领属。例如：

（22）我只手表寻勿着嘞。（我的手表找不到了。我只手表＝我的手表）

ηo^{24} $tse?^5$ $s\phi^{35-53}$ pio^{35-44} $\textsf{z}in^{22-21}$ $v\theta?^2$ $tse?^5$ $l\textsf{e}i^0$。

（23）诺本书借勿啦？（你的这本书借不借？诺本书＝你的书）

$no?^2$ $p\theta n^{35}$ $s\textsf{1}^{53}$ $t\textsf{ç}ia^{44}$ $v\theta?^2$ la^0？

（24）其部汽车得人家撞掉嘞。（他的那辆汽车被人撞坏了。其部汽车＝他的汽车）

dz_i^{22} bu^{24-22} $t\textsf{ç'}i^{44}$ $ts'uo^{53}$ $t\theta?^5$ η_in^{22} kuo^{53} $dz\tilde{o}^{24}$ tio^{44} $l\textsf{e}i^0$。

（25）阿拉眼杨梅今年钞票赚着嘞。（我们的那些杨梅今年赚着了。阿拉眼杨梅＝我们的杨梅）

$\textsf{e}?^5$ $l\textsf{e}?^2$ $\eta\textsf{e}^0$ $\textsf{z}i\tilde{a}^{22}$ $m\textsf{e}i^{22-21}$ $t\textsf{ç}in^{53-44}$ η_i^{22} $ts'\textsf{o}^{53}$ $p'io^{44}$ $dz\textsf{e}^{24}$ $tse?^5$ $l\textsf{e}i^0$。

如果所领属的是称谓，则使用"人称代词复数＋亲属称谓"表示领属。例如：

（26）阿拉阿姆今年七十一。（我的母亲今年七十一岁。阿拉阿姆＝我的母亲）

$\textsf{e}?^5$ $l\textsf{e}?^2$ $\tilde{a}^{44}$ $\textsf{m}^{22}$ $t\textsf{ç}in^{53-44}$ η_i^{22} $t\textsf{ç'}i?^2$ $z\theta?^2$ $i?^5$。

（27）倷儿子好读书勒哦？（你儿子可以读书了吗？倷儿子＝你的儿子）

$n\textsf{e}?^2$ $n\textsf{1}^{22}$ $ts\textsf{1}^0$ ho^{35} $do?^2$ $s\textsf{1}^{53}$ $l\theta?^2$ $v\textsf{e}?^2$？

（28）其拉老公核酸阳性隔离去眼嘞。（她的老公核酸阳性隔离去了。其拉老公＝她老公）

$dz_i\textsf{e}?^2$ $l\textsf{e}?^2$ $l\textsf{o}^{24-22}$ $ko\eta^{53}$ $\text{ħ}\textsf{e}?^5$ $s\phi^{53}$ $\textsf{z}i\tilde{a}^{22}$ $\textsf{ç}in^{44-53}$ $k\textsf{e}?^5$ li^{22} $t\textsf{ç'}i^{44}$ $\eta\textsf{e}^{24}$ $l\textsf{e}i^0$。

小结

我们将宁波方言人称代词的基本用法列于下表：

表 6 - 1　　　　　　　　　　宁波方言人称代词

范畴 人称	单数	复数		双数	主＝宾	领属		尊称
		排除式	包括式			单	复	
第一身	我/ 我落 自家/自	阿拉 （大家）	阿拉 （大家）	阿拉两个 阿拉 两个人	我/我落 自家/自	＋量词	＋量词	无
第二身	尔/诺 汝其、某人	㑚		㑚两个 㑚两个人	尔/诺 汝其、 某人	＋量词	＋量词	无
第三身	其/夷/其诺	其拉，人家，别人		其拉两个 其拉两个人	其/夷	＋量词	＋称谓 ＋量词	无

第二节　指示代词

宁波方言指示代词近指、中指和远指三分。大致来说，近指用"荡"［dɔ̃］，中指用"葛"［kəʔ］，远指用"该"［gɛ］。从用法上看，"葛""该"相当于普通话"这""那"，"荡"与"葛"相比，主要用于个体、名物、处所和数量的指称上，空间上靠近说话人身体周边的位置，"葛"的指示范围则宽泛很多，有时候也比较抽象。

一　葛记、葛辰光

"葛记（现在）、葛辰光（那时候）"表示时间。例如：

（1）葛记几点钟啦？（现在几点钟了）

$kəʔ^5 tçi^{44} tçi^{35} tie^{35-53} tsoŋ^{53-44} la^0$ ？

（2）葛记生活吃着！（现在吃到教训了）

$kəʔ^5 tçi^{44} sã^{53-35} ɦuəʔ^2 tç'yoʔ^5 tsɐʔ^5$ ！

（3）葛辰光生活条件推扳。（那时候生活条件差）

$kəʔ^5 dzən^{22} kuɔ̃^{53-44} sən^{53-44} ɦuəʔ^2 dio^{22} dʑi^{24-21} t'ɐi^{53-44} pɛ^{53}$ 。

二　荡窰、葛窰、该窰

"荡窰（这里）、葛窰（这里）、该窰（那里）"表示处所。例如：

（4）手表来荡窖。（手表在这里）

sø³⁵⁻⁵³ pio³⁵⁻⁴⁴ lie²² dɔ̃²⁴ dɐi²²。

（5）葛窖封牢的嘞。（这里封闭了）

kəʔ⁵ dɐi²² foŋ⁵³ lɔ²² tiʔ⁵ lɐi⁰。

（6）阿拉得该窖去看戏文去。（我们到那里看戏去）

ɐʔ⁵ lɐʔ² təʔ⁵ kie⁵³⁻⁴⁴ dɐi²² tɕʻiʔ⁵ kʻi⁴⁴ ɕi⁴⁴ vən⁰ tɕʻi⁴⁴。

三　介貌、介貌样；葛种格、该种格

"介貌、介貌样；葛种格、该种格"表示方式、性状，远指近指不论，如此这般的意思。例如：

（7）介貌拉好嘞。（这样拉好了）

ka⁴⁴ mɔ²⁴⁻²¹ la⁵³ hɔ³⁵⁻⁴⁴ lɐi⁰。

（8）介貌样做落去，要勿对个和。（这样做下去，要出错的）

ka⁴⁴ mɔ²⁴⁻²² n̠iã²⁴⁻²² tsəu⁴⁴ loʔ² tɕʻi⁴⁴，io⁴⁴ vəʔ² tɐi⁴⁴ ɦoʔ² ɦiəu⁰。

（9）其人就是介貌样。（他就是这个样子）

dʑi²² n̠in²² zø²⁴ zɿ²² ka⁴⁴ mɔ²⁴ n̠iã²⁴⁻²²。

（10）葛种格事体做勿来。（如此这般的事不能做）

kəʔ⁵ tsoŋ³⁵ kɐʔ⁵ zɿ²⁴ tʻi³⁵ tsəu⁴⁴ vəʔ² lie²²。

（11）该种格去弄弄其。（那个样子去做一做）

gɛ²² tsoŋ³⁵⁻⁴⁴ kɐʔ⁵ tɕʻiʔ⁵ noŋ²⁴ noŋ²⁴⁻²² dʑi²²。

四　介

"介"表示这样、这么、如此，可修饰名词、形容词或动词性短语。例如：

（12）介人啊？难弄个。（这样的人啊，不好相处）

ka⁴⁴ n̠in²² ɦia⁰？ nɛ²²⁻²¹ noŋ²⁴⁻²² ɦoʔ²。

（13）介勿懂道理！（这么不懂事）

ka⁴⁴ vəʔ² toŋ³⁵⁻⁵³ dɔ²⁴⁻²² li⁰！

（14）介大东西驮勿动。（这么大的东西拿不动）

ka⁴⁴ dəu²⁴ toŋ⁵³⁻⁴⁴ ɕi⁵³ dəu²²⁻²¹ vəʔ² doŋ²²。

五 荡眼、葛眼、该眼

"荡眼、葛眼、该眼"表示这些、那些。例如：

（15）荡眼东西去卖卖掉。（这些东西去卖掉）

dɔ̃²⁴⁻²² ŋɛ²⁴⁻²² toŋ⁵³⁻⁴⁴ ɕi⁵³ tɕʻiʔ⁵ ma³⁵ ma³⁵⁻⁴⁴ tio⁰。

（16）葛眼衣裳穿勿进嘞。（这些衣服穿不了了）

kəʔ⁵ ŋɛ²⁴ i⁵³⁻⁴⁴ zɔ̃²²⁻²¹ tsʻø⁵³ vəʔ² tɕin⁴⁴ lɐi⁰。

（17）该眼灰蛋明朝得阿军带去。（那些咸蛋明天给阿军带去）

gɛ²² ŋɛ²⁴⁻²² huɐi⁵³ ʥɛ²⁴⁻²² m̩²² tsɔ⁵³ təʔ⁵ ɐʔ⁵ tɕyoŋ⁵³⁻⁴⁴ ta⁴⁴ tɕʻi⁰。

（18）荡/葛/该两只鸡开始生蛋嘞。（这/那两只鸡开始生蛋了）

dɔ̃²⁴/kəʔ⁵/gɛ²² liã²⁴⁻⁵³ tsɐʔ⁵ tɕi³⁵ kʻie⁵³⁻⁴⁴ sʅ³⁵⁻⁴⁴ sã⁵³⁻⁴⁴ ʥɛ²⁴ lɐi⁰。

小结

宁波方言指示代词的用法列表如下：

表6–2   宁波方言指示代词

	近指	中指	远指
个体/名物	荡 荡+量 荡种+N	葛 葛+量+N 葛种+N	该 该+量 该种+N
程度		介	介
方式/性状		介貌、介貌样 葛种格	介貌、介貌样 该种格
处所	荡窖	葛窖	该窖
时间		葛记	葛辰光
数量	荡眼、荡+ 两+量	葛眼、葛+两+量	该眼、该+两+量
可否指示兼替代		葛是其个书。（这是他的书） 葛生个。（这是生的） 葛气味忒大勒！（这味儿太大了） 葛来勿及嘞。（这来不及了） 葛我限板要去个。（这我非去不可）	

第三节 疑问代词

宁波方言核心疑问代词主要有以下四个："啥""阿里""咋"
"几/多少"等，其他都是在这四个基础上延伸出来的。

一 啥人、阿里个人

"啥人""阿里个人"问人，可作主语、宾语、定语。前者相当于
普通话的"谁"，后者相当于普通话的"哪个人"。例如：

（1）啥人去驮来？（谁去拿来）

sə$ʔ^5$ ȵin^{22} tɕ'i$ʔ^5$ dəu^{22} lie^{22}？

（2）葛老头是啥人啦？（这老头是谁）

kə$ʔ^5$ lɔ$^{24-22}$ dɐi^{22} zɿ^{22} sə$ʔ^5$ ȵin^{22} la^0？

（3）葛只书包是啥人个啦？（这个书包是谁的）

kə$ʔ^5$ tsɐ$ʔ^5$ sɿ$^{53-44}$ pɔ^{53} zɿ^{22} sə$ʔ^5$ ȵin^{22} ɦo$ʔ^2$ la^0？

以上例句中，"啥人"都可以替换成"阿里个人"，不过语义上，
后者更偏重在已知范围内的疑问，前者则不受限制。

二 啥个、啥东西、啥个东西

"啥个"相当于普通话的"什么"，"啥个东西""啥东西"相当于
普通话的"什么东西"。问物。多作宾语。例如：

（4）葛是啥个啦？（这是什么？）

kə$ʔ^5$ zɿ^{22} sə$ʔ^5$ ɦo$ʔ^2$ la^0？

（5）每日做眼啥东西啦？（每天做点什么？）

mɐi^{24} ȵi$ʔ^2$ tsəu^{44} ŋɛ$^{24-22}$ sə$ʔ^5$ toŋ$^{53-44}$ ɕi^{53} la^0？

（6）葛窖到底啥个东西来的啦？（这里到底有什么东西在啊？）

kə$ʔ^5$ dɐi^{22} tɔ^{44} ti$^{35-53}$ sə$ʔ^5$ ɦo$ʔ^2$ toŋ$^{53-44}$ ɕi^{53} lie^{22} ti$ʔ^5$ la^0？

三 咋

"咋"通常问方式或性状，相当于普通话的"怎么"。"咋"后经常
跟动词或动词重叠格式。例如：

（7）葛句言话宁波人咋话话啦？（这句话宁波人怎么说）

kəʔ⁵ tɕy³⁵⁻⁵³ ɦiɛ²²⁻²¹ ɦuo²⁴⁻²² n̩in²² pəu⁵³⁻⁴⁴ n̩in²² dza²⁴ ɦuo²⁴⁻²¹ ɦuo²⁴⁻²² la⁰？

（8）葛事体咋做呢？（这事怎么做呢）

kəʔ⁵ zɿ²⁴ t'i³⁵ dza²⁴⁻²¹ tsəu⁴⁴ ni⁰？

"咋话"已是固定用法，表示征询他人意见，是"你怎么看""你觉得怎么样""结果如何"的意思。例如：

（9）昨日考试咋话啦？（昨天考试怎么样）

zoʔ² n̩iʔ² k'ɔ³⁵⁻⁵³ sɿ⁴⁴ dza²⁴ ɦuo²⁴⁻²² la⁰？

（10）我葛生活，咋话啦？（我这本事，怎么样）

ŋo²⁴ kəʔ⁵ sã⁵³⁻⁴⁴ ɦuəʔ², dza²⁴ ɦuo²⁴⁻²¹ la⁰？

四　阿里、阿里窠

"阿里""阿里窠"相当于普通话的"哪里"。问处所。例如：

（11）诺普通言话阿里学来啦？（你普通话哪些学来的）

noʔ² p'u³⁵⁻⁵³ t'oŋ⁵³⁻⁴⁴ ɦiɛ²² ɦuo²⁴⁻²² ɐʔ⁵ li²⁴ ɦoʔ² lie²² la⁰？

（12）我只手机来阿里窠啦？（我的手机在哪里）

ŋo²⁴ tsɐʔ⁵ sø³⁵⁻⁴⁴ tɕi⁵³⁻⁴⁴ lie²² ɐʔ⁵ li²⁴⁻²¹ k'əu⁵³⁻⁴⁴ la⁰？

（13）阿里窠好看肚仙啦？（哪里可以看肚仙）

ɐʔ⁵ li²⁴ k'əu⁵³ hɔ³⁵ k'i⁴⁴ tu³⁵ ɕi⁵³⁻⁴⁴ la⁰？

问处所除了用"阿里/阿里窠"，还有"啥地方""啥个地方"，用法上与"阿里/阿里窠"大致相同。

五　咋够/多少、几

"咋够"相当于普通话的"多少"。问数量。宁波方言也使用"多少""几"来问数量。例如：

（14）其拉要咋够啦？（他们要多少）

dʑiɐʔ² lɐʔ² io⁴⁴ dza²⁴ kø⁴⁴⁻³⁵ la⁰？

（15）其要借多少钞票啦？（他要借多少钱）

dʑi²² io⁴⁴ tɕia⁴⁴ təu⁵³⁻⁴⁴ sɔ³⁵⁻⁵³ ts'ɔ⁵³ p'io⁴⁴ la⁰？

（16）老头今年几岁啦？（老公今年多少岁）

lɔ²⁴⁻²² dɐi²² tɕin⁵³⁻⁴⁴ ŋ̩i²² tɕi³⁵ sʅ⁴⁴⁻⁵³ la⁰？

"咋够/多少"一般跟名词，也可以单独使用。"几"常跟表量的词连用，如"几点钟""几年""几个月""几斤几两""几公尺""几抽斗"等。"几"单独使用的时候，一般是问数字或计算。例如：

（17）（伸出两根手指，问）：葛是几？（这是几）

 kəʔ⁵ zʅ²² tɕi³⁵？

（18）十六加七是几？（十六加七是多少）

zəʔ² loʔ² ko⁵³⁻⁴⁴ tɕʻiʔ² zʅ²² tɕi³⁵？

（19）十七乘十七是几？（十七乘十七是多少）

zəʔ² tɕʻiʔ² dzən²² zəʔ² tɕʻiʔ² zʅ²² tɕi³⁵？

六　咋辰光、啥辰光

"咋辰光""啥辰光"相当于普通话的"什么时候"。问时间。例如：

（20）阿拉咋辰光去啦？（我们什么时候去）

ɐʔ⁵ lɐʔ² dza²⁴⁻²¹ dzən²² kũ⁵³⁻⁴⁴ tɕʻi⁴⁴ la⁰？

（21）倷咋辰光结婚啦？（你们什么时候结婚）

nɐʔ² dza²⁴⁻²¹ dzən²² kũ⁵³⁻⁴⁴ tɕi⁵ huən⁵³ la⁰？

（22）葛记啥辰光啦？（现在什么时候）

kəʔ⁵ tɕi⁴⁴ soʔ⁵ dzən²² kũ⁵³ la⁰？

问具体年月日时间，常用"几几年""几月几号""礼拜几""几点/几点钟""几点几分"。例如：

（23）甲午年是几几年啦？（甲午年是哪一年）

tɕiɐʔ⁵ vu²⁴⁻²² ŋ̩i²² zʅ²² tɕi³⁵ tɕi³⁵⁻⁴⁴ ŋ̩i²² la⁰？

（24）其生日是几月几号啦？（他生日是几月几号）

dzʑi²² sã⁵³⁻⁴⁴ ŋ̩iʔ² zʅ²² tɕi³⁵ zyo²² tɕi³⁵ ɦɔ²² la⁰？

（25）阿拉几点钟去啦？（我们几点钟去）

ɐʔ⁵ lɐʔ² tɕi³⁵ tie³⁵⁻⁵³ tsoŋ⁵³⁻⁴⁴ tɕʻi⁴⁴ la⁰？

（26）礼拜几的尔嘛？（已经星期几了）

li²² pa⁴⁴⁻⁵³ tɕi³⁵ tiʔ⁵ əl²⁴ lɐʔ²？

（27）电影几点几分开始？（电影几点几分开始）

$$di^{24} \ in^{35-44} \ t\varsigma i^{35} \ tie^{35-53} \ t\varsigma i^{35} \ f\vartheta n^{53} \ k'ie^{53-44} \ s\gamma^{35-44}?$$

小结

我们将宁波方言疑问代词的基本用法简列如下：

表6-3 　　　　　　　　　宁波方言疑问代词

疑问范畴		单数	复数	可否为任指代词
基本		啥、啥个、啥东西、啥个东西		没啥个好吃。（没什么可吃） 随便啥个弄眼吃吃 油盐酱醋啊，啥个，买眼来
人		啥人（谁）		随便啥人勿欢喜
个体指别		阿里个/只……	阿里眼	
处所		阿里窠 啥地方		随便阿里窠
时间		啥辰光，咋辰光 几几年、几月几号、礼拜几、几点钟、几点几分		随便啥辰光
程度	疑问语气	咋够/（高） 多少（高）		
	赞叹语气	咋会		
方式/性状		咋话/讲/做做		随尔咋做做
原因		厄啥 咋会（还没吃完）		
数量	基本	多少 咋够+形容词（高、厚、重）		
	十以内	几		
	其他数域以内	多少		
	与量词组合的情况	几+量词、几+度量衡		

第七章　性状[①]

宁波方言性状表达主要通过状态形容词与特殊结构来实现，状态形容词主要包括单音节形容词重叠、双音节形容词重叠、"冰凉""通红"类形容词及带后缀的形容词；特殊结构主要指"XXV""V 过亦 V""V 记 V 记"等结构。

第一节　状态形容词

朱德熙先生在《语法讲义》中将形容词分为性质形容词和状态形容词两类。性质形容词包括单音节形容词和一般的双音节形容词。状态形容词主要包括：

1. 单音节形容词重叠式；
2. 双音节形容词重叠式；
3. "冰凉""通红"一类形容词；
4. 带后缀的形容词。

本节主要讨论后两类状态形容词及其相类情况。为了讨论方便，我们把带后缀的状态形容词记作甲类，把"冰凉""通红"一类形态形容词记作乙类，用大写 A、B 代表词根，小写的 c、d、e 代表词缀及近于词缀的附加成分。这里主要从构造、语义以及功能方面分别考察这两类状态形容词的特点。

---

① 本节重在介绍"性状"的"状"，不考察性质形容词，重点介绍状态形容词以及具有摹状特性的结构。

一 甲类状态形容词

甲类状态形容词主要有五类：Acc 式、Acde 式、ABcd 式、AAcc 式和 AcAd 式。其中 Acc 式最为常见。

（一）Acc 式

1. Acc 式的结构

Acc 一般是由单音节词根后附双音节的叠音（或近于后缀的叠音成分）构成。词根主要是形容词性的，也有些是名词性的，动词性的极少，也有些词根的词性不太好辨认。叠音后缀也大都结合面很窄。例如：

①A 为形容词

懈舒舒 ga²² sɿ⁵³ sɿ⁴⁴　　腐奇奇 vu²² dʑi²¹ dʑi²²　　腐烂烂 vu²² lɛ²¹ lɛ²²

老肯肯 lɔ²² k'ən⁵³ k'ən⁴⁴　　老懈懈 lɔ²² ga²¹ ga²²　　硬结结 ŋã²² tɕiʔ⁵ tɕiʔ⁵

硬剥剥 ŋã²² poʔ⁵ poʔ⁵　　硬燥燥 ŋã²² sɔ⁴⁴ sɔ⁴⁴　　硬绷绷 ŋã²² pã⁴⁴ pã⁴⁴

横至至 ɦuã⁵³ tsɿ⁵³ tsɿ⁴⁴　　硬至至 ŋã²² tsɿ⁵³ tsɿ⁴⁴　　软泛泛 ŋy²² fɛ⁵³ fɛ⁴⁴

软塌塌 ŋy²² t'ɐʔ⁵ t'ɐʔ⁵　　软绵绵 ŋy²² mi⁴² mi⁴²　　皴蒲蒲 nɐi²² bu²¹ bu²²

黄蒲蒲 ɦuɔ²² bu²¹ bu²²　　黏胶胶 ni⁴⁴ kɐʔ⁵ kɐʔ⁵　　韧的的 nin²⁴ tiʔ⁵ tiʔ⁵

韧接接 nin²⁴ tɕiʔ⁵ tɕiʔ⁵　　韧皮皮 nin²⁴ bi²¹ bi²²　　嫩哀哀 nɐn²² ɛ⁵³ ɛ⁴⁴

咸滋滋 ɦiɛ²² tsɿ⁵³ tsɿ⁴⁴　　咸辣辣 ɦiɛ²² lɐʔ² lɐʔ²　　淡呵呵 dɤ²² həu⁵³ həu⁴⁴

臭稀稀 ts'ø⁴⁴ ɕi⁵³ ɕi⁴⁴　　臭烘烘 ts'ø⁴⁴ ɦioŋ⁵³ hoŋ⁴⁴　　酸滋滋 sø⁴⁴ tsɿ⁵³ tsɿ⁴⁴

酸汪汪 sø⁴⁴ uɔ̃⁵³ uɔ⁴⁴　　甜浆浆 die²² tɕiã⁵³ tɕiã⁴⁴　　苦得得 k'u⁵³ tɐʔ⁵ tɐʔ⁵

辣呵呵 lɐʔ² həu⁵³ həu⁴⁴　　麻辣辣 lɐʔ² mo²¹ mo²²　　蔫槽槽 i⁴⁴ zɔ²¹ zɔ²²

燥迫迫 sɔ⁴⁴ pɐʔ⁵ pɐʔ⁵　　燥乎乎 sɔ⁴⁴ fu⁵³ fu⁴⁴　　燥剥剥 sɔ⁴⁴ poʔ⁵ poʔ⁵

干剥剥 ki⁵³ poʔ⁵ poʔ⁵　　散滔滔 sɛ⁴⁴ dɔ²¹ dɔ²²　　松扑扑 soŋ⁵³ p'oʔ⁵ p'oʔ⁵

宽搭搭 k'uø⁵³ tɐʔ⁵ tɐʔ⁵　　空佬佬 k'oŋ⁴⁴ lɔ²¹ lɔ²²　　空势势 k'oŋ⁴⁴ sɿ⁵³ sɿ⁴⁴

胀拔拔 tsã⁴⁴ bɐʔ² bɐʔ²　　壮搭搭 tsɔ̃⁴⁴ tɐʔ⁵ tɐʔ⁵　　胖乎乎 p'ɔ̃⁴⁴ hu⁵³ hu⁴⁴

胖墩墩 pɔ̃⁴⁴ tən⁵³ tən⁴⁴　　瘦怯怯 sø⁴⁴ tɕ'iʔ⁵ tɕ'iʔ⁵　　瘪骸骸 piʔ⁵ hie⁵³ hie⁴⁴

瘪塌塌 piʔ⁵ t'ɐʔ⁵ t'ɐʔ⁵　　痛兮兮 t'oŋ⁴⁴ ɕi⁵³ ɕi⁴⁴　　灼辣辣 zoʔ² lɐʔ² lɐʔ²

浑顿顿 ɦuən²² tən⁵³ tən⁴⁴　　浑滔滔 ɦuən²² dɔ²¹ dɔ²²　　急鼓鼓 tɕiʔ⁵ ku⁵³ ku⁴⁴

急绷绷 tɕiʔ⁵ pã⁵³ pã⁴⁴　　痒飕飕 ʑiã²² sø⁵³ sø⁴⁴　　黄央央 ɦuɔ²² iã⁵³ iã⁴⁴

寒势势 ɦiɐi²² sɿ⁵³ sɿ⁴⁴　　寒抖抖 ɦiɐi⁴⁴ tø⁵³ tø⁴⁴　　赫老老 hɐʔ⁵ lɔ²¹ lɔ²²

怕势势 p'o⁴⁴ sɿ⁵³ sɿ⁴⁴　慌稀稀 huɔ⁵³ çi⁴⁴ çi⁴⁴　阴森森 in⁴⁴ sən⁵³ sən⁴⁴

直利利 dzəʔ² li²² li²¹　冷幽幽 lã²² y⁵³ y⁴⁴　冷清清 lã²² tɕ'in⁵³ tɕ'in⁴⁴

冷势势 lã²² sɿ⁵³ sɿ⁴⁴　冷刮刮 lã²² kuɐʔ⁵ kuɐʔ⁵　冷冰冰 lã²² pin⁵³ pin⁴⁴

热度度 ȵi²² du²² du²²　热炯炯 ȵi²² doŋ²¹ doŋ²²　热拔拔 ȵiʔ² bɐʔ² bɐʔ²

清势势 tɕ'in⁴⁴ sɿ⁵³ sɿ⁴⁴　重顿顿 dzoŋ²² tən⁵³ tən⁴⁴　懒懈懈 lɛ²² ga²¹ g²²

嗇比比 səʔ⁵ piʔ⁵ piʔ⁵　短促促 tø⁵³ ts'oʔ⁵ ts'oʔ⁵　蓝接接 lɛ²¹ tɕiʔ⁵ tɕiʔ⁵

笃悠悠 toʔ⁵ y⁵³ y⁴⁴　愁顿顿 zø²² tən⁵³ tən⁴⁴　木佬佬 moʔ² lɔ²¹ lɔ²²

涩格格 səʔ⁵ kɐʔ⁵ kɐʔ⁵　实别别 zəʔ² biʔ² biʔ²　浅松松 tɕ'i⁴⁴ soŋ⁵³ soŋ⁴⁴

滑溚溚 ɦuɐʔ² tɐʔ⁵ tɐʔ⁵　滑奇奇 ɦuɐʔ² dʑi²¹ dʑi²²　旧那那 dzy²² na²¹ na²²

绿油油 loʔ² ɦiy²¹ ɦiy²²　绿鬱鬱 loʔ² y⁵³ y⁴⁴　红稀稀 ɦoŋ²² çi⁵³ çi⁴⁴

白塔塔 bɐʔ² t'ɐʔ⁵ t'ɐʔ⁵　白夫夫 bɐʔ² fu⁵³ fu⁴⁴　白洋洋 bɐʔ² ziã²² ziã²¹

灰扑扑 huɐi⁵³ p'oʔ⁵ p'oʔ⁵　黄古古 ɦuɔ²² ku⁵³ ku⁴⁴　黄亨亨 ɦuɔ̃²² hã⁵³ hã⁴⁴

青樱樱 tɕ'in⁴⁴ ã⁵³ ã⁵³　黑洞洞 u⁵³ doŋ²² doŋ²²　乌溜溜 u⁵³ ly²² ly²²

焗敦敦 u⁴⁴ tən⁵³ tən⁴⁴　幽敦敦 y⁴⁴ tən⁵³ tən⁴⁴　乌油油 u⁵³ ɦiy²² ɦiy²²

亮穿穿 liã²² ts'ø⁵³ ts'ø⁴⁴　明当当 min²¹ dɔ²¹ dɔ²²　木乎乎 moʔ² fu⁵³ fu⁴⁴

浑浊浊 ɦuən²² zoʔ² zoʔ²　阴笃笃 in⁴⁴ toʔ⁵ toʔ⁵　红冬冬 ɦoŋ²² toŋ⁵³ toŋ⁴⁴

②A 为名词

肉及及 ȵyoʔ² dʑiʔ² dʑiʔ²　油蒿蒿 ɦiy²² hɔ⁵³ hɔ⁴⁴　漆蒿蒿 tɕ'iʔ⁵ hɔ⁵³ hɔ⁴⁴

油咪咪 ɦiy²² mi²¹ mi²²　油挪挪 ɦiy²² nəu²¹ nəu²²　肉割割 ȵyoʔ²kəʔ⁵ kəʔ⁵

面刺刺 mi²² la²¹ la²²　汗滋滋 ɦiɐi²² tsɿ⁵³ tsɿ⁴⁴　骨碌碌 kuɐʔ⁵ loʔ² loʔ²

武耍耍 vu²² sa⁵³ sa⁴⁴　方顿顿 fɔ⁴⁴ tən⁵³ tən⁴⁴　团鼓鼓 dø²² ku⁵³ ku⁴⁴

③A 为动词

挖佬佬 uɐʔ⁵ lɔ²¹ lɔ²²　笑呵呵 çio⁴⁴ həu⁵³ həu⁴⁴

④不太好辨认 A 的词性

洋皮皮 ziã²² bi²¹ bi²²　厄伏伏 ɐʔ⁵ boʔ² boʔ²　木佬佬 moʔ² lɔ²² lɔ²¹

次毛凛凛 ts'ɿ⁴⁴ mɔ²¹ lin⁴⁴ lin⁴⁴

以上 Ac 不成词，多数 cc 的语义已经虚化，往往说不太清楚 cc 和 A 在语义上有什么联系。例如："红稀稀、汗滋滋、紫答答、燥乎乎"等，很难说其中的"稀稀、滋滋、答答、乎乎"有什么实在的意思。但是部分还没有完全虚化的 cc，还是可以看出一点实词义。例如："冷冰冰、黄古古、笑呵呵"中的"冰、古、呵"，分别与"冷""古旧泛黄""笑的动作"有关。有些可以找到较古的语源，如"白醨醨"，意思是脸上白得没有血色，《集韵》上声筱韵，朗鸟切，"醨，面白也"，音义均合。

总的来说，Acc 中的 c 虚多实少，同一个 A 可与不同的 cc 构成同义词语。例如：

甜：甜丝丝 die^{22} s$ʅ^{53}$ s$ʅ^{44}$　　　甜咪咪 die^{22} mi^{21} mi^{22}

　　甜滋滋 die^{22} ts$ʅ^{53}$ ts$ʅ^{44}$　　甜齉齉 die^{22} noŋ^{21} noŋ^{22}

　　甜夹夹 die^{21} kɐʔ^5 kɐʔ^5　　甜浆浆 die^{22} tɕiã^{53} tɕiã^{44}

白：白塔塔 bɐʔ^2 t'ɐʔ^5 t'ɐʔ^5　　白醨醨 bɐʔ^2 lio^{21} lio^{22}

　　白茫茫 bɐʔ^2 mɔ̃^{22} mɔ̃^{21}　　白夫夫 bɐʔ^2 fu^{53} fu^{44}

　　白洋洋 bɐʔ^2 ʑiã^{22} ʑiã^{21}

木：木乎乎 moʔ^2 fu^{53} fu^{44}　　木兴兴 moʔ^2 ɕin^{44} ɕin^{42}

　　木稀稀 moʔ^2 ɕi^{53} ɕi^{44}　　木笃笃 moʔ^2 to$ʔ^5$ to$ʔ^5$

　　木答答 moʔ^2 tɐʔ^5 tɐʔ^5

同一个 cc，也可以跟不同的 A 组合。例如：

答答：粘答答 ni^{44} tɐʔ^5 tɐʔ^5　　湿答答 sə$ʔ^5$ tɐʔ^5 tɐʔ^5

　　　软答答 ny^{22} tɐʔ^5 tɐʔ^5　　苦答答 k'u^{53} tɐʔ^5 tɐʔ^5

　　　戆答答 gɔ̃^{22} tɐʔ^5 tɐʔ^5

滋滋：酸滋滋 sø^{44} ts$ʅ^{53}$ ts$ʅ^{44}$　　甜滋滋 die^{22} ts$ʅ^{53}$ ts$ʅ^{44}$

　　　咸滋滋 ɦiɛ^{22} ts$ʅ^{53}$ ts$ʅ^{44}$

塌塌：瘪塌塌 piʔ^5 t'ɐʔ^5 t'ɐʔ^5　　软塌塌 ny^{22} t'ɐʔ^5 t'ɐʔ^5

　　　黄塌塌 uɔ̃^{53} t'ɐʔ^5 t'ɐʔ^5

　　　皴塌塌 nɐi^{22} t'ɐʔ^5 t'ɐʔ^5

稀稀：红稀稀 ɦoŋ^{22} ɕi^{53} ɕi^{44}　　甜稀稀 die^{22} ɕi^{53} ɕi^{44}

　　　戆稀稀 gɔ̃^{22} ɕi^{53} ɕi^{44}　　木稀稀 moʔ^2 ɕi^{53} ɕi^{44}

　　　寿稀稀 zø^{22} ɕi^{53} ɕi^{44}

亨亨：红亨亨 ɦoŋ^{22} hã^{53} hã^{44}　　蓝亨亨 lɛ^{22} hã^{53} hã^{44}

　　　黄亨亨 ɦuɔ̃^{22} hã^{53} hã^{44}

虽然理论上讲，宁波方言中有一些形容词后缀 cc 具有类推性、开放性的特点，如上述"稀稀"适用范围就很广，如"痛稀稀、壮稀稀、破稀稀、胀稀稀、聋稀稀、背稀稀、神经稀稀、十三点稀稀"等。但是，从总体上看，不同的形容词加后缀似乎都有选择性。如味觉词"酸、甜、苦、咸"等从构词的原理来看，它们都可以跟"答答"构成"酸答答、甜答答、苦答答、咸答答"形式，但是从实际运用来看，经常使用的味觉 Acc 重叠式都有比较固定的 c。例如：

酸：酸几几 $sø^{44}$ $tɕi^{53}$ $ɕi^{44}$　　甜：甜魗魗 die^{22} $noŋ^{21}$ $noŋ^{22}$

咸：咸滋滋 $ɦiɛ^{22}$ $tsɿ^{53}$ $tsɿ^{44}$　　苦：苦得得 $k'u^{53}$ $tɐʔ^{5}$ $tɐʔ^{5}$

辣：辣麻麻 $lɐʔ^{2}$ mo^{21} mo^{22}　　淡：淡呵呵 $dɛ^{22}$ $həu^{53}$ $həu^{44}$

油：油蒿蒿 $ɦiɣ^{22}$ $hɔ^{53}$ $hɔ^{44}$

至于这些词为什么要与特定的后缀结合，有的可以从词义本身推断出来，如"辣麻麻"，"辣"与"麻"的感觉总是在一起的；"甜魗魗"，"甜"的味道过重的话会影响到软腭，就与鼻子联系起来。这类词语反映了人们对自然生活的深刻感受和理解。有些 c 则已经成为一种习用，一时很难说出个为什么来，如"酸几几"可以写成"酸唧唧""酸叽叽"；"苦得得"可以写成"苦答答""苦嗒嗒"。可见这儿的 c 几乎只是一个音节成分了。

2. Acc 的语义

在 Acc 式内部，许多词根相同的词由于词缀不同而反映出某种语义上的差异。这种差异或表现在词汇意义方面，或表现在感情色彩方面，或二者兼有之，人们在使用时是区别得很清楚的。例如：

甜丝丝：有点甜。

（1）春天价个空气有眼甜丝丝个。（春天的空气有些甜丝丝的）

　　　$ts'ən^{44}$ $t'i^{53}$ kuo^{44} $ɦiɔʔ^{2}$ $k'oŋ^{53}$ $ɕi^{44}$ $ɦiɣ^{22}$ $ŋie^{22}$ die^{22} $sɿ^{53}$ $sɿ^{53}$ $ɦiɔʔ^{2}$。

甜咪咪：有一点甜。

（2）葛种老酒有眼甜咪咪个。（这种酒有些甜甜的）

　　　$kəʔ^{5}$ $tsoŋ^{53}$ $lɔ^{22}$ $tɕy^{53}$ $ɦiɣ^{22}$ $ŋie^{22}$ die^{22} mi^{21} mi^{21} $ɦiɔʔ^{2}$。

甜滋滋：比较甜。

（3）甘蔗甜滋滋个味道交关好。（甘蔗甜滋滋的味道很好）

　　　ki^{53} $tsuo^{44}$ die^{22} $tsɿ^{53}$ $tsɿ^{44}$ $ɦiɔʔ^{2}$ mi^{22} $dɔ^{24}$ $tɕio^{44}$ $kuɛ^{53}$ $hɔ^{35}$。

甜魗魗：很甜。

（4）止咳糖浆甜魗魗个得小顽吃吃蛮好个。（止咳糖浆甜甜的给小孩吃很好）

tsʅ⁴⁴ k'ə?⁵ dɔ̃²² tɕiɑ⁴⁴ die²² noŋ²¹ noŋ²² ɦio?² tə?⁵ ɕio⁴⁴ uɛ⁴⁴ tɕ'yo?⁵ tɕ'yo?⁵ mɛ²¹ hɔ⁵³ ɦio?²。

甜夹夹：甜得味道不好。

（5）印糕做勒甜夹夹个味道推板足嘞。（印糕做得太甜，味道差极了）

in⁴⁴ kɔ⁵³ tsəu⁴⁴ lə?² die²¹ kɐ?⁵ kɐ?⁵ ɦio?² mi²² dɔ²⁴ t'ɐi⁵³ pɛ⁵³ tso?⁵ lɐi²¹。

甜浆浆：指带水分的食物的甜味。

（6）果汁露甜浆浆个有啥吃头呢？（果汁露甜甜的有什么可吃的呢）

kəu⁴⁴ tsʅ⁴⁴ lu²² die²² tɕiɑ̃⁵³ tɕiɑ̃⁴⁴ ɦio?² ɦy²² so?⁵ tɕ'yo?⁵ dø²¹ ni⁰？

又如：

白塔塔：白颜色，指一般的事物。

（7）墙壁勒揩勒记衣裳弄勒白塔塔嘞。（在墙壁上擦了一下，衣服弄的白白的了）

ʑiɑ̃²² pi?⁵ lə?² k'a⁵³ lə?² tɕi⁴⁴ i⁴⁴ zɔ̃²¹ noŋ²² lə?² bɐ?² t'ɐ?⁵ t'ɐ?⁵ lɐi⁰。

白醲醲：面白，无血色。

（8）其面孔白醲醲个勿可生病的啰？（他的脸苍白苍白的，不会病了吧）

dʑi²⁴ mi²⁴ k'oŋ³⁵ bɐ?² lio²¹ lio²² ɦio?² və?² k'əu⁴⁴ sɑ̃⁴⁴ bin²¹ ti?⁵ ləu⁰？

白茫茫：水、雾等白色。

（9）水库勒白茫茫个一片，看勿清爽。（水库里白茫茫的一片，看不清楚）

sʅ⁵³ k'u⁴⁴ lə?² bɐ?² mɔ̃²¹ mɔ̃²¹ ɦio?² i?⁵ p'i⁴⁴，k'i⁴⁴ və?² tɕ'in⁴⁴ sɔ̃⁴⁴。

白夫夫：衣物白。

（10）葛件衣裳穿勒白夫夫个，要调一件嘞。（这件衣服都穿白了，要换一件了）

kə?⁵ dʑi²¹ i⁴⁴ zɔ̃²¹ ts'ø⁴⁴ lə?² bɐ?² fu⁵³ fu⁴⁴ ɦio?²，io⁴⁴ dio²⁴ dʑi²² lɐi⁰。

白洋洋：水面白状。

（11）金家岙水库白洋洋个一片，像龙来化水样啦。（金家岙水库白洋洋一片，就像有龙在戏水一样）

tɕin⁵³ kɐʔ⁵ ɔ⁴⁴ sʅ⁵³ k'u⁴⁴ bɐʔ² ziã²² ziã²¹ ɦoʔ⁵ iʔ⁵ p'i³⁵，ziã²² loŋ²² lie²² huo⁴⁴ sʅ³⁵ ziã²⁴ la⁰。

3. Acc 的句法功能

一般来说，Acc 不单独入句，需要后附"个"构成"Acc 个"形式才能入句，可以充任各种句子成分。例如：

谓语：

（12）其人戆稀稀个，言话乱讲样。（他冒冒失失的，总是乱说话）

dzi²⁴ n̠in²² goŋ²² ɕi⁵³ ɕi⁴⁴ ɦoʔ²，ɦie²¹ ɦuo²² lø²² kɔ̃³⁵ ziã²⁴。

（13）葛块玉黄古古个，肯定交关值铜钿。（这块玉黄古古的，肯定很值钱）

kəʔ⁵ k'uɐi⁵³ n̠yoʔ² ɦuɔ̃²² ku⁵³ ku⁴⁴ ɦoʔ²，kən⁴⁴ din⁵³ tɕio⁴⁴ kuɛ⁵³ dzəʔ² doŋ²² di²¹。

补语：

（14）其下饭时格烧勒淡呵呵个，味道忒推板。（他菜总是做得淡淡的，味道很差）

dzi²⁴ ɦo²² vɐ²² zʅ²² kɐʔ⁵ sɔ⁴⁴ ləʔ² dɛ²² həu⁵³ həu⁴⁴ ɦoʔ²，mi²² dɔ²⁴ tɐʔ⁵ t'ɐi⁴⁴ pɐ⁵³。

（15）一把薄刀得夷磨勒亮晶晶个，打算杀鸭勒。（把菜刀磨得亮晶晶的，打算杀鸭了）

iʔ⁵ po⁴⁴ boʔ² tɔ⁴⁴ təʔ⁵ zi²² məu²² ləʔ² liã²⁴ tɕin⁵³ tɕin⁴⁴ ɦoʔ²，tã⁵³ sø⁴⁴ sɐʔ⁵ ɛ³⁵ ləʔ²。

状语：

（16）只有阿拉每日木稀稀个等的，人家老早自家去眍嘞。（只有我们每天傻乎乎地等着，别人早就自个儿走了）

tɕiʔ⁵ ɦy²¹ ɐʔ⁵ lɐʔ² mɐi²² n̠iʔ² moʔ² ɕi⁵³ ɕi⁴⁴ ɦoʔ² tən⁴⁴ tiʔ⁵，n̠in²² ko⁵³ lɔ²² tsɔ⁵³ dzi²² ko⁴⁴ tɕ'i⁴⁴ n̠ie²¹ lɐi⁰。

主语：

（17）新鲜眼，臭嗅嗅个我孬其。（新鲜点，臭稀稀的我不要）

ɕin⁴⁴ ɕi⁵³ n̠ie²²，ts'ø⁴⁴ ɕyoʔ⁵ ɕyoʔ⁵ ɦoʔ² ŋo²⁴ fie⁵³ dzi²¹。

（18）得我拣好眼，湿夹夹个莫驮进。（给我选好一点的，湿漉漉
的别拿进来）

tə^5 ŋo^{24} kie^{44} hɔ^{44} ŋie^{21}，sə^5 kɐʔ^5 kɐʔ^5 ɦoʔ^2 mɔ^{21} dəu^{22} tɕin^{53}。

宾语：

（19）其葛人勿欢喜洋皮皮个。（他这个人不喜欢顽皮的人）

dʑi^{24} kəʔ^5 ȵin^{22} vəʔ^2 huø^{53} ɕi^{44} ʑiã^{22} bi^{21} bi^{22} ɦoʔ^2。

定语：

（20）腐奇奇个东西少吃眼。（腐烂的东西要少吃）

vu^{22} dʑi^{21} dʑi^{22} ɦoʔ^2 toŋ^{44} ɕi^{53} sɔ^{53} tɕ'yoʔ^5 ŋie^{22}。

（21）白塔塔个黄鱼勿新鲜。（白白的黄鱼不新鲜）

bɐʔ^2 t'ɐʔ^5 t'ɐʔ^5 ɦoʔ^2 ɦuõ^{22} ŋ̩^{21} vəʔ^2 ɕin^{53} ɕi^{44}。

（二）Acde 式

Acde 式由单音节形容词性词根后附三音节词缀（或近于词缀的成
分）构成。属于此式的状态形容词并不多，常见的有：

烦比牢糟 vɛ^{21} piʔ^5 lɔ^{22} tsɔ^{44}、杂格楞敦 zɐʔ^2 kɐʔ^5 lən^{21} tən^{44}、弯折格
乱 uɛ^{53} tsɐʔ^5 kɐʔ^5 lø^{22}、暗笛薄龙 ɐi^{44} t'iʔ^5 p'oʔ^5 loʔ^2、白笛塌辣 bɐʔ^2 t'iʔ^5
t'ɐʔ^5 lɐʔ^2、木的角落 moʔ^2 tiʔ^5 koʔ^5 loʔ^2

（三）ABcd 式

ABcd 式由双音节名词或形容词性词根后附双音节的词缀（或近于
词缀的成分）构成。常见的有：

a. 淡水毛气 dɛ^{22} sʅ^{53} mɔ^{22} tɕ'i^{44}　　淡水毛帐 dɛ^{22} sʅ^{53} mɔ^{22} tɕiã^{44}
雨毛滞滞 ɦy^{22} mɔ^{21} dʑi^{22} dʑi^{22}　　灰尘彭逢 huɐi^{53} dzən^{44} p'ã^{44} p'oʔ^5
腥咸刮气 ɕin^{53} ɦɛ^{22} kuɐʔ^5 tɕ'i^{44}　　烟灼辣辣 i^{53} zoʔ^2 lɐʔ^2 lɐʔ^2
小鬼里气 ɕio^{53} tɕy^{44} li^{22} tɕ'i^{44}　　大眼睐索 dəu^{22} ŋɛ^{22} loʔ^2 soʔ^5
闷气特塞 mən^{22} tɕ'i^{44} dɐʔ^2 sɐʔ^5　　单角落头 tɛ^{53} koʔ^5 loʔ^2 dø^{22}
血出胡赖 ɕyoʔ^5 ts'əʔ^5 ɦu^{22} la^{22}　　水出烂糟 sʅ^{53} ts'əʔ^5 lɛ^2 tsɔ^{44}
水出醪糟 sʅ^{53} ts'əʔ^5 lɔ^{22} tsɔ^{44}　　汗爬雨淋 ɦɐi^{22} bo^{22} ɦy^{21} lin^{22}

b. 危险八刺 uɐi^{44} ɕi^{53} pɐʔ^5 lɐʔ^2　　罪过八喇 zɐi^{22} kəu^{53} pɐʔ^5 lɐʔ^2
生头八喇 sã^{53} dø^{21} pɐʔ^5 lɐʔ^2　　腻惺八喇 ȵi^{21} ɕin^{44} pɐʔ^5 lɐʔ^2
花里八喇 huo^{44} li^{21} pɐʔ^5 lɐʔ^2　　生头刮气 sã^{53} dø^{21} kuɐʔ^5 tɕ'i^{44}
呆头刮气 ŋie^{22} dəu^{21} kuɐʔ^5 tɕ'i^{44} 嚇惊倒怪 hɐʔ^5 tɕin^{53} tɔ^{44} kua^{44}

大白灵性 dəu²² bɐʔ² lin²² çin⁴²　　老木踵踵 lɔ²² moʔ² loŋ²² tsʻoŋ⁴⁴

恶心膡膡 oʔ⁵ çin⁵³ ʑiã²² ʑiã²²　　冰冷气出 bin²¹ lã²¹ tçʻi⁴⁴ tsʻəʔ⁵

顶硬骨粒 tin⁵³ ŋã²² kuɐʔ⁵ liʔ²　　僵硬骨粒 tçiã⁵³ ŋã²² kuɐʔ⁵ liʔ²

歪嘴辟得 hua⁴⁴ tsɿ⁵³ pʻiʔ⁵ təʔ⁵

（四）AAcc 式

AAcc 式是由重叠的双音节形容词性词根后附双音节的叠音后缀构成。这类状态形容词很少，只有有限的几个：

粒粒瘃瘃 liʔ² liʔ² loʔ² loʔ²　　稀稀朗朗 çi⁴⁴ çi⁴⁴ lɔ̃²² lɔ̃²¹

碎碎塞塞 sɐi⁴⁴ sɐi⁴² sɐʔ⁵ sɐʔ⁵　　白白力力 bɐʔ² bɐʔ² liʔ² liʔ²

密密芒芒 miʔ² miʔ² mɔ̃²¹ mɔ̃²¹　　省省嵩嵩 sã⁵³ sã⁴⁴ səʔ⁵ səʔ⁵

密密麻麻 miʔ² miʔ² mo²¹ mo²²

我们说这些词是 AAcc 式，而不是一般的双音节形容词的 AABB 重叠式，是因为它们一般都没有相应的 AB 说法，不能说"粒瘃、稀朗、碎塞、白力、密麻、省嵩"，这跟"写写意意（写意）、清清爽爽（清爽）、海海威威（海威）、落落位位（落位）"等在结构上是不同类的，尽管两者在语法功能上有着很大的一致性。

（五）AcAd 式

单音节形容词 A 重叠后分别去修饰某一个双音节词的两个语素，从而形成 AcAd 并列式四字格。cd 为并列结构的一对词，或名词或形容词，在意义上相同相近或相对相反。例如：

萎头萎脑 uɐi⁵³ dø²² uɐi⁴⁴ nɔ²²　　呆头呆脑 ŋie²¹ dø²² ŋie²² nɔ²²

寿头寿脑 zø²² dø²¹ zø²² nɔ²²　　木头木脑 moʔ² dø²¹ moʔ² nɔ²²

大头大脑 dəu²² dø²¹ dəu²² nɔ²²　　花头花脑 huo⁴⁴ dø²¹ huo²² nɔ²²

独头独脑 doʔ² dø²¹ doʔ² nɔ²²　　木知木觉 moʔ² tsɿ⁵³ moʔ² koʔ⁵

木手木脚 moʔ² sø⁵³ moʔ² tçiɐʔ⁵　　呆长呆大 ŋie²¹ dzã²¹ ŋie²² dəu²²

蛮长蛮大 mɛ²¹ dzã²¹ mɛ²² dəu²²　　脚上脚落 tçiɐʔ⁵ zɔ̃²¹ tçiɐʔ⁵ loʔ²

脚高脚低 tçiɐʔ⁵ kɔ⁵³ tçiɐʔ⁵ ti⁴⁴　　搅嘴搅得 gɔ²² tsɿ⁵³ gɔ²² təʔ⁵

耐心耐相 nɐi²² çin⁵³ nɐi²² çiã⁴⁴　　依心依相 i⁵³ çin⁴⁴ i⁴⁴ çiã⁴⁴

候分候数 ɦø²² fən⁵³ ɦø²² su⁴⁴　　活龙活现 ɦuɐʔ⁵ loŋ²¹ ɦuɐʔ² ʑi²²

活佘活滚 ɦuɐʔ² tʻən⁴⁴ ɦuɐʔ² kuən⁴⁴　　无气无魄 ɦiu²¹ tçʻi⁴⁴ ɦiu²² pʻoʔ⁵

慌急慌忙 huɔ̃⁴⁴ tçiʔ⁵ huɔ̃⁴⁴ mɔ̃²¹　　假痴假呆 kuo⁵³ tsʻɿ⁴⁴ kuo⁴⁴ ŋie²²

油进油出 ɦy²¹ tɕin⁴⁴ ɦy²² tsʻəʔ⁵　　各色各样 koʔ⁵ səʔ⁵ koʔ⁵ ʑiã²²

花里花绷 huo⁴⁴ li²¹ huo⁴⁴ pã⁴⁴　　弗上弗落 fəʔ⁵ zõ²¹ fəʔ⁵ loʔ²

隔进隔出 keʔ⁵ tɕin⁵³ keʔ⁵ tsʻəʔ⁵　　慌急慌忙 huõ⁴⁴ tɕiʔ⁵ huõ⁴⁴ mõ²¹

满嘴满得 mø²² tsʅ⁵³ mø²² təʔ⁵　　没嘴没得 meʔ² tsʅ⁴⁴ meʔ² təʔ⁵

轧起轧倒 geʔ² tɕʻi⁴⁴ geʔ² tɔ⁴⁴

由于表达的需要，AcAd 中的后一个 A 也经常用意义相同或者相近的同类词来替换。例如：

萎头塌脑 ueiʔ⁵³ dø²² tʻeʔ⁵ nɔ²²　　干姜瘪枣 ki⁵³ tɕiã⁴⁴ piʔ⁵ tsɔ⁴⁴

奇出古怪 dʑi²¹ tsʻəʔ⁵ ku⁴⁴ kua⁴⁴　　妖形怪状 io⁵³ ʑin²² kua⁴⁴ dzõ²¹

爹头娘脚 tia⁵³ dø²² ȵiã²² tɕieʔ⁵　　七依八肋 tɕiʔ⁵ i⁵³ peʔ⁵ tei⁴⁴

贼头狗脑 zeʔ² dø²² kø⁵³ nɔ²²　　强头倔脑 dʑiã²² dø²¹ dʑyoʔ² nɔ²²

强横霸道 dʑiã²¹ uã⁴⁴ po⁴⁴ dɔ²²　　镂形刮髓 lø²² ʑi²² kueʔ⁵ tɕʻi⁴⁴

死样怪气 ɕi⁵³ ʑiã²² kueʔ⁵ tɕʻi⁴⁴　　断头烂脚 dø²² dø²¹ leʔ²² tɕieʔ⁵

屙皽屁松 əu⁴⁴ nei²⁴ pʻi⁴⁴ soŋ⁵³　　候眉刻毛 ɦio² mi²¹ kəʔ⁵ mɔ²²

满进隔出 mø²² tɕin⁵³ keʔ⁵ tsʻəʔ⁵　　生头陌脚 sẽ⁵³ dø²² meʔ² tɕieʔ⁵

甚多莫少 zən²² təu⁵³ meʔ² sɔ⁴⁴　　有要无紧 ɦy²² io⁵³ m̩ tɕin⁴⁴

悬凌荡空 ɦy²¹ lin²¹ dã²² kʻoŋ⁴⁴　　嚇精倒怪 heʔ⁵ tɕin⁵³ tɔ⁴⁴ kua⁵³

牵丝绊凳 tɕʻi⁵³ sʅ⁴⁴ peɜ⁴⁴ tən⁴⁴

二　乙类形态形容词

乙类形态形容词的主要形式是 cA 式，由此可产生一些派生式。

（一）cA 式的结构

1. cA 式的基本形式

cA 式由单音节的形容词性词根前附单音节词缀（或近于词缀的成分）构成。例如：

a. 簇黑 tsʻoʔ⁵ heʔ⁵　光青 kuã⁵³ tɕʻin⁵³　焦黄 tɕio⁵³ ɦuã²²　蜡黄 leʔ² ɦuã²²

雪白 ɕiʔ⁵ beʔ²　血红 ɕyoʔ⁵ ɦoŋ²²　滚圆 kuən⁵³ ɦy²²　滚壮 kuən⁵³ tsõ²²

笔直 piʔ⁵ dzeʔ²　骨直 kueʔ⁵ dzeʔ²　笔挺 piʔ⁵ tʻin³⁵　刷平 seʔ⁵ bin²²

屁轻 pʻi⁴⁴ tɕʻin⁵³　斩齐 tseɜ⁵³ ʑi²²　滚烫 kuən⁵³ tʻoŋ⁴⁴　火烫 heu⁵³ tʻoŋ⁴⁴

冰瀴 pin⁵³ in⁴⁴　冰冷 pin⁵³ lã²²　粉燥 fən⁵³ sɔ⁴⁴　透鲜 tʻø² ɕi⁵³

蜜甜 miʔ² die²²　石硬 dzeʔ² ŋã²²　喷香 pʻən⁵³ ɕiã⁵³　雪淡 ɕieʔ⁵ deɜ²²

藤韧 dən²² n̦in²⁴　拖黄 t'əu⁵³ ɦiuã²²　喷酥 p'ən⁵³ ɕiã⁵³　崩脆 poŋ⁵³ ts'ɐi⁴⁴

b. 煞白 sɐʔ⁵ bɐʔ²　煞齐 sɐʔ⁵ ʑi²²　　煞清 sɐʔ⁵ tɕ'in⁵³　簌新 ts'oʔ⁵ ɕin⁵³

席薄 ʑiʔ² boʔ²　贼破 zɐʔ² p'əu⁴⁴　的薄 tiʔ⁵ boʔ²

a 类形容词中的 c 有的保留着实词义，多可以理解为"像……一样的 A"，意思是"非常 A"。如"屁轻"是"像屁一样的轻"，"血红"是"像血一样的红"，"刷平"是"像刷过一样的平整"。有些 c 已经虚化，如"滚壮"的"滚"，"簌黑"的"簌"，"拖黄"的"拖"等。b 类形容词中的 c 是副词性的，是从程度上描写说明 A 的特点。

2. cA 式的派生形式

①cA→ccA

血红 ɕyoʔ⁵ ɦioŋ²²→血血红 ɕyoʔ⁵ ɕyoʔ⁵ ɦioŋ²²

席嫩 ʑiʔ² nən²²→席席嫩 ʑiʔ² ʑiʔ² nən²⁴

雪白 ɕiʔ⁵ bɐʔ²→雪雪白 ɕiʔ⁵ ɕiʔ⁵ bɐʔ²

蜡黄 lɐʔ² ɦiuã²²→蜡蜡黄 lɐʔ² lɐʔ² ɦiuã²²

碧绿 piʔ⁵ loʔ²→碧碧绿 piʔ⁵ piʔ⁵ loʔ²

墨黑 moʔ² həʔ⁵→墨墨黑 moʔ² moʔ² həʔ⁵

席薄 ʑiʔ² boʔ²→席席薄 ʑiʔ² ʑiʔ² boʔ²

石老 dzɐʔ² lɔ²²→石石老 dzɐʔ² dzɐʔ² lɔ²²

粉碎 fən⁵³ sɐi⁴⁴→粉粉碎 fən⁵³ fən⁴⁴ sɐi⁴⁴

火热 həu⁵³ n̦iʔ²→火火热 həu⁵³ həu⁴⁴ n̦iʔ²

火烫 həu⁵³ t'ɔ̃⁴⁴→火火烫 həu⁵³ həu⁵³ t'ɔ̃⁴⁴

笔挺 piʔ⁵ t'in³⁵→笔笔挺 piʔ⁵ piʔ⁵ t'in³⁵

冰瀴 pin⁵³ in⁴⁴→冰冰洇 pin⁵³ pin⁴⁴ in⁴⁴

②cA→cc 斯 A

雪白 ɕiʔ⁵ bɐʔ²→雪雪斯白 ɕiʔ⁵ ɕiʔ⁵ sɿ⁴⁴ bɐʔ²

席嫩 ʑiʔ² nən²²→席席斯嫩 ʑiʔ² ʑiʔ² sɿ⁴⁴ nən²⁴

碧绿 piʔ⁵ loʔ²→碧碧斯绿 piʔ⁵ piʔ⁵ sɿ⁴⁴ loʔ²

粉碎 fən⁵³ sɐi⁴⁴→粉粉斯碎 fən⁵³ fən⁵³ sɿ⁴⁴ sɐi⁴⁴

墨黑 moʔ² həʔ⁵→墨墨斯黑 moʔ² moʔ² sɿ⁴⁴ həʔ⁵

席薄 ʑiʔ² boʔ²→席席斯薄 ʑiʔ² ʑiʔ² sɿ⁴⁴ boʔ²

火热 həu⁵³ n̦iʔ²→火火斯热 həu⁵³ həu⁵³ sɿ⁴⁴ n̦iʔ²

火烫 həu⁵³ t'ɔ̃⁴⁴→火火斯烫 həu⁵³ həu⁵³ sɿ⁴⁴ t'ɔ̃⁴⁴

③cA→c 刮斯 A

血红 çyoʔ⁵ ɦioŋ²²→血刮斯红 çyoʔ⁵ kueʔ⁵ sɿ⁴⁴ ɦioŋ²²

冰瀮 pin⁵³ in⁴⁴→冰刮斯瀮 pin⁵³ kueʔ⁵ sɿ⁴⁴ in⁴⁴

石硬 zɐʔ² ŋã²²→石刮斯硬 zɐʔ⁵ kueʔ⁵ sɿ⁴⁴ ŋã²⁴

蜡黄 lɐʔ² ɦiuɔ̃²²→蜡刮斯黄 lɐʔ² kueʔ⁵ sɿ⁴⁴ ɦiuɔ̃²²

焦黄 tçio⁵³ ɦiuɔ̃²²→焦刮斯黄 tçio⁵³ kueʔ⁵ sɿ⁴⁴ ɦiuɔ̃²²

粉燥 fən⁵³ sɔ⁴⁴→粉刮斯燥 fən⁵³ kueʔ⁵ sɿ⁴⁴ sɔ⁴⁴

雪淡 çiɐʔ⁵ dɛ²²→雪刮斯淡 çiɐʔ⁵ kueʔ⁵ sɿ⁴⁴ dɛ²²

绵软 mi²¹ ny²²→绵刮斯软 mi²¹ kueʔ⁵ sɿ⁴⁴ ny²²

锃亮 dzã²¹ liã²⁴→锃刮斯亮 dzã²¹ kueʔ⁵ sɿ⁴⁴ liã²⁴

④cA→c 里斯 A

雪白 çiʔ⁵ bɐʔ²→雪里斯白 çiʔ⁵ li²¹ sɿ⁴⁴ bɐʔ²

笔直 piʔ⁵ dzəʔ²→笔里斯直 piʔ⁵ li²¹ sɿ⁴⁴ dzəʔ²

的滑 tiʔ⁵ ɦiuɐʔ²→的里斯滑 tiʔ⁵ li²¹ sɿ⁴⁴ ɦiuɐʔ²

⑤cA→c 得斯 A

滚壮 kuən⁵³ tsɔ̃⁴⁴→滚得斯壮 kuən⁵³ tɐʔ⁵ sɿ⁴⁴ tsɔ̃⁴⁴

滚圆 kuən⁵³ ɦiy²²→滚得斯圆 kuən⁵³ tɐʔ⁵ sɿ⁴⁴ ɦiy²²

梗青 kuã⁵³ tç'in⁵³→梗得斯青 kuã⁵³ tɐʔ⁵ sɿ⁴⁴ tç'in⁵³

屁轻 p'i⁴⁴ tçin⁵³→屁得斯轻 p'i⁵³ tɐʔ⁵ sɿ⁴⁴ tç'in⁵³

⑥cA 式→cAcA

粉燥 fən⁵³ sɔ⁴⁴→粉燥粉燥 fən⁵³ sɔ⁴⁴ fən⁵³ sɔ⁴⁴

滚壮 kuən⁵³ tsɔ̃⁴⁴→滚壮滚壮 kuən⁵³ tsɔ̃⁴⁴ kuən⁵³ tsɔ̃⁴⁴

一般来说，任何 cA 式都可以有 ccA 和 cAcA 式，其他的形式（如 c 得斯 A 式、c 里斯 A 式、c 刮斯 A 式、cc 斯 A 式）则并不是所有的 cA 都可以有。

cA 式的重叠式是一种加强式，在程度上比 cA 式的其他各派生式要高。如果说 cA 式的其他各类派生式相当于"非常 A"的话，那么"cAcA"就相当于"特别 A"。例如：

(22) 今年天价好，稻晒勒粉燥粉燥。（今年天气好，稻谷晒得特别干）

tçin⁴⁴ nin²¹ t'i⁵³ kuo⁴⁴ hɔ³⁵, dɔ²² sa⁴⁴ ləʔ² fən⁵³ sɔ⁴⁴ fən⁵³ sɔ̃⁴⁴。

（23）一只猪得夷养勒滚壮滚壮。（那头猪被他养得特别肥）

iʔ⁵ tseʔ⁵ tsʅ³⁵təʔ⁵ ʑi²² iã⁴⁴ ləʔ²² kuən⁵³ tsɔ̃⁴⁴ kuən⁵³ tsɔ̃⁴⁴。

（24）葛只井勒个水六月勒也冰瀴冰瀴个。（这口井里的水六月天里也是冰冷冰冷的）

kəʔ⁵ tseʔ⁵ tçin³⁵ ləʔ² fioʔ² sʅ³⁵loʔ² fiyoʔ² ləʔ² fia²² pin⁵³ in⁴⁴ pin⁵³ in⁴⁴ fioʔ²。

（25）葛日夜到，后头山血红血红个一盏灯啦，慢慢飞过来尔嗨！［那天晚上，在后山，有一盏血红血红的灯，慢慢地（朝我）飞过来了］

kəʔ⁵ n̠iʔ² ʑia²² tɔ⁴⁴, fiø²² dø²² sɛ⁴⁴ çyoʔ⁵ fioŋ²² çyoʔ⁵ fioŋ²² fioʔ² iʔ⁵ tsɛ⁴⁴ tən⁵³ la²¹, mɛ²² mɛ²² fi⁵³ kəu⁴⁴ lie²¹ əl leʔ²。

（二）cA 的语义

语义上 cA 与 A 相比，除了具有描写性，在所表示的状态程度上明显地比 A 要高，或者说，c 的主要作用就在于加深程度：cA 相当于"很 A"或"A 得很"。cA 大多带有明显的形象色彩。例如：

A	cA
红	血红（非常红）
破	贼破（非常破）
壮	滚壮（非常壮）
薄	席薄（非常薄）

cA 和 Acc 式相比，Acc 式基本的词汇意义是和词根 A 相当的。而 cA 式状态形容词意思上相当于"很 A""A 得很"，明显包含一种增量成分，在 cA 式的语义构成上，c 实际上起着一种程度副词的作用。例如：

Acc 式	cA 式
热火火 n̠iʔ² həu⁵³ həu⁴⁴（热乎乎的）	火热 həu⁵³ n̠iʔ²（非常暖和）
冷冰冰 lã²² pin⁵³ pin⁴⁴（冷冷的）	冰冷 pin⁴⁴ lã²¹（很冷）
香喷喷（香香的）çiã⁴⁴ p'ən⁵³ p'ən⁴⁴	喷香 p'ən⁵³ çiã⁵³（很香）
圆滚滚（圆圆的）fiy²² kuən⁵³ kuən⁴⁴	滚圆 kuən⁵³ fiy²²（很圆）

（三）cA 的句法功能

cA 不能单独运用，需要后附"个"字语法成分，构成"cA 个"形式才能入句。"cA 个"在句中作主语、谓语、宾语、定语、补语。作主语、宾语的时候，具有指称性，指称它描写的事物。例如：

1. 作主语

（26）饭冷嘚，冰冷个吃勿来个。[饭冷了，冷冷的（饭）不能吃]

vɛ²⁴ lã²² lɐi⁰, pin⁵³ lã²² ɦoʔ² tɕyoʔ⁵ vəʔ² lie²² ɦoʔ²。

（27）西瓜买两只去，崩脆个买两只去。（西瓜买两个，脆的买两个）

ɕi⁴⁴ kuo⁵³ ma²² liã²¹ tsɐʔ⁵ tɕ'i⁴⁴, poŋ⁵³ ts'ɐi⁴⁴ ɦoʔ² ma²² liã²¹ tsɐʔ⁵ tɕ'i⁴⁴。

2. 作宾语

（28）其要吃喷香个。（他要吃喷喷香的）

dʑi²⁴ io⁴⁴ tɕ'yoʔ⁵ p'ən⁵³ ɕiã⁵³ ɦoʔ²。

（29）我得诺只火烫个。（我给你一个烫的）

ŋo²⁴ təʔ⁵ noʔ² tsɐʔ⁵ həu⁵³ t'ɔ̃⁴⁴ ɦoʔ²。

3. 作定语

（30）笔直个马路造进来嘚。（笔直的马路造进来了）

piʔ⁵ dzəʔ² ɦoʔ² mo²² lu²¹ zɔ²² tɕin⁵³ lie²² lɐi⁰。

（31）焦黄个大饼吃只。（烧得黄黄的大饼吃一个）

tɕio⁵³ ɦuɔ̃²² ɦoʔ² dəu²² pin³⁵ tɕ'yoʔ⁵ tsɐʔ⁵。

4. 作谓语

（32）葛人贼笨个，一加一搭勿晓得。（这个人笨极了，一加一都不知道）

kəʔ⁵ ɲin²² zɐʔ² bən²² ɦoʔ², iʔ⁵ kuo⁴⁴ iʔ⁵ tɐʔ⁵ vəʔ² ɕio⁴⁴ təʔ⁵。

（33）咸斋汤透鲜个，吃落精神会好记。（咸菜汤很鲜，喝了精神为之一振）

ɦiɛ²² tɕi²² t'ɔ̃⁴⁴ t'ø⁵³ ɕi⁵³ ɦoʔ², tɕ'yoʔ⁵ loʔ² tɕin⁴⁴ zən²¹ ɦuɐi²² hɔ⁵³ tɕi⁰。

5. 作补语

（34）地垟铺勒刷平个。（地铺得非常平）

di²² ʑiã²⁴ p'u⁴⁴ ləʔ² sɐʔ⁵ bin²² ɦoʔ²。

（35）其生活顶好嚸，田种勒崭齐个。（他本事最大了，种田种得非

常整齐）

dʑi²⁴ sã⁴⁴ ɦioʔ² tin⁵³ hɔ⁵³ lɐi⁰，di²² tsoŋ⁴⁴ lə² tsɛ⁵³ zi²² ɦioʔ²。

第二节　表性状的特殊结构

除了状态形容词，宁波方言还有一些特殊的格式可以表性状，常见
的有：拟音重叠＋V格式（"XXV"结构）；"V过亦V"结构；"V记
V记"结构。

一　"拟音叠音＋V"结构

动词前加上一个表示该动作特性的拟音叠音，构成"XXV"结构，
用来描摹动作连续不断的样子，是宁波方言表达性状的另一手段。
例如：

lia⁵³lia⁴⁴刮（耳光）　　duo²²duo²²哭　　li⁴⁴li⁴⁴笑　　dən²²dən²²奔（跑）

guã²⁴guã²⁴奔（跑）　　dʑin²⁴dʑin²²走　　toʔ⁵toʔ⁵敲　　dʐ̩²²dʐ̩⁰骂

ɦiuɛ²²ɦiuɛ²²呕（喊）　　goŋ²²goŋ²²烧　　fu⁵³fu⁵³吹　　la²²la²²扚

dən²¹dən²¹礤　　　　zuo²²zuo²²刨　　guã²¹guã²¹跳

这些例子中的拟音成分，有的是具体的，就是动作发出的声音，如
"fu⁵³fu⁵³吹、duo²²duo²²哭、li⁴⁴li⁴⁴笑"，拟音就是"吹气""哭泣""笑"
发出来的声音。有些拟音则是夸张的表达，如"dən²²dən²²奔"，"dən²²
dən²²"是对"奔"的强调，凸显跑的时候动作大、速度快。

"拟音叠音＋V"结构在表达性状上，具有独特的功能，它能够将
动作具象化，让人身临其境，不仅能够凸显动作的性状，还能表达对象
的特殊情绪。例如：

（1）还没话其已经dən²²dən²²奔去该嚸。（还没说他就已经跑去了）

ɦua²² məʔ⁵ ɦuo²⁴ dʑi²² zi²² tɕin⁵³ "dən²² dən²²" pən⁴⁴ tɕ'i⁴⁴

kie⁵³ lɐi⁰。

（2）一个小顽duo²²duo²²来格哭。（一个小孩哇哇地在哭）

iʔ⁵ ɦioʔ² ɕio³⁵⁻⁴⁴ ɦiuɛ²² "duo²² duo²²" lie²² kɐʔ⁵ k'oʔ⁵。

（3）guã²¹guã²¹跳来，guã²¹guã²¹跳去，勿得庍个。（跳来跳去，不

停)

guã²¹ guã²¹ t'io⁴⁴ lie²², guã²¹ guã²¹ t'io⁴⁴ tɕ'i⁴⁴, vəʔ² təʔ⁵ dən²² ɦoʔ²。

二 "V 过亦 V" 结构

宁波方言"V 过亦 V"结构,在句子中常直接充当谓语,其意义等于一个带状语的动词,相当于普通话中的"V 过无数遍"的意思。例如:

(4)葛事体我讲过亦讲,话过亦话,波罗揭谛讲眼呒告。(这事我强调了又强调,结果等于没讲)

kəʔ⁵ zŋ²⁴ t'i³⁵ ŋo²⁴ kɔ̃³⁵⁻⁵³ kəu⁴⁴ zi²² kɔ̃³⁵⁻⁴⁴, ɦuo²⁴ kəu⁴⁴ zi²² ɦuo²⁴⁻²², pəu⁵³ ləu²² tɕiʔ⁵ ti⁴⁴ kɔ̃³⁵ ŋɛ²⁴⁻²² m̩²⁴⁻²¹ kɔ⁴⁴。

(5)葛种言话听过亦听,有啥听头呢?(这种话听过多次了,有什么好听的)

kəʔ⁵ tsoŋ³⁵⁻⁵³ ɦiɛ²²⁻²¹ ɦuo²⁴⁻²² t'in⁴⁴ kəu⁴⁴ zi²² t'in⁴⁴, ɦy²⁴ so?⁵ t'in⁴⁴ dø²² n̩i⁰?

(6)做过亦做个事体覅大做。(做过很多遍的事不太想做)

tsəu⁴⁴ kəu⁴⁴⁻⁵³ zi²² tsəu⁴⁴ ɦoʔ² zŋ²⁴ t'i³⁵ fie⁴⁴ da⁰ tsəu⁴⁴⁻⁵³。

(7)该人有毛病哦,问过亦问个,厄啥啦?(那个人有毛病的吧,问了又问,干什么啊)

kie⁵³⁻⁴⁴ n̩in²² ɦy²⁴ mɔ²²⁻²¹ bin²⁴⁻²² vəʔ², mən²⁴ kəu⁴⁴ zi²² mən²⁴⁻²² ɦoʔ², əʔ⁵ suo⁴⁴ la⁰?

三 "V 记 V 记" 结构

宁波方言表示性状的另一个特定表达是"V 记 V 记"式,用来表达动作正在进行或动作持续时的状貌。该结构是对行为 V 在起点和终点之间的持续过程的观察,其行为在持续过程中有起伏的分段延伸状态,强调的是行为 V 的起伏跌宕,具有很强的节奏感,既有持续义,又含反复义。例如:

(8)小顽一支钢笔嘴巴勒咬记咬记,勿晓得来忖啥个东西!(小孩把一支钢笔在嘴巴里咬啊咬的,不知道在想什么)

ɕio³⁵⁻⁴⁴ uɛ²² iʔ⁵ tsŋ⁵³⁻⁴⁴ kɔ̃⁵³⁻⁴⁴ pi ʔ⁵tsŋ³⁵⁻⁵³ po⁰ləʔ² ŋɔ²⁴⁻²² tɕi⁰ ŋɔ²⁴⁻²²

tɕi⁰, vəʔ² ɕio³⁵ təʔ⁵ lie²² tsʻən³⁵ soʔ⁵ ɦoʔ² toŋ⁵³⁻⁴⁴ ɕi⁵³!

(9) 其拉阿姆时格欢喜幽记幽记听墙壁。(他母亲总喜欢偷偷地听墙壁)

dʑiɐʔ² lɐʔ² ã⁴⁴ m̩²²⁻²¹ zŋ²² kɐʔ⁵ huø⁵³⁻⁴⁴ ɕi³⁵⁻⁴⁴ y⁵³⁻⁴⁴ tɕi⁴⁴ y⁵³⁻⁴⁴ tɕi⁴⁴ tʻin⁴⁴ dʑiã²² piʔ⁵。

前一例通过"咬记咬记"凸显小孩犹豫不决、思考入神的状态；后一例通过"藏躲"这个动作的反复，凸显躲躲藏藏、鬼鬼祟祟的状态。

有关"V 记 V 记"的更为详细的描写，可参见本书下文第九章第三节"反复进行体"。

第八章　程度

表程度，除了直陈型的词汇手段，还包括述补结构、重叠、感叹、比拟、比较、假设、夸张等方式。本章我们先讨论宁波方言常用的程度副词，再考察其他类型的程度表达法。

第一节　直陈型

直陈型程度表达，宁波方言主要体现在程度副词的使用上，这里重点介绍以下 9 个：陿、还只、交关、蛮、贼、顶、忒、勿大、有眼。

一　陿

陿，音 [ŋie^{22}]，修饰形容词或短语，表程度深，相当于普通话的"十分""很"。例如：

（1）人陿多，莫去。（人很多，别去）

　　n̩in^{22} ŋie^{22} təu^{53}，mɔ^{44} tɕ'i^{44}。

（2）其陿聪明，好𠛅担心其上当个。（他很聪明，不用担心他上当的）

　　dʑi^{22} ŋie^{22} ts'oŋ^{53-44} min^{22}，hɔ^{35} voŋ^{24-21} tɛ^{53-44} ɕin^{53} dʑi^{22} dzɔ^{22} tɔ̃^{53-44} ɦioʔ^{2}。

（3）葛人陿勿上棵。（那个人很不好）

　　kəʔ^{5} n̩in^{22} ŋie^{22} vəʔ^{2} dzɔ̃^{22-21} k'əu^{0}。

（4）有些学生子陿勿听言话。（有些学生很不听话）

　　ɦy^{24-22} ɕin^{53} ɦioʔ^{2} sã^{53} tsɿ^{0} ŋie^{22} vəʔ^{2} t'in^{44} ɦiɛ^{22-21} ɦuo^{24-22}。

二　还只

还只，音［ɦua²²tɕiʔ⁵］，表示事情发生不久或表数量少程度低，相当于普通话的"才"。例如：

（5）萝卜卖光秤花还只晓得。（萝卜卖完了才刚刚知道秤星）

lɔ²² boʔ⁵ ma³⁵ kuõ⁵³⁻⁴⁴ tsʻən⁴⁴ huø⁵³⁻⁴⁴ ɦua²² tɕiʔ⁵ ɕio³⁵⁻⁵³ təʔ⁵。

（6）其生病我今么还只晓得。（他生病我今天才刚刚知道）

dʑi²² sã⁵³⁻⁴⁴ bin²⁴ ŋo²⁴ tɕiʔ⁵ məʔ² ɦua²² tɕiʔ⁵ ɕio³⁵⁻⁵³ təʔ⁵。

（7）做勒半日还只做勒一只。（做了半天才做了一只）

tsəu⁴⁴ ləʔ² pø⁴⁴ ȵiʔ² ɦua²² tɕiʔ⁵ tsəu⁴⁴ ləʔ²iʔ⁵ tsɐʔ⁵。

（8）葛辰光其还只两岁。（那时候他才两岁）

kəʔ⁵ dzən²² kuõ⁵³⁻⁴⁴ dʑi²² ɦua²² tɕiʔ⁵ liã²⁴ sʅ⁴⁴⁻⁵³。

前两例，"还只"表示事情在前不久发生；后两例，表示数量少。

三　交关

交关，音［tɕio⁵³⁻⁴⁴kuɛ⁵³］，置于形容词或形容词性结构前，表程度更进一步。例如：

（9）脑筋交关好。（脑筋很好）

nɔ²⁴⁻²² tɕin⁵³ tɕio⁵³⁻⁴⁴ kuɛ⁵³ hɔ³⁵。

（10）葛种人交关多。（这种人很多）

kəʔ⁵ tsoŋ³⁵⁻⁵³ ȵin²² tɕio⁵³⁻⁴⁴ kuɛ⁵³ təu⁵³。

"交关"可以独立使用，表示"很多"。例如：

（11）葛种事体有多哦？——交关。（这种事多吗？很多）

kəʔ⁵ tsoŋ³⁵⁻⁵³ zʅ²⁴ tʻi³⁵ ɦiy²⁴⁻²² təu⁵³ vɐʔ²? ——tɕio⁵³ kuɛ⁵³⁻⁴⁴。

（12）杨梅篮有哦？——交关。（杨梅篮有吗？很多）

ziã²²⁻²¹ mɐi²² lɛ²² ɦiy²⁴⁻²² vɐʔ²? ——tɕio⁵³ kuɛ⁵³⁻⁴⁴。

"交关"有时候也可以置于被修饰成分后，起补充说明的作用，在程度上要比前置更深。例如：

（13）我今么身体好交关嘞。（我今天比昨天好很多）

ŋo²⁴ tɕiʔ⁵ məʔ² sən⁵³ tʻi³⁵⁻⁴⁴ hɔ³⁵ tɕio⁵³ kuɛ⁵³⁻⁴⁴ lɐi⁰。

（14）今年大水比旧年大交关。（今年洪水比去年大很多）

tɕin⁵³⁻⁴⁴ n̠i²² dəu²⁴ sʅ³⁵ pi³⁵ dʑy²⁴ n̠i²²⁻²⁴ dəu²⁴⁻²² tɕio⁵³ kuɛ⁵³⁻⁴⁴。

与"交关"同义的是"蛮"［mɛ⁴⁴］，在程度上稍浅于"交关"，且"蛮"不能单独使用，也不能置于形容词后。

四 贼

贼，音［zɐʔ²］，专用于修饰"臭、苦、破、推扳、呒用"等带贬义的形容词，表示程度深。例如：

（15）黄鱼冰箱忘记冰，老早贼臭嘞。（黄鱼忘记放到冰箱里了，早就很臭了）

ɦiuɔ̃²² ŋ²²⁻²¹ pin⁵³⁻⁴⁴ ɕiã⁵³ moŋ²⁴ tɕi⁴⁴ pin⁴⁴，lɔ²⁴ tsɔ³⁵⁻⁵³ zɐʔ² tsʻø⁴⁴ lɐi⁰。

（16）葛藤梨咋会贼苦啦？（这藤梨怎么会那么苦啊）

kəʔ⁵ dən²² li²²⁻²¹ dzɐʔ² ɦiuɐi²² zɐʔ² kʻu³⁵ la⁰？

"贼"可以重叠，带上摹状，程度更深。例如：

（17）半日功夫，衣裳弄勒贼贼破。（半天时间，衣服弄得很破很破）

pø⁴⁴ n̠iʔ² koŋ⁵³⁻⁴⁴ fu⁵³，i⁵³⁻⁴⁴ zɔ̃²²⁻²¹ noŋ²⁴ ləʔ² zɐʔ² zɐʔ² pʻəu⁴⁴。

（18）地垟贼贼脏，勿扫啊？（地上极脏极脏，不打扫吗）

di²⁴ ʑiã²² zɐʔ² zɐʔ² foŋ⁴⁴，vəʔ² sɔ³⁵ ɦia⁰？

五 顶

顶，音［tin³⁵］，相当于普通话"最"。例如：

（19）六兄弟里头，其顶大。（六兄弟里，他最大）

loʔ² ɕioŋ⁵³⁻⁴⁴ di²² li²² dø²²，dʑi²² tin³⁵⁻⁵³ dəu²⁴。

（20）我着象棋，生活顶推扳。（我下棋水平最差）

ŋo²⁴ tsɐʔ⁵ ʑiã²² dʑi²²，sã⁵³⁻⁴⁴ ɦuoʔ² tin³⁵⁻⁵³ tʻɐi⁵³⁻⁴⁴ pɛ⁰。

"顶"也可以不表示比较范畴中的最高级，而只是强调程度高，相当于普通话的"极其、非常"等意思。例如：

（21）其拉三兄弟顶好嘞，时格照顾我。（他们三兄弟最好了，总是照顾我）

dʑiɐʔ² lɐʔ² sɐ⁵³⁻³⁵ ɕyoŋ⁵³⁻⁴⁴ di²² tin⁵³ hɔ³⁵⁻⁵³ lɐi⁰，zʅ²² kɐʔ⁵ tsɔ⁴⁴ ku⁴⁴⁻⁵³ ŋo²⁴⁻²²。

（22）某人讲勒顶对嚜，葛事体急勿来个。（某人说得太对了，这事急不来的）

məu²² n̠in²²⁻²¹ kɔ̃³⁵ ləʔ² tin³⁵⁻⁵³ tɐi⁴⁴ lɐi⁰, kəʔ⁵ zʅ²⁴ t'i³⁵ tɕiʔ⁵ vəʔ² lie²² ɦoʔ²。

六　忒

忒，音［t'ɐʔ⁵］，表示程度过头。既可以修饰形容词，也可修饰动词。表示不如意的事情，句末一般需要加"嚜"。例如：

（23）得其忒好嚜。（给他太好了）

təʔ⁵ dʑi²² t'ɐʔ⁵ hɔ³⁵⁻⁵³ lɐi⁰。

（24）葛小顽忒勿听言话嚜。（这小孩太不听话了）

kəʔ⁵ ɕio³⁵ uɛ²² t'ɐʔ⁵ vəʔ² t'in⁴⁴ ɦiɛ²²⁻²¹ ɦuo²⁴⁻²² lɐi⁰。

七　勿大

勿大，音［vəʔ² da²⁴⁻²²］，表示"不太……"，修饰形容词或动词性成分，否定程度较弱，语气较为委婉。例如：

（25）乡下头人进埭城勿大方便。（乡下人进一次城不太方便）

ɕiã⁵³⁻⁴⁴ ɦuo²² dø²² n̠in²² tɕin⁴⁴ da²⁴ dzən²² vəʔ² da²⁴⁻²² fɔ̃⁵³ bi²²。

（26）其平常勿大出门个。（他平时不太出门）

dʑi²² bin²² zɔ̃²² vəʔ² da²² ts'əʔ⁵ mən²² ɦoʔ²。

前一例，"勿大"修饰形容词"方便"；后一例，"勿大"修饰动词短语"出门"。

八　有眼

有眼，音［ɦy²⁴⁻²² n̠ie²⁴⁻²²］，表示程度不高，稍微。多表达不如意的事情。相当于普通话的"有点儿""有些"。例如：

（27）今么天价有眼冷冷个。（今年天气有点冷）

tɕiʔ⁵ məʔ² t'i⁵³ kuo⁴⁴ ɦy²⁴⁻²² ŋɛ²⁴⁻²² lã²⁴⁻²² lã²⁴⁻²¹ ɦoʔ²。

（28）葛人有眼大话侬稀个。（这人有点吹牛）

kəʔ⁵ n̠in²² ɦy²⁴ ŋɛ²⁴⁻²² dəu²⁴ ɦuo²⁴⁻²² i⁵³ ɕi⁵³⁻⁴⁴ ɦoʔ²。

（29）介貌做有眼勿大好哦？（这样做有点不大好吧）

ka^{44} mɔ$^{24-21}$ tsəu^{44} ɦiy^{24} ŋɛ$^{24-22}$ vəʔ^2 da$^{24-22}$ hɔ^{35} vɛʔ^2？

（30）人有眼勿大落位。（人有点不大舒服）

n̡in^{22} ɦiy^{24} ŋɛ$^{24-22}$ vəʔ^2 da$^{24-22}$ loʔ^2 ɦiuɐi$^{24-22}$。

"有眼"可以单独回答问句。例如：

（31）——葛人有眼近视眼。（这人有点近视眼）

kəʔ^5 n̡in^{22} ɦiy^{24} ŋɛ$^{24-22}$ dʑin^{22} dʐʅ^{22} ŋɛ$^{24-22}$。

——有眼。（有点）

ɦiy^{24} ŋɛ$^{24-22}$。

第二节　程度结构

除了副词，宁波方言还通过状态形容词、比拟、比较、假设、夸张等手段来表达程度。

一　状态形容词

宁波方言状态形容词，其程度义蕴含在词语内部，常见的形式有三类：两字组、三字组、四字组。

（一）两字组

两字组的状态形容词主要指"雪白""血红""锃亮""粉嫩""滚装"等。

（二）三字组

三字组的状态形容词既指由两字组重叠而来的 AAB 式，如"雪雪白""墨墨黑""喷喷香""碧碧绿""粉粉碎"等，也指由"红稀稀""肉及及""挖佬佬""洋皮皮"等构成的 Acc 式。

（三）四字组

四字组是形容词的生动形式，多带描摹性状，表示程度最高。常见的有：

A 里斯 B：雪里斯白、碧里斯绿、的里斯滑

A 刮斯 B：血刮斯红、绵刮斯软、焦刮斯黄

A 刮烂 B：精刮烂瘦

A 得斯 B：滚得斯圆、绵得斯软、崩得斯脆

A 洞大 B：墨洞大黑

A 个斯 B：的个斯方

XY 格 A：死弄格臭

XY 烂 A：磨地烂黑、屙末烂脆、河白烂摊

有关状态形容词的细致描写，可参见本书第二章第五节。

二　X 勒 + 补语

"X 勒 + 补语"与普通话用法相同，表示程度，补语可以是词、短语，也可以是一个小句，"X"既可以是动词也可以是形容词，多为单音节。例如：

（1）睏勒昏天黑地。（睡得昏天黑地）

k'uən⁴⁴ ləʔ² huən⁵³ t'i⁵³⁻⁴⁴ həʔ⁵ di²⁴

（2）屋落摊勒河白烂摊。（家里弄得乱七八糟）

uoʔ⁵ loʔ² t'ɛ⁵³⁻⁴⁴ ləʔ² ɦiəu²² bɐʔ² lɛ²⁴ t'ɛ⁵³。

（3）痛勒地垟打滚啦！（疼得地上打滚）

t'oŋ⁴⁴ ləʔ² di²⁴ ziã²² tã³⁵ kuən³⁵ la⁰！

（4）得三五支队打勒萎无冲天啦。（被三五支队打得落花流水）

təʔ⁵ sɛ⁵³⁻³⁵ n̩²² tsʅ⁵³⁻⁴⁴ dɐi²⁴⁻²² tã³⁵ ləʔ² uɐi³⁵⁻⁴⁴ vu²²⁻²¹ ts'oŋ⁵³⁻⁴⁴ t'i⁵³ la⁰。

"勒"后跟拖长音的"是"，可以停顿后，接上表程度的补充内容，带有极强的摹状性质。例如：

（5）葛事体做勒是，忒推扳嘞！（这事做得，太差了）

kəʔ⁵ zʅ²⁴ t'i³⁵ tsəu⁴⁴ ləʔ² zʅ²², t'ɐʔ⁵ t'ɐi⁵³⁻⁴⁴ pɛ⁵³ lɐi⁰。

（6）得其拉老婆骂勒是，狗血喷头啦！（被他老婆骂得是，狗血喷头）

təʔ⁵ dziɐʔ² lɐʔ² lɔʔ² n̩in²² mo²⁴ ləʔ² zʅ²², kø³⁵⁻⁵³ çyoʔ⁵ p'ən⁵³⁻⁴⁴ dø²² la⁰！

（7）葛天价冷勒是，外头走勿出嘞！（这天气冷得，出不了门）

kəʔ⁵ t'i⁵³ kuo⁴⁴ lã²⁴ ləʔ² zʅ²², ŋa²⁴ dø²² tsø³⁵⁻⁵³ vəʔ² ts'əʔ⁵ lɐʔ²！

（8）忙勒是，脚趾末头脱落嘞！（忙得脚趾头都快掉下了）

mɔ̃²² ləʔ² zʅ²², tɕiɐʔ⁵ tsʅ³⁵⁻⁴⁴ mɐʔ² dɐi²² t'ø⁴⁴ loʔ² lɐʔ²！

三　感叹

感叹是表达程度的一种常见方式，宁波方言常用"燴好……嘿"
"鲞介……啦"等感叹句式表达。例如：

（9）燴好厉害嘿！（太厉害了）

vɐi²² hɔ³⁵⁻⁴⁴ li²⁴ liʔ² lɐi⁰！

（10）燴好推扳嘿！（太差了）

vɐi²² hɔ³⁵⁻⁴⁴ t'ɐi⁵³⁻⁴⁴ pɛ⁵³ lɐi⁰！

（11）鲞介嫡头啦！（太帅了）

dzɐi²⁴ ka⁴⁴ ɕyoʔ⁵ dø²² la⁰！

（12）鲞介死样啦！（太差了）

dzɐi²⁴ ka⁴⁴ ɕi³⁵⁻⁵³ ʐiã²⁴⁻²² la⁰！

第九章　体貌

　　动词是表示行为活动的词。在小句中，动词往往居于核心地位。汉语里动词所表示的动作的情貌、时间、数量，与印欧语动词的时（tense）、体（aspect）、态（voice）在形式和意义的表现上有所不同。如汉语大多不以词的形态变化来表示动词的体，而更多以某些助词或词语附加在动词前或动词后来表示。关于动词的"体"，语法学界的称呼比较多，有叫"体"的，也有叫"貌"的，也有叫"相"或者"态"的，也有"体貌"并称的。

　　动词的体，有人认为，是指动作实际所处的各种状态（不是发生的时间），它是线性的，可以切分为三大块：起始、进行和终结；也有人认为，应该分为未然、进行和已然。关于动词体的讨论实际上主要是探讨、分析一个动作处于过程中的某个阶段、某种情貌及其有什么相应的表现形式。饶长溶认为，一个动作，从运动的过程看，可以粗略地分为起始、进行和终结三个阶段[①]。余霭芹则把动词的体细分为完成态、已然态、进行态、持续态、经历态、开始态等十六类[②]。还有很多学者，如胡明扬分完成态、已然态、持续态、进行态、短时态、尝试态、连续态、起始态等八类[③]；郑懿德分进行体、持续体、完成体、实现体、经历体、起始体、将行体、结果体等八大类，同时在持续体下又分出进行貌、持续貌、继续进行貌、尝试貌四个小类[④]。

　　本章以动作实际所处的各种状态（起始、进行和终结）为标准对

　　① 胡明扬主编：《汉语方言体貌论文集》，江苏教育出版社1996年版，第253页。
　　② 胡明扬主编：《汉语方言体貌论文集》，江苏教育出版社1996年版，第269—270页。
　　③ 胡明扬主编：《汉语方言体貌论文集》，江苏教育出版社1996年版，第1—14页。
　　④ 胡明扬主编：《汉语方言体貌论文集》，江苏教育出版社1996年版，第203页。

宁波方言动词的体分成起始体、进行体、接续进行体、反复进行体、持续体、尝试体、完成体、先然体、完成持续体、经历体十类。讨论的内容包括：①着重分析宁波方言的动词所表示的动作在过程中的情貌以及这些情貌与"体"范畴之外的其他外部相关成分的关系；②以普通话为参照，从句法和语义两方面考察"普方"差异。

第一节　起始体

"起始体"常见的是"VP+起来"式，表示开始某个动作或状态，VP可以是动词也可以是形容词。例如：

（1）阿拉自家先吃带起来。（我们自己先吃起来）

ɐʔ⁵ lə² ẓi²² ko⁴⁴ çi⁵³ tɕyoʔ⁵ ta⁴⁴ tɕ'i⁴⁴ lie²²。

（2）海边葛两年鱼多起来嘞。（海边这两年鱼多起来了）

hie⁴⁴ pi⁵³ kəʔ⁵ liã²² ni²² ŋ²² təu⁵³ tɕ'i⁴⁴ lie²² lɐi⁰。

前一例VP是动词"吃"，是个祈使句，是说将要开始"吃"这个动作；后一例VP是形容词"多"，是个陈述句，是说海边的鱼这几年由原先的不多开始进入多的状态。

当VP为动宾式时，宾语O经常用于"起"和"来"之间，组成嵌套式。例如：

（3）做起事体来交关速急。（做起事来很快）

tsəu⁴⁴ tɕ'i⁴⁴ ẓ²² t'i³⁵ lie²² tɕio⁴⁴ kuɛ⁵³ soʔ⁵ tɕiʔ⁵。

（4）看起电影来，眼睛眨搭勿眨。（看起电影来眼睛眨都不眨）

k'i⁴⁴ tɕ'i⁴⁴ di²² ẓin²² lie²²，ŋɛ²² tɕin⁵³ sɐʔ⁵ tɐʔ⁵ vəʔ² sɐʔ⁵。

有时，用"VP+起"表示起始貌，动词前往往有一个起始点。例如：

（5）从头做起。（重新做起）

zoŋ²² dø²² tsəu⁴⁴ tɕ'i⁴⁴。

（6）诺第三排格数起。（你从第三排开始数起）

noʔ² di²² sɛ⁴⁴ ba²² kəʔ⁵ sʅ⁴⁴ tɕ'i⁴⁴。

第二节　进行体

"进行体"是指动作正在进行，主要有五种形式：①"来 + VP"；
② 单音动词重叠"VV"；③"V 啊 V"；④ 拟声词重叠；⑤ 特定格式
"V 埭来/去"。

一　来 + VP

宁波方言"来 + VP"表示动作、行为正在进行中，相当于普通话
"在、正在"的意思。根据 VP 的不同类型，可分"来 + V""来 + VO"
"来 + 方所 + VP"三种用法。

（一）来 + V

"来"后加光杆动词，一般用于对举。例如：

（1）其来哭，我来笑。（他在哭，我在笑）

　　　dʑi²² lie²² k'oʔ⁵，ŋo²⁴ lie²² ɕio⁴⁴。

（2）一个来唱，一个来调。（一个在唱，一个在跳）

　　　iʔ⁵ ɦoʔ² lie²² tsʻɔ̃⁴⁴，iʔ⁵ ɦoʔ² lie²² dio²²。

"来 + V"单独使用，会有歧义，语用上通过实际的语调来区别不
同的意义。例如：

（3）我来寻。（我正在/找）

　　　ŋo²² lie²²/lie⁰ ʑin²²。

（4）我来安排。（我正在/安排）

　　　ŋo²⁴ lie²²/lie⁰ ɐi⁴⁴ ba²¹。

这两例单独成句，都有歧义。"来"读重音则表示动作正在进行，
"来"读轻音则表示自告奋勇，相当于普通话的"让我来…"。

在句法结构上，这种歧义可以通过以下结构分析得到消解：

a 是连动式，"来"是动词；b 是主谓式，"来"是副词。

"来"后面经常跟表示近指的"的"和表示远指的"该"（或"格"），构成"来的＋VP""来该（格）＋VP"式。例如：

（5）其来的打弹子。（他在玩弹子）

　　　dʑi²² lie²² tiʔ⁵ tã⁴⁴ dɛ²⁴ tsʅ³⁵。

（6）其来格看电影。（他在看电影）

　　　dʑi²² lie²² kɐʔ⁵ k'i⁴⁴ di²² ʑin²²。

一般来说，凡是表进行的"来"都可以用"来该（格）"替换。由于"来该"的"该"表远指的意义已经很虚，所以替换后意义基本不变。对于上述"来"加光杆动词构成的"来＋V"句式的歧义消解，除了通过"来"的轻重音变化实现，还可以通过能否用"来该"替换来验证句子的实际意思。在句法上"来该＋V"只有一种理解方式：

（二）来＋VO

"来"后跟动宾这类句式在进行体中占大多数，从句式上看，都可以单独成句，句末可不加语气词。例如：

（7）我来吃饭 ŋo²⁴ lie²² tɕ'yoʔ⁵ vɛ²⁴ ｜ 其来打篮球 dʑi²² lie²² tã⁴⁴ lɛ²⁴ dʑy²⁴

（8）其来吃药 dʑi²² lie²² tɕ'yoʔ⁵ ʑiɐʔ² ｜ 我来读大学 ŋo²⁴ lie²² doʔ² da²² ɦoʔ⁵

（9）我来教书 ŋo²⁴ lie²² kɔ⁴⁴ sʅ⁵³ ｜ 其来做生意 dʑi²⁴ lie²² tsəu⁴⁴ sã⁵³ （ʑ）i⁴⁴

从上述三组例子我们可以看到，"来"的进行义并不单纯。例（7）说明"来"表示动作正在进行；例（8）"其来吃药"有两个意思，一是"吃药"这个动作正在进行，正拿着一片药丸往口里送；另一个意思是正处于"服药"这个状态之中，并不一定说话的时候正进行着吃药的动作。"读大学"则只表示正处于某个进程之中。例（9）则表示正从事某个职业。

（三）来 + 方所 + VP

"来"和"VP"之间还可以插入方所词，构成"来 + 方所 + VP"。例如：

（10）其来楼顶做作业。（他在楼上做作业）

dʑi²⁴ lie²² lø²² tən⁵³ tsəu⁴⁴ tsoʔ⁵ n̠iʔ²。

（11）弟弟来北京大学读书。（弟弟在北京大学读书）

di²² di²² lie²² poʔ⁵ tɕin⁵³ doʔ² da²² ɦoʔ²doʔsɿ⁵³。

（12）阿明来外头打工。（阿明在外边打工）

ɐʔ⁵ min²² lie²² ŋa²⁴ dø²² tã⁴⁴ koŋ⁵³。

（13）爹爹来上顶嬉赌。（父亲在上面赌博）

tia⁴⁴ tia⁴⁴ lie²² zõ²² tən³⁵ ɕi⁴⁴ tu³⁵。

与普通话的"在"构成"在 + 方所 + VP"不同的是，宁波方言的"来 + 方所 + VP"中的"来"可以后移至动词前，变成"方所 + 来 + VP"的格式，上述四例可以表述为：

→其楼顶来做作业。dʑi²⁴ lø²² tən⁵³ lie²² tsəu⁴⁴ tsoʔ⁵ n̠iʔ²。

→弟弟北京大学来读书。di²² di²² poʔ⁵ tɕin⁵³ da²² ɦoʔ² lie²² doʔ²sɿ⁵³。

→阿明外头来打工。ɐʔ⁵ min²² ŋa²⁴ dø²² lie²² tã⁴⁴ koŋ⁵³。

→爹爹上等来嬉赌。tia⁴⁴ tia⁴⁴ zõ²² tən³⁵lie²² ɕi⁴⁴ tu³⁵。

"来 + 方所 + VP"的否定式是在"来"前加"没"或"勿是"：

（14）其没来楼顶做作业。（他没在楼上做作业）

dʑi²⁴ məʔ² lie²² lø²² tən⁵³ tsəu⁴⁴ tsoʔ⁵ n̠iʔ²。

（15）其勿是来楼顶做作业。（他不是在楼上做作业）

dʑi²⁴ vəʔ² zɿ²¹ lie²² lø²² tən⁵³ tsəu⁴⁴ tsoʔ⁵ n̠iʔ²。

"没"否定的是谓词，"勿是"否定的是方所。当"来"后移至动词前的时候，"没"与"勿是"的位置就发生了变化。例如：

→其楼顶没来做作业。（他楼上没在做作业，言外之意是在干别的事情）dʑi²⁴ lø²² tən⁵³ məʔ² lie²² tsəu⁴⁴ tsoʔ⁵ n̠iʔ²。

→其勿是楼顶来做作业。（他不是楼上在做作业，言外之意是他在别处做作业）dʑi²⁴ vəʔ² zɿ²¹ lø²² tən⁵³ lie²² tsəu⁴⁴ tsoʔ⁵ n̠iʔ²。

"来"置于方所前，强调的是方所；"来"置于动词前，则强调的是动作。

二　单音动词重叠"VV"

一个动词重叠后说两遍，构成"VV，VV，VP"格式，用在紧缩复句前一分句，表示动作正在进行。例如：

（16）讲讲，讲讲，辰光就到勒。（讲着讲着，时间就到了）

kõ⁴⁴ kõ⁴², kõ⁴⁴ kõ⁴², zən²² kuõ⁵³ zø²² tɔ⁴⁴ lə⁷²。

（17）走走，走走，路摸勿着嘞。（走着走着，找不到路了）

tsø³⁵ tsø³⁵ tsø³⁵ tsø³⁵, lu²⁴ moʔ⁵ vəʔ² dzɐʔ² lɐi⁰。

有时，以同一个动词重叠三次的方式，用在紧缩复句前一分句，构成"VVV，VP"格式，表示该动作正在进行时，又发生了另一个动作。例如：

（18）讲讲讲，造孽嘞。（说着说着吵架了）

kõ³⁵ kõ³⁵ kõ³⁵, zo²² ȵiʔ² lɐi⁰。

（19）看看看，睏熟嘞。（看着看着睡着了）

kʻi⁴⁴ kʻi⁴⁴ kʻi⁴⁴, kʻuən⁴⁴ zoʔ² lɐi⁰。

三　V 啊 V，VP

"啊"置于重叠动词中间，用于紧缩承接复句的前一分句，构成"V 啊 V，VP"格式，表示动作正在进行，又出现了新情况，"V 啊 V"相当于普通话"V 着 V 着"。例如：

（20）走啊走，走到一只山洞勒。（走着走着，走到一个山洞里）

tsø⁴⁴ fia⁰ tsø³⁵, tsø⁴⁴ tɔ⁴⁴ iʔ⁵ tsɐʔ⁵ sɛ⁵³ doŋ²²lə⁰。

（21）其就是磨啊磨，一直磨到变成一梗绣花针啦。（他于是就磨啊磨，一直磨到变成一枚绣花针）

dʑi²² zø²² zɿ²¹ məu²² fia⁰ məu²², iʔ⁵ zəʔ² məu²² tɔ⁴⁴ pi⁴⁴ dzən²² iʔ⁵ kuã⁴⁴ çy⁴⁴ huo⁴⁴ tsən⁴⁴ la⁰。

四　拟声词摹态表进行

拟声词摹态表进行是宁波方言有别于普通话的一大特色。最常见的是"拟声词（往往重叠）＋V"。例如：

（22）*腾腾奔去，腾腾奔来。*（"腾腾腾"地跑去，"腾腾腾"地跑

来)

dən²² dən²² pən⁴⁴ tɕʻi⁴⁴, dən²² dən²² pən⁴⁴ lie²²。

(23) □□敲。lia²¹ lia²² kʻɔ⁵³。(狠狠地不停地打)

(24) □□哭。ŋo²² ŋo²² kʻoʔ⁵。("哇哇"直哭)

(25) □□奔去。guã²² guã²² pən⁴⁴ tɕʻi⁰。(不停地急急忙忙跑去)

这类用法勉强可以用普通话对译为"不停地 V",但是每个拟声摹态词除了摹态外还有表进行的体意义,这一点很有特色。

五 V 埭来/去

"V 埭来/去"相当于普通话"V 着来",这时,V 不是主要的动词谓语,而是"来"或"去"的伴随状况。例如:

(26) 两个人依路吵埭来。(两个小孩子一路吵过来)

liã²² ɦoʔ² n̠in²² i⁵³ lu²² tsʻɔ⁴² da²² lie⁰。

(27) 该小顽依路哭埭去。(那个小孩一路哭着去)

gɛ²² ɕio⁴⁴ uɛ⁴⁴ i⁵³ lu²² kʻoʔ⁵ da²² tɕʻi⁰。

前一例表示吵架这个动作伴随行走这个动作一直进行着,后一例表示哭这个动作伴随行走这个动作一起进行着。该格式从体的角度来看,处于进行和持续之间,既有动作进行的特点,如"哭"是一个动作的反复进行,中间还会有间歇;同时也有持续的特点,也就是说,"哭"这种情貌在行路这个过程中一直持续着。

第三节 反复进行体

反复进行体是指动作在一定的时间内反复进行。主要类型有四:①单音动词重叠;②"V 来 V 去"式;③"V 记 V 记"式;④"V₁ 勒 V₂,V₂ 勒 V₁"式。

一 单音动词重叠

单音动词重叠式"VV"可表动作反复进行。例如:

(1) 脚骨蹾蹾真冻煞勒。(脚踝踝实在冻坏了)

tɕiɐʔ⁵ kuã⁴⁴ tən⁴⁴ tən⁴² tsən⁵³ toŋ⁴⁴ sɐʔ⁵ ləʔ²。

（2）踢踢蹒蹒，蹒过南山。（跌跌绊绊，绊过南山）

t'iʔ⁵ t'iʔ⁵ pɛ⁴⁴ pɛ⁴² ，pɛ⁴²kəu⁴⁴ nɐi²² sɛ⁴²。

"VV"后还可以加上人称代词"其"（或"夷"），构成宁波方言中表持续反复的特有格式："VV 其"。例如：

（3）毛豆剥剥其。（把毛豆剥一剥）

mɔ²¹ dø²² poʔ⁵ poʔ⁵ dʑi²²。

（4）肉骨头炖炖其。（把肉骨头炖一炖）

n̠yoʔ² kuoʔ⁵ dø²² tən⁴⁴ tən⁴² dʑi²²。

（5）书看看其。（书看一看）

sɿ⁵³ k'i⁴⁴ k'i⁴² dʑi²²。

"VV 其"可用于疑问句和祈使句，不用于表陈述的否定句。"毛豆剥剥其"这个句子可以是祈使句，也可以是一般的陈述句，关键看使用时候的语气。若是祈使句，语气比较强烈，而且一定对着某个对象而说；若是陈述句，则多为自言自语，说给自己听，虽然很多情况下也会有一个听话人存在，但是，这种说法只是一种告知式的传达，告诉别人自己打算干什么。

"VV 其"的疑问用法主要用于反复问和反问句中。例如：

（6）肉骨头炖炖其好哦？（肉骨头炖一炖好不好）（反复问）

n̠yoʔ²kuoʔ⁵ dø²² tən⁴⁴ tən⁴²dʑi²² hɔ⁵³ vɐʔ²？

（7）书嫲好看看其啊？（难道不会看看书啊）（反问）

sɿ⁵³ vɐi²¹ hɔ⁴⁴ k'i⁴⁴ k'i⁴²dʑi²² ɦia²²？

二 V 来 V 去

"V 来 V 去"式表示一种较缓慢或悠闲的反复，状态性强于动作性，动词后不能带宾语。例如：

（8）其事体勿做，每日街勒宕来宕去。（他事情不做，每天在街上晃来荡去）

dʑi²² zɿ²² t'i³⁵ vəʔ² tsəu⁴⁴ ，mɐi²² niʔ² ka⁵³ ləʔ² dã²² lie²² dã²² tɕ'i⁴⁴。

（9）两个人造孽骂来骂去。（两个人吵架骂来骂去）

liã²² ɦoʔ² n̠in²² zɔ²² n̠iʔ² mo²² lie²² mo²² tɕ'i⁴⁴。

"V 来 V 去"后可加表持续的标记词"眼"和表进行的标记词

"来"。例如：

→其事体勿做，每日街勒宕来宕去宕眼。（他事情不做，每天在街上晃来荡去晃着）

dʑi²² zɿ²² t'i³⁵ vəʔ² tsəu⁴⁴, mɐi²² niʔ² ka⁵³ ləʔ² dã²² lie²² dã²² tɕ'i⁴⁴ dã²² ŋie²¹。

→两个人造孽骂来骂去来骂。（两个人吵架骂来骂去在骂）

liã²² ɦoʔ² n̦in²² zo²² n̦iʔ² mo²² lie²² mo²² tɕ'i⁴⁴ lie²² mo²⁴。

三　V记V记

"V记V记"式表示一种频率较高的动作的反复。例如：

（10）浮记浮记河勒浮眼。（在河里浮着）

vu²² tɕi⁴² vu²² tɕi⁴² ɦɐu²² ləʔ² vu²² ŋie²¹。

（11）头扭记扭记断命有趣煞勒。（头扭来扭去真是有趣）

dø²² ŋɐʔ² tɕi⁴² ŋɐʔ² tɕi⁴² dø²² min²¹ ɦy²² ts'ɿ⁴⁴ sɐʔ⁵ ləʔ²。

（12）该个洋娃娃眼睛眒记眒记交关有趣。（那个洋娃娃眼睛眨呀眨的很有趣）

ge²² ɦoʔ² z̦iã²² ua⁴⁴ ua⁴⁴ ŋɛ²² tɕin⁵³ sɐʔ⁵ tɕi⁴² sɐʔ⁵ tɕi⁴² tɕio⁴⁴ kuɛ⁵³ ɦy²² ts'ɿ⁵³。

"V记V记"是对行为V在起点和终点之间的持续过程的观察，不能带表示时间、动量、结果的补语。其行为在持续过程中有起伏的分段延伸状态，强调的是行为V的起伏跌宕，有很强的节奏感。"V记V记"既有持续义，又含反复义，两者共存，不过，反复的意义在某种程度上覆盖了持续的意义，使得持续意义相对减弱，节奏感增强。

（一）"V记V记"的句法功能

"V记V记"在句中主要修饰动词或动词性短语，用来说明动作正在进行或动作持续时的状貌。

1. "V记V记" + VP + 语气词

"V记V记"修饰动词，用来说明该动作的状貌，句末需要有语气助词。例如：

（13）一只黄狗翘记翘记回转来嘞。（那只狗腿瘸着瘸着回来了）

iʔ⁵ tsɐʔ⁵ ɦuã²² kən⁵³ tɕ'io⁵³ tɕi⁴⁴ tɕ'io⁵³ tɕi⁴⁴ ɦuɐi²¹ zɐi²² lie²² lɐi⁰。

（14）格么屁眼扭记扭记去嘞。（于是屁股扭着就走了）

　　kɐʔ⁵ məʔ² p'i⁴⁴ ku⁵³ ŋɐʔ² tɕi⁴² ŋɐʔ² tɕi⁴² tɕ'i⁴⁴ lɐi⁰。

2. "V记V记" + V眼

（15）一个人河勒浮记浮记浮眼。（有个人在河里浮着）

　　iʔ⁵ ɦoʔ² ȵin²² ɦɐu²² ləʔ² vu²² tɕi⁴² vu²² tɕi⁴² ɦɐu²² ləʔ² vu²² ŋie²¹。

（16）一梗大蛇树上顶荡记荡记荡眼。（一条大蛇在树上晃啊晃的在晃着）

　　iʔ⁵ kuã⁴⁴ dəu²² dzo²² zɿ²² zɔ̃²² tən⁴⁴ dã²² tɕi⁴² dã²² tɕi⁴² dã²² ŋie²¹。

3. "V记V记" + 来VP

（17）其幽记幽记来偷东西。（躲躲藏藏地在偷东西）

　　dʑi²² y⁴⁴ tɕi⁴² y⁴⁴ tɕi⁴² lie²² tø⁴⁴ toŋ⁴⁴ ɕi⁵³。

（18）手骨塞记塞记来作弊么。（手塞着什么东西在作弊）

　　sø⁴⁴ kuã⁴⁴ səʔ⁵ tɕi⁴² səʔ⁵ tɕi⁴² lie²² tsoʔ⁵ bi²² mə⁰。

（二）"V记V记"的"V"

1. 可以进入"V记V记"格式的动词

　　"V记V记"的V，前一个V与后一个V一般情况下是相同的，有时也可不同，可以通过一对同义词来交替着使用，如"撮记引记 ts'əʔ⁵ tɕi⁴² zin²² tɕi⁴²、横记宕记 ɦuã²² tɕi⁴² dã²² tɕi⁴²"。不过，这类说法不是很多。从动词的性质来看，能够进入该格式的动词往往需要满足：

　　a. 表状态类动词，可以进入"V记V记"式。例如：

（19）其蹧记蹧记走过来，交关滑稽。（他跌跌绊绊走过来，很有趣）

　　dʑi²² ts'oŋ⁴⁴ tɕi⁴² ts'oŋ⁴⁴ tɕi⁴² tsø⁵³ kəu⁴⁴ lie²²，tɕio⁴⁴ kuɛ⁵³ ɦuɐʔ⁵ tɕi⁴⁴。

（20）眼睛逃记逃要没快嘞。（眼睛翻着翻着快要死了）

　　ŋɛ²² tɕin⁵³ dɔ²² tɕi⁴² dɔ²² tɕi⁴² io⁴⁴ məʔ² k'ua⁴⁴ lɐi⁰。

（21）小奶花行记行记来学走路。（小孩晃着晃着在学走路）

　　ɕio⁴⁴ na²² huø⁴⁴ ɦã²² tɕi⁴² ɦã²² tɕi⁴² lie²² ɦoʔ² tsø⁴⁴ lu²⁴。

　　"蹧"是走路摇摇晃晃不稳，"逃"是眼珠子往外鼓，"行"是小孩子学走路。这几个字共同的特点是都具有摹状性，表示一种持续反复的动作。

b. 动作在短时间内可以反复出现而且持续一段时间的动词，也可以进入"V 记 V 记"式。例如：

（22）一梗木头浮记浮记河勒浮眼。（一块木头浮在河里）

i?⁵ kuä⁴⁴ mo?² dø²² vu²² tɕi⁴² vu²² tɕi⁴² ɦiɐu²² lə?² vu²² ŋie²¹。

（23）人家来开会诺莫张记张记去张。（别人正在开会，不要去张望）

ɲin²² kuo⁵³ lie²² k'ie⁴⁴ ɦiuɐi²⁴ no?² mɔ²¹ tsä⁵³ tɕi⁴⁴ tsä⁵³ tɕi⁴⁴ tɕ'i?⁵ tsä⁵³。

（24）其嘴巴努记努记好像得我来打暗号。（他不停地努嘴好像给我在打暗号）

dʑi²² tsʅ⁵³ po⁴⁴ nu²² tɕi⁴² nu²² tɕi⁴² hɔ⁴⁴ ziä²¹ tə?⁵ ŋo²² lie²² tä⁴⁴ ɐi⁴⁴ ɦɔ²¹。

（25）葛只山洞墨墨暗，阿拉只好慢慢摸记摸记摸出去。（这个山洞漆黑一片，我只好慢慢摸索着出去）

kə?⁵ tsɐ?⁵ sɛ⁵³ doŋ²² mo?² mo?² ɐi⁴⁴，ɐ?⁵ lɐ?² tɕi?⁵ hɔ⁵³ mɛ²² mɛ²² mo?² tɕi⁴² mo?² tɕi⁴² mo?² ts'ə?⁵ tɕ'i⁴⁴。

（26）一梗青虫顶记顶记爬出来。（一条青虫顶着顶着爬出来）

i?⁵ kuä⁴⁴ tɕ'in⁴⁴ dzoŋ²¹ tin⁵³ tɕi⁴⁴ tin⁵³ tɕi⁴⁴ bo²¹ ts'ə?⁵ lie²²。

这类动词关键是能否反复进行。"浮"和"沉"相对，一浮一沉构成一个完整的动作反复；"张"是"望"的意思，取"东张西望"的情态；"努"和"顶"是在短时间内完成一个动作，然后重复一次，再重复一次，反复进行。"摸"是"摸索"的意思，取"摸摸索索"的情态。

c. 有些动词本身不能反复进行，但是也可以进入"V 记 V 记"的格式，在"V 记 V 记"这一格式的强制促成之下，带上了持续反复的意味。这类说法一般在特定条件下使用。例如：

（27）搀记搀记来搀人。（正在搀扶人）

ts'ɛ⁵³ tɕi⁴⁴ ts'ɛ⁵³ tɕi⁴⁴ lie²² ts'ɛ⁴⁴ ɲin²²。

（28）掸记掸记来掸衣裳。（在掸衣服）

tɛ⁵³ tɕi⁴⁴ tɛ⁵³ tɕi⁴⁴ lie²² tɛ⁴⁴ i⁴⁴ zä²¹。

（29）兜记兜记兜眼。（在堵某人或某物）

$tø^{53}\ tɕi^{44}\ tø^{53}\ tɕi^{44}\ tø^{53}\ ŋie^{21}$。

（30）安记安记来安东西。（在放东西）

$ɐi^{53}\ tɕi^{44}\ ɐi^{53}\ tɕi^{44}\ lie^{22}\ ɐi^{44}\ toŋ^{44}\ ɕi^{53}$。

"V 记 V 记"的语法意义除了持续反复，还表示某种状态或含有试探的意味。在 b 的五个例子中，一、三两例表状态，其他三例都含有试探的意味。这四个例子出现的概率很低的原因是这些动词基本上不用于尝试体，而"V 记 V 记"的 V 绝大部分可以用于尝试体。能否进入"VV 看"格式也是判断能否进入"V 记 V 记"格式的一个标准。

2. 无法进入"V 记 V 记"格式的动词

主要有三类动词不能用于"V 记 V 记"式：

①那些表示瞬间完成且无法恢复动作的动词不能用于"V 记 V 记"式。例如："爆"，不能说成"爆记爆记"，因为某个东西爆了就无法在重新再爆一次。"停"，不能说成"停记停记"，因为停下来了就停下来了，无法处于停与不停之间。

②那些虽然是持续性动词，但是，一旦动作完成就进入某种状态无法回复到原来的动作的动词也不能进入"V 记 V 记"格式。例如："奔"，是"跑"的意思，不能说成"奔记奔记"，因为"奔"这个动作一旦启动，就进入"奔跑"这个状态之中。又如"背"有两个意思，一个意思是"动物用口叼东西"，这个意思可以出现叼住和没有叼住两种情况，所以可以用于"V 记 V 记"式，如"黄狗背记背记来背啥个啦?"另一个意思是"用背驮或用肩挎"，这个意思就不能说成"背记背记"，因为一旦这个动作完成，就形成一种背在背上或挎在肩上的状态。

③表结果的动词也不能用于"V 记 V 记"式。例如："龅"，牙齿向外；"蒲"，由于受到挤压而向四周撑胀变形。这类字本身表示的是一种结果，无法反复进行，因此不能进入"V 记 V 记"格式。

（三）"V_1 勒 V_2，V_2 勒 V_1"

这类用法适用范围比较窄，基本上只用于诸如"吃勒睏睏勒吃"之类的格式，表示前一个动作完成之后紧接着进行第二个动作，然后又进行第一个动作，回环往复，多含贬义。例如：

（31）其每日吃勒睏，睏勒吃，狗筋懒断嘛!（每天吃了睡，睡了

吃，太懒惰了）

dʑi²² mɐi²² n̠i?² tɕ'yo?⁵ lə?² kuən⁴⁴，kuən⁴⁴ lə?² tɕ'yo?⁵，kø⁵³ tɕin⁴⁴ lɛ²² dø²² lɐ?²！

（32）人时格吐勒屋，屋勒吐，限板生大病的嘴！（人总是吐了拉，拉了吐，肯定生大病了）

n̠in²² zʅ²² kɐ?⁵ t'u⁴⁴ lə?² dza²⁴，dza²⁴ lə?² t'u⁴⁴，ɦɛ²² pɛ⁵³ sã⁴⁴ dəu²² bin²² ti?⁵ lɐi⁰！

第四节　持续体

"持续体"是指动作或状态的持续。宁波方言持续体主要有四种形式：①有标记词"的、该"的句式；②有标记词"仔、勒"的句式；③动词重叠式；④有标记词"过去"的句式。

一　的、该

（一）"的、该"的语义

宁波方言有一对处所词"的、该"，经常置于动词或动词短语后。"的"兼表近指，常表示一种纯静态的持续。例如：

（1）我调觉的。（我醒着）

　　ŋo²⁴ dio²² kɔ⁴⁴ ti?⁵。

（2）其还活的。（他还活着）

　　dʑi²⁴ ɦua²² ɦuə?² ti?⁵。

表近指的"的"可以用"弄"替换。例如：

（3）我调觉弄。（我醒着）

　　ŋo²⁴ dio²² kɔ⁴⁴ noŋ²¹。

（4）其还活弄。（他还活着）

　　dʑi²⁴ ɦua²² ɦuə?² noŋ²¹。

"该"兼表远指，除了可以表示纯静态的持续，还可以表示短暂动作完成后该动作的姿态或状态的持续。例如：

（5）其沙发上顶坐该。（他坐在沙发上）

　　dʐ²⁴ suo⁴⁴ fɐ?⁵ zɔ̃²¹ tən⁴⁴ zəu²² kie⁵³。

（6）门开该。（门开着）

mən^{22} k'ie^{53} kie^{53}。

表远指的"该"可以由"眼"替换。例如：

（7）其沙发上顶坐眼。（他坐在沙发上）

dʐ^{24} suo^{44} fɐʔ^5 zɔ̃^{21} tən^{44} zəu^{22} ŋie^{21}。

（8）门开眼。（门开着）

mən^{22} k'ie^{53} ŋie^{21}。

对于一个短暂的动作完成后的结果作为一种状态的延续，如"他点着灯呢""我给你倒着茶"之类的说法用宁波方言很难对译。

"该/眼"还可以表示动作完成后状态或结果的延续表现为事物的存在。例如：

（9）墙壁上顶一幅画贴该。（墙壁上贴着一幅画）

ʑiã^{22} piʔ^5 zɔ̃^{22} tən^{44} iʔ^5 foʔ^5 ɦuo^{24} t'iɐʔ^5 kie^{53}。

（10）黑板上顶一首诗写该。（黑板上写着一首诗）

həʔ^5 pɛ^{44} zɔ̃^{22} tən^{44} iʔ^5 sø^{44} sɿ^{53} çia^{44} kie^{53}。

（11）屋檐下一串六谷挂该。（屋檐下挂着一串玉米）

oʔ^5 ʑi^{22} ɦuo^{22} iʔ^5 ts'ø^{44} loʔ^2 koʔ^5 kuo^{44} kie^{53}。

（二）"的、该"与动词及动词性结构

1．"的、该"共有的用法

"的、该"表示的多为动作所形成的状态的持续。有动作而形成状态，有以下几种情况：

①有的动作自身延续就转化为一种状态。例如：

（12）其门口跍该/眼。（他在门口蹲着）

dʑi^{24} mən^{21} kø^{44}gu^{22} kie^{53}/ŋie^{21}。

（13）其该窠坐该。（他在那儿坐着）

dʑi^{24} gɛ^{22} k'əu^{53} zəu^{22} kie^{53}。

"跍、坐"本身一旦完成，这一动作就转化为一种静态的持续，这儿的"的、该"相当于"着"。"该"可以与"该窠"（表远指的处所词）同现。

②有的动作一经完成就成为一种状态。例如：

（14）苹果桌凳勒摆眼。（苹果在桌上放着呢）

bin²¹ kəu⁴⁴ tsəʔ⁵ tən⁴²ləʔ² pa⁴⁴ ŋie²¹。

（15）电灯得夷点的。（点灯让它点着）

di²² tən⁴⁴ təʔ⁵ ʑi²² tie⁴⁴ tiʔ⁵。

"苹果"一经"摆"下，作为动作的"摆"本身就结束了，但是动作完成之后造成的结果作为一种状态则持续下来。灯一旦点着，"点"这个动作就结束了，但是，灯亮这个结果却作为一种状态保持下来。

③有的动作本身一经发生便告完成，不能延续，但其中有的可以留下状态性的结果。例如：

（16）其来的。（他在这儿）

dʑi²⁴ lie²⁴ tiʔ⁵。

（17）其去该勒。（他已经走了）

dʑi²⁴ tɕʻi⁴⁴ kie⁵³ ləʔ²。

"来""去"一经发生便告完成，不能延续，但是，"来""去"可以留下状态性的结果，"来"动作完成后，主体就处于已经来了这个状态之中，"去"则刚好相反。

④有一部分动结式也可以形成状态。例如：

（18）饭烧好的，啥个辰光要就好吃。（饭烧好了，什么时候要想吃就能吃）

vɛ²⁴ sɔ⁵³ hɔ⁵³ tiʔ⁵，soʔ⁵ zən²² kuɔ̃⁵³ io⁴⁴ tɕʻyoʔ⁵ zø²² hɔ⁴⁴ tɕʻyoʔ⁵。

（19）东西摆好的，人来勒到毛好驮去。（东西放好了，人一来马上就可以拿去）

toŋ⁴⁴ ɕi⁵³ pa⁵³ hɔ⁴⁴ tiʔ⁵，n̩in²² lie²¹ ləʔ² tɔ⁴⁴ mɔ²¹ hɔ⁴⁴ dəu²² tɕʻi⁴⁴。

2. "的"独有的用法

宁波方言的"的"除了直接用于动词之后，还有以下用法：

①在动词与"的"之间可以插入表示轻微义的表量词"眼"。这类句式翻译成普通话为"V着点儿"。例如：

（20）挡眼的。（挡着点儿）tɔ̃⁴⁴ ŋie²² tiʔ⁵。

（21）看眼的。（看着点儿）kʻi⁴⁴ ŋie²² tiʔ⁵。

（22）摆眼的。（放着点儿）pa⁴⁴ ŋie²² tiʔ⁵。

②在动词与"的"之间可以插入数量结构，当只出现量词时，实际上是"一+量"的省略。这类句式无法用普通话直译。例如：

（23）药吃粒的。（吃一颗药）ʑiɐiʔ² tɕʻyoʔ⁵ liʔ² tiʔ⁵。

（24）豆腐买两斤的。（买两斤豆腐备着）døʔ²² vʔ²² maʔ²² liã²¹ tɕin⁴² tiʔ⁵。

（25）饭吃五碗的。（吃它五碗饭）vɛ²⁴ tɕʻyoʔ⁵ ŋʔ²² uøʔ⁵³ tiʔ⁵。

③有时候可以有"形容词+的"的用法，含有一种强调的语气，不能用普通话直译。例如：

（26）其速度多少快的啦，好去拉其个啊！（他速度非常快啊，怎么能去拉他呢）

　　　dʑi²⁴ soʔ⁵ du²¹ təu⁴⁴ sɔ⁵³ kʻua⁴⁴ tiʔ⁵ la⁰，hɔ⁴⁴ tɕʻiʔ⁵ la²¹ dʑi²² ɦoʔa²²！

（27）牛仔裤好好叫要排过，多少腻腥的啦！（牛仔裤需要好好刷过，非常脏）

　　　ŋøʔ²² tsʔ⁵³ kʻu⁴⁴ hɔ⁵³ hɔ⁴⁴ io⁴⁴ ba²² kəu⁰，təu⁴⁴ sɔ⁵³ ȵi²² ɕin⁵³ tiʔ⁵ la⁰！

（28）其葛辰光多少红的啦！（他那个时候非常走红）

　　　dʑi²⁴ kəʔ⁵ zən²² kuɔ̃⁴⁴ təu⁴⁴ sɔ⁵³ ɦoŋ²² tiʔ⁵ la⁰！

3. "的"字祈使句

"V＋的"兼表祈使语气。

①能进入"V＋的"式的 V

能进入"V＋的"式的 V 绝大部分是单音节动词，同时这个 V 还必须是自主动词，非自主动词"病、坍、醉"等不能进入"V＋的"句式。从语义上看，"的"具有持续义，所以 V 通常是表可以持续的动作或状态，结束性动词"忘、败、光、断、伤"等也不能进入该句式。动词的持续有动作持续和状态持续两种，普通话中"V＋着"表祈使的 V 多为状态持续而不能是动作持续，但是宁波方言"V＋的"表祈使的 V 可以是动作持续。试比较：

　　　宁波方言　　　普通话

（29）开的！kʻie⁵³ tiʔ⁵　　开着！

（30）背的！pɐi⁴⁴ tiʔ⁵　　背着！

（31）隑的！ŋie²² tiʔ⁵　　站着！

（32）扫的！sɔ⁴⁴ tiʔ⁵　　*扫着！

（33）浇的！tɕio⁵³ tiʔ⁵　　*浇着！

（34）摘的！tsɐʔ⁵ tiʔ⁵　　＊摘着！

前三例是状态持续的情况，如"开"表示该动作完成后所保持的状态的持续。后三例是动作持续的情况。普通话有"正扫着呢""正浇着呢""正摘着呢"的说法，表示动作正在进行，"扫着、浇着、摘着"不单独使用；宁波话"扫的、浇的、摘的"可以单独使用，多用于祈使句，不能用普通话直接对译，可以翻译成"扫在这儿""浇在这儿""摘在这儿"，但是，意义上还是有出入：宁波方言的"V的"除了表示祈使，还有明显的持续意义。如"摘的"是把花草等植物采摘下来，并将这些植物保存下来。

②"V 的"的语义预设

从语义上看，"V + 的"句式的预设十分复杂，大致可以归纳为三类：

a. 说话人要求听话人进入某种状态，其预设是：听话人本来没有处于某种状态；

b. 说话人要求听话人保持某种状态，其预设是：听话人正试图改变现有的状态，但还没有改变；

c. 说话人要求听话人回到原来所处的状态，其预设是：听话人已经改变了原来所处的状态，需要再恢复到原来的状态。

根据以上三点我们可以看下面的例子：

（35）坐的！zəu²² tiʔ⁵！

根据不同的预设，上例有三种理解：①听话人原来是站着的，听到说话人的指令后，现在准备要坐下。②听话人原先就是坐着的，看到说话人来，试图站起来，说话人对他进行制止，就说"坐的"，要求他保持"坐"的状态。③听话人本来是坐着的，但说话人发现他已经改变了这种状态，站了起来。在这种状态下，说话人说"坐的"要求他改变目前的状态，形成相反的姿态——坐着。

（三）"的、该"与普通话"着"

宁波方言"的、该"和普通话的"着"有别。普通话"着"一般用于可持续性动词，不能用于动补式后；宁波方言中，"的""该"的组合能力比普通话"着"强。例如：

（36）其地垟勒伏眼。（他正在地上趴着呢）

dʑi²⁴ di²² ʐiã²² ləʔ² boʔ² ŋie²¹。

（37）窗门得夷开的，通通风。（窗户给它开着，通通风）

tsʻɔ̃⁴⁴ mən²¹ təʔ⁵ ʑi²² kʻie⁵³ tiʔ⁵，tʻoŋ⁴⁴ tʻoŋ⁴⁴ foŋ⁵³。

（38）茶叶喇喇摘的好嘞，吥告个和。（茶叶尽管采摘，没关系的）

dzo²² ʑiʔ² lɐʔ² lɐʔ² tsɐʔ⁵ tiʔ⁵ hɔ⁴⁴ lɐi⁰，m̩²¹ kɔ⁴⁴ ɦoʔəu²²。

（39）该窠来放电影，我荡窠看看的好嘞。（那里在放电影，我在这
里看着就行了）

gɛ²² kʻəu⁵³ lie²² fɔ̃⁴⁴ di²² ʑin²²，ŋo²⁴ dɔ̃²² kʻəu⁵³ kʻi⁴⁴ kʻi⁴⁴ tiʔ⁵
hɐʔ⁵ lɐi⁰。

（40）东西我已经准备好的嘞。（东西我已经准备好了）

toŋ⁴⁴ çi⁵³ ŋo²⁴ ʑi²² tɕin⁵³ tsən⁵³ bɛi²² hɔ⁴⁴ tiʔ⁵ lɐi⁰。

（41）我先饭吃吃好的，庅晌好做事体。（我先把饭吃了，待会儿可
以做事情）

ŋo²⁴ çi⁵³ vɛ²⁴ tɕʻyoʔ⁵ tɕʻyoʔ⁵ hɔ⁴⁴ tiʔ⁵，dən²² zɔ̃²² hɔ⁴⁴ tsəu⁴⁴
zɹ̩²² tʻi³⁵。

前两例动词是可持续的，普通话和宁波方言都可以说；第三例是动
词“摘”这个动作的持续，第四例是“动词重叠＋的”，第五例是动补
式加“的”，第六例是动补式重叠后加“的”，普通话“着”没有上述
后四例的用法。

（四）“的嘞”

宁波方言有专门表示完成之后保持特定状态的标记词“的嘞”。它
与“嘞”不同。如“其来嘞”，既可以是他正走来进入视野，也可以是
他马上就来了；而“其来的嘞”则强调他已经在这儿了。又如：

（42）我饭吃过的嘞。（我饭吃过了）

ŋo²⁴ vɛ²² tɕʻyoʔ⁵ kəu⁴² tiʔ⁵ lɐi⁰。

（43）茶冷的嘞，再去泡杯。（茶冷了，再去泡一杯）

dzo²² lã²² tiʔ⁵ lɐi⁰，tsie⁵³ tɕʻiʔ⁵ pɔ⁴⁴ pɐi⁴⁴。

（44）饭烧好的嘞。（饭烧好了）

vɛ²² sɔ⁵³ hɔ⁴⁴ tiʔ⁵ lɐi⁰。

（45）东西驮来的嘞。（东西拿来了）

toŋ⁴⁴ çi⁵³ dəu²² lie²² tiʔ⁵ lɐi⁰。

（46）树斫掉的嘞。（树砍掉了）

　　　　zɿ²⁴ tsoʔ⁵ dio²¹ tiʔ⁵ lɐi⁰。

（47）葛自行车限板坏脱的嘞。（这辆自行车肯定坏了）

　　　　kəʔ⁵ zɿ²² ʑin²² tsʻuo⁴⁴ ɦiɛ²⁴ pɛ⁵³ ɦiua²² tɐʔ⁵ tiʔ⁵ lɐi⁰。

"VP＋的嘞"的否定表述有两种方式：

a. 在谓词前头加否定词"没"，句末去掉"的嘞"。例如：

（48）我饭没吃过。（我饭没有吃过）ŋo²⁴ vɛ²⁴ məʔ² tɕʻyoʔ⁵ kəu⁴²。

（49）茶没冷。（茶没有冷）dzo²² məʔ² lã²²。

（50）其没来。（他没来）dʑi²⁴ məʔ² lie²²。

b. 在谓词前加"还没"，句末保留"的嘞"。例如：

（51）树还没斫掉的嘞。（树没有被砍掉）zɿ²⁴ ɦiua²² məʔ² tsoʔ⁵ dio²¹ tiʔ⁵ lɐi⁰。

（52）东西还没驮来的嘞。（东西还没有拿来）toŋ⁴⁴ ɕi⁵³ ɦiua²² məʔ² dəu²² lie²² tiʔ⁵ lɐi⁰。

（53）我饭还没吃过的嘞。（我饭还没有吃过）ŋo²⁴ vɛ²² ɦiua²² məʔ² tɕʻyoʔ⁵ kəu⁴² tiʔ⁵ lɐi⁰。

　　从语义上看，否定句的两种表达式是有区别的。如"我饭没吃过"叙述的是一种事实，语气平和；而"我饭还没吃过的嘞"则除了现在还没有吃饭这一客观事实，还隐含本来应该早就吃饭了的，语气比较强烈。

　　"的"在宁波方言中是一个表持续的标记词，所以"的嘞"合在一起实质上是一个"持续＋完成"的复合形式的体标记。动补结构的补语在句尾的时候，与"的嘞"连用，就表示动作完成之后造成的一种既成的事实。试比较：

a. 东西整好嘞。toŋ⁴⁴ ɕi⁵³ tsən⁵³ hɔ⁴⁴ lɐi⁰。

a'. 东西整好的嘞。toŋ⁴⁴ ɕi⁵³ tsən⁵³ hɔ⁴⁴ tiʔ⁵ lɐi⁰。

　　从上面的例子可以看出，"好"后直接加"嘞"表示一种宣告和提醒，多用于始发句，强调的是动作完成。而"的嘞"则表示一种答复，说明所处的状况，告诉他人某个行为动作已经顺利完成并处于某种状态，强调的是行为动作的已然，此类句子多用于后续句，用来回答他人的提问。a是说需要整理的东西都已经整理好了，暗含一种任务完成的意思，其表述的时间紧接着行为动作的完成那一刻；a'的字面意思与 a 相同，也是说需要整理的东西已经整理好了，但是说这句话的时间是该行为动作完成之后。可以用下面的图来表示：

图 9 – 1　动词动作过程阶段示意

B 点表示行为动作的起点，C 点表示行为动作的终点，BC 之间表示动作正在进行或者持续，AB 是指动作起始前的阶段，CD 是指动作终结后阶段。如果动作止于 C 点，那么用"嘞"；如果动作止于 C 点，然后其终结后的状态或结果依然持续，那么用"的嘞"。

"的嘞"还可以表示推测即将出现某种情况。例如：

（54）今么一等奖得夷摸着的嘞。（今天一等奖要被他摸到了）

tɕiʔ⁵ məʔ² iʔ⁵ tən⁵³ tɕiã⁴⁴ təʔ⁵ ʑi²² moʔ² dzæʔ² tiʔ⁵ lɐi⁰。

（55）诺勿听言话要得坏人带去的嘞。（你不听话要被坏人带走的）

noʔ² vəʔ² tʻin⁴⁴ ɦiɛ²¹ ɦuo²² io⁴⁴ təʔ⁵ ua⁴⁴ nin²¹ ta⁴⁴ tɕʻi⁴⁴ tiʔ⁵ lɐi⁰。

（56）看样子要做大水的嘞。（看样子要发大水了）

kʻi⁴⁴ ʐiã²² tsɿ³⁵ io⁴⁴ tsəu⁴⁴ dau²⁴ tsɿ³⁵ tiʔ⁵ lɐi⁰。

（57）葛两日要吃糠的嘞。（这两天要吃糠了）

kəʔ⁵ liã²¹ ɲiʔ² io⁴⁴ tɕʻyoʔ⁵ kʻɔ⁵³ tiʔ⁵ lɐi⁰。

二　仔、勒

（一）"仔"表持续

"仔"用在两个动词之间，构成"N + V + 仔 + VP"，V 表示 VP 的方式或 VP 表示 V 的目的。例如：

（58）眼镜戴仔寻眼镜。（戴着眼镜找眼镜）

ŋɛ²² tɕin⁵³ ta⁴⁴ tsɿ⁵³ ʑin²² ŋɛ²² tɕin⁵³。

（59）丫卵赤仔管天下。（赤着卵子管天下）

o⁴⁴ løʔ²¹ tsʻəʔ⁵ tsɿ⁵³ kuø⁴⁴ tʻi⁵³ ɦuo²¹。

（60）门开仔通通风。（门开着通通风）

mən²² k'ie⁵³ tsɿ⁴⁴ t'oŋ⁴⁴ t'oŋ⁴⁴ foŋ⁵³。

（61）好吃东西时格园仔勿得我晓得。（好吃的东西总是藏着不让我知道）

hɔ⁵³ tɕ'yoʔ⁵ toŋ⁴⁴ ɕi⁵³ zɿ²² kɐʔ⁵ kɔ̃⁴⁴ tsɿ⁵³ vəʔ² təʔ⁵ ŋo²¹ ɕio⁵³ təʔ⁵。

前两例 V 表示 VP 的方式。"眼镜戴仔"是"寻"这个动作的方式，即"戴着眼镜找眼镜"；"丫卵赤仔"是"管天下"的方式。后两例 VP 表示 V 的目的。"门开仔"的目的是"通通风"；"好吃东西时格园仔"的目的是"勿得我晓得"。

"仔"后可加表状貌的"眼"构成复合结构"仔眼"，相当于普通话的"着"。加上"眼"后，动作性下降，状态性加强。例如：

（62）眼镜戴仔眼旺兴贼大。（戴着眼镜不可一世）

ŋɛ²² tɕin⁵³ ta⁴⁴ tsɿ⁴⁴ ŋie²² fiɔ̃²² ɕin⁴⁴ zɐ²² da²²。

（63）嘴巴勒水含仔眼言话讲勿出。（嘴巴里含着水说不出话）

tsɿ⁵³ po⁴⁴ ləʔ² sɿ³⁵ ɦɐi²² tsɿ⁴⁴ ŋie²² ɦiɛ²¹ ɦuo²² kɔ̃⁵³ vəʔ² ts'əʔ⁵。

（二）"勒"表持续

1. V + 勒 + N + VP

"勒"用在两个动词之间，构成"V + 勒 + N + VP"，V 表示 VP 的方式，VP 表示 V 的目的。例如：

（64）戴勒眼镜寻眼镜。（戴着眼镜找眼镜）

ta⁴⁴ ləʔ² ŋɛ²² tɕin⁵³ zin²² ŋɛ²² tɕin⁵³。

（65）赤勒丫卵管天下。（赤着卵子管天下）

ts'əʔ⁵ ləʔ² o⁴⁴ lø²¹ kuø⁴⁴ t'i⁵³ ɦuo²¹。

（66）好吃东西时格园勒勿得我晓得。（好吃的东西藏着不让我知道）

hɔ⁵³ tɕ'yoʔ⁵ toŋ⁴⁴ ɕi⁵³ zɿ²² kɐʔ⁵ kɔ̃⁴⁴ ləʔ² vəʔ² təʔ⁵ ŋo²¹ ɕio⁵³ təʔ⁵。

2. V + 勒 + 数量 + N

用于"V + 勒 + 数量 + N"格式，表存在。例如：

（67）门口围勒一帮小青年。（门口围着一帮子小青年）

mən²¹ k'ø⁴⁴ ɦɐi²² ləʔ² iʔ⁵ pã⁴⁴ ɕio⁴⁴ tɕ'in⁴⁴ ȵi²²。

（68）汽车勒坐勒两个外国人。（汽车里坐着两个外国人）

tɕʻi^{44} tsʻuo^{53} ləʔ^{2} zəu^{22} ləʔ^{2} liã^{22} ɦoʔ^{2} ŋa^{24} koʔ^{5} ȵin^{22}。

3. V 勒 C（时量短语）

动词后加“勒”跟时量补语，表示动作持续了一段时间，有可能这个动作继续持续下去，也有可能不再持续。例如：

（69）我睏勒一晌工夫，到毛亦得夷呕调觉。（我睡了不一会儿，就又被他叫醒了）

ŋo^{24} kʻuən^{44} ləʔ^{2} iʔ^{5} zɔ̃^{22} koŋ^{44} fu^{53}，tɔ^{44} mɔ^{21} ʑi^{22} təʔ^{5} ʑi^{22} ø^{53} dio^{22} kɔ^{44}。

（70）其讲勒半日仍方没讲清爽。（他说了半天还是没说清楚）

dʑi^{24} kɔ̃^{44} ləʔ^{2} pø^{44} ȵiʔ^{2} dzən^{21} fɔ̃^{53} məʔ^{2} kɔ̃^{53} tɕʻin^{44} sɔ^{44}。

（71）寻葛本书寻勒交关多日脚。（找这本书找了很多日子）

ʑin^{22} kəʔ^{5} pən^{53} sɿ^{53} ʑin^{22} ləʔ^{2} tɕio^{44} kuɛ^{53} təu^{53} ȵiʔ^{2} tɕiɐʔ^{5}。

（72）其拉葛窠庉勒十多年。（他们这儿住了十几年）

dʑiɐʔ^{2} lɐʔ^{2} kəʔ^{5} kʻəu^{53} dən^{22} ləʔ^{2} zəʔ^{2} təu^{53} ni^{22}。

第一例意思是我睡了一会儿，睡这个状态持续了一会儿就被打断了；第二例是指讲话持续了很长时间，但是没有效果；第三例是指“寻”这个动作持续了很多天；最后一例是指“住”这个行为持续了十多年。

（三）“仔”“勒”的异同及与普通话“着”的比较

从分布上看，“勒”适用的范围要比“仔”广，“仔”只是承担了“勒”的一部分语法意义。从语义上看，“勒”更倾向于完成，“仔”则更倾向于表持续。这与吴语区其他地区的方言不太一样，如苏州方言中的“仔”，其功能要强大得多。

宁波方言的“仔”“勒”不能像普通话的“着”那样表示动作正在进行。例如：

*其唱仔、笑仔。（他唱着笑着）

*雨煞作落勒。（雨正下着）

宁波方言相应的说法是：

（73）其亦唱带调。（他又唱又跳）dʑi^{24} ʑi^{22} tsʻɔ̃^{44} ta^{44} dio^{22}。

（74）雨煞作来落。（雨不停地在下着）ɦy^{22} sɐʔ^{5} tsoʔ^{5} lie^{22} loʔ^{2}。

三　VV + 时量补语

动词重叠表持续在宁波方言里是一种独立的语法形式，通过重叠表示持续的动词一般是单音节动词，也有的是单音节形容词。形容词重叠表持续具有动态义。重叠表持续，后边必须出现表时量的词语，句末一般用语气词"嘞"。例如：

（75）其去去已经一个多月嘞。（他走了已经有一个多月了）

dʑi²⁴ tɕʻi⁴⁴ tɕʻi⁴² ʑi²² tɕin⁵³ iʔ⁵ kəu⁴⁴ təu⁵³ ɦyoʔ² lɐi⁰。

（76）其拉外婆死死三年嘞。（他们的外婆死了三年了）

dʑiɐʔ² lɐʔ² ŋa²² bəu²² ɕi⁵³ ɕi⁵³ sɛ⁴⁴ ni²¹ lɐi⁰。

（77）葛朵花开开有个把月嘞。（这朵花开了个把月了）

kəʔ⁵ tuo⁵³ ɦuo²¹ kʻie⁵³ kʻ⁵³ ɦy²² kəu⁴⁴ po⁵³ ɦyoʔ² lɐi⁰。

（78）我葛只手痛痛半年嘞。（我这个手痛了半年了）

ŋo²⁴ kəʔ⁵ tsɐʔ⁵ sø³⁵ tʻoŋ⁴⁴ tʻoŋ⁵³ pø⁴⁴ ni²¹ lɐi⁰。

（79）该间屋空空有一段日脚嘞。（那间房子空了有一段时间了）

gɛ²² kie⁵³ oʔ⁵ kʻoŋ⁴⁴ kʻoŋ⁴² ɦy²² iʔ⁵ dø²² ȵiʔ² tɕiɐʔ⁵ lɐi⁰。

四　VP + 过去①

"VP + 过去"式表示动作一直持续下去。例如：

（80）好爬起嘞！时格会睏过去！（可以起来了，老是睡觉！）

hɔ⁴⁴ po⁵³ tɕʻi⁴⁴ lɐi⁰！ʐɿ²² kɐʔ⁵ ɦuən²² kʻuən⁴⁴ kəu⁵³ tɕʻi⁰。

（81）一眼眼事体时格会话过去，心也等话勒烦煞嘞。（一点点事情老是说个不停，心都被你说的烦死了）

iʔ⁵ ŋie²² ŋie²² ʐɿ²² tʻi³⁵ ʐɿ²² kɐʔ⁵ ɦuɐi²² ɦuo²⁴ kəu⁴⁴ tɕi⁰，ɕin⁵³ ɦia²² tən⁴⁴ ɦuo²² ləʔ² vɛ²¹ sɐʔ⁵ lɐi⁰。

（82）诺泼时格等过去啊？（你难道老等下去啊）

noʔ² pʻəʔ⁵ ʐɿ²² kɐʔ⁵ tən⁵³ kəu⁴⁴ tɕʻi⁰ ɦia²²。

---

① "过去"有两个意思：A. 时间名词，与"现在"相对，发音为［kəu⁴⁴ tɕʻy⁴⁴⁻⁴²］；B. 趋向补语，语音为［kəu⁴⁴ tɕi⁰］。

第五节　尝试体

尝试体是指所表示的动作量少时短，包括一般所说的"短时体"。主要有四种形式：①（去）VV；②V＋记；③V 勒 V；④VV＋看。

一　（去）VV

动词重叠表示尝试，一般在前面加"去"。例如：

（1）今年诺海货生意去做做。（今年你试着去做做海货生意）

tɕin⁴⁴ n̠in²¹ noʔ² hie⁵³ həu⁴⁴ sã⁴⁴ zi²² tɕʻiʔ⁵ tsəu⁴⁴ tsəu⁰。

（2）某人拉新妇去望望。（他们家的媳妇去看一看）

məu²² n̠in²¹ lɐʔ² ɕin⁵³ vu²² tɕʻiʔ⁵ mɔ̃²⁴ mɔ̃⁰。

动词重叠表示尝试，第一个动词在语音的音程上要比第二个长，如果说正常的语音，一个音节是一个莫拉，那么动词重叠表尝试的前一个动词在语音上有 1.5 个莫拉。

二　V 记、V 其记

动词 V 后经常可跟"记"构成"V 记"式，表示动作短暂或尝试。光杆动词加"记"表示动作的短暂，相当于普通话"一会儿"或"一下"。例如：

（3）诺荡窠坐记。（你在这儿坐一会儿）

noʔ² dɔ̃²² kʻəu⁵³ zəu²² tɕi⁵³。

（4）诺得我等记。（你等我一会儿）

noʔ² təʔ⁵ ŋo²⁴ tən³⁵ tɕi⁵³。

（5）有本事人勒去敲记。（有本事去人家身上去打一下）

ɦy²² pən⁵³ zʅ²² n̠in²² ləʔ² tɕʻiʔ⁵ kʻɔ⁵³ tɕi⁵³。

（6）我得夷去推记。（我给他去推一下）

ŋo²⁴ təʔ⁵ zi²² tɕʻiʔ⁵ tɐi⁵³ tɕi⁵³。

"记"可以用"晌""枪"（一会儿）替换，替换后的意思只表示"一会儿"。例如：

（7）诺荡窠坐晌。（你在这儿坐一会儿）

no?^{2} dõ^{22} k'əu^{53} zəu^{22} zõ^{53}。

（8）诺得我等枪。（你给我等一会儿）

no?^{2} tə?^{5} ŋo^{24} tən^{35} tɕ'iã^{53}。

（9）有本事人勒去敲眴（有本事去人家身上去摸一会儿）

ɦy^{22} pən^{53} zɿ^{22} ȵin^{22} lə?^{2} tɕ'i?^{5} k'ɔ^{53} zõ^{53}。

（10）我得夷去推枪。（我给他去推一会儿）

ŋo^{24} tə?^{5} zɿ^{22} tɕ'i?^{5} tɐi^{53} tɕ'iã^{53}。

宁波方言基本上不用"V一V"的格式，此类格式多用"V其记"来表达，意思是"V一下"。例如：

（11）敲其记。（打他一下）k'ɔ^{53} dʑi^{22} tɕi^{53}。

（12）推其记。（推他一下）tɐi^{53} dʑi^{22} tɕi^{53}。

三　V 勒 V

"V 勒 V"式强调动作反复的速度较慢，更多的是表示状态。但是进入此式的动词本身则要求有强动作性，适合于短时反复进行。

（一）关于 V

一般来说，能进入"V 勒 V"式中的动词 V 要求有强动作性，适合于短时反复进行，如："甩、摸、揿、捏、抄"等动词，动作性很强，能够反复进行，所以都可以说成"V 勒 V"式：

甩勒甩 guɛ^{24} lə?^{2}guɛ^0　摸勒摸 mo?^{2} lə?^{2} mo?^{2}　揿勒揿 tɕ'in^{44} lə?^{2} tɕ'in^0

有些时候，在特定的句子当中也允许那些动作性不是很强的动词进入"V 勒 V"式。一旦进入这个格式，就会加强动作性。如"眴（睡）、坐、听"等，也可以说成"眴勒眴、坐勒坐、听勒听"。例如：

（13）我头毛人交关吃力，去眴勒眴葛记好交关勒。（我刚才非常累，去睡了一会儿现在好多了）

ŋo^{24} dø^{22} mo^{22} ȵin^{22} tɕio^{44} kuɛ^{53} tɕ'yo?^{5} li?^{2}，tɕ'i?^{5} k'uən^{44} lə?^{2} k'uən^0 kə?^{5} tɕi^{53} hɔ^{44} tɕio^{42}kuɛ^{44} lə?^{2}。

（14）我其拉屋落坐勒坐，后头来到商场去嗰。（我在他们家坐了会儿，后来到商场去了）

ŋo^{24} dʑiɐ?^{5} lɐ?^{2} uo?^{5} lo?^{2} zəu^{22} lə?^{2} zəu^0，ɦø^{22} dø^{22} lie^{22} tɔ^{44} sõ^{44} dzɑ^{21} tɕ'i^{53} lɐi^0。

（15）我去听勒听，唱功推板和。（我去听了一听，唱功不好）

　　ŋo²⁴ tɕ'i²⁵ t'in⁴⁴ ləʔ² t'in⁰, ts'ɔ⁴⁴ koŋ⁵³ t'ɐi⁵³ pɛ⁴⁴ ɦiəu²²。

　　动作性强的动词进入"V 勒 V"式，在动量上比那些动作性弱的词要短暂，但是在语义上都强调一个动作持续一段时间，并且已经结束。这与普通话"V 啊 V"不一样，"V 啊 V"是一个持续的动作，没有结束。如"唱啊唱"，指的是"唱"这个动作的持续，至于有没有结束，在该格式中并不表现。而且"V 啊 V"更倾向于表示一种状态，动作性较弱。"V 勒 V"式动作性很强，哪怕是那些本身动作性不是很强的词，在"V 勒 V"式这个格式中也表现出较强的动作性。

（二）"V 勒 V"的句法形式和语义功能

　　"V 勒 V"在句中只能作谓语，一般出现在小句的末尾，需要有后续句，后续句往往是对前半分句进行评价或是前半分句所作所为出现的结果，有时候则是前后两个动作或事件的一前一后发生。例如：

（16）其舌头舔勒舔，到忙晓得是假货。（用舌头舔了舔，马上就知道是假货）

　　dʑi²⁴ zɐʔ² dø²² t'ie³⁵ ləʔ² t'ie⁰, tɔ⁴⁴ mɔ²¹ ɕio⁵³ təʔ⁵ zɻ²² kuo⁵³ həu⁴²。

（17）介毛样得夷吹勒吹，一梗龙到毛活尔嘞。（这样被它吹了吹，一条龙马上活了）

　　ka⁴⁴ mɔ²² ȵiã²² təʔ⁵ zi²² ts'ɻ⁵³ ləʔ² ts'ɻ⁰, iʔ⁵ kuã⁴⁴ loŋ²² tɔ⁴⁴ mɔ²¹ ɦəʔ² əl⁴⁴ lɐʔ²。

（18）我先到中山公园走勒走，后来到新华书店买书去嘞。（我先到中山公园走了走，后来到新华书店买书去了）

　　ŋo²⁴ ɕi⁵³ tɔ⁴⁴ tsoŋ⁴⁴ sɛ⁴⁴ koŋ⁴⁴ ɦiy²² tsø³⁵ ləʔ² tsø⁰, ɦø²² lie²¹ tɔ⁴⁴ ɕin⁴⁴ ɦuo²¹ sɻ⁴⁴ tie⁴⁴ ma²² sɻ⁵³ tɕ'i⁴⁴ lɐi⁰。

（19）到陆家呑庙拜勒拜，病到毛好尔嘞，快勿啦！（到陆家呑庙去拜了拜，病马上好了，快不快）

　　tɔ⁴⁴ loʔ² koʔ⁵ ɔ⁵³ miɔ²² pa⁴⁴ ləʔ² pa⁰, bin²⁴ tɔ⁴⁴ mɔ²¹ hɔ⁵³ əl⁴⁴ lɐʔ², k'ua⁴⁴ vəʔ² la⁰！

　　前两例后续句表结果，第三例后续句表两个事件一前一后发生，最后一例后续句表结果和评价。

（三）"V 勒 V"与"V 勒两记"的区别

　　"V 勒 V"与"V 勒两记"有区别：

  首先，进入两种格式的动词不同。"V 勒两记"式比"V 勒 V"式对动词的要求更严格，一般只有那些动作性非常强的动词才能进入该格式。如"甩、摸、揿、捏"可以说成"甩勒两记、摸勒两记、揿勒两记、捏勒两记"，但是"眍（睡）、坐、听"却不能进入该格式。

  其次，两式在语义表达上也有不同。虽然两式都强调在动作反复的同时，蕴含动作已经完成，但是"V 勒 V"侧重于把动作作为独立的一个周期来表述；"V 勒两记"则侧重于把动作作为整体动作的某个分动作来看待。

四　VV看

  宁波方言动词或动词性结构后加助词"看"，构成"VP＋看"式，表示尝试，"看"音变为［kʻie］。如果动词后面有宾语或补语，"看"放在宾语或补语后面；动词加"看"，是尝试体的加强式。例如：

（20）葛本武打书诺看好得我看看。（这本武侠小说你看完给我看一下）

   kəʔ⁵ pən⁵³ vu²² tã⁴⁴ sʅ⁴⁴ noʔ² kʻi⁴⁴ hɔ⁵³ təʔ⁵ ŋo²⁴ kʻi⁴⁴ kie⁴⁴。

（21）交关简单，诺也来弄看。（很简单，你也来试试看）

   tɕio⁴⁴ kuɛ⁵³ tɕi⁵³ tɛ⁴⁴，noʔ² ʑia²² lie²² noŋ²⁴ kie⁴⁴。

（22）让其拉商量商量看，莫烦其拉。（让他们想一想，不要打扰他们）

   n̠iã²⁴ dziɐʔ² ləʔ² sõ⁴⁴ liã²² sõ⁴⁴ liã²² kie⁴⁴，mɔ²¹ vɛ²² dziɐʔ² ləʔ²。

（23）得我试试看！（让我试一试）

   təʔ⁵ ŋo²⁴ sʅ⁴⁴ sʅ⁴⁴ kie⁴⁴。

（24）我去问问其看，其晓得也吭数。（我去问一问他，或许他知道也说不定）

   ŋo²⁴ tɕʻiʔ⁵ mən²⁴ mən²² dz̩i²² kie⁴⁴，dzi²⁴ ɕio⁵³ təʔ⁵ ʑia²² m̩²¹ su⁴²。

  如果动词本身是"看"就出现三个"看"，前两个"看"是实义动词的重叠，后一个"看"是尝试体标记的附加。例如：

（25）葛本书得我看看看。（这本书给我看看试试）

   kəʔ⁵ pən⁵³ sʅ⁵³ təʔ⁵ ŋo²⁴ kʻi⁴⁴ kʻi⁴⁴ kʻie⁴⁴。

第六节　完成体

"完成体"表示动作的完成。宁波方言的完成体标记主要有：句中标记"勒"、句尾标记"嘞"以及半虚化标记"过、掉、脱、好、着"。

一　句中标记"勒"

"勒"是宁波话最基本的完成体标记之一。它总是附着在动词后边，表示动作的完成。其主要用法有二：

（一）V + 勒 + 补语

"V + 勒 + 补语"根据补语的类型，可以分为"数量结构""动量词""形容词"三类。

1. 补语为"数量结构"

宁波方言"勒"前的动词一般要求是单音节动词，"勒"后跟数量补语表示动作完成了补语所表示的量。例如：

（1）三只苹果我吃勒两只。（三个苹果我吃了两个）

se^{44} tsɐʔ^5 bin^{21} kəu^{44} ŋo^{24} tɕʻyoʔ^5 ləʔ^2 liã^{22} tsɐʔ^5。

（2）葛本书我看勒三页。（这本书我看了三页）

kəʔ^5 pən^{53} sʅ^{53} ŋo^{24} kʻi^{44} ləʔ^2 se^{44} ziʔ^2。

2. 补语为"动量词"或"数词 + 动量词"

"勒"后跟动量补语，表示动作或变化"全过程"的完成。例如：

（3）得其拉阿姆敲勒顿。（被他妈妈打了一顿）

təʔ^5 dʑiɐʔ^2 lɐʔ^2 ã^{55} m̩^{21} kʻɔ^{53} ləʔ^2 tən^{53}。

（4）昨么二六市去勒忙。（昨天二六市去了一趟）

zoʔ^2 məʔ^2 ȵi^{22} loʔ^2 dzʅ^{22} tɕʻi^{44} ləʔ^2 mɔ̃^{22}。

（5）我得蛇咬勒口。（我被蛇咬了一口）

ŋo^{24} təʔ^5 dzo^{22} ŋɔ^{22} ləʔ^2 kø^{53}。

（6）葛本书我看勒三遍。（这本书我看了三遍）

kəʔ^5 pən^{53} sʅ^{53} ŋo^{24} kʻi^{44} ləʔ^2 se^{44} pi^{53}。

3. 补语为表结果的"形容词"

"勒"后跟表结果的形容词，此处的"勒"相当于普通话的补语标记词"得"。例如：

（7）屋落得贼骨头偷勒滑脱斯精光嘞。（家里被贼偷得一干二净）

uoʔ⁵ loʔ² təʔ⁵ zɛʔ² kuəʔ⁵ dɐi²² t'ø⁴⁴ ləʔ² ɦuɐʔ² t'ɐʔ⁵ sʅ⁴⁴ tɕin⁴⁴kuɔ̃⁵³ lɐʔ²。

（8）眼睛哭勒肿起嘞！（眼睛哭得肿了）

ŋɛ²² tɕin⁵³ k'oʔ⁵ ləʔ² tsoŋ⁵³ tɕ'i⁴⁴ lɐʔ²。

（9）得夷拷勒死担去嘞！（被他打得死去活来）

təʔ⁵ zi²² k'ɔ⁴⁴ ləʔ² çi⁵³ tɛ⁴⁴ tɕ'i⁴⁴ lɐʔ²。

（10）屋落弄勒乱七八糟。（家里弄得乱糟糟）

uoʔ⁵ loʔ² noŋ²² ləʔ² lø²² tɕ'iʔ⁵ pɐʔ⁵ tsɔ⁴⁴。

（二）V＋勒＋宾语

"勒"后所跟宾语一般需要有数量结构修饰，表示完成貌。例如：

（11）灶根间点勒盏电灯。（厨房里点了一盏电灯）

tsɔ⁴⁴ kən⁴⁴ kie⁴⁴ tie⁴⁴ ləʔ² tsɛ⁴⁴ di²² tən⁴⁴。

（12）其拉儿子得其刮勒特猛个耳光。（他的儿子被他打了好几下耳光）

dʑiɐiʔ² lɐʔ² ŋ²¹ tsʅ⁴⁴ təʔ⁵ dʑi²² kuɐʔ⁵ ləʔ² dəʔ² mã²² ɦoʔ² ȵi²² kuɔ̃⁵³。

（三）"勒"与普通话"了₁"

宁波方言"勒"的句法位置与普通话"了₁"相同，附着在动词后边，都可以后跟宾语。不同的是，普通话"了₁"前的动词可以是单音节动词（如"写、吃、骂、痛、红"等），也可以是动补结构（如"做好、吃掉、看到"等），"了₁"后的宾语可以是表量的，也可以是不表量的；宁波方言"勒"后一般只跟表量结构（物量、动量）。例如：

（13）今么我鱼钓勒两梗。（今天我钓了两条鱼）

tɕiʔ⁵ məʔ² ŋo²⁴ ŋ²² tio⁴⁴ ləʔ² liã²² kuã⁵³。

（14）其一天亮宁波去勒三埭。（他一个上午宁波去了三趟）

dʑi²⁴ iʔ⁵ t'i⁴⁴ ȵiã²¹ ȵin²² pɐu⁵³ tɕ'i⁴⁴ ləʔ² sɛ⁴⁴ da²¹。

普通话动词前只要有状语出现，"了₁"后可以直接跟宾语，不要求表量，也可以不加后续句。宁波方言"勒"后必须加表量的词语，否则无法成句。试比较：

普通话　　　　　　　　宁波方言

我看了电影。　　　*我看勒电影。＋我看勒场电影。

他刚换了衣服。　　*其刚刚换勒衣裳。＋其刚刚换勒件衣裳。

二　句尾标记"嘞"

句尾标记"嘞"与普通话句末语气词"了"相当，可表示已经完成的新情况。例如：

（15）衣裳得雨淋湿嘞。（衣服被雨淋湿了）

i⁴⁴ zɔ̃²¹ təʔ⁵ ɦiy²² lin²¹ səʔ⁵ lɐi⁰。

（16）我大学毕业嘞。（我大学毕业了）

ŋo²⁴ da²² ɦoʔ² piʔ⁵ ȵiʔ² lɐi⁰。

从语气来看，"嘞"除了可用于一般陈述句，还可以用于感叹句中。例如：

（17）办法限板没嘞！（办法肯定没了）

bɛ²² fɐʔ⁵ ɦiɛ²² pɛ⁴⁴ məʔ² lɐi⁰！

此例中的"嘞"既表示已经完成的新情况，又传达出一种强烈的感情。"嘞"不用于祈使句和疑问句。

三　半虚化体标记"过、掉、脱、好、着"①

（一）习惯性完成体标记——过

对于日常生活中的常规行为，如做操、吃饭、洗脸、刷牙、洗澡、扫地等，或计划中、预料中该做的事情，宁波方言常用"过"附着在动词后边表示动作完成，句末可以加语气词"嘞"。例如：

（18）我人汏过嘞。（我澡洗过了）

ŋo²⁴ ȵin²² dʑia²² kəu⁵³ lɐi⁰。

（19）我工资领过嘞。（我领过工资了）

ŋo²⁴ koŋ⁴⁴ tsɿ⁵³ lin²² kəu⁵³ lɐi⁰。

（20）今么花浇过嘞。（今天花浇过了）

---

①　所谓"半虚化"，是指这些体标记还带有一定的词汇意义，没有完全虚化成典型的体标记。详见刘丹青《苏州方言的体貌范畴系统与半虚化标记》，载胡明扬主编《汉语方言体貌论文集》，江苏教育出版社 1996 年版，第 31—44 页。

tɕiʔ⁵ məʔ² huo⁵³ tɕio⁵³ kəu⁵³ lɐi⁰。

"过"还经常与表示动作实现的"好""掉"结合使用，虚化程度更高。例如：

（21）该本书我到葛记还没看好过。（那本书我到现在还没看好）

gɛ²² pən⁵³ sɻ⁵³ ŋo²⁴ tɔ⁴⁴ kəʔ⁵ tɕi⁵³ ɦua²² məʔ² k'i⁴⁴ hɔ⁵³ kəu⁴⁴。

（22）我从来也没得夷告掉过。（我从来没有告发过他）

ŋo²⁴ zoŋ²² lie²² ɦia⁰ məʔ² təʔ⁵ zi²² kɔ⁴⁴ dio²¹ kəu⁴⁴。

表一般性完成体的"过"和表经历体的"过"不同。前者强调的是动作的完毕，后者强调的是曾经有过某个经历。两者的区别可以从表述的内容来判断：一般情况下，常规性的活动用"过"表示完成。句中的时间词也是判断的依据，如句中有"闲遭仔"（过去）这个词的一定是经历体。例如：

（23）我闲遭仔吃过嘞。（我以前吃过了）

ŋo²⁴ ɦiɛ²² tsɔ⁵³ tsɻ⁴⁴ tɕʻyoʔ⁵ kəu⁵³ lɐi⁰。

（24）其闲遭仔来过嘞。（他以前来过了）

dʑi²⁴ ɦiɛ²² tsɔ⁵³ tsɻ⁴⁴ lie²¹ kəu⁵³ lɐi⁰。

由于表完成与表经历的"过"在形式上很相近，所以在表述中经常用"过+掉"来强调曾经经历。例如：

（25）该爿山我翻过掉个和。（那座山我曾经爬过）

gɛ²² bɛ²¹ sɛ⁵³ ŋo²⁴ fɛ⁵³ kəu⁴² dio²² ɦioʔəu⁴⁴。

（26）其小米吃过掉个和。（他曾经吃过小米）

dʑi²⁴ ɕio⁵³ mi²² tɕʻyoʔ⁵ kəu⁴² dio²² ɦioʔəu⁴⁴。

（二）消失或偏离性完成体标记——掉、脱

"掉"的动词义为"脱落、落；遗失、遗漏；减少、降低；回、转"等。宁波方言表示这类消失或偏离的意思经常是在动词或动结式后边加"掉"或"脱"。"脱"的使用频率比"掉"低得多，属于老派用法。例如：

（27）西瓜烂掉交关。（西瓜烂了很多）

ɕi⁴⁴ ko⁵³ lɛ²² dio²² tɕio⁴⁴ kuɛ⁵³。

（28）大水总算退掉嘞。（大水总算退了）

da²² sɻ³⁵ tsoŋ⁴⁴ sø⁵³ tʰɐi⁴⁴ dio²¹ lɐi⁰。

（29） 一镬饭其得夷一个人吃掉半镬。（一锅饭被他一个人吃了半锅）

iʔ⁵ ɦoʔ² vɛ²⁴ dʑi²⁴ tə ʔ⁵ zi²² iʔ⁵ ɦoʔ² n̩in²² tɕ'yoʔ⁵ dio²² pø⁴⁴ ɦoʔ²。

（30） 拉链坏脱嘮。（拉链坏了。有熟语"坏脱拉链"的说法，表示质量不好的事物。）

la²² li²¹ ɦua²² t'ɐʔ⁵ lɐi⁰。

"掉"的句法功能主要是作结果补语，如"吃掉一大畈毛豆"。它在很多方面相当于普通话的"掉"。"掉"的基本义是表示消失性结果，只能充当紧附于动词之后的补语。此外，"掉"还可以用在动结式后边，形成一种"双重动结式"，这种格式是普通话里所没有的。例如：

（31） 该件破衣裳我甩掉掉么。（那件破衣服我扔掉了的）

gɛ²² dʑi²¹ p'ɐu⁴⁴ i⁵³ zɔ̃²¹ ŋo²⁴ guɛ²² dio²² dio²¹ məʔ²。

（32） 草老早就拔光掉么。（草早就被拔光了）

ts'ɔ³⁵lɔ²² tsɔ⁵³ zø²² bɐʔ² kuã⁴⁴ dio²¹ məʔ²。

（33） 葛鱼派来掼杀掉么，鲞亦活尔嘞？（这条鱼我明明摔死了的，怎么又活了）

kəʔ⁵ ŋ²² p'a⁴⁴ lie²¹ guɛ²² sɐʔ⁵ dio²¹ məʔ²，dzɐi²¹ zi²² ɦəʔ² əl⁴⁴ lɐʔ²？

从意义上看，"掉"前边的补语成分"掉、光、杀"已经表达了消失的意义，再加上一个表示消失的"掉"，语义上来看属于羡余成分，但是在语法上又是需要的，它兼表消失义与完成义。特别是第一例，可以证明"掉"显然是一个体标记。但是，从"掉"后面还可以再加上"仔"来看，它还不是一个纯粹的典型体标记。

作为准完成体标记成分，"掉"是由实义词虚化来的。实义词"掉"表示"消失"的意思。所谓"消失"，是指动作行为导致行为主体或受事从说话人角度看已经消失。例如：

（34） 老远路看见我到毛避掉嘮。（远远的看到我就避开了）

lɔ²² ɦy²¹ lu²² k'i⁴⁴ tɕi⁴⁴ ŋo²⁴ tɔ⁴⁴ mɔ²¹ bi²² dio²¹ lɐi⁰。

（35） 黄狗死掉嘮。（狗死了）

ɦuɔ̃²² kən⁵³ çi⁵³ dio²² lɐi⁰。

（36） 该张桌凳驮掉样子会好眼。（那张桌子拿掉的话样子会好一些）

gɛ²² dzã²¹ tsɔʔ⁵ tən⁵³ dəu²² dio²¹ ʑiã²² tsɿ³⁵ ɦiuɐi²² hɔ³⁵ ŋie²²。

（37）苹果和总得夷吃掉嘞。（苹果都被他吃了）

bin²¹ kəu⁴⁴ ɦiɐu²² tsoŋ⁵³ təʔ⁵ ʑi²² tɕ'yoʔ⁵ dio²¹ lɐi⁰。

后由"消失"义引申出"损坏、失效、偏离正常、减少"等类意义。例如：

（38）苹果烂掉一半。（苹果烂了一半）

bin²¹ kəu⁴⁴ lɛ²² dio²² iʔ⁵ pø⁴⁴。

（39）脚踏车坏掉嘞。（脚踏车坏了）

tɕiɐʔ⁵ dɐʔ² ts'uo⁴⁴ ɦua²² dio²² lɐi⁰。

（40）虾片焦掉嘞，快眼注出。（虾片烧焦了，赶紧盛出来）

huo⁴⁴ p'i⁴⁴ tɕio⁵³ dio²² lɐi⁰，k'ua⁴⁴ ŋie²¹ tsɿ⁴⁴ ts'əʔ⁵。

（41）杨梅今么卖掉两百斤。（今天杨梅卖掉了两百斤）

ʑiã²² mɐi²¹ tɕiʔ⁵ məʔ² ma²² dio²² liã²² pɐʔ⁵ tɕin⁴⁴。

以上各例，"掉"前边的主要动词本身也含有"损坏、减少"等意义，"掉"只是标明了它们的范畴义，同时兼表完成义。由"减少"一类意义再引申，又产生"完成工作、打发时光"等更加虚化的范畴义，它们与"消失"这一实义距离更远，而跟完成体的意义更加接近，适用的动词更多，"掉"作为完成体标记的性质也更加明显。例如：

（42）诺介貌样弄落去得我告掉也呒数。（你这样下去被我告发也说不定）

noʔ² ka⁴⁴ mɔ²² n̠iã²² noŋ²² loʔ² tɕ'i⁴² təʔ⁵ ŋo²⁴ kɔ⁴⁴ dio²¹ ʑia²² m̥²¹ su⁴²。

（43）老早得人家笑掉嘞。（早就被人耻笑了）

lɔ²² tsɔ⁵³ təʔ⁵ n̠in²² ko⁵³ ɕio⁴⁴ dio²¹ lɐi⁰。

（44）我还没讲勒两句就得其骂掉嘞。（我还没说上两句话就被他骂了）

ŋo²⁴ ɦia²² məʔ² kɔ̃⁴⁴ ləʔ²liã²² tɕy⁵³ zø²² təʔ⁵ dʑi² mo²¹ dio²¹ lɐi⁰。

（45）葛言话多讲掉个。（这话是多余的）

kəʔ⁵ ɦiɛ²¹ ɦo²² təu⁵³ kɔ̃⁴⁴ dio²² ɦoʔ²。

这些例句中，"掉"的意义已经很虚了，它本身所包含的消极义主要是从句式中表现出来，而且多数情况下用于被动句。

从"掉"的虚化程度来看，它要高于"过""脱""好""着"，它可以加在这些词的后面，进一步强调动作的完成。例如：

（46）饭我吃过掉和。（饭我已经吃过了）

vɛ²⁴ ŋo²⁴ tɕʼyoʔ⁵ kəu⁵³ dio²² ɦɐu²²。

（47）电视机坏脱掉么。（电视坏了的）

di²² zɿ²² tɕi⁴⁴ ɦa²² tʼɐʔ⁵ dio²¹ məʔ²。

（48）牛绳我缚好掉和。（牛绳我系好了的）

nø²² zən²¹ ŋo²⁴ bəu²² hɔ⁴⁴ dio²¹ ɦɐu²²。

（49）其兑奖是兑着掉么。（他兑奖是兑着了的）

dʑi²⁴ tɐi⁴⁴ tɕiã³⁵ zɿ²¹ tɐi⁴⁴ dzɐʔ² dio²¹ məʔ²。

"脱"是老派用法，在新派语言中，只有一些残留，适用的范围很窄，基本上只用在"坏"等少数几个词后面。例如：

（50）拖拉机坏脱嘞。（自行车坏了）

tʼəu⁴⁴ la²² tɕi⁴⁴ ɦua²² tʼɐʔ⁵ lɐi⁰。

（三）成功性完成体标记——好

表示行为成功地完成，常用"好"。能带"好"的常常是自主行为动词，"好"后必须满足以下条件中至少一个才能成句。

1. 有语气助词"嘞"

（51）新屋得夷起好嘞。（新房子被造好了）

ɕin⁴⁴ oʔ⁵ təʔ⁵ ʑi²² tɕʼi⁵³ hɔ⁴⁴ lɐi⁰。

（52）我饭吃好嘞。（我饭吃完了）

ŋo²⁴ vɛ²⁴ tɕʼyoʔ⁵ hɔ⁵³ lɐi⁰。

2. 有表量词语

（53）今么得我写好五封信。（今天我写了五封信）

tɕiʔ⁵ məʔ² təʔ⁵ ŋo²⁴ ɕia⁴⁴ hɔ⁴⁴ ŋ̩²² foŋ⁵³ ɕin⁴⁴。

（54）葛个月我做好两套西装。（这个月我做了两套西装）

kəʔ⁵ kəu⁵³ ɦyoʔ² ŋo²⁴ tsəu⁴⁴ hɔ⁴⁴ liã²² tʼɔ⁵³ ɕi⁴⁴ tsɔ̃⁵³。

3. 有后续动词短语或分句

（55）诺脚骨还只刚刚石膏打好，莫乱走样走。（你脚上刚打上了石膏，别到处乱走）

noʔ² tɕiɐʔ⁵ kuā⁴⁴ ɦua²² tɕiʔ⁵ ko⁴⁴ ko⁴² zɐʔ² kɔ⁴⁴ tā⁴⁴ hɔ⁵³，mɔ²¹ lø²² tsø³⁵ ʑiã²⁴ tsø³⁵。

（56）阿爷手术刚刚动好，医院勒庑眼。（爷爷手术刚刚做好，在医院里住着）

əʔ⁵ ʑia²¹ sø⁵³ zəʔ² ko⁴⁴ ko⁴² doŋ²² hɔ⁵³，i⁴⁴ ɦy²¹ ləʔ² dən²² ŋie²¹。

（57）诺文章写好，得我看看。（你文章写完给我看看）

noʔ² vən²² tsɔ⁵³ çia⁴⁴ hɔ⁵³，təʔ⁵ ŋo²⁴ kʻi⁴⁴ kʻi⁴⁴ kʻie⁴⁴。

（58）我打算饭吃好、电影看好再回转去。（我打算吃完饭，看完电影再回去）

ŋo²⁴ tã⁵³ sø⁴⁴ vɛ²⁴ tçʻyoʔ⁵ hɔ⁵³，di²² ʑin²² kʻi⁴⁴ hɔ⁵³ tsie⁵³ ɦuɐi²¹ tsɐi⁴⁴ tçʻi⁴²。

"好"在宁波方言中既是实义词（意义与普通话"好"的各个义项基本相同），又是个常用的完成体标记，它的实、虚两义之间不太容易划界。它的完成体意义是从实词义项之一"完成、停当"虚化来的，如"饭好嘞"。虚化轨迹可以从如下例句中得到体现：

a. 饭好嘞。vɛ²⁴ hɔ⁵³ lɐi⁰。

b. 饭烧好嘞。vɛ²⁴ sɔ⁵³ hɔ⁴⁴ lɐi⁰。

c. 衣裳补好嘞。i⁴⁴ zɔ̃²¹ pu⁵³ hɔ⁴⁴ lɐi⁰。

d. 诺药刚刚吃好，莫吃别样东西。（你药刚刚服下，不要吃别的东西）

noʔ² ʑiʔ² ko⁴⁴ ko⁴² tçʻyoʔ⁵ hɔ⁵³，mɔ²¹ tçʻyoʔ⁵ biʔ² ʑiã²² toŋ⁴⁴ çi⁵³。

a 句的"好"是动词作谓语，意思是"完成、停当"，不是跟"坏"意义相对的"好"。b 句的"好"作补语，语义跟 a 句相同，而且可以变换为 a 句，可见仍为谓词。c 句的表层结构与 b 句相同，语义关系上也看不出有明显差异，但是，变换关系不同。c 句不能变换为 a 句的形式（＊衣裳好嘞），也就是说，句中的"好"已经不是真正实义的谓词了。从语义上看，a 句和 b 句中的"饭"是行为动作所产生的结果（成果），所以可以说，"饭好嘞"；而 c 句中"衣裳"并不是"补"这一行为动作的结果，所以不能说，"衣裳好嘞"。这表明，"好"在补语位置的语义比在谓语位置上的语义要宽泛，而意义的扩大正是虚化的重要前提。d 句表面上看跟 b 句和 c 句一样，实际上，存在着两个重要差别。

其一，在句法上，b 句和 c 句都可以有对应的可能式说法，如"半个钟头饭烧勿好个｜今么衣裳补勿好个"；d 句则没有对应的可能式。

其二，在表达上，汉语的动结式通常以结果补语为表达的焦点，补语可以重读；前面的动词则往往是已知信息，是句子的预设。b 句的"饭烧好"重在说明饭已好，烧饭是已知信息；c 句的"衣裳补好"重在说明补衣服的动作已经完成，补衣服也是已知信息。但 d 句的"吃药"是新信息，说话人强调的正是已经吃了药；句中的"好"成为句子的附属信息，不能重读，所以是后附的体标记。

"好"与"勒"有时候可以互换。例如：

（59）今么做勒两件衣裳。（今天做了两件衣服）

tçiʔ⁵ məʔ² tsəu⁴⁴ ləʔ² liã²² dʑi²¹ i⁴⁴ zã²¹。

（60）我今么做好两件衣裳。（今天做完了两件衣服）

tçiʔ⁵ məʔ² tsəu⁴⁴ hɔ⁴⁴ liã²² dʑi²¹ i⁴⁴ zã²¹。

前一例用"勒"表示一般性的叙述，说话人只是要告诉有这么一个事实，说明做衣裳这个整体行为已经完成。后一例用"好"则强调做了衣服，而且做的过程完成了。

不过，由于"好"还不是完全虚化的完成貌标记，多少还带有一点"完成应该做的事"的含义，因此，它总是用在人类能自主的行为上，而且多用于积极行为。在这一点上，它跟表示消极行为的"掉"刚好相反。

（四）意外性完成体标记——着

当表示不如意的意外事件时，宁波方言通常用"着"。能用于这种情况的动词主要是被动性的或非自主的动词，与前种情况正好相反。"着"作为实义动词，只能在少数固定搭配中使用。例如：

（61）火着嘞。（着火了）həu⁵³ dzɐʔ² lei⁰。

（62）心着煞嘞。（着急死了）çin⁵³ tçiʔ⁵ sɐʔ⁵ lei⁰。

作为结果补语，搭配面就要宽泛得多，意义和用法基本上跟普通话"着"或"到"相同，表示动作产生了结果，而且大多是希望中的结果。例如：

（63）摸着一等奖。（摸到一等奖）

moʔ² dzɐʔ² iʔ⁵ tən⁵³ tçiã⁴⁴。

（64）钓着一梗大鱼。（钓到一条大鱼）

tio⁴⁴ dzɐʔ² iʔ⁵ kuã⁴⁴ dəu²² ŋ̍²²。

（65）碰着一个熟人。（碰到一个熟人）

bã²⁴ dzɐʔ² iʔ⁵ ɦoʔ² zoʔ² n̠in²²。

（66）钞票得夷撮着交关。（钱被他捡到不少）

tsʻɔ⁵³ pʻio⁴⁴ təʔ⁵ z̩²² tsʻəʔ⁵ dzɐʔ² tɕio⁴⁴ kuɛ⁵³。

这些"着"，意义上结果义大于体意义，还称不上体标记。但是，由这种用法再引申，"着"就有了更虚的意义和用法。例如：

（67）台风尾巴驮来吃着嘴。（台风尾巴影响到了）

die²² foŋ⁴⁴ mi²² po⁴⁴ dəu²² lie²² tɕʻyoʔ⁵ dzɐʔ² lɐi²¹。

第七节　先然体

先然体用于两个动作前后相随的句子，前一个动作是后一个动作的前提，只有前一个动作完成了，后一个动作才能去做。宁波方言常见的先然体有"V＋仔＋UP""V＋C＋仔＋VP""N₁＋仔＋N₂"三种用法。

一　V＋仔＋VP

这种用法表示两个动作前后相随，句末不用语气词，后续成分主要是动词短语。例如：

（1）饭吃仔再看电影。（饭吃了再看电影）

vɛ²⁴ tɕʻyoʔ⁵ tsɿ⁰ tse⁵³ kʻi⁴⁴ di²² ʑin²²。

（2）脚汰仔再眠觉。（脚洗了再睡觉）

tɕiɐʔ⁵ dʑiã²² tsɿ⁰ tse⁵³ kʻuən⁴⁴ kɔ⁴⁴。

从语义上看，这种用法强调前一个动作是后一个动作的前提，只有前一个动作完成了，后一个动作才能去做。该用法更多的是代表一种老派说法，新派多用"动词＋C＋仔"的形式。

二　V＋C＋仔＋VP

这是"仔"最常见的用法，C 多为结果补语，"仔"有强调前置动作务必先完成之后才能进行下一步 VP 的作用。"仔"不能直接用普通话"了₁"替换。例如：

（3）葛事体一定要讲清爽仔再做决定。（这件事一定要说清楚之后
再做决定）

kəʔ⁵ zɿ²² t'i³⁵ iʔ⁵ din²² io⁴⁴ kɔ̃⁵³ tɕ'in⁴⁴ sɔ⁴⁴ tsɿ⁰ tse⁵³ tsəu⁴⁴
tɕyoʔ⁵ din²¹。

（4）作业做好仔得姆妈帮忙来。（作业做好之后给妈妈来帮忙）

tsoʔ⁵ n̠iʔ² tsəu⁴⁴ hɔ⁵³ tsɿ⁰ təʔ⁵ m̥²² ma²¹ pɔ̃⁴⁴ mɔ̃²² lie²¹。

（5）介贵东西诺弄掉仔阿拉赔勒起个啊？（这么贵的东西你损坏的
话我们哪里赔得起啊）

ka⁴⁴ tɕy⁴⁴ toŋ⁴⁴ ɕi⁵³ noʔ² noŋ²² dio²² tsɿ⁰ ɐʔ⁵ lɐʔ² bɐi²¹ ləʔ²
tɕ'i⁴⁴ ɦioʔ² aˀ⁰?

三　N1 + 仔 + N2

"仔"用在两个名词之间，表示前后依序发生。这种句子实际上省
略了"仔"前的动词。例如：

（6）今么演出格貌安排，张三仔李四，李四仔王五。＝张三演完
仔李四演，李四演完仔王五演。

tsã⁴⁴ sɛ⁵³ tsɿ⁰ li²² sɿ⁵³，li²² sɿ⁵³ tsɿ⁰ ɦiuɔ̃²² ŋ²¹。

（7）语文课仔数学课，数学课仔体育课。＝语文课上好仔上数学
课，数学课上好仔上体育课。

ny²² vən²² k'əu⁴⁴ tsɿ⁰ su⁴⁴ ʑyoʔ² k'əu⁴⁴，su⁴⁴ ʑyoʔ² k'əu⁴⁴ tsɿ⁰ t'i⁴⁴
ʑyoʔ² k'əu⁴⁴。

这种用法的"仔"和古代白话中极常见的某些"了"相当接近，
如下例中的"了"翻成宁波话，正好全部用"仔"：

（8）晨朝起来洗手面盥洗了吃茶；吃茶了佛前礼拜；佛前礼拜了
和尚主事处问讯；和尚主事处问讯了僧堂行益；僧堂行益了
上堂吃粥；上堂吃粥了归于下处打睡。（《景德传灯录》卷二
十六）

第八节　经历体

宁波方言经历体是指"VP + 过"式，表示某种行为动作曾经经历。

对于普通话来说，"过"总是在动词或动补结构后面；如果有宾语，"过"总在宾语前面，其语序一般是：V 过（听过）、VC 过（走完过）、V 过 O（听过音乐）、VC 过 O（走完过长征）。宁波方言"V 过""VC 过"用法和普通话差别不大，普通话"V 过 O""VC 过 O"在宁波方言中习惯说成"VO 过""VCO 过"。例如：

（1）我问其过嘞。（我问过他了）

ŋo²⁴ mən²² dʑi²¹ kəu⁴⁴ lɐi⁰。

（2）诺有看见其过哦？（你看见过他没有）

noʔ² ɦy²² kʻi⁴⁴ tɕi⁵³ dʑi²² kəu⁴⁴ vɐʔ²？

这里，重点看看"VO 过"的特点。宁波方言"VO 过"可以用于肯定、否定和疑问句中，句中一般都可以补出表过去的时间词。

一　用于肯定句

"VO 过"用于肯定句，表示对曾经经历的行为动作的强调。例如：

（3）我吃小苦过嘞！（我吃过苦头了的）

ŋo²⁴tɕʻyoʔ⁵ ɕio⁵³ kʻu⁴⁴ kəu⁴²lɐi⁰！

（4）葛地方闲遭仔放电影过嘞。（这个地方以前放过电影）

kəʔ⁵ di²² fɔ̃⁴⁴ ɦiɛ²² tsɔ⁵³ tsʅ⁵³ fɔ̃⁴⁴ di²² zin²² kəu⁴²lɐi⁰。

（5）九龙扎头乌方拜师傅过勒。（九龙师傅那里拜过师了）

tɕy⁵³ loŋ²² gɐʔ² tø⁴⁴ u⁴⁴ fɔ̃⁴⁴ pa⁴⁴ sʅ⁵³ vu²² kəu⁴⁴ ləʔ²。

（6）葛只井原来龙化水过嘞，水交关清，吃落勿生病啦。（这口井原先龙化过水，水十分清冽，喝了不易生病）

kəʔ⁵ tsɐʔ⁵ tɕin³⁵ny²² lie²¹ loŋ²² huo⁴⁴ sʅ³⁵kəu⁴²lɐi⁰，sʅ³⁵tɕio⁴⁴ kuɛ⁵³ tɕʻin⁵³，tɕʻyoʔ⁵ loʔ² vəʔ² sã⁵³ bin²⁴ la²²。

二　用于否定句

"VO 过"用于否定句，常规格式是"否定 + VO 过"，强调没有经历或发生过某事。例如：

（7）其人交关老实，从来没拆乱话过。（这人十分老实，从来没有说过谎）

dʑi²² ȵin²² tɕio⁴⁴ kuɛ⁵³ lɔ²² zəʔ²，dzoŋ²² lie²² məʔ² tsʻəʔ⁵ lø²² ɦuo²² kəu⁴²。

（8）其葛个人没讲一句好听言话过啦。（他这个人没说过一句中听的话）

dzi²² kəʔ⁵ ɦoʔ² ȵin²² məʔ²k ɔ̃⁴⁴ iʔ⁵ tɕy³⁵ hɔ⁵³ tʻin⁴⁴ ɦiɛ²¹ ɦuo²² kəu⁴⁴ la²²。

三　用于疑问句

"VO过"用于疑问句，句末常用语气助词"勿啦""尔嘛"。

（9）诺问夷过勿啦？（你问过他没有啊）

noʔ² mən²² zi²¹ kəu⁴² vəʔ² ləʔ²。

（10）我啥辰光敲诺过尔嘛？（我什么时候打过你呢）

ŋo²⁴ soʔ⁵ zən²² kuɔ̃⁵³ kʻɔ⁵³ noʔ² kəu⁴⁴ əl⁴⁴ la²²？

普通话"VO过"基本上都可以变换为"V过O"式；宁波方言的"VO过"在肯定句和否定句中可以变换为"NV过"形式，但是在疑问句中"VO过"不能变换为"NV过"，勉强可以变换为"V过O"，不过口语运用中极为罕见。而且，从语义上看，"VO过"与"NV过"表达的侧重点也是不同的。前者重在说明V，O在语义上处于弱势；后者重在说明N。例如：

（11）我问其过嘮。→其我问过嘮。

ŋo²⁴ mən²² dzi⁴²kəu⁴⁴ lɐi⁰→dzi²⁴ ŋo²⁴ mən²² kəu⁴⁴ lɐi⁰。

前一例强调的是"问"这个动作的完成，语义侧重点在"问过"；后一例强调的是"其"，我问的人可能很多，有张三、李四，但是"其"我是问过了的。再看一例：

（12）阿拉阿爷当县委书记过。→阿拉阿爷县委书记当过。

ɐʔ⁵ lɐʔ² ɐʔ⁵ zia²¹ tɔ̃⁴⁴ ɦy²² ɦuɐi²² sɿ⁴⁴ tɕi⁵³ kəu⁴²→ɐʔ⁵ lɐʔ² ɐʔ⁵ zia²¹ ɦy²² ɦuɐi²² sɿ⁴⁴ tɕi⁵³ tɔ̃⁴² kəu⁴²。

前一例表达的重点是我爷爷曾经当过县委书记，言外之意是我爷爷肯定很有见识，见过大世面。后一例强调的是对我爷爷是否当过县委书记这一事实的肯定。两句中的"当"语音也不相同。下面看看否定句的情况：

（13）我没驮尔一分洋钿钞票过，还要格貌样弄我，良心实在是没

啦！（我没有拿过你们一分钱，你还要这样对待我，实在是没有良心）

ŋo²⁴ məʔ² dəu²² ŋ̩²⁴ iʔ⁵ fən⁵³ ʑiã²² di²¹ ts'ɔ⁵³ p'io⁴⁴ kəu⁴⁴, ɦua²² io⁵³ ka⁴⁴ mɔ²² n̩iã²² noŋ²² ŋo⁴², liã²² çin⁵³ zəʔ² dze²² dzɿ²² məʔ² la²¹！

→我一分洋钿钞票也没忒忢过，还要格貌样弄我，良心实在是没啦！

ŋo²⁴ iʔ⁵ fən⁵³ ʑiã²² di²¹ ts'ɔ⁵³ p'io⁴⁴ ʑia²² məʔ² dəu²² ŋ̩²⁴ kəu⁴⁴, ɦua²² io⁵³ ka⁴⁴ mɔ²² n̩iã²² noŋ²² ŋo⁴², liã²² çin⁵³ zəʔ² dze²² dzɿ²² məʔ² la²¹！

否定句"VO 过"变换为"V 过 O"一般需要在否定词"没"前加上一个"也"字。从语义上看，两种句式的意义基本相当。也只有在否定句中，O 才有可能出现比较复杂的情况，在肯定句和疑问句中，O 的结构大多比较简单。

（14）我从来也没得其告掉过。（我从来没有告发过她）

ŋo²⁴ dzoŋ²² lie²² ʑia²² məʔ² təʔ⁵ dʑi²² kɔ⁴⁴ dio²¹ kəu⁴⁴。

第九节　尝试体标记"看"

宁波方言有一个专门表尝试的体标记词"看"，置于动词或动词短语后，构成"VP 看"式，其具体表现形式有六种：① V 看；② VV 看；③ VO 看；④ VVO 看；⑤ VC 看；⑥ V 记看。

一　"VP + 看"的语形特征

（一）V 看
动词后直接加"看"，构成"V 看"表尝试，V 多为单音节动词。例如：

（1）葛只歌交关好听，得我听看。（这个歌很好听，给我听听）

kəʔ⁵ tsɐʔ⁵ kəu⁵³ tçio⁴⁴ kuɛ⁵³ hɔ⁵³ t'in⁴², təʔ⁵ ŋo²⁴ t'in⁴⁴ k'ie⁴⁴。

（2）味道交关好，诺吃看。（味道很好，你吃着试试）

mi²² dɔ²⁴ tçio⁴⁴ kuɛ⁵³ hɔ³⁵, noʔ² tç'yoʔ⁵ k'ie⁴⁴。

（二）VV 看

单音动词重叠加"看"表尝试在宁波方言中最为常见。例如：

（3）葛只歌交关好听，得我听听看。（这个歌很好听，给我听听看）

$kəʔ^5$ $tsɐʔ^5$ $kəu^{53}$ $tɕio^{44}$ $kuɛ^{53}$ $hɔ^{53}$ $tʻin^{42}$，$təʔ^5$ $ŋo^{24}$ $tʻin^{44}$ $tʻin^{44}$ $kʻie^{44}$。

（4）味道交关好，诺吃吃看。（味道很好，你吃着试试看）

mi^{22} $dɔ^{24}$ $tɕio^{44}$ $kuɛ^{53}$ $hɔ^{35}$，$no\barʔ^2$ $tɕʻyoʔ^5$ $tɕʻyoʔ^5$ $kʻie^{44}$。

双音节动词构成的 ABAB 重叠式后加"看"也表尝试。例如：

（5）葛事体阿拉大家讨论讨论看。（这事情大家讨论讨论试试）

$kəʔ^5$ $zɿ^{22}$ $tʻi^{35}$ $ʔɐʔ^5$ $lɐʔ^2$ duo^{22} kuo^{44} $tʻɔ^{44}$ $lən^{22}$ $tʻɔ^{44}$ $lən^{22}$ $kʻie^{44}$。

（三）VO 看

动宾格式后加"看"表尝试，宾语需要有数量结构修饰。例如：

（6）再写两个字看。（再写两个字试试）

tse^{53} $ɕia^{35}$ $liã^{22}$ $fioʔ^2$ $zɿ^{24}$ $kʻie^{44}$。

（7）先吃两日药片看，是话还没好，再打针。（先吃两天药试试，如果还没好，再打针）

$ɕi^5$ $tɕʻyoʔ^5$ $liã^{22}$ $ȵiʔ^2$ $ziɐʔ^2$ $pʻi^{44}$ $kʻie^{44}$，$zɿ^{22}$ $ɦuo^{21}$ $ɦua^{22}$ $məʔ^2$ $hɔ^{35}$，tse^{53} $tã^{44}$ $tsən^{53}$。

前一例有一种不信任，甚至揶揄的口气，表示除非亲眼看到才相信；后一例语气平缓，只是一般的叙述句。

（四）VVO 看

由于动词重叠本身表量，所以在"VVO 看"式中，名词前不能用表量修饰成分。例如：

（8）葛事体诺要问问阿爷看个和。（这件事你要问一问爷爷）

$kəʔ^5$ $zɿ^{22}$ $tʻi^{35}$ $noʔ^2$ io^{44} $mən^{22}$ $mən^{22}$ $ɐʔ^5$ zia^{22} $kʻie^{44}$ $ɦoʔəu^{44}$。

（9）我先打打电话看，人来眼也派勿来。（我先打个电话看看，人在那儿也说不定）

$ŋo^{24}$ $ɕi^{53}$ $tã^{44}$ $tã^{44}$ di^{22} $ɦuo^{21}$ $kʻie^{44}$，$ȵin^{22}$ lie^{22} $ŋie^{22}$ zia^{22} $pʻa^{44}$ $vɐʔ^2$ lie^{22}。

（10）阿拉呕村长来讲讲道理看，到底咋回事体。（我们叫村长来

讲讲道理看，到底怎么回事儿）

ɐʔ⁵ lɐʔ² œø⁴⁴ tsʻən⁵³ tsã⁴⁴ lie²² kɔ̃⁴⁴ kɔ̃⁴⁴ dɔ²² li²¹ kʻie⁴⁴，tɔ⁴⁴ ti⁵³ dza²¹ ɦiuɐi²² zŋ²² tʻi³⁵。

（11）有本事诺荡窠发发脾气看！（有本事你在这儿发发脾气试试看）

ɦiɣ²² pən⁵³ zŋ²² noʔ² dɔ̃²² kʻəu⁵³ fɐʔ⁵ fɐʔ⁵ bi²¹ tɕʻi⁴⁴ kʻie⁴⁴。

（五）VC 看

动词后跟表量补语（动量、数量、时量），后加"看"表尝试，动词不能重叠。例如：

（12）人没大落位，诺得我温度量一记看好勿啦？（人不太舒服，你给我量一量体温好吗）

n̩in²² məʔ² da²² loʔ² ɦiuɐi²²，noʔ² təʔ⁵ ŋo²⁴ uən⁴⁴ du²¹ liã²² iʔ⁵ tɕi⁴⁴ kʻie⁴⁴ hɔ⁵³ vəʔ² la²²？

（13）我先买两斤看，尝尝味道。（我先买两斤试一试，尝一尝味道）

ŋo²⁴ ɕi⁵³ ma²² liã²² tɕin⁴⁴ kʻie⁴⁴，dzɔ̃²² dzɔ̃²² mi²² dɔ²⁴。

（14）先读两日看，读勿出亦好勿读个和。（先读几天书试一试，读不好的话就不读）

ɕi⁵³ doʔ² liã²² n̩iʔ² kʻie⁴⁴，doʔ² vəʔ² tsʻəʔ⁵ zi²¹ hɔ⁴⁴ vəʔ² doʔ² ɦoʔəu⁴⁴。

补语为趋向动词时，动词不重叠，构成"V＋趋动＋看"式。这类句式主要用于祈使句，表警告。例如：

（15）尔搭会倒进去看！（你倒进去试试看）

n̩²² tɐʔ⁵ ɦiuɐi²² tɔ⁴⁴ tɕin⁴⁴ tɕʻi⁴⁴ kʻie⁴⁴！

（16）尔有本事驮去看！（你有本事拿走试试看）

n̩²² tɐʔ⁵ ɦiɣ²² pən⁵³ zŋ²² dəu²² tɕʻi⁴⁴ kʻie⁴⁴！

（六）V 记看

宁波方言很少用"V一V"式，普通话"V一V"式在宁波方言中用"V记"式，表短时。例如：

（17）敲记（打他一下）kʻɔ⁵³ tɕi⁴²

（18）推记（推他一下）tʻɐi⁵³ tɕi⁴²

"V 记看"式是宁波方言表尝试的增强式,尝试语气十分强烈。例如:

（19）我来范记看。（我来尝试一下看）

ŋo²⁴ lie²² vɛ²⁴ tɕi⁴⁴ kʻie⁴⁴。

（20）有本事诺来摸记看。（有本事你来摸一下看看）

ɦy²² pən⁵³ zɿ²² noʔ² lie²² moʔ² tɕi⁴⁴ kʻie⁴⁴。

（21）诺再骂记看,刮诺煞啦!（你再骂骂看,打死你）

noʔ² tse⁵³ mo²⁴ tɕi⁴⁴ kʻie⁴⁴, kuɐʔ⁵ noʔ² sɐʔ⁵ la²²!

二 "看"的语义

后缀"看"是从动词"看"演变而来的,但是它距离"看"的本义已经很远。在口语中后缀"看"的实际读音为［kʻie⁴⁴］,动词"看"的实际读音为［kʻi⁴⁴］,所以两者即使在同形结构中也不会产生歧义。

（22）挖开来看。（动词）uɐʔ⁵ kʻie⁵³ lie²² kʻi⁴⁴。

（23）挖开来看。（后缀）uɐʔ⁵ kʻie⁴⁴ lie²² kʻie⁴⁴。

三 "看"与句型

"看"在句子里出现是不自由的,通常对句子的语义具有选择性。在祈使句中,"看"最常见,感叹句中则不出现。疑问句的情况主要集中于是非问、反诘问以及反复问中,但是,这类问句都不是真性疑问句。例如:

（24）阿拉该窠去看看看好勿啦?（我们到那里去看一看好不好）（建议）

ɐʔ⁵ lɐʔ² gɛ²² kʻəu⁵³ tɕʻiʔ⁵ kʻi⁴⁴ kʻi⁴⁴ kʻie⁴⁴ hɔ⁵³ vəʔ² la²²?

（25）葛种事体自家嬒呆大格忖忖看个啊?（这种事情自己难道不会想一想啊）（强调）

kəʔ⁵ tsoŋ⁵³ zɿ²² tʻi³⁵ zi²² ko⁴⁴ vɐi²¹ ŋie⁴⁴ dəu²¹ kɐʔ⁵ tsʻən⁴⁴ tsʻən⁴⁴ kʻie⁴⁴ ɦoʔa⁴⁴?

（26）交关有趣嘞,嬲和记看勿啦?（很有意思,你要不要玩一下试试）（劝诱）

tɕio⁴⁴ kuɛ⁵³ ɦy²² tsʻɿ⁵³ lɐi⁰, na²² ɦuo²¹ tɕi⁴⁴ vəʔ² la²²?

"看"用于陈述句需要满足以下两个条件中的其中一个：

a. 句子谓语要求有意愿类动词（想、要、打算等）或可以补出这类动词。例如：

（27）我（打算）先去贷款贷贷看，贷勒着也派勿来。（我打算先去贷款试一试，或许贷成了也说不定）

ŋo²⁴（tã⁵³ sø⁴⁴）çi⁵³ tç'i?⁵ die²⁴ k'uø²⁴ die²² die²² k'ie⁴⁴，die²² lə?² dze?² ɦia²² p'a⁴⁴ və?² lie²²。

（28）葛批货阿拉老板要看看看。（这批货我们老板要看一看）

kə?⁵ p'i⁵³ ɦəu⁴⁴ ɐ?⁵ lɐ?² lo²⁴ pɛ³⁵ io⁴⁴ k'i⁴⁴ k'i⁴⁴ k'ie。

b. 句子含有"使""让"等意义。例如：

（29）我得夷做队检查检查看。（我和他一起检查检查看看）

ŋo²⁴ tə?⁵ zi²⁴ tsəu⁴⁴ dɐi²¹ tçi⁴⁴ dzo²² tçi⁴⁴ dzo²² k'ie⁴⁴。

（30）其话其会踏缝纫机个和，我呕其踏踏看。（他说他会做缝纫，我让他做着试一试）

dzi²⁴ ɦuo²² dzi²⁴ ɦuɐi²² dɐ?² voŋ²² zən²² tçi⁴⁴ ɦo?əu⁴⁴，ŋo²⁴ ø⁴⁴ dzi²² dɐ?² dɐ?² k'ie⁴⁴。

（31）姆妈话得我弄弄看呒告个和。（母亲说让我试一试没关系的）

m̩²² ma²¹ ɦuo²⁴ tə?⁵ ŋo²⁴ noŋ²² noŋ²² k'ie⁴⁴ m̩²¹ ko⁴⁴ ɦo?əu⁴⁴。

四 "看"的普方古比较

关于助词"看"的起源问题，陆俭明①、蔡镜浩②、吴福祥③等都作过专门的讨论。他们主要是从现代汉语、汉语史的角度对"看"进行普古对照、历时考察。这里，拟从方言的角度，通过方普、方古对照，来为"看"的历史来源问题提供一些方言的材料和事实。

从古汉语尝试体标记"看"的情况来看，魏晋与唐代，V前多出现"试"，构成"试 V 看""试 VO 看""试 VC 看"。晚唐五代的情况有所变化，"试"在"V 看"式中出现的频率下降，"看"单独表示尝试的例子增多；"看"和"试"同现，共同表示尝试语义的例子主要出

---

① 陆俭明：《现代汉语中一个新的语助词"看"》，《中国语文》1959 年 10 月号。

② 蔡镜浩：《重谈语助词"看"的起源》，《中国语文》1990 年第 1 期。

③ 吴福祥：《尝试态助词"看"的历史考察》，《语言研究》1995 年第 2 期。

现在"VP看"式后（即用于"V看"之外的其他形式中）。到了元明清时期，由于"VV"的出现，"试"不再与"看"同现。

（一）宁波方言"看"与古汉语"看"的结构形式对照

表9－1   宁波方言"看"与古汉语"看"的结构形式对照

		V看	VO看	VC看	VV看	VVO看	V－V看
宁波话（当下）		+	+	+	+	+	V记看
古汉语	魏晋南北朝	+ +	+	－	－		
	唐代		+	+	－		－
	晚唐五代	+	+	+	－		（+）
	宋代	+	+	+	－		+
	元明清	+	+	+	+	+	+

1. 关于"V看"式

根据蔡镜浩与吴福祥的考察，"V看"式表测试、尝试义在魏晋南北朝时期就已经出现，各个时期都有此类说法。例如：

（32）将还家，语王曰："汝是贵人，试作贵人行看。"（《俗记》，《太平御览》829卷）

（33）汝好思量看。（姚秦弗若多罗共罗什译《十诵律》，《大正藏》，23.53a）（同上）

"V＋看"式表尝试在古汉语口语表达中是一种常见的形式，这种形式没有在现代汉语普通话中保存下来，但是，在宁波话中却大量存在。以上三例可以说成宁波话的相应形式：

（34）要到屋落去，得王话勒："诺是贵人，格诺像介贵人样走看。"（要到家里去，给王说：你是贵人，那你像贵人那样走两步看看）

io^{44} tɔ^{44} uoʔ^5 loʔ^5 tɕ'i^{44}，təʔ^5 uõ^{55} ɦuoʔ^{22} ləʔ^2："noʔ^2 zɿ^{22} kuɐi^{44} n̠in^{22}，kɐʔ^5 noʔ^{22} ʑiã^{22}ko^{44} kuɐi^{44} n̠in^{21} ʑiã^{24} tsø^{35}k'ie^{44}。"

（35）诺好好较忖看。（你好好地想想看）

noʔ^{22} hɔ^{53} hɔ^{53} tɕio^{44} ts'ən^{35}k'ie^{44}。

在晚唐时期，"V看"的说法已经非常普遍，"看"所黏附的动词类型和数量大大增加，"看"的结合能力增强，其尝试体标记的地位确立，"V看"表尝试的这种说法趋于成熟。那些见于晚唐文献的例句，其结构、使用方法与宁波话十分接近。例如：

（36）不须隐匿，其实说看。（敦煌变文集 377 页）

（37）六师虽五度输失，尚不归降。"更试一回看看，后功补前过。"（同上 378 页）

（38）愿和尚为某等说看。（祖堂集 1. 121）

（39）出来试弄一转看。（同上 3.034）[1]

以上四例可以直接对译成宁波话，结构不变：

（40）莫勿话，老老实实讲看。

$mɔ^{21}$ $vəʔ^2$ $ɦuo^{22}$ ，$lɔ^{22}$ $lɔ^{21}$ $zəʔ^2$ $zəʔ^2$ $kɔ̃^{35}$ $kʻie^{44}$ 。

（41）六师输掉五忙，成方勿投降。"再试忙看，后功补前过。"

$loʔ^2$ $sɿ^{53}$ $sɿ^{44}$ dio^{22} $ŋ̍^{22}$ $mɔ̃^{21}$ ，$dzən^{22}$ $fɔ̃^{53}$ $vəʔ^2$ $dø^{22}$ $ɦɔ̃^{22}$ 。"tse^{53} $sɿ^{44}$ $mɔ^{22}$ $kʻie^{44}$ ，$ɦø^{22}$ $koŋ^{53}$ pu^{44} $ʑi^{22}$ $kəu^{53}$ 。"

（42）和尚诺得阿拉去话看。

$ɦəu^{21}$ $zɔ̃^{21}$ $noʔ^2$ $təʔ^5$ $ɐʔ^5$ $lɐʔ^2$ $tɕʻiʔ^5$ $ɦuo^{24}$ $kʻie^{44}$ 。

（43）走带出来弄一转看。

$tsø^{44}$ ta^{53} $tsʻəʔ^5$ lie^{22} $noŋ^{22}$ $iʔ^5$ $tsɐi^{44}$ $kʻie^{44}$ 。

由此，我们可以看到，宁波话"V看"式应该是一种存古的用法。这种用法最晚在晚唐五代时期已经在吴语区被广泛使用，《祖堂集》中的大量例子可以说明这一点。

2. 关于"V一V看"与"VV看"

汉语在宋代时期开始出现"V一V看"式，元明时期大量出现"VV看"和"V一V看"式，其例子主要集中于《西游记》30 次以上，《朴通事》《老乞大》1 例，《红楼梦》1 例[2]。元明以后，兼表尝试义的动词重叠形式兴起，分担了尝试体"看"的语义功能，使得"看"出现的概率下降，从而导致北方不少方言里尝试体"看"的消失（北京方言、山西方言）[3]。但是，宁波话尝试体"看"发展势头强劲，

---

[1] 吴福祥：《尝试态助词"看"的历史考察》，《语言研究》1995 年第 2 期。

[2] 陆俭明：《现代汉语中一个新的语助词"看"》，《中国语文》1959 年 10 月号。

[3] 同[1]。

各种形态、各种类型的用法齐全。出现这种现象的原因是同一种语言在不同方言中采取了不同的语言表达形式：唐五代动词与其同源量词构成的"$V_{动}$一$V_{量}$"（如"拜一拜"）在古白话中发展出"V一V"形式，而且这种形式后来又发展出"VV"式，这些动词重叠的形式本身就含有尝试义，所以可以理解，到了元明清时期，原本经常与"看"同现的"试"字基本上不出现了，同时，动词重叠在一定程度上也分担了助词"看"的尝试体功能，使得后来北方话"VP看"的用法或消失（如北京方言、山西方言）或紧缩（如普通话）。但是，在宁波话中，由于表量方式与短时体表达的自身特点，古白话"$V_{动}$一$V_{量}$"形式被"V+记"取代。在宁波话中，"记"是一个万能动量词，它替代了"一$V_{量}$"。所以，宁波话很少说"V一V看"，而多说"VV看"或"V记看"。正是因为宁波话动词重叠表示尝试的形式不是很发达，所以就不存在分担助词"看"的功能这一问题，反而使得宁波话"VP看"的形式类型更加趋于多样化。

（二）尝试体标记"看"在普通话中的分布情况

根据我们对现代汉语的一些作家作品语言的考察，普通话尝试体标记"看"的分布情况可见表9-2。

表9-2　尝试体标记"看"在现代汉语文学作品中的分布情况

	出现次数	所占总数的百分比	例子（总共209例）
V看	0	0	
VO看	2	1.0%	让他过两天这样的生活看1　你倒试来做一碗好的看1
VV看	189	90.4%	想想看103　试试看31　说说看9　猜猜看7　找找看4 算算看3　碰碰看3　办办看2　比比看2　等等看2 求求看2　走走看1　结结看1　叫叫看1　捏捏看1 寻寻看1　张张看1　听听看1　谈谈看1　搞搞看1 数数看1　干干看1　捣捣看1　你讲看1　写写看1 尝尝看1　搜搜看1　问问看1 打听打听看2 商议商议看1

续表

	出现次数	所占总数的 百分比	例子（总共209例）
VVO 看	9	4.3%	发发脾气看1　评评理看1　我给新房子打打电话看1 吃吃狗肉看1　等等姨妈看1　你揍揍老太太看1 叫叫他看1　找找他看1 画画教堂里的宗教画看1
VC 看	6	2.9%	撞去看1　不如玩起来看1 算一下看1　尝一口看1 走两步看1　想照样描几幅看1
V 一 V 看	3	1.4%	试一试看2 想一想看1

我们共检索了北京大学平衡语料库（tir）中现代汉语部分的1645篇作品，发现尝试体"看"只在107篇中出现，占总篇目的6.5%，而且该107篇作品中有很大一部分作品是吴语区作家所著。尝试体标记"看"在例子中出现209次，其中，"VV看"189例，占90.4%，其中单音节重叠加助词"看"186例，双音节重叠加助词"看"3例。其他形式："VO看、VVO看、VC看、V 一 V看"四种类型加起来不到10%，"VO看"和"V 一 V看"只出现5例。在出现概率较高的"VVO看"中，动词"想""试""说""猜"四词共出现147次，占189例中的77.8%，其中"想"（109例）和"试"（31例）各占54.5%和16.4%。从以上情况，我们可以初步得出以下结论：

①从出现的例句来看，助词"看"的结构形式比较齐全，除了"V看"没有一例，其他形式基本上沿袭了古汉语白话中的各种说法。在几种形式中，"VV看"占绝对优势，其他四类（V 一 V看、VO看、VVO看、VC看）处于弱势。

②从助词"看"的使用频率来看，不是很高，而且在使用的实际例子中，有很大一部分来自吴语区的作家，如"发发脾气看"（钱钟书），"试一试看"（俞平伯），"你倒试来做一碗好的看"（鲁迅），"想照样描几幅看""撞去看"（丰子恺）。如果去掉这些来自吴语区作家的例子，那么普通话尝试体"看"的例子会更少。

③从"VV 看"所附动词的数量以及类型来看，209 个例子中，共出现不同的动词 49 个，其中两个是心理动词（想、猜），其他 47 个都是动作动词。但是，所有的动作动词出现的频率不高，反而心理动词虽然只是两个，但出现的频率却相当高，尤其是"想想看"，有 103 例，将近占所有例子的一半。从使用的情况来看，"想想看"有语法化的趋势。

小结

汉语方言动词的体貌还处在一个形成和发展过程中，虚化程度各不相同，而且彻底虚化了的不多。即使像宁波方言"嚸"这样的句末语气词还有一点补语的味道。这就给定性带来困难。像"仔、勒、掉、好、牢"等算是虚化的动态形式还是虚化程度不高的词汇形式，就很难一言断定。

动词体貌的名称各家有各家的称法，这虽然不是实质性的问题，但是，要力求妥帖也确实不容易。动词本身的词汇意义会在不同程度上影响体貌的意义，不同的动词小类使用同一体貌的形式可能显示很不相同的语法意义，假如是互补的，用什么名称问题不大，如果某种语言的进行体和持续体两者是互补的，那么叫进行体还是持续体，问题不大。但是，如果两者是对立的，如宁波方言的完成貌和持续完成貌在语形和语义上是对立的，所以就应该分开来。

第二编　句法

第十章　被动句

根据有无被动标记，可将宁波方言的被动句分为无标记被动句和有标记被动句两类。无标记被动句有些学者又称意念被动句，是诸如"饭烧熟嘞""衣裳烫好嘞"之类的句子，句中没有被动标记词，主语是受事。有标记被动句是指句中含有被动标记词"得"的句子①，其典型句式是"X + 得 + Y + VP"。如"其得夷骗去嘞""月亮得天狗吃掉嘞"等。

本章从五个方面考察宁波方言被动句的特点：①宁波方言被动句的类型：有标记和无标记；②有标记被动句结构项的隐现及其条件；③有标记被动句结构成分的特点；④被动、处置与给予的关系；⑤"把被"合用的普方古考察。

第一节　被动句的类型

一　无标记被动句

无标记被动句是指没有被动标记词的受事主语句，主语可以是遭受，也可以是得益。例如：

（1）杯子敲糊嘞。（杯子打碎了）

　　　pɐi⁵³ tsɹ⁴⁴ kʻɔ⁵³ ɦu²² lɐi⁰。

（2）皮鞋修好嘞。（皮鞋修好了）

　　　bi²² ɦa²¹ ɕy⁵³ hɔ⁴⁴ lɐi⁰。

杯子是被"敲糊"的，皮鞋是被"修好"的，两者都是受事主语。

---

① 《宁波方言词典》（江苏教育出版社 1997 年版）将宁波方言被动标记词定为"拨"，本书调查点"拨""得"皆可，口语中多为"得"。

　　无标记被动句的结构核心是动词，动词制约着进入这类句子的其他成分的语义和语序。无标记被动句的动词一般是及物的，由人或动物发出，或直接涉及人，如"吃""卖""寄"等，这类动词可以由动作发出者根据自己的意愿进行控制。例如：

　　（3）a 信寄出嘞。（信寄出了）

　　　　　çin^{44} tçi^{44} ts'ə$\mathrm{?}^5$ lɐi^0。

　　　　b 信勿寄出。（信不寄出）

　　　　　çin^{44} və$\mathrm{?}^2$ tçi^{44} ts'ə$\mathrm{?}^5$。

　　（4）a 香烟卖掉嘞。（香烟卖掉了）

　　　　　çiã^{44} i^{53} ma^{22} dio^{22} lɐi^0。

　　　　b 香烟勿卖掉。（香烟不卖掉）

　　　　　çiã^{44} i^{53} ma^{22} və$\mathrm{?}^2$ dio^{21}。

　　（5）a 饭吃饱嘞。（饭吃饱了）

　　　　　vɛ^{24} tç'yo$\mathrm{?}^5$ pɔ^{53} lɐi^0。

　　　　b 饭勿吃饱。（饭不吃饱）

　　　　　vɛ^{24} tç'yo$\mathrm{?}^5$ və$\mathrm{?}^2$ pɔ^{44}。

　　另外，对于那些没有生命的个体发出的动作，如果是某种不可控制的自然力造成的动作的动词，如"风""霜""雷""电"等发出的"吹""冻""劈""击"等动作，也能进入无标记被动句。例如：

　　（6）人真真冻煞嘞。（人实在冻坏了）

　　　　　n̦in^{22} tsən^{44} tən^0 toŋ^{44} sɐ$\mathrm{?}^5$ lɐi^0。

　　（7）面孔吹勒发白嘞。（脸吹得变白了）

　　　　　mi^{22} k'oŋ^{35} ts'ɿ^{44} lə$\mathrm{?}^2$ fɐ$\mathrm{?}^5$ bɐ$\mathrm{?}^2$。

　　面对不可抗拒的自然力，人多以被动者的身份出现，这为无标记被动句提供了条件。

　　无标记被动句对动词和主语的选择十分复杂，由于本章主要探讨宁波方言的有标记被动句，这里只是引入相关的说法，不作具体展开。下文用到"被动句"这样的字眼，特指宁波方言的有标记被动句。

二　有标记被动句

（一）宁波方言的被动标记词

　　宁波方言的被动标记词有"拨""得"两个。前者发音为 $[$ pə $\mathrm{?}^5]$，后者发音为［təʔ⁵］。"得""拨"在语法意义及语法功能上差别不是很明显，人们在使用中根据习惯来选择，市区使用"拨"多，郊县使用"得"多。本书根据调查标注实际读音。为了让非方言区的人对宁波方言的被动句有一个全面的认识，我们在这儿将"拨""得"分别给予介绍。

1. "拨"

"拨"在宁波方言里作动词、介词。

①作动词

"拨"作动词有两个意思，一是"拨动""使物移动"的意思；二是"给"的意思，表示使对方得到某些东西。例如：

（8）羽毛球屋头顶打上去该嘬，去驮根眼竿拨拨落来。（羽毛球打到屋顶上去了，去拿根竹竿把它拨下来）

　　ɦy²² mɔ²² dʑy²² oʔ⁵ dø²² tən⁴⁴ tã⁵³ zɔ̃²² tɕ'i⁴⁴ kie⁴⁴ lɐi⁰, tɕ'iʔ⁵ dəu²² kuã⁴⁴ lɔ̃²⁴ ki³⁵ pəʔ⁵ pəʔ⁵ loʔ² lie²²。

（9）该本书拨我仔嘬。（那本书给我算了）

　　gɛʔ²² pən⁵³ sʅ⁵³ pəʔ⁵ ŋo²⁴ tsʅ⁴⁴ lɐi⁰。

前一例是"拨动"的意思，后一例是"给"的意思。

②作介词

"拨"作介词有三种情况：

a. 相当于"被"，一般主语是受事，受事常常省略，施事不可省。例如：

（10）手骨拨蛇咬勒一口。（手被蛇咬了一口）

　　sø⁴⁴ kuã⁴⁴ pəʔ⁵ dzuo²² ŋɔ²²ləʔ² iʔ⁵ k'ø⁴⁴。

（11）声音轻眼哪！拨诺烦煞嘬。（声音轻一点，被你吵死了）

　　sən⁴⁴ in⁵³ tɕ'in⁵³ ŋie²² na²², pəʔ⁵ noʔ² vɛ²¹ sɐʔ⁵ lɐi⁰。

b. 相当于"让"，表示容许、听任等。例如：

（12）葛事体再拨我忖忖看。（这件事再让我想想看）

　　kəʔ⁵ zʅ²² t'i³⁵ tsɛ⁴⁴ pəʔ⁵ ŋo²⁴ ts'ən⁴⁴ ts'ən⁴⁴ k'ie⁴⁴。

（13）脚踏车推推进，莫拨其外头安过夜。（自行车推进来，不要让它在外头放过夜）

　　tɕiɐʔ⁵ dɐʔ² ts'uo⁴⁴ t'ɐi⁵³ t'ɐi⁴⁴ tɕin⁴⁴, mɔ⁴⁴ pəʔ⁵ dzi²⁴ ŋa²² dø²⁴ ȵi⁵³ kəu⁴⁴ ʑia²²。

c. 相当于"给",用在动词后面,引进交付、传递的接受者。例如:

（14）讲拨诺听。（讲给你听）

kɔ̃⁵³ pəʔ⁵ noʔ² tʻin⁴⁴。

（15）借拨人家看。（借给人家看）

tɕia⁴⁴ pəʔ⁵ ȵin²² ko⁵³ kʻi⁴⁴。

（16）啥辰光还拨我呢？（什么时候还给我呢）

soʔ⁵ zən²² kuɔ̃⁵³ ɦiuɛ²² pəʔ⁵ ŋo²¹ ȵi²²？

③与人称代词合音

实际语言运用中,"拨"与人称代词"我""尔""夷"以合音的形式出现。"拨我"合音为"把"［po²²］。例如:

（17）蟑螂把打杀嘞。（蟑螂被我打死了）

tsɔ̃⁴⁴ lɔ̃²¹ po⁴⁴ tã⁵³ sɐʔ⁵ lɐi⁰。

"拨尔"合音为"本"［pən⁴⁴］。例如:

（18）苹果本吃。（苹果给你吃）

bin²¹ kəu⁴⁴ pən⁴⁴ tɕʻyoʔ⁵。

"拨夷"合音为"背"［pɐi⁴⁴］。例如:

（19）揪牢,莫背动。（按住,不要让它动弹）

tɕin⁴⁴ lɔ²¹，mɔ⁴⁴ pɐi⁴⁴ doŋ²²。

2. "得"

宁波方言里与被动标记词有关的还有一个"得"字,发音为［təʔ⁵］,多见于郊县地区。该词可作动词、介词、连词。

①作动词

"得"作动词,相当于普通话的"给",后面直接跟一个接受的对象。例如:

（20）葛支笔得我仔嘞。（这支笔给我算了）

kəʔ⁵ tsɿ⁵³ piʔ⁵ təʔ⁵ ŋo²¹ tsɿ⁴⁴ lɐi⁰。

②作介词

"得"作介词有七种情况:

a. 相当于普通话的"被",与名词、代词构成介宾结构。用在句中多表示主语是受事，受事可以省略。有时候也可以表示主语是施事，实际的受事（一般是言说者）蕴含在句子中。例如：

（21）我得夷刮勒两个耳光。（我被他打了两个耳光）

　　　ŋo²⁴ təʔ⁵ ʑi²² kuɐʔ⁵ ləʔ² liã²² fio?² ni²² kuõ⁵³。

（22）戏文会得夷唱了一夜啦。（戏竟被他唱了一个晚上呐）

　　　çi⁴⁴ vən²¹ fiuɐi²² təʔ⁵ ʑi²² ts'õ⁴⁴ ləʔ² iʔ⁵ ʑia²⁴ la²¹。

b. 相当于普通话的"跟""和""同"，引入对象。例如：

（23）葛事体诺事先应该得其讲清爽。（这事你事先应该跟她讲清楚）

　　　kəʔ⁵ zɿ²² t'i³⁵ zɿ²² çi⁵³ in⁴⁴ kie⁵³ təʔ⁵ dʑi²⁴ kõ⁵³ tç'in⁴⁴ sõ⁴⁴。

（24）儿子得阿爹一样长嘞。（儿子和爸爸一样高了）

　　　ŋ²¹ tsɿ⁴⁴ təʔ⁵ əʔ⁵ tia⁵³ iʔ⁵ ʑiã²² dzã²² lɐi⁰。

c. 相当于普通话的"给""替"，引入对象。例如：

（25）我得诺梳头。（我给你梳头）

　　　ŋo²⁴ təʔ⁵ noʔ² sɿ⁴⁴ dø²²。

（26）信得我带带出。（信替我带一下）

　　　çin⁴⁴ təʔ⁵ ŋo²⁴ ta⁴⁴ ta⁵³ ts'əʔ⁵。

d. 相当于普通话的"对"，引入对象。例如：

（27）阿拉和总得夷有看法。（我们都对他有看法）

　　　ɐʔ⁵ lɐʔ² fiəu²² tsoŋ⁵³ təʔ⁵ ʑi²² fiɣ²² k'i⁴⁴ fɐʔ⁵。

（28）该本书得我蛮有启发。（那本书对我很有启发）

　　　gɛ²² pən⁵³ sɿ⁵³ təʔ⁵ ŋo²⁴ mɛ⁴⁴ fiɣ²² tç'i⁵³ fɐʔ⁵。

e. 相当于普通话的"把"，宾语是后面的受事者，受事者前面必须有属格，若将受事格提到句首，"得"后留下受事者的属格，则"把"的词义随之异化，接近于"给"。例如：

（29）莫得人家东西弄坏。（别把人家的东西弄坏）

　　　mɔ⁴⁴təʔ⁵ n̦in²² kuo⁵³ toŋ⁴⁴ çi⁵³ noŋ²² ua⁴⁴。

（30）＇东西莫得人家弄坏。（东西不要给人家弄坏了）

　　　toŋ⁴⁴ çi⁵³ mɔ⁴⁴təʔ⁵ n̦in²² kuo⁵³ noŋ²² ua⁴⁴。

f. 相当于普通话的"到"，后接方所名词或代词。例如：

（31）诺得阿里去啦？——得单位去一埭。（你到哪里去啊？——

到单位去一趟)

noʔ² təʔ⁵ ɐʔ⁵ li²² tɕʻi⁵³ la²²? təʔ⁵ tɛ⁴⁴ ɦuɐ²¹ tɕʻi⁴⁴ iʔ⁵ da²¹。

（32）得明年葛辰光，小人好读书嘚。（到明年这个时候，小孩可以上学了）

təʔ⁵ min²² ȵi²¹ kəʔ⁵ zən²² kuõ⁵³，ɕio⁴⁴ ȵin²² hɔ⁴⁴ doʔ² sʅ⁵³ lɐi⁰。

g. 相当于普通话的"从"，表示经过的路线。例如：

（33）得阿里介走？（从哪里走）

təʔ⁵ ɐʔ⁵ li²² kɐʔ⁵ tsø³⁵？

③作连词

"得"作连词，相当于普通话的"和""跟"。例如：

（34）萝卜得肉聚头格滚滚其。（萝卜和肉圆子一起煮一煮）

lɔ²² boʔ² təʔ⁵ ȵyoʔ² dʑy²² dø²² kɐʔ⁵ kuən⁴⁴ kuən⁵³ dʑi²²。

（35）我有眼色盲，红得绿老老要看错。（我有点色盲，红的和绿的总是要看错）

ŋo²⁴ ɦy²² səʔ⁵ mõ²²，ɦioŋ²² təʔ⁵ loʔ² lɔ²² lɔ²¹ io⁴⁴ kʻi⁴⁴ tsʻəu⁵³。

④与人称代词合音

介词"得"经常和人称代词合音，"得我"合音为"躲"［to⁴⁴］，"得"的意思为"给""替""把"。例如：

（36）诺躲打只电话得其。（你给我打个电话给他）

noʔ² to⁴⁴ tã⁴⁴ tsɐʔ⁵ di²² ɦuo²¹ təʔ⁵ dʑi²²。

（37）莫躲东西驮去。（别把我东西拿走）

mɔ⁴⁴ to⁴⁴ toŋ⁴⁴ ɕi⁵³ dəu²² tɕʻi⁴⁴。

"得尔"合音为"等"［tən⁴⁴］，"得"的意思为"给""被"。例如：

（38）我等敲背，尔躲做媒，做得隔壁瘌头。（我给你捶背，你给我做媒，做给隔壁瘌子）

ŋo²⁴ tən⁴⁴ kʻɔ⁴⁴ pɐi⁴⁴，ŋ²² to⁴⁴ tsəu⁴⁴ mei²²，tsɐu⁴⁴ təʔ⁵ kɐʔ⁵ piʔ⁵ la²² dɐi²⁴。

（39）我等烦煞嘚。（我被你烦死了）

ŋo²⁴ tən⁴⁴ vɛ²¹ sɐʔ⁵ lɐi⁰。

"得夷"合音为"朜"［tɐi⁴⁴］，使用最广泛，意思为"给""替""把""被""让"等。例如：

（40）我朆帮忙去。（我给他帮忙去）

$\text{ŋo}^{24} \text{ tɐi}^{44} \text{ pɔ̃}^{44} \text{ mɔ̃}^{22} \text{ tɕʻi}^{53}$。

（41）我朆骂嘞。（我被他骂了）

$\text{ŋo}^{24} \text{ tɐi}^{44} \text{ mo}^{22} \text{ lɐi}^{0}$。

（42）我朆有意见。（我对他有意见）

$\text{ŋo}^{24} \text{ tɐi}^{44} \text{ ɦiɣ}^{22} \text{ i}^{44} \text{ tɕi}^{53}$。

（43）介大年纪格么是要朆送去耶。（这么大年纪当然是要把她送过去的）

$\text{ka}^{44} \text{ dəu}^{24} \text{ ni}^{21} \text{ tɕi}^{44} \text{ kɤʔ}^{5} \text{ məʔ}^{2} \text{ zʅ}^{22} \text{ io}^{44} \text{ tɐi}^{44} \text{ soŋ}^{44} \text{ tɕʻi}^{44} \text{ ɦie}^{22}$。

（二）有标记被动句的句法格式

宁波方言有标记被动句是指句中含有被动标记词"得"的句子。根据"得"前是否出现体词性成分，可以把宁波方言的有标记被动句分为两类：

Ⅰ式：X + 得 + Y + VP +（M）

Ⅱ式：得 + Y + VP +（M）

X 表示在主语位置上的体词性成分，"得"是被动标记词，Y 是紧跟被动标记词的体词性成分，VP 指谓词性成分，M 是语气词。（）表示里面的成分在一定条件下可以不出现。

1. Ⅰ式：X + 得 + Y + VP +（M）

Ⅰ式结构最为完整，用得也相对广泛。和普通话被动句相比，Ⅰ式的范围要宽得多，X 除了是受事格，还可以是施事格、工具格、方所格，VP 所叙述的对主语 X 来说可以是"不如意或不企望的事"，也可以是如意的、企望的事。例如：

（44）香烟得贼骨头偷去嘞。（香烟被贼偷走了）

$\text{ɕiã}^{44} \text{ i}^{53} \text{ təʔ}^{5} \text{ zɤʔ}^{2} \text{ koʔ}^{5} \text{ dɐi}^{22} \text{ tʻø}^{53} \text{ tɕʻi}^{44} \text{ lɐi}^{0}$。

（45）阿二得老师表扬嘞。（阿二被老师表扬了）

$\text{ɐʔ}^{5} \text{ n̠i}^{24} \text{ təʔ}^{5} \text{ lo}^{22} \text{ sʅ}^{53} \text{ pio}^{53} \text{ ʑiã}^{22} \text{ lɐi}^{0}$。

（46）昨么夜到，黄狗得夷叫勒一夜啦！（昨天晚上，黄狗被它叫了一个晚上）

$\text{dzoʔ}^{2} \text{ məʔ}^{2} \text{ ʑia}^{22} \text{ tɔ}^{44}$，$\text{ɦuɔ̃}^{22} \text{ kən}^{53} \text{ təʔ}^{5} \text{ ʑi}^{22} \text{ tɕio}^{44} \text{ ləʔ}^{2} \text{ iʔ}^{5} \text{ ʑia}^{24} \text{ la}^{21}$！

第一例是不如意的事，第二例是如意的事。前两例主语是受事，第三例主语一个是施事。

从使用情况看，Ⅰ式的 VP 以动结式为主，叙述一种既定事实，句末语气词 M 一般用表示完结的"嗬"或"噇"。例如：

（47）诺老早得夷骗去的嗬。（你早被他骗了）

noʔ² lɔ²² tsɔ⁵³ təʔ⁵ ʐi²² pʻiⁱ⁴⁴ tɕʻiⁱ⁴⁴ tiʔ⁵ lɐiⁱ⁰。

（48）一只黄狗会得夷滚水泡开噇！（那条狗被他用开水烫伤了）

iʔ⁵ tsɐʔ⁵ ɦuɔ̃²² kən⁵³ ɦuɐi²² təʔ⁵ ʐi²² kuən⁵³ sˠ⁴⁴ pʻɔ⁴⁴ kʻi²⁵³ lɐʔ²！

Ⅰ式的否定形式是在"得"前加否定词"没"，句末不出现语气词。例如：

（49）报纸没得小囡揿糊。（报纸没被小女儿撕破）

pɔ⁴⁴ tsˠ⁵³ məʔ² təʔ⁵ ɕio⁴⁴ nø²² pʻɐʔ⁵ ɦu²¹。

（50）大学居然没得夷考进。（大学居然没有被他考上）

da²² ɦioʔ² tɕy⁴⁴ zø²¹ məʔ² təʔ⁵ ʐi²² kʻɔ⁴⁴ tɕin⁵³。

（51）毛笔没得人家偷去。（毛笔没被别人偷走）

mɔ²² piʔ⁵ məʔ² təʔ⁵ n̩in²² kuo⁵³ tʻø⁵³ tɕʻiⁱ⁴⁴。

句末不加语气词的"X＋得＋Y＋VP"句式除了用于否定句，还经常作为复句的一个分句出现，位置可前可后。例如：

（52）钞票得葛种样人骗去，也没啥个稀奇。（钞票被这种人骗走，并不奇怪）

tsʻɔ⁵³ pʻio⁴⁴ təʔ⁵ kəʔ⁵ tsoŋ⁵³ niã²² n̩in²² pʻiⁱ⁴⁴ tɕʻiⁱ⁴⁴，ɦa²² məʔ² soʔ⁵ ɦioʔ² ɕiⁱ⁴⁴ dʐi²²。

（53）是话勿听言话，诺得我拷煞也吺数。（如果不听话，你被我打死也说不定）

zˠ²² ɦuo²¹ vəʔ² tʻin⁴⁴ ɦiɛ²¹ ɦuo²²，noʔ² təʔ⁵ ŋo²⁴ kʻɔ⁵³ sɐʔ⁵ ɦia²² m̩²¹ su⁴⁴。

在一定的语境下，"X＋得＋Y＋VP"句式还可以排比方式出现，往往是一种事实的罗列。例如：

（54）葛日走到屋落，一只猪得夷杀掉，两只鸡得夷甩杀，一只黄狗得夷药倒，所有活弄东西和得夷弄杀仔，自家吃勒一瓶甲胺磷自杀尔噇。（那天他回到家，一只猪被他杀掉，两只鸡被

他摔死，一只黄狗被他药死，所有活着的东西都被他弄死之后，自己喝了一瓶甲胺磷自杀了）

kəʔ⁵ n̠iʔ² tsɵ⁴⁴ tɔ⁴⁴ uoʔ⁵ loʔ², iʔ⁵ tsɐʔ⁵ tsɿ³⁵ təʔ⁵ z̩i²² sɐʔ⁵ dio²¹, liã²² tsɐʔ⁵ tɕi³⁵ təʔ⁵ z̩i²² guɛ²² sɐʔ⁵, iʔ⁵ tsɐʔ⁵ fiuɔ̃²² kən⁵³ təʔ⁵ z̩i²² z̩iɐʔ² tɔ⁴⁴, suo⁴⁴ fiy²¹ fiuəʔ² noŋ²² toŋ⁴⁴ ɕi⁵³ fiəu²² təʔ⁵ z̩i²² noŋ²² sɐʔ⁵ tsɿ⁵³, z̩i²² kuo⁴⁴ tɕ'yoʔ⁵ ləʔ² iʔ⁵ bin²² tɕiɐʔ⁵ ɐi⁴⁴ lin²² z̩ɿ²² sɐʔ⁵ əl⁴⁴ lɐʔ²。

该例子连续用四个被动句，排比在一起，叙述那个自杀的人在死前所做的事。

有无句末语气词，对句子的语义影响不是很大，但是对句子的情感色彩方面的表达影响很大。例如：

（55）昨么夜到，自来水会得夷流勒一夜嗨！（昨天晚上，自来水被它流了一个晚上）

zoʔ² məʔ² z̩ia²² tɔ⁴⁴，z̩ɿ²² lie²¹ sɿ⁴⁴ fiuɐi²² təʔ⁵ z̩i²² ly²² ləʔ² iʔ⁵ z̩ia²⁴ lɐʔ²。

（56）昨么夜到，自来水会得夷流勒一夜。（昨天晚上，自来水被它流了一个晚上）

zoʔ² məʔ² z̩ia²² tɔ⁴⁴，z̩ɿ²² lie²¹ sɿ⁴⁴ fiuɐi²² təʔ⁵ z̩i²² ly²² ləʔ² iʔ⁵ z̩ia²⁴。

两句转译出来的普通话意思是一样的，但是前一句语气很强烈，说话者要表达的是自己所遭受的事实，而后一句则是一种简单、平实的叙述，说话者只是告诉别人发生了什么事情，情感掺入很少。

2. 得 + Y + VP + （M）

Ⅱ式的常规式是指"得黄狗咬嚭""得老师表扬嚭"这样的句子，其句首省略了一个受事主语，可以在一定条件下补出来。Ⅰ式中的 X 多数情况下可移到 Y 后面，变为Ⅱ式。例如：

（57）衣裳得老鼠咬糊嚭。（衣服被老鼠咬破了）

i⁴⁴ sɔ̃⁵³ təʔ⁵ lɔ²² ts'ɿ⁵³ ŋɔ²² fiu²¹ lɐi⁰。

→得老鼠衣裳咬糊嚭。（被老鼠衣裳咬破了）

təʔ⁵ lɔ²² ts'ɿ⁵³ i⁴⁴ sɔ̃⁵³　ŋɔ²² fiu²¹ lɐi⁰。

（58）眼睛得夷闪勒花掉嚭。（眼睛被它闪花了）

ŋɛ²² tɕin⁵³ təʔ⁵ ʑi²² sɐi⁴⁴ ləʔ² ɦuo²¹ dio²² lɐi⁰。

→得夷眼睛闪勒花掉嚜。（被它眼睛闪花了）

təʔ⁵ ʑi²² ŋɛ²² tɕin⁵³ sɐi⁴⁴ ləʔ² ɦuo²¹ dio²² lɐi⁰。

但是值得注意的是，当 X 是人的时候，Ⅰ式不能转换为Ⅱ式。例如：

（59）其得车子撞倒嚜。（他被车子撞倒了）

dʑi²⁴ təʔ⁵ tsʻuo⁵³ tsʅ⁴⁴ dzõ²² tsʻ⁴⁴ lɐi⁰。

→＊得车子其撞倒嚜。

（60）小王得夷骂嚜。（小王被他骂了）

ɕio⁴⁴ ɦuɔ̃²² təʔ⁵ ʑi²² mo²² lɐi⁰。

→＊得夷小王骂嚜。

（61）我得该个人东西偷去嚜。（我被那个人东西偷走了）

ŋo²⁴ təʔ⁵ gɛ²² ɦoʔ² n̩in²² toŋ⁴⁴ ɕi⁵³ tʻø⁵³ tɕʻi⁴⁴ lɐi⁰。

→＊得该个人我东西偷去嚜。

第二节　结构项的隐现及条件

宁波方言被动句中的各个成分根据条件，有的可以隐去（如 X、M），有的不能隐去（如 Y）。

一　X 可隐可显，Y 必显

从宁波方言被动句Ⅰ式、Ⅱ式的句法结构可以看出，X 在一定语境下可以省略。例如：

（1）得夷踢勒脚。（被他踢了一脚）

təʔ⁵ ʑi²² tʻiʔ⁵ ləʔ² tɕiɐʔ⁵。

（2）得夷苦胆搭嚇碎嗦！（被它苦胆都吓破了）

təʔ⁵ ʑi²² kʻuʔ⁵³ tɛ⁴⁴ tɐʔ⁵ ɦɐʔ⁵ sɐi⁴² lɐʔ²！

两个例子"得"前省略了受事主语，如"我""阿拉"等。

当动作的施事者不可知，或不必说出来的时候，普通话"被"字后的宾语成分可以不出现，可以直接说成"X ＋被＋VP"式。例如："整个城市被笼罩在一片恐慌之中。""他被授予全国'十大杰出青年'

称号。"前一例，施动者不可知；后一例，施动者不必说出。这里的介词一般认为"已经助词化，成了句子里的辅助性语法成分，黏附于中心语，表示被动语法关系"①。

宁波方言里"得"字被动句后不管动作的施事者可不可知或有没有必要说出来，都需要加上一个名词或代词，与被动标记词构成介宾结构。例如：

（3）阿拉屋落一只黄狗得人家偷去嘞。（我们家的那只狗被人偷走了）

ɐʔ⁵ lɐʔ² uoʔ⁵ loʔ² iʔ⁵ tsɐʔ⁵ fiuõ²² kən⁵³ təʔ⁵ ȵin²² kuo⁵³ tʻøʔ⁵ tɕʻi⁴⁴ lɐi⁰。

（4）大池头阿强因买米得人吃了毒，搞得家破人亡。②（大池头的阿强因为买米被人吃了毒品，搞得家破人亡）

dəu²² dzɿ²² døʔ²¹ ɐʔ⁵ dʑiã²² ma²² miˑ²⁴ təʔ⁵ ȵin²² tɕʻyoʔ⁵ ləʔ² doʔ²，goʔ²² təʔ⁵ tɕia⁵³ pʻəu⁴⁴ zən²² fiuõ⁴⁴。

这儿的"人家""人"不可知，但还是需要说出来，占据 Y 的位置。所以在宁波方言里，诸如"＊整个城市得笼罩在一片恐慌之中""＊他得授予全国十大杰出青年称号"之类的句子是不成立的，必须在"得"后紧跟名词或代词。

二　有无"得"的语法条件

普通话中，有些句子既能以无标被动句的形式出现，又能以有标被动句的形式出现，有些则只能以无标被动句的形式出现。例如："衣服穿破了。""衣服被他穿破了。""饭吃饱了。"

"衣服穿破了"可以说成"衣服被穿破了"，但是"饭吃饱了"却不能说"＊饭被吃饱了"。宁波方言则可以说：

（5）饭得夷吃饱嘞！

vɛ²⁴ təʔ⁵ ʑi²² tɕʻyoʔ⁵ pɔ⁵³ lɐʔ²！

可见，要进入普通话有标被动句的补语是有限制的，往往只能是那些表示遭受义的词；而在宁波方言有标记被动句中，补语也可以是那些

---

① 邢福义：《汉语语法学》，东北师范大学出版社 1997 年版，第 142 页。

② 此例摘自笔者母亲 2001 年 11 月 6 日的一封来信。

表非遭受义的词。从上例我们还可以发现，尽管宁波方言有标记被动句对补语的态度比较宽容，但是有无"得"在语义上存在很大的差别，有标记被动句具有更强烈的感情色彩，有时需要加上表示强调的"会"和"嘞"等词。

三　有无"得"的语用差异

尽管无标记被动句可以变换为有标记被动句，在语用上是有区别的。例如：

（6）黄狗拷杀嘞。（狗打死了）

$\text{ɦuõ}^{22} \text{kən}^{53} \text{k'ɔ}^{53} \text{sɐʔ}^{5} \text{lɐi}^{0}$。

（7）黄狗得人家拷杀嘞。（狗被人打死了）

$\text{ɦuõ}^{22} \text{kən}^{53} \text{təʔ}^{5} \text{n̩in}^{22} \text{kuo}^{53} \text{k'ɔ}^{53} \text{sɐʔ}^{5} \text{lɐi}^{0}$。

前一例不用"得"，是指狗被打死了，隐含如何处置这条狗的意思；后一例加个"得"变为有标记被动句，是指狗被打死了，隐含我们得找人算账的意思。又如：

（8）衣裳汏出嘞。（衣服洗出了）

$\text{i}^{44} \text{zõ}^{21} \text{dʑiã}^{22} \text{tɕ'əʔ}^{5} \text{lɐi}^{0}$。

（9）衣裳得夷汏出嘞。（衣服被他洗出了）

$\text{i}^{44} \text{zõ}^{21} \text{təʔ}^{5} \text{zi}^{22} \text{dʑiã}^{22} \text{tɕ'əʔ}^{5} \text{lɐi}^{0}$。

前一例一般陈述，后一例表示惊奇，隐含"夷"这个人平时很懒惰，衣服从来不洗，现在竟然把衣服都洗了，显得情况异常。

四　"得"与句末语气词

在上文我们已经提到过，句末语气词在宁波方言被动句中扮演十分重要的角色。有标记被动句在语义理解上受语境的制约很大。

首先，从宁波方言有标记被动句的两类句式来看，句末跟"嘞""嘞"等语气词已经成了被动句使用的习惯。一方面，它们在动结式中进一步加强结果的意味，另一方面在语气上起到渲染、夸张的作用。这种现象尤其在 X 为施事的时候（X 为施事详见下文）表现得更为明显。例如：

（10）昨么夜到，猫头逐魂得夷叫勒一夜嘞！（昨天晚上，猫头鹰被它叫了一个晚上）

zoʔ² məʔ² ʑia²² tɔ⁴⁴, mɔ²² dø²² dʑyoʔ⁵ ɦiuən²² təʔ⁵ ʑi²² tɕio⁴⁴ ləʔ² iʔ⁵ ʑia²² leʔ²!

这个例子，其实说话者重点是在说自己的遭遇，言外之意是那天晚上的猫头鹰叫对自己造成了一定的影响，自己是遭受者。通过语气词"嘞"加强句子的情感色彩。这种遭受义在下例中显得更明晰：

(11) 葛两日生意多，人会得夷弄勒忙煞啦！（这两天小店生意好，人会被它弄得忙死）

kəʔ⁵ liã²² n̠iʔ² sã⁵³ ʑi²² təu⁵³, n̠in²² ɦiuɐi²² təʔ⁵ ʑi²² noŋ²² ləʔ² m̃²² sɐʔ⁵ leʔ²!

(12) 结婚葛日，老酒会得夷吃饱啦！（结婚那天，老酒被他喝了个够）

tɕiʔ⁵ huən⁵³ kəʔ⁵ n̠iʔ², lɔ²² tɕy⁵³ ɦiuɐi²² təʔ⁵ ʑi²² tɕʻyoʔ⁵ pɔ⁵³ leʔ²!

(13) 饭居然会得夷吃饱嘞！（饭竟然被他吃了个饱）

vɛ²² tɕy⁴⁴ zø²¹ ɦiuɐi²² təʔ⁵ ʑi²² tɕʻyoʔ⁵ pɔ⁵³ ʈeʔ²!

在普通话中"饭被他吃饱了"这种说法是不成立的，在宁波方言里，孤立的说法也很少见，"饭得尔吃饱"这类说法往往是一个前续句，后面需要一个句子来应对，如"饭得尔吃饱，好好做人"，而且这儿的"得"给予义大于被动义。但是如果我们在句末加上一个语气词，如"啦"，那么整个句子的被动意味就会十分明显。句末语气词"嘞""喃"本身就有完结义，和句子中的结果补语加合在一起，使整个句子的重心指向补语，从而突出动补结构在句中的核心地位，同时还传达一种新信息，使该动补结构蕴有"不同寻常、与常理有点出入"的意思。

第三节 被动句的结构成分

宁波方言有标记被动句的各个结构成分在句中的功能各异，下面从X、"得"、Y、VP、M五个方面对这些结构项分别进行考察。

一 标前成分 X

被动句"X＋得＋Y＋VP＋（M）"式中的X在普通话中以受事最为常见，在宁波方言中，X除了可以是受事，还可以是施事、方所和工具。

（一）X 为受事

X 为受事是被动句中最为典型的一类，这种情况宁波方言与普通话相同，主语位置上的名词或代词是受事成分，被动标记词"得"后面的 Y 为施事成分，VP 由 Y 发出作用于 X。语义上可以是不如意的，也可以是如意的。例如：

（1）屋得大水冲倒嘞。（屋子被大水冲倒了）

o$ʔ^5$ tə$ʔ^5$ dəu^{22} sɿ^{35} ts'oŋ^{53} tɔ^{44} lɐi^0。

（2）其拉阿爷得东洋人戳杀嘞。（他的爷爷被东洋人刺死了）

dʑiɐʔ^2 lɐʔ^2 ɐʔ^5 ʑia^{21} tə$ʔ^5$ toŋ^{44} ʑiã^{22} ɲin^{22} ts'o$ʔ^5$ sɐʔ^5 lɐi^0。

（3）其今么仔得谢老师表扬嘞。（他今天被谢老师表扬了）

dʑi^{24} tɕiʔ^5 mə$ʔ^2$ tsɿ^{53} tə$ʔ^5$ ʑia^{22} lɔ^{21} sɿ^{44} pio^{53} ʑiã^{22} lɐi^0。

（4）钞票得夷赢去交关。（钞票被他赢走很多）

ts'ɔ^{53} p'io^{44} tə$ʔ^5$ ʑi^{22} ʑin^{22} tɕ'i^{44} tɕio^{53} kuɛ^{44}。

前两例是不如意的，后两例是如意的。前三例有句末语气词，最后一例句末语气词不出现。这类句式的 X 与 V 可以构成动宾结构。例如："冲屋""戳夷拉阿爷""表扬夷""赢钞票"。

（二）X 为施事

根据 X 与 VP 的不同关系，X 为施事可以分为三种情况：

1. Y 为事件的遭受者

X 是 VP 的发出者，受事不在句中，也不能在句中补出，多为言说者本身。整个被动句的侧重点在于诉说言说者的不幸遭遇。例如：

（5）葛日夜到，黄狗得夷叫勒一夜嚜！（那天晚上，黄狗被他叫了一个晚上）

kə$ʔ^5$ ɲiʔ^2 ʑia^{22} tɔ^{44}，ɦuɔ̃^{22} kən^{53} tə$ʔ^5$ ʑi^{22} tɕio^{44} lə$ʔ^2$ iʔ^5 ʑia^{22} lɐʔ^2！

（6）瘟小鬼昨日夜到得夷吵勒一夜嚜！（小孩昨天晚上被他吵了一个晚上）

uən^{53} ɕio^{44} tɕy^{44} zoʔ^2 ɲiʔ^2 ʑia^{22} tɔ^{44} tə$ʔ^5$ ʑi^{22} ts'ɔ^{44} lə$ʔ^2$ iʔ^5 ʑia^{22} lɐʔ^{22}！

（7）旺鸟会得夷叫勒三日么，葛咋会勿死人呢？[①]（旺鸟被他叫了

[①] 民间迷信，相传，"旺鸟叫，判官到"，认为该鸟叫的时候一定会有人死去。

三天，怎么会不死人）

uɔ̃⁵³ tio⁴⁴ ɦiuɐi²² təʔ⁵ ʑi²² tɕio⁴⁴ ləʔ² sɛ⁴⁴ ȵiʔ² məʔ², kəʔ⁵ zɐʔ² ɦiuɐi²¹ vəʔ² sŋ⁵³ ȵin²² ni²¹？

从句法结构看，这类表述中的 X 只能是名词，而且是具体名词，它是 VP 的发出者。"黄狗叫""小鬼吵""旺鸟叫"是不可或难以控制的，这类句子的 VP 往往以组合式述补结构出现，补语多为时间短语，强调某种不好的环境持续的时间之长。VP 具有不可控性，它的发生与否取决于它们的施动者，别人很难干预。从 Y 来看，都回指前面的 X，我们可以把"得夷"去掉，整个句子的意思不发生改变，只是句子的类型从被动态变为主动态。

从语用层面看，这类句式，被动语义的实际承受者需要从语境中推出来。第一例，表示"黄狗"的叫声影响了说话者本人，昨天晚上黄狗整整叫了一个晚上这个事实对说话者的睡眠造成了影响，所以采用了一种有标被动句的形式说出来。第二例强调的是小孩的吵闹对说话人造成了影响。第三例旺鸟叫被人们认为是不吉祥的象征，因为这种鸟一叫，就会有人去世，所以人们在心里不愿意听到旺鸟叫，但是人死是一个自然规律，人们无法控制它，所以人对旺鸟的叫来说是无能为力的，是被动的，所以运用被动句的表述方式来表达一种复杂的心理。可以说，这类被动句的实际遭受者是说话者本身。

2. Y 为事件的责任者

X 是 VP 的发出者，Y 是引起 X 实现 VP 这个行为的责任人，整个被动句的侧重点在 Y。例如：

（8）一只猪得尔逃带出，寻勿着嘞！（猪被逃了出去，找不到了）

iʔ⁵⁵ tsɐʔ⁵⁵ tsŋ²⁴ təʔ⁵⁵ŋ²² dɔ²² ta⁵³ tsʻəʔ⁵⁵，ʑin⁵³ vəʔ² dzɐʔ² lɐi⁰！

（9）牢监犯得诺逃带出，葛糟犯关嘞！（囚犯被逃了出去，这下坏事儿了）

lɔ⁵³ kie⁴⁴ vɛ²² təʔ⁵ noʔ⁵ dɔ²² ta⁵³ tsʻəʔ⁵，kəʔ⁵ tsɔ⁵³ vɛ²² kuɛ⁵³ lɐi⁰！

（10）一株茶花得岳方拉儿子死死掉，呕其赔！（那株茶花被岳方的儿子弄死了）

iʔ⁵ tsŋ⁴⁴ dzuo²² huo⁵³ təʔ⁵ ŋoʔ² fɔ̃⁴⁴ lɐʔ²ŋ²¹ tsŋ⁴⁴ ɕi⁵³ ɕi⁴⁴ dio²²，ø⁴⁴ dʑi²² bɐi²²！

猪逃了出来本身是主动的，但是对猪的主人来说是不希望看到这种现象的，所以猪逃出来对主人来说是"被逃出来"，这里是要追究"尔"的责任。同样"牢监犯"是应该关在监狱里的，如今逃了出来，肯定是没有看管好，这个责任人就是"诺"。花的死活直接受外界影响，责任人是岳方的儿子。

如果 Y 是第三人称"夷"的话，就会有两种理解法：如果把"夷"看成人，那么跟上面分析的一致，既表述了猪逃出来这个事实，又表达了言说者的遭遇，也把语义的矛头指向了责任人"夷"；如果把"夷"看成回指前面的"X"，那么句子的侧重点就落在说话者的遭受上了。

3. Y 是造成某种结果的原因

VP 为形容词短语，用来说明 X 的状态。Y 指代逗号前面的内容或者某种没有说出来的影响物，整个句子表示因为某种原因使得言说者处于 VP 这个状态。例如：

(11) 葛两日小猪生了三十多只，人会得夷忙煞嘞！（这两天小猪生了三十多只，人会被它忙死）

kə$?^5$ liã^{22} n̠i$?^2$ çio^{22} tsη^{44} sã^{44} lə$?^2$ sɛ^{44} zə$?^2$ təu^{53} tsɐ$?^5$，n̠in^{22} ɦuɐi^{22} tə$?^5$ ʑi^{22} m̃^{22} sɐ$?^5$ lɐ$?^2$！

(12) 葛人真得诺发棵煞嘞！（这真被你搞笑死了）

kə$?^5$ n̠in^{22} tsən^{53} tə$?^5$ no$?^2$ fɐ$?^5$ k'əu^{53} sɐ$?^5$ lɐi^0！

(13) 介有趣小顽，人真得夷欢喜煞嘞！（这么好玩的小孩，人真被他喜欢死了）

ka^{44} ɦiy^{44} ts'η^{44} tçio^{44} uɛ^{44}，n̠in^{22} tsən^{53} tə$?^{55}$ ʑi^{12} huø^{53} çi^{44} sɐ$?^{55}$ lɐ$?^2$！

(14) 诺得隔壁阿爷介名贵个花摘带来，姆妈得诺惶恐煞嘞。（你把隔壁阿爷这么名贵的花摘了下来，妈妈被你惶恐死了）

no$?^{22}$ tə$?^{55}$ kɐ$?^{55}$ pi$?^{55}$ ɐ$?^{55}$ ʑia^{22} ka^{44} min^{22} kuɐi^{53} ɦo$?^2$ huo^{21} tsɐ$?^5$ ta^{44} lɐi^0，m̩^{44} ma^{21} tə$?^{55}$ no$?^{12}$ ɦuɔ̃^{22} k'oŋ^{53} sɐ$?^{55}$ lɐi^0。

从 X 看，这类表述中的 X 可以是名词，也可以是代词，它们是 VP 的主体，VP 用来说明 X 的状态。如果 X 是人体的一部分，如"头、手、足"等，可以在前面加上领属成分。从 VP 的类型来看，这类形容词结构实际上是述补结构的省略，上述三个例子都可以在形容词前面加上"弄勒"构成述补结构。从 Y 来看，只能是代词，除了用"夷"，还可以用"诺""尔",它不回指 X,而是指代逗号前面的内容或者某种没有说出来的影响物。"得 Y"一般不能省略,有些省略后句子的意思出入较大。如第一例去掉"得夷"后变成"葛两日小猪生了三十多只,人会忙煞啦!"只是一种叙述了。最后一例去掉"得诺"后成为"诺得隔壁阿爷介名贵个花摘带落来,姆妈惶恐煞嚟。"这个句子的重心就不突出了。

从语用角度看,很显然,宁波方言这类被动句其实是一个超句体,整个被动句式表述一种原因。如第四例这个句子首先要说的是"姆妈惶恐"这个意思,"得诺"则告诉我们姆妈惶恐是有原因的,是在某个特定情况下的"惶恐",这个"得诺"与前一个分句的信息联系起来,说明惶恐的原因是"诺得隔壁阿爷介名贵个花摘带落来"。又如:"心搭得夷急煞"这句话包含有两个意思,一个是"心急煞",说明很着急,另一个意思是着急是有原因的。这个原因这句话里看不出来到底是什么,但是我们一听到这句话,我们就会推知,说话人肯定遇到了一个拖拖拉拉的人,正所谓"急惊风碰到了慢郎中"。从这一点看,宁波方言施事主语被动句具有比一般被动句更为丰富的传息功能。

X 为施事是宁波方言有标被动句的一大特色,从上述分析可以看到,这些句子中的"得 Y"成分可以去掉,句子依然能够表达原先的意思,不过句子从原先的被动句变为主动句,由原先的包含复杂情感义的句子变为一个只是一般叙述的简单句。

(三) X 为方所

1. X 与 VP 的关系

根据 X 与 VP 的关系,X 为方所可以分两种情况:

①X 是 VP 所涉及的范围,受事不在句中,也不能在句中补出,VP 为自主、不及物的动补结构(自动),Y 是 VP 的发出者。例如:

(15) 大门口得夷挂勒一张张天师个画!(大门口被他挂了一张张天师的画像)

dəu^{22} mən^{21} k'ø^{44} tə$?^5$ ʑi^{22} kuo^{44} lə$?^2$ i$?^5$ tsã^{44} tsã^{53} t'i^{44} sŋ^{44} ɦio$?^2$ ɦuo^{24}!

(16) 后头山得夷盘勒两日,总算慢慢个事体也过去嚟。(后头山被他躲了两天,总算慢慢地事情也就过去了)

ɦo²² dø²² sɛ⁴⁴ təʔ⁵ ʑi²² bø²² ləʔ² liã²¹ n̩iʔ² , tsoŋ⁴⁴ sø⁵³ mɛ²² mɛ²² ɦoʔ² ʐŋ²² t'i³⁵ ʑia²² kəu⁴⁴ tɕ'i⁵³ lɐi⁰ 。

前一例，"夷"是"挂"这个动作的发出者，"大门口"是"挂"这个动作的活动范围。它的受事不好补出，但是一般都会在上下文中出现过。这个句子的言外之意是大门口被他挂上张天师的画像后，那些妖魔鬼怪就不敢进门了，这些妖魔鬼怪才是受事者。后一例，"夷"是"盘（躲）"这个动作的发出者，"后头山"是"盘"这个动作所施行的范围。这个句子的受事应该是那些追捕"夷"的人。由于"夷"躲起来了，所以这些追捕者会无功而返，对他们来说，当然是不幸的受事者。

②X 是 VP 到达的终点，VP 为自主、及物的动补结构（他动），该句式被动含义相对较弱。语义的侧重点在于描述某种结果。

（17）余姚搭得夷走到嘞。（余姚都被他走到了）

ɦy²² ɔ⁵³ təʔ⁵⁵ təʔ⁵⁵ ʑi¹² tsø⁴⁴ tɔ⁵³ lɐʔ¹² 。

（18）"咕咚"一声水缸里头得夷爬进眼尔嘞。（"咕咚"一声水缸里头被他爬进去了）

goŋ²⁴ doŋ²² iʔ⁵ sən³⁵ , sŋ⁴⁴ kɔ̃⁴⁴ li²² dø²² təʔ⁵⁵ ʑi¹² bo²² tɕin⁴⁴ ŋie²² əl⁴⁴ lɐʔ² 。

（19）眼睛一眨，树上顶老早得夷爬上眼嘴。（眼睛一眨的工夫，早已被它爬到树上去了）

ŋɛ²² tɕin⁵³ iʔ⁵ sɐʔ⁵ , ʐŋ²⁴ zɔ̃²² tən⁰ lɔ²⁴ tsɔ⁵³ təʔ⁵ ʑi²² bo²¹ zɔ̃⁰ ŋie²² lɐi⁰ 。

前一例中"余姚"是动词"走"的终点，受事意味相当的弱，被动标记词表达出来的隐含义是"夷"所在的地方肯定离余姚很远，如果一个人从"夷"所在的地方走到余姚，那就是一件相当了不起的事情。后两例中"水缸里头""树上等"是方所词，"水缸里头"是"爬进"的终点，"树上等"是"爬上"的终点。也就是说这类被动句的谓词必须有一个方所词参与，而且这类说法的 VP 多为及物性的动趋式。

X 为方所的被动句，在方所前可以加上施事，构成"施事 + 方所 + 得 + Y + VP + M"式。例如：

（20）其余姚搭得夷走到嘞。（余姚都被他走到了）

dʑi²⁴ ɦy²² ɔ⁵³ təʔ⁵⁵ təʔ⁵⁵ ʑi¹² tsø⁴⁴ tɔ⁵³ lɐʔ²。

（21）"咕咚"一声水缸里头一只老鼠得夷爬进眼尔嘛。（"咕咚"一声水缸里头一只老鼠被它爬进去了）

goŋ²⁴ doŋ²² iʔ⁵ sən³⁵ si⁵³ kɔ̃⁴⁴ li²² dø²² iʔ⁵ tsɐʔ⁵ lɔ²² tsʻ̩⁵³ təʔ⁵ ʑi²² bo²¹ tɕin⁴⁴ ŋie²² əl⁴⁴ lɐʔ²。

（22）眼睛一眨，瘟老猫树上顶老早得夷爬上眼嚼。（眼睛一眨的功夫，猫早已被它爬到树上去了）

ŋɛ²² tɕin⁵³ iʔ⁵ sɐʔ⁵，uən⁵³ lɔ²² mɛ²² z̩²² zɔ̃²² tən⁴⁴ lɔ²² tsɔ⁵³ bo²¹ zɔ̃²² ŋie²² lɐi⁰。

（23）其大门口得夷挂勒一张张天师个画啦！（大门口被他挂了一张张天师的画像）

dʑi²⁴ dəu²² mən²¹ kʻø⁴⁴ təʔ⁵ ʑi²² kuo⁴⁴ ləʔ² iʔ⁵ tsã⁴⁴ tsã⁵³ tʻi⁴⁴ s̩⁴⁴ ɦoʔ² ɦuo²⁴ la²¹。

（24）阿德后头山得夷盘勒两日，总算慢慢个事体也过去嚼。（后头山被他躲了两天，总算慢慢地事情也就过去了）

ɐʔ⁵ təʔ⁵ ɦo²² dø²² sɛ⁴⁴ təʔ⁵ ʑi²² bø²² ləʔ² liã²¹ n̩iʔ²，tsoŋ⁴⁴ sø⁵³ mɛ²² mɛ²² ɦoʔ² z̩²² tʻi³⁵ ʑia²² kəu⁴⁴ tɕʻi⁵³ lɐi⁰。

2. X 与第一、第二人称的关系

如果句首出现第一人称或第二人称的话，VP 多用重叠式动补结构"VVC 式"，多在句尾加"的"和"的好嚼"，"得夷"的意思相当于普通话"给他"。例如：

（25）我大门口得夷挂一张张天师个画的！（我在大门口给它挂一张张天师的画像）

ŋo²⁴ dəu²² mən²¹ kʻø⁴⁴ təʔ⁵ ʑi²² kuo⁴⁴ iʔ⁵ tsã⁴⁴ tsã⁵³ tʻi⁴⁴ s̩⁴⁴ ɦoʔ² ɦuo²⁴ tiʔ⁵！

（26）我余姚得夷走走到的好嚼。（我余姚给它徒步走到算了）

ŋo²⁴ ɦy²² ɔ⁵³ təʔ⁵⁵ ʑi²² tsø⁵³ tsø⁴⁴ tɔ⁴⁴ tiʔ⁵ hɔ⁵³ lɐi⁰。

（27）诺"咕咚"一声水缸里头得夷爬爬进的好嚼。（我"咕咚"一声水缸里头给它钻进去算了）

noʔ² goŋ²⁴ doŋ²² iʔ⁵ sən³⁵ s̩⁴⁴ kɔ̃⁴⁴ li²² dø²² təʔ⁵⁵ ʑi²² bo²¹ bo²² tɕin⁴⁴ tiʔ⁵ hɔ⁵³ lɐi⁰。

（28）诺青石板上顶得夷爬爬上的好嘞！（我青石板上面给它爬上去算了）

no?² tɕʻin⁵³ zɐ?² pɛ⁴⁴ z ɔ̃²² tən⁴⁴ tə?⁵ ʑi²² bo²¹ bo²² z ɔ̃²² ti?⁵ hɔ⁵³ lɐi⁰！

（29）诺圈圈外头得夷跳跳出好嘞。（我圈圈外头给它跳出去算了）

no?² tɕʻy⁴⁴ tɕʻy⁴² ŋa²² dø²⁴ tə?⁵ ʑi²² tʻio⁴⁴ tʻio⁴⁴ tsʻə?⁵ hɔ⁵³ lɐi⁰。

从语义上看，用第一人称表达的是一种想法或打算，用第二人称表达的是一种建议。

3. X 位置的灵活性

在口语交际中，宁波方言的方所词位置是很灵活的，我们上面提到的这些句子都可以把 X 移到"得夷"后面。例如：

（30）得夷大门口挂勒一张张天师个画啦！（大门口被他挂了一张张天师的画像）

tə?⁵ ʑi²² dəu²² mən²¹ kʻø⁴⁴ kuo⁴⁴ lə?² i?⁵ tsã⁴⁴ tsã⁵³ tʻi⁴⁴ sɿ⁴⁴ ɦio?² ɦiuo²² la²¹！

（31）得夷余姚搭走到嘞。（余姚都被他走到了）

tə?⁵⁵ ʑi¹² ɦy²² ɔ⁵³ tɐ?⁵⁵ tsø⁴⁴ tsø⁵³ tɔ⁵³ lɐ?²。

（32）"咕咚"一声得夷水缸里头爬进眼尔嘞。（"咕咚"一声水缸里头被他爬进去了）

goŋ²⁴ doŋ²² i?⁵ sən³⁵ tə?⁵⁵ ʑi¹² sɿ⁵³ kɔ⁴⁴ li²² dø²² bo²¹ tɕin⁴⁴ ŋie²² əl⁴⁴ lɐ?²。

（33）得夷青石板上等爬上眼嘞！（青石板上面被他爬上了）

tə?⁵ ʑi²² tɕʻin⁵³ zɐ?² pɛ⁴⁴ zɔ̃²² tən⁴⁴ bo²¹ zɔ̃²² ŋie²² lɐi⁰！

（34）得夷圈圈外头跳出嘞。（圈圈外头被他跳了出来）

tə?⁵ ʑi²² tɕʻy⁴⁴ tɕʻy⁴² ŋa²² dø⁰ tʻio⁴⁴ tsʻə?⁵ lɐ?²。

甚至还可以把 X 置于句末，像补充说明那样出现。例如：

（35）得夷挂勒一张张天师个画啦，大门口。

tə?⁵ ʑi²² kuo⁴⁴ lə?² i?⁵ tsã⁴⁴ tsã⁵³ tʻi⁴⁴ sɿ⁴⁴ ɦio?² ɦiuo²² la²¹，dəu²² mən²¹ kʻø⁴⁴。

（36）"咕咚"一声得夷爬进眼尔嘞，水缸里头。

goŋ²⁴ doŋ²² i?⁵ sən³⁵ tə?⁵⁵ ʑi¹² bo²¹ tɕin⁴⁴ ŋie²² əl⁴⁴ lɐ?²，sɿ⁴⁴ kɔ⁴⁴ li^{22} dø^{22}。

（四）X 为工具

X 为工具可以分为两类：① X 是一般的工具；② X 是身体部位。

1. X 是一般的工具

这类工具格是被使用的对象，本身含有一定的受事意味。例如：

（37）弄勒块红布，红布得夷对牢厄窠马桶"咣"泼过去。[拿了一块红布，被他用红布对准那个地方，（用）马桶"咣"地泼了过去]（以上选自编号007B面）noŋ^{22} lə$^{?2}$ k'uɐi^{44} fioŋ^{21} pu^{44}，fioŋ^{21} pu^{44} tə$^{?5}$ ʑi^{22} tɐi^{44} lɔ^{22} ə$^{?5}$ k'əu^{53} mo^{22} doŋ^{21} guã^{21} p'ə$^{?5}$ kəu^{53} tɕ'i^{44}。

（38）屙得夷嘴巴捑牢啦！（被他用粪把嘴巴糊住了）
əu^{44} tə$^{?5}$ ʑi^{22} tsʅ^{53} po^{44} kuã^{44} lɔ^{21} la^{22}！
链条锁得夷锁牢嚛。（被他用链条锁锁住了）
li^{22} dio^{22} səu^{44} tə$^{?5}$ ʑi^{22} səu^{53} lɔ^{22} lɐi^{0}。

（39）香烟屁眼得夷烫啦！（被他用香烟屁股烫了）
ɕiã^{53} i^{44} p'i^{44} ŋɛ^{22} tə$^{?5}$ ʑi^{22} t'ɔ̃^{44} la^{21}！

"红布""屙""链条锁""香烟屁眼"都是被拿来为某种目的而用，说成相应的普通话，一般都会在这些工具格前加上"用"字。这类句子实际上隐含着一个真正的受事成分，可以补出。补出的成分可以是具体名词，也可以是人称代词，人称代词与句中的工具格不构成领属关系。例如：

（40）弄勒块红布，＜该梗蛇＞红布得夷对牢厄窠马桶"咣"泼过去。[拿了一块红布，＜那条蛇＞红布被它对准那个地方，（用）马桶"咣"地泼了过去]（以上选自编号007B面）noŋ^{22} lə$^{?2}$ k'uɐi^{44} fioŋ^{21} pu^{44}，gɛ^{22} kuã^{53} dzuo^{22} fioŋ^{21} pu^{44} tə$^{?5}$ ʑi^{22} tɐi^{44} lɔ^{22} ə$^{?5}$ k'əu^{53} mo^{22} doŋ^{21} guã^{21} p'ə$^{?5}$ kəu^{53} tɕ'i^{44}。

（41）＜诺＞屙得夷嘴巴捑牢的嚛！[＜你＞（小心）被他用粪把嘴巴糊住了]
no$^{?2}$ əu^{44} tə$^{?5}$ ʑi^{22} tsʅ^{53} po^{44} kuã^{44} lɔ^{21} ti$^{?5}$ lɐi^{0}！

（42）＜自行车＞链条锁得夷锁牢嚛。（自行车链条锁被他锁住了）
zʅ^{22} ʑin^{22} ts'uo^{44} li^{22} dio^{22} səu^{44} tə$^{?5}$ ʑi^{22} səu^{53} lɔ^{22} lɐi^{0}。

（43）〈诺〉香烟屁眼得夷烫啦！〔〈你（小心）〉被他用香烟屁
　　　股烫了〕

no?² çiã⁵³ i⁴⁴ p'i⁴⁴ ŋɛ²² tə?⁵ ʑi²² t'ɔ⁴⁴ la²¹！

从 Y 来看，这儿的 Y 是一个定指的人称，一般在语境中出现过，它是 VP 的发出者。

从语义来看，这类句子的语义与句末语气词有关，语气词为"啦"多表达一种警告和提醒，句末语气词为"嘞"则是陈述一种客观事实。

2. X 是身体部位

X 为工具还有一种比较特殊的用法，这类 X 由人的身体部位充当，而且一般都有固定的动词与这些身体名词搭配。如"眼睛"与"看"搭配，"耳朵"与"听"搭配，"脚"与"走、踢"等搭配，等等。例如：

（44）眼睛搭得夷看花嘞！（眼睛都被他看花了）

ŋɛ²² tçin⁵³ tə?⁵ tə?⁵ ʑi²² k'i⁴⁴ huo⁵³ lɐ?²！

（45）眼睛得夷看出血嘞！（眼睛被他看出血）

ŋɛ²² tçin⁵³ tə?⁵ ʑi²² k'i⁴⁴ ts'ə?⁵ çyo?⁵ lɐ?²！

（46）胡咙得夷呕哑嘞。（喉咙都会被他喊哑了）

ɦu²² loŋ²¹ tə?⁵ ʑi²² ø⁵³ o⁴⁴ lɐi⁰。

（47）胡咙驮来得夷呛煞勒。（喉咙被呛了）

ɦu²² loŋ²² dəu²² lie²² tə?⁵ ʑi²² tçiã⁴⁴ sɐ?⁵ lə?²。

（48）耳朵得夷听勒起老茧嘞！（耳朵被听起了老茧）

ni²² tuo⁵³ tə?⁵ ʑi²² t'in⁴⁴ lə?² tç'i⁴⁴ lɔ²⁵ tçi⁵³ lɐ?²！

（49）脚骨得夷走勒断掉嘞！（脚被走得快断了）

tçiɐ?⁵ kuã⁴⁴ tə?⁵ ʑi²² tsø⁴⁴ lə?² dø²² dio²¹ lɐ?²！

这些句子都可以在人体名词前加领属者构成 X 的复合结构。为了表述方便，我们称序位在前者为 a，序位在后者为 b。a 主要是人称代词，b 一般为名词，多为实际的受事，能够与后面的补语构成主谓结构，可以移位至 Y 后面。

①V 语义指向 a 和 b，a 是施事，b 是工具，指向 a 的语义不含被动，指向 b 的语义含被动。补语的语义指向 b，表结果。例如：

（50）〈我〉胡咙搭会得夷呕哑嘞。（我喉咙都会被他喊哑了）

ŋo²⁴ ɦu²² loŋ²¹ tɐʔ⁵ ɦiuɐi²² tə ʔ⁵ ʑi²² ø⁵³ o⁴⁴ lɐʔ²。

（51）＜人＞嘴巴搭会得夷讲破嘞。（人嘴皮都会被他讲破了）

　　ȵin²² tsɿ⁵³ po⁴⁴ tɐʔ⁵ ɦiuɐi²² tə ʔ⁵ ʑi²² kɔ̃⁴⁴ pʻəu⁵³ lɐʔ²。

前一例 V "喊" 语义指向 "胡咙" 与 "我"，"我" 是 "呕"（喊）这个动作的发出者，是施事；"胡咙" 是 "呕" 这个动作的实际承受者，是工具。补语 "哑" 语义指向 "胡咙"，表结果，说明我用喉咙喊，最后喉咙喊哑了。这儿的 Y 意义很虚，很难说具体到底指什么。可以认为是引起 "呕" 的原因，表示我是因为某个原因而喊，最终喊哑了喉咙。这个 Y 也可以认为回指前面的 "我"，"呕" 这个动作是主语 "我" 发出来的，"胡咙" 是 "我" 发出 "喊" 这个动作的实际运动者，在语义上突出主体的因素，强调造成某种结果是由于主体因为某个原因（夷）不得不这样做。后一例 "讲" 语义指向 "嘴巴" 与 "人"，指向 "人" 的语义没有被动含义，指向 "嘴巴" 的语义有被动含义（因为嘴巴不会自动 "讲"，它受到 "人" 的控制），补语 "破" 语义指向 "嘴巴"，Y 指某种影响因素。"讲" 这个动作是施事 "人" 发出来的，"嘴巴" 是工具，整个句子在语义上突出主体的因素，强调造成某种结果是由于主体因为某个原因不得不这样做。可以把 b 移到 Y 后：

（52）＜我＞会得夷胡咙搭呕哑嘞。（我会被他喉咙都喊哑了）

　　ŋo²⁴ ɦiuɐi²² tə ʔ⁵ ʑi²² ɦu²² loŋ²¹ tɐʔ⁵ œø⁵³ o⁴⁴ lɐʔ²。

（53）＜人＞会得夷嘴巴搭讲破嘞。（人会被他嘴皮都讲破了）

　　ȵin²² ɦiuɐi²² tə ʔ⁵ ʑi²² tsɿ⁵³ po⁴⁴ tɐʔ⁵ kɔ̃⁴⁴ pʻəu⁵³ lɐʔ²。

②V 为不及物动词，语义指向 a，a 含被动义；V 的语义不指向 b，b 不表被动，补语语义指向 b，不指向 a。Y "夷" 是一个新信息，意义比较实，指某种原因。例如：

（54）＜我＞苦胆搭差眼会得夷吓破嘞。（我苦胆都差点儿被他吓破了）

　　ŋo²⁴ kʻu⁵³ tɜ⁴⁴ tə ʔ⁵ tsʻuo⁴⁴ ȵie²¹ ɦiuɐi²² tə ʔ⁵ ʑi²² hɐʔ⁵ pʻəu⁵³ lɐʔ²。

（55）＜人＞活灵啊得夷嚇出！（人魂都被他吓出来了）

　　ȵin²² ɦiuoʔ² lin²² ɦia²² tə ʔ⁵ ʑi²² hɐʔ⁵ tsʻəʔ⁵！

"我" 是被某个东西（夷）"吓" 了，"吓" 的结果是差一点 "吓破" 了胆。同样，b 可以移到 "得 Y" 后面：

(56) <我>差眼会得夷苦胆搭吓破嘞。（我差点儿被他苦胆都吓破
了）

ŋo²⁴ ts'uo⁴⁴ ŋie²¹ ɦiaɐi²² təʔ⁵ ʑi²² k'u⁵³ tɛ⁴⁴ tɐʔ⁵ hɐʔ⁵ p'əu⁵³ lɐʔ²。

(57) <人>得夷活灵（啊）骇出！（人被他魂都吓出）

ȵin²² təʔ⁵ ʑi²² ɦiuoʔ² lin²² ɦia²² hɐʔ⁵ ts'əʔ⁵！

③有时候，X 还可以是三个以上的体词性成分构成。例如：

(58) <人><手骨><茧>搭得夷磨出嘞。（手茧都被他磨出了）

ȵin²² sø⁴⁴ kua⁴⁴ tɕi³⁵ tɐʔ⁵ təʔ⁵ ʑi²² məu²² ts'əʔ⁵ lɐʔ²。

(59) 其啦走勒七日七夜，<人><脚底><泡>搭得其拉走起嘞。
[他们走了七天七夜，（人）（脚底）的（泡）都被他们走起
来了]

dziɐʔ² lɐʔ² tsø⁴⁴ ləʔ² tɕ'iʔ⁵ ȵiʔ² tɕ'iʔ⁵ ʑia²¹, ȵin²² tɕiɐʔ⁵ ti⁵³
p'ɔ⁴⁴ tɐʔ⁵ təʔ⁵ dziɐʔ² lɐʔ² tsø⁴⁴ tɕ'i⁵³ lɐʔ²。

（五）X 为非体词性成分

"得"前为非体词性成分主要指句式"得 + Y + VP + （M）"中
"得"的三种情况：①"得"前有小句；②"得"前有状态形容词；
③"得"前为"零成分"。

1. "得"前为小句

"得"前小句多为动宾结构或主谓结构，与"得"字被动句构成连
动结构。一般来说，"得"字句动作的实现需要以它前面的小句动作的
实现为前提。例如：

(60) 脈勒张得夷来尴屁眼。（撕了一张被他在擦屁股）（选自编号
006《相吞的故事》）

p'ɐʔ⁵ ləʔ² tsã⁴⁴ təʔ⁵ ʑi²² lie²² kie⁴⁴ p'i⁴⁴ ŋɛ²²。

"脈勒张"后省略了"纸"，这张纸被用来"尴屁眼"。X 可以自由
地移到 Y 后面，从而成为一个典型的主位为零成分的被动句。上述例
子可以说成：

(61) 得夷脈勒张来尴屁眼。

təʔ⁵ ʑi²² p'ɐʔ⁵ ləʔ² tsã⁴⁴ lie²² kie⁴⁴ p'i⁴⁴ ŋɛ²²。

2. "得"前为状态形容词

"得"前为状态形容词，作状语，用来进一步说明被动句的谓词。

例如：

  （62）煞煞缚缚得夷拷勒顿。（狠狠地被他打了一顿）

    sɐʔ⁵ sɐʔ⁵ bəu²² bəu²² təʔ⁵ ʑi²² kʻɔ⁵³ ləʔ² tən⁴⁴。

  （63）木乎乎个和得夷浪费掉。（傻乎乎地全被他浪费掉了）

    moʔ² fu⁵³ fu⁴⁴ ɦoʔ² ɦəu²¹ təʔ⁵ ʑi²² lõ²¹ fi⁴⁴ dio²²。

  前一例"煞煞缚缚"修饰谓词"拷"，表示程度深；后一例"木乎乎"用来说明"夷"，整个句子表原因，正因为"夷木乎乎"，所以"全都浪费了"。

  以上两例可转换为"得 + Y + VP + （M）"式：

  →得夷煞煞缚缚拷勒顿。（被他狠狠地打了一顿）

  təʔ⁵ ʑi²² sɐʔ⁵ sɐʔ⁵ bəu²² bəu²² kʻɔ⁵³ ləʔ² tən⁴⁴。

  →得夷木乎乎个和浪费掉啦。（被他傻乎乎地全浪费掉了）

  təʔ⁵ ʑi²² moʔ² fu⁵³ fu⁴⁴ ɦoʔ² ɦəu²¹ lõ²¹ fi⁴⁴ dio²²la⁰。

3．"得"前为零成分

  我们把主位上无任何成分的情况称为"零成分"。这个"零成分"也隐含了一个受事主语。例如：

  （64）得夷浪费一大半嘛。（被他浪费了一大半）

    təʔ⁵ ʑi²² lõ²² fi⁴⁴ iʔ⁵ dəu²² pø⁴⁴ lɐʔ²。

  （65）得阿姆骂嘴。（被母亲批评了）

    təʔ⁵ ã⁴⁴m²¹ mo²² lɐi⁰。

  显然，前一例主语位置上隐含了某样东西或时间等，后一例主语位置隐含了某个人。

  若 Y 和 VP 之间有 N，我们可以把 N 前移变成"X + 得 + Y + VP + M"。例如：

  （66）a 得夷绳割断，逃去嘴。（被他绳子割断，逃跑了）

    təʔ⁵ ʑi²² zən²² kəʔ⁵ dø²¹ dɔ²² tɕʻi⁴⁴ lɐi⁰。

    →b 绳得夷割断，逃去嘴。

    zən²² təʔ⁵ ʑi²² kəʔ⁵ dø²¹ dɔ²² tɕʻi⁴⁴ lɐi⁰。

  （67）a 得夷小洋刀割开嘴。（被他用小刀割伤了）

    təʔ⁵ ʑi²² ɕio⁴⁴ ʑiã²² tɔ⁴⁴ kəʔ⁵ kʻie⁵³ lɐi⁰。

    →b 小洋刀得夷割开嘴。

çio⁴⁴ ʐiã²² tɔ⁴⁴ təʔ⁵ ʑi²² kəʔ⁵ k'ie⁵³ lɐi⁰。

（68）a 得公安局拘赌拘牢嘞。（被公安局抓赌抓住了）

　　təʔ⁵ koŋ⁴⁴ ɐi⁵³ dʐyoʔ² k'uo⁴⁴ tu³⁵ k'uo⁴⁴ lɔ²¹ lɐi⁰。

　　→b 拘赌得公安局拘牢嘞。

　　k'uo⁴⁴ tu³⁵ təʔ⁵ koŋ⁴⁴ ɐi⁵³ dʐyoʔ² k'uo⁴⁴ lɔ²¹ lɐi⁰。

（69）a 得夷屋楼顶爬眼上嘞。（被他屋顶爬上了）

　　təʔ⁵ ʑi²² oʔ⁵ lø²² tən⁴⁴ bo²¹ zɔ̃²² ŋie²² lɐi⁰。

　　→b 屋楼登得夷爬上眼嘞！

　　oʔ⁵ lø²² tən⁴⁴ təʔ⁵ ʑi²² bo²¹ zɔ̃²² ŋie²² lɐi⁰！

从语义表达上看，普通话被动句"被"前为零成分的话，被动含义十分明显。宁波方言被动句从上面四例就可以看到，前三例被动含义相对强一些，第四例被动含义较弱。"得"前为零成分这类句式被动含义不明显的情况在宁波方言被动句里较常见。例如：

（70）得夷对上一眼造勒一个石牌楼。［被他对上一点（的地方）造了一个石牌楼］（选自编号 006《关头大坟的故事》）

　　təʔ⁵ ʑi²² tɐi⁴⁴ zɔ̃²¹ iʔ⁵ ŋie²² zɔ²² ləʔ² iʔ⁵ ɦoʔ² zɐʔ² ba²² lø²¹。

（71）得夷身子一动么，整爿山是格得夷反向，裂开勒毛。（被它身子一动，整座山翻过来，裂开了）（以上选自编号 007B 面）

　　təʔ⁵ ʑi²² sən⁵³ tsʅ⁰ iʔ⁵ doŋ²² məʔ²，tsən⁵³ bɛ²² sɛ⁵³ zʅ²² kəʔ⁵ təʔ⁵ ʑi²² fɐ⁴⁴ çiã⁴⁴，liʔ² k'ie⁴⁴ ləʔ² mɔ²²。

前一例要表达的是"造了一个石牌楼"，之所以用"得夷"，是因为这个石牌楼造好以后会对别人造成一定的影响，如风水被他占去了，等等。后一例第一个"得夷"被动含义很弱，很难说"得"前应该是什么，但是从第二个分句我们可以看到，第一个"得夷"应该和第二个"得夷"有联系，"身子一动"是造成后面整座山翻倒裂开的原因。

二　标后成分 Y

标后成分 Y 是指处于被动标记词"得"与 VP 之间的体词性成分。Y 根据虚实可以分为两类：一类是实实在在的施动者，主要是普通名词、人称代词等；另一类是意义比较虚的成分，主要是第三人称代词"夷"，它和被动标记词构成一个相对固定的格式"得夷"，意义比较虚灵。

（一）Y 意义实指

这类 Y 都是实实在在的施动者，主要由名词或代词充当。第二人称"诺""尔"和第三人称"夷（拉）"进入 Y 的位置的概率比第一人称"我"高。例如：

(72) 我得夷看相嘞。（我被他看上了）

$\eta o^{24}\ t\partial\Omega^5\ z\textrm{i}^{22}\ k'i^{44}\ \c{c}i\tilde{a}^{53}\ l\textrm{ei}^0$。

(73) 随夷拷，尔得夷拷杀个啊？（随便他打，难道不会被他打死的么）

$z\textrm{ei}^{22}\ z\textrm{i}^{22}\ k'\textrm{o}^{53},\ \eta^{22}\ t\partial\Omega^5\ z\textrm{i}^{22}\ k'\textrm{o}^{53}\ s\textrm{e}\Omega^5\ \textrm{ɦio}\Omega^2\ \textrm{ɦia}^{22}$？

(74) 得夷拷勒死担起。（被他打得死去活来）

$t\partial\Omega^5\ z\textrm{i}^{22}\ k'\textrm{o}^{44}\ l\partial\Omega^2\ \c{c}i^{53}\ t\textrm{e}^{44}\ t\c{c}'i^{44}$。

(75) 老早得大水余去嘞。（早就被大水冲走了）

$l\textrm{o}^{22}\ ts\textrm{o}^{53}\ t\partial\Omega^5\ d\partial u^{22}\ s\textrm{ɿ}^{35}\ t'\partial n^{53}\ t\c{c}'i^{44}\ l\textrm{ei}^0$。

(76) 葛根矮凳得傸儿子弄坏脱嘞。（这条凳子被你的儿子弄坏了）

$k\partial\Omega^5\ ku\tilde{a}^{53}\ a^{44}\ t\partial n^{44}\ t\partial\Omega^5\ n\textrm{e}\Omega^2\ \eta^{21}\ ts\textrm{ɿ}^{44}\ non^{22}\ \textrm{ɦua}^{22}\ t'\textrm{e}\Omega^5\ l\textrm{ei}^0$。

前三例代词是施动者，后两例名词是施动者。这类 Y 为"实"的句式被动意味很浓，与普通话有标被动句相对应。

（二）Y 意义虚指

Y 为"虚"指的是 Y 在被动句中的意义比较虚，我们很难判断它究竟指什么，一般由"夷"充当。从性质上看，"得"和"夷"形成了一个较为固定的词组"得夷"。例如：

(77) 葛两日期末考试，人会得夷弄勒紧张煞嘚。（这两天期末考试，人被弄得紧张死了）

$k\partial\Omega^5\ li\tilde{a}^{21}\ \eta i\Omega^2\ d\textrm{z}i^{22}\ m\textrm{e}\Omega^2\ k'\textrm{o}^{53}\ s\textrm{ɿ}^{44},\ \eta in^{22}\ \textrm{ɦuei}^{22}\ t\partial\Omega^5\ z\textrm{i}^{22}\ non^{22}\ l\partial\Omega^2\ t\c{c}in^{53}\ ts\tilde{a}^{44}\ s\textrm{e}\Omega^5\ l\textrm{e}\Omega^2$。

(78) 其介毛日日哭，眼睛搭得夷哭瞎嘚。（他这样天天哭，眼睛都被哭瞎了）

$d\textrm{z}i^{24}\ ka^{44}\ m\textrm{o}^{21}\ \eta i\Omega^2\ \eta i\Omega^2\ k'\textrm{o}\Omega^5,\ \eta\textrm{e}^{22}\ t\c{c}in^{53}\ t\textrm{e}\Omega^5\ t\partial\Omega^5\ z\textrm{i}^{22}\ k'\textrm{o}\Omega^5$

$he?^5 \ le?^2$。

以上两个例子中的"夷"很难说具体指什么,"得夷"可以省略:

(79) 葛两日期末考试,人会弄勒紧张煞啦!

$kə?^5 \ liã^{21} \ ȵi?^2 \ dʑi^{22} \ me?^2 \ k‘ɔ^{53} \ sʅ^{44}$,$ȵin^{22} \ ɦiuɐi^{22} \ noŋ^{22} \ lə?^2 \ tɕin^{53}$
$tsã^{44} \ sɐ?^5 \ le?^2$!

(80) 其介毛日日哭,眼睛搭哭瞎啦!

$dʑi^{24} \ ka^{44} \ mɔ^{21} \ ȵi?^2 \ ȵi?^2 \ k‘o?^5$,$ŋɛ^{22} \ tɕin^{53} \ tɐ?^5 \ k‘o?^5 \ he?^5 \ le?^2$!

在"得夷"意义很虚的被动句里,句子的情感义很强烈,主观起了很大作用:说话人认定甲(不一定是施事)对乙(不一定是受事)做出某种处置(不一定是有意识的和实在的)。[①] 这是一个主观化(subjectivity)的过程遗留下来的痕迹。这种句型带有说话者对这段话的立场、态度和情感,以"得夷"为标志,打上了言说者的自我印记。以上两例,从感情上看,前一例是诉苦,后一例是同情;从视角上看,句末语气词都用"啦",表达某种强烈的感情;从认识的角度上看,都是表述遭受不幸。第一例指因为期末考试这件事对自己产生的影响,第二例虽然从结果"眼睛哭瞎了"入手,但是强调的还是一种对对方不幸遭遇的同情。

(三)"得 + Y"充当状语

在"得"字被动句里,"得"同后边的词语组成介词短语,简称"得"字短语。"得"字短语充当状语,中心语一般是包含有完结意义的动词性词语,在句末一般总是带上一个表示完结的语气词。例如:

(81) 敌人全部得阿拉消灭嘀。(敌人全部被我们消灭了)

$di?^2 \ ȵin^{22} \ dʑø^{22} \ bu^{21} \ tə?^5 \ ɐ?^5 \ lɐ?^2 \ ɕio^{44} \ mi?^2 \ lei^0$。

(82) 阿毛得校长批评勒垂头丧气。(阿毛被校长批评得垂头丧气)

$ɐ?^5 \ mɔ^{22} \ tə?^5 \ ʑio^{24} \ tsã^{35} \ p‘i^{44} \ bin^{21} \ lə?^2 \ zei^{21} \ dø^{22} \ sõ^{44} \ tɕ‘i^{44}$。

(83) 该个人得老伯打勒威武冲天!(那个人被老伯打得一塌糊涂)

$gɛ^{22} \ ɦio?^2 \ ȵin^{22} \ tə?^5 \ lɔ^{22} \ pɐ?^5 \ tã^{44} \ lə?^2 \ uei^{44} \ ɦu^{21} \ ts‘oŋ^{44} \ t‘i^{53}$!

"消灭""批评勒垂头丧气""打勒威武冲天"都包含有完结意义,

---

① 沈家煊:《如何处置处置式——论把字句的主观性》,《中国语文》2002 年第 5 期。

同时，句末语气词"嚙""啦"也包含完结意义。

如果"得"字句用于假设语境中，或者"得"字句前边用"可能、必将、已经"等词语，那么"得"字后边也可以出现不包含完结意义的动词。例如：

（84）是话我个言话得夷误解个话，诺一定要帮我解释解释。（如果我的话被他误解的话，你一定要帮我解释解释）

　　　zๅ²² ɦuo²¹ ŋo²⁴ ɦoʔ² ɦiɛ²¹ ɦuo²² təʔ⁵ zฺi²² nu²² ka⁵³ ɦoʔ² ɦuo²⁴，noʔ² iʔ⁵ din²² io⁴⁴ põ⁵³ ŋo²⁴ ka⁴⁴ səʔ⁵ ka⁴⁴ səʔ⁵。

（85）我个意见交关可能得夷采纳。（我的意见很可能被他采纳）

　　　ŋo²⁴ ɦoʔ² i⁴⁴ tɕi⁵³ tɕio⁴⁴ kuɛ⁵³ k'əu⁴⁴ nən²¹ təʔ⁵ zฺi²² tsʻɛ⁵³ nɐʔ²。

（86）葛点必将得历史证明。（这一点必将被历史证明）

　　　kəʔ⁵ tie⁵³ piʔ⁵ tɕiã⁵³ təʔ⁵ liʔ² sๅ⁴⁴ tsən⁴⁴ min²¹。

（87）诺介毛样子要得人家笑掉。（你这个样子要被人家笑话）

　　　noʔ² ka⁴⁴ mɔ²² ȵiã²² zia²² tsๅ³⁵ io⁴⁴ təʔ⁵ ȵin²² kuo⁵³ ɕio⁴⁴ dio²¹。

前一例"得"字用在"如果"后面，二、三两例"得"字的前边分别用了"可能"和"必将"，第四例是对某种结果的预测。

三　谓词成分 VP

宁波方言有标被动句的句子中心 VP 的构成方式主要以动补式为主，也有部分动宾式。

（一）VP 为动补式

根据补语的不同可以分状况类补语和物体类补语两大类。

1. 状况类补语

状况类补语有结果补语、趋向补语和可能补语三类。

①结果补语

结果补语表示由中心语行为所导致的状态或状况。中心语可以是动词也可以是形容词。一般来说，Y 后面的谓词绝大部分是动词，形容词较少见，谓词性短语基本上都是心补结构。补语以结果补语为主。与普通话不同的是，宁波方言的被动句对补语的入句条件很宽松，那些表示如意的补语，如"好""饱"等都可以进入宁波方言的被动句。

宁波方言被动句中的结果补语可以是动词或形容词。即：

a. 动·动

（88）得夷拷掉觉。（被他打醒）

təʔ⁵ ʑi²² kʻɔ⁵³ dio²² kɔ⁴⁴。

b. 动·形

（89）得贼骨头捞光嗬。（被贼偷完了）

təʔ⁵ zɐʔ² kuoʔ⁵ dɐi²² lɔ²¹ kuɔ̃⁴⁴ lɐi⁰。

一般情况下，结果补语和中心语的语义联系是直接的，即某种行为直接导致某个结果。例如：

（90）格话我夜到睏弄眠床勒得夷拷掉觉。（我晚上睡着，在床上被他打醒）（以上选自编号 006 对话）

kɐʔ⁵ ɦuo²¹ ŋo²⁴ ʑia²² tɔ⁴⁴ kuən⁴⁴ noŋ²¹ mi²² zɔ̃²¹ ləʔ² təʔ⁵ ʑi²² kʻɔ⁵³ dio²² kɔ⁴⁴。

"掉觉"是"拷"的直接结果。这类句式的"得夷"不能省略，否则就会表达不清，让人无法知晓 VP 的发出者是谁了。

②趋向补语

趋向补语表示中心语行为性状的发展变化的趋势和趋向。例如：

（91）介大一根蛇会得夷一扁担掼落去么，会得夷掼杀嘞。（这么大一条蛇竟被他一扁担打下去，竟被他打死了）

ka⁴⁴ dəu²⁴ iʔ⁵ kuã⁴⁴ dzuo²² ɦuɐi²² təʔ⁵ ʑi²² iʔ⁵ pi⁵³ tɛ⁴⁴ guɛ²² loʔ² tɕʻi⁵³ məʔ²，ɦuɐi²² təʔ⁵ ʑi²² guɛ²² sɐʔ⁵ lɐʔ²。

（92）介毛事体一晌工夫就得夷弄起来尔嘞。（这样的事情只一会工夫就被他做起来了）

ka⁴⁴ mɔ²¹ zɹ²² tʻi³⁵ iʔ⁵ zɔ̃²⁴ koŋ⁴⁴ fu⁵³ zø²² təʔ⁵ ʑi²² noŋ²² tɕʻi⁴⁴ lie²² əl⁴⁴ lɐʔ²。

"掼、弄"是中心语，"落去、起来"是补语。这类句式中的"得夷"可以省略，语义基本不变。

③可能补语

补语表示心语行为性状的一种可能有的发展变化。例如：

（93）呕夷弄弄看，得夷弄勒好也派勿来个和。（让他试试看，被他弄得好了也说不定）

ø⁴⁴ ẓi²² noŋ²² noŋ²² kie⁴⁴，təʔ⁵ ẓi²² noŋ²² ləʔ² hɔ⁵³ ʑia²² p'a⁴⁴ vəʔ² lie²²。

（94）葛两道题目厄爬得夷做勒好个和。（这两道题目说不定被他做得完了）

kəʔ⁵ liã²² dɔ²¹ di²² moʔ² əʔ⁵ bo²² təʔ⁵ ẓi²² tsɐu⁴⁴ ləʔ² hɔ⁴⁴ ɦoʔ² ɦɐu²²。

这类被动句的特点是在原来结果补语的基础上加上一些表示估测的词语或者短语，如"也派勿来个和""厄爬"等。另外，用"敥"否定的被动句基本上表示可能。例如：

（95）敥得夷拷个和，胆子大眼哈嘞。（不会被他打的，胆子大一点好了）

vei²¹ təʔ⁵ ẓi²² k'ɔ⁵³ ɦoʔ² ɦɐu²²，tɛ⁵³ tsɿ⁴⁴ dɐu²² ŋie²¹ hɐʔ⁵ lei⁰。

但是用"没"否定的被动句还是表示结果。例如：

（96）钞票没得贼骨头捞去。（钞票没有被贼偷走）

ts'ɔ⁵³ p'io⁴⁴ məʔ² təʔ⁵ zɐʔ² guoʔ² dɐi²² lɔ²¹ tɕ'i⁴⁴。

对于像"睡得早""睡得很晚""白得发青""糊涂得可以"之类补语对中心语行为性状作出评判和判断的句子，在宁波话被动句中罕见。补语表示中心语行为性状的程度的情况，如"羡慕得很""红得出奇"等也属罕见。

2. 物体类补语

物体类补语是指动补式的补语，是时地补语和数量补语。

①时地补语

时地补语表示中心语行为所涉及的时间或处所。例如：

（97）每日缝纫机得夷做到天亮。（每天缝纫机被他做到天亮）

mɐi²² ȵiʔ² voŋ²² zən²² tɕi⁴⁴ təʔ⁵ ẓi²² tsɐu⁴⁴ tɔ⁴⁴ t'i⁵³ liã²⁴。

（98）王家格倒过去倒得董家，夷一直得夷二六市搭得夷倒到啦。（从王家倒过去倒到东家，他一直被他倒到二六市都被他倒到了）（选自编号006《王家王远山的故事》）

ɦuõ²² kuo⁵³ kɐʔ⁵ tɔ⁴⁴ kɐu⁵³ tɕ'i⁴⁴，ẓi²² iʔ⁵ dzəʔ² təʔ⁵ ẓi²² ȵi²⁴ loʔ² zɿ²¹ tɐʔ⁵ təʔ⁵ ẓi²² tɔ⁴⁴ tɔ⁵³ la²²。

补语"到天亮"表示时间，"二六市"表示处所。

②数量补语

数量补语表示中心语行为性状的动量和时量。例如：

（99）该场电影连接连绵得夷看勒三遍啦。（那部电影连续被他看了三遍了）

ɡɛ²² zã²¹ di²² ʐin²² li²¹ tɕiʔ⁵ li²² mi²² təʔ⁵ ʑi²² kʻi⁴⁴ ləʔ² sɛ⁴⁴ piˑ⁵³ la²¹。

（100）阿拉外公屋落会得我庇勒一年啦。（我外公家被我住了一年）

ɐʔ⁵ lɐʔ² ŋa²² koŋ⁴⁴ uoʔ⁵ loʔ² ɦiuɐi²² təʔ⁵ ŋo²² dən²² ləʔ² iʔ⁵ ni²⁴ la²¹。

"看""庇"是中心语，补语"三遍""一年"分别表示动量、时量。

（二）VP 为动宾式

动宾式在汉语小句中是最活跃的配置，宾语表示客体事物，包括的范围很广，既可以指处所、时间、目的、工具、方式、原因、角色等，又可以指动语所涉及的行为活动和性质状态。动宾式的超常搭配使得动宾关系十分复杂。对于宁波话有标被动句来说，动宾格式进入被动句式有一定的条件，如果宾语是受事宾语，基本上都可以进入被动句，相反地，那些非常规的搭配形式，基本不能进入被动句。

受事宾语有对象宾语和目标宾语两类，这两类都可以进入宁波方言的被动句，但是动词与宾语之间必须有其他修饰成分，否则不行。例如：

（101）其打游击个辰光，得夷杀勒十多个和平军。（他打游击的时候，被他杀了十多个和平军）

dʑiʔ²⁴ tã⁴⁴ ɦiy²² tɕiʔ⁵ ɦioʔ² zən²² kuɔ̃⁵³，təʔ⁵ ʑi²² sɐʔ⁵ ləʔ² zəʔ² təu⁵³ ɦoʔ² ɦiɐu²² bin²¹ tɕyoŋ⁴⁴。

（102）昨么得夷打来两只野猪。（昨天被他打来两只野猪）

zoʔ² məʔ² təʔ⁵ ʑi²² tã⁴⁴ lie²² liã²² tsɐʔ⁵ ʑia²² tsʅ⁴⁴。

（103）一夜工夫得夷掘勒三只井。（一夜工夫被他挖了三口井）

iʔ⁵ ʑia²⁴ koŋ⁴⁴ fu⁵³ təʔ⁵ ʑi²² dʑyoʔ² ləʔ² sɛ⁴⁴ tsɐʔ⁵ tɕin³⁵。

（104）葛两年夷外头得夷赚勒交关多钞票。（这两年他在外面被他

赚了很多钱）

kəʔliã²¹ n̩in²² ʑi²⁴ ŋa²² dø²⁴ təʔ⁵ ʑi²² zɛ²² ləʔ² tɕio⁴⁴ kuɛ⁵³ təu⁵³ tsʻɔ⁵³ pʻio⁴⁴。

宾语"和平军""野猪""井""钞票"前面必须有数量短语"十多个、两只、三只、交关多"来修饰，否则不成句。在普通话中，即使是受事宾语也基本上不进入被动句。

（三）VP 为形容词

当 VP 是形容词时，表述的是 X 的一种状态，Y 指代前一分句的内容或者某种没有说出来的影响物，整个被动句式表述一种原因。进入 VP 位置的形容词都已经动态化了。例如：

（105）小顽外头时格闯祸，人会得夷怨煞。（小孩老在外面闯祸，人都被他难受死了）

çio⁴⁴ uɛ⁴⁴ ŋa²² dø²⁴ zɿ²² kɐʔ⁵ tsʻɔ⁴⁴ ɦiəu²², n̩in²² ɦiuɐi²² təʔ⁵ ʑi²² y⁴⁴ sɐʔ⁵。

（106）该后生真懂道理，人真得夷捂心煞。（那年轻人真懂道理，实在让人满意）

gɛ²² ɦø²² sã⁴⁴ tsən⁵³ toŋ⁴⁴ dɔ²² li²¹，n̩in²² tsən⁵³ təʔ⁵ ʑi²² u⁴⁴ çin⁵³ sɐʔ⁵。

（107）诺得隔壁阿爷介名贵个花摘带落来，姆妈得诺惶恐煞嘞。（你把隔壁爷爷这么名贵的花摘了下来，妈妈被你难为情死了）

noʔ² təʔ⁵ kɐʔ⁵ piʔ⁵ ɐʔ⁵ ʑia²¹ ka⁴⁴ min²² kuɐi⁵³ ɦoʔ² huo⁵³ tsɐʔ⁵ ta⁴⁴ lie²² m̩²² ma²¹ təʔ⁵ noʔ² ɦiuõ²² kʻoŋ⁵³ ɭɐʔ⁵ lɐi⁰。

（108）头（啊）得夷痛煞。（头疼得要命）

dø²² ɦia²¹ təʔ⁵ ʑi²² tʻoŋ⁴⁴ sɐʔ⁵。

形容词"忙""团""痛""惶恐"分别形容主语"人""姆妈""头"的状态。前两例中的 Y "夷"暗指前一个分句的实际状况造成 VP 这个结果，因为"小猪生了三十多只"，所以人"忙煞"；因为"小店忙"，所以人会"团倒"。第三个例子中姆妈"惶恐"的原因是孩子摘了隔壁爷爷家名贵的花。最后一例和前面三个例子比较，有点区别，这儿的"夷"意义比前三个例子中的 Y 都要虚，很难说具体指的是什么，但是我们还是可以发现，整个被动句要表达的"头痛"这个事实是在寻找一个原因，或者说隐含了一个原因，这个原因有时候可以在上下文中看出来，如"葛件事体介麻烦，人头啊得夷痛煞！"有时候不那么明显，就最后一例本身来说，传达的意思主要是"头痛得厉害"，加上"得夷"这个被动标记，更加强调头痛这个事实对人造成的影响，因为人被头痛这件事烦扰着。

邢福义先生在论述复句格式与复句语义的关系时提到："复句语义关系具有二重性，既反映客观实在，又反映主观视点。客观实际和主观视点有时重合，有时则不完全等同，而不管二者是否等同，在对复句格式选用中，起主导作用的是主观视点。"① 宁波话方言被动句句式对被动句语义的表达有着反制约的作用。说话者之所以选择被动句，就是为了表达主观感受或认识，这就容易理解"葛日夜到，黄狗得夷叫了一夜啦"之类的句子，该句中的"黄狗"并非受事，而是施事，表达的时候之所以用被动句是为了突出"黄狗叫了一夜"这种情况对说话者造成的一种影响，因为"黄狗叫了一夜"才使得说话者的睡眠受到了影响。

第四节　被动、处置与给予

宁波方言的"得"字句不仅表被动，还可以表给予和处置，有时候被动和给予、被动和处置同时存在于一个句子中，造成了"得"字句的歧义现象。

一　被动句与给予句

一般来说，给予句和被动句的界限十分明显。"得"前有动词，构成"（X）V 得 Y"格式，表给予，无歧义；这类句子的 V 多为"送""驮（拿）""甩""发"等双及物动词，Y 为体词性成分。例如：

（1）送得夷。（送给他）

soŋ^{44} təʔ^5 zi^{22}。

----

① 邢福义：《汉语复句格式对复句语义关系的反制约》，《中国语文》1991 年第 1 期。

（2）我买得夷两斤糖。（我买给他两斤糖）

ŋo^{24} ma^{22} təʔ^{5} ʑi^{22} liã^{22} tɕin^{53} dɔ̃^{22}。

（3）送得儿子交关多小书。（送给儿子很多小人书）

soŋ^{44} təʔ^{5} ŋ̍^{21} tsɿ^{44} tɕio^{44} kuɛ^{53} təu^{53} ɕio^{44} sɿ^{44}。

前一例“得”后是一个人称代词，后两例“得”带双宾语。因为“得”前有动词，所以给予义很明显，不会产生歧义。

若“得”前没有动词，构成“（X）得 YVP”格式，是否产生歧义要看 VP 的类型和句末语气词。若 VP 为动补结构，可以判定是被动句。若 VP 为动宾结构，一般来说，粘合式（动宾结构不带“勒”）为给予句，组合式动宾结构会产生歧义。例如：

（4）得夷买勒十只大饼。（被/给他买了十个大饼）

təʔ^{5} ʑi^{22} ma^{22} ləʔ^{2} zəʔ^{2} tsɐʔ^{5} dəu^{22} pin^{35}。

（5）我得夷买勒十只大饼。（我给他买了十个大饼）

ŋo^{24} təʔ^{5} ʑi^{22} ma^{22} ləʔ^{2} zəʔ^{2} tsɐʔ^{5} dəu^{22} pin^{35}。

前一例是个歧义句，可以理解为“给他买了十个大饼”，也可理解为“被他买了十个大饼”。后一例无歧义，只表给予。可见，这类句式歧义的产生和“得”前是否为空位相关。

下面来看一组谓词为光杆动词的例子：

（6）诺得夷骂。noʔ^{2} təʔ^{5} ʑi^{22} mo^{24}。

（7）诺得夷骂哈嚜。noʔ^{2} təʔ^{5} ʑi^{22} mo^{24} hɐʔ^{5} lɐi^{0}。

（8）诺得夷骂啦？noʔ^{2} təʔ^{5} ʑi^{22} mo^{24} la^{22}？

（9）诺得夷骂啦！noʔ^{2} təʔ^{5} ʑi^{22} mo^{24} la^{21}！

这四个例子语气词不同，第一例没有语气词，表给予；第二例陈述语气，表给予、容让；第三例疑问语气，表被动；第四例感叹语气，表示对某种结果极为肯定的预测，表被动。以上四例没有歧义，但是第一句的否定式有歧义：

（10）没得夷骂。məʔ^{2} təʔ^{5} ʑi^{22} mo^{24}。

（11）我𠲎得夷骂个和！ŋo^{24} vɐi^{21} təʔ^{5} ʑi^{22} mo^{24} ɦoʔ^{2} ɦəu^{21}！

这两句都是歧义句，前一例既可以指“没有被他骂”，也可以指“不给他骂”。第二例可理解为“我不会被他骂的”，也可理解为“我不会给/让他骂的”。

从上述分析我们可以看到，以下两种情况被动句和给予句易发生歧义：

a. VP 为组合式动宾结构"得"字句；

b. VP 为光杆动词的否定"得"字句。

句末语气词是一个可以在形式上消解上述歧义的标记，凡是可以加上语气词"啦"的多表被动，只能加"嘞"的多表给予。

二　被动句与处置句

处置句的 Y 必须是与事，从语义上看，Y 是"被 VP"的，X 为施事，后头往往带有方所名词。例如：

（12）我得夷送到火车站。（我把他送到火车站）

$\text{ŋo}^{24}\ \text{tə}ʔ^5\ \text{ʑi}^{22}\ \text{soŋ}^{44}\ \text{tɔ}^{44}\ \text{hɐu}^{53}\ \text{tsʻuo}^{44}\ \text{dzɛ}^{22}$。

（13）得阿爷带到上顶去。（把爷爷带到上头去）

$\text{tə}ʔ^5\ \text{ɐ}ʔ^5\ \text{ʑia}^{21}\ \text{ta}^{44}\ \text{tɔ}^{44}\ \text{zõ}^{22}\ \text{tən}^{44}\ \text{tɕʻi}^{53}$。

前一例"夷"是被送的，后一例"阿爷"是被带的。从语义上看，"送"和"带"若是由"得"前的主语（可以是显的，也可以是隐的）发出来的，一定是处置句。若是句末有"啦"这样的语气词，判断是否为处置句，可以在 VP 后试着加上"去"字来检验，如果加上"去"句义不变，肯定是处置句。

当 Y 由两个体词构成时，如果前一个体词是后一个体词的领属者，那么产生歧义的可能性就很大。看一组例子：

（14）莫得人家小麦拔掉。$\text{mɔ}^{44}\ \text{tə}ʔ^5\ \text{ȵin}^{22}\ \text{kuo}^{53}\ \text{ɕio}^{53}\ \text{mɐ}ʔ^2\ \text{bɐ}ʔ^2\ \text{dio}^{22}$。

（15）莫得人家小麦拔掉嘞？$\text{mɔ}^{44}\ \text{tə}ʔ^5\ \text{ȵin}^{22}\ \text{kuo}^{53}\ \text{ɕio}^{53}\ \text{mɐ}ʔ^2\ \text{bɐ}ʔ^2\ \text{dio}^{22}\ \text{lɐi}^0$？

（16）得人家小麦拔掉。$\text{tə}ʔ^5\ \text{ȵin}^{22}\ \text{kuo}^{53}\ \text{ɕio}^{53}\ \text{mɐ}ʔ^2\ \text{bɐ}ʔ^2\ \text{dio}^{22}$。

（17）得人家小麦拔掉嘞！$\text{tə}ʔ^5\ \text{ȵin}^{22}\ \text{kuo}^{53}\ \text{ɕio}^{53}\ \text{mɐ}ʔ^2\ \text{bɐ}ʔ^2\ \text{dio}^{22}\ \text{lɐi}^0$！

第一例，宾语是"小麦"，前有属格"人家"，是歧义句，可以理解为"不要把人家的小麦拔走了"，也可以理解为"不要被人家把我们的小麦拔走了"。后三例都表被动，第二例和第四例被动尤为突出。如果把第一例的"人家"用代词"夷"替代的话，句子的被动含义凸显，处置义削弱。造成这类歧义的根源在于领属成分和被领属成分之间的关系不确定性，被领属成分在语义上可以领属于紧挨前边的名词，也可以领属于言说主语，这样就造成了这类句式处置与被动的歧义双解性。这类歧义句多出现在祈使否定句中。这类歧义结构无法从语法形式上判断得到消解，只能在语境中作出判断。汉语有一个特点，就是主语可以不出现，受事可以作为话题或主语隐含或蕴含于句首，主语有时候就是话题。这个特点使汉语的施受关系十分灵活。这也是造成宁波方言被动句和处置句、给予句之间产生歧义的主要原因。

第五节 "把被"的合用

"把""被"合用，大约形成于宋元之间，主要指的是一个把字结构内嵌一个被字结构，或者一个被字结构内嵌一个把字结构。

由于表被动和表处置在元明以来有着不同的标记词，有用"将""为""被""吃""让""给"等，本书只考察以"把""被"为标记的"NP1 被 NP2（VP1）把 NP3 + VP2"句式，主要从现代汉语中的句式语义特点出发，联系元明以来的用法，比较"普古"的异同。

一 句法分析

（一）VP 的语法特点

"NP1 被 NP2（VP1）把 NP3 + VP2"中的 VP2 在古今基本一致，大都是动作性的，以动补结构和连动式为主，动补结构包括"动补 + 了""动 + 了 + 补""动补 + 处所 + 了"等形式。例如：

（1）自从他的干娘被猪头小队长把手砍掉那个时候起，他就决心自杀。(烈火金刚)

（2）我是被一起子听戏的爷们把我气着了！(儿女英雄传)

（3）……还有两处被蛋黄把胡子粘连起来的。(二十年目睹之怪现状)

有的时候，VP2 后还有一个后续句，进一步补充说明，强调结果。例如：

（4）我觉得我就像那种红艳艳的蔷薇花一样，被人把花瓣揉碎了，

洒得满地。（绝对隐私）

这个例子强调"花"被"揉碎"后，还"洒得满地"，强调结果。有时，"把"字结构可以连续出现几个：

（5）胡妈是个缺德的人，去年被人刨了坟，<u>把那口大棺材拿去做门板</u>，<u>把白骨抛在荒郊里</u>。（陆文夫一人之窝）

有些学者认为 VP2 是不能用光杆动词的（曾常红2006），实际上，如果语言环境允许的话，也可以出现光杆动词。例如：

（6）翌日，立即被银行告发，报警把他逮捕。（梁凤仪《九重恩怨》）

"逮捕"是光杆动词，后面也没有"了"，不过"逮捕"本身含有表示结果的意义。

有时，VP2 前还可以加上"给"，构成"NP1 被 NP2（VP1）把 NP3＋给＋VP2"格式：

（7）原来姑娘被张金凤一席话，把他久已付之度外的一肚子事儿<u>给提起魂儿来</u>，一时摆布不开了。（儿女英雄传）

（8）有一回竟然被谁把拴在门口榆树上的毛驴<u>给牵走了</u>。（白鹿原）

（9）原来他是被史更新一脚给踢在腮帮子上了，把下巴骨<u>给踢摘了环儿</u>。（烈火金刚）

（10）小虎儿……被毛驴太君掐着脖子，扑在身下，把枪又<u>给夺了回去</u>。（烈火金刚）

（二）句式使用情况

我们对总数 105 万句的现代汉语作品及报刊进行了考察，其中出现"NP1 被 NP2（VP1）把 NP3＋VP2"句式有：

作品	刘流	曲波	杨沫	琼瑶	冯骥才	陆文夫	报刊
总句数	11087	10796	11176	28401	7162	7265	650000
例句数	7	5	3	3	2	2	2

作品	梁凤仪	皮皮	冯德英	冯志	罗广斌、杨益言	梁斌	刘绍唐
总句数	19654	7464	21439	9516	10199	10651	4276
例句数	1	1	1	1	1	1	1

作品	戴厚英	王朔	李晓明、韩安庆	魏润身	余华	陈忠实	安顿
总句数	17597	8324	10341	3186	6182	4141	5766
例句数	1	1	1	1	1	1	1

近代汉语，曾常红对《三国演义》《红楼梦》《水浒传》《西游记》的统计，数据如下：

作品	《三国演义》	《水浒传》	《西游记》	《红楼梦》
总句数	28437	32924	30875	34286
例句数	1	8	14	1

我们进一步考察了《金瓶梅》《儿女英雄传》《三言二拍》《二十年目睹之怪现状》《儒林外史》《说唐》等作品。得出数据如下：

作品	《说唐》	《三》	《二十》	《金》	《儿女》	《儒》
总句数	7480	85562	19264	21594	17718	11160
例句数	12	11	10	7	7	5

对比以上数据，我们发现，"把""被"合用的使用频率不固定，但是总的来说，频率是比较低的。从古今的对比来看，现代汉语"把""被"合用比古代汉语的频率更低。该句式没有明显的南北之分，官话区有，非官话区也有。如《西游记》《水浒传》《三言二拍》《二十年目睹之怪现状》这几个作品，作者主要集中在南方方言区；《儿女英雄传》《金瓶梅》，包括现代的《林海雪原》《烈火金刚》等的作者都是北方人。从地域上看，这些作品的语言都是在北京—南京这条线上的。

对于特定句式的使用频率，涉及面很广，既要考虑作者的时代背景、教育背景、生活经历、母语类别、职业特点等因素，还要考虑作品的语言背景，书面语还是口语，甚至作品的内容也容易导致某个句式的出现。上述作品中，内容明显涉及斗争题材的，相对来说"把""被"合用的句式就有出现的可能。如《西游记》（14 例）、《水浒传》（8 例），明显高于《红楼梦》（1 例）；现代汉语中出现多的如《林海雪原》（7例）和《烈火金刚》（5 例）也是以斗争为题材的。

（三） NP1 的特点

NP1 在"NP1 被 NP2（VP1）把 NP3 + VP2"句式中，可隐可显。现代汉语中，NP1 不出现占主导地位，曾常红曾经考察了 18 例现代汉语中的"把""被"合用的例子，结果发现 88.98% 的 NP1 是省略的。笔者对总数 105 万句的语料进行了检索，总共找到 38 例，其中 NP1 省略的有 27 例，占总数的 71%。可见 NP1 省略的是占主导的。笔者对 51例近代汉语的例子进行考察，发现 NP1 省略的有 47 例，占总数的92%，几乎全是 NP1 省略的情况。可见，明清时期该句式 NP1 省略的情况要比现在还要广泛得多。

1. NP1 显

NP1 显，直接出现在"被"字前。例如：

（11） 他今天也被于团长逼着把胡子剃了……看去年青了好几岁。（冯德英—苦菜花）

（12） 我是被一起子听戏的爷们把我气着了！（儿女英雄传）

2. NP1 隐

在现代汉语中，NP1 不出现已经很少见了，但在近代汉语中，NP1不出现则很常见。具体来说，有两种情况：一种情况是省略，NP1 可以从上下文中找到。例如：

（13） 我觉得我就像那种红艳艳的蔷薇花一样，被人把花瓣揉碎了洒得满地。（绝对隐私）

（14） 他……后来被那狐把他个家业弄得七零八落。（醒世恒言）

这种省略的情况，在现代汉语中，大多数是承前省略，NP1 多为人称代词和指人名词。例如：

（15） 她渴望着、到处寻觅着而找不到的革命同志，却意外地被敌

人的魔掌把她们撮合在一起了。(杨沫—青春之歌)

(16)白茹，被姑娘们差一点把她吃掉，连药包子都掉在街上。(曲波—林海雪原)

另一种情况是 NP1 只能从句子的意思或语境推出来，很多不能被添补出来的。这种情况在近代汉语中更为多见。例如：

(17)少剑波（说）："当心！不要被匪徒把你们这两个'豆兵'吃掉。"(林海雪原)

(18)今日算被你把我带进八卦阵、九嶷山去，我再转，转不明白了。(儿女英雄传)

(19)不想妇人在西门庆手里狂风骤雨经过的，往往干事不称其意，渐生憎恶，反被妇人把淫器之物，都用石砸的稀碎丢掉了。(金瓶梅)

(20)这件事，到底被他诈了三万银子，方才把那封信取回。(二十年目睹之怪现状)

前一例是现代汉语的例子，NP1 实际上是说话者本人，后三例是近代汉语的例子，第二例情况与第一例相同。后两例中的 NP1 都不好添补出来。关于这类句子中 NP1 的认定我们在语义分析那一节再详细说明，这里从略。

可见，"NP1 被 NP2（VP1）把 NP3 + VP2"这个句式中的 NP1 从近代以来就习惯省略，所不同的是，近代汉语的 NP1 很多不能从句中找到或者添补出来，而现代汉语则多可以添补出来。

3. NP1 与 NP3 的关系

从逻辑上看，NP1 与 NP3 的关系可以分为领属关系、等同关系、复指关系和包含关系四种，还有一些句子中的 NP1 与 NP3 的关系不可确定，我们归为特殊类。列表如下：

表 10 - 1　　　　　　　　　　现代汉语

关系	领属关系	等同关系	复指关系	同指、复指两可	包含关系	特殊类
例子（个）	21	1	5	3	3	5

各举一例：

（21）我们也不敢言声，你能说嘛？你能找谁说去？我母亲被同院一个小伙子拿拔火罐把脑袋砸得呼呼流血，我十四的小弟弟叫同街一个小子拿砖头把后脑海砸破，缝了九针，当时满脸的血呀，看不清鼻子、眼睛、嘴。（冯骥才—一百个人的十年）——领属

（22）翌日，立即被银行告发，报警把他逮捕。（梁凤仪《九重恩怨》）——等同、复指两可

（23）但伤势似乎比她以为的还要严重，被水一泼，痛彻心肺，也把她逼出了一声惊呼："啊！"（琼瑶—鬼丈夫）——等同

（24）原来在墙根的一伙匪徒，蹲在黑影里，正摸着枪向刘勋苍小队瞄准，要来一下暗射，却被威虎厅外的李勇奇的民兵队，一排枪把他们消灭了。（曲波—林海雪原）——复指

（25）我们老两口便跑上去解劝，还没等我开口，被那男的一脚把我踢倒，直骂我："老杂种，多管闲事！"（曲波—林海雪原）——包含

（26）实践证明，过去那种大轰大嗡的搞运动的办法，不仅容易出现扩大化，冤枉好人，而且也容易被人把水搅浑，漏掉坏人。（《长江日报》1982年5月16日第2版）——特殊类

从上面的粗略计算可以看出我们的结论与曾常红的结论有些不同，他得出的结论是：等同关系最常见，领属关系、复指关系次常见，包含关系最少。我们的结论是：领属关系最常见，复指关系其次，包含关系与等同关系最少。由于有些句子存在等同与复指两可的情况，所以我们把这两类合并起来，也是领属关系最多，其次等同、复指关系，其次包含关系。

特殊类中，NP1与NP3没有直接的逻辑关系。我们来看这五个例子：

（27）在精神生产领域里，有没有一个生产关系的问题呢？弄得不好，也会把绿茵茵的草坪变成一片茅草的吧！奚流正在抛出绳索，要捆住何荆夫。而我，是被派来把绳索收紧的。（戴厚英—人啊，人）

（28）刁世贵从地下滚起来，还要拦挡，被好几个日本兵把刺刀拔出来，在他的眼前一晃。（烈火金刚）

（29）解文华在城里日本特务机关所见到的，那个被吊在高架子上把浑身都打烂了的青年就是郭诚。（烈火金刚）

（30）这天真是不顺利极了，整个上午都没有人要画像，下午，好不容易有个孩子觉得希奇，付了三角钱画像，画了一半，竟被他的娘一巴掌打走了，把三角钱也抢回去了。（琼瑶—水云间）

第一例中 NP1 很虚灵，不易补出，所以 NP1 与 NP3 之间究竟是什么关系也就很难判断。第二例 NP1 是"我"，NP3 是"绳索"，两者是施事与工具的关系。第三例 NP1 是"刁世贵"，NP3 是"刺刀"，这里的 NP3 不直接与 NP1 有关，而是与 NP2 构成领属关系。第四例中的"把""被"合用结构作定语修饰"青年"，不存在与 NP3 对应的 NP1。最后一例 NP1 勉强可以算是"画"，NP3 是"三角钱"，两者也没有什么关系，是在一个时间段中先后遭受影响的两个物体。

下面看看近代汉语的情况。

表 10 - 2 近代汉语

关系	领属关系	等同关系	复指关系	同指、复指两可	包含关系	特殊类
例子（个）	18	7	6	6	1	11

由表 10 - 2 可以看出，近代汉语中，NP1 与 NP3 的关系，还是领属类居首，其次等同、复指，包含类最罕见。通过对比，从近代汉语到现代汉语，基本上在"把""被"合用这个句式上 NP1 与 NP3 的关系没有发生很大的变化，只是特殊类到了现代汉语已经开始变少了，有些用法现代汉语已经消失。这也容易解释，因为近代汉语的"把"字有不少还带有实词的性质。

各举一例：

（31）罗成挺枪来战，被元霸一锤打来，罗成当的一架，把枪打做两段，震开虎口，回马逃生。（说唐）——领属关系

（32）"打紧又被这瞎眼的王八在路上打个前失，把我跌了下来，跌得腰胯生疼。"（儒林外史）——等同关系

（33）茶博士道："客人有所不知：这个和尚不是个好东西，专门调戏人家妇女，被他师傅说他不守清规，把他赶了出来。"（二十年目睹之怪现状）——复指关系

（34）被妇人顺手只一推，把小伙儿推了一交。（金瓶梅）——等同、复指关系两可

（35）那两个人便来推那广东人，那里推得他动，却被他又走上一步，把那人一推推了进去。（二十年目睹之怪现状）——包含关系

特殊类 11 个例子：

（36）这主人家被他把大帽儿一磕，便信以为真，乃道："老汉一时不晓得是郭爷长官，莫怪，请里边房里去坐。"（醒世恒言）

（37）总只未变鱼之先，被那小鱼十分撺掇；既变鱼之后，又被那赵干把香饵来哄我，都是命凑着，自作自受，好埋怨那个？只可怜见我顾夫人在衙，无儿无女，将谁倚靠？怎生寄得一信与他，使我死也暝目？"（醒世恒言）

（38）朱景先是仕宦中人，被这女子把正理来讲，也有些说他不过，说与夫人劝化范氏媳妇，要他接了福娘来衙中，一同东归。（二刻拍案惊奇）

（39）军士乱逃，被云召把青虹剑乱砍，如砍瓜切菜一般，不消半个时辰，四将皆丧在沙场。（说唐）

（40）王伯当、柴嗣昌、齐国远、李如珪四个好汉，一齐举兵器上来，被宇文成都把铛往下一扫，只听得叮叮当当，兵器乱响，四个人身子摇动，几乎跌倒。（说唐）

（41）对门氏道："我前日眼里亲看见，却被他们把鬼话遮掩了。（初刻拍案惊奇）

（42）却被史大奈用个关公大脱袍，把手反转，在金甲腿上一挤，金甲一阵酸麻，手一松，被大奈两手开个空，回身一膀子，喝声"下去！"（说唐）

（43）被史大奈把手虚闪一闪，将左脚飞起来，一脚打去，童环正要接他的腿，不想史大奈力大，弹开一腿。（说唐）

（44）李瓶儿只指望孩儿好来，不料被艾火把风气反于内，变为慢风，内里抽搐的肠肚儿皆动，尿屎皆出，大便屙出五花颜色，眼目忽睁忽闭，终朝只是昏沉不省，奶也不吃了。（金瓶梅）

（45）被妇人夺过扇子来，把猫尽力打了一扇靶子，打出帐子外去了。（金瓶梅）

（46）那邻居道："你不说我也忘了，这丽花台左近有个泰伯祠，是当年句容一个迟先生盖造的，那年请了虞老爷来上祭，好不热闹！我才二十多岁，挤了来看，把帽子都被人挤掉了。"（儒林外史）

前八个例子中的"把"还留有实词的特点，相当于"拿""用"。最后一例是"把"字结构内嵌"被"字结构。

（四）NP2 的构成

从结构上看，NP2 处于连贯整个"把""被"合用结构的关键地位，可以分为两种情况：一类是 NP2 单独出现；另一类是 NP2 后有谓词性成分，与 NP2 构成主谓短语。我们对现有的例句进行计算，发现现代汉语 38 个例子中，NP2 是体词性的为 21 例，NP2 为主谓结构或谓词性的 17 例；近代汉语中分别是 27 例和 21 例。以现代汉语为例：

（47）队长再喊也没用，被他们把胳膊扭到后面，弯着身体押走了。（余华—活着）

（48）李槐英和黄梅霜也被刘文蔚把她们分在两张桌子上了。（杨沫—青春之歌）

（49）"她哭啦？……"这个念头一闪，他立刻被一种怜悯的感情把满腔气恼全部勾销了。（杨沫—青春之歌）

（50）但伤势似乎比她以为的还要严重，被水一泼，痛彻心肺，也把她逼出了一声惊呼："啊！"（琼瑶—鬼丈夫）

（51）原来他是被史更新一脚给踢在腮帮子上了，把下巴骨给踢摘了环儿，腮帮子、牙床子、舌头根子连耳根台子都给踢破了，嘴张不开了，头也昏了，半边脸都肿了，肿得就象个酱饼子，又黑又紫，又糟又烂。（烈火金刚）

前三例中的 NP2 都是名词性的，第一例 NP2 是代词"他们"，第二例 NP2 是名词"刘文蔚"，第三例 NP2 是名词性短语"一种怜悯的感情"；后两例中的 NP2 带上了动词构成主谓短语，往往表示造成"把"后结果的原因。第四例是"水一泼，痛彻心肺"，第五例是"史更新一脚给踢在腮帮子上了"。

一般来说，NP1 经常省略，只能是体词性的；NP2 可以是体词性结构，也可以后加谓词构成主谓结构，省略情况少见；NP3 只能是体词性的，不能省略，与 NP1 的关系密切，可以是等同、复指、领属、包含等关系。语义上看，NP2 与 NP3 多为施受关系，NP2 与 NP1 多为蒙受关系。

二 语义分析

"NP1 被 NP2（VP1）把 NP3 + VP2" 有鲜明的语义特征。

从句式的构成看，这是一个嵌入了"把"字结构的"被"字句，所以该句式仍属"被"字句的范畴，只是嵌入了"把"字结构后，"被"字句的语义有所变化。

一般来说，现代汉语的"被"字句主要表现为不如意的遭受义，"NP1 被 NP2VP"中的 NP1 往往是受事，NP2 往往是施事。但是"NP1 被 NP2（VP1）把 NP3 + VP2"这个句式中，NP1 不一定是受事的，NP2 也不一定是施事。曾常红将这类句式的语义模式归纳为：

（受事 1）＋被＋施事＋把＋受事 2＋动作

我们通过实例发现，把 NP1 归入受事并不妥当。根据 NP1 与 NP3 的不同关系，根据 NP2 后头是否有 VP1 存在，NP1 可以是受事，也可以不是受事。下面我们从 NP1 与 NP3 的四种关系入手，分别来讨论 "NP1 被 NP2（VP1）把 NP3 + VP2" 句式的语义特点。

（一）NP1 与 NP3 是领属关系

根据 NP2 后有无谓词性成分出现，可以分两种情况。

1. NP2 后无谓词性成分

NP2 后无谓词性成分先看例子：

（52）实践证明，过去那种大轰大嗡的搞运动的办法，不仅容易出现扩大化，冤枉好人，而且也容易被人把水搅浑，漏掉坏人。（《长江日报》1982 年 5 月 16 日第 2 版）

（53）虽然湖北队在比赛开始后一度占据了主动，但并没有给湖南队造成大的威胁，直至比赛进行到 41 分钟时，湖北队抓住对方回防稍慢的机会，由林强带球突入对方禁区打门，湘军门将扑球脱手，被埋伏在门前的陈方平眼疾脚快地把球捅入网窝。（《长江日报》1987 年 6 月 24 日第 3 版）

（54）在好几个村子发生过这样的事：碗客装作收钱走进一家老相好的院子，村人很放心地从毛驴驮架上把大碗小碗哄抢一空，有一回竟

然被谁把拴在门口榆树上的毛驴给牵走了。(白鹿原)

(55)这工夫，忽然间炕上的小孩子"哇"的哭了一声，可是一声哭哭了半截儿就被妈妈的乳头儿把嘴堵起来了。(烈火金刚)

第一例中，NP1没有出现，而且也不好出现，真正的受事是NP3"水"，"水"才是"被搅浑"的对象。第二例中，NP1湘军门将并不是动作"捅"的宾语，"捅"的对象是"球"，NP1只是蒙受了"球被捅入网窝"的事实。第三例NP1"碗客"也并非动作"牵走"的受事，"碗客"同样是蒙受了"被牵走毛驴"的损失，"毛驴"才是真正的受事。最后一例也一样。从以上几个例子，我们可以看出，当NP1与NP3有领属关系的时候，NP1是蒙受者（我们根据施事、受事，给一个称呼叫"蒙事"①），NP3是受事者。这种NP1为蒙事的句子在近代汉语中显得更为突出：

(56)因今日来了一伙客人，是贩珠宝古董的，见秦爷房好要住，你房门又不锁，被他们竟把铺盖搬出来，说三五日就去的，我也怕失落行李，故搬到后面一间小房内，秦爷权宿数夜，待他们去了，依旧移进。(说唐)

(57)那妇女被宋四公把两只衫袖掩了面，走将上来。(喻事名言)

因此，当NP1领有NP3的时候，"NP1被NP2（VP1）把NP3+VP2"句式的语义模式为："蒙事＋被＋施事＋把＋受事＋动作"。

2. NP2后出现谓词性成分

NP2后也有跟谓词性成分的情况，例如：

(58)在精神生产领域里，有没有一个生产关系的问题呢？弄得不好，也会把绿茵茵的草坪变成一片茅草的吧！奚流正在抛出绳索，要捆住何荆夫。而我，是被派来把绳索收紧的。(戴厚英—人啊，人)

(59)他今天也被于团长逼着把胡子剃了，脸皮刮得发青，看去年青了好几岁。(冯德英—苦菜花)

第一例NP2省略了，仅出现一个动词短语"派来"，NP3"绳索"后的动作"收紧"是NP1发出来的。第二例NP2与后面的谓词构成一

---

① 参见何洪峰《论蒙事型被字句》，载邢福义主编《汉语被动表述问题研究新拓展》，华中师范大学出版社2006年版，第158—172页。

个主谓结构"于团长逼着",这个主谓结构的受事是 NP1"他",NP3"胡子"是 VP2"剃了"的受事,而"剃了"的施事是 NP1。 "被（NP2）VP1"往往是"把 NP3 VP2"的原因。近代汉语更是如此:

（60）棺材上头的魂幡也不见了,只剩了一根棍,棺材贴头上有字,又被那屋上没有瓦,雨淋下来,把字迹都剥落了,只有"大明"两字,第三字只得一横。（儒林外史）

由此可见,当 NP2 后出现谓词性成分的时候,"NP1 被 NP2（VP1）把 NP3 + VP2"句式的语义模式可表述为:

NP1 施事 1/蒙事 + 被 + ［NP2（施事 2）+ VP 1 动作］+ 把 + NP 3 受事 + VP2 动作

NP1 是 VP2 的施事者,它也是整个被动句的蒙事者;NP2 是 VP1 的施事者,可以省略;NP3 是 VP2 的受事者。

另外,NP2 后出现谓词性成分在近代汉语中还有一种特殊情况,"NP2"作为工具出现。例如:

（61）军士乱逃,被云召把青虹剑乱砍,如砍瓜切菜一般,不消半个时辰,四将皆丧在沙场。（说唐）

（62）朱景先是仕宦中人,被这女子把正理来讲,也有些说他不过,说与夫人劝化范氏媳妇,要他接了福娘来衙中,一同东归。（二刻拍案惊奇）

前一例可以说成"被云召用青虹剑乱砍",后一例可以说成"被这女子用正理来讲"。这种用法中的"把"还留有动词的特征,到现代汉语中则消失了。

（二）NP1 与 NP3 是同指、复指或包含关系时的语义类型

当 NP1 与 NP3 是同指、复指或包含关系的时,根据 NP2 后是否出现谓词我们可以把语义模式分为两类:

1. 受事 1a + 被 + 施事 + 把 + 受事 1b + 动作

NP2 后部出现谓词性成分的这类句式主要用于现代汉语中,"受事 1a"与"受事 1b"都受"动作"的支配。例如:

（63）"最可笑的是白茹,被姑娘们差一点把她吃掉,连药包子都掉在街上。"（曲波—林海雪原）

（64）原来在墙根的一伙匪徒,蹲在黑影里,正摸着枪向刘勋苍小

队瞄准，要来一下暗射，却被威虎厅外的李勇奇的民兵队，一排枪把他们消灭了。（曲波—林海雪原）

2. 受事 1a/蒙事 + 被 + ［施事 + （动作 1）］ + 把 + 受事 1b + 动作 2

NP2 后出现谓词性成分，多见于近代汉语，"受事 1a"与"受事 1b"同样受"动作 2"的支配。例如：

（65）拿戟便刺，司马超举刀相迎，不上几个回合，雷明看司马超这把大刀，神出鬼没，自己招架不住，慌忙要走，被司马超撒开画戟，举刀把雷明砍做两段。（说唐）

以上两个例子中的"动作 2"都是施事发出来的。但是也有特殊的情况，例如：

（66）翌日，立即被银行告发，报警把他逮捕。（梁凤仪《九重恩怨》）

这里的 NP1 是"某某"，没有出现，与 NP3"他"同指或者复指。NP2"银行"后的谓词"告发"和"报警"是 NP2 发出来的，而 NP3 后的 VP"逮捕"则不是"银行"而是逮捕机关，如公安局什么的。

近代汉语还有另外一种情况，VP2 是一个他动动词，在现代汉语中不能用"被"。例如：

（67）"打紧又被这瞎眼的王八在路上打个前失，把我跌了下来，跌得腰胯生疼。"（儒林外史）

这句话中的 NP1 没有出现，与 NP3 是同指或复制关系，"跌"的施事是 NP1 和 NP3，而 NP2VP1"这瞎眼的王八在路上打个前失"则作为原因出现。这种用法现代汉语已经消失。

小结

通过以上分析，我们可以看到，"把""被"合用句的典型句式"NP1 被 NP2（VP1）把 NP3 + VP2"的古今特点是：

总体上看，现代汉语"把""被"合用比古代汉语的频率更低。该句式没有明显的南北之分和官话非官话之分。内容明显涉及斗争题材的，相对来说"把""被"合用的句式出现的可能性要大。

从结构上看，NP1 可隐可显，现代汉语中 NP1 倾向于显，近代汉语则倾向于隐。NP2 可以是体词性结构，也可以跟谓词性结构，省略情况少见；NP3 只能是体词性的，不能省略，与 NP1 的关系密切，可以是等同、复指、领属、包含等关系。

从语义上看，NP2 与 NP3 多为施受关系，NP2 与 NP1 多为蒙受关系。当 NP1 领有 NP3 的时候，"NP1 被 NP2（VP1）把 NP3 + VP2"句式的语义模式为"蒙事 + 被 + 施事 + 把 + 受事 + 动作"；当 NP2 后出现谓词性成分的时候，"NP1 被 NP2（VP1）把 NP3 + VP2"句式的语义模式为"施事 1/蒙事 + 被 +（施事 2）+ VP1 + 把 + 受事 + VP2"，其中 NP1 是 VP2 的施事者，它也是整个被动句的蒙事者；NP2 是 VP1 的施事者，可以省略；NP3 是 VP2 的受事者；当 NP1 与 NP3 是同指、复指或包含关系时，"NP1 被 NP2（VP1）把 NP3 + VP2"句式的语义模式表示为"（受事 1）+ 被 + 施事 + 把 + 受事 2 + 动作"，其中，NP1、NP3 是 VP2 的受事，NP2 是 VP2 的施事。

"NP1 被 NP2（VP1）把 NP3 + VP2"中的 VP2 在古今基本一致，大都是动作性的，以动补结构和连动式为主。现代汉语该句式的 V 只能是可控动词，而近代汉语该句式的 V 可以是不可控动词。

从近代汉语到现代汉语，基本上在"把""被"合用这个句式上 NP1 与 NP3 的关系没有发生很大的变化，都包括等同、复指、包含和领属四种关系。都是领属关系最常见，复指关系其次，包含关系与等同关系最少。

NP2 为名词或名词性结构（包括代词）时，现代汉语与近代汉语在句式的语义上基本差别不大；当 NP2 后出现谓词的时候，近代汉语"NP2 VP1"多表示造成"NP3 VP2"的原因。

"NP1 被 NP2（VP1）把 NP3 + VP2"句式除了普通话里有，在西南官话、兰银官话、中原官话、江淮官话、湘语、客家话、粤语等方言中都存在。例如：

（68）我被小偷把钱给偷光了。（河北邯郸）

（69）他叫那个人把腿给打折了。（河南话）

（70）我被小偷把钱给偷了。（湖北枣阳）

（71）我着小偷帮钱偷光了。（湖北武汉）

（72）他被人把桔子偷光了。（贵州话）

（73）把自个被强盗砍成了肉酱。（宁夏吴忠）

（74）他叫别人把他打了。（安徽淮南）

（75）我叫小偷把钱偷光了。（湖北英山）

（76）我让小偷把钱偷光了。（湖南邵东）

（77）他被人把腿给打断了。（湖南吉首）

（78）我叫小偷把钱给偷了。（江西客家话）

（79）我被那个老脚把钱骗了。（江西赣州）

（80）我俾小偷将底钱偷晒了。我俾佢将衬衫撕烂咗。（广东肇庆）

对该句式在方言中的分布进行深入调查，然后与普通话以及古汉语进行对比，一定能够发现更多问题。

第十一章　比较句

比较是辨别两种或两种以上同类事物的异同，是语言中一种重要的语义范畴。在汉语方言里，比较有着各种不同的表达形式，从而构成了各种不同的比较句式。

从构成上看，比较句通常包含比较项（比较的对象）、比较值（比较的结论，或称结论项）和比较词。比较项包括比项（A）和被比项（B）；A项和B项可以是体词性成分（如名词、代词等），也可以是谓词性成分（如动词、形容词或动词、形容词性短语等）。比较值有时只是一种笼统值（或称基本值，W），有时则还带有一种量化值（或称附加值，Z）。比较词在方言中所用的形式不尽相同，就宁波方言而言，所用的比较词主要有"得……一样""像……样""得……比是比勒过/比勿过""比""比比""勿如、勿及、比勿上""像介"等。比较句中有时还出现比较点（比较的方面）。比较点有时作为主语（大主语或小主语），有时处在谓语的位置。例如：

(1) 物理我比夷好，数学比夷推板。（物理我比他好，数学比他差）

və$ʔ^2$ li^{22} ŋo^{24} pi^{44} ʑi^{22} hɔ^{35}，su^{44} ʐyo$ʔ^2$ pi^{44} dʑi^{24} t'ɐi^{22} pɛ^{53}。

(2) 我物理比夷好，数学比夷推板。（我物理比他好，数学比他差）

ŋo^{24} və$ʔ^2$ li^{22} pi^{44} ʑi^{22} hɔ^{35}，su^{44} ʐyo$ʔ^2$ pi^{44} dʑi^{24} t'ɐi^{22} pɛ^{53}。

(3) 其学勒比我扎实。（他学得比我扎实）

dʑi^{24} ɦio$ʔ^2$ lə$ʔ^2$ pi^{44} ŋo^{24} tsɐ$ʔ^5$ dzə$ʔ^2$。

"物理""数学"作为比较点在例（1）中处于大主语的位置，在例（2）中处于小主语的位置。例（3）比较点"学"处于谓语的位置。关

于比较点的隐现、位置及相关条件，无论是北京话还是方言，情况都很
复杂，本章将就宁波方言作一番考察。考察比较句的语义类型及基本格
式，重在排比宁波方言里表示比较的各种说法，说明其句式特点及使用
条件，同时讨论有关比较项成分的性质及省略的情况。

第一节　比较句的基本类型

根据语法学界一般的分类，本书把比较句分为差比句、等比句、极
比句和递比句四类。

一　差比句

（一）常规"比"字句

1. A 比 B + W

该句式使用广泛，表示胜过。例如：

（4）我比夷长。（我比他高）

ŋo²⁴ pi⁴⁴ ʑi²⁴ dzã²²。

（5）北京比宁波大。（北京比宁波大）

poʔ⁵ tɕin⁵³ pi⁴⁴ ȵin²² pəu⁵³ dəu²⁴。

（6）敲敲骂骂总比野蛮刮气好。（骂骂叨叨总比野蛮好些）

k'ɔ⁵³ k'ɔ⁴⁴ mo²⁴ mo²² tsoŋ⁵³ pi⁴⁴ ʑia²² mɛ²¹ kuɐʔ⁵ tɕi⁴⁴ hɔ³⁵。

（7）大人犯关比小人犯关还要麻烦。（大人糊涂比小孩糊涂还要麻
烦）

dəu²² ȵin²² vɛ²² kuɛ⁵³ pi⁴⁴ ɕio⁴⁴ ȵin²² vɛ²² kuɛ⁵³ ɦua²² io⁵³
məu²² vɛ²²。

（8）夜到做生活比日勒做生活要着力。（晚上做事情比白天做事情
要累）

ʑia²² tɔ⁴⁴ tsəu⁴⁴ sã⁴⁴ ɦuoʔ² pi⁴⁴ ȵiʔ² ləʔ² tsəu⁴⁴ sã⁴⁴ ɦuoʔ² io⁴⁴
dzɐʔ² liʔ²。

（9）慢慢走比心急慌忙走要好。（慢慢地走比慌慌忙忙地走要好）

mɛ²² mɛ²² tsø³⁵ pi⁴⁴ ɕin⁴⁴ tɕiʔ⁵ mɔ̃²² huã⁴⁴ tsø³⁵ io⁴⁴ hɔ³⁵。

（10）先一眼规矩讲带好比下忙出事体勒讲勿清爽要好。（先把规

矩讲好比待会儿出事后说不清楚要好）

çi⁵³ i?⁵ ŋie²² kuɐi⁵³ çy⁴⁴ kɔ̃⁴⁴ ta⁵³ hɔ⁴⁴ pi⁴⁴ ɦuo²² mɔ̃²¹ ts'ə?⁵ zʅ²²
t'i³⁵ lə?² kɔ̃⁵³ və?² tɕ'in⁴⁴ sɔ̃⁴⁴ io⁴⁴ hɔ³⁵。

例（4）（5）两例比较点与 W 重合，分别是"长"和"大"；例
（6）"比"前出现副词"总"，是两个形容词性的短语进行比较；例
（7）是主谓短语进行比较，比较点是谓语"犯关"；例（8）是状动宾
比较，比较点是"夜到"和"日勒"；例（9）是状动短语的比较，比较
点是状语；例（10）是复杂小句的比较，比较点在性质上不属于同
类范畴。

"A 比 B + W"句式，"比"前可以出现副词。但是一般表示程度的
"还、更"等词很少用在这儿。当 A、B 为体词性成分的时候，基本上
不用副词修饰"比"。A、B 项为非体词性成分的时候，由于比较的角
度不同，副词的选择也会不同。若 A 胜过 B，那么"比"前多使用
"总"修饰，比较的结果 W 多为褒义词。

该句式的否定形式有两种：一种是句式不变，把 W 变成它的反义
词来实现。例如：

（11）做神仙比做凡人好。tsəu⁴⁴ zən²² çi⁵³ pi⁴⁴ tsəu⁴⁴ vɛ²² ŋin²¹ hɔ³⁵。
　　　→做神仙比做凡人推板。tsəu⁴⁴ zən²² çi⁵³ pi⁴⁴ tsəu⁴⁴ vɛ²² ŋin²¹
　　　t'ɐi⁴⁴ pɛ⁵³。

（12）开汽车比开拖拉机好开。k'ie⁴⁴ tɕ'i⁴⁴ ts'uo⁵³ pi⁴⁴ k'ie⁴⁴ t'əu⁴⁴ la²²
　　　tɕi⁴⁴ hɔ⁵³ k'ie⁴⁴。
　　　→开汽车比开拖拉机难开。k'ie⁴⁴ tɕ'i⁴⁴ ts'uo⁵³ pi⁴⁴ k'ie⁴⁴ t'əu⁴⁴
　　　la²² tɕi⁴⁴ ne²² k'ie⁴⁴。

这种否定形式不是句式上的否定，只是意义上的。句式上"A 比
B + W"的否定说法是"A 没比 B + W"。"没"前往往可以加"也"，
表示强调。例如：

（13）我（也）没比夷推板。（我也不比他差）
　　　ŋo²⁴ ɦia²² mə?² pi⁴⁴ zʅ²² t'ɐi⁴⁴ pɛ⁵³。

（14）屋落管小店、喂猪实际上（也）没比外头做生活轻松。（在
　　　家里管店、喂猪实际上不比在外头干活轻松）
　　　uo?⁵ lo?² kuø⁴⁴ çio⁵³ tie⁴⁴、y⁴⁴ tsʅ³⁵ zə̃?² tɕi⁴⁴ dzɔ̃²¹ mə?² pi⁴⁴ ŋa²⁴

dø²⁴ tsəu⁴⁴ sã⁴⁴ ɦuoʔ² tɕʻin⁴⁴ soŋ⁵³。

前一例 W"推板"是贬义词，意思是"我不比他差"；后一例 W "轻松"是褒义词，意思是"看家管店、喂猪实际上不比在外头干活轻松多少"。

从语义上看，"A 比 B + W"强调的是一方胜过另一方，不管 W 是褒义词还是贬义词，句式管控下的语义是"A 胜过 B"。"A 没比 B + W"是"A 比 B + W"的否定句式，语义上强调的还是 A。例如：

（15）其没比诺生勒难看。（他不比你生得难看）

dʑi²⁴ məʔ² pi⁴⁴ noʔ² sã⁴⁴ ləʔ² ne²¹ kʻie⁴⁴。

（16）其没比诺聪明。（他不比你聪明）

dʑi²⁴ məʔ² pi⁴⁴ noʔ² tsʻoŋ⁴⁴ min²¹。

前一例比较点是"难看"，"其"小于等于"诺"；后一例比较点是"聪明"，"其"小于等于"诺"。可见"A 没比 B + W"句式管控下的句式语义是"A 不及 B"。

2. A 比 B + W + Z

"比"字句结论项常常带上量化值，表示好多少，差多少，通过 Z 来定量。例如：

（17）我比夷长两公分。（我比他高二公分）

ŋo²⁴ pi⁴⁴ ʑi²⁴ dzã²² liã²² koŋ⁴⁴ fən⁴⁴。

（18）思想品德方面小李要比小张好交关。（思想品德方面小李要比小张好很多）

sʐ⁴⁴ ɕiã⁵³ pin⁴⁴ təʔ⁵ fɔ⁴⁴ mi²² ɕio⁴⁴ li²² io⁴⁴ pi⁴⁴ ɕio⁴⁴ tsã⁴⁴ hɔ⁴⁴ tɕio⁴⁴ kuɛ⁵³。

（19）坐仔比立仔要好一眼。（坐着比站着要好一些）

zəu²² tsʐ⁵³ pi⁴⁴ liʔ² tsʐ⁵³ io⁴⁴ hɔ⁴⁴ iʔ⁵ ŋie²²。

从量值的性质看，Z 可以是确定值，如第一例；也可以是不定值，如后两例。从例句还可以看到，从 Z 的成分性质看，它可以是数量结构，如第一例；也可以是形容词结构，如后两例。

"A 比 B + W + Z"可以说成"得 B 比，A + W + Z"，"比"也可以说成"比起来""比格话"。例如：

（20）得我比，诺还差交关。（与我相比，你还差很多）

təʔ⁵ ŋo²⁴ pi³⁵, noʔ² ɦua²² ts'uo⁴⁴ tɕio⁵³ kuɛ⁵³。

（21）得昨么比起来，今么天价冷交关。（和昨天比起来，今天天气要冷很多）

təʔ⁵ dzəʔ² məʔ² pi⁵³ tɕ'i⁴⁴ lie²²，tɕiʔ⁵ məʔ² t'i⁵³ kuo⁴⁴ lã²² tɕio⁴⁴ kuɛ⁵³。

"A 比 B + W + Z"的否定式是"A（也）没比 B + W + Z"。例如：

（22）其也没比我好多少。（他也没比我好多少）

dzi²⁴ ʑia²² məʔ² pi⁴⁴ ŋo²⁴ hɔ⁴⁴ təu⁴⁴ sɔ³⁵。

（23）诺也没比其得人惜。（你也没比他好到哪里去）

noʔ² ʑia²² məʔ² pi⁴⁴ dzi²⁴ təʔ⁵ ɳin²¹ ɕiʔ⁵。

（二）"A 没 B + W"式

这是否定形式的差比句，表示不及。例如：

（24）我字没诺写勒好。（我写字没你写得好）

ŋo²⁴ zɿ²⁴ məʔ² noʔ² ɕia⁴⁴ ləʔ² hɔ³⁵。

（25）葛种药没甲胺磷灵。（这种药没有甲胺磷有效）

kəʔ⁵ tsoŋ⁵³ ʑiɐʔ⁵ məʔ² tɕiɐʔ⁵ ɐi⁴⁴ lin²² lin²²。

（26）我没诺会话。（我没有你会说话）

ŋo²⁴ məʔ² noʔ² ɦuɐi²² ɦuo²⁴。

（27）我没诺心耐。（我没有你耐心）

ŋo²⁴ məʔ² noʔ² ɕin⁵³ nɐi²⁴。

（28）我没诺有本事。（我没你有本事）

ŋo²⁴ məʔ² noʔ² ɦiy²² pən⁵³ zɿ²²。

第一例 W 是动补式，表示在写字方面"我"不如"诺"；第二例 W 是形容词，表示这种药不如甲胺磷灵验；第三例 W 是动词短语，表示我不如你会说话；第四例 W 是主谓结构，表示我不如你有耐心；最后一例 W 为"有"字结构。

从结构上看，"A 没 B + W"结论项后基本上不加量化值，W 可以是动词、形容词短语，也可以是主谓结构和"有"字结构。从语义上看，"A 没 B + W"式表达的是"A 不及 B"，W 为形容词的时候要求表示积极意义，W 为其他结构的时候语义上相对自由。整个句式重在对 A 的否定。

当 W 为"会 + VP"或主谓结构时，"A 没 B + W"句式经常表示"反语"，这时否定的是 B。例如：

（29）阿拉没诺会拍马屁。（我们没你会拍马屁）

ɐʔ⁵ lɛʔ² məʔ² noʔ² ɦiuɐi²² p'ɐʔ⁵ mo²² p'i⁵³。

（30）我没诺会吹牛皮。（我没你会吹牛）

ŋo²⁴ məʔ² noʔ² ɦiuɐi²² ts'ɿ⁴⁴ ŋø²² pi⁵³。

（31）我没诺本事大。（我没你本事大）

ŋo²⁴ məʔ² noʔ² pən⁵³ zɿ²² dəu²⁴。

（32）其没诺脸皮厚。（我没你脸皮厚）

dʑi²⁴ məʔ² noʔ² li²² bi²⁴ ɦø²²。

前两例 W 是"会 + VP"式，后两例 W 是主谓结构。第一例比较点是"拍马屁"，意思是在拍马屁这个方面，"阿拉"不如"诺"，含有讥讽口气；第二例比较点是"吹牛皮"，意思是"我"不如"诺"会吹牛皮，言外之意是"诺"只会吹牛，实际本领没有，吹牛我们当然比不过"诺"了；第三例比较点是"本事"，比较结果是"大"，强调"我"比不上"诺"，重在强调"诺"；第四例比较点是"脸皮"，比较结果是"厚"，在脸皮方面"其"不及"诺"，隐含讥讽。

（三）A 没像 B（样）＋W（没/朆/勿）

这种句式与"A 没 B + W"是同义格式。如"宁波没上海好"就相当于"宁波没像上海好"。不过两个句式在语法、语用上还是有区别的。

第一，"A 没 B + W"式的 W 多为褒义词或表示积极意义的成分，如"本事大""长""有钞票""好看"等。这容易理解，用"没"这个否定词，表示的是"不及"义，所以 A 与 B 相比，是 A 不及 B 来得好，所以比较点落在 B 的长处上。"A 没像 B + W"式中的 W 多为贬义词或表示消极的成分。"没像"后面的成分主要表示一种人们不愿模仿的事情，是一种反面题材。这个否定词除了"没"，还可以是"朆"（合音词［vɐi］²²）和"勿"，三者在语义表达上稍有出入："没"是"没有"的意思，表达的是一种对已然事情的庆幸心理，重在表述 A 与 B 之间的对比，在 B 的反衬下，突出"A 没有像 B 那样 W"是十分明智的。"没"前经常加"□□"［ɦiy²² tɕ'y⁵³］（幸亏）修饰。"朆"是

"不会"的意思，陈述的是一种客观事实，是对已然的客观陈述，重点不在说明 A 怎么样，而是在说明 B 怎么样，是对 B 的一种谴责。"勿"是"不"的意思，重点在 A，通常用"勿"作否定词，还会有一个后续句跟进，进一步说明"A 不像 B 样 W"。

第二，从 W 的性质上看，"A 没 B + W"式的 W 可以是性质形容词，也有不少是主谓结构、动补结构或"有"字短语，句末一般不加语气词或词尾"个"。"A 没像 B + W"式的 W 除了上述成分，还可以是一个小句，也可以是状态形容词，句尾可加语气词或者词尾"个"，成分的选择相当广。例如：

（33）其没像诺样笨兮兮个。（他不像你那样傻乎乎的）

dzɿ²⁴ mə?² ʑiã²² no?² ʑiã²⁴ bən²² çi⁵³ çi⁴⁴ ɦio?² 。

（34）其没像阿拉样慌急慌忙个。（他不像我们那样慌里慌张的）

dzɿ²⁴ mə?² ʑiã²² ɐ?⁵ lɐ?² ʑiã²⁴ huõ⁴⁴ tçi?⁵ huɔ⁴⁴ mõ²² ɦio?² 。

第三，"A 没 B + W"式没有相应的肯定句式①，"A 没像 B + W"式有相应的肯定说法"A 像 B 样 + W"。

第四，在语用上，"A 没 B + W"式重在对 A 项的否定，表明在某一点上，A 不如 B；"A 没像 B + W"式的否定重点要看 W 的性质，并不一定表示对 B 项的肯定。例如：

（35）我没像人家格请客送礼。（我没像人家那样请客送礼）

ŋo²⁴ mə?² ʑiã²² ȵin²² ko⁵³ kɐ?⁵ tç'in⁴⁴ k'ɐ?⁵ soŋ⁴⁴ li²² 。

（36）东东没像诺样头子活络。（东东不像你那样灵活）

toŋ⁴⁴ toŋ⁴⁴ mə?² ʑiã²² no?² ʑiã²⁴ dø²¹ tsɿ²² ɦuo?² lo?² 。

（37）我没像其拉格心肠贼硬。（我不像他那样心肠硬）

ŋo²⁴ mə?² ʑiã²² dziɐ?² lɐ?² kɐ?⁵ çin⁴⁴ zã²¹ zɐ?² ŋã²² 。

第一例说明 B 实行了 W 这个动作，A 没有实行，只是一种客观陈述；第二例是对 B 肯定，对 A 否定；第三例是对 B 的否定，对 A 的肯定。

---

① 从语法手段来看，一个肯定的比较句，如"A 比 B + W"的否定句式是通过"添加"否定副词来实现的："A 没比 B + W"。"A 没 B + W"的否定句式应该是"A 有 B + W"，但是初步考察下"A 有 B + W"句式在宁波方言比较句中很难见到，所以我们说"A 没 B + W"没有相应的肯定句式。"A 没 B + W"到底有没有肯定句式有待进一步考证。

（四）"比勿过"类

"比勿过"类是指比较句中有"X 勿过"这样表示不及的关键字眼的句子，主要有以下几类：

1. A 比勿过 B

"A 比勿过 B"是宁波方言表示不及的又一种表述式。这种句式，在上下文或句中要出现比较点，这个比较点在句中多出现在 A 后"比"前。例如：

（38）我读书比勿过阿拉弟弟。（我读书不如我弟弟）

ŋo²⁴ doʔ² sɿ⁵³ pi⁵³ vəʔ² kəu⁴⁴ ɐʔ⁵ ləʔ² di²² di²²。

（39）其跑步比勿过张三。（他跑步不如张三）

dʑi²⁴ bɔ²² bu²⁴ pi⁵³ vəʔ² kəu⁴⁴ tsã⁴⁴ sɛ⁵³。

前一例比较点是"读书"，强调的是 B"弟弟"；后一例比较点是"跑步"，强调的是 B"张三"，是说他在跑步方面不及张三。

可见"A 比勿过 B"这个句式要突出的是 B 在某个方面的特性。在句式表达上，该句式往往会有一个后续句，对 B 作进一步的正面描述。例如：

（40）我读书比勿过阿拉弟弟，其交关聪明。（我读书不如我弟弟，他非常聪明）

ŋo²⁴ doʔ² sɿ⁵³ pi⁵³ vəʔ² kəu⁴⁴ ɐʔ⁵ ləʔ² di²² di²²，dʑi²⁴ tɕio⁴⁴ kuɛ⁵³ tsʻoŋ⁴⁴ min²¹。

（41）其跑步比勿过张三，张三是校级运动员。（他跑步不如张三，张三是校级运动员）

dʑi²⁴ bɔ²² bu²⁴ pi⁵³ vəʔ² kəu⁴⁴ tsã⁴⁴ sɛ⁵³，tsã⁴⁴ sɛ⁵³ zɿ²² ʑyo²² tɕiʔ⁵ ʑyoŋ²² doŋ²² ɦy²²。

这两例（43）（44）中的比较点出现在句中，如果比较点在上下文出现的话，一般会在前续句中。例如：

（42）各方面来讲，武汉比勿过上海。（从各方面来讲，武汉比不过上海）

koʔ⁵ fɔ⁵³ mi²² lie²² kɔ̃³⁵，ɦu²² hie⁵³ pi⁵³ vəʔ² kəu⁴⁴ zɔ̃²⁴ hie³⁵。

（43）开汽车，诺比勿过阿拉阿哥个。（开汽车，你比不过我哥哥的）

k'ie^{44} tɕ'i^{44} ts'o^{53}，noʔ^{2} pi^{53} vəʔ^{2} kəu^{44} ɐʔ^{5} lɐʔ^{2} ɐʔ^{5} kəu^{53} ɦioʔ^{2}。

"A 比勿过 B"有肯定的说法"A 比勒过 B"，不过"A 比勒过 B"很少单用，需要说成"A 得 B 格比比勒过个和"。例如：

（44）东东得阿军格比比勒过个和。（东东和阿军比是比得过的）

ɔ̃ton^{44} ton^{44} təʔ^{5} ɐʔ^{5} tɕyon^{44} kɐʔ^{5} pi^{35} pi^{53} ləʔ^{2} kəu^{44} ɦioʔ^{2} ɦiəu^{22}。

（45）二中得云湖中学格比比勒过个和。（二中和云湖中学比是比得过的）

n̩i^{22} tson^{44} təʔ^{5} zyon^{22} ɦiu^{21} tson^{44} ɦioʔ^{2} kəʔ^{5} pi^{35} pi^{53} ləʔ^{2} kəu^{44} ɦioʔ^{2} ɦiəu^{22}。

这种表述实际上是一个假设复句，相当于普通话的"……的话，……"句式。可以在句中补出"格话"（的话）。例如：

→东东得阿军格比格话，比勒过个和。（东东和阿军比的话，是比得过的）

ton^{44} ton^{44} təʔ^{5} ɐʔ^{5} tɕyon^{44} kɐʔ^{5} pi^{35} kɐʔ^{5} ɦiuo^{24}，pi^{53} ləʔ^{2} kəu^{44} ɦioʔ^{2} ɦiəu^{22}。

→二六市中学得云湖中学格比格话，比勒过个和。（二中和云湖中学比的话，二中是比得过云湖中学的）

ni^{22} tson^{44} təʔ^{5} ɦiyon^{22} ɦiu^{21} tson^{44} ɦioʔ^{2} kɐʔ^{5} pi^{35} kɐʔ^{5} ɦiuo^{24}，pi^{53} ləʔ^{2} kəu^{44} ɦioʔ^{2} ɦiəu^{22}。

2."A 比 B（人称代词）勿过"和"A 比勿 B（人称代词）过"

当被比项 B 是人称代词的时候，习惯把这个人称代词移到"比"字后或"勿"字后。例如：

（46）我比诺勿过。（我比不过你）

no^{24} pi^{53} vəʔ^{2} noʔ^{2} kəu^{44}。

（47）阿六头比其拉勿过个和。（阿六头比不过他们的）

ɐʔ^{5} loʔ^{2} dø^{22} pi^{53} dziɐʔ^{2} lɐʔ^{2} vəʔ^{2} kəu^{44} ɦioʔ^{2} ɦiəu^{22}。

（48）我讲故事讲勿诺过个和。（我讲故事讲不过你的）

no^{24} kɔ̃^{44} ku^{53} z̩^{22} kɔ̃^{53} vəʔ^{2} noʔ^{2} kəu^{44} ɦioʔ^{2} həu^{22}。

（49）讲野话阿拉比勿傢过。（讲粗话我们比不过你们）

kɔ̃^{44} ʑia^{22} ɦiuo^{21} ɐʔ^{5} lɐʔ^{2} pi^{53} vəʔ^{2} nɐʔ^{2} kəu^{44}。

前两例用的是"比 B 勿过"，后两例用的是"比勿 B 过"。句末可以加上"个和",起到舒缓语气的作用。

这一点与普通话不一样,普通话不管被比项是否为人称代词,都只有"A 比不过 B"。例如:"我比不过你。""张三比不过李四。"绝对不能说:"＊我比你不过。""＊张三比李四不过。"

"A 比 B(人称代词)勿过"和"A 比勿 B(人称代词)过"的肯定表述是把"勿"说成"勒"。例如:

(50) 我比夷勒过个和。(我比得过他)

ηo^{24} pi^{53} z_{ι}^{22} $l\partial\eta^2$ $k\partial u^{44}$ $\hbar o\eta^2$ $\hbar\partial u^{22}$。

(51) 我比勒夷过个和。(我比得过他)

ηo^{24} pi^{53} $l\partial\eta^2$ z_{ι}^{22} $k\partial u^{44}$ $\hbar o\eta^2$ $\hbar\partial u^{22}$。

3. A 得 B 格比比勿过(个和)

这种格式表示一种强调,有宣布、认定的语气,突出 A 不如 B。例如:

(52) 诺得我格比比勿过个和。(你和我比比不过的)

$no\eta^2$ $t\partial\eta^5$ ηo^{24} $k\mathrm{e}\eta^5$ pi^{35} pi^{53} $v\partial\eta^2$ $k\partial u^{44}$ $\hbar o\eta^2$ $\hbar\partial u^{22}$。

(53) 阿拉得张老师拉格比比勿过个和。(我们和张老师他们比比不过的)

$\mathrm{e}\eta^5$ $l\mathrm{e}\eta^2$ $t\partial\eta^5$ $ts\tilde{a}^{44}$ $l\mathrm{o}^{21}$ s_{J}^{44} $l\mathrm{e}\eta^2$ $k\mathrm{e}\eta^5$ pi^{35} pi^{53} $v\partial\eta^2$ $k\partial u^{44}$ $\hbar o\eta^2$ $\hbar\partial u^{22}$。

这类句式的比较点可以出现在前一个分句,也可以出现在第一个"比"字后头。如果比较点出现在第一个"比"字后头,通常会在"勿"前补出相应的被比对象的代词。例如:

(54) 搓麻雀诺得阿王格比比勿过个和。(搓麻雀你和阿王比比不过的)

$ts`uo^{44}$ mo^{21} $tc_{i}\tilde{a}^{44}$ $no\eta^2$ $t\partial\eta^5$ $\mathrm{e}\eta^5$ $\hbar u\tilde{a}^{22}$ $k\mathrm{e}\eta^5$ pi^{35} pi^{53} $v\partial\eta^2$ $k\partial u^{44}$ $\hbar o\eta^2$ $\hbar\partial u^{22}$。

(55) 诺得阿王格比搓麻雀比＜夷＞勿过个和。(你和阿王比搓麻雀比不过他的)

$no\eta^2$ $t\partial\eta^5$ $\mathrm{e}\eta^5$ $\hbar u\tilde{a}^{22}$ $k\mathrm{e}\eta^5$ pi^{35} $ts`uo^{44}$ mo^{21} $tc_{i}\tilde{a}^{44}$ pi^{53} z_{ι}^{22} $v\partial\eta^2$ $k\partial u^{44}$ $\hbar o\eta^2$ $\hbar\partial u^{22}$。

前一例比较点出现在句子前面,后一例比较点出现在第一个"比"

后面，同时在"勿"前补出与"阿王"对应的代词"夷"。

"A 得 B 格比比勿过个和"的肯定表述是把"勿"说成"勒"。

4. A 连仔 B 搭比勿过

这种句式可以单用，但一般用于一个复句的前分句。从语义上来看，B 往往是一个最小值的代表，A 比 B 这个值还要小，强调 A 的差劲。例如：

（56）其读书连仔其拉弟弟搭比勿过，忒推板嘞。（他读书连他弟弟都比不过，太差了）

dʑi²⁴ doʔ² sʅ⁵³ li²² tsʅ⁴⁴ dʑiɐʔ² lɐʔ² di²² di²² tɐʔ⁵ pi⁵³ vəʔ² kəu⁴⁴, t'ɐʔ⁵ t'ɐi⁵³ pɛ⁴⁴ lɐi⁰。

（57）诺连仔小顽搭比勿过，咋好比大人呢？（你连小孩都比不过，怎么和大人比呢）

noʔ² li²² tsʅ⁴⁴ ɕio⁴⁴ uɛ⁴⁴ tɐʔ⁵ pi⁵³ vəʔ² kəu⁴⁴, dza²² hɔ⁴⁴ pi⁴⁴ dəu²² n̠in²² n̠i²¹？

"A 连仔 B 搭比勿过"的肯定表述是"A 连仔 B 搭比勒过"，多用于复句的前分句，后续句为评述性语句，常见的有"还有啥个好话呢""格是顶厉害嘞"等，从语义上看，B 往往是一个最大值的代表，A 比 B 这个值还要大，强调 A 的了不起。例如：

（58）其连仔世界冠军搭比勒过，还有啥个好话呢？（他连世界冠军都比得过，还有什么好说呢）

dʑi²⁴ li²² tsʅ⁴⁴ sʅ⁴⁴ ka⁵³ kø⁴⁴ tɕyoŋ⁵³ tɐʔ⁵ pi⁵³ ləʔ² kəu⁴⁴, ɦua²² ɦiɣ²¹ soʔ⁵ ɦioʔ² hɔ⁴⁴ ɦiuo²⁴ n̠i⁰？

（59）二六市中学连仔余姚中学搭比勒过，格是顶厉害嘞！（二六市中学连余姚中学都比得过，那是最厉害了）

n̠i²⁴ loʔ² zʅ²¹ tsoŋ⁴⁴ ɦioʔ² li²² tsʅ⁴⁴ ɦiɣ²² ɔ⁵³ tsoŋ⁴⁴ ɦioʔ² tɐʔ⁵ pi⁵³ ləʔ² kəu⁴⁴, kɐʔ⁵ zʅ²¹ tin⁵³ li²² liʔ² lɐi⁰！

5. A 再 W，W 勿过 B

这是一种强调说法，强调 A 不及 B。例如：

（60）铁再硬，硬勿过钢。（铁再硬，硬不过钢）

t'iʔ⁵ tsɛ⁴⁴ ŋã²⁴, ŋã²² vəʔ² kəu⁵³ kɔ⁵³。

（61）伊拉克再厉害，厉害勿过美国。（伊拉克再厉害，厉害不过

美国）

i⁴⁴ la²² kəʔ⁵ tsie⁴⁴ li²² liʔ², li²² liʔ² vəʔ² kəu⁵³ mɐi²² koʔ⁵。

（62）人本事再大，大勿过神仙。（人的本事再大，大不过神仙）

n̪in²² pən⁵³ zɿ²² tsɛ⁴⁴ dəu²⁴, dəu²² vəʔ² kəu⁵³ zən²² çi⁵³。

"A 再 W，W 勿过 B" 没有 "A 再 W，W 勒过 B" 的肯定说法。

（五）A 及勿来 B + W

这类句式中的 W 多为数量结构，往往与前面对举着说，前面的数量多，W 表示的数量少，多为"一 + 量 + 名"格式，具有熟语的性质。

（63）儿子生一百，及勿来老头一只脚。（儿子生一百，不如老伴一个脚）

ŋ²¹ tsɿ⁴⁴ sã⁴⁴ iʔ⁵ pɐʔ⁵, dʑiʔ² vəʔ² lie²¹ lɔ²² dɐi²² iʔ⁵ tsɐʔ⁵ tɕiɐʔ⁵。

（64）曹操兵马八百万，及勿来赵云一只筷。（曹操岳马八百万，不如赵云一个筷）

zɔ²¹ ts'ɔ⁴⁴ pin⁵³ mo²² pɐʔ⁵ pɐʔ⁵ vɛ²², dʑiʔ² vəʔ² lie²¹ dzɔ²² ʑyoŋ²¹ iʔ⁵ tsɐʔ⁵ k'uɐ⁴⁴。

"及勿来" 常说成 "勿及"，意思是 "不如" "不到"。例如：

（65）介大人勿及人家三岁小顽识大体。（这么大的人还不如人家三岁小孩明白事理）

ka⁵³ dəu²⁴ n̪in²² vəʔ² dʑiʔ² n̪in²² ko⁵³ sɛ⁵³ sɿ⁴⁴ çio⁴⁴ uɛ⁴⁴ səʔ⁵ da²⁴ t'i³⁵。

（66）今年收成勿及旧年一半么。（今年收成还不如去年的一半）

tɕin⁴⁴ n̪i²¹ sø⁴⁴ dzən²¹ vəʔ² dʑiʔ² dʑy²² n̪in²⁴ iʔ⁵ pø⁴⁴ məʔ²。

（六）A，得勿如 B

"得勿如" 是 "还不如" 的意思，用来否定 A。该句式的 A、B 主要由小句或者复杂结构充当。例如：

（67）白做生活，得勿如睏觉。（白干活，还不如睡觉）

bɐʔ² tsən⁴⁴ sã⁴⁴ huoʔ⁵, tɐʔ⁵ vəʔ² zɿ²² k'uən⁴⁴ kɔ⁴⁴。

（68）一个人屋落闷弄，得勿如去寻眼生活做。（一个人在家里憋闷着，还不如去找点活干）

iʔ⁵ fioʔ² n̪in²² uoʔ⁵ loʔ² mən²² noŋ²¹, tɐʔ⁵ vəʔ² zɿ²² tɕ'iʔ⁵ zin²² ŋie²² sã⁴⁴ fiuoʔ² tsəu⁵³。

（七）"还"字句

差比句除了上述典型的句式，还可以用"还"，意思是"比……更加……"。实际上是一个递进复句。例如：

（69）我推板，诺还要推板。（我差，你还要差）

ŋo^{24} t'ɐi^{44} pɛ^{53}, noʔ^2 ɦua^{22} io^{53} t'ɐi^{44} pɛ^{53}。

（70）我做人坏，其还坏。（我做人不好，他还要不好）

ŋo^{24} tsəu^{44} n̠in^{22} ua^{53}, dʑi^{24} ɦua^{24} ua^{53}。

这类表达，含有"比"的意思，可以转化成"比"字句：

（71）我推板，诺比我还要推板。（我差，你比我还要差）

ŋo^{24} t'ɐi^{44} pɛ^{53}, noʔ^2 pi^{44} ŋo^{24} ɦua^{22} io^{53} t'ɐi^{44} pɛ^{53}。

（72）我做人坏，其比我还坏。（我做人不好，他比我还要不好）

ŋo^{24} tsəu^{44} n̠in^{22} ua^{53}, dʑi^{24} pi^{44} ŋo^{24} ɦua^{24} ua^{53}。

"还"与"是"构成的"还是"句，则表示"不及、不如"。例如：

（73）咩咩羊，跳过墙，哥哥还是弟弟长。（哥哥还不及弟弟高）

mɛ^{44} mɛ^{44} ʑiã^{22}, t'io^{44} kəu^{44} ʑiã^{22}, kəu^{44} kəu^{53} ɦua^{24} zɿ^{21} di^{22} di^{22} dzã^{22}。

（74）走去还是勿去好。（走着去还不如不去好些）

tsø^{35} tɕ'i^{44} ɦua^{22} zɿ^{21} vəʔ^2 tɕ'i^{44} hɔ^{35}。

二　等比句

等比句用来比较事物的异同，表示相比的事物在某一方面或某个点上一致。宁波方言等比句的类型主要有：①"得"字等比句；②"像"字等比句。

（一）"得"字等比句

"得"字等比句主要有五种表达式：① A 得 B 一样；② A 得 B 一样 + W；③ 主语 + A + 得 + B + 一样 + W（谓词）；④ A + 动词 + 勒 + 得 B 一样 + 形容词；⑤ A + 谓词 + 勒 + 得 B 一样。

1. A 得 B 一样

这类句式不出现 W，"一样"既是比较词，也表示比较的结果。句式作为前分句出现时，一般在"一样"后需要加助词"个"，通常后续句会加上表示类同的"也"字；句式作为后分句或者单独成句，那么"一样"后需要加句末助词。句式比较点或隐于上下文，或直接在句中出现。例如：

(75) 我得诺一样个和，<也>刚刚六十分及格。（我和你一样，也刚刚六十分及格）

ŋo²⁴ təʔ⁵ noʔ² iʔ⁵ ʑiã²⁴ fioʔ² fiəu²², ʑia²² ko⁴⁴ ko⁴²loʔ² zəʔ² fən⁴⁴ dʑiʔ² gɐʔ²。

(76) 阿拉得侬一样个和，<也>驮勒一百块。（我们和你们一样，也拿了一百元）

ɐʔ⁵ leʔ² təʔ⁵ nɐʔ² iʔ⁵ ʑiã²⁴ fioʔ² fiəu²², ʑia²² dəu²² ləʔ² iʔ⁵ pɐʔ⁵ kʻuɐi⁵³。

(77) 聪明实际上我得诺一样啦。（从聪明看，实际上我和你是一样的）

tsʻoŋ⁴⁴ min²¹ zəʔ² tɕi⁴⁴ zã²¹ ŋo²⁴ təʔ⁵ noʔ² iʔ⁵ ʑiã²⁴ la²²。

前一例在句中作前分句，句末有助词"个和"，表示"我"和"诺"考试成绩一样；第二例也在句中作前分句，也有语气词"个和"，意思是"阿拉"和"侬"一样，都拿了一百元钱；第三例单独成句，句末有语气词"啦"，"聪明"是比较点，现于句首。

"一样"可以用语义接近的"差大勿多"替换，替换后在语气上要委婉得多。例如：

(78) 诺年纪得阿拉阿爷差大勿多。（你的年级和我爷爷差不多）

noʔ² n̥i²¹ tɕi⁴⁴ təʔ⁵ ɐʔ⁵ leʔ² ɐʔ⁵ ʑia²¹ tsʻuo⁴⁴ da²¹ vəʔ² təu⁴⁴。

(79) 葛幅画得阿拉屋落一幅差大勿多么。（这幅画和我家里那一幅差不多）

kəʔ⁵ foʔ⁵ fiuo²⁴ təʔ⁵ ɐʔ⁵ leʔ² uoʔ⁵ loʔ² iʔ⁵ foʔ⁵ tsʻuo⁴⁴ da²¹ vəʔ² təu⁴⁴ məʔ²。

"A 得 B 一样"的否定式是"A 得 B 勿一样"。例如：

(80) 其得一般城市人勿一样，其交关懂礼貌。（他和一般的城市人不一样，他很懂礼貌）

dʑi²⁴ təʔ⁵ iʔ⁵ pɐ⁵³ dzən²² zʅ²² n̥in²² vəʔ² iʔ⁵ ʑiã²¹, dʑi²⁴ tɕio⁴⁴ kuɛ⁵³ toŋ⁴⁴ li²² mɔ²¹。

（81）葛道题目添一条辅助线，解法就勿一样嘞。（这道题目添一条
辅助线，解法就不一样了）

kəʔ⁵ dɔ²¹ di²² moʔ² t'i⁴⁴ iʔ⁵ dio²² fu⁴⁴ zu²¹ çi⁴⁴, ka⁵³ fɐʔ⁵ zø²² vəʔ²
iʔ⁵ ʑiã²¹ lɐi⁰。

"勿一样"前还可以用表示程度或表量的词修饰，表量修饰时，
"勿"可以说成"勿大"。例如：

（82）葛部机器得上两日有眼勿一样，声音变勒么。（这部机器和
前两天有些不一样，声音变了）

kəʔ⁵ bu²² tçi⁴⁴ tç'i⁵³ təʔ⁵ zɔ̃²² liã²¹ n̩iʔ² ɦiγ²² ŋie²² vəʔ² iʔ⁵ ʑiã²¹,
sən⁴⁴ in⁵³ pi⁴⁴ ləʔ² məʔ²。

（83）数学课得语文课交关勿一样。（数学课和语文课十分不一样）

su⁴⁴ ʑyoʔ² k'əu⁴⁴ təʔ⁵ ny²² vən²² k'əu⁴⁴ tçio⁴⁴ kuɛ⁵³ vəʔ² iʔ⁵ ʑiã²¹。

（84）音质得音色两个概念有眼勿大一样。（音质和音色两个概念
有些不太一样）

in⁴⁴ tsəʔ⁵ təʔ⁵ in⁴⁴ səʔ⁵ liã²² ɦoʔ² kie⁴⁴ nie²² vəʔ² da²² iʔ⁵ ʑiã²⁴。

另外，还有一种常用的否定表示方法是直接用"一样"的反义词
"各样"。例如：

（85）种田得读书各样个，一个是体力劳动，一个是脑力劳动。
（种田和读书不同，一个是体力劳动，一个是脑力劳动）

tsoŋ⁴⁴ di²² təʔ⁵ doʔ² sɿ⁵³ koʔ⁵ ʑiã²¹ ɦoʔ², iʔ⁵ ɦoʔ² zɿ²² t'i⁴⁴ liʔ² lɔ²²
doŋ²², iʔ⁵ ɦoʔ² zɿ²² nɔ²² liʔ² lɔ²² doŋ²²。

（86）阿拉得诺各样，阿拉是穷人啦。（我们和你不同，我们是穷
人）

ɐʔ⁵ lɐʔ² təʔ⁵ noʔ² koʔ⁵ ʑiã²¹, ɐʔ⁵ lɐʔ² zɿ²² dʑyoŋ²² n̩in²¹ la²²。

值得注意的是，宁波方言"A＋B＋一样"的否定形式还有"A＋
否定词＋B＋一样"的说法。这种句式重在表达说话人的观点，强调一
种主观意愿，比较的意味很弱。在选择否定词的时候，几乎所有的否定
词都可以用。例如：

（87）我勿得诺一样。（我不和你一样）

ŋo²⁴ vəʔ² təʔ⁵ noʔ² iʔ⁵ ʑiã²⁴。

（88）我没得诺一样。（我没和你一样）

ŋo^{24} mə ʔ^{2} tə ʔ^{5} no ʔ^{2} i ʔ^{5} ʑiã^{24}。

（89）我𫠣得诺一样个。（我不会和你一样的）

ŋo^{24} vɐi^{22} tə ʔ^{5} no ʔ^{2} i ʔ^{5} ʑiã^{21} ɦo ʔ^{2}。

（90）我𡥵得诺一样。（我不想和你一样）

ŋo^{24} fie^{22} tə ʔ^{5} no ʔ^{2} i ʔ^{5} ʑiã^{24}。

（91）诺莫得我一样。（你不要和我一样）

no ʔ^{2} mɔ^{44} tə ʔ^{5} ŋo^{24} i ʔ^{5} ʑiã^{24}。

这些句子更多表达的是一种否定。“勿”“𡥵”“𫠣”表达的是主观意愿，意思是我在主观上不愿意和你一样；“没”表达的是客观事实，说明现实情况是我和你并不一样；“莫”是祈使用法，劝阻或警告对方不要和我一样。

“得……一样”在句中还可以作定语。例如：

（92）我要买部得夷一样个自行车。（我要买一辆和他一样的自行车）

ŋo^{24} io^{44} ma^{22} bu^{22} tə ʔ^{5} ʑi^{24} i ʔ^{5} ʑiã^{24} ɦo ʔ^{2} zɿ^{22} ʑin^{22} tsʻuo^{44}。

（93）其收到一张得张云一样个通知书。（他收到一张和张云一样的通知书）

dʑi^{24} sø^{44} tɔ^{44} i ʔ^{5} tsã^{44} tə ʔ^{5} tsã^{44} ʑyoŋ^{21} i ʔ^{5} ʑiã^{24} ɦo ʔ^{2} tʻoŋ^{44} tsɿ^{53} sɿ^{44}。

2. A 得 B 一样 + W

W 是结论项，相当于“怎么样”，主要由形容词或动词充当。“一样”在语流中简化为“样”。

①W 为形容词或形容词短语

“得 B 一样”在语义上与 A 作比较，其语法功能是修饰谓语的形容词。这种格式的比较点在谓语形容词上，说明参与比较的双方在性质、形状、状态等方面的异同。如“北京得上海一样大”这句话中，A（北京）、B（上海）项是比较的对象，比较点是形容词“大”，说明北京与上海在城市面积上差不多。充任 A、B 的成分可以是名词性的（包括代词），也可以是动词性的，也可以是其他复杂形式。例如：

（94）长江得黄河一样有名。（长江和黄河一样有名）

dzã^{22} kɔ̃^{53} tə ʔ^{5} ɦuã^{22} ɦəu^{21} i ʔ^{5} ʑiɐ^{24} ɦy^{22} min^{22}。

（95）我得诺一样长。（我和你一样高）

ŋo²⁴ təʔ⁵ noʔ² iʔ⁵ ʑiɐ²² dzã²²。

（96）买东西、宕商场得做生活一样着力。（买东西、逛商场跟干活一样累人）

ma²² toŋ⁴⁴ çi⁵³、dã²² sõ⁴⁴ dzã²¹ təʔ⁵ tsəu⁴⁴ sã⁴⁴ ɦuɐʔ² iʔ⁵ ʑiɐ²⁴ dzɐʔ² liʔ²。

（97）考试考零蛋分得没读书佬倌一样笨么。（考试考零分和没读过书的人一样笨）

k'ɔ⁵³ sʅ⁴⁴ k'ɔ⁴⁴ lin²² dɛ²² fən⁴⁴ təʔ⁵ məʔ² doʔ² sʅ⁵³ lɔ²² kuø⁴⁴ iʔ⁵ ʑiɐ²⁴ bən²² məʔ²。

"A 得 B 一样 + W" 句式对 W 是有选择性的，一般说来，表示性质、状态的形容词以及表示多少等的数量形容词均可以作为比较的形容词。不过有些形容词是一定不能使用的：

a. 非谓形容词词义本身表示一样、相等或类似的形容词，不能和"一样"同现。如差勿多（差不多）、做样（一样）、贴色糊涂（一模一样）、做式做样（完全一样）等。

b. 单音颜色词，如"红、黄、蓝、白、青、黑"等，可以作为比较点，但是这些颜色词前加上区别同类颜色的成分后，就不能用。如粉红、藏青、墨黑、雪白、淡黄、梗青、血红、簇乌等。宁波方言中还有一些与这类词语构成形式类似的形容词，如"滚圆、滚壮、席嫩、的方、的薄、老高、石硬、冰涸、火热"等也不能用。

由于宁波方言中还存在不少古汉语的词语，单音词不少，如"柔、缓"等，在普通话中不能用于"A 得 B 一样 + W"句式，在宁波方言中则可以。例如：

（98）我买来一梗被头得诺一梗一样柔。（我买来的那条被子和你那条一样软和）

ŋo²⁴ ma²² lie²² iʔ⁵ kuã⁴⁴ bi²² dø²¹ təʔ⁵ noʔ² iʔ⁵ kuã⁴⁴ iʔ⁵ ʑiã²² ny²²。

（99）其性格得㑚爹爹一样缓。（他的性格和你父亲一样慢条斯理的）

dʑi²⁴ çin⁴⁴ kɐʔ⁵ təʔ⁵ nɐʔ² tia⁴⁴ tia⁴² iʔ⁵ ʑiã²² ɦuø²²。

②W 为动词或动词短语

B 为 A 的比较项，在语法功能上与"得…一样"一起作状语，修饰作谓词的动词或者动词短语。比较点在 W 上，用来说明 A、B 双方的行为动作及其心理状态等在哪一个方面一样或不一样。

a. W 为一般动作动词

（100）葛记农村小顽得城市小顽一样好读书。（现在农村小孩和城市小孩一样容易上学）

kəʔ⁵ tɕi⁵³ noŋ²² tsʻən⁵³ ɕio⁴⁴ uɛ⁴⁴ təʔ⁵ dzən²² zʅ²¹ ɕio⁴⁴ uɛ⁴⁴ iʔ⁵ ʑiã²⁴ hɔ⁴⁴ doʔ² sʅ⁴²。

（101）女人得男人样种田割稻。（女人和男人一样种田割稻）

ny²² ȵin²¹ təʔ⁵ nɐi²² ȵin²¹ ʑiã²⁴ tsoŋ⁴⁴ di²² kəʔ⁵ dɔ²²。

b. W 为表示心理、生理状态的动词。例如：欢喜、痛、哑、呛、聋、瞎、饿、燥、醉等。

（102）我葛只耳朵得阿三聋彭一样聋嘞。（我这只耳朵和阿三聋彭一样聋了）

ŋo²⁴ kəʔ⁵ tsɐʔ⁵ ȵi²² tuo⁵³ təʔ⁵ ɐʔ⁵ sɐi⁴⁴ loŋ²² bã²² iʔ⁵ ʑiã²⁴ loŋ²² lɐi⁰。

（103）其一只眼睛得老方样瞎掉嘞。（他有一只眼睛和老方一样瞎了）

dʑi²⁴ iʔ⁵ tsɐʔ⁵ ŋɛ²² tɕin⁵³ təʔ⁵ lɔ²⁴ fɔ̃⁴⁴ ʑiã²⁴ ɦɐʔ⁵ dio²¹ lɐi⁰。

（104）爹爹一只手得姆嬷一样一眼吭告痛勒半个多月。（父亲有一只手和伯母一样没来由地痛了半个多月）

tia⁴⁴ tia⁴² iʔ⁵ tsɐʔ⁵ sø³⁵ təʔ⁵ m̩²² mo²¹ iʔ⁵ ʑiã²⁴ iʔ⁵ ŋie²⁴ m̩²¹ kɔ⁴⁴ tʻoŋ⁴⁴ ləʔ² pø⁴⁴ kəu⁵³ təu⁴⁴ ʑyoʔ²。

c. W 为关系词"是、有、叫、当"等。

（105）阿福得平发讨饭样当叫花子去眼嘞。（阿福与平发讨饭一样当叫花子去了）

ɐʔ⁵ foʔ⁵ təʔ⁵ bin²² fɐʔ⁵ tʻɔ⁴⁴ vɛ²² ʑiã²⁴ tɔ̃⁴⁴ kɔ⁴⁴ huo⁵³ tsʅ⁴⁴ tɕʻi⁴⁴ ŋie²² lɐi⁰。

（106）我得诺样有劳保吃。（我和你一样有劳动保险）

ŋo²⁴ təʔ⁵ noʔ² ʑiã²⁴ ɦiy²² lɔ²⁴ pɔ³⁵ tɕʻyoʔ⁵。

（107）姆妈总希望诺得立华书记样当大官。（妈妈总希望你和立华书记一样做大官）

m̩²² ma²¹ tsoŋ⁵³ ɕi⁵³ ɦiuɔ̃²² noʔ² təʔ⁵ liʔ² ɦiuo²² sʅ⁴⁴ tɕi⁴⁴ ʑiã²⁴ tɔ̃⁴⁴ dəu²² kuø⁴⁴。

（108）其得立新样是色盲啦。（他和立新一样是色盲）

dʑi²⁴ təʔ⁵ liʔ² ɕin⁴⁴ ʑiã²⁴ zʅ²² səʔ⁵ mɔ̃²² la²¹。

（二）"像"字等比句

"像"字等比句主要是指"A＋像＋B＋样＋（W）"式。

1. "A＋像＋B＋样＋（W）"式的句法结构

"A＋像＋B＋样＋（W）"与"A得B一样＋（W）"是近义句式，大部分"A得B一样＋（W）"的句子都可以说成"A＋像＋B＋样＋（W）"。例如：

（109）其得我样，今年19岁。 （他和/像我一样，今年19岁）

dʑi²⁴ təʔ⁵ ŋo²⁴ ʑiã²⁴, tɕin⁴⁴ ɲi²¹ zəʔ² tɕy⁵³ sʅ⁴⁴。

→其像我样，今年19岁。

dʑi²⁴ ʑiã²² ŋo²⁴ ʑiã²⁴, tɕin⁴⁴ ɲi²¹ zəʔ² tɕy⁵³ sʅ⁴⁴。

（110）葛人得神仙样，样样晓得。（这人和/像神仙一样，什么事都知道）

kəʔ⁵ ɲin²² təʔ⁵ zən²² ɕi⁵³ ʑiã²⁴, ʑiã²² ʑiã²¹ ɕio⁵³ təʔ⁵。

→葛人像神仙样，样样晓得。

kəʔ⁵ ɲin²² ʑiã²² zən²² ɕi⁵³ ʑiã²⁴, ʑiã²² ʑiã²¹ ɕio⁵³ təʔ⁵。

（111）其当其拉阿婆得自家阿姆样。（她对她婆婆和/像自己母亲一样，非常好）

dʑi²⁴ tɔ̃⁴⁴ dʑiɐʔ² lɐʔ² ɐʔ⁵ bəu²² təʔ⁵ zi²² kuo⁴⁴ ã⁴⁴ m̩²¹ ʑiã²⁴。

→其当其拉阿婆像自家阿姆样。

dʑi²⁴ tɔ̃⁴⁴ dʑiɐʔ² lɐʔ² ɐʔ⁵ bəu²² təʔ⁵ zi²² kuo⁴⁴ ã⁴⁴ m̩²¹ ʑiã²⁴。

"A＋像＋B＋样＋（W）"的否定式是"A＋没＋像＋B＋格＋W"，B的适用范围比较广。例如：

（112）老王没像老碧格精神。（老王不如老碧精神）

lɔ²² ɦiuɔ²² məʔ² ʑiã²² lɔ²² piʔ⁵ kəʔ⁵ tɕin⁴⁴ zən²¹。

→老王没像人家话弄格好。（老王不像人家说的那样好相处）

lɔ²² ɦiuɔ²² məʔ² ʑiã²² ɲin²² kuo⁵³ ɦiuo²² noŋ²² kəʔ⁵ hɔ³⁵。

→老王没像上两忙格精神好。（老王没像上两回那样精神好）

lɔ²² ɦiuɔ²² məʔ² ʑiã²² zɔ̃²² liã²¹ mɔ̃²¹ kɐʔ⁵ tɕin⁴⁴ zən²¹ hɔ³⁵。

→老王没像人家格吃药水自杀。（老王没像人家那样喝药水自杀）

lɔ²² ɦiuɔ²² məʔ² ʑiã²² ȵin²² kuo⁵³ kɐʔ⁵ tɕ'yoʔ⁵ ʑiɐʔ² sʅ³⁵ zʅ²² sɐʔ⁵。

→老王没像来车间里头格安耽，总觉着要出事体。（老王不觉得像在车间里那样安安心心，总觉得要出事）

lɔ²² ɦiuɔ²² məʔ² ʑiã²² lie²² ts'uo⁴⁴ kie⁵³ li²² dø²² kɐʔ⁵ ɐi⁴⁴ tɛ⁵³，tsoŋ⁵³ koʔ⁵ dzɐʔ² io⁴⁴ ts'əʔ⁵ zʅ²² t'i³⁵。

2. "像"与"得"的区别

"A+像+B+样+（W）"是"A得B一样+（W）"的同义表达式，但是由于"得"与"像"在语义上存在差异，两个句式在表达语义上还是有区别的，有些地方，两者还不能互通。

①如果是一种类比，"得""像"可以自由互换，语义对等。例如：

（113）面孔得猫猫屁股样吃勒腻惺啦。（脸孔吃得和/像猫屁股一样脏）

mi²⁴ k'oŋ³⁵ təʔ⁵ mɔ⁴⁴ mɔ⁴² p'i⁴⁴ ku⁴⁴ ʑiã²⁴ tɕ'yoʔ⁵ ləʔ² ȵi²² ɕin⁵³ la²²。

→面孔吃勒像猫猫屁股样腻惺啦。

mi²⁴ k'oŋ³⁵ tɕ'yoʔ⁵ ləʔ² ʑiã²² mɔ⁴⁴ mɔ⁴² p'i⁴⁴ ku⁴⁴ ʑiã²⁴ ȵi²² ɕin⁵³ la²²。

（114）葛小顽生勒得其拉姆妈样雪白粉嫩。（这孩子生得和/像他母亲一样白嫩）

kəʔ⁵ ɕio⁴⁴ uɐ⁴⁴ sã⁴⁴ ləʔ² təʔ⁵ dzɿɐʔ² lɐʔ²m̩²² ma²¹ ʑiã²⁴ ɕiʔ⁵ bɐʔ² fən⁵³ nən²⁴。

→葛小顽生勒像其拉姆妈样雪白粉嫩。

kəʔ⁵ ɕio⁴⁴ uɐ⁴⁴ sã⁴⁴ ləʔ² ʑiã²² dzɿɐʔ² lɐʔ²m̩²² ma²¹ ʑiã²⁴ ɕiʔ⁵ bɐʔ² fən⁵³ nən²⁴。

（115）大人总想儿因得人家一样有吃有用。（父母总希望自己的儿

女和/像别人家一样有吃有用）

dəu²² n̠in²² tsoŋ⁵³ çiã⁴⁴ ŋ̍²² nø²¹ tə?⁵ n̠in²² kuo⁵³ i?⁵ z̠iã²⁴ ɦiy²²
tɕ'yo?⁵ ɦiy²² z̠yoŋ²⁴。

→大人总想儿囡像人家一样有吃有用。

dəu²² n̠in²² tsoŋ⁵³ çiã⁴⁴ ŋ̍²² nø²¹ z̠iã²² n̠in²² kuo⁵³ i?⁵ z̠iã²⁴ ɦiy²²
tɕ'yo?⁵ ɦiy²² z̠yoŋ²⁴。

（116）摘茶叶得烧烧酒一样啦，要耐心耐相。（采茶和/像烧烧酒
一样，要耐心）

tsɐ?⁵ dzuo²² i?⁵ tə?⁵ sɔ⁴⁴ sɔ⁵³ tɕy⁴⁴ i?⁵ z̠iã²⁴ la²²，io⁴⁴ nɐi²² çin⁵³
nɐi²² çiã⁴⁴。

→摘茶叶像烧烧酒样啦，要耐心耐相。

tsɐ?⁵ dzuo²² i?⁵ z̠iã²² sɔ⁴⁴ sɔ⁵³ tɕy⁴⁴ i?⁵ z̠iã²⁴ la²²，io⁴⁴ nɐi²² çin⁵³
nɐi²² çiã⁴⁴。

② "得"与"像"可以替换，但是语义侧重不一样。例如：

（117）葛只商场得该只商场样，来大降价。（这个商场和那个商场
一样，都在在大降价）

kə?⁵ tsɐ?⁵ sõ⁴⁴ dzã²¹ tə?⁵ gɛ²² tsɐ?⁵ sã⁴⁴ dzã²¹ z̠iã²⁴，lie²² dəu²²
tɕiã⁴⁴ ko⁴⁴。

（118）葛只商场像该只商场样，来大降价。（这个商场像那个商场
一样，也在大降价）

kə?⁵ tsɐ?⁵ sõ⁴⁴ dzã²¹ z̠iã²² gɛ²² tsɐ?⁵ sã⁴⁴ dzã²¹ z̠iã²⁴，lie²² dəu²²
tɕiã⁴⁴ ko⁴⁴。

虽然上述两例的重点都在说明比较项 A（葛只商场），但是两者的
比较项 B 在各自句中的地位不一样。前一例比较项 B（该只商场）只是
一个对比项，A、B 不存在主次之分，也没有先后之分；但是后一例，
用"像"，则突出 A 的行为与 B 类似，B 项是一个参照项，A 最后达到
与 B 一样的程度或者样子。又如：

（119）其脑筋得诺一样好。（他的脑筋和你一样好）

dz̠i²⁴ no²² tɕin⁵³ tə?⁵ no?² i?⁵ z̠iã²² hɔ⁴⁴。

（120）其脑筋像诺一样好。（他的脑筋与你一样好）

dz̠i²⁴ nɔ²² tɕin⁵³ z̠iã²² no?² i?⁵ z̠iã²⁴ hɔ³⁵。

前一例是指"诺"脑筋好，"其"脑筋也好，两个人脑筋都好，语义的侧重在于突出"其"，暗含"他脑筋和你一样好，你不要得意"。后一例首先是肯定"诺"脑筋好，然后是有那么一个人，他的脑筋就像你一样好。

这两种表达式在语音形式上也有差异。用"得"，重音在"一样"上。用"像"，重音在形容词上。

③只能用"得"，不能用"像"。

有些句子，不能用"像"。主要有以下几种情况：

a. A、B 两项可以单独提出来，构成"A 得 B，一样啦"句式，不能用"像"替换"得"。

（121）吃一日得吃两日，一样么。（吃一天和吃两天是一样的）

tɕʻyoʔ^5 iʔ^5 ȵiʔ^2 təʔ^5 tɕʻyoʔ^5 liã^{22} ȵiʔ^2, iʔ^5 ʑiã^{24} məʔ^2。

（122）去得勿去，一样啦。（去和不去是一样的）

tɕʻi^{44} təʔ^5 vəʔ^2 tɕʻi^{44}, iʔ^5 ʑiã^{24} la^{22}。

（123）做得勿做，一样效果。（做和不做是一样的效果）

tsəu^{44} təʔ^5 vəʔ^2 tsəu^{44}, iʔ^5 ʑiã^{24} ʑio^{22} kəu^{44}。

b. W 的性质、特征或行为，只有在 A 才能出现的，在 B 出现是较不容易的，B 无法取得参照的资格，那么我们说"A 得 B 一样 W"的时候，不能用"像"替换"得"。例如：

（124）其当官之前得当官之后一样谦和。（他当官之前和当官之后一样谦和）

dʑi^{24} tɔ̃^{44} kø^{53} tsʅ^{44} ʑi^{22} təʔ^5 tɔ̃^{44} kø^{53} tsʅ^{44} ɦø^{22} iʔ^5 ʑiã^{24} tɕʻi^{44} ɦəu^{21}。

（125）小丽卖相生小顽前头得生小顽后头一样好。（小丽相貌生小孩之前和生小孩后一样好看）

ɕio^{44} li^{22} ma^{22} ɕiã^{44} sã^{44} ɕio^{44} uɛ^{44} ʑi^{22} dø^{21} təʔ^5 sã^{44} ɕio^{44} uɛ^{44} ɦø^{22} dø^{22} iʔ^5 ʑiã^{22} hɔ^{44}。

前一例，"谦和"这个特征在"当官"之前具有常规性，在当官之后依然如故就属于不易之事，所以 B 无法取得参照的资格，不能用"像"；后一例，常理来说，女子生小孩之前要比生小孩之后漂亮，所以 B 也无法取得参照的资格，只能用"得"。

c. 否定句中，不用"像"。例如：

（126）我得诺勿一样，条件各样。（我和你不一样。条件不同）

ŋo²⁴ təʔ⁵ noʔ² vəʔ² iʔ⁵ ʑiã²⁴，dio²² dʑi²¹ koʔ⁵ ʑiã²¹。

（127）葛爿山得该爿山各样。（这座山和那座山不同）

kəʔ⁵ bɛ²¹ sɛ⁵³ təʔ⁵ gɛ²² bɛ²¹ sɛ⁵³ koʔ⁵ ʑiã²¹。

（128）做官得做老百姓完全各样。（做官和做老百姓完全不同）

tsəu⁴⁴ kø⁵³ təʔ⁵ tõ⁴⁴ lɔ²² pɐʔ⁵ çin⁴⁴ ɦuø²² dzø²¹ koʔ⁵ ʑiã²¹。

④只能用"像"不能用"得"。这种情况主要指的是比拟句。例如：

（129）宁波人讲言话像造孽样。（宁波人讲话像吵架一样）

n̩in²² pəu⁴⁴ n̩in²² kõ⁴⁴ ɦiɛ²¹ ɦuo²² ʑiã²² zɔ²² n̩iʔ² ʑiã²⁴。

（130）呕其做眼生活像要其性命一样。（叫他做点事情像要他性命一样）

ø⁴⁴ dʑi²² tsəu⁴⁴ ŋie²² sã⁴⁴ ɦuoʔ² ʑiã²² io⁴⁴ dʑi²² çin⁴⁴ min²¹ iʔ⁵ ʑiã²⁴。

可不可以用"像"，可不可以用"得"，通过句子内部结构的分析①，可以辨别：

等比句	比拟句
（A + 得 + B）+（一样 + W）	A +〔像 +（B + 一样）〕+ W
（其 得 阿德）一样 笨。	其〔像（阿德 一样）〕笨。
dʑi²⁴ təʔ⁵ ɐʔ⁵ təʔ⁵ iʔ⁵ ʑiã²² bən²²。	dʑi²⁴ ʑiã²² ɐʔ⁵ təʔ⁵ iʔ⁵ ʑiã²⁴ bən²⁴。

正是这种句式上的内部差异，两者在重音分布上也不一样。等比句的重音，如果没有 W，重音就落在"一样"上，而且都会有一个相应的句末语气词，带重音，音程要稍微长一些。（如果正常的语音单位为 1 个莫拉，那么这个句末语气词有 1.5 个莫拉。）如果有 W，重音落在 W 上。而比拟句的重音落在"像"后头的具体成分上，"一样"在语音上可以弱化为"样"，甚至可以不发出来，就像省略了一样。尤其是在谓词短语充任 B 的时候。例如，上面的例子"呕其做眼生活像要其性

---

① 朱德熙《说跟…一样》，《朱德熙文集》第 2 卷，商务印书馆 1999 年版，第 310—314 页。

命一样。"可以说成"呕其做眼生活像要其性命样。"也可说成"呕其做眼生活像要其性命啦。"

三　极比句

极比句表示某一事物在某种性状上胜过或不及同类的其他事物。其实极比句也是比较事物的高下，是一种特殊的差比。它跟一般差比的不同在于比较的范围上：一般差比的求比或被比的对象是特指的，而极比的求比或被比对象往往是任指（或遍指）的。

宁波方言极比句的表达式有二：①用副词"顶"（最），构成"A顶W +（嘞）"句式；②用"比"字句。

（一）A顶W +（嘞）

一般来说，句末需要有语气词，在作出判断、评论的时候可以不用句末语气词。例如：

（131）诺顶听言话嘞。（你最听话了）

no$\mathrm{?}^2$ tin^{53} t'in^{44} ɦiɛ^{21} ɦuo^{22} lɐi^0。

（132）葛老婆顶勿长毛嘞。（这老婆最不好了）

kə$\mathrm{?}^5$ lɔ^{22} ȵin^{21} tin^{53} və$\mathrm{?}^2$ tsã^{53} mɔ^{22} lɐi^0。

（133）介许多人里头，阿力顶厉害。（这么多人里头，阿立最厉害了）

ka^{44} çy^{53} təu^{44} ȵin^{22} li^{22} dø^{22}，ɐ$\mathrm{?}^5$ li$\mathrm{?}^2$ tin^{53} li^{22} li$\mathrm{?}^2$。

前两例用语气词"嘞"，语气显得比较舒缓，有感叹意味；第三例不用"嘞"语气上显得干脆甚至生硬，有不容置疑的意思。

A项前后可出现比较的范围。例如：

（134）极个天下，其顶罪过嘞。（全天下他最可怜了）

ʑi$\mathrm{?}^2$ ɦo$\mathrm{?}^2$ t'i^{53} ɦuo^{22}，dʑi^{24} tin^{53} zɐi^{22} kəu^{53} lɐi^0。

（135）其葛眼人里头，顶坏的嘞。（他在这些人里面最坏了）

dʑi^{24} kə$\mathrm{?}^5$ ŋie^{22} ȵin^{22} li^{22} dø^{22}，tin^{53} ua^{53} ti$\mathrm{?}^5$ lɐi^0。

"顶 + W"也可作补语，构成"A + V + 勒 + 顶 + W"。例如：

（136）某人家拉新妇生勒顶细巧嘞。（那户人家的媳妇长得最标致了）

məu^{22} ȵin^{21} kuo^{44} lə$\mathrm{?}^2$ çin^{53} vu^{22} sã^{44} lə$\mathrm{?}^2$ tin^{53} çi^{44} tç'io^{53} lɐi^0。

（137）泡菜么，四川人做勒顶好吃嘞。（泡菜么，四川人做得最好吃了）

p'ɔ⁴⁴ ts'ɛ⁴⁴ məʔ², sɿ⁴⁴ ts'ø⁴⁴ ȵin²² tsəu⁴⁴ ləʔ² tin⁵³ hɔ⁵³ tɕ'yoʔ⁵ lɐi⁰。

（二）"比"字极比句

"比"字极比句一般在句中会出现"任指"的对比项，常见的有三种：① A＋比＋B（任指）＋W；② A（任指）＋比＋勿过＋B；③ 呒＋人（任指）＋比勒过＋B。

1. A＋比＋B（任指）＋W

表示胜过。例如：

（138）勤力比随便啥个东西好。（勤快比任何东西好）

dʑin²²liʔ²pi⁴⁴ zɐi²² bi²¹ soʔ⁵ ɦoʔ² toŋ⁴⁴ ɕi⁵³ hɔ³⁵。

（139）做做生活贼推板，吃起来比随便啥人狠。（做事情挺差的，吃倒是比任何人会吃）

tsəu⁴⁴ tsəu⁴⁴ sã⁴⁴ ɦuoʔ² zɐʔ² t'ɐi⁵³ pɛ⁴⁴, tɕ'yoʔ⁵ tɕ'i⁴⁴ lie²² pi⁴⁴ zɐi²² bi²¹ soʔ⁵ ȵin²² hən³⁵。

在 W 前可以加"要""和仔"等词，"要"字可以自由加，"和仔"主要加在 A、B 为非体词的情况，表示强调。例如：

（140）人品比随便啥个东西（和仔）（要）好。（人品比什么东西都好）

ȵin²¹p'in⁴⁴pi⁴⁴ zɐi²² bi²¹ soʔ⁵ ɦoʔ² toŋ⁴⁴ ɕi⁵³ɦɐu²² tsɿ⁵³ io⁴⁴ hɔ³⁵。

（141）做做生活贼推板，吃起来比随便啥人（要）狠。（做事情一点本事都没有，吃起来比谁都厉害）

tsəu⁴⁴ tsəu⁴⁴ sã⁴⁴ ɦuoʔ² zɐʔ² t'ɐi⁵³ pɛ⁴⁴, tɕ'yoʔ⁵ tɕ'i⁴⁴ lie²² pi⁴⁴ zɐi²² bi²¹ soʔ⁵ ȵin²² io⁴⁴ hən³⁵。

A 项可以是体词性的，也可以是谓词性的。B 项根据 A 项的意思用相应的任指形式来对应，一般来说，A 项指人，B 项为"随便啥人"，A 项指物或指事，B 项则为"随便啥个"。

2. A（任指）＋比＋勿过＋B

表示不及。一般来说，这类比较句在句中或上下文都会有比较点或比较的方面出现。例如：

（142）吃老酒随便啥人比勿过大炮建军。（喝酒任何人比不过大炮建军）

tɕʻyoʔ⁵ lɔ²² tɕy⁵³ zɐi²² bi²¹ soʔ⁵ ȵin²² pi⁵³ vəʔ² kəu⁴⁴ dəu²² pʻɔ⁴⁴ tɕi⁴⁴ tɕyoŋ⁴⁴。

（143）讲小人听言话，随便啥人比勿过利强拉儿子。（说到小孩子听话，任何人比不过利强的儿子）

kɔ̃⁴⁴ ɕio⁴⁴ ȵin²² tʻin⁴⁴ ɦiɛ²¹ ɦuo²²，zɐi²² bi²¹ soʔ⁵ ȵin²² pi⁵³ vəʔ² kəu⁴⁴ li²² dʑiã²¹ lɐʔ² ŋ̍²¹ tsɿ⁰。

若 B 在上下文已出现过，为了简便，用代词来指称的时候，这个代词用在本句式中需要提前，而且位置相对比较灵活。例如：

（144）讲大话，随便啥人讲夷勿过。（说大话谁都说不过他）

kɔ̃⁴⁴ dəu²² ɦuo²²，zɐi²² bi²¹ soʔ⁵ ȵin²² kɔ̃⁵³ zi²² vəʔ² kəu⁴⁴。

→讲大话，随便啥人讲勿夷过。（说大话谁都说不过他）

kɔ̃⁴⁴ dəu²² ɦuo²²，zɐi²² bi²¹ soʔ⁵ ȵin²² kɔ̃⁵³ vəʔ² zi²² kəu⁴⁴。

前一例，B（代词"夷"）作动词"讲"的宾语；后一例，B 处于"勿"与"过"之间，位置很特别。

"比夷勿过"有一个同义句式为"吃夷勿落"，语义表达基本一致。例如：

（145）讲大话，随便啥人吃夷勿落。（说大话谁都说不过他）

kɔ̃⁴⁴ dəu²² ɦuo²²，zɐi²² bi²¹ soʔ⁵ ȵin²² tɕʻyoʔ⁵ zi²¹ vəʔ² loʔ²。

→讲大话，随便啥人吃勿夷落。（说大话谁都说不过他）

kɔ̃⁴⁴ dəu²² ɦuo²²，zɐi²² bi²¹ soʔ⁵ ȵin²² tɕʻyoʔ⁵ vəʔ² zi²¹ loʔ²。

"比 B 勿过"还可以把"比"换成实义动词，构成"A + V + 勿过 + B（名词)"。如果 B 为代词，则说成"A + V + B（代词）+ 勿过"式。例如：

（146）唱越剧随便啥人唱勿过茅威涛。（唱越剧谁也唱不过茅威涛）

tsʻɔ̃⁴⁴ ɦyoʔ² dʑiʔ² zɐi²² bi²¹ soʔ⁵ ȵin²² tsʻɔ̃⁴⁴ vəʔ² kəu⁴⁴ mɔ²² ɦuɐi²² tʻɔ⁴⁴。

（147）动脑筋随便啥人动勿过诸葛亮。（动脑筋谁也动不过诸葛亮）

doŋ²² nɔ²² tɕin⁵³ zɐi²² bi²¹ soʔ⁵ n̪in²² doŋ²² vəʔ² kəu⁴⁴ tsɿ⁵³ kɐʔ⁵ liã²¹。

（148）耕田随便啥人耕我勿过。（耕田谁也耕不过我）

kã⁴⁴ di²² zɐi²² bi²¹ soʔ⁵ n̪in²² kã⁵³ ŋɔ²² vəʔ² kəu⁴⁴。

（149）骂人随便啥人骂夷勿过。（骂人谁也骂不过他）

mo²² n̪in²² zɐi²² bi²¹ soʔ⁵ n̪in²² mo²⁴ zi²¹ vəʔ² kəu⁴⁴。

3. 呒＋人（任指）＋比勒过＋B

例如：

（150）讲大话，呒人比夷勒过。（说大话，没人比得过他）

kɔ̃⁴⁴ dəu²² ɦuo²²，m̩²¹ n̪in²² pi⁵³ zi²² ləʔ² kəu⁴⁴。

（151）吃老酒，呒人比勒诺过。（喝酒，没人喝得过你）

tɕ'yoʔ⁵ lɔ²² tɕy⁵³ m̩²¹ n̪in²² pi⁵³ ləʔ² noʔ² kəu⁴⁴。

（152）做生意，呒人比勒过蝙蝠精。（做生意，没人做得过蝙蝠精）

tsəu⁴⁴ sã⁵³ zi²²，m̩²¹ n̪in²² pi⁵³ ləʔ² kəu⁴⁴ p'i⁵³ foʔ⁵ tɕin⁴⁴。

四 递比句

递比句是表示程度逐次递加或递减的比较句，也有人称为渐进比较句或倚变句。递比也是一种特殊的差比，表示多个事物的逐次比较，而程度逐次加深或减轻；从形式上看，主要有两种：①比较的 A 项和 B 项是"一＋量"短语；②越…越…。

（一）一＋量＋比＋一＋量＋W

（153）马上个人，一个比一个坏。（现在的人，一个比一个坏）

mo²² zɔ̃²¹ ɦoʔ² n̪in²²，iʔ⁵ ɦoʔ² pi⁴⁴ iʔ⁵ ɦoʔ² ua⁵³。

（154）立秋过仔，天价一日比一日冷嘞。（立秋过后，天气一天比一天冷了）

liʔ² tɕ'y⁵³ kəu⁴⁴ tsɿ⁰，t'i⁵³ kuo⁴⁴ iʔ⁵ n̪iʔ² pi⁴⁴ iʔ⁵ n̪iʔ² lã²² lɐi⁰。

（155）葛记个小顽，一个比一个生勒好看。（现在的小孩子，一个比一个长得好看）

kəʔ⁵ tɕi⁵³ ɦoʔ² ɕio⁴⁴ uɛ⁴⁴，iʔ⁵ ɦoʔ² pi⁴⁴ iʔ⁵ ɦoʔ² sã⁴⁴ ləʔ² hɔ⁵³ k'i⁴⁴。

（156）葛两年个学生，一届比一届推板。（这两年的学生，一届不
　　　　如一届）

kəʔ⁵ liã²¹ ȵi²² ɦioʔ² ɦioʔ² sã³⁵, iʔ⁵ ka⁴⁴ pi⁴⁴ iʔ⁵ ka⁴⁴ tʻɐi⁴⁴ pɛ⁵³。

　　第一例 W 为形容词，意思是个个都坏；第二例是指冷的程度逐日
递增；第三例 W 为谓词短语，意思是小孩子个个都好看；最后一例是
指学生的质量逐次递减。

（二）越…越…

两件事情都在变化，互相关联，共进共退。

（157）越大越笨嘞。（越大越笨了）

ɦioʔ² dəu²² ɦioʔ² bən²² lɐi⁰。

（158）越吃越馋，越眍越懒。（越吃越馋，越睡越懒）

ɦioʔ² tɕʻyoʔ⁵ ɦioʔ² dzɛ²², ɦioʔ² kʻuən⁴⁴ ɦioʔ² lɛ²²，

（159）心越急越乱，越乱越急。（心越急越乱，越乱越心急）

ɕin⁵³ ɦioʔ² tɕiʔ⁵ ɦioʔ² lø²⁴, ɦioʔ² lø²⁴ ɦioʔ² tɕiʔ⁵。

第二节　比较项 A、B 和结论项 W

　　这部分主要以"A 比 B + W"句式为例，考察比较项 A、B 以及结
论项 W 的句法形式和语义特征。

一　比较项 A、B 的句法形式和语义特征

（一）A、B 的类型

　　比较项是比较主体 A 和比较客体 B 的合称。从句法位置上看，典
型的比较句，比较主体 A 位于比较词"比"的前面，比较客体 B 位于
"比"的后面，二者是以比较词"比"为中心成对称分布的。

　　A 和 B 可以比较两种不同事物的性质和状态，也可以比较不同的行
为、动作在程度或方式上的差异，或者是同一事物在某一方面的不同时
间或不同处所的差别。一般来说，出现在 A、B 位置上的主要是体词性
成分（名词、代词、名词短语等），有时也出现谓词性成分（动词、形
容词、动词短语、形容词短语等）。典型的"比"字句中，A、B 的句
法成分是对称的，如果 A 是体词性的，B 也是体词性的；如果 A 是谓

词性的，B 也是谓词性的。例如：

（1）洋葱比大蒜好吃。（洋葱比大蒜好吃）

ʑiã²² tsʻoŋ⁵³ pi⁴⁴ da²² sø⁴⁴ hɔ⁵³ tɕʻyoʔ⁵。

（2）话话比做做省力。（说比做轻松）

kɔ̃⁴⁴ kɔ̃⁵³ pi⁴⁴ tsəu⁴⁴ tsəu⁵³ sã⁵³ liʔ²。

（3）写出来比讲讲难交关。（写出来比说要难很多）

çia⁵³ tsʻəʔ⁵ lie²² pi⁴⁴ kɔ̃⁴⁴ kɔ̃⁵³ nɛ²² tɕio⁵³ kuɛ⁴⁴。

第一例 A 是名词，B 也是名词，比较项都是体词性的；第二例比较项是谓词性的，A 是动词重叠式，B 也是动词重叠式；第三例 A 是动趋式，B 是动词重叠式。

宁波方言 A、B 的句法成分对称的比较句情况有以下这些：

1. 体词性结构

（4）有眼动物比人有感情。（有些动物比人有感情）

ɦy²² ŋie²¹ doŋ²² voʔ² pi⁴⁴ n̠in²² ɦy²² kie⁵³ dʑin²²。

（5）葛段时间我比诺背时。（这段时间我比你倒霉）

kəʔ⁵ dø²¹ zɿ²² tɕi⁵³ ŋo²⁴ pi⁴⁴ noʔ² bɐi²² zɿ²²。

（6）其比人家资本家还黑心。（他比人家资本家还黑心）

dʑi²⁴ pi⁴⁴ n̠in²² kuo⁵³ tsɿ⁴⁴ pən⁵³ tɕia⁴⁴ ɦua²⁴ həʔ⁵ çin⁵³。

（7）讲做生意，东东比诺厉害。（说到做生意，东东比你厉害）

kɔ̃⁴⁴ tsəu⁴⁴ sã⁵³ ʑi²²，toŋ⁴⁴ toŋ⁴⁴ pi⁴⁴ noʔ² li²² liʔ²。

（8）山冈顶比山脚下冷交关。（山上比山脚下冷很多）

sɛ⁵³ kɔ̃⁴⁴ tən⁴⁴ pi⁴⁴ sɛ⁵³ tɕiɐʔ⁵ ɦuo²² lã²² tɕio⁵³ kuɛ⁴⁴。

（9）今么比昨么热。（今天比昨天热）

tɕiʔ⁵ məʔ² pi⁴⁴ zoʔ² məʔ² n̠iʔ²。

第一例 A、B 皆为名词；第二例 A、B 皆为代词；第三例 A 为代词，B 为名词；第四例 A 为名词，B 为代词；第五例 A、B 皆为处所名词；最后一例 A、B 皆为时间名词。

以上是体词性结构中比较简单的成分相比，是体词和体词的比较。也有复杂一些的，如定心结构或"个"（的）字结构。例如：

（10）热天价比冷天价舒服。（热天比冷天舒服）

n̠iʔ² tʻi⁵³ kuo⁴⁴ pi⁴⁴ lã²² tʻi⁴⁴ kuo⁴⁴ sɿ⁴⁴ voʔ²。

（11）新鲜黄鱼比蔫黄鱼贵。（新鲜的黄鱼比不新鲜的黄鱼贵）

çin⁴⁴ çi⁵³ ɦuɔ̃²² n²¹ pi⁴⁴ i⁵³ ɦuɔ̃²² n²² tçy⁴⁴。

（12）红红个比绿绿个好看。（红红的比绿绿的好看）

ɦoŋ²² ɦoŋ²¹ ɦoʔ² pi⁴⁴ loʔ² loʔ² ɦoʔ² hɔ⁵³ k'i⁴⁴。

（13）仔细做出来个比乱做做出来个要嫶头。（仔细做出来的比随便做出来的要好看）

tsʅ⁵³ çi⁴⁴ tsəu⁴⁴ ts'əʔ⁵ lie²² ɦoʔ² pi⁴⁴ lø²² tsəu⁴⁴ tsəu⁴⁴ ts'əʔ⁵ lie²² ɦoʔ² io⁴⁴ çyoʔ⁵ dø²²。

2. 谓词性结构

a. A、B 为动词短语

（14）种田要比割稻快活。（种田要比割稻轻松些）

tsoŋ⁴⁴ di²² io⁴⁴ pi⁴⁴ kəʔ⁵ dɔ²² k'ua⁴⁴ ɦuoʔ²。

（15）驮出来比驮进去麻烦交关。（拿出来比拿进去麻烦很多）

dəu²¹ ts'əʔ⁵ lie²² pi⁴⁴ dəu²¹ tçin⁴⁴ tç'i⁴⁴ mo²² vɛ²² tçio⁵³ kuɛ⁴⁴。

（16）喂两个月比喂一个月效果好。（喂两个月比喂一个月效果好）

y⁴⁴ liã²² kəu⁵³ ɦyoʔ² pi⁴⁴ y⁴⁴ iʔ⁵ kəu⁴⁴ ɦyoʔ² ʑio²² kəu⁴⁴ hɔ³⁵。

前一例 A、B 是动宾式，后两例 A、B 是动补式。比较项是动词或动词短语的时候，经常用"会 A ＋ 比 ＋ 会 B ＋ W"的格式。例如：

（17）会节比会赚要紧。（会积蓄比会赚还重要）

ɦuɐi²² tçiʔ⁵ pi⁴⁴ ɦuɐi²² zɛ²² io⁴⁴ tçin⁵³。

（18）会做人比会做事体还要重要。（会做人比会做事还要重要）

ɦuɐi²² tsəu⁴⁴ ɲin²² pi⁴⁴ ɦuɐi²² tsəu⁴⁴ zʅ²² t'i³⁵ ɦua²² io⁵³ dzoŋ²² io⁵³。

有时候还把"会"与"尬"对举着说。例如：

（19）会打扮比尬打扮要好。（会打扮比不会打扮要好）

ɦuɐi²² dã²¹ pɛ⁴⁴ pi⁴⁴ vɐi²² dã²¹ pɛ⁴⁴ io⁴⁴ hɔ³⁵。

（20）会写会话比尬写尬话总好。（会写会说总比不会写不会说要好）

ɦuɐi²² çia³⁵ ɦuɐi²² ɦuo²⁴ pi⁴⁴ vɐi²¹ çia⁴⁴ vɐi²¹ ɦuo²² tsoŋ⁵³ hɔ³⁵。

b. A、B 为形容词

（21）开开心心总比闷闷勿乐好。（开开心心总比闷闷不乐好）

k'ie⁵³ k'ie⁴⁴ çin⁴⁴ çin⁴⁴ tsoŋ⁵³ pi⁴⁴ mən²² mən²¹ vəʔ² loʔ² hɔ³⁵。

（22）谦然比旺兴要好。（谦虚比嚣张要好）

tɕʻi⁴⁴ zø²¹ pi⁴⁴ ɦiuɔ̃²² ɕin⁴⁴ io⁴⁴ hɔ³⁵。

3. A、B 为主谓短语

（23）我去比诺去好。（我去比你去好）

ŋo²⁴ tɕʻi⁴⁴ pi⁴⁴ noʔ² tɕʻi⁴⁴ hɔ³⁵。

（24）身体健康比钞票多重要。（身体健康比钱多重要）

sən⁵³ tʻi⁴⁴ dʑi²² kʻɔ⁵³ pi⁴⁴ tsʻɔ⁵³ pʻio⁴⁴ təu⁵³ io⁵³ hɔ³⁵。

4. A、B 为介词结构

（25）造屋朝南比朝北好。（造房子朝南比朝北好）

zɔ²² oʔ⁵ dzɔ²² nɐi²² pi⁴⁴ dzɔ²² poʔ⁵ hɔ³⁵。

（26）其得人家人比得自家人还好。（她对婆婆比对自己母亲还好）

dʑi²⁴ təʔ⁵ n̪in²² kuo⁵³ n̪in²² pi⁴⁴ təʔ⁵ zi²² kuo⁴⁴ n̪in²¹ ɦua²⁴ hɔ³⁵。

5. A、B 为"有""呒"结构

A、B 为"有""呒"对举比较，构成"有 A ＋ 比 ＋ 呒 A ＋ W"格式。例如：

（27）有铜钿比呒铜钿好。（有钱比没钱好）

ɦy²² doŋ²² di²¹ pi⁴⁴ m̩²¹ doŋ²¹ di²² hɔ³⁵。

（28）有儿有因比呒儿呒因好。（有儿有女比没儿没女好）

ɦy²² n̩²¹ ɦy²² nø²² pi⁴⁴ m̩²¹ n̩²² m̩²² nø²² hɔ³⁵。

（二）AB 的省略

典型的"A 比 B ＋ W"句中的 A 和 B 为对称的结构，要么都是词，要么都是相同类型的短语。这种比较主体和比较客体在句法上的对称表现，是基于比较项的基本语义要求所表现出的一种标准或理想模式，而在实际的语言运用中，往往出现句法上的不对称。

比较句的比较点或比较的方面，有时候在上下文中出现，如：做衣裳，我比诺厉害。有时候比较点在句中出现，包含在比较项中，这时候的比较项就是一个复杂的结构。例如：

（29）我数学成绩比诺数学成绩好。（我的数学成绩比你的数学成绩好）

ŋo²⁴ su⁴⁴ ɦyoʔ² dzən²² tɕiʔ⁵ pi⁴⁴ noʔ² su⁴⁴ ɦyoʔ² dzən²² tɕiʔ⁵ hɔ³⁵。

（30）其唱歌比诺唱歌好听。（他唱歌比你唱歌好听）

dʑi²⁴ tsʻɔ̃⁴⁴ kəu⁵³ pi⁴⁴ noʔ² tsʻɔ̃⁴⁴ kəu⁵³ hɔ⁵³ tʻin⁴⁴。

前一句 A、B 可以看成定中结构的名词短语，后一句的 A、B 则是一个主谓短语。下文主要考察的就是当比较点含于比较项的时候，有些成分的省略情况。

1. A、B 有一方省略

①省略 B 的中心语

宁波方言比较句中，A、B 除了单一形式，还有以下几种形式：

a. 定语 + 中心语；

b. 定语 + 量词 + 中心语；

c. 定语 + 个／拉 + 中心语。

以上三种情况，B 项的中心语可以省略，有时，还可以省略"个／拉 + 中心语"，也可以省略定语。定语与中心语之间的语义联系，根据宁波方言的实际情况，可以分成领属关系、亲属关系、隶属关系、质料关系、时地关系、类属关系等。[①]

a. 领属关系

领属关系指的是定语对中心语具有领有的性质，一般来说，定语是人称代词或指人名词，中心语为非指人名词。在语法形式上有两种表现：定语 + 中心语；定语 + 量词 + 中心语。这两种语法形式在比较句中的省略情况各不相同。

a）若 A、B 是"定语 + 中心语"结构，那么 B 项的定语可以省略，说成"定语 + 中心语 + 比 + 定语 + W"形式。例如：

（31）我衣裳比诺好看。（我的衣服比你好看）

ŋo²⁴ i⁴⁴ zɔ̃²¹ pi⁴⁴ noʔ² hɔ⁵³ kʻi⁴⁴。

（32）其香烟牌子比诺高级。（他的香烟的牌子比你高级）

dʑi²⁴ çiã⁴⁴ i⁵³ ba²¹ tsɿ⁴⁴ pi⁴⁴ noʔ² kɔ⁴⁴ tçiʔ⁵。

b）若 A、B 的构成为"定语 + 量词 + 中心语"，B 项可以省略成"定语 + 量"。例如：

（33）我只书包比诺只重。（我那只书包比你那只重）

---

① 这里在马真《"比"字句内比较项 Y 的替换规律试探》（《中国语文》1986 年第 2 期）一文分类的基础上，根据宁波方言的实际分成六类。

ŋɔ²¹ tsɐʔ⁵ sʅ⁴⁴ pɔ⁵³ pi⁴⁴ noʔ² tsɐʔ⁵ dzoŋ²²。

（34）阿拉屋落只老猫比傸屋落只会背老鼠。（我们家那只猫比你们家那只会抓老鼠）

ɐʔ⁵ lɐʔ² uoʔ⁵ loʔ² tsɐʔ⁵ lɔ²² mɛ²² pi⁴⁴ nɐʔ² uoʔ⁵ loʔ² tsɐʔ⁵ ɦuɐi²² pɐi⁴⁴ lɔ²² tsʻʅ⁵³。

b. 亲属关系

亲属关系指的是定语与中心语都由人称代词或表人名词充任，包括亲属关系、上下级关系、平辈关系、同学朋友等关系。在语法形式上表现为"定语＋中心语"或"定语＋拉＋中心语"。宁波方言可以说"定语＋中心语＋比＋傸＋W"式。例如：

（35）阿拉儿子比傸聪明。［我儿子比你们的（儿子）聪明］

ɐʔ⁵ lɐʔ² ŋ²¹ tsʅ⁴⁴ pi⁴⁴ nɐʔ² tsʻoŋ⁴⁴ min²¹。

（36）阿拉屋落小顽比傸笨。（我们家小孩比你们家笨）

ɐʔ⁵ lɐʔ² uoʔ⁵ loʔ² çio⁴⁴ uɐ⁴⁴ pi⁴⁴ nɐʔ² bən²⁴。

（37）其拉阿公老头比傸还要犯关。（他们家的公公比你们家还要麻烦）

dziɐʔ² lɐʔ² ɐʔ⁵ koŋ⁵³ lɔ²² dɐi²² pi⁴⁴ nɐʔ² ɦuɐi²² io⁵³ vɛ²² kuɛ⁵³。

这些句子中的"傸"相当于"你们的"，定语位置的成分必须是人称代词，而且必须是复数，不能是单数。这些"阿拉""其拉"可以解释为"我们家的""他们家的"。

如果定语位置上是表人名词，那么定中之间需要有个结构助词"拉"。这类句式 B 项就不能省略。例如：

（38）华江拉阿爷比建华拉阿爷年纪大。（华江的爷爷比建华的爷爷年纪大）

ɦuo²² kɔ̃⁴⁴ lɐʔ² ɐʔ⁵ zia²¹ pi⁴⁴ tçi⁴⁴ ɦuo²² lɐʔ² ɐʔ⁵ zia²¹ ŋi²¹ tçi⁴⁴ dəu²⁴。

（39）正江拉老婆比海江拉老婆卖相好交关。（正江的老婆比海江的老婆相貌好很多）

tsən⁴⁴ kɔ̃⁴⁴ lɐʔ² lɔ²² ȵin²¹ pi⁴⁴ hie⁵³ kɔ̃⁴⁴ lɐʔ² lɔ²² ȵin²¹ ma²² çiã⁴⁴ hɔ⁴⁴ tçio⁵³ kuɛ⁴⁴。

定语位置上的复数人称代词也可以在后面加"个"，再跟中心语。

不过要加"个",定语位置上的复数人称代词还需要再带上一些其他成分,如"屋落"等。B项可省略中心语。例如:

(40) 阿拉屋落个新妇比倷还要勿上棵。（我们家的媳妇比你们家的还要不好）

ɐʔ⁵ lɐʔ² uoʔ⁵ loʔ² ɦioʔ² ɕin⁵³ vu²² pi⁴⁴ nɐʔ² ɦiua²² io⁵³ vɘʔ²zɔ̃²¹ kʻɘu⁴⁴。

(41) 其拉屋落个老太婆比阿拉厉害交关。（他们家的老太婆比我们家的厉害多了）

dʑiɐʔ² lɐʔ² uoʔ⁵ loʔ² ɦioʔ² lɔ²² tʻa⁴⁴ bø²² pi⁴⁴ ɐʔ⁵ lɐʔ² li²² liʔ² tɕio⁵³ kuɛ⁴⁴。

(42) 其拉屋落个老太婆比阿拉屋落个厉害交关。（他们家的老太婆比我家的厉害多了）

dʑiɐʔ² lɐʔ² uoʔ⁵ loʔ² ɦioʔ² lɔ²² tʻa⁴⁴ bø²² pi⁴⁴ ɐʔ⁵ lɐʔ² uoʔ⁵ loʔ² ɦioʔ² li²² liʔ² tɕio⁵³ kuɛ⁴⁴。

表人的名词与中心语之间一般需加助词"拉";人称代词与中心语之间可以加"个",也可以不加"个"。例如:

(43) 张老师拉儿子比叶老师拉儿子聪明。（张老师的儿子比叶老师的儿子聪明）

tsã⁴⁴ lɔ²¹ sɿ⁴⁴ lɐʔ² ŋ̍²¹ tsɿ⁴⁴ pi⁴⁴ ziʔ² lɔ²¹ sɿ⁴⁴ lɐʔ² ŋ̍²¹ tsɿ⁴⁴ tsʻoŋ⁴⁴ min²¹。

(44) 阿拉儿子比倷儿子聪明。（我儿子比你儿子聪明）

ɐʔ⁵ lɐʔ²ŋ̍²¹ tsɿ⁴⁴ pi⁴⁴ nɐʔ²ŋ̍²¹ tsɿ⁴⁴ tsʻoŋ⁴⁴ min²¹。

c. 隶属关系

一般来说肢体词语,容易构成隶属关系。B项多省略中心语或省略定语,不省略的说法反而不自然。例如:

(45) 我头比诺大。（我头比你大）

ŋo²⁴ dø²² pi⁴⁴ noʔ² dɘu²⁴。

(46) 我劲道比诺小。（我力气比你小）

ŋo²⁴ dʑin²⁴ dɔ²⁴ pi⁴⁴ noʔ² ɕio³⁵。

(47) 河鳗价钿比甲鱼贵。（河鳗价钱比甲鱼贵）

ɦɘu²² mø²¹ ko⁴⁴ di²¹ pi⁴⁴ tɕiɐʔ⁵ŋ̍²¹ tɕy⁴⁴。

(48) 甘蔗根子比脑头甜。（甘蔗根子比脑尖甜）

kie⁵³ tsuo⁴⁴ kən⁴⁴ tsɿ⁵³ pi⁴⁴ nɔ²² dø²² die²²。

(49) 我借手劲道比正手大。（我左手力气比右手大）

ŋo²⁴ tɕia⁴⁴ sø⁵³ dʑin²² dɔ²⁴ pi⁴⁴ tsən⁴⁴ sø⁵³ dəu²⁴。

d. 质料关系

质料关系是指定语是构成中心语的材料。这类只有完整式，不省略。例如：

(50) 木头桌凳比水泥桌凳轻交关。（木头桌子比水泥桌子轻很多）

moʔ² dø²² tsəʔ⁵ tən⁴⁴ pi⁴⁴ sɿ⁴⁴ ȵi²² tsəʔ⁵ tən⁴⁴ tɕʻin⁴⁴ tɕio⁵³ kuɛ⁴⁴。

(51) 塑胶砧板比木头砧板便宜。（塑料砧板比木头砧板便宜）

soʔ⁵ kɔ⁴⁴ tsən⁴⁴ pɛ⁴⁴ pi⁴⁴ moʔ² dø²² tsən⁴⁴ pɛ⁴⁴ bi²² ȵi²¹。

(52) 的确良个料子比纯棉个料子牢结。（的确良的料子比纯棉的料子结实）

tiʔ⁵ tɕʻyoʔ⁵ liã²² ɦoʔ² lio²² tsɿ³⁵ pi⁴⁴ mi²² ɦoʔ² lio²² tsɿ³⁵ lɔ²² tɕiʔ⁵。

(53) 木结构个房子比钢筋水泥个房子看起来古朴。（木结构的房子比钢筋水泥的房子看起来古朴）

moʔ² tɕiʔ⁵ kø⁵³ ɦoʔ² vɔ̃²¹ tsɿ⁴⁴ pi⁴⁴ kɔ̃⁴⁴ tɕin⁵³ sɿ⁵³ ȵi²² ɦoʔ² vɔ̃²¹ tsɿ⁴⁴ kʻi⁴⁴ tɕʻi⁵³ lie²² ku⁵³ pʻu⁴⁴。

e. 时地关系

时地关系是指定语由表时间、地点的名词构成，B项可以省略中心语。例如：

(54) 葛记形势比过去好交关。（现在形势比过去好很多）

kəʔ⁵ tɕi⁵³ ʑin²² sɿ⁴⁴ pi⁴⁴ kəu⁴⁴ tɕʻy⁵³ hɔ⁴⁴ tɕio⁵³ kuɛ⁴⁴。

(55) 今年收成比旧年推板。（今年收成比去年差）

tɕin⁴⁴ ȵi²¹ sø⁴⁴ dzən²¹ pi⁴⁴ dʑy²² ȵi²⁴ tʻɐi⁴⁴ pɛ⁵³。

(56) 葛爿山上顶个杨梅比该爿山生勒多。（这座山上的杨梅比那座山长得多）

kəʔ⁵ bɛ²¹ sɛ⁵³ zɔ̃²² tən⁰ ɦoʔ² ʑiã²² mɐi²¹ pi⁴⁴ gɛ²² bɛ²¹ sɛ⁵³ sã⁴⁴ ləʔ² təu⁵³。

(57) 宁波个小商品比义乌质量好。（宁波的小商品比义乌质量好）

ȵin²² pəu⁵³ ɦoʔ² ɕio⁴⁴ sɔ̃⁴⁴ pʻin⁴⁴ pi⁴⁴ ȵi²² u⁴⁴ tsəʔ⁵ liã²¹ hɔ³⁵。

（58）武汉人个素质比北京差。（武汉人的素质比北京差）

　　　vu²² hie⁴⁴ n̠in²² ɦioʔ² su⁴⁴ tsəʔ⁵ pi⁴⁴ poʔ⁵ tɕin⁴⁴ n̠in²² tsʻa⁵³。

也有不能省略的。例如：

（59）宁波人比上海人爽快。（宁波人比上海人爽快）

　　　n̠in²² pəu⁴⁴ n̠in²² pi⁴⁴ zɔ̃²² hie⁴⁴ n̠in²² sɔ̃⁵³ kʻua⁴⁴。

（60）宁波小姑娘比杭州小姑娘会打扮。（宁波小姑娘比杭州小姑
　　　娘会打扮）

　　　n̠in²² pəu⁵³ ɕio⁴⁴ ku⁴⁴ n̠iã²² pi⁴⁴ ɦɔ̃²² tsø⁵³ ɕio⁴⁴ ku⁴⁴ n̠iã²² ɦuɐi²² tã⁵³
　　　pɛ⁰。

f. 类属关系

类属关系是指 B 项为"定语＋个"形式，省略了中心语。例如：

（61）红个蜡烛比白个贵。（红的蜡烛比白的贵）

　　　ɦioŋ²¹ ɦioʔ² lɐʔ² tsoʔ⁵ pi⁴⁴ bɐʔ² ɦioʔ² tɕy⁴⁴。

（62）三年陈个老酒比新出个好吃。（三年陈的老酒比新出来的好
　　　喝）

　　　sɛ⁵³ n̠i²² dzən²² ɦioʔ² lɔ²² tɕy⁵³ pi⁴⁴ ɕin⁵³ tsʻəʔ⁵ ɦioʔ² hɔ⁵³ tɕʻyoʔ⁵。

（63）书读过个人比书没读过个懂道理。（书读过的人比书没读过
　　　的懂道理）

　　　sɿ⁵³ doʔ² kəu⁴⁴ ɦioʔ² n̠in²² pi⁴⁴ sɿ⁵³ məʔ² doʔ² kəu⁴⁴ ɦioʔ² toŋ⁴⁴
　　　dɔ²² li²¹。

②省略 B 的定语

如果 A、B 定语相同，中心语不同，那么往往可以承前省略定语。
例如：

（64）阿拉杨梅比桃子多。（我们杨梅比桃子多）

　　　ɐʔ⁵ lɐʔ² z̠iã²² mɐi²¹ pi⁴⁴ dɔ²¹ tsɿ⁴⁴ təu⁵³。

（65）山北海货比山货便宜。（山北海货比山货便宜）

　　　sɛ⁴⁴ poʔ⁵ hie⁵³ həu⁴⁴ pi⁴⁴ sɛ⁵³ həu⁴⁴ bi²² n̠i²¹。

③省略 A 的中心语

（66）其比阿拉胆子大交关。（他比我们胆子大很多）

　　　dʑi²⁴ pi⁴⁴ ɐʔ⁵ lɐʔ² tɛ⁵³ tsɿ⁴⁴ dəu²² tɕio⁵³ kuɛ⁴⁴。

（67）江飞嫂比我年纪大。（江飞嫂比我年龄大）

kɔ̃⁴⁴ fi⁵³ sɔ⁴⁴ pi⁴⁴ ŋo²⁴ n̠i²¹ tɕi⁴⁴ dəu²⁴。

"其比阿拉胆子大交关"可以从两个方面来理解：一方面我们可以看成"其（胆子）比阿拉胆子大交关"这个句子比较主体 A 中心语省略所致；另一方面，我们若把"胆子大交关"看成主谓结构作比较句的谓语，那么这个句子就没有省略什么。

④省略整个 A

当同一事物在不同时期进行比较时，往往是充当比较主体的时间名词省略，但我们一般能够根据比较客体把它补充出来。

（68）比昨么天价矮暖眼嚙。（比昨天天气暖和些了）

pi⁴⁴ zoʔ² məʔ² t'i⁵³ ko⁴⁴ əu⁴⁴ nø²¹ tɕio⁵³ kuɛ⁵³。

（69）物价比葛记要便宜。（物价比现在要便宜）

vəʔ² ko⁴⁴ pi⁴⁴ kəʔ⁵ tɕi⁵³ io⁴⁴ bi²² n̠i²¹。

⑤省略整个 B

这种情况在"没"型比较句中才出现，用"介"（相当于普通话的"那么""那样"）指代 B，构成"A 没 + 介 + W"式。例如：

（70）我没介厉害。（我没这么厉害）

ŋo²⁴ məʔ² ka⁴⁴ li²² liʔ²。

（71）其头子没介活络。（他头脑没这么灵活）

dʑi²⁴ dø²¹ tsʅ⁴⁴ məʔ² ka⁴⁴ ɦuŋʔ² loʔ²。

⑥省略 B 项的谓词

以上讲的主要指 A、B 为体词性的定中结构的情况，如果 A、B 为主谓结构，省略的成分多为 B 项中的谓词。例如：

（72）阿六头唱书比我厉害。（阿六头说书比我行）

ɐʔ⁵ loʔ² dø²² ts'ɔ̃⁴⁴ sʅ⁵³ pi⁴⁴ ŋo²⁴ li²² liʔ²。

（73）其跑步比我快。（他跑步比我快）

dʑi²⁴ bɔ²² bu²⁴ pi⁴⁴ ŋo²⁴ k'ua⁴⁴。

A、B 为动宾结构，省略的情况比较少见，不过当 A、B 的动词相同时，也可以省略，但较少用。例如：

（74）做铁匠比木匠好。（做铁匠比木匠好）

tsəu⁴⁴ t'iʔ⁵ ʑiã²¹ pi⁴⁴ moʔ² ʑiã²² hɔ³⁵。

（75）葛两年，养羊比牛好。（这两年，养羊比牛好）

kəʔ⁵ liã²² n̠i²² iã⁴⁴ ʑiã²⁴ pi⁴⁴ ŋø²² hɔ³⁵。

2. A、B 在句法形式上的结构性质不一样

这类用法是 A、B 其中一项是复杂成分，往往有描摹、夸张的意味。

(76) 再努力十年也比夷推板。（再努力十年也比他差）

tsɛ⁴⁴ nu²² liʔ² dzəʔ² n̠i²⁴ ʑia²² pi⁴⁴ ʑi²⁴ tʻɐi⁴⁴ pɛ⁵³。

(77) 就是去卖血也比人家勿过个。（就是去卖血也比不过人家）

zø²² zʅ²¹ tɕʻiʔ⁵ ma²² ɕyoʔ⁵ ʑia²² pi⁵³ n̠in²² ko⁴⁴ vəʔ² kəu⁴⁴ ɦoʔ²。

(78) 诺比每日快活要好。（你比每天闲着要好）

noʔ² pi⁴⁴ mɐi²² n̠iʔ² kʻua⁴⁴ ɦuoʔ² io⁴⁴ hɔ³⁵。

(79) 小顽也介毛样眼白翻带出，比大人装勒还要像。（小孩也这样把眼睛翻出来，比大人装得还要像）

ɕio⁴⁴ uɛ⁴⁴ ʑia²² ka⁴⁴ mɔ²² n̠iã²² ŋɛ²² bɐʔ² fɛ⁴⁴ ta⁵³ tsʻəʔ⁵，pi⁴⁴ dəu²² n̠in²² tsɔ̃⁴⁴ ləʔ² ɦua²² io⁵³ ʑiã²²。

第一例，A 是谓词性成分，B 是代词，意思是再努力十年最后得到的成就和他相比还是比不过的；第二例，A 是谓词性结构，B 是表人名词，是说即使去卖血，得到的钱也比不过人家；第三例，A 是代词，B 是谓词短语，代词 A 后头隐含了一个已知信息，即你现在这个状况，一般指正从事某个职业；第四例，A 是一个复杂结构，B 是名词，是说小孩子装的样子比大人们装的还要像。

（三）A、B 的语义特征

比较句的基本要求是比较项 A、B 必须能够构成比较关系。吕叔湘指出，两件事情，要是完全相异，那就毫无关系可言，或是构成别种关系，但不构成比较关系。必须有相同的部分，又有相异的部分，才能同中见异，或异中见同，才能有比较关系。从比较项的语义看，宁波方言比较句的最规范用法就是 A、B 在语义上属于同一基本范畴，如果 A 是人，那么 B 也是人；A 是物，那么 B 也是物；A 是事，那么 B 也是事；A 是有生命、有智慧的，那么 B 也是有生命、有智慧的。例如：

(80) 阿毛拉阿爷比大学教授还厉害。（阿毛的爷爷比大学教授还厉害）

ɐʔ⁵ mɔ²² ləʔ² ɐʔ⁵ ʑia²¹ pi⁴⁴ da²² ɦoʔ² tɕio⁴⁴ zø²¹ ɦua²² li²² liʔ²。

（81）青龙尖比黄龙尖高两公分。（青龙尖比黄龙尖高两公分）

tɕʻin⁵³ loŋ²² tɕi⁴⁴ pi⁴⁴ ɦuõ²¹ loŋ²² tɕi⁴⁴ kɔ⁴⁴ liã²² koŋ⁴⁴ fən⁴⁴。

（82）种西瓜比种洋芋芳技术要求高。（种西瓜比种洋芋芳技术要求高）

tsoŋ⁴⁴ ɕi⁴⁴ ko⁵³ pi⁴⁴ tsoŋ⁴⁴ ʑiã²¹ n̩²² na²² dʑi²² zəʔ² io⁴⁴ dʑy²¹ kɔ⁵³。

（83）活狲比老虎聪明。（猴子比老虎聪明）

ɦuɐʔ² sən³⁵ pi⁴⁴ lɔ²² fu⁵³ tsʻoŋ⁴⁴ min²¹。

第一例，比较项属于"人"这个基本语义范畴；第二例，比较项属于"物"这个语义范畴；第三例，比较项属于"事"这个语义范畴；第四例，比较项属于"动物"这个语义范畴。

此外，还可以是同一对象在不同方面的比较。例如：

（84）我今年成绩比旧年好。（我今年成绩比去年好）

ŋo²⁴ tɕin⁴⁴ n̩i²¹ dzən²² tɕiʔ⁵ pi⁴⁴ dʑy²² n̩i²⁴ hɔ³⁵。

（85）其面相比十多年前头老交关。（他长相比十年前老很多）

dʑi²⁴ mi²² ɕiã⁴⁴ pi⁴⁴ zəʔ² təu⁵³ n̩i²² zi²² dø²¹ lɔ²² tɕio⁵³ kuɛ⁴⁴。

以上是十分规整的用法，此外还有很多不规整的用法，这些用法中，比较项属于不同的语义范畴，在语境、类比等影响和制约下，它们也能建立起比较关系。例如：

（86）葛比走去还要着力。（这比走着去还要累）

kəʔ⁵ pi⁴⁴ tsø³⁵ tɕʻi⁴⁴ ɦua²⁴ io⁵³ dzɐʔ² liʔ²。

（87）其比我印象当中要好看。（他比我印象中的要好看）

dʑi²⁴ pi⁴⁴ ŋo²⁴ in⁵³ ʑiã²² tɔ⁴⁴ tsoŋ⁴⁴ io⁴⁴ hɔ⁵³ kʻi⁴⁴。

（88）葛人心比炭煤还黑么。（这人心比炭还要黑）

kəʔ⁵ n̩in²² ɕin⁵³ pi⁴⁴ tʻɛ⁴⁴ mɐi²² ɦua²⁴ həʔ⁵ məʔ²。

第一例，"葛"在语境中说话人和听话人心中是清楚的，用来指代正在进行的事情；第二例，比较主体 A 与某个相对来说作为一定的标准的比较客体 B 比较，这个标准可以是个人心目中的预想，也可以是整个社会公认的某种标准。"我印象当中"实际上是"我印象当中个其"，也就是说一个真实的"其"和我心目中想象的"其"进行对比；最后一例是类比，事物之间在某些方面一旦有相似，那么就可以构成比较关系，比较句就是把不同事物之间的异同揭示出来。"炭煤"的颜色是黑

色的，我们说人心坏也用"黑心"，人的心比炭煤还要黑，可见黑心的
程度。

二 结论项 W 的构成类型和语义特点

根据"比"字句结论项性质的不同，我们把它分为形容词性结论
项、动词性结论项、名词性结论项、主谓结构结论项和"有"字短语
结论项，不同的结论项具有不同的语义特征。

（一）形容词性结论项

W 为形容词性结论项在语法形式上有以下几种表现：

1. A + 比 + B + 形容词

（89）我比其壮。（我比他胖）

ŋo^{24} pi^{44} dʑi^{24} tsɔ^{44}。

（90）其比我矮。（他比我矮）

dʑi^{24} pi^{44} ŋo^{24} a^{35}。

"A + 比 + B + 形容词"可以加句末语气词"嘞"，表示比较主体与
比较客体在变化中导致两者的差异或相同。例如：

（91）我比诺壮嘞。（我比你胖了，意思是以前我不比你胖）

ŋo^{24} pi^{44} dʑi^{24} tsɔ^{44} lɐi^{21}。

（92）其比我矮嘞。（他比我矮了，意思是以前他比我高）

dʑi^{24} pi^{44} ŋo^{24} a^{35} lɐi^{21}。

2. A + 比 + B + 形容词 + 补语

（93）其比我厉害交关。（他比我厉害很多）

dʑi^{24} pi^{44} ŋo^{24} li^{22} liʔ^{2} tɕio^{53} kuɛ^{44}。

（94）我比诺多两斤。（我比你多两斤）

ŋo^{24} pi^{44} noʔ^{2} təu^{44} liã^{22} tɕin^{53}。

前一例补语为程度副词，宁波方言比较句中，用在此处的程度副词
主要就是"交关"这个词；后一例补语是数量结构，用在此处的数量
结构除了例中"数词 + 度量衡单位"，还可以是倍数，如"三倍、十
倍、千千万万倍"等，还可以是模糊的表量结构，如"一眼、一眼
眼"。例如：

（95）其钞票比阿拉多特猛倍。（他钱比我们多好多倍）

dʑi²⁴ tsʻɔ⁵³ pʻio⁴⁴ pi⁴⁴ ɐʔ⁵ lɐʔ² təu⁴⁴ təʔ⁵ mã²¹ bɐi²²。

（96）做生活侬爹爹比诺仔细眼。（干活你爹比你要仔细些）

tsəu⁴⁴ sã⁴⁴ ɦoʔ² nɐʔ² tia⁴⁴ tia⁵³ pi⁴⁴ noʔ² tsʅ⁵³ çi⁴⁴ ŋie²²。

补语后可以加语气词"嘞"，构成"A+比+B+形容词+补语+嘞"，表示变化。加"嘞"后，补语多为确定的数量结构。例如：

（97）其比阿拉快两百米嘞。（他比我们快上两百米了）

dʑi²⁴ pi⁴⁴ ɐʔ⁵ lɐʔ² kʻua⁴⁴ liã²² pɐʔ⁵ mi²²。

（98）我比标准体重重十多斤嘞。（我比标准体重重十多斤了）

ŋo²⁴ pi⁴⁴ pio⁴⁴ tsən⁵³ tʻi⁵³ dzoŋ²¹ dzoŋ²² zəʔ² təu⁵³ tçin⁴⁴lɐi²¹。

"形容词+补语"粘合结构可以扩展成组合结构，构成"A+比+B+形容词+勒+补语（嘞）"格式。例如：

（99）其比阿拉快勒两百米。（他比我们快了两百米）

dʑi²⁴ pi⁴⁴ ɐʔ⁵ lɐʔ² kʻua⁴⁴ ləʔ² liã²² pɐʔ⁵ mi²²。

（100）我比标准体重重勒十多斤嘞。（我比标准体重重了十多斤了）

ŋo²⁴ pi⁴⁴ pio⁴⁴ tsən⁵³ tʻi⁴⁴ dzoŋ²¹ dzoŋ²² ləʔ² zəʔ² təu⁵³ tçin⁴⁴lɐi⁰。

前一例是静态陈述，不用"嘞"；后一例有"嘞"，表示一种变化。这儿的补语也可以是表模糊量的补语。例如：

（101）其比我快勒一眼眼。（他比我快了一点点）

dʑi²⁴ pi⁴⁴ ŋo²⁴ kʻua⁴⁴ iʔ⁵ ŋie²² ŋie²²。

（102）我比标准体重重勒交关。（我比标准体重重了很多）

ŋo²⁴ pi⁴⁴ pio⁴⁴ tsən⁵³ tʻi⁴⁴ dzoŋ²¹ dzoŋ²² ləʔ²tçio⁵³ kuɛ⁴⁴

"形容词+勒+补语"中的"勒"还可以用"出"，构成"A+比+B+形容词+出+补语"，句末一般情况下不用语气词。例如：

（103）今年收入比旧年多出五千块。（今年收入比去年多五千元）

tçin⁴⁴ n̠i²¹ sø⁴⁴ zəʔ² pi⁴⁴ dʑy²² n̠i²⁴ təu⁴⁴ tsʻəʔ⁵ ŋ̍²² tçʻi⁵³ kʻuɐi⁴⁴。

（104）东边鱼塘比西边鱼塘鱼多出交关。（东边鱼塘比西边鱼塘的鱼多很多）

toŋ⁴⁴ pi⁵³ ŋ̍²² dɔ̃²¹ pi⁴⁴ çi⁴⁴ pi⁵³ ŋ̍²² dɔ̃²¹ ŋ̍²² təu⁴⁴ tsʻəʔ⁵ tçio⁵³ kuɛ⁴⁴。

能够与"出"搭配的形容词也只有"多""长"等少数几个。

结论项为形容词的比字句，其比较点和比较结果都由该形容词充任。这些形容词主要是性质形容词，尤其是那些在表量上不是很确定的，语义上没有明确的边界的形容词。如好、厉害、坏、早、晏、聪明、笨、漂亮、海威，等等。例如：

（105）　其拉屋落比阿拉海威。（他们家比我们兴旺发达）

　　　　dʑieʔ² leʔ² uoʔ⁵ loʔ² pi⁴⁴ ɐʔ⁵ leʔ² hie⁴⁴ ɦiɐʮi²¹。

（106）　倷儿子比大学生还聪明么。（你儿子比大学生还聪明）

　　　　neʔ² ŋʮ²¹ tsʮ⁴⁴ pi⁴⁴ da²² ɦoʔ² sã⁴⁴ ɦua²² tsʻoŋ⁴⁴ min²¹ məʔ²²。

　　整个比较句系统在比较结果上都有这样一个共性，即表量上不是很确定的、语义上没有明确的边界的形容词最容易进入比较结果，充当W。不过，在普通话中，很少受程度副词修饰的那些在意念上没有程度区别的性质形容词，如"真、对、错、假、直、弯"等，在宁波方言比较句中，也经常见到。例如：

（107）　东东比诺对。（东东比你正确）

　　　　toŋ⁴⁴ toŋ⁴⁴ pi⁴⁴ noʔ² tɐi⁴⁴。

（108）　其比诺错。（他比你错误）

　　　　dʑi²⁴ pi⁴⁴ noʔ² tsʻəu⁴⁴。

　　状态形容词带有明显的描写性，着重于对事物状态的描写，这种描写不表示量的差别，所以一般也不用程度副词来修饰。状态形容词不能充当宁波方言"比"字句的比较结果。

　　从W的语义指向看，W为形容词的时候，它既是结论项，本身又含比较点，语义指向A。如"其比我精明"这个句子，结论项"精明"主要用来说明比较主体"其"，重在突出"其很精明"，精明本身又是比较点。

　　形容词作为比较点，与人们的认知是分不开的。进入比较句结论项的形容词主要是性质形容词，这些形容词都是与一定的人或物的性质相关，一看到这个形容词，我们就会想到与之相关的主体。如"坏"，我们就知道与人的品行有关，"大"与人或物的体积、级别等相关。这类比较的语义一般是模糊的，我们可以在W后加上数量成分，使比较的结论具体化。如"我比其重"可以进一步说成"我比其重廿斤"。

（二）动词性结论项

　　宁波方言比较句的结论项可以由动词性词语来充任。主要形式如下：

1. A + 比 + B + 动词

宁波方言中，能够充当比较句结论项的单个动词，多为心理动词，如恨、怕、相信、疑心、当心、放心、刻忖、值钿、欢喜、爱惜、记挂。

（109）讲到晚娘，我比诺恨。（说到后妈，我比你恨）

kõ⁴⁴ tɔ⁴⁴ mɛ²² niã²², ŋo²⁴ pi⁴⁴ noʔ² fiən²⁴。

（110）其得其拉儿子比诺值钿。（他对他儿子比你疼爱）

dʑi²⁴ təʔ⁵ dʑiɐʔ² lɐʔ²ŋ̍²¹ tsŋ̍⁴⁴ pi⁴⁴ noʔ² dzəʔ² di²²。

有些心理动词后可以跟名词，一般构成"N + A + 比 + B + 动词"形式。例如：

（111）小说书我比诺欢喜。[（对）小说书，我比你喜欢]

ɕio⁵³ soʔ⁵ sŋ̍⁴⁴ ŋo²⁴ pi⁴⁴ noʔ² huø⁴⁴ ɕi⁵³。

（112）屋落东西我比诺爱惜。（家里的东西我比你爱惜）

uoʔ⁵ loʔ² toŋ⁴⁴ ɕi⁵³ ŋo²⁴ pi⁴⁴ noʔ² e⁴⁴ ɕiʔ⁵。

心理动词所表示的心理行为具有程度的差异。如"欢喜"这个词，可以是"有点欢喜"，也可以是"比较欢喜"，还可以是"非常欢喜"。这种量度的存在，使得心理动词很容易不借助其他成分进入比较句充任结论项。不过同为结论项，W为形容词或心理动词，在语义上有明显差异：前者隐含比较主体A和比较客体B都W，但是B与A相比程度更深。而后者则不一定有这个隐含的意思，只是作简单的比较。例如：

（113）阿拉姐姐比诺好看。（我姐姐比你好看）

ɐʔ⁵ lɐʔ² tɕia⁴⁴ tɕia⁵³ pi⁴⁴ noʔ² hɔ⁵³ kʻi⁴⁴。

（114）阿拉姐姐比诺相信。（我姐姐比你相信）

ɐʔ⁵ lɐʔ² tɕia⁴⁴ tɕia⁵³ pi⁴⁴ noʔ² ɕiã⁵³ ɕin⁴⁴。

前一句一般表达的意思是两个人比较，其中一个在相貌上胜过另一个，当然不排除两个人都很漂亮这种可能性。后一句则隐含了两个人都相信某事，是在两者都W的基础上再进行比较。

2. A + 比 + B + 动词 + 嗨

这类句式的动词多含有增长或缩减意味，"嗨"既表示变化，又表示完成，在句中必不可少。例如：

（115）今年产量比旧年增加嗨。（今年产量比去年增加了）

tɕin⁴⁴ n̠i²¹ tsʻɛ⁴⁴ liã²¹ pi⁴⁴ dʑy²² n̠i²⁴ tsən⁴⁴ ko⁵³ lɐi⁰。

（116）其用钞票比过去浪费嘞。（他用钱比过去浪费了）

dʑi²⁴ ʑyoŋ²² tsʻɔ⁵³ pʻio⁴⁴ pi⁴⁴ kəu⁴⁴ tɕʻy⁵³ lɔ²¹ fi⁴⁴ lɐi⁰。

（117）葛段距离比过去缩短嘞。（这段距离比过去缩短了）

kəʔ⁵ dø²¹ dʑy²¹ li²² pi⁴⁴ kəu⁴⁴ tɕʻy⁵³ soʔ⁵ tø²⁴ lɐi⁰。

"增加"含有增长义，"浪费""缩短"含有缩减义。从比较的语义预设看，第一例没有明显的言外之意，只说明今年的产量比去年增加了，至于去年的产量究竟是高还是不高，就不得而知了；第二例则含有他过去用钱比较节约的言外之意，现在花钱浪费了；第三例与第一例相同。

3. A + 比 + B + 助词 + 动词（或"动 + 名词"）

助动词"会"（相当于普通话的"能""能够"）、"要"、"肯"、"敢"等与动词或动词短语结合，使整个结构带有量的级差，这样的结构也可以充任比较句的结论项 W。例如：

（118）葛女人比男人还会做。（这女人比男人还会干活）

kəʔ⁵ ny²² n̠in²¹ pi⁴⁴ nɐi²² n̠in²¹ ɦua²² ɦuɐi²¹ tsɐu⁴⁴。

（119）葛小顽比大人还会打算。（这小孩比大人还会打算）

kəʔ⁵ ɕio⁴⁴ uɛ⁴⁴ pi⁴⁴ dəu²² n̠in²² ɦua²² ɦuɐi²¹ tã⁵³ sø⁴⁴。

（120）其比诺会动脑筋。（他比你会动脑子）

dʑi²⁴ pi⁴⁴ noʔ² ɦuɐi²² doŋ²² nɔ² tɕin⁵³。

（121）一班学生比五班学生肯吃苦。（一班的学生比五班的学生肯吃苦）

iʔ⁵ pɛ⁴⁴ ɦoʔ² sã³⁵ pi⁵⁵ ŋ̍²² pɛ⁴⁴ ɦoʔ² sã³⁵ kən⁴⁴ tɕʻyoʔ⁵ kʻu³⁵。

（122）我比诺敢负责任。（我比你敢负责任）

ŋo²⁴ pi⁴⁴ noʔ⁵ ki⁴⁴ vø²² tsəʔ⁵ zəʔ²。

4. A + 比 + B + 动词 + （勒）+ 形容词 + （嘞）

动补式的补语在比较句中一般多由表示"多""少""好""坏"之类的形容词充当，用来比较动词在程度上的差异，形式上可以是粘合式，也可以是组合式。例如：

（123）我比诺吃勒多。（我比你吃得多）

ŋo²⁴ pi⁴⁴ noʔ² tɕʻyoʔ⁵ ləʔ² təu⁵³。

（124）宁波比杭州发展快。（宁波比杭州发展快）

　　　　n̠in²² pəu⁵³ pi⁴⁴ ɦiɔ̃²² tsø⁵³ fɐʔ⁵ tsø⁵³ k'ua⁴⁴。

　　前一例是组合式动补结构"吃勒多"，后一例是粘合式动补结构
"发展快"。

　　这些动词短语补语是由在程度上有差别的性质形容词充当。加上
"嘞"，表示变化。例如：

（125）我比诺吃勒多嘞。（我比你吃得多了，意思是我以前没你吃
　　　　得多）

　　　　ŋo²⁴ pi⁴⁴ noʔ² tç'yoʔ⁵ ləʔ² təu⁵³ lɐi⁰。

（126）宁波比杭州发展快嘞。（宁波比杭州发展快了，是宁波以前
　　　　发展没有杭州那样快）

　　　　n̠in²² pəu⁵³ pi⁴⁴ ɦiɔ̃²² tsø⁵³ fɐʔ⁵ tsø⁵³ k'ua⁴⁴ lɐi⁰。

　　从语义上看，这类句式的比较点是动词，补语是比较结果。例如：

（127）我比诺做勒好。（我比你做得好）

　　　　ŋo²⁴ pi⁴⁴ noʔ² tsəu⁴⁴ ləʔ² hɔ³⁵。

（128）阿拉比其付勒少。［我们比他（钱）付得少］

　　　　ɐʔ⁵ lɐʔ² pi⁴⁴ dʑi²⁴ fu⁴⁴ ləʔ² sɔ³⁵。

　　前一例比较点是"做"，比较结果是"我比诺好"；后一例比较点
是"付"，比较结果是"阿拉比其拉少"。

　　（三）名词性结论项

　　W 为名词性结论项用于"比"字句主要出现在"A + 比 + B + 还 +
W"（W 为名词或名词短语）格式中。一般来说，W = B，比较客体与
W 重合。例如：

（129）诺人比阿木林还阿木林①。（你比阿木林还笨）

　　　　noʔ² n̠in²² pi⁴⁴ ɐʔ⁵ moʔ² lin²² ɦua²² ɐʔ⁵ moʔ² lin²²。

（130）葛人多少刁滑的啦，比狐狸还狐狸！（这人真是狡猾，比狐
　　　　狸还狐狸）

　　　　kəʔ⁵ n̠in²² təu⁴⁴ sɔ⁵³ tio⁴⁴ ɦuɐʔ² tiʔ⁵ la²²，pi⁴⁴ ɦiu²² li²¹ ɦua²²
　　　　ɦiu²² li²¹！

————————

① 阿木林，讥骂木头木脑，什么都不懂的傻瓜。

（131）倷爹爹葛记人弄勒比阿德卵还阿德卵。（你爹爹现在人弄得比阿德卵还阿德卵）

 nɐʔ² tia⁴⁴ tia⁵³ kəʔ⁵ tɕi⁵³ ȵin²² noŋ²² ləʔ² pi⁴⁴ ɐʔ⁵ təʔ⁵ lø²² ɦua²² ɐʔ⁵ təʔ⁵ lø²²。

这类名词已经带上形容词性质了，表示该名词所代表的那一类事物的特征。如"其人弄勒比艮孤老头还艮孤老头"中，"艮孤老头"本身是一个名词，在宁波方言中指的是性格十分倔强、古怪的老年孤身男子，这里后一个"艮孤老头"意思是指性格像这种孤老男子一样的倔强、不通情理，有形容词的性质。这种用法主要是语用修辞造成的。

（四）主谓结构结论项

结论项 W 也可以是主谓结构。例如：

（132）我比诺眼睛亮。（我眼睛比你亮）

ŋo²⁴ pi⁴⁴ noʔ² ŋɛ²² tɕin⁵³ liã²⁴。

（133）阿王比诺本事大。（阿王本事比你大）

ɐʔ⁵ ɦuõ²² pi⁴⁴ noʔ² pən⁵³ zɿ²² dəu²⁴。

这类格式，主谓结构中的"主"是比较点，"谓"是结论项（形容词充当）。如第一例"我比诺成绩好"的比较点是"成绩"，比较主体"我"在"成绩"这一点上超过比较客体"诺"。这个比较点可以移到 A 前，说成"成绩我比诺好"，也可以移到 A 后"比"前，说成"我成绩比诺好"。

（五）"有"字短语结论项

宁波方言"有＋名词"的说法很普遍，名词的各种类型都可以进入"有"字短语。例如：

a. 有本事、有法道、有脑筋、有办法、有心计、有眼力、有劲道、有志气、有福气、有知识、有道理、有感情、有希望、有信心、有能力、有兴趣、有骨气、有见识、有经验、有水平、有魄力、有煞心、有良心、有远见

b. 有毛病（跟一切疾病类名词）

c. 有钞票、有油水

a 组是"有"字短语的主要形式，能够用于比较句，其"有"字后的名词以中性、褒义词语为主，不能是贬义词。例如：

（134）阿旺比我有福气。（阿旺比我有福气）

ɐʔ⁵ ɦiuɔ̃²⁴ pi⁴⁴ ŋo²⁴ ɦiy²² fo⁵ tɕ'i⁵³。

（135）葛个道士比上个有法道。（这个道士比上一个有法力）

kəʔ⁵ ɦio²² dɔ²² zɿ²¹ pi⁴⁴ dzɔ̃²² ɦioʔ² ɦiy²² fɐʔ⁵ dɔ²¹。

b组"有"字后跟表示疾病的名词，语义是存在宾语名词所表示的事物。这类"有"字式不能用于比较句。

c组"有"字后的宾语是具体名词，其语义不再表示领有或存在宾语名词所表示的事物，而是表示一种程度较高的性质或状态，含有积极的意义。如"有钞票""有油水"，不是简单地理解为对"钞票"和"油水"的领有，而是重在说明"钞票多"和"油水多"。可以用于比较句。

可见，能够用于比字句的"有"字短语必须满足以下条件：

第一，能受程度副词修饰；

第二，在语义上含有量的级差。

从语用角度看，"有"字短语用于比较句的说法不是很多，遇到"有"字短语，宁波方言一般把"有"字短语中的名词提前，置于 A 后的位置，然后用相应的形容词来填补谓语。例如：

（136）诺比我有本事。（你比我有本事）

noʔ² pi⁴⁴ ŋo²⁴ ɦiy²² pən⁵³ zɿ²²。

（137）大刚比小刚有脑筋。（大刚比小刚聪明）

dəu²⁴ kɔ̃³⁵ pi⁴⁴ ɕio⁴⁴ kɔ̃⁴⁴ ɦiy²² nɔ²² tɕin⁵³。

（138）阿福比香港老板还有钞票。（阿福比香港老板钱还多）

ɐʔ⁵ foʔ⁵ pi⁴⁴ ɕiã⁴⁴ kɔ̃⁴⁴ lɔ²² pɛ⁴⁴ ɦiua²² ɦiy²² ts'ɔ⁵³ p'io⁴⁴。

以上四个例子在交际中常常说成：

（139）诺本事比我大。（你本事比我大）

noʔ² pən⁵³ zɿ²² pi⁴⁴ ŋo²⁴ dəu²⁴。

（140）大刚脑筋比小刚好。（大刚脑子比小刚灵）

dəu²⁴ kɔ̃³⁵ nɔ²² tɕin⁵³ pi⁴⁴ ɕio⁴⁴ kɔ̃⁴⁴ hɔ³⁵。

（141）阿福钞票比香港老板还多。（阿福钞票比香港老板还多）

ɐʔ⁵ foʔ⁵ ts'ɔ⁵³ p'io⁴⁴ pi⁴⁴ ɕiã⁴⁴ kɔ̃⁴⁴ lɔ²² pɛ⁴⁴ ɦiua²² tau⁵³。

小结

综上所述，宁波方言比较句的类型可以列表如下：

表 11 - 1　　　　　　　　　　　**宁波方言比较句类型**

类型	句式	例句
差比句	A 比 B + W	我比夷长。
	A 没比 B + W	其没比诺生勒难看。
	A 比 B + W + Z	我比夷长两公分。
	得 B 比，A + W + Z	得我比，诺还差交关。
差比句	A 没比 B + W + Z	其没比我好多少。
	A 没 B + W	我没诺有本事。
	A 没像 B + W	宁波没像上海好。
	A 比勿过 B	我读书比勿过阿拉弟弟。
	A 得 B 格比比勒过个和	东东得阿军格比比勒过个和。
	A 比 B（人称代词）勿过	我比诺勿过。
	A 比勿 B（人称代词）过	我讲故事讲勿诺过。
	A 得 B 格比比勿过个和	诺得我格比比勿过个和。
	A 得 B 格比比勿过个和	诺得阿王格比比勿过个和。
	A 连仔 B 搭比勿过。	其读书连仔其拉弟弟搭比勿过。
	A 连仔 B 搭比勒过	其连仔世界冠军搭比勒过。
	A 再 W，W 勿过 B	人本事再大，大勿过神仙。
	A 及勿来 B + W	曹操兵马八百万，及勿来赵云一只筷。
	勿及	介大人勿及人家三岁小顽聪明。
	A，得勿如 B	白做生活，得勿如睏觉。
	"还"字句	我推板，诺还要推板。
等比句	A 得 B 一样	聪明实际上我得诺一样啦。
	A 得 B 差大勿多	诺年纪得阿拉阿爷差大勿多。
	A 得 B 勿一样	其得一般城市人勿一样，其交关懂礼貌。
	A 得 B 一样 + W	长江得黄河一样有名。
	主语 + A + 得 + B + 样 + W（谓词）	今么其得昨日样看书、写字。
	A + 动词 + 勒 + 得 B 样 + 形容词	葛小顽生勒得其拉姆妈样雪白粉嫩。 葛小顽得其拉姆妈样生勒雪白粉嫩。
	A + 谓词 + 勒 + 得 B 样	其做生活有两通做勒得焦夫戆头样。
	A + 像 + B + 样 +（W）	其像我样，今年 19 岁。
	A + 没 + 像 + B + 格 + W	老王没像人家格到外头去赚钞票。

续表

类型	句式	例句
极比句	A 顶 W +（嘞）	诸顶听言话嘞。
	A + V + 勒 + 顶 + W	某人家拉新妇生勒顶细巧嘞。
	A + 比 + B（任指）+ W	人品比随便啥个东西好。
	A（任指）+ 比 + 勿过 + B	吃老酒随便啥人比勿过大炮建军。
	呒 + A（任指）+ 比勒过 + B	讲大话，呒人比勒过王小。
递比句	一 + 量 + 比 + 一 + 量 + W	一个比一个坏。
	越…越…	越大越笨嘞。

就方言语法的研究而言，方言的固有形式更值得重视，它们最能够反映方言的特点和个性，也最能够显示方言之间的关系。拿宁波方言的比较句来说，像差比句"A 比 B（人称代词）勿过"和"A 比勿 B（人称代词）过"中代词的位置与英语的某些用法类似，找出其中具有特征性的语法现象，弄清其地域分布，可以为方言的科学分区、语言的类型归纳提供一定的参考。

第十二章　疑问句

本章分是非问句、选择问句、特指问句和反复问句四类分别考察宁波方言的疑问句。内容包括：①各类疑问句的句法形式和语义特征；②疑问句的非疑问用法；③有关疑问句分类的讨论。

文中 S 代表一个小句；Neg 代表否定词；VP 代表谓词及短语；M 代表语气词；F 代表副词。

第一节　是非问句

宁波方言是非问句基干构造与陈述句相同，是提出一个问题或把一件事情全部说出来，要求作出肯定或否定的回答。可以分为三类。

一　语调表疑

句式和陈述句结构相同，其差别主要在语调上。若用降调，就是陈述一件事实；若用升调，则是要求对方就所提的问题作出肯定或否定的回答。例如：

（1）诺一个人去？（你一个人去）

no$\mathrm{?}^2$ i$\mathrm{?}^5$ ɦo$\mathrm{?}^2$ ȵin^{22} tɕ'i^{44}？

（2）其拉和总勿答应？（他们都不答应）

dʑi^{24} lɐ$\mathrm{?}^2$ ɦəu^{22} tsoŋ^{53} və$\mathrm{?}^2$ tɐ$\mathrm{?}^5$ in^{53}？

语调表疑的手段，在交际中要借助诸多因素，通常与人的表情关系密切。脱离了语境，像第一例中"诺一个人去"这样的句子是无法表疑的。

二　S + M

宁波方言是非问句末语气词主要有"啊、啰、哨、啦"①。"啊""啰""哨"只用于是非问，"啦"可以用于是非问、选择问、特指问和反复问。

（一）啊［ɦa］

只能用于是非问句，与普通话的语气词"吧"接近。从语形上看，总是置于一个表示陈述的短语后面，构成疑问句。这个陈述短语可以是单个的名词或者动词。例如：

（3）爹爹啊？（爹爹吗）

tia^{44} tia^{53} ɦa^{22}？

（4）＜嘴巴＞咬啊？（用嘴巴咬啊）

tsʅ^{53} po^{44} ŋɔ^{22} ɦa^{22}？

（5）诺来唱歌啊？（你在唱歌啊）

noʔ^2 lie^{22} tsʻɔ^{44} kəu^{53} ɦa^{22}？

（6）其来做谷生意啊？（他在做谷子生意啊）

dʑi^{24} lie^{22} tsəu^{44} koʔ^5 sã^{53} ʑi^{22} ɦa^{22}？

（7）诺东西勿买眼去啊？（你东西不买点回去啊）

noʔ^2 toŋ^{44} çi^{53} vəʔ^2 ma^{22} ŋie^{21} çi^{53} ɦa^{22}？

（8）其一个人勿肯去啊？（他一个人不肯去啊）

dʑi^{24} iʔ^5 ɦoʔ^2 ȵin^{22} vəʔ^2 kʻən^{53} tçʻi^{44} ɦa^{22}？

从语义上看，肯定疑问句的"啊"有两种理解：一种表示纯粹的疑问，需要对方回答。肯定回答一般用［ɦei^{22}］，相当于普通话的"是的"；否定回答一般用"吭没"，相当于普通话的"没有"。表示纯粹疑问的句子主语一般为第三人称。另一种情况是无疑而问，属于日常礼貌用语，用于打招呼，一般不作正面回答，多用笑或点头来表示回应。这类句子的主语必须是第二人称。例如，看到一个人在吃饭，打招呼就说"诺来吃饭啊？"看到一个人在逛商场，见面的时候就说"诺宕商场

---

① 这些疑问语气词的写法都是同音字，是否本字，待考。宁波方言还有一个语气词"哦"，它的构成比较复杂，是"勿啦"或"勿啊"的合音词，我们在反复问句这一节专门讨论这个语气词。

啊？"否定疑问句中的"啊"相当于普通话"吗"，只表示疑问，需要对方回答，不过疑问程度不是很高，属于已经了解一些情况，然后询问对方以确认自己的猜测或判断。例如：

（9）诺勿去啊？（你不去啊）

　　　no?²² və?² tɕ'i⁴⁴ ɦa²²？

（10）其勿来啊？（他不来啊）

　　　dʐi²⁴ və?² lie²² ɦa²²？

"啊"可以用于反问句，表示反诘语气。例如：

（11）葛种事体泼搭还用忖啊？（这样的事情还用想啊）

　　　kə?⁵ tsoŋ⁵³ zɿ²² t'i³⁵ p'ə?⁵ tɐ?⁵ ɦua²² ɦioŋ²¹ tsən⁴⁴ ɦa²²？

（12）俫认真勿去啊？（你们真的不去啊）

　　　nɐ?² n̠in²² tsən⁴⁴ və?² tɕ'i⁴⁴ ɦa²²？

"啊"和"啦"在用法上接近，都可对动作正在进行的句子疑问，也可以用于否定句的疑问，但是语义上两者不一样。试比较：

（13）a 诺来吃饭啊？（你在吃饭啊）

　　　no?² lie²² tɕ'yo?⁵ vɛ²⁴ ɦa²²？

　　　b 诺来吃饭啦？（你在吃饭啦）

　　　no?² lie²² tɕ'yo?⁵ vɛ²⁴ la²²？

（14）a 其来读大学啊？（他在念大学啊）

　　　dʐi²⁴ lie²² do?² da²⁴ ɦio?² ɦa²²？

　　　b 其来读大学啦？（他在读大学啦）

　　　dʐi²⁴ lie²² do?² da²⁴ ɦio?² la²²？

（15）a 其勿中意啊？（他不满意啊）

　　　dʐi²⁴ və?² tsoŋ⁴⁴ i⁵³ ɦa²²？

　　　b 其勿中意啦？（他不满意啦）

　　　dʐi²⁴ və?² tsoŋ⁴⁴ i⁵³ la²²？

用"啊""啦"都可表示疑问，但是"啦"暗含一种变化的意思。第一例用"啊"表示一种礼节性的问候，用"啦"则表示一种询问，暗含一种变化，他刚刚没有在吃饭，但是现在在吃饭了，还有责备的意思。后两例用"啊"则是一种询问，表示问话人对"他是否在读大学""他是否中意"这件事不清楚，需要对方给予回答；用"啦"则除了询问，还表示动作行为的迁徙和变化，"其来读大学啦"暗含"他以前没有读大学"，"其勿中意啦"暗含"他以前是中意的"。

（二）啰［ləu］、和［ɦiəu］

"啰""和"只能用于是非问句。从语形上看，总是置于一个表示陈述的短语后面，构成疑问句。这个陈述短语一般要求是主谓结构。从语音构成上看，"啰"似乎是"勒和"的合音。例如：

（16）两个人造孽啰？（两个人吵架了吧）

liã^{22} ɦio$ʔ^2$ ȵin^{22} zɔ^{22} ȵi$ʔ^{24}$ ləu^{22}？

（17）得夷骂啰？（被他骂了吧）

tə$ʔ^5$ ʑi^{22} mo^{24} ləu^{22}？

（18）钞票没啰？（钞票没了吧）

ts'ɔ^{53} p'io^{44} mə$ʔ^2$ ləu^{22}？

（19）生意呒告做啰？（生意没法做了吧）

sã^{53} ʑi^{22} m̩^{21} kɔ^{44} tsəu^{44} ləu^{22}？

从语义上看，"啰"相当于普通话的"吧"，表示一种猜测语气。说话人在内心已经有了自己的判断，只是通过询问进一步证实自己的想法。翻译成相应的普通话为"了吧"。

从"啰"与时体的关系上看，"啰"煞尾的是非问句与已然相关，所以用"啰"煞尾的是非问句经常与表示已然的格式，如动结式等连用，在句中还可以加上表示已然的副词"已经"。如果把以上各例由已然变为未然，那么句末疑问语气词要变成"和"。试比较：

（20）a 饭＜已经＞吃过的啰？（饭已经吃过了吧）

vɛ^{24} ʑi^{22} tɕin^{53} tɕ'yo$ʔ^5$ kəu^{53} ti$ʔ^5$ ləu^{22}？

b 饭还没吃过和？（饭还没吃过吧）

vɛ^{24} ɦiua^{22} mə$ʔ^2$ tɕ'yo$ʔ^5$ kəu^{53} ɦiəu^{22}？

（21）a 作业＜已经＞做好啰？（作业已经做好了吧）

tso$ʔ^5$ ȵi$ʔ^2$ ʑi^{22} tɕin^{53} tsəu^{44} hɔ^{53} ləu^{22}？

b 作业还没做好和？（作业还没做好吧）

tso$ʔ^5$ ȵi$ʔ^2$ ɦiua^{22} mə$ʔ^2$ tsəu^{44} hɔ^{53} ɦiəu^{22}？

（22）a 小顽勿肯眠啰？（小孩不肯睡了吧）

ɕio^{44} uɛ^{44} və$ʔ^2$ k'ən^{53} k'uən^{44} ləu^{22}？

b 小顽勿肯眠和？（小孩不肯睡吧）

çio⁴⁴ uɛ⁴⁴ vəʔ² k'ən⁵³ k'uən⁴⁴ ɦɪəu²²？

（23）a 商场没来打折啰？（商场没在打折了吧）

sã⁴⁴ dzã²¹ məʔ² lie²² tɔ̃⁴⁴ tsəʔ⁵ ləu²²？

b 商场没来打折和？（商场没在打折吧）

sã⁴⁴ dzã²¹ məʔ² lie²² tɔ̃⁴⁴ tsəʔ⁵ ɦɪəu²²？

从以上对比的例子来看，前两例"啰"与"和"的区别是明显的。前者用肯定句式加"啰"构成疑问，是对已然的提问；后者用否定句式加"和"构成疑问，是对未然的提问。后两例在句式上前后都一样，只是句末语气词不同，但是两者的意思是不一样的。用"啰"表示一种动作或状态的结束，另一种动作或状态的开始。如第三例"小顽勿肯眠啰"的意思是小孩原先是处于睡觉这个状态，现在醒了，不肯睡了。但是"小顽勿肯眠和"的意思是原先小孩就是处于醒着的状态，现在还是不愿意睡觉，依然醒着。

这个"和"对译成普通话也相当于"吧"。也就是说，普通话"吧"在宁波方言中分别由两个不同的语气词"啰"和"和"充任："啰"用于已然疑问句，"和"用于未然疑问句。

"啰"与"啦"相比，"啰"的疑问意味不是太浓，往往是对某个东西的判断不是百分百的有把握，希望得到对方的肯定或确认。"啦"的疑问意味就相对重一些，而且经常会带有人物的情感色彩。例如："东西得夷驮去眼啦"这个句子我们在加标点的时候，可以用惊叹号，也可以用问号，但是，"东西得夷驮去眼啰"这个句子则只能用问号。

（三）"哨"［sɔ］

"哨"只能用于是非问句，与普通话语气词"啊/呀"接近。从语形上看，总是置于一个表示陈述的短语后面，构成是非疑问句。这个陈述短语可以是单个的名词或者动词。例如：

（24）阿舅哨？（舅舅吗）（表示猜测，前面可以加判断动词"是"）

ɔ⁴⁴ dʑy²² sɔ⁴⁴？

（25）诺来唱歌哨？（你在唱歌吗）

noʔ² lie²² ts'ɔ̃⁴⁴ kəu⁵³ sɔ⁴⁴？

（26）诺作业做好的勒哨？（你作业做完了吗）

no?²² tso?⁵ ɲi?² tsəu⁴⁴ hɔ⁵³ ti?⁵ lə?² sɔ⁴⁴？

（27）诺明朝到杭州去哨？（你明天到杭州去吗）

no?²² m̩²² tsɔ⁵³ tɔ⁴⁴ ɦɔ̃²² tsø⁵³ tɕʻi⁴⁴ sɔ⁴⁴？

用"哨"表示不相信某个事实，翻译成普通话一般是"难道……吗"格式，谓词部分越简单，这种不相信的语气越明显。如第一例出现的语境一般是路上遇到某个人，这个人的特征很像舅舅，但是我却不太相信这是事实，所以在内心发出"难道舅舅来了吗"这样的既喜悦又有点不太相信的疑问。第二例表示对对方的行为定义为唱歌觉得不以为然，在说话人看来，这个所谓唱歌的人无非在瞎哼哼。如果"唱歌"指的是一种谋生手段的话，那第二例要表达的是对对方这种谋生手段表示一种遗憾、惊讶或不满。

总之，从语义上看，"哨"表示的是一种怀疑甚至否定的意思。所以也经常用于反问句中。例如：

（28）葛其波搭嬎同意哨？（这难道他会不同意吗）

kə?⁵ dʑi²⁴ pʻə?⁵ tɐ?⁵ vɐi²¹ doŋ²² i⁵³ sɔ⁴⁴？

（29）葛种事体其会肯息哨？（这种事情他难道会罢休吗）

kə?⁵ tsoŋ⁵³ zʅ²⁴ tʻi³⁵ dʑi²⁴ ɦuɐi²² kʻən⁴⁴ ɕi?⁵ sɔ⁴⁴？

从"哨"与时体的关系上看，"哨"煞尾的是非问句可用于未然、已然，也可用于进行。

（四）啦 ［la］

宁波话疑问语气词中用得最广泛的一个是"啦"，音标为［la］。它与北京话语气词"啊"相同的地方是它们都可以出现于所有问句句末。

宁波话是非问句如果不是表达意外、不相信的反诘语气，则句子末尾的疑问语气词"啦"不可以省略。例如：

（30）商场降价啦？（商场降价了吗）

sɔ̃⁴⁴ dzã²¹ tɕiã⁴⁴ ko⁴⁴ la²²？

（31）两公婆造孽啦？（两夫妻吵架了吗）

liã²² koŋ⁴⁴ bəu⁴⁴ zo²² ɲi?² la²²？

以上是非问句若不用疑问语气词"啦"，则表达的是一种不相信、诧异的语气。如前一例若去掉"啦"，则表示说话人对"商场降价"这件事感到很意外。

是非问句中的"啦"是对整个命题的疑问，可以用是或否作答复，也可以用摇头或点头来回答。例如：

（32）诺忘记啦？（你忘记啦）

no$\math}$... noʔ²mɔ̃²² tɕi⁰ la²²？

（33）葛事体诺晓得的啦？（这事情你知道啦）

kəʔ⁵ zɿ²² tʻi³⁵ noʔ² ɕio⁵³ təʔ⁵ tiʔ⁵ la²²？

（34）西瓜烂掉啦？（西瓜烂了啊）

ɕi⁴⁴ ko⁵³ lɛ²² dio²² la²²？

（35）作业做好啦？（作业做好啦）

tsoʔ⁵ n̠iʔ² tsəu⁴⁴ hɔ⁵³ la²²？

"啦"可以用于感叹句。例如：

（36）我搭偏生勿去啦！（我偏偏不去）

ŋo²⁴ tɐʔ⁵ pʻi⁴⁴ sã⁵³ vəʔ² tɕi⁴⁴ la²²！

（37）其搭荡头来弄啦！（他偏偏在这儿）

dʑi²⁴ tɐʔ⁵ dɔ̃²² dø²² lie²² noŋ⁰ la²²。

从"啦"与时体的关系上看，用"啦"构成是非问句，多对已然提问。

三　F + VP + M

有副词的是非疑问句多数表示半信半疑的揣测问，问话内容在问话人预设之中，带有故意发问以求证实的性质，也有一些带有反诘语气。主要有以下几种：

（一）莫 VP 啰

（38）莫一个人去眼啰？（不会一个人去了吧）

mɔ²¹ iʔ⁵ ɦoʔ² n̠in²² tɕʻi⁴⁴ ŋie²¹ ləu²²？

（39）猪肉莫得黄鼠狼背去眼啰？（猪肉不会被黄鼠狼叼跑了吧）

tsɿ⁴⁴ n̠yoʔ² mɔ²¹ təʔ⁵ ɦuɔ̃²² tsʻɿ⁴⁴ lɔ̃²² pɐi⁴⁴ tɕʻi⁴⁴ ŋie²² ləu²²？

前一例，对"一个人去"这件事表示揣测；后一例，对"得黄鼠狼背去"这件事表示揣测。

（二）勿可…啰/和

（40）诺勿可黄胆肝炎的啰？（你弄不好生黄胆肝炎了吧）

noʔ² və²² kəu⁴⁴ ɦiuɔ̃²² tɛ⁴⁴ kie⁴⁴ ʐi²² tiʔ⁵ ləu²²?

（41）阿拉勿可上当啰？（我们不会上当了吧）

ɐʔ⁵ lɐʔ² və²² k'əu⁴⁴ zɔ̃²² tɔ̃⁴⁴ ləu²²?

（42）诺勿可是军军拉爹爹和？（你不会是军军的父亲吧）

noʔ² və²² k'əu⁴⁴ zʅ²² tɕyoŋ⁴⁴ tɕyoŋ⁴⁴ lɐʔ² tia⁴⁴ tia⁵³ ɦəu²²?

（43）葛地方勿可是观海卫和？（这地方不会就是观海卫吧）

kəʔ² di²² fɔ̃⁴⁴ və²² k'əu⁴⁴ dzʅ²² kuø⁴⁴ hie⁵³ ɦiuɐi²² ɦəu²²?

以上四例，前两例是"勿可…啰"式，后两例是"勿可…和"式。"勿可…啰"式是对已然事件的揣测，相当于"不会…了吧"。"勿可…和"式是对既定事实的判断，相当于"不会是…吧"。

（三）啥是……M

"啥是"意思是"难道是"，M多为"啊"或"哨"，多表否定或怀疑。

（44）葛啥是去讨饭啊？（这又不是会要饭）

kəʔ⁵ soʔ⁵ zʅ²² tɕ'iʔ⁵ t'ɔ⁴⁴ vɐ²⁴ ɦia²²?

（45）我啥是会骗诺哨？（我难道会骗你吗）

ŋo²⁴ soʔ⁵ zʅ²² ɦiuɐi²² p'i⁴⁴ noʔ² sɔ⁴⁴?

（46）诺啥是李家阿叔啊？（你难道是李家叔叔啊）

noʔ² soʔ⁵ zʅ²² li²¹ kuo⁴⁴ ɔ⁴⁴ soŋ⁴⁴ ɦia²²?

（47）东东啥是还来读书哨？（东东难道还在读书吗）

toŋ⁴⁴ toŋ⁴⁴ soʔ⁵ zʅ²² ɦiua²² lie²¹ doʔ² sʅ⁵³ sɔ⁴⁴?

第一例、第二例表示否定；第三例表示对对方身份的怀疑；第四例表示不敢相信，提出质疑。

（四）泼搭……M

"泼搭"同音替代写法，本字代考，大致相当于普通话的"难道"，M多为"啊"或"哨"。例如：

（48）葛泼搭钞票赚勒着个啊？（这钱怎么赚得到呢）

kəʔ⁵ p'əʔ⁵ tɐʔ⁵ ts'ɔ⁵³ p'io⁴⁴ zɛ²² ləʔ² dzɐʔ² ɦoʔ² a⁴⁴?

（49）做人泼搭介没良心个啊？（做人怎么能这么没良心呢）

tsəu⁴⁴ ȵin²² p'əʔ⁵ tɐʔ⁵ ka⁴⁴ məʔ² liã²² ɕin⁵³ ɦoʔ² ɦia²²?

（50）自家人泼搭也骗来骗去哨？（自家人难道也互相诓骗的吗）

ʐi²² kəu⁴⁴ n̠in²¹ p'ə?⁵ tɐ?⁵ ʐia²² p'i⁴⁴ lie²² p'i⁴⁴ tɕ'i⁴⁴ sɔ⁴⁴?

（51）大学生泼搭工作会寻勿着哨？（大学生难道工作会找不到吗）

da²² ɦo?² sã⁴⁴ p'ə?⁵ tɐ?⁵ koŋ⁴⁴ tso?⁵ ɦuɐi²² ʐin²¹ və?² dzɐ?² sɔ⁴⁴?

　　从语义角度上看，是非问句表疑的程度根据句末疑问语气词的不同而不同。一般来说，"啊""啦"的疑问语义大于肯定，"啰""哨"则肯定语义大于疑问。疑问语气词的不同，语义预设也是不一样的。例如：

（52）问：诺来做咸货生意啊？答：〔ɦɐi〕/呒没来做。（你在做咸货生意吗？是的/没有）

no?² lie²² tsəu⁴⁴ ɦɛ²¹ həu⁴⁴ sã⁴⁴ ʐi²² ɦia²²？ ɦɐi²²/m̩²² mə?²² lie²² tsəu⁴⁴。

（53）问：诺来做咸货生意啦？答：〔ɦɐi〕/呒没，成方来做谷生意。（你现在在做咸货生意了吗？是的/没有，仍旧在做谷子生意）

no?² lie²² tsəu⁴⁴ ɦɛ²¹ həu⁴⁴ sã⁴⁴ ʐi²² la²²？ ɦɐi²²/m̩²² mə?²²，dzən²² fõ⁵³ lie²² tsəu⁴⁴ ko?⁵ sã⁵³ ʐi²²。

（54）问：诺来做咸货生意啰？答：〔ɦɐi〕/呒没，成方来做谷生意。（你已经在做咸货生意了吧？是的/没有，仍旧在做谷子生意）

no?² lie²² tsəu⁴⁴ ɦɛ²¹ həu⁴⁴ sã⁴⁴ ʐi²² ləu²²？ ɦɐi²²/m̩²² mə?²²，dzən²² fõ⁵³ lie²² tsəu⁴⁴ ko?⁵ sã⁵³ ʐi²²。

（55）问：诺来做咸货生意哨？答：〔ɦɛ〕/呒没，听人家瘟话。（你难道在做咸货生意吗？是的/没有，别听别人瞎说）

no?² lie²² tsəu⁴⁴ ɦɛ²¹ həu⁴⁴ sã⁴⁴ ʐi²² sɔ⁴⁴？ ɦɐi²²/m̩²² mə?²²，t'in⁴⁴ n̠in²² kuo⁵³ uən⁵³ ɦuo²²。

　　以上四例，问同一个事情，分别用"啊""啦""啰""哨"句末疑问语气词。用"啊"表示对做"咸货生意"这一事实的疑问，说话人或许听说对方在做"咸货生意"，故而提出疑问，想确定是否如此。用"啦"则强调一种变化，问对方是否改变了营生方式。"啰"则心中已有推测，进一步求证，也含有变化的语义。"哨"则强调一种怀疑，带有不满，内心希望自己的判断或听说的事不是事实。

第二节　特指问句

一　特指问句的基本构成

宁波方言特指问基干构造中包含有疑问代词，是用疑问代词代替未知内容，要求对未知内容作出回答。宁波方言常见的疑问代词有"啥、啥人、阿里个人、啥个、啥希、咋毛样、咋、咋毛、咋光景、阿里、阿里窠、阿窠、啥地方、咋辰光、啥辰光、多少辰光、咋够、多少、几"等。

特指问的疑问点由疑问代词来充当。疑问点可以是人物、事物、方式、地点、数量、原因、程度等。用疑问代词和它组成的短语来表明疑问点，说话者希望对方就疑问点作出答复，这种答复不能用简单的是或不是来回答，也不能用点头或摇头来回答。例如：

（1）今么黄鱼买了几斤啦？ tɕiʔ⁵ məʔ² ɦiuõ²² ŋ²¹ ma²² ləʔ² tɕi²² tɕin⁵³ la²²？（问数量）

　　——买勒三斤。ma²² ləʔ² sɛ⁴⁴ tɕin⁵³。（今天黄鱼买了几斤？买了三斤）

（2）啥人呕其来啦？ soʔ⁵ n̠in²² ø⁴⁴ dʑi²⁴ lie²² la²²？（问具体的人）

　　——爹爹呕其来和。tia⁴⁴ tia⁵³ ø⁴⁴ dʑi²² lie²² ɦiəu²¹。（谁叫他来的？爸爸叫他来的）

（3）诺到阿里去啦？ noʔ² to⁴⁴ ɐʔ⁵ li²² tɕʻi⁴⁴ la²²？（问地点）

　　——我到二六市去。ŋo²⁴ to⁴⁴ n̠i²² loʔ² zɻ²¹ tɕʻi⁴⁴。（你到哪里去啊？我到二六市去）

（4）诺来做啥个啦？ noʔ² lie²² tsəu⁴⁴ soʔ⁵ ɦoʔ² la²²？（问事情）

　　——我来做螺丝。ŋo²⁴ lie²² tsəu⁴⁴ ləu²² sɻ⁵³。（你在做什么？我在做螺丝）

（5）诺厄啥勿去啦？ noʔ² əʔ⁵ suo⁴⁴ vəʔ² tɕʻi⁴⁴ la²²？（问原因）

　　——屋落出事体嘞。uoʔ⁵ loʔ² tsʻəʔ⁵ zɻ²² tʻi⁵³ lɐi⁰。（你为什么不去？家里出了点儿事）

这类疑问句句末习惯加语气词"啦"，主要起舒缓语气的作用，如果去掉句末语气词，句子显得生硬，语气十分严厉或不客气，所传递的信息不仅是疑问，还有带追问、斥责、怪罪的语气，有时则是明知故问，为的是让对方重复一遍回答，以表示认错义。例如：

（6）簑出葛种事体啦？（怎么会出这样的事情呢）

dzɐi²² tsʻəʔ⁵ kəʔ⁵ tsoŋ⁵³ zʅ²² tʻi³⁵ la²²？

（7）葛文章到底要咋写写啦？（这文章到底要怎么写呢）

kəʔ⁵ vən²² tsɔ̃⁵³ tɔ⁴⁴ ti⁵³ io⁴⁴ dza²² ɕia⁵³ ɕia⁴⁴ la²²？

前一例去掉"啦"，表示问话人追问或强调对方的错误。后一例去掉"啦"则表示一种埋怨和追问。

有些特指问的结构很特殊，整个句子直接由单音节疑问代词"咋""啥"等单独和"啦"构成。这时的"啦"不能省略，否则不成句。一般情况下，如果不是表达不耐烦、不高兴的情绪，特指问句后面的疑问语气词"啦"就不省略。

从疑问的程度上看，"啦"用于单纯的询问语气外，还用于有所揣测而希望得到证实的语气。这两种语气有所不同。前者是提出一个问题要求对方回答，后者则是提出自己对某个问题的看法或疑惑要求对方证实。例如：

（8）诺作啥书勿好好读啦？（你为什么不好好读书呢）

noʔ² tsəʔ⁵ suo⁴⁴ sʅ⁵³ vəʔ² hɔ⁵³ hɔ⁴⁴ doʔ² la²²？

（9）啥人呕诺介毛做啦？（谁叫你这样做的啊）

soʔ⁵ n̠in²² ø⁴⁴ noʔ² ka⁴⁴ mɔ²¹ tsəu⁴⁴ la²²？

在语用上，用特指问提问后，假如对方没有回答，在句后经常用另一个语气词"啊"［ɦia²⁴］，表示进一步询问，语调用升调。例如：

（10）今么黄鱼买勒几斤啦，啊？（问数量）（今天黄鱼买了几斤？嗯）

tɕiʔ⁵ məʔ² ɦuõ²² ŋ²¹ ma²² ləʔ² tɕi⁴⁴ tɕin⁵³ la²²，ɦia²⁴？

（11）啥人呕其来啦，啊？（问具体的人）（谁叫他来的？嗯）

soʔ⁵ n̠in²² ø⁴⁴ dʑi²⁴ lie²² la²²，ɦia²⁴？

（12）诺到阿里去啦，啊？（问地点）（你到哪里去啊？嗯）

noʔ² tɔ⁴⁴ əʔ⁵ li²² tɕʻi⁵³ la²²，ɦia²⁴？

（13）诺来做啥个啦，啊？（问事情）（你在做什么？嗯）

noʔ² lie²² tsəu⁴⁴ soʔ⁵ ɦoʔ² la²²，ɦia²⁴？

（14）诺厄啥勿去啦，啊？（问原因）（你为什么不去？嗯）

　　no$\int^{22}$ ə$\int^{5}$ suo^{44} və$\int^{2}$ tɕ‘i^{44} la^{22}，fia^{24}？

这个"啊"一方面可以是表示进一步探询，也可以表示没有听清楚。有时候提问以后，对方说话声音不够大，或者自己没有用心听，没有听清楚，希望对方再说一遍或说得清楚一点，经常用"啊"追问。

特指问句句末还可以用语气词"呢"［ni］，疑问语气比用"啦"弱，表达的是疑问（通常只限于特指问句的省略形式）、思索、沉吟等语气。例如：

（15）鉴介毛呢？（怎么会这样呢）dzɐi^{22} ka^{22} mɔ^{21} n̠i^{22}？

（16）其介毛样算啥个意思呢？（他这样算什么意思呢）

　　dzʮ^{24} ka^{44} mɔ^{22} n̠iã^{22} sø^{44} so$\int^{5}$ fio$\int^{2}$ i^{44} sʮ^{53} n̠i^{22}？

（17）明朝啥辰光去呢？（明天什么时候去呢）

　　m̩^{22} tsɔ^{53} so$\int^{5}$ zən^{22} kuɔ^{53} tɕ‘i^{44} n̠i^{22}？

（18）我要买眼啥个得姆妈呢？（我要买点什么给妈妈呢）

　　ŋo^{24} io^{44} ma^{22} n̠ie^{22} so$\int^{5}$ fio$\int^{2}$ tə$\int^{5}$ m̩^{22} ma^{21} n̠i^{22}？

以上四例表示沉吟、独自思考的语气。第一例表示对现状的思考，在想为什么会这样；第二例表示对对方的行为不理解，还有不满的意味；第三例表示正在思考什么时候去；第四例表示正在思考要买什么东西给母亲。

特指问还有省略的形式，既表示疑问，又表示一种自问自答和思考。例如：

（19）人呢？（人呢）

　　n̠in^{22} n̠i^{21}？

（20）我只手机呢？（我的手机呢）

　　ŋo^{24} tsɐ$\int^{5}$ sø^{44} tɕi^{44} n̠i^{21}？

前一例问人在哪里，既可以向别人询问，也可以是自言自语，自己在思考究竟人到哪里去了。我们可以把询问地点的特指问句"到阿里去尔嗾"（到哪里去了）补出来：

（21）人呢，到阿里去尔嗾？（人呢，到哪里去了）

　　n̠in^{22} n̠i^{21}，tɔ^{44} ɐ$\int^{5}$ li^{22} tɕ‘i^{44} əl^{0} lɐ$\int^{2}$？

（22）我只手机呢，到阿里去尔嗾？（我的手机呢，到哪儿去了）

ŋo²⁴ tsɐʔ⁵ sɔ⁴⁴ tɕi⁴⁴ n̩i²¹，tɔ⁴⁴ ɐʔ⁵ li²² tɕʻi⁴⁴ əl⁰ lɐʔ²？

二 疑问词的疑问内容

特指问句的疑问词数量不多，主要用来表示疑问。根据不同语义内容的提问，我们从以下七个方面作简单的说明。

（一）问人

用"啥人"［soʔ⁵ n̩in²²］，相当于普通话的"谁"。也可以用"阿里个/眼人"［ɐʔ⁵ li²¹ ɦoʔ²/ŋie²² n̩in²²］相当于普通话的"哪个人/哪些人"，在句中作主语、宾语、定语。句末多用语气词"啦"。例如：

（23）啥人来哭啦？（谁在哭啊）

soʔ⁵ n̩in²² lie²² kʻoʔ⁵ la²²？

（24）诺是啥人啦？（你是谁啊）

noʔ² z̩²² soʔ⁵ n̩in²² la²²？

（25）啥人拉儿子啦，诺？（谁的儿子，你）

soʔ⁵ n̩in²² lɐʔ²ŋ̩²¹ ts̩⁴⁴ la²²，noʔ²？

（26）葛个秘密阿里个人话出去个？（这个秘密谁说出去的）

kəʔ⁵ ɦoʔ² miʔ² miʔ² ɐʔ⁵ li²¹ ɦoʔ² n̩in²² ɦuo²² tsʻəʔ⁵ tɕi⁵³ ɦoʔ²？

（27）阿里眼人要补考啦？（哪些人要补考啊）

ɐʔ⁵ li²¹ ŋie²² n̩in²² io⁴⁴ pu⁵³ kʻɔ⁴⁴ la²²？

第一例"啥人"作主语；第二例"啥人"作宾语；第三例"啥人"作定语，需要用结构助词"拉"（的）；第四例"阿里个人"作主语；最后一例"阿里眼人"作主语。

如果"啥人""阿里个/眼人"前面加上"随便"（相当于普通话的"无论"），表示任指或虚指，这时表达的不是疑问。例如：

（28）随便啥人话勿诺过个。（无论谁都说不过你的）

zɐi²² bi²¹ soʔ⁵ n̩in²² ɦuo²² noʔ² vəʔ² kəu⁴⁴ ɦoʔ²。

（29）葛道题目随便阿里个人解勿出个。（这道题目无论谁都解不出来）

kəʔ⁵ dɔ²¹ di²² moʔ² zɐi²² bi²¹ ɐʔ⁵ li²¹ ɦoʔ² n̩in²² ka⁵³ vəʔ² tsʻəʔ⁵ ɦoʔ²。

（二） 问物

常用"啥（东西）"［soʔ⁵］、"啥个"［soʔ⁵ ɦoʔ²］、"啥希"［soʔ⁵ çi⁴⁴］，相当于普通话的"什么"，在句中充当主语、宾语、定语。一般来说，"啥希"多用于动词后，它的组合能力比"啥""啥个"要弱。例如：

（30） 该爿山上顶红红个啥东西啦？（那座山上红红的是什么啊）

gɛ²² bɛ²¹ sɛ⁵³ zõ²² tən⁴⁴ ɦoŋ²² ɦoŋ²¹ ɦoʔ² soʔ⁵ toŋ⁴⁴ çi⁵³ la²²？

（31） 啥个东西眠床下底来爬啦？（什么东西在床底下爬啊）

soʔ⁵ ɦoʔ² toŋ⁴⁴ çi⁵³ mi²¹ zõ²² ti⁴⁴ ɦo²² lie²² bo²² la²²？

（32） 诺来弄啥希啦？（你在干什么啊）

noʔ² lie²² noŋ²² soʔ⁵ çi⁴⁴ la²²？

与普通话"什么"一样，"啥""啥东西"等用于任指和虚指可以不表示疑问。例如：

（33） 随便啥吃眼。（随便什么吃一点）zɐi²² bi²² soʔ⁵ tɕʻyoʔ⁵ ŋie²¹。

（34） 整日到夜也勿来做啥东西。（一天到晚不知道在干什么）

tsən⁵³ ȵiʔ² tɔ⁴⁴ ʑia²² ɦia²² vəʔ² lie²² tsəu⁴⁴ soʔ⁵ toŋ⁴⁴ çi⁵³。

（三） 问处所

用"阿里"［ɐʔ⁵ li²⁴］、"阿里窠"［ɐʔ⁵ li²¹ kʻəu⁴⁴］、"阿窠"［a⁵³ kʻəu⁴⁴］、"啥地方"［soʔ⁵ di²² fõ⁴⁴］，相当于普通话"哪里"，在句中作主语、宾语、定语。例如：

（35） 背脊阿里窠痛啦？（背上哪个地方疼啊）

pɐi⁴⁴ tsø⁵³ ɐʔ⁵ li²¹ kʻəu⁴⁴ tʻoŋ⁴⁴ la²²？

（36） 啥地方有旗袍卖啦？（哪个地方有旗袍卖啊）

soʔ⁵ di²² fõ⁴⁴ ɦiy²² dʑi²² bɔ²¹ ma²⁴ la²²？

（37） 诺来阿里啦？（你在哪里啊）

noʔ² lie²² ɐʔ⁵ li²² la²²？

（38） 宁波阿里只企业顶厉害啦？（宁波哪个企业最厉害啊）

ȵin²² pəu⁵³ ɐʔ⁵ li²¹ tsɐʔ⁵ tɕʻiʔ⁴⁴ ȵiʔ² tin⁵³ li²² liʔ² la²²？

一般来说，"阿窠""阿里窠"只用于问处所，很少用来修饰量名结构，如上述第四例就不能用"阿里窠"，只能用"阿里"。

"阿里"用于任指和虚指可用于陈述句或反问句。例如：

（39）我到阿里去宕宕。（我到哪里去逛逛）

$ŋo^{24}$ $tɔ^{44}$ $ɐʔ^5$ li^{24} $tɕ'iʔ^5$ $dã^{24}$ $dã^{22}$。

（40）我随便阿里勿去。（我随便哪里都不去）

$ŋo^{24}$ $zɐi^{22}$ bi^{21} $ɐʔ^5$ li^{24} $vəʔ^5$ $tɕ'i^{44}$。

（41）介大本事阿里来？（哪有这么大的本事）

ka^{44} $dəu^{24}$ $pən^{53}$ $zɿ^{22}$ $ɐʔ^5$ li^{24} lie^{22}？

（42）介好女婿阿里去寻？（这么好的女婿哪里去找啊）

ka^{44} $hɔ^{35}$ ny^{22} $ɕi^{53}$ $ɐʔ^5$ li^{24} $tɕ'iʔ^5$ zin^{22}？

前两例是陈述句式，第一例中的"阿里"表虚指，第二例中的"阿里"表任指；后两例是反问句。

（四）问状态

常用"咋毛样"［dza^{22} $mɔ^{22}$ $ȵiã^{22}$］、"咋毛"［dza^{22} $mɔ^{21}$］、"咋光景"［dza^{22} $kuõ^{53}$ $tɕin^{44}$］，相当于普通话的"怎么样"，在句中作谓语或补语。例如：

（43）李老师葛段时间咋毛样啦？（李老师这段时间怎么样）

li^{22} $lɔ^{21}$ $sɿ^{44}$ $kəʔ^5$ $dø^{21}$ $zɿ^{22}$ $tɕi^{53}$ dza^{22} $mɔ^{22}$ $ȵiã^{22}$ la^{22}？

（44）今年收成咋毛啦？（今年收成怎么样）

$tɕin^{44}$ $ȵi^{21}$ $sø^{44}$ $dzən^{21}$ dza^{22} $mɔ^{21}$ la^{22}？

（45）诺论文写勒咋毛样尔啦？（你论文写得怎么样了）

$noʔ^2$ $lən^{22}$ $vən^{22}$ $ɕia^{44}$ $ləʔ^2$ dza^{22} $mɔ^{22}$ $ȵiã^{22}$ $əl^0$ la^{22}？

（46）今年杨梅卖勒咋光景啦？（今年杨梅卖得怎么样）

$tɕin^{44}$ $ȵi^{21}$ $ziã^{22}$ $mɐi^{21}$ ma^{22} $ləʔ^5$ dza^{22} $kuõ^{53}$ $tɕin^{44}$ la^{22}？

（五）问方式

常用"咋"［dza^{22}］，有时候也用"咋毛"［dza^{22} $mɔ^{21}$］、"咋毛样"［dza^{22} $mɔ^{22}$ $niã^{22}$］，相当于普通话的"怎么""如何"，常作状语。询问方式不能用"咋光景"。例如：

（47）葛事体咋弄弄呢？（这事情怎么办呢）

$kəʔ^5$ $zɿ^{22}$ $t'i^{35}$ dza^{22} $noŋ^{21}$ $noŋ^{22}$ $ȵi^{22}$？

（48）阿拉咋毛样好快眼到该窠地方呢？（我们怎样能够快些到那个地方呢）

$ɐʔ^5$ $lɐʔ^2$ dza^{22} $mɔ^{22}$ $ȵiã^{22}$ $hɔ^{44}$ $k'ua^{44}$ $ŋie^{21}$ $tɔ^{44}$ $gɛ^{22}$ $k'əu^{53}$ di^{22} f ɔ̃^{44} ȵi^{22}？

（六）问原因

常用"厄啥"［ə$ʔ^5$ so^{44}］、"为啥道理"［ɦiɐ̟i^{22} so$ʔ^5$ dɔ^{22} li^{21}］，相当于普通话"为什么"，在句中作状语。例如：

（49）诺厄啥勿来啦？　（你为什么不来呢）no$ʔ^2$ ə$ʔ^5$ so^{44} və$ʔ^2$ lie^{22} la^{21}？

（50）其介毛弄阿拉到底为啥道理啦？（他这样弄我们到底是为什么）

dʑi^{24} ka^{44} mɔ^{21} noŋ^{22} ɐ$ʔ^5$ lɐ$ʔ^2$ tɔ^{44} ti^{53} ɦiɐ̟i^{22} so$ʔ^5$ dɔ^{22} li^{21} la^{22}？

有些时候"咋"也可以用于询问原因，相当于普通话的"怎么"或"为什么"。例如：

（51）诺咋招呼也勿打一声就走掉尔嗽？（你怎么连招呼都不打一声就走了呢）

no$ʔ^2$ dzɐ$ʔ^2$ tsɔ^{44} fu^{53} ɦia^{22} və$ʔ^2$ tã^{53} i$ʔ^5$ sən^{44} zø^{22} tsɤ^{53} dio^{22} əl^0 lɐ$ʔ^2$？

（52）爹爹咋还没回转来啦？（爹爹怎么还没回来呢）

tia^{44} tia^{53} dzɐ$ʔ^2$ ɦua^{22} mə$ʔ^2$ ɦiɐ̟i^{21} tsɐi^{44} lie^{22} la^{22}？

（七）问数量

常用"咋辰光"［dza^{21} zən^{22} kuɔ̃^{44}］、"啥辰光"［so$ʔ^5$ zən^{22} kuɔ̃^{53}］、"多少辰光"［təu^{44} sɔ^{53} zən^{22} kuɔ̃^{53}］、"咋够"［dza^{22} kø^{53}］、"多少"［təu^{44} sɔ^{35}］、"几"［tɕi^{35}］。其中，"咋辰光""啥辰光""多少辰光"用于询问时间；"咋够""多少"用于询问数量（既可以用于问时间，也可以用于问个数）；"几"多与量词搭配着用，既可以问时间，也可以问数量。例如：

（53）诺咋辰光来？（你什么时候来）

no$ʔ^2$ dza^{21} zən^{22} kuɔ̃^{44} lie^{22}？

（54）电影啥辰光开始？（电影什么时候开始）

di^{22} ʑin^{22} so$ʔ^5$ zən^{22} kuɔ̃^{53} kʻi^{44} sʅ^{44}？

（55）一百米诺跑多少辰光？（一百米你跑多少时间）

i$ʔ^5$ pɐ$ʔ^5$ mi^{21} no$ʔ^2$ bɔ^{22} təu^{44} sɔ^{53} zən^{22} kuɔ̃^{53}？

（56）诺去咋够日脚？（你去多少天）

no$ʔ^2$ tɕʻi^{44} dza^{22} kø^{53} ȵi$ʔ^2$ tɕiɐ$ʔ^5$？

（57）多少钞票好赎其出来啦？（多少钱可以把他赎出来）

tɘu⁴⁴ sɔ³⁵ tsʻɔ⁵³ pʻio⁴⁴ hɔ⁴⁴ zoʔ² dʑi²¹ tsʻɘʔ⁵ lie²² la²²？

（58）草鱼买几斤？（草鱼买几斤）

tsʻɔ⁴⁴ ŋ²¹ ma²² tɕi⁴⁴ tɕin⁵³？

三　"啥、咋"在疑问代词语义系统中的地位

宁波方言的疑问代词在语义上有不同的分工，构成一个意义系统。例如，问人用"啥人"，问物用"啥个"，问处所用"阿里"，问方式用"咋"，问情景用"咋毛"，问数目用"多少""几"。不过，从总体上看，宁波方言疑问代词实际上分成两类："啥"类和"咋"类。兼问人、物、事、空间、时间、原因、目的、行为等多种意义的抽象的疑问代词可称为"啥"类，表示数目、程度、方式、情景等语义类型的疑问代词可称为"咋"类。

第一，普通话中表示对"物"的疑问用"什么"，表示对"事"的疑问没有专用疑问代词，而是借用"什么"来表示。宁波方言问物、问事都用"啥"或"啥个"。

第二，普通话表示对"人"的疑问用"谁"，宁波方言则用"啥人"。

第三，普通话表示时间没有专用疑问代词，通常用"什么＋时间"格式，如"什么时候""什么时间"，宁波方言用"啥辰光"。

第四，普通话表示处所有专用疑问代词"哪儿"，同时也可以用"什么＋地方"的形式，如"什么地方"。宁波方言表示处所的专用疑问代词是"阿里"，也可以用"啥地方"。

第五，普通话表示原因、目的、行为等意义类型也没有专用疑问代词，通常用"VP什么"的格式，如"为什么""干什么""做什么"等。宁波方言表原因用"厄啥"，表示目的、行为用"VP啥个"。

第六，普通话表示数目用"多少"，程度、方式、情景用"怎样""怎么样"，较少用"什么"。宁波方言表数目用"多少"，也可以用"咋够"；表示程度、方式、情景用"咋够"和"咋毛"。

由上可见，宁波方言"啥""咋"在疑问代词系统中有特殊的作用，使用范围最广，可替代表达的语义类型最多，是宁波方言中最基本

的疑问代词。"啥""咋"在使用上的复杂情况也许正反映出语言认知上的一种普遍现象：探索未知的语义基础是寻求对"物"的认识（探询物是什么、怎么样的认识）。

四 宁波方言和普通话疑问代词语义类型对照

通过以上分析，我们可以把宁波方言和普通话的疑问代词语义类型作一对照，列表如下：

表 12 - 1　　　　宁波方言和普通话疑问代词语义类型对照

普通话	宁波话	宁波话例句
谁、什么人、哪个、哪位（问人）	啥人、阿里个人	诺是啥人啦？（谁、哪个） 啥人东西坠落尔嘛？（谁） 阿里个人来吵啦？（哪个）
什么、什么样（问物）	啥 啥个 啥希 咋毛样	该爿山上等红红个啥东西啦？ 啥个东西眠床下底来爬啦？ 诺来弄啥希啦？ 穿山甲咋毛样啦？得我看看看啊！
怎么、怎样、怎么样、怎么着（问性状、行动、方式、程度）	咋 咋毛样 咋毛 咋光景	葛事体咋弄弄呢？ 阿拉咋毛样好快眼到该寠地方呢？ 诺今么身体咋毛啦？ 今年收成咋光景啦？
哪、哪些、哪里、哪儿、哪会儿、哪样（问人物、方所、时间和性质状态）	阿里 阿里寠（阿寠） 啥地方	诺来阿里啦？ 阿拉阿里寠吃饭去啦？ 啥地方有旗袍卖嘛？
多、多少、多么、几（问数量或程度）	咋辰光，咋够 啥辰光 多少辰光、多少，几	诺咋辰光来啦？做好要咋够辰光？ 葛人啥辰光死掉嘛？ 要多少辰光？黄鱼买勒几斤啦？

第三节　选择问句

一　选择问句的句法特点

选择问句是提出若干选择项进行询问，用表示选择义的"还""还是"构成"X 还是 Y"式，X、Y 是供选择的项。例如：

（1）诺去还我去？（你去还是我去）

no$?^2$ t$\wp$'i^{44} ɦua^{22} ŋo^{24} t$\wp$'i^{44}？

（2）阿王钞票多还阿毛钞票多？（阿王钞票多还是阿毛钞票多）

ɐ$?^5$ ɦiuõ^{22} ts'ɔ^{53} p'io^{44} təu^{53} ɦua^{22} ɐ$?^5$ mɔ^{22} ts'ɔ^{53} p'io^{44} təu^{53}？

这种句式经常加表示程度的副词"到底"，表示强调。句末有时候可以加语气词"啦"。例如：

（3）葛到底对还错啦？（这到底对还是错呢）

kə$?^5$ tɔ^{44} ti^{53} tɐi^{44} ɦua^{22} ts'əu^{44} la^{22}？

（4）诺到底来还勿来？（你到底来还是不来）

no$?^2$ tɔ^{44} ti^{53} lie^{22} ɦua^{22} və$?^2$ lie^{22}？

选择问句中（前一选择项后）如果有"呢"，则后分句中不能再用"啦"。例如：

（5）诺对呢，还我对？（你对呢，还是我对）

no$?^2$ tɐi^{22} ȵi^0，ɦua^{22} ŋo^{24} tɐi^{44}？

（6）葛梗鱼到底杀掉呢，还勿杀掉？（这条鱼到底杀了呢，还是不杀）

kə$?^5$ kuã^{53} ŋ̍^{22} tɔ^{44} ti^{53} sɐ$?^5$ dio^{21} ȵi^0，ɦua^{22} və$?^2$ sɐ$?^5$ dio^{21}？

在其他情况下，选择问句句末的"啦"可以加也可以省略，对句子的表意影响不大。例如：

（7）今年过年诺值班还我值班啦？（今年过年你值班还是我值班）

t$\wp$in^{44} ȵi^{21} kəu^{44} ȵi^{22} no$?^2$ dzə$?^2$ pɛ^{53} ɦua^{22} ŋo^{24} dzə$?^2$ pɛ^{53} la^{22}？

（8）诺欢喜吃鱼还吃肉啦？（你喜欢吃鱼还是吃肉）

no$?^2$ huø^{44} $\wp$i^{44} t$\wp$'yo$?^5$ ŋ̍^{22} ɦua^{22} t$\wp$'yo$?^5$ ȵyo$?^2$ la^{22}？

选择问句句末的"呢"与普通话疑问语气词"呢"的用法稍有不同。宁波话疑问语气词"呢"，可以用在选择问句的前一选择项之后即在句中，也可以用在后一项选择项之后即在句尾。句中、句末的"呢"都可以省略。例如：

（9）到底诺对还我对呢？（到底你对还会我对呢）

tɔ⁴⁴ ti⁵³ noʔ² tɐi⁴⁴ ɦua²² ŋo²⁴ tɐi⁴⁴ n̠i⁰？

（10）北京好还上海好呢？（北京好还是上海好呢）

poʔ⁵ tɕin⁵³ hɔ³⁵ ɦua²² zõ²² hie³⁵ hɔ⁴⁴ n̠i⁰？

（11）河鲫鱼红烧呢还清蒸？（河鲫鱼红烧呢还是清蒸）

ɦəu²² tɕi⁴⁴ ŋ²² ɦoŋ²² sɔ⁵³ n̠i⁰ ɦua²² tɕʻin⁴⁴ tsən⁵³？

（12）诺今么做生活去呢还勿去？（你今天干活去呢还是不去）

noʔ² tɕiʔ⁵ məʔ² tsəu⁴⁴ sã⁴⁴ ɦuoʔ² tɕʻi⁴⁴ n̠i⁰ ɦua²² vəʔ² tɕʻi⁴⁴？

从语义上看，选择问句可以不用语气词"呢"，仍然表示疑问，但是语义表达以及语气上有些区别。不用语气词"呢"的选择问句疑问意味很浓，有一个听话人存在，需要作出应答。加上"呢"后，疑问语气有所减弱，既可以表示对听话人的询问，也可以表示自言自语或者心理活动，只是在心里问自己，应该怎么选择。如第二例，说话人是在自己琢磨北京和上海哪个好；第三例是在想到底怎么做鲫鱼。这种情况还可以用"……呢……呢"的句式。例如：

（13）黄鱼放汤呢还油煎呢？（黄鱼做汤呢还是油煎呢）

ɦuõ²² ŋ²¹ fõ⁴⁴ tʻɔ⁵³ n̠i⁰ ɦua²² ɦy²² tɕi⁵³ n̠i⁰？

（14）葛只古董自家园弄呢还上交国家呢？（这个古董自己藏起来呢还是上交国家呢）

kəʔ⁵ tsɐʔ⁵ ku⁴⁴ toŋ⁴⁴ zi²² kuo⁴⁴ kʻɔ⁴⁴ noŋ²¹ n̠i⁰ ɦua²² zõ²² tɕio⁵³ koʔ⁵ tɕia⁵³ n̠i⁰？

这种"……呢……呢"句式多表示一种犹豫不决、难以抉择的心理。

选择问句句末用"呢"和用"啦"所表达的语气不同。用"呢"表示选择之前的猜测、思虑、犹豫不决的语气，常常是自己问自己，而不是询问他人。

二 选择问句的语义内容

选择问句的前后选择项常常是同范畴的事物、性质、行为，其间的语义关系主要有相反、相异两种：

（一）相反关系

选择项之间语义上有明显的对立，有着非此即彼的关系。例如：

（15）诺去还勿去？（你去还是不去）

　　　noʔ² tɕʻiﾠ⁴⁴ ɦua²² vəʔ² tɕʻi⁴⁴？

（16）到底帮还勿帮？（到底帮还是不帮）

　　　tɔ⁴⁴ ti⁵³ põ⁵³ ɦua²² vəʔ² põ⁵³？

这种关系在"VP"和"勿VP"两种之间选择，很多时候用反义词来实现。例如：

（17）诺要死还要活？（你要死还是要活）

　　　noʔ² io⁴⁴ ɕi³⁵ ɦua²² io⁴⁴ ɦuəʔ²？

（18）诺觉着葛小顽聪明还笨嚇？（你觉得这小孩聪明还是笨呢）

　　　noʔ² koʔ⁵ dzəʔ² kəʔ⁵ ɕio⁴⁴ uɛ⁴⁴ tsʻoŋ⁴⁴ min²¹ ɦua²² bən²⁴ lɛʔ²？

（二）差异关系

前后选择项之间并不形成截然对立，而仅表现出一定的差异。例如：

（19）诺继续读书还寻工作？（你继续读书还是找工作）

　　　noʔ² tɕi⁴⁴ zoʔ² doʔ² sɿ⁵³ ɦua²² ʑin²² koŋ⁴⁴ tsoʔ⁵？

（20）诺要蓝颜色还要绿颜色？（你要蓝颜色的还是要绿颜色的）

　　　noʔ² io⁴⁴ lɛ²¹ ŋie²² səʔ⁵ ɦua²² io⁴⁴ loʔ² ŋie²² səʔ⁵？

第四节　反复问句

反复问又叫正反问，指用正反肯定和否定相叠的形式来进行询问的一种疑问句类型。宁波方言反复问的类型主要有以下几种。

一　VP + Neg + VP + （M）

通过谓词性词语正反相叠表示疑问，这种说法在宁波方言中不常用，主要见于警告和强调。例如：

（1）诺到底同意勿同意？（你到底同意不同意）

　　　noʔ² tɔ⁴⁴ ti⁵³ doŋ²² i⁵³ vəʔ² doŋ²² i⁵³？

（2）诺到底去勿去？（你到底去不去）

no$ʔ^2$ to^{44} ti^{53} tɕʻi^{44} və$ʔ^2$ tɕʻi^{44}？

（3）介毛对勿对呢？（这样对不对呢）

ka^{44} mɔ^{21} tɐi^{44} və$ʔ^2$ tɐi^{44} n̩i^0？

（4）诺话葛罪过勿罪过啦？（你说这罪过不罪过呢）

no$ʔ^2$ ɦuo^{24} kə$ʔ^5$ zɐi^{22} kəu^{53} və$ʔ^2$ zɐi^{22} kəu^{53} la^{22}？

第一例问对方同意不同意，含有不耐烦和威胁的口气；第二例问对方去还是不去，有要求对方一定要去的意思，如果不去就给他点颜色瞧瞧；第三、第四例的谓语是形容词，要求作出某种判断，第三例句末加语气词"呢"，表示一种思忖的心理；第四例疑问含义较弱，含有反诘语气。

"VP + Neg + VP +（M）"句式表达的语义和句末语气词关系不是直接的，关键是 VP 的性质。VP 是可控性动词的话，句子含有强烈的威胁、警告或者不耐烦的语气，如果 VP 是形容词性的，那么该句式表达的是一种一般性的征询或者是反诘。这种疑问句式一般多出现在读书人的口中，被认为是比较文的说法。

二　VP + Neg +（M）

（一）"VP + 勿啦"和"VP + 哦"

宁波方言反复问句的另一种表达式是"VP + Neg"，谓词后直接加否定词构成疑问句。例如：

（5）今么去勿？（今天去不）

tɕi$ʔ^5$ mə$ʔ^2$ tɕʻi^{44} və$ʔ^2$？

（6）诺同意勿？（你同意不）

no$ʔ^2$ doŋ^{22} i^{53} və$ʔ^2$？

这种句式语气很生硬，而且"勿"是一个入声词，不能拖长声，所以更常见的是后头再加上语气词"啦"构成"VP 勿啦"[①] 句式，用"勿"与前面的 VP 对举，构成一个肯定否定的并列格式。"勿"后省略 VP，很多时候这个 VP 已经不能被补上去。例如：

---

① 从语音角度看"勿啦"应该是"弗啦"，这里从俗字写法，皆作"勿"字。

（7）今么去勿啦？（今天去不去啊）

tɕiʔ⁵ məʔ² tɕʻi⁴⁴ vəʔ² la²²？

（8）诺同意勿啦？（你同意不同意啊）

noʔ² doŋ²² i⁵³ vəʔ² la²²？

在"VP＋勿啦"句中，由于"勿啦/啊"后没有"VP"，有些句子的实际表达形式就表现为整个肯定项与否定词的并列，由"勿啦"煞尾，在实际话语中"勿啦"可合音为"哦"［veʔ²］，声调为入声，整个音节短而轻。很明显，"勿啦"在这里并不是列举否定项来和前面的VP并列从而构成正反问。也就是说，"勿啦"不是作为纯粹意义的否定副词出现的。因为否定副词在句中是焦点信息，一般是需要重读的。所以，句尾"勿啦"的否定作用已明显弱化，已经成为问句中的句尾语气词，但是，从语义上看，它依然是通过正反重叠这个手段达成疑问，所以我们暂且把"勿啦"和"哦"煞尾的疑问句都定义为反复问句。①

（二）"哦"的用法

从语形上看，"哦"总是置于一个表示陈述的短语后面，构成疑问句。这个陈述短语可以是单个的动词，也可以是名词。如果是单个名词的话，前面省略了判断动词"是"。例如：

（9）今么礼拜三哦？（今天是不是星期三？或今天是星期三吗）

tɕiʔ⁵ məʔ² li²² pa⁵³ sɛ⁵³ veʔ²？

（10）诺是谢老师哦？（你是不是谢老师？或你是谢老师吗）

noʔ² zʐ²² ʑia²² lɔ²¹ sʐ⁴⁴ veʔ²？

（11）我讲对勒哦？（我讲得对不对？或我讲得对吗）

ŋo²⁴ kɔ̃⁵³ tɐi⁴⁴ ləʔ² veʔ²？

（12）东东今年毕业勒哦？（东东今年有没有毕业了啊？或东东今
年毕业了吗）

toŋ⁴⁴ toŋ⁴⁴ tɕin⁴⁴ n̠i²¹ piʔ⁵ n̠iʔ² ləʔ² veʔ²？

---

① 这种归类方法有争议。"VP勿啦"可以还原为"VP勿VP啦"，但是"VP哦"却不能说成"＊VP哦VP"，可见"勿啦"和"哦"在本质上已经有了分歧。这里为了描述方便，暂时把"VP勿啦"和"VP哦"都作为反复问来描写。我们会在下文对两者的分歧作进一步讨论。

(13) 诺明朝杭州去哦? (你明天杭州去不去? 或你明天杭州去吗)

no?²m²² tso⁵³ɦɔ̃²² tsø⁵³ tɕ'i⁴⁴ vɐ?²?

(14) 今年过年东东来哦? (今年过年东东来不来? 或今年过年东东来吗)

tɕin⁴⁴ ȵi²¹ kəu⁴⁴ ȵi²² toŋ⁴⁴ toŋ⁴⁴ lie²² vɐ?²?

对进行提问多用"有来 VP 哦"句式,上述例子说成:

(15) 诺有来唱歌哦? (你有没有在唱歌)

no?² ɦiy²² lie²² ts'ɔ̃⁴⁴ kəu⁵³ vɐ?²?

(16) 其有来做木匠哦? (他有没有在做木匠)

dʑi²⁴ ɦiy²² lie²² tsəu⁴⁴ mo?² ʑiã²² vɐ?²?

(17) 诺有来买东西哦? (你有没有在买东西啊)

no?² ɦiy²² lie²ma²² toŋ⁴⁴ ɕi⁵³ vɐ?²?

(18) 其有来炒股哦? (他有没有在炒股票啊)

dʑi²⁴ ɦiy²² lie²² ts'ɔ⁴⁴ ku³⁵ vɐ?²?

用于已然句的疑问,多以"VP 勒哦"形式出现。例如:

(19) 诺作业做好的勒哦? (你作业做好了没有啊)

no?² tso?⁵ ȵi?² tsəu⁴⁴ hɔ⁵³ ti?⁵ lə?² vɐ?²?

(20) 饭吃过的勒哦? (饭吃过了没有啊)

vɛ²⁴ tɕ'yo?⁵ kəu⁵³ ti?⁵ lə?² vɐ?²?

(21) 电视机坏掉勒哦? (电视机坏了没有)

di²² zɿ²² tɕi⁴⁴ɦua²² dio²² lə?² vɐ?²?

(22) 超市关门勒哦? (超市关门了没有)

ts'ɔ⁴⁴ zɿ²¹ kuɛ⁴⁴ mən²² lə?² vɐ?²?

下面我们来看看同一个句子分别用"啊""啦""哦"在语义上的区别:

(23) 其来哭啊? (他在哭啊)

dʑi²⁴ lie²² k'o?⁵ ɦia²¹?

(24) 其哭啦? (他哭啦)

dʑi²⁴ k'o?⁵ la²¹?

(25) 其哭哦? (他哭了没有)

dʑi²⁴ k'o?⁵ vɐ?²?

第一例，用"啊"表示对是否在哭这个问题有疑问，或者表示关注，这个哭往往与说话者关系不大，或者说引起这个哭的原因一般不会是说话者；第二例用"啦"，句子暗含一个变化，暗指对方原先没有哭，说话者可能引起对方哭这个动作的发生，所以说话者对对方是否哭这个行为十分关注；第三例用"哦"，说明说话者对对方哭还是没有哭这个事实感兴趣，往往还有着期待的意味。这个意思在"电视机坏掉勒哦?"这个句子中表现得更为明显，意思是企盼着电视机早点坏掉。

"哦"和"好、对、是"构成"好哦、对哦、是哦"，加在一个陈述句后，用来询问对方对前一个句子所述内容的是否同意。例如：

（26）我爹爹去呕来，好哦?（我把爹爹去叫来，好不好）

ŋo²⁴ tia⁴⁴ tia⁵³ tɕʻiʔ⁵ øˀ⁵³ lie²², hɔ⁵³ veʔ²?

（27）我介毛样做，对哦?（我这样做，对不对）

ŋo²⁴ ka⁴⁴ mɔ²¹ niã²² tseu⁴⁴, tei⁴⁴ veʔ²?

（28）后日姆妈生日，是哦?（后天是妈妈生日，是不是）

ɦø²² ȵiʔ²mʔ²² ma²¹ sã⁴⁴ ȵiʔ², zɿ²² veʔ²?

（29）六加六等于十二，是哦?（六加六等于十二，是不是）

loʔ² kuo⁴⁴ loʔ² tən⁵³ ɦy²² zəʔ² ȵi²², zɿ²² veʔ²?

这类句子的"是哦"等疑问的语气比较弱，实际上只是在肯定前头陈述的内容基础上，要求对方加以证实而已。

"哦"经常与"有"一起构成"有VP哦"句式，这里的"有"只出现在已然反复问句中，不出现在未然反复问句中。"有"的作用在于肯定其后的谓词性成分所述事态的客观现实性。"有"字出现与否并不影响句子的意思。例如：

（30）葛只苹果有甜哦?（这个苹果甜不甜）

kəʔ⁵ tseʔ⁵ bin⁵³ kəu⁴⁴ ɦy²² die²² veʔ²?

（31）章老师有来哦?（章老师来了没有）

tsɔ̃⁴⁴ lɔ²¹ sɿ²² ɦy²² lie²² veʔ²?

（32）诺三好生有评来哦?（你三好学生评上没评上）

noʔ² sɛ⁴⁴ hɔ⁴⁴ sã⁴⁴ ɦy²² bin²² lie²² veʔ²?

（33）唐僧和尚有得妖怪吃掉哦?（唐僧和尚有没有被妖怪吃掉）

dɔ̃²² sən⁴⁴ ɦəu²² zɔ̃²² ɦy²² təʔ⁵ io⁵³ kua⁴⁴ tɕʻyoʔ⁵ dio²¹ veʔ²?

反复问句句末语气词的构成形式是"勿 + 语气词",除了"勿 + 啦/啊"(哦),常见的还有"勿 + [ɦɐi²²]",合音为[vɐi²²]①;"勿 + [ɦɛ²²]",合音为[vɛ²²];"勿 + [ɦɔ²²]",合音为[vɔ²²]。这些句末语气词的语法功能与"哦"基本相同。

反复问的疑问焦点集中在正反两方属于哪一方,问话人的心理预设比较简单。一般来说,是非问疑问焦点集中在整个语句的真实性上,问话人一方的心理预设复杂而难定。两种句式的区别通常可以通过回答的内容来判定。例如:

问:你去不去?——答:去/不去。

问:你喜欢红色吗?——答:喜欢/不喜欢/我喜欢绿色……

在遵守语言交际的合作原则下,前一例,疑问焦点在"去"或"不去"上,回答只能两者取其一;后一例,回答是不定的,可以回答各种颜色。

(三) 普通话"VP 吗"在方言中对应表述的分布

在实际语用中,反复问和是非问的使用概率是不一样的,人们更多地是用反复问而少用是非问,这种现象除了宁波方言中存在,其他很多方言中普遍存在。好些方言没有"你吃了吗"这种是非问的句式,一般都用反复问来表示这种是非疑问。例如:

(34) 甘肃临夏话:你饭吃过啦没?这个电影好啦?

(35) 河南洛阳话:你是学生不是?

(36) 内蒙古呼和浩特汉话:你喝水不?

(37) 宁夏中宁话:天晴了没是?

(38) 山东平度话:这苹果是不酸?天是不黑?| 饭是还没吃?他是还没走?

(39) 山西交城话:你还下乡勒不勒?你记得勒不勒?

(40) 山西乡宁话:你去焉不去?我认得焉不认得?

(41) 山西新绛话:你唱焉不唱唥?你去焉不去唥?

(42) 四川话:你去过北京没有?看不?你认得他不?

---

① 汤珍珠等编撰的《宁波方言词典》(江苏教育出版社 1997 年版)把这个[vɐi]写成"舷",只是同音替代。在结构上,反复问句句末疑问语气词[vɐi]不是"勿"和"会"的合音,而是"勿"和语气词[ɦɐi]的合音。

（43）浙江杭州话：拉个房子大不大？你有没有答应他？

（44）广东潮州话：夷岂知你来北京？你有阿兄阿无？你爱去广州阿唔？①

（四）"VP＋Neg"和"VP＋Neg＋VP"的历史考察

从历史上看，VP＋Neg 和 VP＋Neg＋VP 两种格式本来就并存发展。VP＋Neg 在乐府民歌中已经出现②，在六朝隋唐时期已经很常见：

（45）使君谢罗敷，宁可共载不？（《陌上桑》）

（46）汝宁便习兵法不？（《长寿王经》）

（47）汝曹审见象不？（《六度集经》第八十九）

（48）解作彼家端正舍不？（《百喻经》卷上）

（49）客问元方："尊君在不？"（《世说新语方正》第五）

这些否定词句末还可以加语气词。例如：

（50）汝得我所寄李娥书不耶？（《搜神记》卷十五）

（51）于今何如，故肯布施不也？（《长寿王经》）

VP＋Neg＋VP 格式在形式上十分完备，有 V＋Neg＋V 式、VO＋Neg＋VO 式、VO＋F＋V 式。例如：

（52）从城排一大阵，识也不识？（《敦煌变文 韩擒虎》）

（53）你道这个与那个别不别？（《祖堂集》索引 3.098）

（54）诸上座在教不在教？（《祖堂集》索引 4.025）

（55）你看冰梅这两个月，白日里还下得楼下不得楼？（《歧路灯》二十三回）

（56）真个是相公唤的不是？（《宦门子弟错立身》四出）

（57）你那里问小僧敢去也那不敢？（元曲《西厢记》二本一折）

（五）"哦"的来源

从反复问句的古今发展来看，普通话一方面继承了古汉语 VP＋Neg＋VP 的形式，另一方面也演变出"吗"这样的句末疑问语气词，在疑问句的发展中，走得最快。对宁波方言来说，主要还处在 Neg 与句末语气词的融合过程之中。从历史发展上看，宁波方言"VP＋哦"这类说法

---

① 黄伯荣主编：《汉语方言语法类编》，青岛出版社 1996 年版，第 693—714 页。

② 以下所引 14 个古汉语例句皆引自俞光中、植田均《近代汉语语法研究》，学林出版社1999 年版。

的来源可能有两种途径：

第一种途径："VP+哦"是由"VP+Neg"直接加诸如"啊""啦"等语气词变来的。"哦"是由 Neg 与"啊""啦"合音而来的。这种假设的依据是古汉语中有"VP+Neg+M"的用法，如"不"后加语气词"耶"。从语音上看，宁波方言没有"不"，只有"弗""勿"，而"耶"在宁波方言中是个喉音［ɦie²²］，它与"啊"的发音［ɦia²²］接近。而且，宁波方言与"哦"类似的语气词还有［vɐi²²］、［vɛ²²］、［vɔ²²］，其中［ɛ］的语音就更接近［ie］了。吴语的历史表明，它保存了大量六朝隋唐时期的语言特点，由此我们推断宁波方言疑问句"VP+哦"是在中古"VP+Neg+M"这类句式的基础上发展而来的这个假设并非没有道理。

第二种途径：宁波方言最初也像六朝隋唐时期反复问句的表现形式一样，有 VP+Neg+（M）和 VP+Neg+VP+（M）两种形式，其中"VP+Neg+VP+（M）"，经过"Neg"后的 VP 删除手段，实现了"VP+Neg+（M）"句式，由于"VP+Neg"在语气上过于生硬，于是"VP+Neg+M"的用法就占据主流，该句式被广泛使用开来后，句末语气词和"勿"逐渐黏合在一起，最后合音成为一个新的语气词"哦"。当然也完全有可能这个"哦"是由两种途径共同作用的结果，既有来自 Neg 与 M 直接合音的结果，又有来自 Neg 删除后面的 VP 后再与 M 合音的结果。

宁波方言正处于"哦"和"勿啦"两者并用的时期。我们知道，一种语言或者语言变体在处理同一种语法范畴时，为了降低羡余度，一般不能同时采用两种或两种以上的语法手段。[①] 从这个角度来看，在句法形式上，"勿啦"和"哦"所代表的正好是"重叠"和"添加"两种语法手段。随着时间的推移，将来很有可能"哦"会取代"勿啦"，最后完全变成一个是非问句句末语气词，像普通话"吗"一样，人们无法直接辨认出它的否定来源。从宁波方言的这一语法事实，我们还可以推断，汉语疑问语气词的来源，很重要的一个途径就是"Neg+M"合音。

---

① 徐杰：《普遍语法原则与汉语语法现象》，北京大学出版社 2001 年版，第 184 页。

第五节　疑问句的反诘用法

疑问句的反诘用法即反问句。虽然形式上是疑问句式，但是语义上不表示疑问，往往表示否定或者强调。除了选择问句不能直接构成反诘问句，其他三类句式都能表示反问。

一　是非型反诘问句特有的表达式

反诘语气是反问句语义形成的基础。宁波方言中有一些表反问语气的词语，构成是非型反诘问句特有的表达式。

（一）泼搭、说是

有这些词出现的问句一般都是反问句。可以是强调肯定的判断，也可以是强调否定的判断。例如：

（1）诺<u>泼搭</u>一个人去啊？（你难道一个去吗）

no$ʔ^2$ pʻə$ʔ^5$ tɐ$ʔ^5$ i$ʔ^5$ ɦio$ʔ^2$ ɳin^{22} tɕʻi^{44} ɦia^{22}?

（2）其<u>说是</u>好一手遮天啊？（他难道可以一手遮天吗）

dʑi^{24} so$ʔ^5$ zɿ^{22} ɦɔ^{22} i$ʔ^5$ sø^{53} tsuo^{44} tʻi^{53} ɦia^{22}?

（3）阿拉<u>泼搭</u>好勿帮夷啊？（我们难道能不帮助他吗）

ɐ$ʔ^5$ lɐ$ʔ^2$ pʻə$ʔ^5$ tɐ$ʔ^5$ hɔ^{44} və$ʔ^2$ põ^{53} ʑi^{22} ɦia^{22}?

（4）诺做弄个事体<u>泼搭</u>会㑚出烂屙啊？（你做的事儿难道就不会出差错吗）

no$ʔ^2$ tsəu^{44} noŋ^{21} ɦio$ʔ^2$ zɿ^{22} tʻi^{35} pʻə$ʔ^5$ tɐ$ʔ^5$ vɐi^{21} tsʻə$ʔ^5$ lɛ^{22} əu^{44} ɦia^{22}?

（二）勿是

有"勿是"出现的问句都是反问句。它通常表示"提醒"之类的附加语义，基本意义相当于其对应的不带"不是"的陈述句。它所传达的内容对听话人来说一般都是已知的，句末常带有语气词"啊、啦"。例如：

（5）阿拉<u>勿是</u>话好掉个啊？（我们不是已经说好了吗）

ɐ$ʔ^5$ lɐ$ʔ^2$ və$ʔ^2$ zɿ^{22} ɦuo^{22} hɔ^{44} dio^{21} ɦio$ʔ^2$ ɦia^{22}?

（6）葛个人十年前头<u>勿是</u>已经死掉啦？（这个人十年前不是已经死了吗）

kəʔ⁵ ɦoʔ² n̩in²² zəʔ² n̩i²² ʑi²² dø²¹ vəʔ² zɻ²² ʑi²² tɕin⁵³ ɕi⁵³ dio²² la²²?

二 特指型反诘问句特有的表达式

特指型反问句的构成来源于疑问代词的特殊用法。一般来说，疑问代词的指代是明确的，如"啥人"特指某个人，"阿里"指代某个处所，"咋"指代某个原因、方式或性状。如果这些疑问代词不表示这些语义，那么就会使疑问句的疑问语气发生改变，由疑问变成反问。

（一）啥人

当"啥人"不表指称义，"阿里"不表处所义时，由它们构成的问句一般都是反问句。后面常有"会、肯"等词。例如：

（7）啥人会相信一个神经病呢？（谁会相信一个神经病呢）

səʔ⁵ n̩in²² ɦuɐi²² ɕiã⁵³ ɕin⁴⁴ iʔ⁵ ɦoʔ² zən²² tɕin⁵³ bin²² n̩i⁰?

（8）介好阿婆阿里去寻呢？（这么好的婆婆哪里去找啊）

ka⁴⁴ hɔ³⁵ ɐʔ⁵ bəu²² ɐʔ⁵ li²² tɕʻiʔ⁵ zin²² n̩i⁰?

在假设关系的复句中，前一分句为否定句，表示与事实相反的假设，后一分句为含有疑问代词的疑问形式时，这种反问形式更常见。例如：

（9）诺是话没其救诺格话，阿里来今么呢？（你如果没有他救你的话，哪会有今天）

noʔ² zɻ²² ɦuo²¹ məʔ² dʑi²⁴ tɕy⁴⁴ noʔ² kəʔ⁵ ɦuo²⁴，ɐʔ⁵ li²¹ lie²² tɕiʔ⁵ məʔ² n̩i⁰?

（10）今么是话没断电，啥人会来买蜡烛呢？（今天如果没下雨的话，谁会来买蜡烛呢）

tɕiʔ⁵ məʔ² zɻ²² ɦuo²¹ məʔ² dø²² di²⁴，soʔ⁵ n̩in²² ɦuɐi²² lie²² ma²² ləʔ² tsoʔ⁵ n̩i⁰?

（二）咋

当"咋"不表原因、方式、性状义且位于助动词前或含有可能补语的动补结构前的时候，构成反问句特有的表达式。例如：

（11）葛种人咋会考勒上大学呢？（这种人怎么会考得上大学呢）

kəʔ⁵ tsoŋ⁵³ n̩in²² dza²¹ ɦuɐi²¹ kʻɔ⁵³ ləʔ² zɔ̃²² da²² ɦoʔ² n̩i⁰?

（12）外行人咋弄勒好呢？（外行人怎么会弄得好呢）

ŋa²² ɦĩ²² n̠in²¹ dza²¹ noŋ²² ləʔ² hɔ⁵³ n̠i⁰？

（三）啥（个）

当"啥个"表示否定和反诘时，便可造成反问句特有的表达式。主要有下面几种情况：

1. 还 + VP + 啥个 + 呢？

句中出现"还"，表示对 VP 的否定。例如：

（13）事体已经出搭出的嘚，还讲啥个呢？（事情出都出了，还说什么呢）

z̩ŋ²² t'i³⁵ z̩i²² tɕin⁵³ ts'əʔ⁵ tɐʔ⁵ ts'əʔ⁵ tiʔ⁵ lɐi⁰，ɦua²⁴ kɔ̃⁴⁴ soʔ⁵ ɦoʔ² n̠i⁰？

（14）贼骨头已经逃去嘚，还追啥个呢？（贼已经跑了，还追什么呢？）

zɐʔ² koʔ⁵ dɐi²² z̩i²² tɕin⁵³ dɔ²² tɕ'i⁴⁴ lɐi⁰，ɦua²⁴ tsɐi⁴⁴ soʔ⁵ ɦoʔ² n̠i⁰？

前一例是说不用讲了，后一例是说不用追了，都是对 VP 的否定。

2. 有 + 啥 + AP + 呢？

AP 指的是性质形容词及其短语。"啥"用来对 AP 所表述的语义加以否定，带有不满或不耐烦或反驳等附加意。例如：

（15）葛价钿有啥贵呢？（这价钱有什么贵的呢？）

kəʔ⁵ ko⁴⁴ di²¹ ɦy²² soʔ⁵ tɕy⁴⁴ n̠i⁰？

（16）葛题目有啥难呢？（这题目有什么难的呢）

kəʔ⁵ di²² moʔ² ɦy²² soʔ⁵ nɛ²² n̠i⁰？

前一例是说价钱不贵，很便宜；后一例是说题目不难，很简单。

3. 有 + 啥 + 好 + VP + 呢？

"啥"用来对 VP 所表述的语义加以否定，带有不满或不耐烦等附加意。"好"意思相当于普通话"值得"，加强语气。例如：

（17）葛种事体有啥好争呢？（这种事情有什么值得争的呢）

kəʔ⁵ tsoŋ⁵³ z̩ŋ²² t'i³⁵ ɦy²² soʔ⁵ hɔ⁴⁴ tsã⁵³ n̠i⁰？

（18）其变掉嘚，我有啥好话呢？（他人变了，我有什么好说呢？）

dʑi²⁴ pi⁴⁴ dio²¹ lɐi⁰，ŋo²⁴ ɦy²² soʔ⁵ hɔ⁴⁴ ɦuo²⁴ n̠i⁰？

"有 + 啥 + 好 + VP + 呢"有时说成"有 + 啥 + V 头 + 呢"，语义不变。例如：

    （19）种田有啥种头呢？（种田有什么种头呢）

        tsoŋ^{44} di^{22} ɦiy^{22} soʔ^5 tsoŋ^{44} dø^{21} n̠i^0?

    （20）麻雀有啥搓头呢？（麻雀有什么搓头呢）

        mo^{21} tɕiã^{44} ɦiy^{22} soʔ^5 tsʻuo^{53} dø^{22} n̠i^0?

如果"有啥"后有否定形式，则全句的意思是肯定的。常见的否定形式有"勿开心、勿放心、勿值得、勿公道、勿落位"等。例如：

    （21）葛有啥勿落位呢？（这有什么不舒服的呢）

        kəʔ^5 ɦiy^{22} soʔ^5 vəʔ^2 loʔ^2 ɦiuɐi^{21} n̠i^0?

    （22）我亲自去，诺有啥勿放心呢？（物品亲自去你有什么不放心的呢）

        ŋo^{24} tɕʻin^{44} zʅ^{21} tɕʻi^{44}，noʔ^2 ɦiy^{22} soʔ^5 vəʔ^2 fɔ̃^{44} ɕin^{53} n̠i^0?

    4. VP + 夷 + 啥 + 呢？

"夷"是一个比较虚的指代成分，它是说话人和听话人共知的成分。这个句式的意思也是对 VP 的否定，但是侧重点是对 VP 造成的结果加以否定，言外之意是不应该 VP。隐含有好心反而办坏事的意思。"啥"在这里发舒声〔suo^{44}〕，例如：

    （23）诺弄夷啥呢？（你弄他干什么）

        noʔ^2 noŋ^{22} z̠i^{22} suo^{44} n̠i^0?

    （24）诺拉夷啥呢？（你拉他干什么）

        noʔ^2 la^{22} z̠i^{22} suo^{44} n̠i^0?

前一例字面意思是"你弄他干什么"，言外之意是本来我出于好心去帮助别人，结果把别人的东西弄坏了，我反而遭到了谴责或批评。后一例也一样，我出于好心去拉别人一把，结果反而把别人的衣服或者手臂拉坏了，好心办了坏事，别人就谴责我，于是我的朋友就说"诺拉夷啥呢?"

    5. "V 啥个 O"式

"啥个"出现在离合词或结构（尤其是动宾式的）之间共同作谓语的问句一般都是反问句。其中，"啥个"加强否定语气，多含"没有必要、不应该"之意。例如：

    （25）正当昼过宕啥个街呢？（大中午的逛什么街呢）

        zən^{22} tɔ̃^{53} tsø^{44} kəu^{44} dã^{22} ɦoʔ^2 soʔ^5 ɦoʔ^2 ka^{53} n̠i^0?

（26）劳民伤财个点啥个油灯呢？（劳民伤财的点什么油灯呢）

lɔ²¹ min²² sɔ̃⁴⁴ dzɛ²² ɦoʔ² tie⁴⁴ soʔ⁵ ɦoʔ² ʑy²² tən⁵³ ȵiº?

6. 啥个 + X

X 是别人说话中提到的内容，在重复别人的话前头加上"啥个"，表示不赞成不同意，也是反问句特有的表达式。例如：

（27）A：其拉儿子是大学生啦！（他们的儿子是大学生）

dʑiɐʔ² lɐʔ²ŋ²¹ tsʅ⁴⁴ zʅ²² da²² ɦoʔ² sã⁴⁴ la²²！

B：啥个大学生？骗人啦！（什么大学生？骗人的）

soʔ⁵ ɦoʔ² da²² ɦoʔ² sã⁴⁴? pʻi⁴⁴ ȵin²² la²²！

（28）A：阿拉阿舅是公安局啦！（我舅舅是公安局的）

ɐʔ⁵ lɐʔ² ɔ⁴⁴ dʑy²² zʅ²² koŋ⁴⁴ ɐi⁵³ dʑyoʔ² la²²！

B：啥个公安局八安局？我怕诺啊！（什么公安局八安局，我难道怕你啊）

soʔ⁵ ɦoʔ² koŋ⁴⁴ ɐi⁵³ dʑyoʔ² pɐʔ⁵ ɐi⁵³ dʑyoʔ²? ŋo²⁴ pʻo⁴⁴ noʔ² ɦia²²！

这种说法在吴语越剧中也有体现：

（29）A：孩儿乃是天子门生，万岁御笔亲点的新科状元，我怎能向娘子下跪呀？

ɦiɛ²² əl⁵³ nɛ²² zʅ²² tʻi⁴⁴ tsʅ⁵³ mən²² sən⁵³，vɛ²⁴ sɐi⁴⁴ ɦiy²² piʔ⁵ tɕʻin⁴⁴ tie⁵³ tiʔ⁴ sin⁴⁴ kʻo⁵³ dzɔ̃²² nyan²¹，ŋo²¹ tsəʔ⁵ nən²¹ çiã⁵³ niã²² tsʅ⁵³ çia⁴⁴ guɐi²² ʑiaº?

B：啥个天子门生，新科状元？老婆搭要领勿着哉！（选自越剧《碧玉簪·送凤冠》）

sa³⁵ ɦoʔ² tʻi⁴⁴ tsʅ⁵³ mən²² sən⁵³，sin³⁵ kʻo⁵³ dzɔ̃²⁴ nyan²¹，lɔ²⁴ bo²¹ tɐʔ⁵ io⁴⁴ lin²² vəʔ² dzɐʔ² tsɛº！

（四）厄啥

"厄啥"相当于"干吗、为什么"，当"厄啥"专门指"为什么、凭什么"意思时，表示否定性判断，有"不该、不必、不会"的意思。例如：

（30）诺比其大，厄啥要听其言话呢？（你比他大，干吗要听他的话呢？）

noʔ² pi⁴⁴ dʑi²⁴ dəu²⁴，əʔ⁵ suo⁴⁴ io⁴⁴ tʻin⁴⁴ dʑi²⁴ ɦiɛ²¹ ɦuo²² ȵiº?

（31）阿拉也缴勒钞票，厄啥勿去呢？（我们也交了钱，凭什么不去呢）

ɐʔ⁵ lɐʔ² ʑi²² kɔ⁴⁴ ləʔ² tsʻɔ⁵³ pʻio⁴⁴, əʔ⁵ suo⁴⁴ vəʔ² tɕʻi⁴⁴ n̠i⁰？

（32）厄啥去呢？葛记吃小苦来！（你干什么去呢？如今吃苦头了吧）

əʔ⁵ suo⁴⁴ tɕʻi⁴⁴ n̠i⁰？ kəʔ⁵ tɕi⁵³ tɕʻyoʔ ɕio⁵³ kʻu⁴⁴ lɛ²²！

三 反复型反问句特有的表达式

当反复问句前面加上"诺话（你说）"构成"诺话（你说）+反复问句"格式，那么正反问句就成为一个反问句。不过句末"哦"要还原为"勿啦"。例如：

（33）诺话葛人滑头勿啦？（你说这个人滑头不滑头）

noʔ² ɦuo²⁴ kəʔ⁵ n̠in²² ɦɐʔʔ² dø²² vəʔ² la²²？

（34）诺话葛事体发棵勿啦？（你说这事情可笑不可笑）

noʔ² ɦuo²⁴ kəʔ⁵ zɿ²² tʻi³⁵ fɐʔ⁵ kʻəu⁵³ vəʔ² la²²？

（35）诺话葛危险勿啦？（你说这危不危险）

noʔ² ɦuo²⁴ kəʔ⁵ ɦuɐi²² ɕi⁵³ vəʔ² la²²？

小结

语法学界对疑问句的分类有三分，也有四分，有的在基本疑问句式外又分特殊疑问句式。其中影响较大的是把疑问句分成"是非问""特指问""选择问"和"正反问"四类。本书在描述宁波方言疑问句的时候，就是采取的四分法。但是这种分类的标准是值得讨论的。

首先，从"选择问"和"反复问"的关系上看，不少学者认为"反复问"是"选择问"中的一个特殊类。"反复问"供选择的是正反两个选项。但是从句法表现形式上看，"选择问"和"反复问"在宁波方言中差别很大。前者是用"X 还 Y？"句式，后者则很少用"VP + Neg + VP？"格式，多用"VP + M"的格式，在形式上倒更靠近是非问句。

其次，从宁波方言"是非问句"和"反复问句"的句法表现形式上看，他们应该是同一个类，因为都是"VP + M？"的形式。也就是说，宁波方言的"反复问句"应该归入"是非问句"中。但问题是，从语义上看，反复问句的 M 与是非问句的 M 在性质上不同。前者是"否定副词＋句末语气词"的凝固体，后者（如"啰、哨"等）则并非都这样（考虑到普通话"吗"的来源问题，我们不能说是非问句的句末语气词就绝对不含有否定语义）。这样一来，这种静态的结构分类方法，实际上无法把什么是真正的疑问句分清楚。

从方言的疑问手段来看，虽然复杂，但是实现疑问的手段归纳起来无外语音、词汇、语法三种手段。宁波方言疑问句的类型实际上可以分为三类：通过语音手段实现的疑问句；通过疑问代词和连词"还"实现的疑问句；通过添加句末疑问语气词和通过正反叠用实现的疑问句。

第十三章　否定句

　　宁波方言否定词的构成有三种类型：①单纯词，单音否定词，如"勿""弗""莫""呒""没"① 等。这是否定词的基本形式。另外两种类型均在这一基本形式上构成。②合音否定词，是指两个紧密相连的字由于在口语中经常快说之故脱落部分音素而节缩成一个音节。这个音节一般是由前字的声母加后字的韵母和声调合成，类似反切。人们往往按会意的办法把原来的两个字拼合成一个新字（如北京话的"甭"）。此类单位吴语比北方话多，常见的有："嬔、孈、甮"等。③复合否定形式：由单纯或合音的否定词再加其他词构成否定短语。如"呒没、呒告"。此外，某些否定结构用于特定的结构成分后面，构成某种表示否定的格式，如"VP勿来""VP勿过""VP勿得"等。

　　宁波方言最主要的单纯否定词有五个："勿、弗、莫、呒、没"。本章主要讨论宁波方言六类否定句的形式："勿"字句、"没"字句、"莫"字句、"呒"字句、合音否定词句、复合否定形式句。

第一节　"勿"字句

一　"勿"字句的语义

　　由否定副词"勿"［vəʔ²］构成的句子，叫"勿"字句。"勿"的意思是"不"，用来否定主观意志、态度或认识。

　　（一）主观否定

　　"勿"后跟可控性动词，表示主观意愿或态度。例如：

---

　　① 宁波方言还有一个"坏"字，音［ua⁴⁴］，可以修饰动词。例如："坏吃""坏弄"等。从语法特征来看，"坏"作为否定副词并不典型，所以本书不把"坏"处理为否定副词。

（1）我勿将（象棋）。（我不将军）ŋo²⁴ vəʔ² tɕiã⁵³

（2）我勿吃/来/哭。（我不吃/来/哭）ŋo²⁴ vəʔ² tɕ'yoʔ⁵/lie²²/k'oʔ⁵

（3）我勿肯。（我不肯）ŋo²⁴ vəʔ² kən³⁵

（4）其勿同意。（他不同意）dʑi²⁴ vəʔ² doŋ²² i⁵³

人们对有些活动可以自我控制，可以选择做，也可以选择不做。"勿"就是在主观上选择不做。它可以表现一种主观意志，如前两例；也可以表现一种主观态度，如后两例。

宁波方言还有一个表示主观意愿的词——"莫"［mɔ²²］，它与"勿"的区别在于："勿"的主语多为第一人称，"莫"的主语多为第二人称；"勿"是一种内在的自我否定，"莫"是一种外在的对他人行为的劝阻。例如：

（5）我勿去。（我不去）ŋo²⁴ vəʔ² tɕ'i⁴⁴

（6）诺莫去。（你别去）noʔ² mɔ²¹ tɕ'i⁴⁴

"我勿去"是我主观上不愿意去，"诺莫去"是劝阻他人不要去。

（二）事理或情理上的不需要

表示事理或情理上的不需要，主要是"勿客气"这个词，多用于对"谢谢"的回答，常见于对话中。例如：

（7）甲：谢谢和！

　　　ʑia²² ʑia²² ɦiəu²²！

　　乙：勿客气。

　　　vəʔ² k'ɐʔ⁵ tɕ'i⁵³。

（8）甲：诺茶吃眼哪，真真罪过诺嘞！（甲：你茶喝点，真的麻烦你了）

　　　noʔ² dzuo²² tɕ'yoʔ⁵ ŋie²¹ nã²¹，tsən⁴⁴ tsən⁴² zɐi²² kəu⁵³ noʔ² lɐi⁰！

　　乙：应该和，勿客气！（乙：应该的，不客气）

　　　in⁴⁴ kie⁵³ ɦiəu²²，vəʔ² k'ɐʔ⁵ tɕ'i⁴²！

宁波方言除了"勿客气"，类似的说法还有"莫客气""覅客气""尴客气"等，在语义上有差别。

"莫客气"是对他人的一种劝告和提醒，不用于对"谢谢"的回答，语气较强烈，含不高兴的情绪，有"你千万别客气，否则我会不高兴"的意思。例如：

（9）诺莫客气，自家屋落一样啦！（你别客气，自己家里一样的）

no**ʔ**² mɔ²¹ k'ɐʔ⁵ tɕ'i⁴², ʑi²² kuo⁴⁴ uoʔ⁵ loʔ⁵ iʔ⁵ ʑiã²² la²²！

（10）诺莫客气和，下饭唻唻吃！（你别客气啊，菜尽管吃）

noʔ² mɔ²¹ k'ɐʔ⁵ tɕi⁴² ɦiɐu²²，ɦio²² vɛ²² lɐʔ² lɐʔ² tɕ'yoʔ⁵！

"觴"是"勿用"的合音合义词，"觴客气"一般用于客人对主人的劝慰之词，它不能单用，语气比"勿""莫""嗉"要强烈，含有"别多此一举了"的意思。只有关系很亲密的人之间才可以用"觴客气嘀"。例如：

（11）诺觴客气煞嘀。（你别客气了）

noʔ² voŋ²¹ k'ɐʔ⁵ tɕ'i⁴² sɐʔ⁵ lɐi⁰。

（12）觴客气嘀，我自家带来弄。（别客气了，我自己带了）

voŋ²¹ k'ɐʔ⁵ tɕ'i⁴² sɐʔ⁵ lɐi⁰，ŋo²⁴ ʑi²² ko⁴⁴ ta⁴⁴ lie²² noŋ²²。

"嗉"是"勿会"的合音合义词，"嗉客气"是"不会客气"的意思，后总跟助词"个"，主观性很强。例如：

（13）诺莫奔来奔去，我嗉客气个。（你别跑来跑去，我不会客气的）

noʔ² mɔ²¹ pɘn⁴⁴ lie²² pɘn⁴⁴ tɕ'i⁴⁴，ŋo²⁴ vɛi²¹ k'ɐʔ⁵ tɕ'i⁴² ɦoʔ²。

（三）不可能达到预期的结果或目的

对某件事情进行判断的时候，如果不能达到预期的目的，多用"勿格算、勿可能"，表示一种主观认识。例如：

（14）介毛弄起来，阿拉勿格算嘀。（这样下去，我们不划算了）

ka⁴⁴ mɔ²¹ noŋ²² tɕ'i⁴⁴ lie²¹，ɐʔ⁵ lɐʔ² vɐʔ² kɐʔ⁵ sø⁵³ lɐi⁰。

（15）葛勿可能个。（这不可能的）

kɘʔ⁵ vɐʔ² k'ɘu⁵³ nɘn²² ɦoʔ²。

（四）否定对方的话或提问

"勿"字句还经常用来表示否定对方的话或提问。例如：

（16）甲：今么开会勿去勒。（甲：今天开会不去了）

tɕiʔ⁵ mɘʔ⁵ k'ie⁴⁴ ɦuɐi²⁴ vɐʔ² tɕ'i⁴⁴ lɘʔ²。

乙：诺介毛做勿对个。（乙：你这样做是不对的）

noʔ² ka⁴⁴ mɔ²¹ tsɘu⁴⁴ vɐʔ² tɐi⁴⁴ ɦoʔ²。

（17）问：诺去哦？（问：你去吗）

no$ʔ^2$ tɕ'i^{44} vɐ$ʔ^2$?

答：我勿去。（答：我不去）

ŋo^{24} və$ʔ^2$ tɕ'i^{44}。

概括起来，"勿"用于否定，主要有三种语义：①表示主观意志，如"勿去""勿吃"；②表示主观态度，如"勿同意""勿答应"；③表示主观认识，如"勿清爽""勿格算"。

二　"勿"与否定项

（一）勿 + VP

"勿"后最常见的是跟动词或动词性成分（VP）。根据 VP 的不同，可以分为：①勿 + V；②勿 + VO；③勿 + VC。

1. 勿 + V

"勿 + V"作谓语，可以分为两类：

①对他人的回应，表示自己一贯以来的某种习惯或不愿意 V 而决定不 V。例如：

（18）我荤下饭勿吃个，我吃素。（我荤菜不吃的，我吃素）

ŋo^{24} huən^{53} ɦo^{22} vɛ^{22} və$ʔ^2$ tɕ'yo$ʔ^5$ ɦo$ʔ^2$，ŋo^{24} tɕ'yo$ʔ^5$ su^{44}。

（19）我葛埭路从来勿走个，忒危险嘞。（这条路我从来没有走过，太危险了）

ŋo^{24} kə$ʔ^5$ da^{21} lu^{24} dzoŋ^{22} lie^{21} və$ʔ^2$ tsø^{53} ɦo$ʔ^2$，t'a^{53} ɦuɐi^{22} ɕi^{53} lɐi^0。

（20）诺去哈嘞，我勿去。（你去好了，我不去）

no$ʔ^2$ tɕ'i^{44} hɐ$ʔ^5$ lɐi^0，ŋo^{24} və$ʔ^2$ tɕ'i^{44}。

（21）我葛记作业勿做，夜到再做。（我现在作业不做，晚上再做）

ŋo^{24} kə$ʔ^5$ tɕi^{53} tso$ʔ^5$ ȵi$ʔ^2$ və$ʔ^2$ tsəu^{44}，ʑia^{22} tɔ^{44} tsie^{53} tsəu^{44}。

②表示对正在进行的动作的停止或对已经约定的事情的反悔，一般需要加句末语气词"勒"。例如：

（22）因因顶听言话，勿哭勒。（因因最听话了，不哭了）

nø^{44} nø^{22} tin^{53} t'in^{44} ɦiɛ^{21} ɦo$ʔ^2$，və$ʔ^2$ k'o$ʔ^5$ lə$ʔ^2$。

（23）我临时有眼事体，旅游勿去勒。（我临时有些事情，旅游不去了）

ŋo^{24} lin^{22} zɿ^{22} ɦiy^{22} ȵie^{22} dzɿ^{22} t'i^{35}，ly^{22} ɦiy^{22} və$ʔ^2$ tɕ'i^{44} lə$ʔ^2$。

前一例表示小孩正在哭个不停，劝小孩不哭，要求小孩停止正在进行的动作"哭"。后一例表示我原先是打算去旅游的，后来临时有事，就改变了原定计划，不去了，是对已经约定的事情的反悔。

"勿"对 V 有选择性。一般来说，V 是动作性、可控性较强的动词。例如：

（24）其油肉勿吃个。（他不吃肥肉）

dʑi²⁴ ɦiy²² ȵyoʔ² vəʔ² tɕʻyoʔ⁵ ɦioʔ²。

（25）今年杨梅勿摘勒。（今年杨梅不摘了）

tɕin²² ȵin²¹ ʑiã²² mɐi²¹ vəʔ² tsɛʔ⁵ ləʔ²。

（26）黄狗勿走出来么。（黄狗不出来）

ɦuõ²² kən⁵³ vəʔ² zø²¹ tɕʻəʔ⁵ lie²² məʔ²。

"吃""摘""走"都是可控性很强的动词，前两例主语是人，第三例主语是"黄狗"。

如果"勿"用于假设句，那么不具有可控性的动词也可以进入"勿"字句。例如：

（27）老天菩萨雨再勿落，今年算数尔嘞！（老天爷再不下雨，今年完了）

lɔ²² tʻi⁵³ bu²² sɐʔ⁵ ɦiy²² tsɛ⁴⁴ vəʔ² loʔ²，tɕin⁴⁴ ȵin²¹ sø⁴⁴ su⁴⁴ əl⁰ lɐʔ²！

（28）葛堵墙今么勿坍，明朝也要坍个。（这堵墙今天不坍塌，明天也要坍塌的）

kəʔ⁵ du²¹ ʑiã²² tɕiʔ⁵ məʔ² vəʔ² tʻɛ⁵³，m̩²² tsɔ⁵³ ʑia²² io⁵³ tʻɛ⁵³ ɦioʔ²。

假设句中，"勿"与"动词"之间还常常加状语修饰。例如：

（29）诺再勿努力学习，要留级弄嘞。（你再不努力学习，要留级了）

noʔ² tsɛ⁵³ vəʔ² nu²² liʔ² ɦioʔ² ʑiʔ²，io⁴⁴ ly²² tɕiʔ⁵ noŋ²¹ lɐi⁰。

（30）诺葛记勿快眼去，迟到勒莫怪我。（你现在不快些去，迟到了别怪我）

noʔ² kəʔ⁵ tɕi⁵³ vəʔ² kʻua⁴⁴ ŋie²¹ tɕʻi⁴⁴，dʐ̩²¹ tɔ⁴⁴ ləʔ² mɔ²¹ kua⁴⁴ ŋo²¹。

2. 勿 + VO

"勿"后也可跟动宾式。例如：

（31）我从来勿吃香烟个。（我从来不抽烟的）

$ŋo^{24}$ $dzoŋ^{22}$ lie^{22} $vəʔ^2$ $tɕ'yoʔ^5$ $ɕiã^{44}$ i^{53} $ɦoʔ^2$。

（32）勿讲实话是错嘞！（不讲实话是错了）

$vəʔ^2$ $kɔ̃^{53}$ $zəʔ^2$ $ɦo^{22}$ $dzɿ^{22}$ $ts'əu^{44}$ lei^0！

（33）勿懂道理个人莫得夷搭界。（不讲道理的人不要和他来往）

$vəʔ^2$ $toŋ^{53}$ $dɔ^{22}$ li^{21} $ɦoʔ^2$ $n̠in^{22}$ $mɔ^{21}$ $təʔ^5$ $ʑi^{22}$ $tɐʔ^5$ ka^{44}。

第一例"勿＋VO"作谓语，第二例"勿＋VO"作主语，第三例
"勿＋VO"作定语。

"勿＋VO"作谓语的时候前面多用副词修饰，如"限板"（一定）、
"肯定"、"交关"（十分）等，如果没有副词修饰，通常要跟一个后续
句。例如：

（34）我勿买东西，我看闹热。（我不买东西，我看热闹）

$ŋo^{24}$ $vəʔ^2$ ma^{21} $toŋ^{44}$ $ɕi^{53}$，$ŋo^{24}$ $k'i^{44}$ $nɔ^{22}$ $n̠iʔ^2$。

（35）其勿读正书，其看野书。（他不看正经的书，他看野书）

$dʑi^{24}$ $vəʔ^2$ $doʔ^2$ $tsən^{44}$ $sɿ^{53}$，$dʑi^{24}$ $k'i^{44}$ $ʑi^{22}$ $sɿ^{53}$。

作谓语或定语的"勿＋VO"式经常把O提到句首，构成"O＋
勿＋V"式，句末通常会有语气助词。例如：

（36）香烟我从来勿吃个。（我从来不抽烟）

$ɕiã^{44}$ i^{53} $ŋo^{24}$ $dzoŋ^{22}$ lie^{22} $vəʔ^2$ $tɕ'yoʔ^5$ $ɦoʔ^2$。

（37）道理勿懂个人莫得夷搭界。（不懂道理的人别和他来往）

$dɔ^{22}$ li^{21} $vəʔ^2$ $toŋ^{53}$ $ɦoʔ^2$ $n̠in^{22}$ $mɔ^{21}$ $təʔ^5$ $ʑi^{22}$ $tɐʔ^5$ ka^{44}。

3. 勿＋VC

"勿"后跟动补式，常作假设复句的前分句。例如：

（38）今么勿做好，＜明朝要得老板骂个＞。（今天不干完，明天
　　　要被老板责骂的）

$tɕiʔ^5$ $məʔ^2$ $vəʔ^2$ $tsəu^{44}$ $hɔ^{53}$，m^{22} $tsɔ^{53}$ io^{44} $təʔ^5$ $lɔ^{24}$ $pɛ^{35}$ mo^{22} $ɦoʔ^2$。

（39）介多东西我勿吃光，＜忒浪费嘞＞。（这么多东西我吃不完，
　　　太浪费了）

ka^{44} $təu^{53}$ $toŋ^{44}$ $ɕi^{53}$ $ŋo^{24}$ $vəʔ^2$ $tɕ'yoʔ^5$ $kuɔ̃^{53}$，$t'ɐʔ^5$ $lɔ^{21}$ fi^{44} lei^0。

前一例是指假如今天（事情）不做完的话，明天要被老板骂的；
后一例是说这么多东西如果我不吃完的话，太浪费了。

4. V + 勿 + C

"V + 勿 + C"式是动补式 VC 之间插入"勿"而来的，表示不可能。例如：

（40）介多东西我吃勿光。（这么多东西我吃不完）

ka⁴⁴ təu⁵³ toŋ⁴⁴ çi⁵³ ŋo²⁴ tç'yoʔ⁵ vəʔ² kuɔ̃⁴⁴。

（41）今么事体做勿好个。（今天事情干不完了）

tçiʔ⁵ məʔ² tsʅ⁴⁴ t'i³⁵ tsəu⁴⁴ vəʔ² hɔ⁴⁴ ɦoʔ²。

"V + 勿 + C"与"勿 + VC"在语法意义上不同。前者表示客观上能力达不到，后者表示主观态度上没有努力。如"做勿好"是指能力上达不到某种要求，具有客观性；"勿做好"则指主观上没有达到某种程度。

（二）勿 + AP

"勿"后也可跟形容词，不过有一定的条件。《宁波方言词典》（李荣主编）中的形容词，能够进入"勿"字句的有：

a. 馋痨、难熬、肉痛、考究、心焦（寂寞）、强横、坏、难过、怕、皮（顽皮）、老三（没礼貌、不谦虚的样子）、疙瘩（难应付的）、啰嗦、懊恼

b. 泛（顺手）、吃香、得人惜（得意）、扎硬、宽舒、舒意、乐惠、掂心、得法、灵清、清头、落位、识相、经用、出姚（出类拔萃的）、靠硬、清爽、要好、爽气、老实、稀索、活络、灵光、精明、凑巧、大度、大方、开心、落直、仔细、实惠、安耽、领径（方便）、轻可、厚实、准足、斯文、文气、牢、空省、风凉、要紧、闹热、齐、好

a 组形容词与人的情状有关，谓词性特征比较明显，它们作为谓词进入句子的时候，具有可控性，可以通过人的主观意志将之改变。这类形容词从词语的色彩来看，多为贬义词，用"勿"修饰后转化成积极意义。例如：

（42）我从来勿馋痨个。（我从来不馋嘴）

ŋo²⁴ dzoŋ²² lie²² vəʔ² dzɛ²² lɔ²¹ ɦoʔ²。

（43）介多钞票得人家偷去，其一眼也勿肉痛。（这么多钱被人偷走，他一点不心疼）

ka⁵³ təu⁵³ ts'ɔ⁵³ p'io⁴⁴ təʔ⁵ ȵin²² ko⁵³ t'ø⁵³ tç'i⁴⁴, dʑi²⁴ iʔ⁵ ŋie²⁴ ʑia²² vəʔ² n̠yoʔ² tʻoŋ⁵³。

"馋痨""肉痛"是可控的，"馋痨"与"大度"相对，"肉痛"与"大方"相对，这些都可以通过人的主观意志来选择。a 组词由于词义的制约，不能受程度副词"勿大"（不大）、"交关"、"忒"等的修饰。

b 组词大多数是褒义词，多表性状，用"勿"否定后表示某事或某物不能达到预期的设想或效果。例如：

（44）葛部汽车方向盘勿泛个。（这部汽车方向盘不好使）

kəʔ⁵ bu²¹ tɕʻi⁴⁴ tsʻuo⁵³ fɔ̃⁴⁴ ɕiã⁴⁴ bø²² vəʔ² fɛ⁴⁴ fioʔ²。

（45）诺莫勿得人惜，老实眼。（你别不听话，老实点）

noʔ² mɔ²¹ vəʔ² təʔ⁵ n̠in²¹ ɕiʔ⁵，lɔ²² zəʔ² n̠ie²²。

（46）话勒其两句，到毛勿落位眼嘻。（说了他几句，马上就不高兴了）

fio²² ləʔ² dʑi²² liã²² tɕy⁴⁴，tɔ⁴⁴ mɔ²¹ vəʔ² loʔ² fiuɐ²¹ n̠ie²² lɐi⁰。

（47）其葛人勿靠硬个。（他这人靠不住）

dʑi²⁴ kəʔ⁵ n̠in²² vəʔ² kʻɔ⁴⁴ ŋã²¹ fioʔ²。

b 组形容词进入"勿"字句，可以在"勿"前用表示程度高的"交关""忒"等副词修饰，也可以用表示程度低的"有眼"修饰：

（48）葛人交关勿老实。（这人非常不老实）

kəʔ⁵ n̠in²² tɕio⁴⁴ kuɛ⁵³ vəʔ² lɔ²² zəʔ²。

（49）葛人忒勿老实。（这人太不老实）

kəʔ⁵ n̠in²² tʻɐʔ⁵ vəʔ² lɔ²² zəʔ²。

（50）葛人有眼勿老实。（这人有些不老实）

kəʔ⁵ n̠in²² fiy²² n̠ie²² vəʔ² lɔ²² zəʔ²。

"勿 + 形容词"在句中除了作谓语，还可以作定语和补语。例如：

（51）勿爽快个人交关没意思。（不爽快的人很没意思）

vəʔ² sɔ̃⁵³ kʻua⁴⁴ fioʔ² n̠in²² tɕio⁴⁴ kuɛ⁵³ məʔ⁵ i⁴⁴ sɿ⁵³。

（52）过去勿吃香个行业葛记开始吃香嘻。（过去不受青睐的行业现在开始受到青睐了）

kəu⁴⁴ tɕʻy⁵³ vəʔ² tɕʻyoʔ⁵ ɕiã⁵³ fioʔ² fiɔ̃²² n̠iʔ² kəʔ⁵ tɕi⁵³ kʻie⁴⁴ sɿ⁴⁴ tɕʻyoʔ⁵ ɕiã⁵³ lɐi⁰。

（53）葛弄勒忒勿落位嘻。（这弄得太不舒服了）

kəʔ⁵ noŋ²² ləʔ² t'ɐʔ⁵ vəʔ² loʔ² ɦiɐi²¹ lɐi⁰。

（54）分量称勒交关勿准足。（分量称得非常不准）

vən²⁴ liã²⁴ ts'ən⁴⁴ ləʔ² tɕio⁴⁴ kuɛ⁵³ vəʔ² tsən⁵³ tsoʔ⁵。

前两例"勿爽快""勿吃香"作定语；后两例"勿落位""勿准足"作补语。

（三）勿 + 小句

"勿"后还可以跟结构比较复杂的形式。例如：

（55）葛种人阿拉是勿得夷搭界个。（这种人我们是不和他来往的）

kəʔ⁵ tsoŋ⁵³ n̠in²² ɐʔ⁵ lɐʔ² zʅ²² vəʔ² təʔ⁵ ʑi²¹ tɐʔ⁵ ka⁴⁴ ɦioʔ²。

（56）葛事体勿得夷晓得。（这事情不让他知道）

kəʔ⁵ zʅ²² t'i³⁵ vəʔ² təʔ⁵ ʑi²¹ ɕio⁵³ təʔ⁵。

（57）其明朝勿到杭州出差。（他明天不到杭州出差）

dʑi²⁴ m²² tsɔ⁵³ vəʔ² tɔ⁵³ ɦõ²² tsø⁵³ ts'əʔ⁵ ts'a⁵³。

前两例"勿"后跟"得"字结构，后一例"勿"后跟一个连动结构。

三　勿是、勿大、勿舍得

（一）勿是

"勿是"后只跟宾语，这个宾语可以是一个词，也可以是一个复杂成分。例如：

（58）我勿是木大，我也晓得啥人得我好。（我不是傻瓜，我也知道谁对我好）

ŋo²⁴ vəʔ² zʅ²¹ moʔ² dəu²²，ŋo²⁴ ʑia²² ɕio⁵³ təʔ⁵ soʔ⁵ n̠in²² təʔ⁵ ŋo²⁴ hɔ³⁵。

（59）其勿是一生出来就介毛样个。（他不是一生出来就是这样的）

dʑi²⁴ vəʔ² zʅ²¹ iʔ⁵ sã⁵³ ts'əʔ⁵ lie²² zø²² ka⁴⁴ mɔ²¹ n̠iã²² ɦioʔ²。

"勿是"常常构成"勿是 X，是 Y"的格式。例如：

（60）葛勿是哭，葛是喊命。（这不是哭，这是喊命）

kəʔ⁵ vəʔ² zʅ²¹ k'oʔ⁵，kəʔ⁵ zʅ²² hie⁴⁴ min²⁴。

（61）葛勿是大方，葛是浪费。（这不是大方，这是浪费）

kəʔ⁵ vəʔ² zʅ²¹ da²² fõ⁴⁴，kəʔ⁵ zʅ²² lõ²¹ fi⁴⁴。

"勿是"常用来表示反问。例如：

（62）诺勿是老早到深圳做生意去眼啦？（你不是早就到深圳做生意去了吗）

no?² və?² ʐ̩²² lɔ²² tsɔ⁵³ tɔ⁴⁴ sən⁴⁴ tsən⁵³ tsəu⁴⁴ sã⁵³ ʑi²² tɕʻi⁴⁴ ŋie²² la²²？

（63）葛勿是和仔弄好的啦？（这不是都弄好了吗）

kə?⁵ və?² ʐ̩²² ɦiəu²² tsʅ⁵³ noŋ²² hɔ⁴⁴ ti?⁵ la²²？

（二）勿大

"勿大"是"不大""不怎样"的意思，后可跟动词、形容词。例如：

（64）其葛种事体勿大做。（他这种事情不大做）

dʑi²⁴ kə?⁵ tsoŋ⁵³ dʑʅ²⁴ tʻi³⁵ və?² da²² tsəu⁰。

（65）自家儿子格么是勿大敲个耶！（自己的儿子当然是不怎么打的）

ʐi²² ko⁴⁴ n̩²¹ tsʅ⁴⁴ kɐ?⁵ mə?² ʐ̩²² və?² da²² kʻɔ⁵³ ɦio?² ʑie²²！

（66）介毛做勿大好。（这样做不大好）

ka⁴⁴ mɔ²¹ tsəu⁴⁴ və?² da²² hɔ⁵³。

（67）葛支秤勿大准和。（这杆秤不大准）

kə?⁵ tsʅ⁵³ tsʻən⁴⁴ və?² da²² tsən⁵³ ɦiəu⁰。

（三）勿舍得

"勿舍得"意思是"舍不得"，可单独充当谓语，也可跟动词或动词结构。例如：

（68）介好东西丢掉啦？该勿舍得个。（这么好东西丢掉了吗？那不舍得的）

ka⁴⁴ hɔ³⁵ toŋ⁴⁴ ɕi⁵³ ty⁵³ dio²² la⁰，gɛ²² və?² suo⁴⁴ tə?⁵ ɦio?²。

（69）自家屋落东西总勿舍得。（自己家里的东西总是不舍得的）

ʐi²² ko⁴⁴ uo?⁵ lo²toŋ⁴⁴ ɕi⁵³ tsoŋ⁵³ və?² suo⁴⁴ tə?⁵。

（70）勿舍得安味精。（舍不得放味精）

və?² suo⁴⁴ tə?⁵ ɐi⁴⁴ vi²² tɕin⁵³。

（71）一个铜钿搭勿舍得驮出。（一分钱都舍不得拿出来）

i?⁵ ɦio?² doŋ²² di²¹ tɐ?⁵ və?² suo⁴⁴ tə?⁵ dəu²² tsʻə?⁵。

前两例"勿舍得"单独充当谓语，第三例"勿舍得"后跟动宾式，最后一例"勿舍得"后跟动趋式。"勿舍得"后还可以跟名词。例如：

（72）勿舍得钞票。（舍不得钱）

və?² suo⁴⁴ tə?⁵ ts'ɔ⁵³ p'io⁴⁴。

（73）勿舍得油盐酱醋，下饭味道肯定推板么。（舍不得油盐酱醋，菜的味道肯定不好的）

və?² suo⁴⁴ tə?⁵ ɦiy²¹ zi²² tɕiã⁴⁴ ts'u⁴⁴，ɦio²² vɛ²² mi²² dɔ²⁴ kən⁴⁴ din²¹ t'ɐi⁵³ pɛ⁵³ mə?²。

四 "勿"构成的特定格式

"勿"用于特定的结构成分后面，构成某种表示否定的格式，主要有"VP 勿来""VP 勿过"和"VP 勿得"。

（一）VP 勿来

"VP 勿来"意思是"不能 VP"，表示客观条件或情理上不允许。例如：

（74）车间勒香烟吃勿来个和。（车间里不能抽烟）

ts'uo⁴⁴ kie⁵³ lə?² ɕiã⁴⁴ i⁵³ tɕ'yo?⁵ və?² lie²² ɦio?² ɦiɐu⁴⁴。

（75）小人泡冲头磕开，外婆屋落去勿来。①（小孩顽皮头碰伤，外婆家里不能去）

ɕio⁴⁴ ȵin²² p'ɔ⁴⁴ ts'ən⁵³ dø²² k'ə?⁵ k'ie⁵³，ŋa²⁴ bəu²² uo?⁵ lo?² tɕ'i⁴⁴ və?² lie²²。

"VP 勿来"的肯定形式是"好 VP 个"。例如："听勿来、吃勿来、做勿来、逃勿来"的肯定形式是"好听个、好吃个、好做个、好逃个"。

（二）VP 勿过

当 VP 是动词时，"VP 勿过"有两个意思：一个表示空间容不下，另一个表示不可能。例如：

（76）介多衣裳一只箱子装勿过。（这么多衣服一个箱子装不下）

ka⁴⁴ təu⁵³ i⁴⁴ zõ²¹ i?⁵ tsɐ?⁵ ɕiã⁵³ tsɿ⁴⁴ tsõ⁵³ və?² kəu⁴⁴。

（77）介多人教室勒坐勿过。（这么多人教室里坐不下）

———————————

① 这是一句俗语，意思是外婆往往对小外孙特别宠爱，所以小孩子们总特别喜欢到外婆家里去，由于管束少了，开心得过了头，就会闯祸或者是出点什么事情，诸如头碰伤了之类，于是有"小人泡冲头磕开，外婆屋落去勿来"之说。

ka⁴⁴ təu⁵³ ŋin²² tɕio⁴⁴ səʔ⁵ ləʔ² zəu²² vəʔ² kəu⁴⁴。

（78）介多东西肯定囥勿过个。（这么多的东西肯定藏不起来的）

ka⁴⁴ təu⁵³ toŋ⁴⁴ ɕi⁵³ kən⁴⁴ din²¹ kʻɔ̃⁴⁴ vəʔ² kəu⁴⁴ ɦioʔ²。

（79）诺打勿过和。（你打不过的）

noʔ² tã⁵³ vəʔ² kəu⁴⁴ ɦiəu²²。

前两例表示容不下，后两例表示不可能。

当 VP 是"V + 人称"时，构成"V + 人称代词 + 勿过"格式，表示不及。例如：

（80）讲讲限板讲其勿过。（说说肯定说不过他）

kɔ̃⁴⁴ kɔ̃⁴² ɦiɛ²² pɛ⁴⁴ kɔ̃⁵³ vəʔ² dʑi²² kəu⁴⁴。

（81）英语我考诺勿过。（英语我考不过你）

in⁴⁴ ȵy²¹ ŋo²⁴ kʻɔ⁵³ noʔ² vəʔ² kəu⁴⁴。

人称代词可以在 V 后插入构成"V + 人称代词 + 勿过"格式，也可以在"勿"后插入构成"V + 勿 + 人称代词 + 过"格式。例如：

（82）打勿过。→打夷勿过。→打勿夷过。

駄勿过。→駄夷勿过。→駄勿夷过。

囥勿过。→囥夷勿过。→囥勿夷过。

瞒勿过。→瞒夷勿过。→瞒勿夷过。

"V 勿过"的肯定形式是"V 勒过"。例如：

（83）打勒过。→打夷勒过。→打勒夷过。

駄勒过。→駄夷勒过。→駄勒夷过。

囥勒过。→囥夷勒过。→囥勒夷过。

瞒勒过。→瞒夷勒过。→瞒勒夷过。

也有"形容词 + 勿过"的用法，表示"很""非常"。例如：

（84）舞厅勒人多勿过。（舞厅里人很多）

vu²² tʻin⁴⁴ ləʔ² ȵin²² təu⁵³ vəʔ² kəu⁴⁴。

（85）候车室勒闷勿过。（候车室里很闷）

ɦø²² tsʻuo⁴⁴ səʔ⁵ ləʔ² mən²² vəʔ² kəu⁴⁴。

（86）手脚慢勿过。（手脚很慢）

sø⁵³ tɕiɐʔ⁵ mɛ²² vəʔ² kəu⁴⁴。

（三）VP 勿得

用在动词后面，构成述补结构，意思为"不能 VP"。

(87) 碰勿得。bã²² vəʔ² təʔ⁵。动勿得。doŋ²² vəʔ² təʔ⁵。

听勿得。t'in⁴⁴ vəʔ² təʔ⁵。吃勿得。tɕ'yoʔ⁵ vəʔ² təʔ⁵。

驮勿得。dəu²¹ vəʔ² təʔ⁵。骂勿得。mo²² vəʔ² təʔ⁵。

（四）VP 勿相似

用在动词后面，有收效甚微的意思。例如：

(88) 该人老油条啦，话话话勿相似个。（那人是老油条了，说说
是没用的）

gɛ²⁴ n̠in²² lɔ²² ɦiy²¹ dio²² la⁰，ɦuo²⁴ ɦuo²² ɦuo²² vəʔ² ɕiã⁵³ z̩²¹ ɦoʔ²。

(89) 该生活苦个，钞票靠格貌赚赚是赚勿相似个。（那样的工作
太辛苦，赚钱靠那样赚是不行的）

gɛ²⁴ sã⁴⁴ ɦuoʔ² k'u⁵³ ɦoʔ²，ts'ɿ⁵³ p'io⁴⁴ k'ɔ⁴⁴ ka⁴⁴ mo²¹ zɛ²² zɛ²¹
dz̩²² zɛ²² vəʔ² ɕiã⁵³ z̩²¹ ɦoʔ²。

（五）VP 勿相相

用在动词后面，意为"不会VP"，表示不懂得怎样做或者没有能力
做某事。例如：

(90) 围棋我着勿相相。（我不会下围棋）

ɦuɐi²² dʑi²¹ ŋo²⁴ tsɐʔ⁵ vəʔ² ɕiã⁴⁴ ɕiã⁴⁴。

(91) 普通言话其讲勿相相。（他不会讲普通话）

p'u⁵³ t'oŋ⁴⁴ ɦiɛ²² ɦuo²² dʑi²⁴ kɔ⁵³ vəʔ² ɕiã⁴⁴ ɕiã⁴⁴。

五 "勿"与"弗"

宁波方言"勿"［vəʔ］、"弗"［fəʔ］共存，语义相同，只是在使
用的频率上有所不同。宁波地区来说，用"勿"是主流。虽然如此，
两个否定词在用法上还是有些许差异。

（一）"弗"的语义及用法

"弗"的意思也相当于普通话的"不"，但是它的适用范围要比
"勿"窄得多，一般只用于固定结构中。例如：

(92) 弗三弗四：不三不四。

弗三弗四个人带带来作啥！（不三不四的带回来）

fəʔ⁵ sɛ⁵³ fəʔ⁵ s̩⁴⁴ ɦoʔ² n̠in²² ta⁴⁴ ta⁴⁴ lie²² tsoʔ⁵ suo⁴⁴！

(93) 弗上弗落：弗尴弗尬：弗燥弗湿：不上不下，处境尴尬。

介管大小人弗上弗落，衣裳顶难买嘞。（这么大的孩子不上不下，衣服最难买了）

ka^{44} kø^{44} dəu^{24} çio^{44} ȵin^{22} fəʔ^5 zõ^{21} fəʔ^5 loʔ^2，i^{55} zõ^{21} tin^{53} nɛ^{21} ma^{22} lɐi^0。

（94）弗结：勿结：不知。

其肚皮里弗结咋来该忖。（他肚子里不知道在怎么想）

dʑi^{24} du^{22} bi^{21} li^{21} fəʔ^5 tçiʔ^5 dza^{22} lie^{21} kie^{53} ts'ən^{44}。

（95）弗结咋是咋：说不上怎么回事；给人以异样或不舒服的感觉。

该人弗结咋是咋介，头大勿啦？（那人不知道怎么回事情，令人头疼不）

gɛ^{22} ȵin^{22} fəʔ^5 tçiʔ^5 dza^{21} zʅ^{22} dza^{21} kɐ^5，dø^{22} dəu^{24} vəʔ^2 la^{22}？

该件衣裳其穿仔弗结咋是咋。（那件衣服他穿着不知道怎么回事）

gɛ^{22} dʑi^{21} i^{44} zõ^{21} dʑi^{24} ts'ø^{53} tsʅ^{44} fəʔ^5 tçiʔ^5 dza^{21} zʅ^{22} dza^{21}。

（二）"弗"与"勿"的区别

这两个否定词的意思都相当于普通话的"不"，"弗"除了在某些固定结构中的运用具有广泛性，在其他的用法上具有个人性和地域性。从笔者调查的地区来看，"弗"与"勿"的区别如下：

1. 语义上的差异

在语义上"弗"有时是表示主观否定，如"弗去""弗来""弗得罪"。有时是表示事理或情理上的不需要，如"弗客气"。有时是表示不可能达到预期的结果或目的，如"弗可能""弗格算"。有时是表示否定对方的话或提问，如"弗对""弗是个"等。这些与"勿"一样。不过在具体的使用中，两词在表达情感上还是有区别的。例如：

a. 我勿去。ŋo^{24} vəʔ^2 tç'i^{44}。

a' 我弗去。ŋo^{24} fəʔ^5 tç'i^{44}。

一般来说，用"弗"语气比较强烈。造成这方面的原因一方面是说话人主观的情感决定的，另一方面，与"弗""勿"的语音特征有关系。"勿"是浊声母不送气字，"弗"是清声母送气字，在发"弗"这个音的时候，胸腔要用气，所以在语言的动作上附加的东西多一些，适合于强烈感情的表达，又不像"勿"那样语气过于生硬。

2. 否定项上的区别

对于"勿"来说，否定项可以是动词或动词性词组、形容词或形容词性词组，还可以是小句以及其他复杂形式，"弗"最常用的是一些固定说法中，如"弗三弗四""弗上弗落"。"弗"的否定项很少用形容词。诸如："要好、爽气、老实、稀索（好）、活络（灵活）、灵光、精明、凑巧、大度、大方、开心、落直（到位、舒服）、仔细、实惠、安耽（安静、安详）、轻可（轻）、厚实、准足、斯文、文气、牢、空省、风凉、要紧、齐、好"等形容词用"弗"少而用"勿"多。

第二节 "没"字句

一 "没"字句的语义

由否定副词"没"［mə$ʔ$］构成的句子，叫"没"字句。"没"兼属副词和动词，大致相当于北京话的"没（有）"。作为动词，"没"是动词"有"的否定形式，用来否定领有、具有，位置可前可后。例如：

（1）我钞票没个。（我没钱）

ŋo^{24} ts'ɔ^{53} p'io^{44} mə$ʔ^5$ fio$ʔ^2$。

（2）葛一眼意思没个。（这一点意思都没有）

kə$ʔ^5$ i$ʔ^5$ ŋie^{24} i^{44} sɿ^{53} mə$ʔ^5$ fio$ʔ^2$。

（3）葛没办法个。（这没办法）

kə$ʔ^5$ bɛ^{22} fɐ$ʔ^5$ mə$ʔ^5$ fio$ʔ^2$。

（4）后日我没工夫。（后天我没工夫）

fiø^{22} n̠i$ʔ^2$ ŋo^{24} mə$ʔ^5$ koŋ^{44} fu^{53}。

作为副词，"没"后接谓词或谓词性词组，"没 + VP"是对动词所指行为或状态已经发生的否定，意义接近于"未曾"。例如：

（5）没来。mə$ʔ^5$ lie^{22}。

（6）没敲。（没打）mə$ʔ^5$ k'ɔ^{53}。

（7）没驮过。（没拿过）mə$ʔ^5$ dəu^{21} kəu^0。

（8）饭没吃过。vɛ^{24} mə$ʔ^5$ tɕ'yo$ʔ^5$ kəu^0。

（9）其还没走出两分钟，屋落到忙来呕来嘞。（他还没出来几分钟，家里马上来叫他了）

dʑi²⁴ ɦua²² məʔ⁵ tsø⁴⁴ tsʻəʔ⁵ liã²² fən⁴⁴ tsoŋ⁴⁴, uoʔ⁵ loʔ² tɔ⁴⁴ mɔ²¹ lie²² ø⁵³ lie²² lɐi⁰。

"没"否定一种动作活动时，表示一种客观的说明，说明所否定的动作、状态一直到说话时还没有出现、达到、实现或者执行，如"没吃"是动作还没有出现，"没敲"是动作还没执行。

宁波方言"没"否定事物的一种性质状态时，隐含有事物的这一性质状态是逐渐变化形成的，有一个由此及彼的过程，多用来否定表示状态变化的形容词。例如：

（10）病（还）没好。bin²⁴ ɦua²² məʔ⁵ hɔ³⁵。

（11）天（还）没亮。tʻi⁵³ ɦua²² məʔ⁵ liã²⁴。

（12）鸭（还）没熟。ɛ³⁵ ɦua²² məʔ⁵ zoʔ²。

这类用于状态变化的形容词都可以在"没"前加副词"还"，突出还没出现或达到某一状态。以"勿孝敬"和"没孝敬"为例，我们可以看到"勿孝敬"是对某一时间段内人的表现的认定，它不涉及发展的时间、过程，仅仅是对事物或行为在某一时间点上特征的主观判断；"没孝敬"强调的是一个过程，在这个过程中事物的性质状态的发展变化，到过程结点仍未发展到某一阶段，即没到"孝敬"这种性质状态的阶段。所以宁波方言经常在表示"还不够"这样的意思时，后面再加上一个"欠"，如"没孝敬欠""没红欠""没有趣欠"等。普通话没有"没＋形容词＋欠"的说法。

宁波方言"没"经常用来回答反复问句，表示否定的回答，意思相当于普通话的"不"。例如：

（13）问：葛本书厚哦？kəʔ⁵ pən⁵³ sɿ⁵³ ɦø²² væʔ²？

答：没厚。məʔ⁵ ɦø²²。（这本书厚吗？不厚）

（14）问：我好看哦？ŋo²⁴ hɔ⁵³ kʻi⁴⁴ væʔ²？

答：一眼没好看！iʔ⁵ ŋie²⁴ məʔ⁵ hɔ⁵³ kʻi⁴⁴！（我好看不好看？一点都不好看）

（15）问：我今么早哦？ŋo²⁴ tɕiʔ⁵ məʔ² tsɔ³⁵ væʔ²？

答：没早。məʔ⁵ tsɔ³⁵。（我今天早不早？不早）

总之,"没"表示一种客观的否定,说明所否定的动作、状态,一直到说话时还没有出现、达到、实现或者执行。

二 "没"与否定项

(一) 没 + VP

1. 没 + V

"没"否定动作、活动、发展、变化,这时"没"放在表示动作、活动、发展、变化的动词前面,在句中主要作谓语。例如:

(16) 我没去。ŋo²⁴ məʔ⁵ tɕʻi⁴⁴。

(17) 其没来。(他没来) dʑi²⁴ məʔ⁵ lie²²。

(18) 阿拉没商量。(我们没有商量过) ɐʔ⁵ lɐʔ² məʔ⁵ sã⁴⁴ lɔ̃²¹。

(19) 其拉还没睏觉。(他们还没睡)

dʑiɐʔ² lɐʔ² ɦua²² məʔ⁵ kʻuən⁴⁴ kɔ⁴⁴。

"没 + V"可以作定语。例如:

(20) 没来佬倌名字记落来。(没来的人名字记下来)

məʔ⁵ lie²² lɔ²² kuø⁴⁴ min²¹ zɿ²² tɕi⁴⁴ loʔ² lie²²。

(21) 钞票没驮佬倌要补上个。(钱没有拿的人要补上)

tsʻɔ⁵³ pʻio⁴⁴ məʔ⁵ dəu²² tsʻəʔ⁵ lɔ²² kuø⁴⁴ io⁴⁴ pu⁵³ zɔ̃²² ɦoʔ²。

"没 + V + 佬倌"是一种固定格式,"佬倌"指人,相似的例子还有"没去佬倌""没听佬倌""没吃佬倌""没造孽佬倌""没录取佬倌"等,被否定的动词既可以是自主动词,如"没去佬倌"是"没去的人"的意思;也可以是他动动词,具有被动含义,如"没录取佬倌"是"没有被录取的人"的意思。"没 + 动词"作定语主要集中于这类说法。

"没"对动词有选择,一般来说,凡是该动词含实现义,存在一个由此及彼的过程,它就可以受"没"修饰。如常见的动作动词如"打、敲、骂、踢、来、去"等,只要动作一出来,就具有已然的特性,所以都可以受"没"修饰。像那些心理动词,如"欢喜、佩服、怕、恨、同情、信任"等,在动作上具有抽象性,所以这类词一般不能直接用"没"来否定,如果在动词后加上一个"过",就可以用"没"来否定,如没欢喜过、没佩服过、没怕过、没恨过。

有些非活动性动词，不能用"没"否定。例如：

a. 是、等于、属于

b. 肯、愿意、可以、舍得、应该、应当

c. 记得、晓得、认得

a 是关系动词，b 是情态动词，c 是认知动词，这些动词不具动态性，都不能用"没"否定。

"没 + V"式的动词前可以用状语修饰。例如：

（22）我没好好学习。（我没好好学习）

$ŋo^{24}$ $məʔ^5$ $hɔ^{53}$ $hɔ^{44}$ $ɦioʔ^2$ $ʑiʔ^2$。

（23）没认认真真去做是做勿好个。（没有认认真真去做是做不好的）

$məʔ^5$ $ɳin^{22}$ $ɳin^{22}$ $tsən^{53}$ $tsən^{44}$ $tɕʻiʔ^5$ $tsəu^{44}$ $zɹ^{22}$ $tsəu^{44}$ $vəʔ^2$ $hɔ^{44}$ $ɦioʔ^2$。

（24）葛事体没特特意意打听是打听勿出来个。（这事情不专门打听是打听不到的）

$kəʔ^5$ $zɹ^{24}$ $tʻi^{35}$ $məʔ^5$ $dəʔ^2$ $dəʔ^2$ i^{53} i^{44} $tã^{53}$ $tʻin^{44}$ $zɹ^{22}$ $tã^{53}$ $tʻin^{44}$ $vəʔ^2$ $tsʻəʔ^5$ lie^{22} $ɦioʔ^2$。

2. 没 + VO

"没"可以否定一个动宾短语，表示没有发生所说的事情，用法与"没 + V"一样。例如：

（25）我没吃香烟。（我没有抽烟）

$ŋo^{24}$ $məʔ^5$ $tɕʻyoʔ^5$ $ɕiã^{44}$ i^{53}。

（26）诺没带皮箱啊？（你没有带皮箱吗）

$noʔ^2$ $məʔ^5$ ta^{44} bi^{22} $ɕiã^{53}$ $ɦia^{22}$？

"没 + VO"式中的宾语可以提到否定词"没"前面，构成"N + 没 + 动词"：

（25）'我香烟没吃。$ŋo^{24}$ $ɕiã^{44}$ i^{53} $məʔ^5$ $tɕʻyoʔ^5$。

（26）'诺皮箱没带啊？$noʔ^2$ bi^{22} $ɕiã^{53}$ $məʔ^5$ ta^{44} $ɦia^{22}$？

"没"还可以否定双宾语格式。例如：

（27）我有没借夷钞票过。（我没借过他钱）

$ŋo^{24}$ $ɦy^{22}$ $məʔ^5$ $tɕia^{44}$ $zɹ^{22}$ $tsʻɔ^{53}$ $pʻio^{44}$ $kəu^{44}$。

（28）我从来没问夷葛件事体过。（我从来问过他这件事）

ŋo²⁴ dzoŋ²² lie²² məʔ⁵ mən²² ʑi²² kəʔ⁵ dʑi²¹ z̩²⁴ t'i³⁵ kəu⁵³。

3. 没 + VC

"没"否定动补结构的焦点在补语上，根据动补结构的不同类型，我们可以把"没 + VC"分成五类：① C 是结果补语；② C 是程度补语；③ C 是趋向补语；④ C 是动量补语；⑤ C 是时量补语。

①C 是结果补语

由于动结式（动词 + 结果补语）本身含有实现义，符合"没"对已然的否定这一要求，所以 C 是结果补语十分常见。例如：

（29）饭没烧熟。（饭未能烧熟）vɛ²⁴ məʔ⁵ sɔ⁴⁴ zoʔ²。

（30）我没做好。（我未能做好）ŋo²⁴ məʔ⁵ tsəu⁴⁴ hɔ⁵³。

（31）其没来过。（他未曾来过）dʑi²⁴ məʔ⁵ lie²¹ kəu⁴⁴。

（32）诺没揩清爽。（你未能擦干净）
　　　noʔ² məʔ⁵ k'a⁵³ tɕ'in⁴⁴ sɔ̃⁴⁴。

由于宁波方言"好、过"是半虚化完成体标记，所以有些不能直接用"没"否定的动词后接"好、过"后就可以用"没"来否定。例如：

（33）没打算好。（可以单独使用）məʔ⁵ tã⁵³ sø⁴⁴ hɔ⁴⁴。

（33）'？没打算。（不能单独使用）məʔ⁵ tã⁵³ sø⁴⁴。

（34）没愿意过。（可以单独使用）məʔ⁵ ny⁵³ i⁴⁴ kəu⁴⁴。

（34）'？没愿意。（不能单独使用）məʔ⁵ ny⁵³ i⁴⁴。

并不是所有的动结式都可以用"没"来修饰，以下两种情况就不行：

第一，在表示假设条件的复句或紧缩句中，往往以"……格话，……"的句式出现，不用"没"否定动结式，而是用"莫""勿"或"甮"。例如：

（35）葛事体勿讲清爽格话，啥人也莫忖走出葛扇门！（这事不说
　　　清楚的话，谁也别想走出这扇门）
　　　kəʔ⁵ z̩²⁴ t'i³⁵ vəʔ² kɔ̃⁵³ tɕ'in⁴⁴ sɔ̃⁴⁴ kɐʔ⁵ ɦuo²⁴，soʔ⁵ ȵin²² ʑia²²
　　　mɔ²¹ ts'ən⁴⁴ tsø⁴⁴ ts'əʔ⁵ kəʔ⁵ sɐi⁵³ mən²²！

（36）今么诺作业勿做好格话，甮想思忖看电视。（今天你作业不
　　　做完的话别想看电视）
　　　tɕiʔ⁵ məʔ² noʔ² tsoʔ⁵ ȵiʔ² vəʔ² tsəu⁴⁴ hɔ⁵³ kɐʔ⁵ ɦuo²⁴，vən²¹ ɕiã⁴⁴

sʮ⁴⁴ ts'ən⁴⁴ k'i⁴⁴ di²² zʮ²²。

（37）勿到心勿死。（不到的话不死心）

　　　　vəʔ² tɔ⁴⁴ ɕin⁵³ vəʔ² ɕi³⁵。

　　前两例是假设复句，第三例是表假设的紧缩句，都是未然体，不能用"没"否定。

　　第二，强调主观上不愿意出现某个结果，多用"勿"，不用"没"。例如：

（38）甲：诺今么扫地垟！（你今天扫地）

　　　　　　noʔ² tɕiʔ⁵ məʔ² sɔ⁴⁴ di²²ziã²⁴！

　　　　乙：我搭偏生勿扫么！（我偏偏不扫）

　　　　　　ŋo²⁴ tɐʔ⁵ p'i⁴⁴ sã⁵³ vəʔ² sɔ³⁵ məʔ²！

　　②C 是程度补语

　　C 是程度补语的"没"字句主要为"V + 勒 + 没（大）+ 程度补语"格式，宁波方言"V 勒……"的否定有两种说法，一种是"勿"，另一种是"没"。否定程度补语，一般来说，"没"需要放在动词后面程度补语前面，"没"否定的是由形容词或形容词词组充当的程度补语，而不是否定谓语动词，经常以"没大"（"不大"的意思）的形式出现。程度补语的性质决定是否可以或者适合用"没"来否定。如果程度补语由性质形容词充当，既可以用"没"否定，也可以用"勿"否定。不过"勿"的位置只能置于动词与程度补语之间，"没"的位置则可置于动词前。例如：

（39）弄勒交关好。noŋ²² ləʔ² tɕio⁴⁴ kuɛ⁵³ hɔ³⁵。

　　　→弄勒勿（大）好。noŋ²² ləʔ² vəʔ² da²² hɔ⁵³。

　　　→弄勒没（大）好。noŋ²² ləʔ² məʔ⁵ da²² hɔ³⁵。

　　　→没弄勒交关好。məʔ⁵ noŋ²² ləʔ² tɕio⁴⁴ kuɛ⁵³ hɔ³⁵。

（40）字写勒忒推板。zʮ²⁴ ɕia⁴⁴ ləʔ² t'ɐʔ⁵ t'ɐi⁴⁴ pɛ⁵³。

　　　→字写勒勿推板。zʮ²⁴ ɕia⁴⁴ ləʔ² vəʔ² t'ɐi⁴⁴ pɛ⁵³。

　　　→字写勒没推板。zʮ²⁴ ɕia⁴⁴ ləʔ² məʔ⁵ t'ɐi⁴⁴ pɛ⁵³。

　　　→字没写勒推板。zʮ²⁴ məʔ⁵ ɕia⁴⁴ ləʔ² t'ɐi⁴⁴ pɛ⁵³。

　　同样是性质形容词，那些表示褒义的词与"没"的搭配能力要比那些表示贬义的词强一些。例如：

（41）葛事体做勒忒蹩脚嘞。（这事儿做得太蹩脚了）

kəʔ⁵ zɿ²⁴ tˈiˈ³⁵ tsəu⁴⁴ ləʔ² tˈɐʔ⁵ biʔ² tɕiɐʔ⁵ lɐi⁰。

（42）葛人弄勒忒邋遢嘞。（这人搞得太脏了）

kəʔ⁵ ȵin²² noŋ²² ləʔ² tˈɐʔ⁵ lɐʔ² tˈɐʔ⁵ lɐi⁰。

（43）其讲勒忒碎气嘞。（他讲得太下流了）

dʑi²⁴ kɔ̃⁴⁴ ləʔ² tˈɐʔ⁵ sɐi⁴⁴ tɕˈiˈ⁵³ lɐi⁰。

一般来说，"蹩脚、邋遢、碎气"都不是人们所希望的结果，所以这些词的否定形式多用它们的反义词替代，而不用否定词直接修饰。以上三个例子很少合说"没蹩脚""没邋遢""没碎气"。

如果程度补语是状态形容词或者其他更为复杂的成分，就不能用"勿"否定，只能用"没"否定（仅指"勿"与"没"这两个否定词而言），而且"没"的位置只能置于动词前面。例如：

（44）吃勒精光滑遢。（吃得精光）

tɕˈyoʔ⁵ ləʔ² tɕin⁵³ kuɔ̃⁵³ ɦuɐʔ² tˈɐʔ⁵。

→没吃勒精光滑遢。məʔ⁵ tɕˈyoʔ⁵ ləʔ² tɕin⁵³ kuɔ̃⁵³ ɦuɐʔ² tˈɐʔ⁵。

—— *吃勒勿精光滑遢。

——? 吃勒没精光滑遢。

（45）得夷敲勒萎糊冲天嗍。（被他打得一塌糊涂）

təʔ⁵ zi²² kˈɔ⁴⁴ ləʔ² uɐi⁴⁴ ɦiu²¹ tsˈoŋ⁴⁴ tˈiˈ⁵³ lɐʔ²。

→没得夷敲勒萎糊冲天。məʔ⁵ təʔ⁵ zi²² kˈɔ⁴⁴ ləʔ² uɐi⁴⁴ ɦiu²¹ tsˈoŋ⁴⁴ tˈiˈ⁵³。

—— *得夷敲勒勿萎糊冲天。

——? 得夷敲勒没萎糊冲天。

（46）面孔弄勒野狐狸样嗍。（脸弄得像野狐狸一样）

mi²⁴ kˈoŋ³⁵ noŋ²² ləʔ² ʑia²² ɦiu²¹ li²¹ ʑiã²⁴ lɐʔ²。

→面孔没弄勒野狐狸样个。

mi²⁴ kˈoŋ³⁵ məʔ⁵ noŋ²² ləʔ² ʑia²² ɦiu²¹ li²¹ ʑiã²⁴ ɦoʔ²。

—— *面孔弄勒勿野狐狸样。

——? 面孔弄勒没野狐狸样。

③C 是趋向补语

"趋向补语"多为双趋动，构成"没 + V + 双趋动词"式，表示一种客观事实的陈述。例如：

（47）其没走进来。（他没走进来）

dʑi²⁴ məʔ⁵ tsø⁵³ tɕin⁴⁴ lie²²。

（48）我没奔出去。（我没跑出去）

ŋo²⁴ məʔ⁵ pən⁴⁴ ts'əʔ⁵ tɕ'i⁴⁴。

（49）东西没带出来。（东西没带出来）

toŋ⁴⁴ ɕi⁵³ məʔ⁵ ta⁴⁴ ts'əʔ⁵ lie²²。

④C 是时量补语

C 是时量补语，"没 + VC" 是 "不到" 的意思，不管这个时间实际上有多长，用 "没" 否定后都表示一种 "趋小"。"没 + VC"，需要有后续成分。例如：

（50）没练两年到毛练出嘞。（没练两年马上就练会了）

məʔ⁵ li²² liã²² n̩i²¹ tɔ⁴⁴ mɔ²¹ li²² ts'əʔ⁵ lɐi⁰。

（51）没吃一个月耿来吃光嘞。（没吃到一个月就吃完了）

məʔ⁵ tɕ'yoʔ⁵ iʔ⁵ kəu⁴⁴ ɦyoʔ² dəu²² lie²² tɕ'yoʔ⁵ kuõ⁵³ lɐi⁰。

（52）该双皮鞋没穿两日到毛脱胶嘞。（那双皮鞋没穿两天就脱胶了）

gɛ²² sõ⁵³ bi²² ɦia²¹ məʔ⁵ ts'ø⁴⁴ liã²² n̩iʔ² tɔ⁴⁴ mɔ²¹ t'əʔ⁵ kɔ⁵³ lɐi⁰。

（二）没 + AP

"没" 否定某种性质状态时，放在表性质状态的形容词前。例如：

（53）诺没好。（你不好）

noʔ² məʔ⁵ hɔ³⁵。

（54）柿子还没烂。（柿子还没烂）

zɿ²² tsɿ⁵³ ɦua²² məʔ⁵ lɛ²⁴。

"没" 对形容词有选择性。多用来修饰性质形容词。例如：

好、孏（好）、媌（帅，漂亮）、腐、糊、派（破）、泛、大、快
头挑、出魋（杰出、出类拔萃）、行俏、吃香、考究、推板、蹩
脚、漂亮、媌头

前一排是单音节形容词，后一排是一般的双音节形容词，用 "没" 修饰表示不具有某种属性。

状态形容词一般不用 "没" 修饰。例如：

小小个、戆戆个（傻傻的）、泼泼个（破破的）、木木个（傻傻的）

马马虎虎、清清爽爽、聪聪明明、在在行行（机灵）

雪白、喷香、滚壮、贼臭、粉嫩、精光、粉碎

咸滋滋、白脱脱、青梗梗、黑铁扑落、贼吽狗样、霉头脱脑

"没 + AP"在句中主要作谓语。例如：

(55) 诺葛亦没得人惜勒。（你又不听话了）

no$ʔ^2$ kə$ʔ^5$ zɿ^{22} mə$ʔ^5$ tə$ʔ^5$ ȵin^{21} çi$ʔ^5$ lə$ʔ^2$。

(56) 诺有没好看，着着我好看嘞！（你一点都不好看，我才好看呢）

no$ʔ^2$ ɦiy^{22} mə$ʔ^5$ hɔ^{53} kʻi^{44}，dzɐ$ʔ^2$ dzɐ$ʔ^5$ ŋo^{24} hɔ^{53} kʻi^{44} lɐi^0！

(57) 我葛货色没推板。（我这货不差）

ŋo^{24} kə$ʔ^5$ hɐu^{44} sə$ʔ^5$ mə$ʔ^5$ tʻɐi^{44} pɛ^{53}。

(58) 今年服装没行俏。（今年服装不走俏）

tçin^{44} ȵi^{21} vo$ʔ^2$ tsɔ̃^{44} mə$ʔ^5$ ɦiɔ̃^{21} tçʻio^{44}。

AP 后还可以加上"欠"字构成"没 + AP + 欠"来强调事物离某种属性还有一段距离。"有眼"可以与"勿大""欠"一起用，但是"交关"不能与"欠"一起用。例如：

(59) 葛西瓜没甜欠个和。（这西瓜不够甜）

kə$ʔ^5$ çi^{44} ko^{53} mə$ʔ^5$ die^{22} tçʻi^{53} ɦo$ʔ^2$ ɦiɐu^{44}。

(60) 诺没大客气欠个和。（你不够客气）

no$ʔ^2$ mə$ʔ^5$ da^{22} kʻɐ$ʔ^5$ tçʻi^{53} tçʻi^{53} ɦo$ʔ^2$ ɦiɐu^{44}。

(61) 葛只山洞没深欠个和。（这个山洞不是很深）

kə$ʔ^5$ tsɐ$ʔ^5$ sɛ^{53} doŋ^{22} mə$ʔ^5$ sən^{53} tçʻi^{53} ɦo$ʔ^2$ ɦiɐu^{44}。

由于"欠"是"不够、不好"的意思，所以它不跟表示贬义的词语一起用，我们不说：

＊葛张报纸没破欠个和。

＊其没难看欠个和。

＊其人没坏欠个和。

（三）没 + N

作为动词，"没"是动词"有"的反义词，"没 + N"否定领有、具有或否定名词所指事物的存在。例如：

(62) 我今么没工夫。（我今天没工夫）

ŋo²⁴ tɕiʔ⁵ məʔ² məʔ⁵ koŋ⁴⁴ fu⁵³。

（63）庙勒没菩萨么。（庙里没有菩萨）

mio²² ləʔ² məʔ⁵ bu²² sɐʔ⁵ məʔ²。

（64）肚皮里头没阴谋诡计。（肚子里没有什么阴谋诡计）

du²² bi²² li²² dø²² məʔ⁵ in⁴⁴ mø²¹ kuɐi⁵³ tɕi⁴⁴。

（65）夜到没星星个和。（晚上没有星星）

ʑia²² tɔ⁴⁴ məʔ⁵ ɕin⁴⁴ ɕin⁴⁴ ɦoʔ² ɦəu⁴⁴。

"没 + N"后常跟动词。例如：

（66）没人商量。（没有人商量）　məʔ⁵ n̠in²² sɔ̃⁴⁴ liã²¹。

（67）没人戏和。（没人玩）　məʔ⁵ n̠in²² na²¹ ɦuo²¹。

（68）没人做队。（没人做伴）　məʔ⁵ n̠in²² tsəu⁴⁴ dɐi²⁴。

这类句式可以变为"没"字短语修饰下的偏正结构，在名词前面加上结构助词"个"，构成"没 + V + 个 + N"，语义基本相当。例如：

→没商量个人。（没有商量的人）　məʔ⁵ sɔ⁴⁴ liã²¹ ɦoʔ² n̠in²²。

→没戏和个人。（没有玩的人）　məʔ⁵ na²¹ ɦo²¹ ɦuo²¹ ɦoʔ² n̠in²²。

→没做队个人。（没有做伴的人）　məʔ⁵ tsəu⁴⁴ dɐi²⁴ ɦoʔ² n̠in²²。

N 也可以是受事、工具或地点。例如：

（69）没东西吃。（没有东西吃）　məʔ⁵ toŋ⁴⁴ ɕi⁵³ tɕʻyoʔ⁵。

（70）没钞票用。（没有钱花）　məʔ⁵ tsʻɔ⁵³ pʻio⁴⁴ ʑyoŋ²⁴。

（71）没笔好用。（没笔可用）　məʔ⁵ piʔ⁵ hɔ⁴⁴ ʑyoŋ²⁴。

（72）没汽车开。（没有汽车可开）　məʔ⁵ tɕʻi⁴⁴ tsʻuo⁵³ kʻie⁵³。

（73）没地方落脚。（没有地方可落脚）　məʔ⁵ di²² fɔ̃⁴⁴ loʔ² tɕiɐʔ⁵。

（74）没乌推去。（没地方去）　məʔ⁵ u⁴⁴ tʻɐi⁵³ tɕi⁴⁴。

前两例名词是受事，中间两例名词是工具，最后两例名词是地点。

（四）没 + 小句

1.　"没"用于"得"字句

宁波方言表示被动、处置、给予的标记词是"得"，"没"用于"得"字句时，总是置于"得"字前。例如：

（75）我没得夷钞票。（我没给他钱）

ŋo²⁴ məʔ⁵ təʔ⁵ ʑi²² tsʻɔ⁵³ pʻio⁴⁴。

（76）姆妈钞票没得弟弟。（妈妈没给弟弟钱）

m̩²² ma²¹ ts'ɔ⁵³ p'io⁴⁴ məʔ⁵ təʔ⁵ di²² di²²。

（77）诺没得夷送到火车站啊？（你没把他送到火车站啊）

noʔ⁵ məʔ⁵ təʔ⁵ ʑi²² soŋ⁴⁴ tɔ⁴⁴ həu⁵³ ts'o⁴⁴ dzɛ²² ɦia²²？

（78）我没得夷敲。（我没被他打）

ŋo²⁴ məʔ² təʔ⁵ ʑi²² k'ɔ⁵³。

（79）东西没得夷偷去。（东西没有被偷走）

toŋ⁴⁴ çi⁵³ məʔ² təʔ⁵ ʑi²² t'ø⁵³ çi⁴⁴。

前两例是给予句，第三例是处置句，最后两例是被动句。

2. "没"用于差比句

宁波方言差比句的基本格式是"A＋比＋B＋VP"，其否定形式是"A＋没＋B＋VP"。例如：

（80）我没比夷推板。（我没比他差）

ŋo²⁴ məʔ² pi⁴⁴ ʑi²² t'ɐi⁴⁴ pɛ⁵³。

（81）葛爿店个价钿没比阿拉便宜。（这家店子的价钱没比我们便宜）

kəʔ⁵ bɛ²¹ tie⁴⁴ ɦoʔ² ko⁴⁴ di²¹ məʔ² pi⁴⁴ɐʔ⁵ lɐʔ² bi²² n̠i²¹。

（82）诺没比我好看。（你长得没比我好看）

noʔ² məʔ² pi⁴⁴ ŋo²⁴ hɔ⁵³ k'i⁴⁴。

（83）其眼睛没我亮。（他眼睛没有我亮）

dʑi²⁴ ŋɛ²² tçin⁵³ məʔ² ŋo²⁴ liã²⁴。

第三节 "莫"字句

由否定副词"莫"［mɔ］构成的句子，叫"莫"字句。"莫"的语义近于北京话的"别"，表示"禁止""劝阻""祈求"或"猜测"。

一 "莫"字句的语义

"莫"一般说来表示"禁止""不许可"，具有很强的命令意味。例如：

（1）莫动，要打针嘞！（别动，要打针了）

mɔ⁴⁴ doŋ²²，io⁴⁴ tã⁴⁴ tsən⁵³ lɐi⁰！

（2）莫烦，好好听弄！（别烦，好好听着）

mɔ⁴⁴ vɛ²², hɔ⁵³ hɔ⁴⁴ t'in⁴⁴ noŋ²¹！

"莫"字句多用于禁止对方做某事，其否定的程度也最强，有不容许对方反驳的含义。禁止意很明确，往往是上对下，或强势者对弱势者的命令，有时候句子后面还跟反问句或骂人的话来加强语气，含有不耐烦的意思。例如：

（3）莫哭，有啥好哭呢？（别哭，有什么好哭的呢）

mɔ⁴⁴ k'oʔ⁵，ɦy²² soʔ⁵ hɔ⁴⁴ k'oʔ⁵ n̥i⁰？

（4）莫哭，哭入材嗽！（别哭，哭个鬼啊）

mɔ⁴⁴ k'oʔ⁵，k'oʔ⁵ loʔ² zɛ²² lɐʔ²！

"莫"字句除了表示禁止，还可表示劝阻或祈求，其否定的程度要弱一些。例如：

（5）电视莫看嘞，忒晏嘞。（电视别看了太晚了）

di²² z̩²² mɔ⁴⁴ k'i⁴⁴ lɐi⁰，t'ɐʔ⁵ ɛ⁴⁴ lɐi⁰。

（6）外头来格落大雨，莫去嘞！（外面下大雨别去了）

ŋa²⁴ dø²⁴ lie²² kɐʔ⁵ loʔ² dəu²² ɦy²²，mɔ⁴⁴ tɕ'i⁴⁴ lɐi⁰！

（7）诺莫来弄阿拉毛！（你别来吵我们了）

noʔ² mɔ⁴⁴ lie²² noŋ²² ɐʔ⁵ lɐʔ² mɔ²²！

第一、第二两例是"劝阻"，否定的程度中等，口气没有"禁止"那么强，只是希望对方不要做某件事情，至于对方是否听从，完全由自己做主。第三例是祈求对方不要做某件事情，否定的程度最弱，说话者对对方几乎没有什么制约或控制能力。

从语音上看，表示禁止的"莫"语音短促，不能拖长；表示劝阻或祈求的"莫"在语音上可长可短，语音短的时候多为劝阻和警告，语音拖长则多表示一种祈求。如"电视莫看嘞"若"莫"语音拖长，那么祈求意味就更强些，劝阻的意味反倒很弱了。

"莫"字句还可用于估测，估测某种自己不愿意发生的事情已经发生。例如：

（8）皮夹没嘞，莫电影场堕落眼啰？（钱包没了，不会在电影场掉了吧）

bi²² kɐʔ⁵ məʔ⁵ lɐi⁰，mɔ⁴⁴ di²² ʑin²² dzã²² toʔ⁵ loʔ² ŋie²² ləu²²？

（9）一只老猫两日没来，莫得人家吃掉眼啰？（那只猫两天没来，

不会被别人吃了吧）

i$ʔ^5$ tsɐ$ʔ^5$ lɔ^{22} mɛ^{22} liã^{22} ŋi$ʔ^2$ mə$ʔ^2$ lie^{22}，mɔ^{44} tə$ʔ^5$ ŋin^{22} ko^{53} tɕ'yo$ʔ^5$ dio^{21} ŋie^{22} ləu^{22}？

（10）药吃吃勿灵么，莫是假货和？（药吃了不见效，不会是假的吧）

zɿɐ$ʔ^2$ tɕ'yo$ʔ^5$ tɕ'yo$ʔ^5$ və$ʔ^2$ lin^{22} mə$ʔ^2$，mɔ^{22} zɿ^{22} ko^{53} həu^{44} fiɐu^{22}？

（11）两点钟勒，其莫造乱话和？（两点钟了，他不会撒谎吧）

liã^{22} tie^{53} tsoŋ^{44} lə$ʔ^2$，dʑi^{24} mɔ^{44} zɔ^{22} lø^{22} fio^{22} fiɐu^{22}？

不管是禁止也好，劝阻也好，祈求也好，还是否定性猜测也好，归纳起来，"莫"字句表达的语义有三：①表达提醒、劝阻或是命令他人不要做某事的意愿；②表示希望不要出现某种不愿出现的事情；③从对方的意愿出发提出一种警告。总之，对"莫"来说都是一种在意愿上的对人、对物或对事的一种否定。

二 "莫"与否定项

（一）"莫 + VP"

"莫 + VP"是"莫"字句最主要的类型。

1. VP 的类型

①莫 + V

"莫"后跟单个动词，对未然的否定，表示对方打算 V 但是还没开始 V，这个时候就阻止他。例如：

（12）莫来。莫哭。莫笑。mɔ^{44} lie^{22}。mɔ^{44} k'o$ʔ^5$。mɔ^{44} ɕio^{44}。

如果后面加上语气词"嘞"或后续句，则可以表示对已然的否定，对方已经在进行 V 这个动作，这时候劝阻对方赶紧停止。例如：

（13）莫哭嘞！（别哭了）mɔ^{44} k'o$ʔ^5$ lɐi^0。

（14）莫动！一只老白虱。（别动！有一只大虱子）

mɔ^{44} doŋ^{22}，i$ʔ^5$ tsɐ$ʔ^5$ lɔ^{22} bɐ$ʔ^2$ sə$ʔ^5$。

"莫"究竟是对已然的否定还是对未然的否定可以从有没有语气词或后续成分看出来。通常来说，动词后面没有语气词或后续成分的，是对未然的否定，有语气词或后续成分的，是对已然的否定。

V 可以用状语修饰，用来突出动作的某种特定状态。例如：

（15）莫乱讲三气格讲。（别乱说）

mɔ⁴⁴ lø²² kɔ̃⁵³ sɛ⁴⁴ tɕ'i⁴⁴ kɐʔ⁵ kɔ̃³⁵。

（16）莫爹头娘脚格奔来奔去。（别发了疯似的跑来跑去）

mɔ⁴⁴ tia⁵³ dø²² n̠ia²² tɕiɐʔ⁵ kɐʔ⁵ pən⁴⁴ lie²² pən⁴⁴ tɕ'i⁴⁴。

（17）诺莫西洋怪气个弄弄。（你别怪里怪气的）

noʔ² mɔ⁴⁴ ɕi⁵³ ʑiã²² kuɐʔ⁵ tɕ'i⁴⁴ɦioʔ² noŋ²² noŋ⁰。

（18）莫拖记拖记拖。（别拖着）mɔ⁴⁴ t'əu⁵³ tɕi⁴⁴ t'əu⁵³ tɕi⁴⁴ t'əu⁵³。

②莫 + VO

"莫"后跟动宾式，其宾语一般需定指，多用形容词修饰或指示代词指定。例如：

（19）莫吃冷水。（别喝冷水）mɔ⁴⁴ tɕ'yoʔ⁵ lã²² sɿ⁵³。

（20）莫看葛种电影。（别看这种电影）

mɔ⁴⁴ k'i⁴⁴ kəʔ⁵ tsoŋ⁵³ di²² ʑin²²。

一般不说"莫吃水""莫看电影"。如果把宾语提到动词前边，构成"N + 莫 + V"式，则 N 可以不定指。例如：

（21）冷水莫吃。（冷水不要喝）lã²² sɿ⁵³ mɔ⁴⁴ tɕ'yoʔ⁵。

（22）水莫吃。（水不要喝）sɿ³⁵ mɔ⁴⁴ tɕ'yoʔ⁵。

（23）葛种电影莫看。（这种电影不要看）

kəʔ⁵ tsoŋ⁵³ di²² ʑin²² mɔ⁴⁴ k'i⁴⁴。

（24）电影莫看。（电影不要看）di²² ʑin²² mɔ⁴⁴ k'i⁴⁴。

有些动宾式是固定结构，用于"莫"字句不能把宾语提前。如"莫叫皇天"，不说"＊皇天莫叫"。有些动宾结构虽然可以把宾语提前，但是意思会发生改变，如"莫装孙子"，意思是别装孙子，我知道你在使诈；但是，"孙子莫装"的意思则是劝阻别人，装什么都可以，就是不要去装孙子。

③莫 + VC

"莫"修饰动补式，表示提醒。从结构上看，动补式可以是粘合式的，也可以是组合式的。补语多表结果或趋向。例如：

（25）东西莫跌落。（东西别掉了）

toŋ⁴⁴ ɕi⁵³ mɔ⁴⁴ toʔ⁵ loʔ²。

（26）莫话落去嘚！（别说下去了）

mɔ⁴⁴ ɦio²² loʔ² tɕ'i⁴⁴ lɐi⁰！

（27）考试莫考勒忒推板。（考试别考得太差）

k'ɔ⁵³ sɿ⁴⁴ mɔ⁴⁴ k'ɔ⁴⁴ ləʔ² t'ɐʔ⁵ t'ɐi⁴⁴ pɛ⁵³。

第一例是结果补语，第二例是趋向补语，第三例是组合式动补结构。

2. "莫"对动词的选择性

"莫"对所修饰的动词具有选择性。从"莫"表示劝阻的祈使意义比较强烈这一点来看，它后面的动词的动作性较强，可控性比较强。邵敬敏[1]曾经修正了袁毓林[2]对能够单独受普通话"别"修饰的动词的看法，指出能够单独受"别"否定的动词只能够是可控动词，而不能是非可控动词。他认为，"凡是跟人类有关的，虽然非自主，却可控；凡是跟人类无关的，不但非自主，而且非可控。"他认为"地震""倒塌"是非可控动词。关于这一点，笔者认为不能一概而论，"跟人类有关"这个提法太过于笼统，因为凡是和人类有联系的一切东西，都是与人类有关的。"可控"与"非可控"是相对的，虽然人无法控制"下雨"或"地震"，但是老天爷对"下雨""地震"却具有可控性，因为人们在语言运用中经常把一些大自然的现象神化或拟人化。从宁波方言的"莫"字句来看，人们在与自然交往的时候（如一些祷文、祭词），尤其是在祈求自然界庇佑的时候，大量运用"莫+非可控动词"。例如：

（28）葛两日天价莫落雨。（这两天不要下雨）

kəʔ⁵ liã²¹ ȵiʔ² t'i⁵³ ko⁴⁴ mɔ⁴⁴ lɔ² ɦiy²²。

（29）小顽刚刚生出，顶好莫生病。（小孩刚刚出生，最好别生病）

çio⁴⁴ uɛ⁴⁴ ko⁴⁴ ko⁴² sã⁴⁴ ts'əʔ⁵， tin⁴⁴ hɔ⁵³ mɔ⁴⁴ sã⁴⁴ bin²⁴。

（30）夜到一个人，莫落雨。（晚上一个人，别下雨）

ʑia²² tɔ⁴⁴ iʔ⁵ ɦoʔ² ȵin²²， mɔ⁴⁴ lɔʔ² ɦiy²²。

（31）老天菩萨保佑阿拉莫地震。（老天爷保佑我们别地震）

lɔ²² t'i⁵³ bu²² sɐʔ⁵ pɔ⁵³ ɦiy²² ɐʔ⁵ lɐʔ² mɔ⁴⁴ di²² tsən⁴⁴。

从自主动词与非自主动词的可控性来看，自主动词都是可控的，非自主动词可以分为可控与不可控两种。如马庆株[3]举的双音节非自主动

---

① 邵敬敏：《"别"字句语法意义及其对否定项的选择》，《世界汉语教学》2004 年第 4 期。

② 袁毓林：《现代汉语祈使句研究》，北京大学出版社 1993 年版。

③ 马庆株：《汉语动词和动词性结构》，北京语言学院出版社 1992 年版。

词的 98 个例词中，发抖、堕落、感染、遗忘、耽搁、耽误、误会、误事、漏掉、脱销等动词都是可控的。而另外一部分"地震、打雷、（叶）落、（花）枯、（水）淌、（铁）锈"等非自主动词则属于非可控的。"莫＋可控自主动词"表示阻拦对方实施某个动作，"莫＋可控非自主动词"表示提醒对方避免发生某种行为或事件。例如：

（32）莫乱爬格爬。（别到处乱爬）mɔ⁴⁴ lø²² bo²² kɐʔ⁵ bo²²。

（33）下饭莫捞勒吃。（菜别偷着吃）

　　　fio²² vɛ²² mɔ⁴⁴ lɔ²¹ ləʔ² tɕʻyoʔ⁵。

（34）东西莫堕落。（东西别掉了）toŋ⁴⁴ çi⁵³ mɔ⁴⁴ toʔ⁵ loʔ²。

（35）标点符号莫漏掉。（标点不要漏掉）

　　　pio⁴⁴ tie⁴⁴ vu²² fio²² mɔ⁴⁴ lø²² dio²²。

前两例表示对"爬""吃"这两个动作的阻拦，后两例是提醒对方要小心，不要忘记。

当"莫"字句表示某种估测时它后面的动词多以动补式出现，句末必须加上"的啰""眼啰/该啰"等表示完成意义的体标记。例如：

（36）该言话其莫听见的啰？（那些话他不会已经听见了吧）

　　　gɛ²² fiɛ²¹ fio²² dʑi²⁴ mɔ⁴⁴ tʻin⁴⁴ tɕi⁵³ tiʔ⁵ ləu²²？

（37）诺莫做好的啰？（你不会已经做好了吧）

　　　noʔ² mɔ⁴⁴ tsəu⁴⁴ hɔ⁵³ tiʔ⁵ ləu²²？

（38）电脑开勿着嘴，莫断电的啰？（电脑打不开了，不会断电了吧）

　　　di²² nɔ²¹ kʻie⁵³ vəʔ² dzɐʔ² lɐi⁰，mɔ⁴⁴ dø²² di²² tiʔ⁵ ləu²²？

（39）其两礼拜没来的嘴，莫生病该啰？（他有两个星期没来了，不会生病了吧）

　　　dʑi²⁴ liã²² li²¹ pa⁴⁴ məʔ² lie²² tiʔ⁵ lɐi⁰，mɔ⁴⁴ sã⁴⁴ bin²² kie⁴⁴ ləu²¹？

普通话自主动词进入"别 VP 了"格式，可能产生歧义。如"别走了"就有两种意思：一是劝阻，"走"这个动作可以还没有发生，比如某个人要回去，我们说"你别走了，就住在我家吧"；"走"也可以是正在进行，比如一直在赶路，你实在累坏了，就说"我们别走了，休息一下吧"。二是表估测，猜测自己不愿意发生的事件可能已经发生，比如说某个人去看望约好的一个朋友，迟到了五分钟，没看到约的人，这时候就会担心"他别走了"，就是表示不希望对方已经走了。普通话

"你别走了"的两个意思在宁波方言中使用不同的句式：表示劝阻，用"莫+VP+嗝"，表示估测用"莫+VP+眼啰"。

（二）"莫+AP"

"莫+AP"表祈使。例如：

（40）莫急煞样，慢慢来。（别急，慢慢来）

mɔ⁴⁴ tɕiʔ⁵ sɐʔ⁵ ʑiɑ²⁴，mɛ²² mɛ²² lie²²。

（41）莫忒客气，阿拉自家来。（别太客气，像在自己家里一样）

mɔ⁴⁴ tʻɐʔ⁵ kʻɐʔ⁵ tɕʻi⁵³，ɐʔ⁵ lɐʔ⁵ ʑi²² kuo⁴⁴ lie²²。

（42）莫粗心大意，做作业要仔细。（别粗心大意，做作业要仔细）

mɔ⁴⁴ tsʻu⁴⁴ ɕin⁵³ da²² i⁴⁴，tsəu⁴⁴ tsoʔ⁵ ŋiʔ² io⁴⁴ tsʅ⁵³ ɕi⁴⁴。

能够进入"莫"字句的形容词主要有以下四类：

a. ①强（倔强）、强横、坏、馋痨、快活、肉痛（舍不得的样子）、热拆（顽皮）、惹嫌、强横霸道、候自（自己顾自己）、老三（不谦虚）、勿长毛（不讨人喜欢）、糊里糊涂、稀里糊涂、混滚（糊涂）、含胡桃（糊涂）、独头、小气、狗皮倒灶（小气）、搅轧（搅和）、疙瘩（麻烦）、烦杂、啰唆、过格、闹热、难熬、难过、野气、心痛、难为情、洋皮皮（顽皮）、忙、花头透（花样多）、顶真、缓拖拖、心急

②死样怪气、得人惜煞、贼吭狗样、奇出古怪、每心勿过（过意不去）、赫人倒怪、脚高脚低、木头木脑、木手木脚、爹头娘脚、七依八肋（拖拖扯扯）、独头独脑、犟头倔脑、恶嘴眼相、死样怪气、狗筋懒断、哭作面貌、心急忙慌

b. 半生里熟、伤料、候分候数、大只小、眯眯大、各样、单头重、隔进隔出（满得快溢出来）、弗上弗落、麻舌头

c. 瘦、壮（胖）、红、黑、远、近、苦、晏（晚）、溇（冷）、吭做（没用、差劲）、蔫（不新鲜）、邋遢、精明、聪明、活络

d. 酸口、坏吃、差不多、冷

a类与人的情状有关的，作为谓词入句时，具可控性。这类形容词可以自由进入"莫"字句。例如：

（43）莫小气。（别小气）mɔ⁴⁴ ɕio⁵³ ɕi⁴⁴。

（44）莫心急。（别着急）mɔ⁴⁴ ɕin⁵³ tɕiʔ⁵。

（45）莫脚高脚底。（别做事不稳重）mɔ⁴⁴ tɕiɐʔ⁵ kɔ⁵³ tɕiɐʔ⁵ ti⁴⁴。

"小气"与"大方"相对,"心急"与"心缓"相对,"脚高脚底"与"平平稳稳"相对,这些都是与人有关,而且人可以通过自己的意愿来选择。

a①可以构成"莫+忒+形容词"格式,a②较少这样说。例如:

(46)莫忒热拆。(别太顽皮)mɔ⁴⁴ t'ɐʔ⁵ ȵiʔ² ts'əʔ⁵。

(47)莫忒强横。(别太强横)mɔ⁴⁴ t'ɐʔ⁵ dʑiã²² ua⁵³。

(48)莫忒狗皮倒灶。(别太小家子气)mɔ⁴⁴ t'ɐʔ⁵ kø⁵³ bi²² tɔ⁴⁴ tsɔ⁴⁴。

(49)莫忒疙瘩。(别太难弄)mɔ⁴⁴ t'ɐʔ⁵ kəʔ⁵ tɐʔ⁵。

"莫+b类形容词"是个处置句,意思是"别把什么什么怎么样"。例如:

(50)莫(弄勒)单头重。(别把担子弄得一头重一头轻)
      mɔ⁴⁴ noŋ²² ləʔ² tɛ⁵³ dø²² dzoŋ²²。

(51)莫(弄勒)半生里熟。(别把事物弄得半生不熟)
      mɔ⁴⁴ noŋ²² ləʔ² pø⁴⁴ sã⁵³ li²² zoʔ²。

b类形容词不能说成"莫+忒+形容词"式。

c类形容词不能直接受"莫"修饰,必须以"莫+忒+形容词"格式出现。例如:

(52)莫忒瘦。mɔ⁴⁴ t'ɐʔ⁵ sø⁴⁴。莫忒红。mɔ⁴⁴ t'ɐʔ⁵ ɦoŋ²²。

     莫忒晏。mɔ⁴⁴ t'ɐʔ⁵ ɛ⁴⁴。

     莫忒精明。mɔ⁴⁴ t'ɐʔ⁵ tɕin⁴⁴ min²¹。

     莫忒活络。mɔ⁴⁴ t'ɐʔ⁵ ɦuɐʔ² loʔ²。

     莫忒聪明。mɔ⁴⁴ t'ɐʔ⁵ ts'oŋ⁴⁴ min²¹。

"莫忒瘦"可以指人,如有人在招收工作人员,就说"人要健康,莫忒瘦";也可以指物,如有人去买肉,要买些五花肉,就说"得我斩刀肉,莫太瘦"。"莫忒红""莫忒晏"指的都是人以外的事物,前者指物,后者指时间。

由于"莫"多修饰贬义词,如果褒义词要进入该格式,就需要有"忒""过于"等词修饰形容词,形成"过犹不及"的效果。后三例就是这种情况。袁毓林①认为普通话[+自主][+褒义]形容词一般不

---

① 袁毓林:《现代汉语祈使句研究》,北京大学出版社1993年版。

能进入"别+形容词"格式。这一点宁波方言的"莫"字句有相同的情况,"莫谦虚! 莫大方! 莫认真! 莫客气! 莫主动! 莫积极! 莫高兴! 莫用功!"是很少说的,这些词必须加上"忒"才能成立:

莫忒谦虚! mɔ⁴⁴ t'ɐʔ⁵ tɕ'i⁴⁴ ɕy⁵³!　莫忒大方! mɔ⁴⁴ t'ɐʔ⁵ da²² fɔ⁴⁴!

莫忒认真! mɔ⁴⁴ t'ɐʔ⁵ n̠in²⁴ tsən⁴⁴!　莫忒客气! mɔ⁴⁴ t'ɐʔ⁵ k'ɐʔ⁵ tɕ'i⁵³!

莫忒主动! mɔ⁴⁴ t'ɐʔ⁵ tsɿ⁵³ doŋ²²!　莫忒积极! mɔ⁴⁴ t'ɐʔ⁵ tɕiʔ⁵ dʑiʔ²!

莫忒高兴! mɔ⁴⁴ t'ɐʔ⁵ kɔ⁴⁴ ɕin⁵³!　莫忒用功! mɔ⁴⁴ t'ɐʔ⁵ ʑyoŋ²² koŋ⁵³!

d 类形容词进入"莫"字句,需要在句尾加上"的啰"之类表示结果的体助词,表示对事物的一种否定性估测。例如:

(53) 咸斋莫臭的啰?(咸菜不会臭了吧)

　　fiɛ²² tɕi⁵³ mɔ⁴⁴ ts'ø⁴⁴ tiʔ⁵ ləu²²?

(54) 水莫差勿多的啰?(水差不多了吧)

　　sɿ³⁵ mɔ⁴⁴ ts'o⁴⁴ vəʔ² təu⁵³ tiʔ⁵ ləu²²?

(55) 下饭莫冷的啰?(菜冷了吧)

　　fio²² vɛ²² mɔ⁴⁴ lã²² tiʔ⁵ ləu²²?

这类"莫"字句暗含一种变化在其中,有一个由此及彼的过程。例如:"臭"有一个从"不臭"到"臭"的过程;"差不多"有一个从"还不够"到"差不多够"的过程; "冷"有一个"本来不冷"到"冷"的过程。

(三)"莫+NP"

"莫"后还可跟时地名词或代词。例如:

(56) 莫后日。(别在后天) mɔ⁴⁴ fiø²² n̠iʔ²。

(57) 莫河边沿。(别在河边) mɔ⁴⁴ fiəu²² pi⁴⁴ ʑi²²。

(58) 随便啥人吤告个,莫我哈嘞。(随便谁都可以,不要是我就行了)

　　zɐi²² bi²¹ soʔ⁵ n̠in²² m̩²¹ kɔ⁴⁴ fiəu²², mɔ⁴⁴ ŋo²⁴ hɐʔ⁵ lɐi²¹。

第一例跟时间名词,第二例跟地点名词,第三例跟人称代词。

"莫+NP"实际上是一个省略了动词的句子。例如:

→莫<安排到>后日。(别安排到后天) mɔ⁴⁴ ɐi⁴⁴ ba²¹ tɔ⁴⁴ fiø²² n̠iʔ²。

→莫<停勒>河边沿。(别停在河边) mɔ⁴² din²² ləʔ² fiəu²² pi⁴⁴ ʑi²²。

→随便啥人吭告个，莫＜点＞我哈喱。（随便谁都可以，别点我好了）

zɐi²² bi²¹ soʔ⁵ n̠in²² m̩²¹ kɔ⁴⁴ ɦɐu²²，mɔ⁴⁴ tie⁴⁴ ŋo²⁴ hɐʔ⁵ lɐi⁰。

→→莫后日＜去＞哈喱。（别后天去好了）

mɔ⁴⁴ ɦø²² n̠iʔ² tɕʻi⁴⁴ hɐʔ⁵ lɐi⁰。

→→莫河边沿＜嬲和＞。（别在河边玩）mɔ⁴⁴ ɦɐu²² pi⁴⁴ ʑi²² na²¹ ɦuo⁰。

→→随便啥人吭告个，莫我＜去＞哈喱。（随便谁都可以，别让我去好了）

zɐi²² bi²¹ soʔ⁵ n̠in²² m̩²¹ kɔ⁴⁴ ɦɐu²²，mɔ⁴⁴ ŋo²⁴ tɕʻi⁴⁴ hɐʔ⁵ lɐi⁰。

前三例在"莫"后加上动词，第四、第五两例在名词后加上动词，最后一例在代词后加上动词。

从语义上看，"莫＋NP"与"莫＋VP"不同。"莫＋NP"强调的是一种排除，在众多的选择中，首先排除 NP。"莫＋VP"则重在否定动词。

（四）"莫＋小句"

当"莫"后是复杂形式的时候，与普通话"别"的情况不一样。普通话"别＋小句"语义变为不愿意甚至害怕看到某种情况出现。例如："但愿他别来找我们的麻烦。""到时候别又像上次一样没说几句话就打起来了。""他这个人没有定性，别再迷失了本性了。"

"莫＋小句"只要是未然的，都是对后面复杂形式的一种否定，是劝阻、提醒或警告的意思。例如：

（59）诺莫"一年亲，两年洋，三年忘记亲爹娘"①。（你别一年亲两年洋三年忘记亲爹娘）

noʔ² mɔ⁴⁴ iʔ⁵ n̠i²¹ tɕʻin⁵³，liã²² n̠in²¹ ʑiã²²，sɛ⁴⁴ n̠i²¹ mɔ̃²² tɕi⁴⁴ tɕʻin⁵³ tia⁴⁴ niã²¹。

（60）莫言话一话出到毛赖掉。（别话一说出口就赖掉了）

mɔ⁴⁴ ɦiɛ²¹ ɦio²² iʔ⁵ ɦio²² tsʻəʔ⁵ tɔ⁴⁴ mɔ²¹ la²² dio²²。

（61）阿拉莫自家得自家加气。（我们别自己给自己气受）

① 宁波方言俗语。宁波地处沿海，经常有人出海去他乡谋生，出去后第一年由于人生地不熟，十分恋家，所以与家里联系很多，第二年开始熟悉环境，不再寂寞，把外面的习惯也学会了，到第三年就忘了本，连爹娘都忘记了。以此讽刺忘本之人。

ɐʔ⁵ lɐʔ² mɔ⁴⁴ ʑi²² kuo⁴⁴ təʔ⁵ ʑi²² kuo⁴⁴ kuo⁴⁴ tɕ'i⁴⁴。

（62）小顽莫到东各处呕其自家乱奔。（别让小孩到处自己乱跑）

çio⁴⁴ uɛ⁴⁴ mɔ⁴⁴ tɔ⁴⁴ toŋ⁵³ koʔ⁵ ts'ʅ⁴⁴ ø⁴⁴ dʑi²² ʑi²² kuo⁴⁴ lø²² pən⁴⁴。

（63）莫得夷花言巧语骗进。（别被他的花言巧语骗了）

mɔ⁴⁴ təʔ⁵ ʑi²² huo⁵³ ʑi²¹ tɕ'io⁴⁴ ny²² p'i⁴⁴ tɕin⁵³。

（64）阿拉莫得其拉追上，快眼奔。（我们别让他们追上，快一点
跑）

ɐʔ⁵ lɐʔ² mɔ⁴⁴ təʔ⁵ dʑɐiʔ² lɐʔ² tsɐi⁴⁴ dzã²²，k'ua⁴⁴ ŋiɛ²¹ pən⁴⁴。

（65）莫碰到我手勒，否则呕诺好看！（别落到我手里，否则会叫
你好看）

mɔ⁴⁴ bã²² tɔ⁴⁴ ŋo²⁴ sø⁴⁴ ləʔ²，fø⁵³ tsəʔ⁵ ø⁴⁴ noʔ² hɔ⁵³ k'i⁴⁴。

（66）莫得我晓得，得我晓得诺来造乱话，顶好背脊骨揉揉夷！（别
让我知道，让我知道你在说谎的话，你最好揉一揉背脊骨）

mɔ⁴⁴ təʔ⁵ ŋo²⁴ çio⁵³ təʔ⁵，təʔ⁵ ŋo²⁴ çio⁵³ təʔ⁵ noʔ² lie²² zɔ²² lø²²
ɦo²²，tin⁴⁴ hɔ⁵³ pɐi⁴⁴ tsø⁵³ kəʔ⁵ nəu²² nəu²¹ ʑi²¹。

第一、第二两例表示提醒，第三、第四两例表示劝阻，第五、第六
两例表示提醒，最后两例表示警告。从语义上看，"莫"后是复杂形式
时，句子表示劝阻和提醒的意思经常不容易区分，既可以理解为劝阻，
也可以理解成提醒，多用第二、第三人称。第一人称代词主要用于表示
警告的句子中。如果把最后一例中的"我"改成第三人称"其"，句子
仍然成立，但是表示警告的意味明显弱了，表示提醒的意味则增强。

如果"莫+复杂形式"后有表示完成的"眼啰"或句中有表示已
然的"已经""老早"等词语，则"莫"字句的语义就变为不愿意甚至
害怕看到某种情况出现，带有疑问语气，可以在句末用问号代替句号。
例如：

（67）莫已经饭搭吃好眼啰？（别饭都已经吃完了吧）

mɔ⁴⁴ ʑi²² tɕin⁵³ vɛ²² təʔ⁵ tɕ'yoʔ⁵ hɔ⁵³ ŋie²² ləu²²？

（68）诺莫自家公司勒错掉眼啰？（你不会自己在公司落下了吧）

noʔ² mɔ⁴⁴ ʑi²² kuo⁴⁴ koŋ⁴⁴ sʅ⁵³ ləʔ² ts'əu⁴⁴ dio²¹ ŋie²² ləu²²？

（69）其莫勿可是骗子和？（你不会是个骗子吧）

dʑi²⁴ mɔ²² vəʔ² kəu⁴⁴ zʅ²² p'i⁴⁴ tsʅ⁵³ ɦəu²²？

（70）莫得贼骨头东西偷去眼啰？（不会让贼把东西偷走了吧）

mɔ⁴⁴ təʔ⁵ zɐʔ² kuɐʔ⁵ dɐi²² toŋ⁴⁴ çi⁵³ t'ø⁵³ tɕ'i⁴⁴ ŋie²² ləu²²？

"莫"后带主谓短语表示劝阻的句子里，主谓短语的小主语可以移到句首充当大主语。例如：

（71）莫衣裳弄脏。（别把衣服弄脏）mɔ⁴⁴ i⁴⁴ zɔ̃²¹ noŋ²² foŋ⁴⁴。

　　→衣裳莫弄脏。（衣服别弄脏）i⁴⁴ zɔ̃²¹ mɔ⁴⁴ noŋ²² foŋ⁴⁴。

（72）莫饭勿吃。（别饭不吃）mɔ⁴⁴ vɛ²⁴ vəʔ² tɕ'yoʔ⁵

　　→饭莫勿吃。（饭别不吃）vɛ²⁴ mɔ⁴⁴ vəʔ² tɕ'yoʔ⁵

（73）莫地垟摊勒和白烂摊。（别把地上摊满）

mɔ⁴⁴ di²² ʑiã²² t'ɛ⁴⁴ ləʔ² ɦiəu²² bɐʔ² lɛ²² t'ɛ⁵³。

　　→地垟莫摊勒和白烂摊。（地上别摊满）

di²² ʑiã²² mɔ⁴⁴ t'ɛ⁴⁴ ləʔ² ɦiəu²² bɐʔ² lɛ²² t'ɛ⁵³。

由于宁波方言句子的使用一般先说一个主语（绝大部分是话题），所以上述否定式倒是右边的更加常见。说话者为了劝阻对方，往往先把要否定的对象说出来，而且中间有停顿，经常加上"啦"，然后再往下说。如上面右边的三个例子都可以说成：

（74）衣裳啦～，莫弄脏。（衣服啊，不要弄脏）

i⁴⁴ zɔ̃²¹ la²²，mɔ⁴⁴ noŋ²² foŋ⁴⁴。

（75）饭啦～，莫勿吃。（饭啊，别不吃饭）

vɛ²⁴ la²²，mɔ⁴⁴ vəʔ² tɕ'yoʔ⁵。

（76）地垟啦～，莫摊勒和白烂摊。（地啊，别摊满）

di²² ʑiã²² la²²，mɔ⁴⁴ t'ɛ⁴⁴ ləʔ² ɦiəu²² bɐʔ² lɛ²² t'ɛ⁵³。

三 "莫"字句与人称

"莫"前面主语的人称以第二人称最常见，这与"莫"字句多用于祈使有关。在实际运用中，人称经常省略。例如：

（77）（诺）莫吵棚嘴。（你别捣乱了）

noʔ² mɔ⁴⁴ ts'ɔ⁴⁴ bã²² lɐi⁰。

（78）（诺）莫烦杂煞嘴。（你别吵了）

noʔ² mɔ⁴⁴ vɛ²¹ zɐʔ² sɐʔ⁵ lɐi⁰。

（79）（张运），莫洋皮皮弄。（张运，别顽皮）

tsã⁴⁴ ʐyoŋ²¹, mɔ⁴⁴ ʑiã²² bi²¹ bi²¹ noŋ²⁴。

（80）莫去睬其，葛种屌卵睬其入材啊！（别去理睬他，这种死人睬他做什么）

mɔ⁴⁴ tɕ'i?⁵ ts'ɛ⁴⁴ dʑi²¹, kə?⁵ tsoŋ⁵³ əu⁴⁴ lø²² ts'ie⁴⁴ dʑi²² lo?² zɛ²¹ ɦia²¹！

（81）（诺）莫造乱话个和？（你别说谎吧）

no?² mɔ⁴⁴ zɔ²² lø²² ɦuo²² ɦo?² ɦiəu²²？

第一人称也可以作主语。例如：

（82）我莫得夷认出嘞。（我别让他人出来了）

ŋo²⁴ mɔ⁴⁴ tə?⁵ ʑi²² n̠in²⁴ ts'ə?⁵ lɐi⁰。

（83）我莫弄勒死去，又是白白弄！（我别辛苦半天，又是白干）

ŋo²⁴ mɔ⁴⁴ noŋ²² lə?² ɕi⁵³ tɕ'⁴⁴, ʑi²² zɻ²¹ bɐ?² bɐ?² noŋ²¹！

（84）阿拉莫去嘞，忒危险嘞。（我们别去了，太危险了）

ɐ?⁵ lɐ?² mɔ²² tɕ'i⁴⁴ lɐi⁰, t'ɐ?⁵ ɦuɐi²² ɕi⁵³ lɐi⁰。

（85）阿拉莫死人样等弄，去看看看。（我们别像死人一样的等，去看一看）

ɐ?⁵ lɐ?² mɔ²¹ ɕi⁵³ n̠in²² ʑiã²⁴ tən⁴⁴ noŋ²¹, tɕ'i?⁵ k'i⁴⁴ k'i⁴⁴ k'ie⁴⁴。

（86）波罗揭底阿拉莫上当的啰？（我们不会上当了吧）

pəu⁵³ ləu²² tɕi?⁵ ti⁴⁴ ɐ?⁵ lɐ?² mɔ⁴⁴ dzɔ̃²² tɔ̃⁴⁴ ti?⁵ ləu²¹？

（87）阿拉路莫走错的啰？（我们不会走错路了吧）

ɐ?⁵ lɐ?² lu²⁴ mɔ⁴⁴ tsø⁵³ ts'əu⁴⁴ ti?⁵ ləu²¹？

前两例第一人称单数"我"作主语，只用于表示估测的"莫"字句中，不能用于祈使句。后四例是第一人称复数作主语，在语气上基本上与第二人称一样，并没有委婉、客气的意味，第三、四两例是劝阻和建议，最后两例是估测。

有时候主语还可以由第三人称充当。例如：

（88）其莫逃出眼啰？（他不会已经逃走了吧）

dʑi²⁴ mɔ⁴⁴ dɔ²¹ ts'ə?⁵ ŋie²² ləu²¹？

（89）葛窠忒湿，夜到蛇莫游出来哈嘞。（这儿太湿，晚上蛇不会游出来吧）

kə?⁵ k'əu⁵³ t'ɐ?⁵ sə?⁵, ʑia²² tɔ⁴⁴ dzuo²² mɔ⁴⁴ ly²¹ ts'ə?⁵ lie²² hɐ?⁵

lɐi⁰。

（90）两公婆造孽莫得人家晓得耶。（两口子吵架不要被别人知道呀）

iã²² koŋ⁴⁴ bəu²² dzɔ²² n̠i?² mɔ⁴⁴ tə?⁵ n̠in²² kuo⁵³ ɕio⁵³ tə?⁵ ʑie²²。

（91）葛种人莫得我得人惜煞嘞！（这种人别给我得意了）

kə?⁵ tsoŋ⁵³ n̠in²² mɔ⁴⁴ tə?⁵ ŋo²⁴ tə?⁵ n̠in²¹ ɕi?⁵ sɐ?⁵ lɐi⁰！

表否定性评价的"莫"字句在宁波方言中多与被动句嵌套着用，而且多用于假设复句。例如：

（92）葛种事体莫得人家查出，否则要吃生活个。（这种事儿别被人查出来，否则要被惩罚的）

kə?⁵ tsoŋ⁵³ zʅ²² t'i³⁵ mɔ⁴⁴ tə?⁵ n̠in²² ko⁵³ dzuo²² ts'ə?⁵，fø⁴⁴ tsə?⁵ io⁴⁴ tɕ'yo?⁵ sã⁴⁴ ɦuo?² ɦo?²。

（93）做领导个人要莫得群众小辫子抓牢，否则交关难弄。（做领导的不能被群众抓住小辫子，否则很麻烦）

tsəu⁴⁴ lin²² dɔ⁵³ ɦo?² n̠in²² io⁴⁴ mɔ⁴⁴ tə?⁵ dʑyoŋ²² tsoŋ⁵³ ɕio⁴⁴ bi²² tsʅ⁴⁴ tsa⁴⁴ lɔ²¹，fø⁵³ tsə?⁵ tɕio⁴⁴ kuɛ⁵³ nɛ²² noŋ²¹。

（94）其莫得我碰着，否则要其好看。（他不要被我撞到，否则要他好看）

dʑi²⁴ mɔ⁴⁴ tə?⁵ ŋo²⁴ bã²² zɐ?²，fø⁵³ tsə?⁵ io⁴⁴ dʑi²² hɔ⁵³ k'i⁴⁴。

（95）讨饭头要莫得人家惹嫌，否则人家一分洋钿也燃得夷个。（讨饭的不能让人觉得讨嫌，否则人家不会给他一分钱的）

t'ɔ⁴⁴ vɛ²² dɐi²² io⁴⁴ mɔ⁴⁴ tə?⁵ n̠in²² ko⁵³ za²² i⁴⁴，fø⁵³ tsə?⁵ n̠in²² kuo⁵³ i?⁵ fən⁵³ ʑiã²² di²¹ ʑia²² vɐi²¹ tə?⁵ ʑi²¹ ɦo?²。

从以上分析我们可以看到人称与"莫"关系密切，当"莫"字句表示否定性估测的时候，第一、第二、第三人称都可以出现；当表示祈使（劝阻、命令、祈求）的时候，多为第二人称；表达一种否定性评价，用于假设复句时，多用第三人称。

第四节 "呒"字句

一 "呒"的语义及"呒"字短语

"呒"［m̩］是个否定动词，相当于普通话"没有"的意思。宁波方言"呒"构成的词语主要有①：

（1）呒趣相 m̩²¹ tsʻɿ⁴⁴ ɕiɑ⁵³⁻⁴⁴：没趣儿，没意思。

（2）呒气懒魄 m̩²¹ tɕʻi⁴⁴ lɛ²² pʻoʔ⁵：形容没有精神，没有活力的样子。

（3）呒气呒魄 m̩²¹ tɕʻi⁴⁴ m̩²¹ pʻɐʔ⁵：没有气魄。

（4）呒数目账 m̩²¹ su⁴⁴ moʔ² tsã⁴⁴：也说"呒数倒账"，心中无数，不了解情况。

（5）呒介事 m̩²¹ ka⁴⁴ zɿ²⁴：就当没有这回事，不放在心上。

（6）呒陶成 m̩²¹ dɔ²² dzən²²：东西损耗部分多，也说"呒陶白成""呒陶西成"。

（7）呒告话头 m̩²¹ kɔ⁴⁴ ɦuo²⁴ dø²²：没话好说；表示对人或事失望或懊恼。

（8）呒告多少 m̩²¹ kɔ⁴⁴ təu⁵³ sɔ³⁵：很多；不知有多少。

（9）呒要得紧 m̩²¹io⁴⁴ təʔ⁵ tɕin³⁵⁻⁴⁴：没什么要紧。

（10）呒采去 m̩²² tsʻie⁵³ tɕʻi⁴⁴：没地方去，常用在"形容词 + 勒 + 呒采去"结构中，跟北京话"……得很"结构相似，而且程度更深，表"及其""非常"。

（11）呒覃头 m̩²¹ tɕʻin⁴⁴ dø²²：形容人痴顽不解事，或指痴顽不了解事的人。

（12）呒做 m̩²² tsəu⁵³：又说"呒用场""呒没用场"，没用。

（13）呒头年出 m̩²¹ dø²² ȵin²² tsʻəʔ⁵：形容工作费时，又说不出究竟做了些什么。

（14）呒头鬼 m̩²¹ dø²² tɕy⁴⁴：无头鬼。

（15）呒头帖子 m̩²¹ dø²² tʻiɐʔ⁵ tsɿ⁴⁴：匿名帖子。

（16）呒账得算 m̩²¹ tsã⁴⁴ təʔ⁵ sø⁴⁴：算不出价钱；不必详细计算价钱。

（17）呒相干 m̩²² ɕiã⁵³ ki⁴⁴：没用。

（18）呒商量 m̩²¹ sã⁴⁴ liã²²：毫无办法；没得说。

（19）呒郎 m̩⁴⁴ lɔ²²：形容人痴顽无知，或指痴顽无知的傻瓜。

---

① 参见汤珍珠等编撰的《宁波方言词典》，江苏教育出版社 1997 年版，第 374—375 页。

（20）呒本 m̩²² pən⁵³：难道，怎么可以。

（21）呒根脚 m̩²¹ kən⁵³ tɕiɐʔ⁵：没有准数。

（22）呒进呒出 m̩²¹ tɕin⁴⁴ m̩²² ts'ɘʔ⁵：无关紧要；感觉不到。

（23）呒清头 m̩²¹ tɕ'in⁵³ dø²¹：没有脑子，缺乏理智。

（24）呒心到事 m̩²¹ ɕin⁴⁴ tɔ⁴⁴ zɿ²²：没有心事。

（25）呒弄头 m̩²¹ noŋ²² dø²²：指人不好相处。

（26）呒搭头 m̩²¹ tɐʔ⁵ dø²²：又说"呒落头"，没有分寸；没有章法。

（27）呒脚色 m̩²¹ tɕiʔ⁵ sɐʔ⁵：没有处世理家的才能。

（28）呒脚活狲 m̩²² tɕiɐʔ⁵ fiɘʔ² sən⁴⁴：喻指没有着落无所依靠的人。

（29）呒脚力 m̩²¹ tɕiɐʔ⁵ liʔ²：指经济上没有能力。

（30）呒说话 m̩²¹ soʔ⁵ fiuo²²：又说"呒话呒说"，没有被再提起。

（31）呒结果 m̩²¹ tɕiʔ⁵ kəu⁴⁴：没有好下场。

（32）呒设法 m̩²¹ sɘʔ⁵ fɐʔ⁵：想不出办法。

（33）呒出山 m̩²¹ ts'ɘʔ⁵ sɛ⁴⁴：没出息。

（34）呒数 m̩²¹ su⁴⁴：没有数；副词，可能，也许，表推测。

（35）呒告 m̩²¹ kɔ⁴⁴：不要紧，没关系，礼貌用语；没有；不能；一场空，徒劳。

二 "呒"与否定项

否定动词"呒"后只跟名词。"呒＋N"在句中通常作谓语，也可以作定语，还可以后接动词构成兼语式或连动式。

（一）"呒＋N"作谓语

（36）其葛人呒气呒魄个。（他这人没气魄）

　　dʑi²⁴ kəʔ⁵ ȵin²² m̩²¹ tɕ'ɿ⁴⁴ m̩²¹ p'oʔ⁵ fioʔ²。

（37）我人忒呒做勒。（我太没用了）

　　ŋo²⁴ ȵin²² t'ɐʔ⁵ m̩²² tsɐu⁵³ ləʔ²。

（二）"呒＋N"作定语

（38）其是只呒脚活狲。（他是个没脚的猴子，指顽皮之人）

　　dʑi²⁴ zɿ²² tsɐʔ⁵ m̩²² tɕiɐʔ⁵ fiuɘʔ² sən⁴⁴。

（39）呒用场东西早眼处理掉。（没用的东西早点处理掉）

m̩²¹ ʐyoŋ²² dzã²² toŋ⁴⁴ çi⁵³ tsɔ⁴⁴ ŋie²¹ tsʅ⁵³ li²² dio²²。

（三）"呒 + N" 后接动词

"呒 + N" 经常后接动词构成 "呒 + N + VP" 格式，N 如果是人，"呒" 经常与表示泛指的 "人" 结合构成 "呒人 + VP" 式；如果 N 是处所，"呒" 经常与表示泛指的 "采"（地方）结合构成 "呒采 + VP"（没地方 VP）式。例如：

（40）呒人去。（没人去）m̩²¹ n̠in²² tç'i⁴⁴。

（41）呒人晓得。（没人知道）m̩²¹ n̠in²² çio⁵³ təʔ⁵。

（42）军军做人真罪过，呒人抱，呒人领。（军军做人真可怜，没人抱，没人领）

tçyoŋ⁴⁴ tçyoŋ⁴⁴ tsəu⁴⁴ n̠in²² tsən⁵³ zɐi²² kəu⁵³，m̩²¹ n̠in²² bɔ²²，m̩²¹ n̠in²² lin²²。

（43）呒采去。（没地方去）m̩²² ts'ie⁵³ tç'i⁴⁴。

（44）呒采眠。（没地方睡）m̩²² ts'ie⁵³ k'uən⁴⁴。

（45）呒采坐。（没地方坐）m̩²² ts'ie⁵³ zəu²²。

前三例 N 是 "人"；后三例 N 是 "采"，"地方" 的意思。

三 "呒告" 和 "呒没"

"呒告" 和 "呒没" 在宁波方言中使用十分广泛，是 "呒" 表否定的主要形式。

（一）呒告

1. "呒告" 的语义

"呒告" 有四个意思：

a. 相当于普通话 "不要紧，没关系"（礼貌用语），用于对感谢语和道歉语的回答。例如：

（46）甲：对勿起！　乙：呒告个。m̩²¹ kɔ⁴⁴ fioʔ²。

（47）甲：忒谢谢诺嘞！乙：呒告个和。m̩²¹ kɔ⁴⁴ fioʔ² fiəu²²。

b. 相当于普通话 "没有" 的意思，它并不与 "无" 同义。说 "呒告" 的时候从物质的 "有无" 角度看，还是 "有"，只是强调数量不多或者质量不高。例如：

（48）呒告啥东西好送其。（没什么东西可送他的）

m̩^{21} kɔ^{44} soʔ^{5} toŋ^{44} ɕi^{53} hɔ^{44} soŋ^{44}dʑi^{22}。

（49）屋落穷，呒告好吃。（家里穷没什么可吃的）

uoʔ^{5} loʔ^{2} dʑyoŋ^{22}，m̩^{21} kɔ^{44} hɔ^{44} tɕ'yoʔ^{5}。

前一例并不是说没有东西可以送，是说想不到送什么合适的东西，不知道该送什么。或者是家里东西档次太低，觉得送不出手。后一例也不是没有任何吃的东西，而是指可吃的东西很少，客气的说法。

c. 相当于普通话“不能”的意思。例如：

（50）天价落雨，运动会呒告开嚅。（天下雨运动会开不成了）

t'i^{53} ko^{44} loʔ^{2} ɦy^{24}，ʑyoŋ^{22} doŋ^{22}ɦuɐi^{22}m̩^{21} kɔ^{44} k'ie^{44} lɐi^{0}。

（51）我明朝呒告来嚅。（我明天来不了了）

ŋo^{24}m̩^{22} tsɔ^{53}m̩^{21} kɔ^{44} lie^{22} lɐi^{0}。

前一例是因为下雨没法开运动会了；后一例没有说出原因，但是听话人能够从这个句子推出说话人肯定遇到了急事或意外。

d. 相当于普通话“一场空，徒劳”的意思，有感情色彩，带有抱怨、可惜的语气。例如：

（52）弄弄勒着力煞，来的弄眼呒告。（干得累死，一场空）

noŋ^{24} noŋ^{22} ləʔ^{2} dzɐʔ^{2} liʔ^{2} sɐʔ^{5}，lie^{22} tiʔ^{5} noŋ^{22} ŋie^{22}m̩^{21} kɔ^{44}。

（53）我来犯贱，心急煞急眼呒告么。（我在犯贱，心里这么着急都在白着急了）

ŋo^{24} lie^{22} vɛ^{22}ʑi^{24}，ɕin^{53} tɕiʔ^{5} sɐʔ^{5} tɕiʔ^{5} ŋie^{22}m̩^{21} kɔ^{44} məʔ^{2}。

2. “呒告”与否定项

“呒告”可以单独使用，也可以后跟动词、名词或小句。

①“呒告”单独使用

“呒告”单独使用，主要用于对抱歉语和感谢语的回答，也可以对别人的问话作答，后面可以跟分句。例如：

（54）甲：搅吵诺嚅！（麻烦你了）kɔ^{53} ts'ɔ^{44} noʔ^{2} lɐi^{0}！

乙：呒告个。（没关系）m̩^{21} kɔ^{44}ɦoʔ^{2}。

（55）甲：葛事体全靠诺帮忙！（这事情全靠你帮忙）

kəʔ^{5} zɿ^{24} t'i^{35}zɐi^{21} k'ɔ^{44} noʔ^{2} pɔ̃^{44} mɔ^{44}！

乙：呒告个和，应该个和。（没关系，应该的）

m̩^{21} kɔ^{44}ɦoʔ^{2} ɦəu^{22}，in^{44} kie^{53}ɦoʔ^{2} ɦəu^{22}。

（56）甲：诺咋啦？noʔ² dza²¹ la²²？（你干什么）

乙：呒告。m̩²¹ kɔ⁴⁴。（没什么）

第一例是对道歉语的回答；第二例是对感谢语的回答，后续成分"应该个和"是对"呒告"这一回答的进一步说明；第三例是对问话的回答，意思是"不干什么"。

"呒告"单用要注意句末语气词的使用，对感谢语、道歉语等礼貌用语的回答，"呒告"后必须加助词"个和"来舒缓语气。"呒告"也用于非对答中，表示"放心好了""没有关系""我可以把握"等意思，往往需要有后续句。说"呒告个"的时候，前提是对方有求于自己，但是又有些顾虑或担心，说话者为了打消这种顾虑和担心，往往选择这种说法。例如：

（57）呒告个和，诺自家去哈嘞。（没关系的，你走好了）

m̩²¹ kɔ⁴⁴ ɦoʔ² ɦəu²², noʔ² ʑi²² ko⁴⁴ tɕʻi⁴⁴ hɐʔ⁵ lɐi⁰。

（58）呒告和，嘞嘞驮哈嘞。（没关系的，随便拿好了）

m̩²¹ kɔ⁴⁴ ɦəu²², lɐʔ² lɐʔ² dəu²² hɐʔ⁵ lɐi⁰。

（59）呒告个和，我会等安排好个和。（没关系的，我会给你安排好的）

m̩²¹ kɔ⁴⁴ ɦoʔ² ɦəu²², ŋo²⁴ ɦuɐi²² tən⁴⁴ ɐi⁴⁴ ba²¹ hɔ⁴⁴ ɦoʔ² ɦəu²²。

对问话的回答则一般单独使用，加上语气词的话，语义的预设会发生改变。例如：

（60）甲：诺咋回事体啦？乙：呒告。（你干什么？没什么）

（61）甲：诺咋回事体啦？乙：呒告个和。（你干什么？没关系的）

前一例的意思是：乙打算做某事，被甲察觉，于是甲就问乙干什么，乙回答说没什么。后一例是乙已经在做某事，甲发现后问乙在干什么，乙回答说没有关系的，意思是说他这样做不会对甲造成任何影响或危害。

②呒告 + N

"呒告 + N"通常后接 VP，构成"呒告 + N + VP"式。例如：

（62）嘴巴苦煞，也呒告东西好吃。（嘴里很苦，也没什么东西可以吃）

tsʅ⁵³ po⁴⁴ kʻu⁵³ sɐʔ⁵，ʑia²² m̩²¹ kɔ⁴⁴ toŋ⁴⁴ ɕi⁵³ hɔ⁴⁴ tɕʻyoʔ⁵。

（63）呒告事体做去买眼调料来。（没事干去买些调料来）

$m̩^{21}$ $kɔ^{44}$ $zʅ^{22}$ $t'i^{35}$ $tsəu^{44}$ $tɕiʔ^5$ ma^{22} $ŋie^{22}$ dio^{22} lio^{21} lie^{22}。

③呒告 + VP

"呒告"后跟动词或动词性短语，表示某种外在的客观原因导致不能实现某种行为、动作或愿望。意思相当于普通话的"不能"。例如：

（64）我么呒告来，事体忒多喢。（我今天来不了，事情太多了）

$ŋo^{24}$ $tɕiʔ^5$ $məʔ^2$ $m̩^{21}$ $kɔ^{44}$ lie^{22}，$zʅ^{24}$ $t'i^{35}$ $t'ɐʔ^5$ $təu^{53}$ $lɐi^0$。

（65）电影呒告看喢，断电勒么。（电影看不了，断电了）

di^{22} $ʑin^{22}$ $m̩^{21}$ $kɔ^{44}$ $k'i^{44}$ $lɐi^0$，$dø^{22}$ di^{22} $ləʔ^2$ $məʔ^2$。

（66）小猪生出仔人又呒告睏喢。（小猪生下来后又没法睡觉了）

$ɕio^{44}$ $tsʅ^{44}$ $sã^{44}$ $ts'əʔ^5$ $tsʅ^{53}$ $n̩in^{22}$ $ʑi^{22}$ $m̩^{21}$ $kɔ^{44}$ $kuən^{44}$ $lɐi^0$。

"呒告"用于动词后，构成"V + 眼 + 呒告"格式。例如：

（67）儿子勿争气，其介苦每日做，实际上做眼呒告。（他每天这辛苦，白白做了）

$ŋ̩^{21}$ $tsʅ^{44}$ $vəʔ^2$ $tsã^{53}$ $tɕ'i^{44}$，$dʑi^{24}$ ka^{44} $k'u^{35}$ $mɐi^{22}$ $n̩iʔ^2$ $tsəu^{44}$，$zəʔ^2$ $tɕi^{44}$ $zɔ̃^{22}$ $tsəu^{44}$ $ŋie^{22}$ $m̩^{21}$ $kɔ^{44}$。

（68）做人忖开眼，夷拉克飞毛腿导弹一只，诺和等于做眼呒告啦！（做人想开点，伊拉克飞毛腿导弹炸一个，你们都白白忙活了）

$tsəu^{44}$ $n̩in^{22}$ $ts'ən^{44}$ $k'ie^{53}$ $ŋie^{22}$，i^{44} la^{22} $k'əʔ^5$ fi^{44} $mɔ^{21}$ $t'ɐi^{44}$ $dɔ^{22}$ $dɛ^{21}$ $iʔ^5$ $tsɐʔ^5$ $məʔ^2$，$noʔ^2$ $ɦəu^{21}$ $tən^{53}$ $ɦy^{22}$ $tsəu^{44}$ $ŋie^{22}$ $m̩^{21}$ $kɔ^{44}$ la^{22}！

（二）呒没

"呒没"也是"没有"的意思，用法介于"呒"和"没"之间，所以具有两者的共同特点。"呒没"正处于逐渐被"没"取代的阶段。

"呒没"常用于反复问的否定回答。例如：

（69）问：大姐有来哦？（大姐来没来）

　　　$dəu^{22}$ $tɕia^{35}$ $ɦy^{22}$ lie^{22} $vɐʔ^2$？

　　答：呒没（来）。（没来）

　　　$m̩^{22}$ $məʔ^2$ lie^{22}。

（70）问：其外婆屋落有皮哦？（他在外婆家有没有调皮）

dʑi²⁴ ŋa²² bəu²² uoʔ⁵ loʔ² ɦy²² bi²² veʔ²?

答：呒没（皮）。（没有调皮）

m̩²² məʔ² bi²²。

第五节 "覅"字句

一 "覅"的语义

由"覅"构成的句子叫"覅字句"。"覅"，音［fie］⁴⁴，是"弗要"［fəʔ⁵ io⁴⁴］的合音合意词，韵母略有异变，字面意义大致相当于普通话"不要"，表示不情愿或不接受。用于否定，表示主观意志。例如：

（1）该蛋糕我覅吃。（那蛋糕我不想吃）

geɛ²² dɛ²² kɔ⁴⁴ ŋo²⁴ fie⁴⁴ tɕ'yoʔ⁵。

（2）大人言话时格覅听。（大人的话总是不听）

dəu²² n̠in²² fie²¹ ɦuo²¹ zʅ²² keʔ⁵ fie⁴⁴ t'in⁵³。

前一例是指我不想吃那个菜，后一例是说某个小孩总是不愿意听大人们的话。可见"覅"的主观性很强。

二 "覅"与否定项

（一）"覅"单独作谓语

"覅"单独作谓语，主要用来回应别人的问话或要求，表达自己不愿意、不合作的态度或立场，往往有后续句进一步说明。例如：

（3）我覅啦，要去诺自家去哈嘞。（我不，要去你自己去）

ŋo²⁴ fie⁴⁴ la²¹，io⁴⁴ tɕ'i⁴⁴ noʔ² zi²² ko⁴⁴ tɕ'i⁴⁴ heʔ⁵ lei⁰。

（4）问：东西得我好哦？（东西给我好不好）

toŋ⁴⁴ ɕi⁵³ təʔ⁵ ŋo²⁴ hɔ⁵³ veʔ²?

答：我覅。（我不想）

ŋo²⁴ fie⁴⁴。

前一例有后续句，表示我不答应去，同时告诉对方要去自己去；后一例是回答别人的提问，拒绝把东西给别人。

（二）覅 + V

"覅 + V"表示不愿意做某事。V 可以是动作动词、心理动词，不能是能愿动词和有无动词，也不能是判断动词。例如：

（5）（我）电影劤看。（我电影不想看）

ηo^{24} di^{22} $z_{,}in^{22}$ fie^{44} $k'i^{53}$。

（6）（其）书一眼劤读嚒。（他书一点不愿意读）

$dz_{,}i^{24}$ $s_{,}\eta^{53}$ $i?^5$ ηie^{24} fie^{44} $do?^2$ $l\kappa?^2$。

（7）（诺）饭时格劤吃么，格是媪壮。（你饭总不愿意吃，那当然
    不会壮）

$no?^2$ $v\epsilon^{24}$ $z_{,}\eta^{22}$ $k\kappa?^5$ fie^{44} $t\varsigma'yo?^5$ $m\partial?^2$，$k\partial?^5$ $z_{,}\eta^{22}$ $v\kappa i^{22}$ $ts\tilde{o}^{44}$。

第一例是人称代词"我"作主语，动词"去"用"劤"直接否定，表
示我不愿意去。第二例是受事宾语作主语，可以在主语的前面或后面补出
人称代词。从后两例看，"劤"前可加表量多少或表程度高低的副词。

（三）劤 + VO

"劤"后也接动宾结构。例如：

（8）葛小姑娘劤找对象。（这姑娘不愿意找对象）

$k\partial?^5$ ςio^{44} ku^{44} $ni\tilde{a}^{22}$ fie^{44} $ts\mathfrak{o}^{44}$ $t\kappa i^{44}$ $z_{,}i\tilde{a}^{21}$。

（9）我实在是劤话其啦。（我实在是不愿意说他）

ηo^{24} $z\partial?^2$ $dz\epsilon^{22}$ $z_{,}\eta^{22}$ fie^{44} $fiuo^{21}$ $dz_{,}i^{22}$ la^{22}。

（10）葛两日真真劤做生活啦。（这两天真的不想做事）

$k\partial?^5$ $li\tilde{a}^2$ $n_{,}i?^2$ $ts\partial n^{44}$ $ts\partial n^{42}$ fie^{44} $ts\partial u^{44}$ $s\tilde{a}^{44}$ $fiuo?^2$ la^{22}。

（四）劤 + 形容词

能用"劤"否定的形容词很少。主要有以下几个：

考究 $k'\mathfrak{o}^{53}$ $t\varsigma y^{44}$、好看 $h\mathfrak{o}^{53}$ $k'i^{44}$、漂亮 $p'io^{44}$ $li\tilde{a}^{21}$、婥头 $\varsigma yo?^5$ $d\phi^{22}$、
闹热 $n\mathfrak{o}^{22}$ $n_{,}i?^2$、写意 ςia^{44} i^{53}、舒意 $s\partial?^5$ i^{53}、快活 $k'ua^{44}$ $fiuo?^2$、海威
hie^{22} $fiu\kappa i^{21}$、惹嫌 za^{22} i^{44}、落位 $lo?^2$ $fiu\kappa i^{22}$、安耽 κi^{44} $t\kappa^{53}$、省力 $s\tilde{a}^{53}$ $li?^2$、
领径 lin^{22} $t\varsigma in^{53}$、烦杂 $v\epsilon^{22}$ $z\kappa?^2$、啰嗦 $l\partial u^{22}$ suo^{53}、绞只 $g\mathfrak{o}^{22}$ $dz\kappa?^2$

这些形容词动词性很强，都具有可控性，如："劤闹热"是指不愿
意凑热闹，"劤考究"是不愿意讲究，"劤好看"是指不愿意好看，觉
得粗布衣服就可以了。

（五）劤 + 小句

"劤"还用于"得"字句。例如：

（11）我劤得其搭界。（我不愿意和他有任何关系）

ŋo²⁴fie⁴⁴ təʔ⁵ dʑi²² teʔ⁵ ka⁴⁴。

（12）阿拉敫得夷带信。（我们不愿意给他带信）

ɐʔ⁵ lɐʔ² fie⁴⁴ təʔ⁵ ʑi²² ta⁴⁴ çin⁴⁴。

第六节 "朆"字句

一 "朆"的语义

"朆"，音［vɐi］²²，是"勿会"［vəʔ² ɦuɐi²²］的合音合意词，有四个意思。

（一）表客观否定

相当于普通话的"不会"。例如：

（1）朆做题目问老师。（不会做的题目问老师）

vɐi²¹ tsəu⁴⁴ di²² moʔ² mən²² lɔ²² sʅ²¹。

（2）电没嘞，半导机朆响嘞。（电没了，收音机不会响了）

di²⁴ məʔ² lɐi⁰，pø⁴⁴ dɔ²² tçi⁴⁴ vɐi²¹ çiã⁴⁴ lɐi⁰。

（3）事体一眼朆做。（事情一点都不会做）

zʅ²² t'i³⁵ iʔ⁵ ŋie²⁴ vɐi²¹ tsəu⁴⁴。

（二）表主观否定

相当于宁波方言另一个否定副词"敫"，意思是不情愿、不愿意。例如：

（4）介远路我朆去。（这么远的路我不去）

ka⁴⁴ ɦiɤ²² lu²⁴ ŋo²⁴ vɐi²¹ tç'i⁴⁴。

（5）我朆做，呕其去做哈嘞！（我不干，叫他去做好了）

ŋo²⁴ vɐi²¹ tsəu⁴⁴，ø⁴⁴ dʑi²⁴ tç'iʔ⁵ tsəu⁴⁴ hɐʔ⁵ lɐi⁰！

（三）表反问

相当于普通话的"何不"。例如：

（6）伤风气介厉害，朆去看埭医生？（感冒这么严重，不去看医生啊）

sɔ̃⁵³ foŋ⁴⁴ çi⁴⁴ ka⁴⁴ li²² liʔ²，vɐi²¹ tç'iʔ⁵ k'i⁴⁴ da²² i⁴⁴ sã⁵³？

（7）介大雨，朆屋落睏觉。（这么大的雨，不如在家睡觉）

ka⁴⁴ dəu²⁴ ɦy²²，vɐi²¹ uoʔ⁵ loʔ² kuən⁴⁴ k'ɔ⁴⁴。

（四）表反复问

用作句末语气词。例如：

（8）诺北京要去嬒？（你北京去不去）

noʔ² poʔ⁵ tɕin⁵³ io⁴⁴ tɕʻi⁴⁴ vɐi²¹？

（9）电话打嬒？（电话打不打）

di²² ɦuo²¹ tã⁴⁴ vɐi²¹？

（10）饭吃嬒？（饭吃不吃）

vɛ²⁴ tɕʻyoʔ⁵ vɐi²¹？

二　"嬒"与否定项

（一）嬒 + VP

"嬒 + VP"可表示"不会""不肯"和"不可能"。例如：

（11）其节育节过掉，儿子嬒生个和。（她做过节育手术，不会生孩子）

dʑi²⁴ tɕiʔ⁵ ɦyoʔ² tɕiʔ⁵ kəu⁵³ dio²²，ŋ̍²¹ tsɿ⁴⁴ vɐi²¹ sã⁴⁴ ɦoʔ² ɦəu²²。

（12）还没结婚，其儿子嬒得诺生个。（还没有结婚，她不会给你生儿子的）

ɦua²² məʔ² tɕiʔ⁵ huən⁵³，dʑi²⁴ ŋ̍²¹ tsɿ⁴⁴ vɐi²¹ təʔ⁵ noʔ² sã⁵³ ɦoʔ²。

（13）半年勒，肚皮还没大，儿子生好嬒生的嘞。（半年过去了，肚子还没有大，生孩子估计不可能了）

pø⁴⁴ ȵin²¹ ləʔ²，du²² bi²¹ ɦua²² məʔ² dəu²⁴，ŋ̍²¹ tsɿ⁵³ sã⁵³ hɔ⁴⁴ vɐi²¹ sã⁴⁴ tiʔ⁵ lɐi⁰。

第一例表示"不会"生小孩；第二例表示"不肯"，第三例表示"不可能"。

（二）嬒 + AP

"嬒"可以否定形容词，表示猜测。例如：

（14）今年西瓜嬒行俏个。（今年西瓜不会走俏的）

tɕin⁴⁴ ȵi²¹ ɕi⁴⁴ kuo⁵³ vɐi²¹ ɦiɔ²¹ tɕʻio⁴⁴ ɦoʔ²。

（15）葛种行业下忙也嬒吃香个。（这种行业将来也不会好的）

kəʔ⁵ tsoŋ⁵³ ɦiɔ²² ȵiʔ² ɦuo²² mɔ̃²¹ ʑia²² vɐi²¹ tɕʻyoʔ⁵ ɕiã⁵³ ɦoʔ²。

（16）诺得其哈嘞，其嬒懒门个。（你给他好了，他不会不愿意的）

noʔ² təʔ⁵ dʑi²⁴ hɐʔ⁵ lɐi⁰，dʑi²⁴ vɐi²¹ ga²² mən²¹ ɦioʔ²。

（17）魎推板个，去哈嘞。（不会差的，去好了）

vɐi²¹ t'ɐi⁵³ pɛ⁴⁴ ɦioʔ²，tɕ'i⁴⁴ hɐʔ⁵ lɐi⁰。

（18）我一个人魎心焦个。（我一个人不会寂寞的）

ŋo²⁴ iʔ⁵ ɦioʔ² ȵin²² vɐi²¹ ɕin⁵³ tɕio⁴⁴ ɦioʔ²。

（19）魎酸口个，介毛腌哈嘞。（不会酸的，这样腌制好了）

vɐi²¹ sø⁵³ k'ø⁴⁴ ɦioʔ²，ka⁴⁴ mɔ²¹ ʑi²² hɐʔ⁵ lɐi⁰。

"行俏、吃香"是客观描述词，用"魎"否定，表示推测，语气比较肯定。"懒门"是心理形容词，这类词如果主语是第二、第三人称，表示猜测，如果主语是第一人称，则表示一种肯定性的判断，肯定不会出现某种现象，有着保证、赌咒的意思。例如：

（20）诺话哈嘞，我魎生气个。（你说好了，我不会生气的）

noʔ² ɦuo²² hɐʔ⁵ lɐi²¹，ŋo²⁴ vɐi²¹ sã⁴⁴ tɕ'i⁴⁴ ɦioʔ²。

（21）来哈嘞，我保证魎难熬个。（来好了，我保证不会不高兴的）

lie²² hɐʔ⁵ lɐi⁰，ŋo²⁴ pɔ⁴⁴ tsən⁵³ vɐi²¹ nɛ²² ŋɔ²¹ ɦioʔ²。

（三）魎 + 小句

"魎"用于连动句，多表反问。例如：

（22）我魎到美国扫大街去啊？（我难道不会到美国扫大街去啊）

ŋo²⁴ vɐi²¹ tɔ⁴⁴ mɐi²² koʔ⁵ sɔ⁴⁴ dəu²² ka⁴⁴ tɕ'i⁴⁴ fia²¹？

（23）诺魎奔出去刮其两光啊？（你不跑出去扇他两个耳光啊？）

noʔ² vɐi²¹ pən⁴⁴ ts'əʔ⁵ tɕ'i⁴⁴ kua⁵³ dʑi²¹ liã²² kuõ⁴⁴ fia²¹？

"魎"也可用于"得"字句和比较句。例如：

（24）我魎得夷欺负个和。（我不会让他欺负的）

ŋo²⁴ vɐi²¹ təʔ⁵ ʑi²² tɕ'i⁴⁴ vu²¹ ɦioʔ² ɦiəu²²。

（25）其魎得阿拉倒楣个和。（我不会给我们抹黑的）

dʑi²⁴ vɐi²¹ təʔ⁵ ɐʔ⁵ lɐʔ² tɔ⁴⁴ mɐi²² ɦioʔ² ɦiəu²²。

（26）诺魎比其推板个和。（你不会比他差的）

noʔ² vɐi²¹ pi⁴⁴ dʑi²⁴ t'ɐi⁴⁴ pɛ⁵³ ɦioʔ² ɦiəu²²。

（27）阿拉魎得像一样个和。（我们不会和你们一样的）

ɐʔ⁵ lɐʔ² vɐi²¹ təʔ⁵ ȵɐʔ² iʔ⁵ ʑiã²² ɦioʔ² ɦiəu²²。

第七节　"覅"字句

一　"覅"的语义

"覅"，音［vən]^{21}，是"勿用"［vəʔ^2 ʑyoŋ^{22}］的合音合意词，意思是"不要、不需要、别、不用"，表示事理或情理上的不需要。例如：

（1）覅去嘞，介大雨。（不用去了，这么大的雨）

　　vən^{21} tɕʻi^{44} lei^0，ka^{44} dəu^{24} fiy^{22}。

（2）覅难过嘞，事体出搭出勒。（别难过了，事情都已经出了）

　　vən^{21} nɛ^{22} kəu^{44} lei^0，zɿ^{22} tʻi^{35} tsʻəʔ^5 təʔ^5 tsʻəʔ^5 ləʔ^{22}。

（3）题目慢慢做，覅急煞样个。（题目慢慢作，不用急的）

　　di^{22} moʔ^2 mɛ^{22} mɛ^{22} tsəu^{44}，vən^{21} tɕiʔ^5 səʔ^5 ʑiã^{24} fioʔ^2。

第一例是说这么大的雨，不用去了；第二例是说事情已经发生了，不需要难过了；第三例是要求慢慢地做题目，用不着着急。

"覅"在语义上与"莫"不同："莫"是"别"的意思，"覅"是"不再需要、没有必要"的意思。例如，"莫去嘞"是"别去了"的意思，"覅去嘞"是"不需要去了"的意思。又如，"覅哭嘞，其老早没来弄嘞"，意思是"不用哭了，他早就不在这儿了"，言外之意，哭，并不是真正的哭，而是为了哭给"其"听的，现在"其"已经走了，所以就不用哭了。但是，"莫哭嘞，其老早没来弄嘞"这个句子则是劝阻不要再哭，"其"已经走了，言外之意是哭的人可能很害怕"其"，一看到其就哭，现在其走了，所以旁人就劝他不要哭了。

二　"覅"与否定项

（一）覅 + VP

"覅"字句多为祈使句，"覅"大多数情况下可以用普通话"别"对译，表示劝阻。常以"覅 + VP + 嘞"句式出现。例如：

（4）葛工作覅做嘞。（这工作别做了）

　　kəʔ^5 koŋ^{44} tsoʔ^5 vən^{21} tsəu^{44} lei^0。

（5）田覅种嘞。（田别种了）

di^{22} vən^{21} tsoŋ^{44} lɐi^0。

当"覅"与"好"构成"好覅"入句时，构成"好覅 + VP + 个和"，表示劝阻。例如：

（6）诺好覅借个和，我自家有个和。（你不用借的，我自己有）

no？^{2} hɔ^{44} vən^{21} tɕia^{44} ɦo？^{2} ɦɐu^{22}，ŋo^{24} zi^{22} kuo^{44} ɦiɣ^{21} ɦo？^{2} ɦɐu^{22}。

（7）葛事情诺好覅亲自去做个和。（这事情你不用亲自去做的）

kə？^{5} zɿ^{24} t'i^{35} no？^{2} hɔ^{44} vən^{21} tɕ'in^{44} zɿ^{21} tɕ'i？^{5} tsəu^{44} ɦo？^{2} ɦɐu^{22}。

从 VP 的性质看，主要为动作性动词，具有可控性。例如：

（8）哎哟！覅礚嘞，师傅里头来弄。（哎哟，别滚动了，师傅在里头）

ai^{53} io^{44}，vən^{21} lɐi^{21} lɐi^0，sɿ^{53} vu^{22} li^{22} dø^{22} lie^{24} noŋ^{22}。

（9）诺覅打听嘞，我就是诺要寻个人。（你别打听了，我就是你要找的人）

no？^{2} vən^{21} tã^{44} t'in^{44} lɐi^0，ŋo^{24} zø^{24} zɿ^{21} no？^{2} io^{44} zin^{22} ɦo？^{2} n̩in^{22}。

（10）覅忖嘞。（别想了）

vən^{21} ts'ən^{44} lɐi^0。

"礚""打听""忖"都具有可控性，在别人提出否定性要求后，可以通过主观努力，停止正在进行的动作。

若"覅"否定动宾式词语或短语，需要把宾语提前，构成"N + 覅 + V + 嘞"式。例如：

（11）＊覅吃饭嘞。→饭覅吃嘞。vɛɣ^{24} vən^{21} tɕ'yo？^{5} lɐi^0。

（12）＊覅唱歌嘞。→歌覅唱嘞。kəu^{53} vən^{21} ts'ɔ^{44} lɐi^0。

（二）覅 + AP

"覅"后否定的形容词也具有可控性，即通过人的主观努力可以停止某种状态。例如：

（13）覅烦嘞。（别烦恼了）

vən^{21} vɛɣ^{22} lɐi^0。

（14）覅难熬嘞。（别难过了）

vən^{21} nɛ^{22} ŋɔ^{22} lɐi^0。

"烦""难熬"是一种心理状态，具有可控性，有动词的特点，所以可以用"覅"修饰。像"坏""好""大""小""长""短"等形容词，是一种性质的判断，不能用"甭"修饰。

有些形容词后加上表示程度深的"煞"字后，也可以用"甭"否定。例如：

（15）诺甭好煞嘞。（你别好了）

　　　no$ʔ^2$ vən^{21} hɔ^{53} sæʔ^5 lɐi^0。

（16）甭聪明煞嘞。（别聪明了）

　　　vən^{21} ts'oŋ^{53} min^{22} sæʔ^5 lɐi^0。

（17）甭仔细煞嘞。（别仔细了）

　　　vən^{21} tsɿ^{53} çi^{44} sæʔ^5 lɐi^0。

这种"甭＋形容词＋煞"表达的是一种反感情绪，是对对方行为或者状态的一种否定。语气十分强烈，含有斥责义。

三　"甭躲"与"甭话"

（一）甭躲

"躲"是"得我"的合音。从语义上看，"甭躲"与言说者直接相关，要表达的是听话人的言行对言说者的影响或者说是被认定的一种影响。不管实际行为有没有对言说者造成影响，它都被认为有影响。例如：

（18）甭躲闹热煞嘞。（别给我闹腾死了）

　　　vən^{21} tuo^{44} nɔ^{24} ȵi$ʔ^2$ sæʔ^5 lɐi^0。

（19）甭躲多老毛嘞。（别给我多此一举了）

　　　vən^{21} tuo^{44} təu^{44} lɔ^{22} mɔ^{21} lɐi^0。

（20）甭躲见大头鬼嘞。（别给我见鬼了）

　　　vən^{21} tuo^{44} tçi^{44} dəu^{22} dø^{21} tçy^{44} lɐi^0。

（21）甭躲得人惜煞嘞。（别给我得意扬扬的了）

　　　vən^{21} tuo^{44} tə$ʔ^5$ ȵin^{21} çi$ʔ^5$ sæʔ^5 lɐi^0。

"甭躲"的组合能力比"甭"强，它还可以用在主谓短语前边。例如：

（22）甭躲脑筋好煞嘞！（别给我表现得脑子灵光的样子）

　　　vən^{21} tuo^{44} nɔ^{22} tçin^{53} hɔ^{53} sæʔ^5 lɐi^0！

（23）甭躲本事大煞嘞！（别给我本事大的不得了了）

vən²¹ tuo⁴⁴ pən⁵³ zʅ²² dəu²² sɐʔ⁵ lɐi⁰！

（二）甮话

"甮话"的意思是"别说"，常以"甮话嘞"的句式出现。主要有三种用法：

1. 构成"甮话嘞"句式，表示劝阻，意思是"别说了"。例如：

（24）诺甮话嘞，我晓得个和。（你别说了，我知道的）

noʔ² vən²¹ ɦuo²² lɐi⁰，ŋo²⁴ ɕio⁵³ təʔ⁵ ɦoʔ² ɦiəu²²。

（25）诺甮话嘞，再话落去要造孽嘞！（你别说了，再说下去要吵架了）

noʔ² vən²¹ ɦuo²² lɐi⁰，tsɐ⁴⁴ ɦuo²² loʔ² tɕʻi⁴⁴ io⁴⁴ dzɔ²² ȵiʔ² lɐi⁰！

2. "甮话嘞"表示一种感叹，意思是"别说有多厉害了"。例如：

（26）利强拉屋落甮话嘞，两个儿子大学和总考进！（利强家别提有多好了，两个儿子都考上了大学）

li²² dʑiã²¹ lɐʔ² uoʔ⁵ loʔ² vən²¹ ɦuo²² lɐi⁰，liã²² ɦoʔ² ŋ̩²¹ tsʅ⁴⁴ da²² ɦoʔ² ɦiəu²² tsoŋ⁵³ kʻɔ⁵³ tɕin⁴⁴！

（27）伯伯拉今年甮话嘞，杨梅卖勒上万啦！（伯伯家今年别提多好了，杨梅卖了上万元）

pɐʔ⁵ pɐʔ⁵ lɐʔ² tɕin⁴⁴ ȵi²¹ vən²¹ ɦuo²² lɐi⁰，ʑiã²² mɐi²¹ ma²² ləʔ² zɔ̃²² vɐ²⁴ la²²！

3. "甮话"表示一种选择，用于让步复句的前一个分句。例如：

（28）甮话是诺，就是我去也要骇煞。（别说是你，就是我去也要被吓死）

vən²¹ ɦuo²² zʅ²² noʔ²，zø²² zʅ²¹ ŋo²⁴ tɕʻi⁴⁴ ʑia²² io⁵³ hɐʔ⁵ sɐʔ⁵。

（29）甮话五八年辰光，就是八十年代初，阿拉饭还吃不饱。（别说是五八年那个时候，就是八十年代初，我们还吃不饱）

vən²¹ ɦuo²² ŋ̩²² pɐʔ⁵ ȵi²² zən²² kuɔ̃⁴⁴，zø²⁴ zʅ²¹ pɐʔ⁵ dzəʔ² ȵi²² die²² tsʻu⁵³，ɐʔ⁵ lɐʔ² vɐ²⁴ ɦua²² tɕʻyoʔ⁵ vəʔ² pɔ⁴⁴。

第八节　"欠"字句

一　"欠"的语义

"欠"［tɕʻi］⁴⁴有动词、副词两种词性。动词的意思是"亏欠"，后面跟名词，多为"钱""人情"等。副词"欠"是"不够"的意思。例如：

（1）诺欠努力。（你不够努力）noʔ² tɕʻi⁴⁴ nu²² liʔ²。

（2）葛欠好看。（这不够好看）kəʔ⁵ tɕʻi⁴⁴ hɔ⁵³ kʻi⁴⁴。

前一例是强调对方还不够努力，需要进一步改进；后一例强调离标准还有差距，还不够好看。"欠"字句的言外之意是还需要作进一步努力以求达到标准的要求。

二　"欠"与否定项

（一）欠＋AP

"欠"主要修饰性质形容词。凡是可以用"交关"（十分）修饰的形容词，都可以用"欠"修饰。例如：

欠清爽 tɕʻi⁴⁴ tɕʻin⁴⁴ sɔ̃⁵³、欠好看 tɕʻi⁴⁴ hɔ⁵³ kʻi⁴⁴、欠活络 tɕʻi⁴⁴ ɦuoʔ² loʔ²、欠够 tɕʻi⁴⁴ kø⁴⁴、欠考究 tɕʻi⁴⁴ kɔ⁵³ tɕy⁴⁴、欠漂亮 tɕʻi⁴⁴ pʻio⁴⁴ liã²¹、欠牢 tɕʻi⁴⁴ lɔ²²、欠硬 tɕʻi⁴⁴ ŋã²⁴、欠甜 tɕʻi⁴⁴ die²²、欠红 tɕʻi⁴⁴ ɦoŋ²²、欠辣 tɕʻi⁴⁴ lɐʔ²、欠壮 tɕʻi⁴⁴ tsɔ̃⁴⁴、欠熟 tɕʻi⁴⁴ zoʔ²、欠瘦 tɕʻi⁴⁴ sø⁴⁴、欠勤力 tɕʻi⁴⁴ dzin²² liʔ²、欠能干 tɕʻi⁴⁴ nən²¹ ki⁴⁴、欠老实 tɕʻi⁴⁴ lɔ²² zəʔ²、欠恶 tɕʻi⁴⁴ oʔ⁵、欠要好 tɕʻi⁴⁴ io⁴⁴ hɔ⁵³、欠团结 tɕʻi⁴⁴ dø²² tɕiʔ⁵、欠热心 tɕʻi⁴⁴ ȵiʔ² ɕin⁴⁴、欠狠 tɕʻi⁴⁴ hən³⁵、欠晏 tɕʻi⁴⁴ ɛ⁴⁴、欠省力 tɕʻi⁴⁴ sã⁵³ liʔ²、欠正气 tɕʻi⁴⁴ tsən⁴⁴ tɕʻi⁵³、欠大气 tɕʻi⁴⁴ dəu²² tɕʻi⁴⁴、欠便当 tɕʻi⁴⁴ bi²² tɔ̃⁴⁴、欠领径 tɕʻi⁴⁴ lin²² tɕin⁵³、欠长 tɕʻi⁴⁴ dzã²²、欠厚 tɕʻi⁴⁴ ɦø²²、欠短 tɕʻi⁴⁴ tø³⁵、欠宽 tɕʻi⁴⁴ kʻɤ⁵³、欠阔 tɕʻi⁴⁴ kʻuəʔ⁵、欠尖 tɕʻi⁴⁴ tɕi⁵³、欠深 tɕʻi⁴⁴ sən⁵³、欠低 tɕʻi⁴⁴ ti⁵³、欠高 tɕʻi⁴⁴ kɔ⁵³、欠上算 tɕʻi⁴⁴ zɔ̃²² sø⁵³、欠平 tɕʻi⁴⁴ bin²²、欠长大 tɕʻi⁴⁴ dzã²¹ dəu²²。

"欠＋AP"主要作谓语。例如：

（3）葛个人欠老实。（这人不够老实）
kəʔ⁵ ȵin²² tɕʻi⁴⁴ lɔ²² zəʔ²。

（4）介够钞票还欠够。（这些钱还不够）
ka⁴⁴ kø⁴⁴ tsʻɔ⁵³ pʻio⁴⁴ ɦua²² tɕʻi⁴⁴ kø⁴⁴。

（5）诺介毛样欠上算。（你这样不划算）
noʔ² ka⁴⁴ mɔ²¹ niã²² tɕʻi⁴⁴ zɔ̃²² sø⁵³。

"欠 + AP" 可作 "勒" 的补语。例如：

（6）下饭烧勒欠熟。（菜烧得不够熟）

ɦuo²² vɛ²² sɔ⁴⁴ ləʔ² tɕʻi⁴⁴ zoʔ²。

（7）事体做勒欠清爽。（事情做得不够干净利落）

zɿ²² tʻi³⁵ tsəu⁴⁴ ləʔ² tɕʻi⁴⁴ tɕʻin⁴⁴ sɔ̃⁵³。

（8）地垟铺勒欠平。（地铺得不够平）

di²² ʑiã²⁴ pʻu⁴⁴ ləʔ² tɕʻi⁴⁴ bin²²。

（二）欠 + VP

1. 欠 + V

"欠 + 动词" 在句中作谓语，V 多为双音节的不及物动词。例如：

（9）葛种人欠谏训耶，嚇嚇刮其两光好尔嘞！（这种人差教训，甩他两个耳光好了）

kəʔ⁵ tsoŋ⁵³ ȵin²² tɕʻi⁴⁴ kie⁴⁴ çyoŋ⁵³ ʑie²²，lɐʔ² lɐʔ² kuɐʔ⁵ dʑi²¹ liã²² kuɔ̃⁵³ hɔ⁴⁴ əl⁰ ləʔ²。

（10）诺得自家儿子欠值钿。（你对自己儿子不够关怀）

noʔ² təʔ⁵ ʑi²² kuo⁴⁴ ŋ̍²¹ tsɿ⁴⁴ tɕʻi⁴⁴ dzəʔ² di²²。

（11）得夷我总欠放心嘞。（对他我总是不怎么放心）

təʔ⁵ ʑi²⁴ ŋo²⁴ tsoŋ⁵³ tɕʻi⁴⁴ fɔ⁴⁴ çin⁵³ ləʔ²。

2. 欠 + VO

"欠 + 动宾" 在句中作谓语。例如：

（12）葛事体欠发个大兴。（这事情差有人提个头）

kəʔ⁵ zɿ²² tʻi³⁵ tɕʻi⁴⁴ fɐʔ⁵ ɦoʔ² dəu²² çin⁴⁴。

（13）其介毛做事体是欠吃巴掌弄嚗。（他这样做事情是差吃巴掌）

dʑi²⁴ ka⁴⁴ mɔ²¹ tsəu⁴⁴ zɿ²⁴ tʻi³⁵ zɿ²² tɕʻi⁴⁴ tɕʻyoʔ⁵ po⁴⁴ tsɔ̃⁵³ noŋ²¹ lɐi⁰。

（14）其是欠吃生活，否则鲙介旺兴个和。（他是差吃点苦头，否则不会这么狂的）

dʑi²⁴ zɿ²² tɕʻi⁴⁴ tɕʻyoʔ⁵ sã⁴⁴ ɦuoʔ²，fø⁴⁴ tsəʔ⁵ vɐi²¹ ka⁴⁴ ɦuɔ̃²² çin⁴⁴ ɦoʔ² ɦɐu²²。

3. 欠 + V（勒）+ C

"欠 + V（勒）+ C" 在句中作谓语。例如：

（15）葛事体欠做勒速急。（这事做得不够快）

ke$ʔ^5$ zɿ^{22} t'i^{35}tɕ'i^{44} tsəu^{44} lə$ʔ^2$ so$ʔ^5$ tɕi$ʔ^5$。

（16）介毛弄是欠弄勒得法。（这样做是不够合适）

ka^{44} mɔ^{21} noŋ^{24} zɿ^{22} tɕ'i^{44} noŋ^{22} lə$ʔ^2$ tə$ʔ^5$ fɐ$ʔ^5$。

（17）诺欠讲勒清爽，阿拉和仔糊里糊涂个和。（你讲得不够清楚，我们都听得糊里糊涂的）

no$ʔ^2$ tɕ'i^{44} kɔ̃^{44} lə$ʔ^2$ tɕ'in^{44} sɔ̃^{53}, ɐ$ʔ^5$ lɐ$ʔ^2$ ɦəu^{22} tsɿ^{53} ɦu^{22} li^{22} ɦu^{22} du^{22} ɦɔ$ʔ^2$ ɦəu^{22}。

"欠"可以移到补语前面，变成"欠+形容词"格式。例如：

（18）介毛弄是弄勒欠得法。（这样做是做得不好）

ka^{44} mɔ^{22} noŋ^{24} zɿ^{22} noŋ^{22} lə$ʔ^2$ tɕ'i^{44} tə$ʔ^5$ fɐ$ʔ^5$。

（19）诺讲勒欠清爽，阿拉和仔糊里糊涂个和。（你讲得不够清楚，我们都听得糊里糊涂的）

no$ʔ^2$ kɔ̃^{44} lə$ʔ^2$ tɕ'i^{44} tɕ'in^{44} sɔ̃^{53}, ɐ$ʔ^5$ lɐ$ʔ^2$ ɦəu^{22} tsɿ^{53} ɦu^{22} li^{22} ɦu^{22} du^{22} ɦɔ$ʔ^2$ ɦəu^{22}。

（三）欠 + 小句

1. "欠"用于给予句

（20）诺欠得夷两句好听言话听听。（你差几句好话说给他听听）

no$ʔ^2$ tɕ'i^{44} tə$ʔ^5$ ʑi^{22} liã^{22} tɕy^{44} hɔ^{53} t'in^{44} ɦɛ^{21} ɦuo^{22} t'in^{44} t'in^{42}。

（21）阿拉欠得夷关心。（我们对他不够关心）

ɐ$ʔ^5$ lɐ$ʔ^2$ tɕ'i^{44} tə$ʔ^5$ ʑi^{22} kuɛ^{44} ɕin^{53}。

2. "欠"用于"有"字句

（22）阿拉欠有铜钿。（我们不够有钱）

ɐ$ʔ^5$ lɐ$ʔ^2$ tɕ'i^{44} ɦiy^{22} doŋ^{21} di^0。

（23）葛人欠有血性。（这人不够有血性）

kə$ʔ^5$ ȵin^{22} tɕ'i^{44} ɦiy^{22} ɕyo$ʔ^5$ ɕin^{53}。

3. "欠"后跟主谓短语

（24）葛事体欠动脑筋。（这事情差动动脑子）

kə$ʔ^5$ zɿ^{22} t'i^{35}tɕ'i^{44} doŋ^{22} nɔ^{22} tɕin^{53}。

（25）诺欠好话讲两句。（你差讲两句好话）

no$ʔ^2$ tɕ'i^{44} hɔ^{53} ɦuo^{22} kɔ̃^{53} liã^{22} tɕy^{44}。

三 "没+形容词+欠"

"欠"与"没"之间加上形容词构成"没+形容词+欠"格式，表示程度不高或者不能达到要求。例如：

（26）搓麻雀没有趣欠个和。（搓麻雀不怎么有意思）

　　　ts'uo⁴⁴ mo²¹ tɕiã⁴⁴ məʔ² ɦy²² ts'ʅ⁵³ tɕ'i⁴⁴ ɦoʔ² ɦiəu²²。

（27）今么没落位欠个和。（今天不怎么舒服）

　　　tɕiʔ⁵ məʔ² məʔ² loʔ² ɦiɐi²² tɕ'i⁴⁴ ɦoʔ² ɦiəu²²。

小结

综上所述，宁波方言的否定句，从语形上看主要表现在否定词与否定项的搭配关系上，可以列表如下：

表13-1　　　宁波方言否定词与否定项搭配关系

否定项 ╲ 否定词		勿（弗）	没	莫	呒	欠	勥	尲	觕
否定回答单用		-	+	-	-	-	+	-	-
否定词+句末语气词		-	+	-	-	-	+	+	+
VP	～V	+	+	+	-	+	+	+	+
VP	～VO	+	+	+	-	-	+	+	+
VP	～VC	+	+	+	-	+	+	+	+
VP	V～C	+	-	-	-	-	-	-	-
AP		+	+	+	-	+	+	+	+
NP		-	-	+	+	+	+	+	+
复杂形式	"得"字句	+	+	+	-	+	+	+	+
复杂形式	存现句	-	-	+	-	+	+	+	+
复杂形式	"是"字句	+	-	+	+	-	-	+	-
复杂形式	比较句	+	+	+	-	+	+	+	+
复杂形式	主谓式	-	-	+	-	-	-	+	+
复杂形式	连动式	+	+	+	-	+	+	+	+

从语义上看，"勿"字句主要用于表示主观意志、态度或认识；

"没"字句是对领有、具有的否定，或是对动词所指行为或状态已经发生的否定；"莫"字句主要用于表示"禁止""劝阻""祈求"或"猜测"；"呒"字句主要用于表示"没有"或"缺少"；"覅"字句主要用于表示主观意志，表不情愿或不接受；"朆"字句主要用于表示主观否定或猜测，"朆"用作句末语气词，表反复问。"甮"字句主要表示事理或情理上的不需要。"欠"字句要表达的意思是还需要作进一步努力以达到要求。

第十四章 "有"字句

普通话"有"有三个义项:"领有、具有""存在"和"性质、数量达到某种程度"①,用法上,"有"只能带名词宾语,而不能直接带谓词性成分。南方方言如惠州话中的"有"后可以带各种名词性成分、动词性成分(包括光杆动词、动宾词组、连谓词组、兼语、偏正词组和动补词组等)和形容词性成分。② 宁波方言的"有"除了可作动词外,还可以作形容词和副词,形容词表示"够了、足够了"的意思③,副词表示肯定或强调。从句法上看,"有"字句使用范围比普通话广,比闽语、粤语窄,处在两者之间,"有"后跟动词性成分和形容词性成分只用于疑问句中,陈述句中则有"有 + 否定结构"的特殊用法。

第一节 "有"后跟名词性成分

一 表示领有、具有

一般不带"勒、过"。否定式为"没、呒"。例如:

(1) 诺有儿子也好觕稀奇肥煞个!(你有儿子也用不着多稀罕的样子)

no?² ɦiɤ²² ŋ⁵³ tsɿ⁰ ɦia²² xɔ⁴⁴ vən²¹ ɕi⁵³ dʑi²² pʻi?⁵ sæ?⁵ ɦo?²!

(2) 钞票有也好没也好,日脚总要过个。(有钱也好,没钱也好,

---

① 吕叔湘:《现代汉语八百词》(增订本),商务印书馆1999年版,第630—631页。

② 陈淑环:《负迁移根源探讨——以惠州方言的"有"字句为例》,《宜宾学院学报》2009年第4期。

③ 宁波方言"有"作形容词不多见,常见的格式是"……有唠",意思是"够了、足够了"。例如:廿块洋钿有唠。(二十块钱够了。)随便讲两句有唠。(随便说两句行了。)

日子总是要过的）

ts'ɔ⁵³ p'io⁴⁴ ɦiy²² ɦia²² xɔ⁴⁴ məʔ² ɦia²² xɔ⁴⁴，n̠iʔ² tɕiɐʔ⁵ tsoŋ⁴⁴ io⁴⁴ kəu⁴⁴ ɦoʔ²。

（3）十二月有铜钿放炮仗，呒铜钿掼破甏。（十二月有钱人家放爆竹，没钱人家摔破甏）

zəʔ² n̠i²² ɦiyoʔ² ɦiy²² doŋ²¹ di²² fɔ̃⁴⁴ p'ɔ⁴⁴ dzã²¹，m̩²¹ doŋ²² di²² guɛ²² pəu⁴⁴ bã²¹。

对表示领有、具有的否定，一般用"没"，如"有儿子"否定形式为"没儿子"，"有办法"否定形式为"没办法"。有时候也用"呒"来否定，如"有铜钿"否定式可说成"呒铜钿"。

对表示领有、具有的疑问，一般用"有 + N + 哦?"或"N + 有 + 哦?"后者在宁波方言中更常见。例如："有办法"的疑问形式是"有办法哦?"或"办法有哦?"

"有 + 名"可受"交关、陷"（非常、十分、很）、"顶"（最）等程度副词修饰，表示评价。例如：

（4）其交关有本事。（他非常有本事）

dʑi²² tɕio⁴⁴ kuɛ⁵³ ɦiy²² pən⁵³ zɿ²²。

（5）其讲出来言话是陷有道理。（他讲出来的话非常有道理）

dʑi²² kɔ̃⁵³ ts'əʔ⁵ lie²² ɦiɛ²¹ ɦiuo²² zɿ²² ŋie²¹ ɦiy²² tɔ⁴⁴ li²¹。

（6）某人拉儿子顶有脑筋嘞。（某人的儿子最有点子了的）

məu²² n̠i²¹ lɐʔ² n̠ʮ²¹ tsɿ⁴⁴ tin⁵³ ɦiy²² nɔ²² tɕin⁵³ lɐi⁰。

"有 + 名"用作连动句前一部分。例如：

（7）我有东西得诺。（我有东西给你）

ŋo²⁴ ɦiy²² toŋ⁴⁴ ɕi⁵³ təʔ⁵ noʔ²。

（8）阿叔有事体到三七市去埭。（叔叔有事儿到三七市去一趟）

ɔ⁴⁴ soŋ⁴⁴ ɦiy²² zɿ²² t'i³⁵ tɔ⁴⁴ sɛ⁵³ tɕ'iʔ⁵ zɿ²² tɕ'i⁴⁴ da²²。

宁波方言没有像普通话"有着""有所"之类的用法。

二 "有"表示存在

句首一般由时间词或处所词充当。例如：

（9）过去葛窰有只庙。（从前这里有一个庙）（存在）

kəu⁴⁴ tɕ‘y⁵³ kəʔ⁵ dɐi²² ɦiy²² tsɐʔ² mio²⁴。

（10）快眼！面孔勒有只虫。（快点，脸上有个虫子）（存在）

k‘ua⁴⁴ ŋie²¹！mi²⁴ k‘oŋ³⁵ ləʔ² ɦiy²² tsɐʔ⁵ dzoŋ²²。

（11）山勒有老虎个，莫去。（山上有老虎，别去）

sɛ⁵³ ləʔ² ɦiy²² lɔ²² fu⁵³ ɦioʔ²，mɔ²² tɕ‘i⁴⁴。

表示不存在，宁波方言用"没"来否定，表达形式有："没 + N + 个"和"N + 没 + 个"两种，后者更常用。如第一例的否定形式可以为：

（12）a. 过去葛窝没庙个。（过去这里没有庙的）

kəu⁴⁴ tɕ‘y⁵³ kəʔ⁵ dɐi²² məʔ² mio²⁴ ɦioʔ²。

b. 过去葛窝庙没个。（过去这里庙没有的）

kəu⁴⁴ tɕ‘y⁵³ kəʔ⁵ dɐi²² mio²⁴ məʔ² ɦioʔ²。

对"有"表示存在的疑问，一般用"处所/时间 + N + 有哦？"形式。例如：

（13）面孔勒虫有哦？（脸上有没有虫）

mi²⁴ k‘oŋ³⁵ ləʔ² dzoŋ²² ɦiy²² vɐʔ²？

（14）过去葛窝庙有哦？（过去这里有没有庙）

kəu⁴⁴ tɕ‘y⁴² kəʔ⁵ dɐi²² mio²⁴ ɦiy²¹ vɐʔ²？

诸如普通话"动词 + 有"格式，如"铜镜上刻有花纹。""柱子上雕有盘龙。"之类的说法宁波方言一般用"处所短语 + 有 + 名词短语 + V眼/来VP"来表示，"V眼"表示持续，相当于普通话"V着"，"来VP"表示正在进行。例如：

（15）墙壁上顶有一幅张天师个画挂眼。（墙壁上挂着一幅张天师的画像）

ʑiã²² piʔ⁵ zɔ̃²² tən⁴⁴ ɦiy²² iʔ⁵ foʔ⁵ tsaŋ⁵³ t‘‘i⁵³ sɿ⁴⁴ ɦioʔ⁵ ɦuo²⁴ kuo⁴⁴ ŋie²¹。

（16）眠床下底有一只老猫幽眼。（床底下躲着一只猫）

mi²² zɔ̃²² ɦuo²² ti⁴⁴ ɦiy²² iʔ⁵ tsɐʔ⁵ lɔ²² mɛ²² y⁴⁴ ŋie²¹。

（17）门口有两个人来造孽。（门口有两个人在吵架）

mən⁵³ k‘ø⁴⁴ ɦiy²² liã²² ɦioʔ² ȵin²² lie²² zɔ²² ȵiʔ²。

（18）昨么夜到隔壁有一个小顽来哭。（昨天晚上隔壁有一个小孩在哭。)

zoʔ² məʔ² ʑia²² tɔ⁴⁴ kɐʔ⁵ piʔ⁵ ɦy²² iʔ⁵ ɦioʔ² çio⁴⁴ uɛ⁴⁴ lie²² k'oʔ⁵。

宁波方言中，"有处"经常连用在一起，后加 VP，构成"有处 + VP"格式。例如：

（19）衣裳有处买个。（衣服有地方买）

i⁵⁵ zɔ̃²¹ ɦy²² ts'ŋ⁴⁴ ma²² ɦioʔ²。

（20）葛记吃口饭有处吃个。（现在吃口饭有地方吃）

kəʔ⁵ tçi⁵³ tç'yoʔ⁵ k'ø⁴⁴ vɛ²⁴ ɦy²² ts'ŋ⁵³ tç'yoʔ⁵ ɦioʔ²。

"有处"的否定式是"呒处"。例如：

（21）礼拜日呒处去。（星期天没地方去）

li²² pa⁴⁴ n̠iʔ²m̩²² ts'ŋ⁵³ tç'i⁴⁴。

（22）葛事体呒处好去话。（这事儿没地方可以去说）

kəʔ⁵ zŋ²² t'i³⁵ m̩²² ts'ŋ⁵³ hɔ⁴⁴ tç'iʔ⁵ ɦuo²⁴。

三 表示性质数量达到某个程度

宁波方言"有"字句可表示性质数量达到某个程度。
例如：

（23）葛梗鱼有十多斤重。（这条鱼有十多斤重）

kəʔ⁵ kuã⁵³ ŋ²² ɦy²² zəʔ² təu⁵³ tçin⁴⁴ dzoŋ²²。

（24）其死死已经有廿多年嘞。（他死了已经有二十多年了）

dʑi²² çi⁴⁴ çi⁴² zi²² tçin⁵³ ɦy²² n̠ie²² təu⁵³ n̠i²² lɐi⁰。

（25）划蛇尾巴有篁篓格大么！（仅仅蛇尾巴就有卷篁那么大）

ts'ɛ⁵³ dzuo²² mi²² po⁴⁴ ɦy²² die²² lø²² kɐʔ⁵ dəu²² məʔ²！

对表示性质、数量的否定，一般用"没""还没"或"勿到"。
例如：

（26）工资没介高个。（工作没有这么高的）

koŋ⁵⁵ tçŋ⁵³ məʔ² ka⁴⁴ kɔ⁵³ ɦioʔ²。

（27）葛人交关小气，驮出来东西还没一个人好吃。（这人特别小气，拿出来的东西还不够一个人吃的）

kəʔ⁵ n̠in²² tçio⁴⁴ kuɛ⁵³ çio⁵³ tç'i⁴⁴，dəu²¹ tç'əʔ⁵ lie²² toŋ⁴⁴ çi⁵³ ɦua²² məʔ² iʔ⁵ ɦioʔ² n̠in²² xɔ⁴⁴ tç'yoʔ⁵。

(28) 葛只猪毛估估 120 斤白肉①勿到个。（这只猪估计不到 120 斤
纯肉）

kəʔ⁵ tsɐʔ⁵ tsʅ³⁵ mɔ³³ ku⁵³ ku⁴⁴ iʔ⁵ pɐʔ⁵ n̠ie²⁴ tɕin³⁵ pɐʔ⁵ n̠yoʔ²
vəʔ² tɔ⁴⁴ ɦoʔ² 。

对表示性质、数量的"有"字句疑问，主要用特殊疑问句。例如：

(29) 葛梗鱼有几斤重嗛？（这条鱼有几斤重）

kəʔ⁵ kuã⁵³ ŋ²² ɦy²² tɕi³⁵ tɕin⁵³ dzoŋ²² la²¹？

(30) 其死死已经有几年而嗛？（他死了已经有多少年了）

dʑi²² ɕi⁴⁴ ɕi⁴² zi²² tɕin⁵³ ɦy²² tɕi⁴⁴ n̠i²² əl⁰ lɐʔ²？

(31) 葛梗蛇有咋够大啦？（这条蛇有多大）

kəʔ⁵ kuã⁵³ dzuo²² ɦy²² dza²² kø⁴⁴ dəu²⁴ la²¹？

四　跟"有"有关的常用词语

（一）有眼

表示程度不高；稍微。后可接名词、形容词，相当于普通话的"有
些"。例如：

(32) 我有眼事体问诺。（我有点事儿问你）

ŋo²⁴ ɦy²² ŋie²² zʅ²⁴ t'i⁴⁴ mən²² noʔ² 。

(33) 人有眼勿大落位。（人有点不舒服）

n̠in²² ɦy²² ŋie²² vəʔ² da²² loʔ² ɦuɐi²² 。

(34) 葛人有眼强横霸道个。（这人有些霸道）

kəʔ² n̠in²² ɦy²² ŋie²² dʑiã²¹ ɦuã²² po⁴⁴ dɔ²² ɦoʔ² 。

（二）有些

表示数量不大，一部分，相当于普通话的"有的"。例如：

(35) 有些人脾气交关推板。（有些人脾气非常差）

ɦy²² ɕin⁵³ n̠in²² bi²¹ tɕ'i⁴⁴ tɕio⁴⁴ kuɛ⁵³ t'ɐi⁴⁴ pɛ⁴² 。

(36) 有些东西驮勿来个。（有些东西拿不得的）

ɦy²² ɕin⁵³ toŋ⁴⁴ ɕi⁵³ dəu²¹ vəʔ² lie²² ɦoʔ² 。

---

①　白肉：猪宰杀后，褪毛除去头尾、内脏后所剩的部分，称为白肉。一般这部分由屠夫
向猪主人购买。

（37）有些事体讲勿清爽个。（有些事情说不清楚）

fiy²² ɕin⁵³ zŋ²² t'i⁴⁴ kɔ̃⁵³ və?² tɕ'in⁴⁴ sɔ̃⁴⁴ fio?²。

宁波方言"有些"不能修饰动词、形容词。

（三）有两通

表示某种偶然的时间，相当于普通话的"有些时候""有时候"。

（38）我有两通也问其借两块钞票。（我有时候也向他借点钱）

ŋo²² fiy²² liã²² t'oŋ⁴⁴ fia²² mən²² dʑi²² tɕia⁴⁴ liaŋ²² k'uɐi⁴⁴
ts'ɔ⁵³ p'io⁴⁴。

（39）叶老师有两通上课要忘记个。（叶老师有时候会忘记上课的）

ʑi?² lɔ²¹ sŋ⁴⁴ fiy²² liã²² t'oŋ⁴⁴ zɔ̃²² k'əu⁴⁴ io⁴⁴ mɔ̃²² tɕi⁴⁴ fio?²。

第二节 "有"后跟动词性成分

"有"后跟动词性成分，表示肯定或强调已然。

一 用于肯定句

表示强调，相当于普通话的"有得VP"。主要格式为"（N）+有VP个"。部分用于比较句中作比较项。例如：

（1）跟勒其饭有吃个。（跟着他，饭是有的吃的）

kən⁵³ lə?² dʑi²² vɛ²⁴ fiy²² tɕ'yo?⁵ fio?²。

（2）招得葛种人苦头有勒吃嘞。（嫁给这样的人苦头有得吃了）

tsɔ⁴⁴ tə?⁵ kə?⁵ tsoŋ⁵³ ɲin²² k'u⁵³ tø⁴⁴ fiy²² lə?² tɕ'yo?⁵ lɐi⁰。

（3）有看总比没看好。（有得看总比没得看好）

fiy²² k'i⁴⁴ tsoŋ⁵³ pi⁴⁴ mə?² k'i⁴⁴ xɔ³⁵。

二 用于疑问句

表示对VP已然与否的疑问。主要有以下几种用法：

（一）有+V哦

"有"后接光杆动词。

（4）其有来哦？（他有没有来）

dʑi²² fiy²² lie²² vɐ?²？

(5) 雨有落哦？（雨有没有下）

　　ɦy²² ɦy²² loʔ² veʔ²？

(6) 老师有骂哦？（老师有没有骂）

　　lɔ²² sɿ⁵³ ɦy²² mo²⁴ veʔ²？

（二）有 + VO + 哦

"有"后接动宾词组。

(7) 诺有看《红楼梦》哦？（你有没有看《红楼梦》）

　　noʔ² ɦy²² kʻi⁴⁴ ɦoŋ²² lø²¹ mɔ̃²² veʔ²？

(8) 小鬼有骂诺哦？（小家伙有没有骂你）

　　çio⁵³ tçy⁴⁴ ɦy²² mo²² noʔ² veʔ²？

（三）有 + VC + 哦

"有"后跟动补词组或动趋式。

(9) 年糕有做好哦？（年糕有没有做好）

　　n̠i²² kɔ⁵³ ɦy²² tsəu⁴⁴ xɔ⁵³ veʔ²？

(10) 东西有买来哦？（东西有没有买来）

　　toŋ⁴⁴ çi⁵³ ɦy²² ma²⁴ lie²² veʔ²？

（四）"有"后跟联谓词组、兼语、小句

(11) 其有趑上来敲诺哦？（他有没有赶上来打你）

　　dʑi²⁴ ɦy²² biʔ² zɔ̃²² lie²¹ kʻɔ⁵³ noʔ² veʔ²？

(12) 诺有呕王老师到阿拉屋落来哦？（你有没有叫王老师到我家
　　来）

　　noʔ² ɦy²² ø⁴⁴ uɔ̃⁴⁴ lɔ²¹ sɿ⁴⁴ tɔ⁴⁴ ʔə⁵ leʔ² uoʔ⁵ loʔ² lie²² veʔ²？

(13) 其有得其拉阿姆骂哦？（他有没有被他妈妈责骂）

　　dʑi²⁴ ɦy²² təʔ⁵ dʑieʔ² leʔ² ã⁴⁴m̠²¹ mo²² veʔ²？

对"有……哦"疑问句的回答，肯定式用"VP + 语气词"，否定式
用"没VP"。

（五）有 V 呒 V

表示随意、漫不经心地做某事。例如：

(14) 介破衣裳，我也有穿呒穿穿穿夷。（这么破的衣服，我也是
　　将就将就穿着而已）

　　ka⁴⁴ pʻəu⁴⁴ i⁴⁴zɔ̃²¹，ŋo²⁴ ɦia²² ɦy²² tsʻø⁵³ m̠²² tsʻø⁵³ tsʻø⁵³ tsʻø⁵³ z̠i²²。

（15）有话呒话话夷啥呢！（唠唠叨叨说它干什么呢）

fiy²² fiuo²¹ m̩²² fiuo²² fiuo²² ʑi²² suo⁴⁴ n̩i²¹！

（16）有忖呒忖少忖忖。（胡思乱想少想）

fiy²² ts'ən⁵³ m̩²² ts'ən⁴⁴ sɔ⁵³ ts'ən⁴⁴ ts'ən⁴⁴。

第三节 "有"后跟形容词性成分及否定短语

一 "有"后跟形容词性成分

"有"后跟形容词的使用情况也主要见于疑问句中。例如：

（1）葛人有好哦？（这个人好不好）

kəʔ⁵ n̩in²² fiy²² xɔ⁴⁴ vɐʔ²？

（2）葛只山洞有深哦？（这个山洞深不深）

kəʔ⁵ tsɐʔ⁵ sɛ⁵³ doŋ²² fiy²² sən⁵³ vɐʔ²？

一般来说，"有"后跟的形容词必须为性质形容词，如"好"、"行俏"（卖得好）、"考究"、"腥气"、"强横"、"舒意"、"乐惠"、"笨"、"戆"等。

另外，还有"有勒+形容词+嘞"，表示"很""非常"。例如：

（3）其当诺有勒好嘞！（他待你已经很好了）

dʑi²⁴ tɔ̃⁴⁴ noʔ² fiy²² ləʔ² xɔ⁴⁴ lɐi⁰！

（4）葛只工作有勒安耽嘞。（这个工作已经很安逸了）

kəʔ⁵ tsɐʔ⁵ koŋ⁴⁴ tsoʔ⁵ fiy²² ləʔ² ɐi⁵³ tɛ⁴⁴ lɐi⁰。

（5）其拉屋落么有勒海威嘞。（他们家足够兴旺的了）

dʑiɐʔ² ləʔ² uoʔ⁵ loʔ² məʔ² fiy²² ləʔ² xie⁴⁴ fiuɐi²¹ lɐi⁰。

有时，"有勒"也能修饰动词，也表示"很""非常"。例如：

（6）介多田，诺有勒种嘞！（这么多田，你有得你忙了）

ka⁴⁴ təu⁵³ di²²，noʔ² fiy²² ləʔ² tsoŋ⁴⁴ lɐi⁰！

（7）一只洋钿河勒坠带落，诺有勒寻嘞！（一块大洋掉河里了，有得你找的了）

iʔ⁵ tsɐʔ⁵ ʑiã²² di²¹ fiəu²² ləʔ² doʔ² ta⁴⁴ loʔ²，noʔ² fiy²² ləʔ² ʑin²² lɐi⁰！

二 "有"后跟否定短语

宁波方言"有"还能用来修饰否定短语,表示强调或肯定某种情况未曾发生、出现。这类用法是宁波方言的一个特点。例如:

(8) 我有没驮过。(我没拿过)

$ŋo^{24} ɦy^{22} məʔ^2 dəu^{21} kəu^{44}$。

(9) 我有勿造乱话个。(我不撒谎的)

$ŋo^{24} ɦy^{22} vəʔ^2 zɔ^{22} lø^{22} ɦuo^{22} ɦoʔ^2$。

(10) 诺有好觽去个。(你不用去的)

$noʔ^2 ɦy^{22} xɔ^{44} vən^{21} tɕʻi^{44} ɦoʔ^2$。

(11) 我有勠吃。(我不要吃)

$ŋo^{24} ɦy^{22} fie^{44} tɕʻyoʔ^5$。

(12) 我有呒告好话。(我没什么好说的)

$ŋo^{24} ɦy^{22} m̩^{21} kɔ^{44} xɔ^{44} ɦuo^{24}$。

一般情况下,当说话人强调某件事情或者怀疑某人干了某些事情,当事人为了辩解,强调自己没有做过这样的事情,常用上述表述。

小结

"有"字与谓词性成分的结合在粤、闽、客、湘、吴等方言中普遍存在,早已有学者对此进行了研究并发表了文章,代表性的有郑懿德(1985)、李如龙(1986)和施其生(1996)、丁健纯(2008)、陈淑环(2009)等。虽然"有"字句在这些大方言之间及其各下属方言内部稍有差异,但总的来说具有如下共同特点:①"有"字都能出现在谓词性成分之前;②"有 + 动词性成分"可以出现在表示完成体、进行体、持续体和经历体的句子中;③"有"的作用是肯定其后面的谓词性成分所述事态的客观现实性。不同的是,宁波方言"有"字出现在谓词性成分之前时一般多用于疑问句中。对于否定回答,还能用"有 + 否定结构"来表示一种强调。

从汉语方言的南北分布来看,"有"修饰动词的用法,南方(闽粤客家)使用最自由,到了吴语区则只能用在疑问句和特殊的否定回答中,不能用在肯定陈述句中,到了北方话中,则疑问句中也不能用了。

从这种阶梯分布的特色可以确定，"有"字句也能够作为方言分区与方言接触研究的一个参考标准。

在年轻人的口头语中，"有"已经可以跟动词搭配着用了。例如：

（1）我有交作业。/我有打电话给他。/我有告诉过他。

有些文学作品中也有不少"有"跟动词的用法：

（2）明天我们如果有抓到白鱼，再做吧。（《同居万岁》336 章）

（3）夏玲有学过格斗术，但她学的是散打和军人格斗技。（《同居万岁》314 章）

（4）记者在西单明珠商场询问一位摊主："哪里有卖巫毒娃娃?"（人民网 2006 年 3 月 30 日 4 时 59 分 7 秒）

（5）新华社香港电：届时特区政府在内地的东部、南部、西部和北部均有派驻人员，将有力地推动香港在内地事务的发展。《人民日报海外版》（2006 年 3 月 30 日第 3 版）

通过对"有"跟动词在普通话中渗透情况的考察，可以为方言如何进入影响共同语句法的研究作参考。

参考文献

著作

北京大学中文系语言学教研室 1995《汉语方言词汇》，语文出版社；

戴耀晶 1997《现代汉语时体系统研究》，浙江教育出版社；

龚千炎 1995《汉语的时相时制时态》，商务印书馆；

胡明扬主编 1996《汉语方言体貌论文集》，江苏教育出版社；

黄伯荣等编著 2001《汉语方言语法调查手册》，广东人民出版社；

黄伯荣主编 1996《汉语方言语法类编》，青岛出版社；

江蓝生、曹广顺 1997《唐五代语言词典》，上海教育出版社；

李临定 1986《现代汉语句型》，商务印书馆；

李临定 1990《现代汉语动词》，中国社会科学出版社；

李向农 1997《现代汉语时点时段研究》，华中师范大学出版社；

李小凡 1999《苏州方言语法研究》，北京大学出版社；

李新魁等 1995《方言论稿》，广东人民出版社；

李英哲等 1990《实用汉语参考语法》，北京语言学院出版社；

刘坚等 1992《近代汉语虚词研究》，语文出版社；

刘月华等 1983《实用现代汉语语法》，外语教学与研究出版社；

柳士镇 1992《魏晋南北朝历史语法》，南京大学出版社；

陆俭明、马真 1985《现代汉语虚词散论》，北京大学出版社；

罗杰瑞 1995《汉语概说》（张惠英译），语文出版社；

罗竹凤 1993《汉语大词典》，汉语大词典出版社；

吕叔湘 1980《现代汉语八百词》，商务印书馆；

吕叔湘 1982《中国文法要略》，商务印书馆；

宁波市统计局编 1996《宁波统计年鉴》，中国统计出版社；

钱曾怡 2002《汉语方言研究的方法和实践》，商务印书馆；

钱乃荣 1997《上海话语法》，上海人民出版社；

邵敬敏 1996《现代汉语疑问句研究》，华东师范大学出版社；

施其生 1996《方言论稿》，广东人民出版社；

石毓智 1992《肯定和否定的对称与不对称》，台湾学生书局；

史有为 1997《汉语如是观》，语言文化大学出版社；

太田辰夫 1958《中国语历史文法》，蒋绍愚、徐昌华译，北京大学出版社 1987 年版；

汤珍珠、陈忠敏、吴新贤编纂 1997《宁波方言词典》，江苏教育出版社；

唐钰明 1999 唐至清的"被"字句，《近代汉语研究》（二），商务印书馆；

汪国胜 1992《大冶方言语法研究》，湖北教育出版社；

吴福祥 1996《敦煌变文的语法研究》，岳麓书社；

吴连生等 1995《吴方言词典》，汉语大词典出版社；

向熹 1993《简明汉语史》，高等教育出版社；

项梦冰 1997《连城客家话语法研究》，语文出版社；

邢福义 1992《语法问题发掘集》，湖北教育出版社；

邢福义 1996《汉语语法学》，东北师范大学出版社；

徐烈炯、邵敬敏 1998《上海方言语法研究》，华东师范大学出版社；

俞光中、植田均 1999《近代汉语语法研究》，学林出版社；

袁宾 1992《近代汉语概论》，上海教育出版社；

袁毓林 1993《现代汉语祈使句研究》，北京大学出版社；

詹伯慧等 1991《汉语方言及方言调查》，湖北教育出版社；

赵元任 1979《汉语口语语法》，商务印书馆；

赵元任等 1948《湖北方言调查报告》，商务印书馆；

中国社会科学院和澳大利亚人文科学院 1987，1989《中国语言地图集》，朗文出版（远东）有限公司。

论文集

陈平 1991 英汉否定结构对比研究，载《现代语言学研究——理论、方法与事实》，重庆出版社；

戴昭明主编 2003《首届国际汉语方言语法学术研讨会论文集》，黑龙江人民出版社；

何乐士 2000 从左传和史记的比较看史记被动句的特色，《古汉语语法研究论文集》，商务印书馆；

刘叔新 1987 现代汉语被动句的范围和类别，《句型和动词》，语文出版社；

刘叔新 1996 谈汉语语法范畴的研究，《语法学探微》，南开大学出版社；

卢英顺 1996 动态助词"过"研究综述，载《动词研究综述》，山西高校联合出版社；

吕叔湘 1984 被字句、把字句动词带宾语，《汉语语法论文集》，商务印书馆；

吕叔湘 1992 谈疑问·肯定·否定，《吕叔湘文集》，商务印书馆；

马庆株 1992 自主动词和非自主动词，《汉语动词和动词性结构》，北京语言学院出版社；

梅祖麟 1999 唐宋处置式的来源 近代汉语研究（二），商务印书馆；

钱乃荣 2002 上海方言的比较句，汉语东南方言比较研究 2002 年年会论文；

桥本万太郎 1999 汉语被动式的历史区域发展，《近代汉语研究》（二），商务印书馆；

饶长溶 1988 "不"偏指前项的现象，载中国语文杂志社编《语法研究和探索》（四），北京大学出版社；

阮桂君 2005 宁波话的完成体，《双语双方言》（八），汉学出版社；

沈开木 1985 "不"字的否定范围和否定中心的探索，载中国语文杂志社编《语法研究和探索》（三），北京大学出版社；

王国璋 吴淑春等 1996《现代汉语重叠形容词用法例释》，商务印书馆；

萧国政 2002 "比"字句和介词"比",《现代汉语语法修辞专题》,高等教育出版社;

叶斯柏森 1924《语法哲学》第二十四章"否定",何勇等译,语文出版社 1988 年;

于根元 1983 关于动词后附"着"的使用,《语法研究和探索》(一),北京大学出版社;

袁宾 1999《祖堂集》被字句研究,《近代汉语研究》(二),商务印书馆;

张惠英 1999《金瓶梅》中值得注意的语言现象,《近代汉语研究》(二),商务印书馆;

张秀 1957 汉语动词的"体"和"时制"系统,《语法论集》(第一集),中华书局;

张振兴 2002 从汉语方言的被动式谈起《著名中年语言学家自选集张振兴卷》,安徽教育出版社;

郑懿德 1996 表比较的"有"字句,《中国对外汉教学会第 5 次学术讨论会论文集》,北京语言学院出版社;

植田均 1989 近代汉语所见否定副词,原载《中国语研究》1989,30—31,中文译文见《日本近、现代汉语研究论文选》,北京语言学院出版社,1993 年版;

朱德熙 1983 关于"比"字句,《语法研究与探索》(一),北京大学出版社;

朱德熙 1999 "VPNegVo"与"VONegVP"两种反复问句在汉语方言里的分布,《朱德熙文集》,商务印书馆;

邹韶华 1992 "比"字句的积极性特征,《语法研究与探索》(六),语文出版社。

学术会议论文

陈雄根 2001 广州话 AABB 形容词研究,第八届国际粤方言研讨会论文(12 月);

陈泽平 2002 十九世纪福州方言中的差比结构,汉语东南方言比较研究 2002 年年会论文;

戴耀晶 2002 赣语泰和方言的比较句，汉语东南方言比较研究 2002 年年会论文；

傅国通 2002 武义方言比较句的表达方式，汉语东南方言比较研究 2002 年年会论文；

林新年 2002《闽南方言的比较句初探》，汉语东南方言比较研究 2002 年年会论文；

刘丹青 2001 比较句补充札记—差比句、等比句二札记续补，汉语东南方言比较研究 2002 年年会论文；

刘叔新 1997 汉语时间语义范畴的表现方式体系，中国语言学会第 9 届学术年会论文；

张惠英 2002 崇明话的比较方式，汉语东南方言比较研究 2002 年年会论文；

张双庆、郭必之 2002 香港粤语两种差比句的交替，汉语东南方言比较研究 2002 年年会论文；

赵日新 2002 绩溪方言的比较句，汉语东南方言比较研究 2002 年年会。

学位论文

李艳 2004 论现代汉语中的"没有"型比较句，上海师范大学硕士学位论文；

李铁根 1997"了"、"着"、"过"与汉语中时制的表达，上海师范大学博士学位论文；

裴亚军 2003 湖北长阳方言的比较句，华中师范大学硕士学位论文；

王丽 2003《西游记》比较句式研究，华南师范大学硕士学位论文；

游舒 2002"比"字句结论项的结构及度量级考察，华中师范大学硕士学位论文；

苑晓坤 2003 山东方言的比较句，北京语言大学硕士学位论文；

郑诗楠 2022 宁波方言动词语法化研究，浙江师范大学硕士论文；

刘娇娇 2022 20 世纪中叶浙江吴方言词语构词构形研究，杭州师范大学硕士学位论文；

周燕清 2019 宁波方言谚语研究，上海交通大学硕士学位论文；

葛翠菱 2018 浙江象山鹤浦方言语音研究，上海师范大学硕士论文。

期刊

蔡镜浩 1990 重谈语助词"看"的起源，《中国语文》第 1 期；

蔡镜浩 1995 中古汉语的连词"被"，《中国语文》第 2 期；

曹小云 1993《祖堂集》被字句研究商补，《中国语文》第 5 期；

曾立英 2004 否定句与深层结构、表层结构，湖北大学学报（哲学社会科学版）第 5 期；

陈刚 1980 试论"着"的用法及其与英语进行式的比较，《中国语文》第 1 期；

陈平 1988 论现代汉语时间系统的三元结构，《中国语文》第 6 期；

陈法今 1982 闽南方言的两种比较句，《中国语文》第 1 期；

陈法今 1984 闽南方言的平比句，《中国语文》第 1 期；

陈慧英 1979 谈谈广州话的形容词，《中国语文》第 6 期；

陈妹金 1995 北京话疑问语气词的分布、功能及成因，《中国语文》第 1 期；

陈信春 1998"被 + NP"的"被"的隐现，《河南大学学报》（社会科学版）第 5 期；

陈泽平 1998 福州话的否定词与反复疑问句，《方言》第 1 期；

崔建新 1995 可重叠为 AABB 式的形容词的范围，《世界汉语教学》第 4 期；

崔山佳 2015 宁波方言词缀初探，《中国方言学报》第 00 期；

崔山佳 2018 奉化方言的名词小称后缀"细"，《中国语文》第 3 期；

崔宰荣 2001 唐宋时期的特殊"被"字句，《语文研究》第 4 期；

戴耀晶 1991 现代汉语表示持续体的"着"的语义分析，《语言教学与研究》第 2 期；

戴耀晶 1994 论现代汉语现实体的三项语义特征，《复旦学报》（社科版）第 2 期；

戴耀晶 2000 试论现代汉语的否定范畴，《语言教学与研究》第 3 期；

戴昭铭 1999 天台话的几种语法现象,《方言》第 4 期;

戴昭铭 2001 天台话的否定词和否定表达方式,《方言》第 3 期;

邓守信 1985 汉语动词的时间结构,《语言教学与研究》第 4 期;

邓文彬 1987 "比"字句生成过程中的条件与制约,《河南大学学报》第 5 期;

刁晏斌 1995《朱子语类》中几种特殊的"被"字句,《古汉语研究》第 3 期;

刁晏斌 1995 近代汉语中"被 + 施事 + 谓语"式"被"字句,《青海师范大学学报》第 4 期;

董秀芳 2003 "不"与所修饰的中心词的粘合现象,《当代语言学》第 5 卷,第 1 期;

董志翘 1989 中世汉语"被"字句的发展和衍变,《河南大学学报》第 1 期;

范方莲 1964 试论所谓"动词重叠",《中国语文》第 4 期;

范俊敏 2012 "拨"字被动句——甬剧方言研究,《现代语文(语言研究版)》第 1 期;

方松熹 1998 浙江吴语词法特点,《舟山师专学报》(社会科学版)第 2 期;

房玉清 1992 动态助词"了"、"着"、"过"的语义特征及其用法比较,《汉语学习》第 1 期;

冯英 1998 汉语被动语态表达方式的历史演变,《云南师范大学学报》第 2 期;

冯爱珍 1998 从闽南方言看现代汉语的"敢"字,《方言》第 4 期;

傅佐之 1962 温州方言的形容词重叠,《中国语文》3 月号;

龚千炎 1991 谈现代汉语的时制表示和时态表达系统,《中国语文》第 4 期;

龚千炎 1994 现代汉语的时间系统,《世界汉语教学》第 1 期;

桂明超 1999 昆明方言重叠结构对词的语义和声调的影响,《语言研究》第 2 期;

郭锐 1993 汉语动词的过程结构,《中国语文》第 6 期;

郭锐 1997 过程和非过程——汉语谓词性成分的两种外在时间类型,

《中国语文》第 3 期；

郭校珍 2000 山西娄烦方言的重叠式形容词，《语言研究》第 1 期；

郭校珍 2005 山西晋语的疑问系统及其反复问句，《语文研究》第 2 期；

何融 1962 略论汉语动词的重叠法，《中山大学学报》第 1 期；

何洪峰 1996 黄冈方言的"把"字句，《语言研究》第 2 期；

何洪峰 2001 黄冈方言的比较句，《语言研究》第 4 期；

贺巍 1991 获嘉方言的疑问句——兼论反复问句两种句型的关系，《中国语文》第 5 期；

赫琳 2001 先秦"被·动"式、"见·动"式再认识，《古汉语研究》第 3 期；

胡方 2007 论宁波方言和苏州方言前高元音的区别特征——兼谈高元音继续高化现象，《中国语文》第 5 期；

胡佳颖、于善志 2017 宁波方言中程度副词"煞"和"足"用法浅析，《现代语文》（语言研究版）第 10 期；

胡明扬 1981 北京话的叹词和语气词，《中国语文》第 6 期；

黄国营 1986 "吗"字句用法初探，《语言研究》第 2 期；

黄文龙 1998 "V 不了"的否定焦点与语法意义浅析，《湘潭师范学院学报》第 5 期；

黄晓惠 1992 现代汉语差比格式的来源及其演变，《中国语文》第 3 期；

黄雪斌 2012 浙江宁波方言"V 记 V 记"结构，《现代语文》（语言研究版）第 10 期；

汲传波 2001 被动句中"被"、"让"的分工，《喀什师范学院学报》（社会科学版）第 1 期；

江蓝生 1989 被动关系词"吃"的来源初探，《中国语文》第 5 期；

金立鑫 1998 试论"了"的时体特征，《语言教学与研究》第 1 期；

金允经 1996 被字句中"被 + Np"的特点，《汉语学习》第 3 期；

竞成 1993 关于动态助词"了"的语法意义问题，《语文研究》第 1 期；

竞成 1996 汉语的成句过程和时间概念的表达，《语文研究》第

1 期；

康亮芳 1998 从现代汉语疑问句的构成情况看疑问句句末语气词"呢"，《四川师范大学学报》（社会科学版）第 4 期；

孔令达 1986 关于动态助词"过 1"和"过 2"，《中国语文》第 4 期；

劳宁 1962《语助词"看"的形成》，《中国语文》6 月号；

黎良军 1994 /A 里 AB/新论，《广西师范大学学报》（哲学社会科学版）第 4 期；

李健 1996 化州话形容词的叠音和叠词，《湛江师范学院学报》（哲学社会科学版）第 3 期；

李杰 2001 "X 比 Y 还 W"格式的夸张功能，《修辞学习》第 4 期；

李岚 1997 试论被字句的分类及其褒义倾向，《南平师专学报》第 3 期；

李蓝 1987 贵州大方方言名词和动词的重登式，《方言》第 3 期；

李讷、石毓智 1997 论汉语体标记诞生的机制，《中国语文》第 2 期；

李讷、石毓智 1998 汉语比较句嬗变的动因，《世界汉语教学》第 3 期；

李成才 1991 "跟……一样"用法浅谈，《语言教学与研究》第 2 期；

李海霞 1994 四川方言的被动式和"着"，《西南师范大学学报》第 1 期；

李会荣 2004 娄烦方言的疑问句，《太原师范学院学报》（社会科学版）第 4 期；

李劲荣 2004 双音节性质形容词可重叠为 AABB 式的理据，《上海师范大学学报》（哲学社会科学版）第 2 期；

李启群 1994 吉首方言的重叠式，《吉首大学学报》第 3 期

李人鉴 1964 关于动词重叠，《中国语文》第 4 期；

李人鉴 1980 关于被字句，《扬州师院学报》第 2 期；

李如龙 1986 闽南话的"有"和"无"，《福建师范大学学报》（哲社版）第 2 期；

李铁根 1993 "了1""了2" 区别方法的一点商榷,《中国语文》第 3 期;

李兴亚 1989 试说动态助词"了"的自由隐现,《中国语文》第 5 期;

李旭练 1998 都安壮语形容词性相对比较句研究关,《民族语文》第 3 期;

李延瑞 1987 福州话反复问句的特点,《福建师范大学学报》(哲社版)年第 3 期;

李宇明 1996 泌阳话性质形容词的重叠及有关的节律问题,《语言研究》第 1 期;

李宇明 1996 双音节性质形容词的 ABAB 式重叠,《汉语学习》第 4 期;

李宇明 1996 词语重叠的意义,《世界汉语教学》第 1 期;

李宇明 1997《疑问标记的复用及标记功能的衰变》,《中国语文》第 2 期;

李宇明 1998 动词重叠的若干句法问题,《中国语文》第 2 期;

李云芬 1998 汉语被动句式在上古时期的发展概况,《青海师范大学学报》第 2 期;

梁东汉 1960 现代汉语的被动式,《内蒙古大学学报》第 2 期;

林红 2000 被字句在近代汉语中的运用,《长春大学学报》第 6 期;

林丽芳 1997 龙岩话单音形容词自叠式,《龙岩师专学报》(社会科学版)第 2 期;

林素娥 2015 一百多年前宁波话连 – 介词"等"的用法及其来源,《语言科学》第 4 期;

林裕文 1959 谈时态助词"了",《语文知识》第 11 期;

刘斌 1999 浅议新疆汉语方言中的形容词重叠及叠音后缀,《新疆社科论坛》第 3 期;

刘丹青 1986 苏州方言重叠式研究,《语言研究》第 1 期;

刘丹青 2001 吴语的句法类型特点,《方言》第 4 期;

刘丹青 1991 苏州方言的发问词和可 VP 句,《中国语文》第 1 期;

刘公望 1988 现代汉语的时体助词"的",《汉语学习》第 4 期;

刘慧英 1992 小议"比"字句内比较项的不对称结构,《汉语学习》第 5 期;

刘慧英 1998 论近古时期汉语的特殊"被"字句,《语文学刊》第 6 期;

刘继超 1997 "被""把"同现句的类型及其句式转换,《江西师范大学学报》(哲学社会科学版)第 1 期;

刘继超 1999 《儿女英雄传》中的"把""被"同现句,《古汉语研究》第 2 期;

刘继超 高月丽 1998 "被""把"同现句与"被"字句比较研究,《陕西师大学报》(哲社版)第 3 期;

刘宁生 1985 论"着"及其相关的两个动态范畴,《语言研究》第 2 期;

刘钦荣 2004 反问句的句法、语义、语用分析,《河南师范大学学报》(哲学社会科学版)第 4 期;

刘若云 2003 惠州话形容词的重叠式,《中山大学学报》(社会科学版)第 2 期;

刘晓然 2002 黄冈方言的疑问代词,《湖北师范学院学报》(哲学社会科学版)第 4 期;

刘勋宁 1985 现代汉语句尾"了"的来源,《方言》第 1 期;

刘勋宁 1988 现代汉语词尾"了"的语法意义,《中国语文》第 5 期;

刘勋宁 1999 现代汉语的句子构造和句尾"了"的语法意义,《语言教学与研究》第 3 期;

刘月华 1983 动词重叠的表达功能及可重叠动词的范围,《中国语文》第 1 期;

刘月华 1988 动态助词"过2""过1""了1"用法比较,《语文研究》第 1 期;

刘长征 2005 递及比较句的语义理解及制约因素,《汉语学习》第 2 期;

刘自力 1987 仁寿方言名词的重叠式,《方言》第 2 期;

柳英绿 2000 韩汉语被动句对比——韩国留学生"被"动句偏误分

析，《汉语学习》第 6 期；

卢凯凯、王月华 2014 宁波方言"VVN"动词重叠式研究，《现代语文》（语言研究版）第 10 期；

卢英顺 1993 试论"这本书我看了三天了"的延续性问题，《汉语学习》第 4 期；

卢卓群 2000 形容词重叠式的历史发展，《湖北大学学报》（哲学社会科学版）第 6 期；

陆俭明 1959《现代汉语中一个新的语助词"看"》，《中国语文》10 月号；

陆俭明《关于现代汉语里的疑问语词》，《中国语文》1984 年第 5 期；

罗福腾 1981 牟平方言的比较句和反复问句，《方言》第 4 期；

罗福腾 1992 山东方言比较句的类型及其分布，《中国语文》第 3 期；

吕文华 1983 "了"与句子语气的完整及其它，《语言教学与研究》第 3 期；

马骏 2001 柳州话的重叠，《广西师范大学学报》（哲学社会科学版）第 3 期；

马真 1986 "比"字句内比较项 B 的替换规律试探，《中国语文》第 2 期；

马真 1986 "比"字句内比较项 Y 的替换规律试探，《中国语文》第 2 期；

马真 1988 程度副词在表示程度比较的句式中的分布情况考察，《世界汉语教学》第 2 期；

马庆株 1983 时量宾语和动词的类，《中国语文》第 2 期；

马希文 1983 关于动词"了"的弱化形式 lou，《中国语言学报》第 1 期；

马希文 1987 北京方言里的"着"，《方言》第 1 期；

马重奇 1995 漳州方言重叠式动词研究，《语言研究》第 1 期；

毛修敬 1985 动词重叠的语法性质、语法意义和造句功能，《语文研究》第 2 期；

梅祖麟 1981 明代宁波话的"来"字和现代汉语的"了"字,《方言》第 1 期;

莫红霞 2002 "被"字句中"被"字宾语有无的制约条件,《杭州师范学院学报》第 2 期;

木村英树 1983 补语性词尾"着/zhe"和"了/le",《语文研究》第 2 期;

聂仁发 2001 否定词"不"与"没有"的语义特征及其时间意义,《汉语学习》第 1 期;

钱敏汝 1990 否定载体"不"的语义—语法考察,《中国语文》第1 期;

钱乃荣 1987 吴语研究综述,《语文导报》第 2 期;

曲卫国 1994 论现在完成体的语用含义,《外国语》第 2 期;

任海波 1987 "比"字句的结论项的类型,《语言教学与研究》第 4 期;

阮桂君 2002 宁波话的被动句,《汉语学报》第 6 期;

阮桂君 2005 宁波方言尝试体标记"看",《华中科技大学学报》第 6 期;

阮桂君 2008 宁波方言的绰号称谓,《武汉大学学报》(人文科学版)第 3 期;

阮桂君 2008 宁波方言形容词重叠式,《长江学术》第 4 期;

阮桂君 2009 宁波方言的"莫"字句,《汉语学报》第 1 期;

阮桂君 2014 宁波方言非受事主语被动句考察,《语言研究》第 3 期;

邵敬敏 1990 "比"字句替换规律刍议,《中国语文》第 6 期;

邵敬敏 1992 语义对"比"字句中助动词位置的制约,《汉语学习》第 3 期;

邵敬敏、罗晓英 2004 "别"字句语法意义及其对否定项的选择,《世界汉语教学》第 4 期;

沈家煊 1993 "语用否定"考察,《中国语文》第 5 期;

沈家煊 2001《跟副词"还"有关的两个句式》,《中国语文》第 6 期;

沈锡伦 1988 晚唐宋元被字句考察，《上海师大学报》第 3 期；

施其生 1990 汕头方言的反复问句，《中国语文》第 3 期；

施伟伟 2015 宁波方言"讲"的传信功能及其语法化，《浙江外国语学院学报》第 5 期；

施文涛 1979 宁波方言本字考，《方言》第 3 期；

施莹弘 2008 宁波方言绝对程度副词研究，《现代语文》（语言研究版）第 11 期；

石玉成 1985 从被动式的发展看动词虚化的作用，《云南师范大学学报》第 2 期；

石毓智 1992《论现代汉语的"体"范畴》，《中国社会科学》第 6 期；

石毓智、李讷 2000 十五世纪前后的句法变化与现代汉语否定标记系统的形成———否定标记"没（有）"产生的句法背景及其语法化过程，《语言研究》第 2 期；

史国东 2000 近代汉语被字句结构的特点，《安徽师范大学学报》（人文社会科学版）第 2 期；

史佩信 1993 比字句溯源，《中国语文》第 6 期；

史锡尧 1995"不"否定的对象和"不"的位置，《汉语学习》第 1 期；

寿永明 1999 绍兴方言中的动词重叠句，《浙江师大学报》（社会科学版）第 5 期；

宋玉柱 1981 关于时间助词"的"和"来着"，《中国语文》第 4 期；

覃远雄 2003 汉语方言否定词的读音，《方言》第 2 期；

汤珍珠、陈忠敏、吴新贤 1996《宁波方言词典》引论，《方言》第 1 期；

唐依力 2001《析"比 N 还 N"句式》，《修辞学习》第 1 期；

唐钰明 1987 汉魏六朝被动式略论，《中国语文》第 3 期；

唐钰明 1991 汉魏六朝佛经"被"字句的随机统计，《中国语文》第 4 期；

汪平 1984 苏州话表疑问的"阿、曾阿、啊"，《中国语文》第

5 期；

汪平 1987 湖北省西南官话的重叠式，《方言》第 1 期；

汪国胜 1994 大冶话里的状态形容词，《湖北师范学院学报》（哲学社会科学版）第 2 期；

汪国胜 1994 汉语被字式的历史演进，《高等函授学报》第 3 期；

汪国胜 2000 湖北大冶方言的比较句，《方言》第 3 期；

汪化云 2002 汉语方言指示代词三分现象初探，《语言研究》第 2 期；

汪维辉 2018 宁波话中的"谁"及其消失，《民族语文》第 2 期；

王还 1963 动词重叠，《中国语文》第 1 期；

王静 1996 从语义级差看现代汉语"被"字的使用，《语言教学与研究》第 2 期；

王灿龙 1998 无标记被动句和动词的类，《汉语学习》第 5 期；

王改改 2003 北京话口语中的"被"字句，《汉语学习》第 2 期；

王国栓 2004 汉语形容词 AA 式重叠与量范畴，《汉语学习》第 4 期；

王惠丽 1957 汉语"时态"的表达形式，《语文学习》第 9 期；

王明华 2001《金瓶梅词话》中的被字句，《杭州师范学院学报》（人文社会科学版）第 6 期；

王苹 2008 宁波方言中动词重叠结构类型探析，《宁波大学学报》（人文科学版）第 3 期；

王苹 2011 宁波方言社交称谓的文化意韵和语言表达，《宁波大学学报》（人文科学版）第 3 期；

王士元 1990 现代汉语中的两个体标记，《国外语言学》第 1 期；

王世华 1985 扬州方言里两种反复问句共存，《中国语文》第 6 期；

王松茂 1981 汉语时体范畴论，《齐齐哈尔师院学报》第 3 期；

王素梅 1998 双音节状态形容词的 ABAB 式重叠，《汉语学习》第 2 期

王希杰、华玉明 1991 论双音节动词重叠及其语用制约性，《中国语文》第 6 期；

王晔怡 2018 宁波鄞州方言人称代词研究，《浙江树人大学学报》

（人文社会科学）第 4 期；

　　韦世林 1997 否定句的语形、语用初探，《云南师范大学学报》第 5 期；

　　文炼 1990 语言单位的对立和不对称现象，《语言教学与研究》第 4 期；

　　吴福祥 1995 尝试态助词"看"的历史考察，《语言研究》第 2 期；

　　吴庚堂 1999 "被"字的特征与转换，《当代语言学》第 4 期；

　　吴继光 1990 动词性"比"字句的分化及其它，《语言教学与研究》第 1 期；

　　吴子慧 2004 绍兴方言否定副词"勿"的语音变异，《浙江教育学院学报》第 4 期；

　　相原茂 1992 汉语比字句的两种否定形式——"不比"型和"没有"型，《语言教学与研究》第 3 期；

　　项开喜 1993 "一 M 比一 MA"格式试探，《语言教学与研究》第 2 期；

　　萧国政、李汛 1988 试论 V—V 和 VV 的差异，《华中师范大学学报》第 6 期；

　　谢质彬 1989 被动句在发展过程中出现的若干特殊句式，《河北大学学报》第 3 期；

　　心叔 1962《关于语助词"看"的形成》，《中国语文》8、9 月号；

　　邢福义 1995 否定形式和语境对否定度量的规约，世界汉语教学第 3 期；

　　邢福义 2000 论"V 一 V"，《中国语文》第 5 期；

　　徐杰 1999 疑问范畴与疑问句式，《语言研究》第 2 期；

　　徐杰、李英哲 1993 焦点和两个非线性语法范畴："否定""疑问"，《中国语文》第 2 期；

　　徐复峻 1995 山东方言比较句溯源简说，《中国语文》第 2 期；

　　徐烈炯、邵敬敏 1997 上海方言形容词重叠式研究，《语言研究》第 2 期；

　　徐烈炯、邵敬敏 1999 "阿 V"及其相关疑问句式比较研究，《中国语文》第 3 期；

徐时仪 2003 否定词"没""没有"的来源和语法化过程,《湖州师范学院学报》第 1 期;

徐燕青 1996"不比"型比较句的语义类型,《语言教学与研究》第 2 期;

徐燕青 1997"没有"型比较句的初步考察——兼及"不像"型比较句,《世界汉语教学》第 1 期;

许国萍 1996"比"字句研究综述,《汉语学习》第 6 期;

杨国文 2002 汉语"被"字式在不同种类的过程中的使用情况考察,《当代语言学》第 1 期;

杨国学 1999 形容词"ABB 结构"的修辞特点,《修辞学习》第 l 期;

杨惠芬 1998 表比较的"没有"句句型探析,《语言教学与研究》第 1 期;

杨明义 2000《西游记》中"被""把"合用句略考,《汉语学习》第 1 期;

杨荣祥 1999 近代汉语否定副词及相关语法现象略论,《语言研究》第 1 期;

姚洁青 2004 吴语拟声词的状态标记"叫",《嘉兴学院学报》第 5 期;

叶蓉 1994 关于非是非问句里的"呢",《中国语文》第 6 期;

殷志平 1987"比"字句浅论,《汉语学习》第 4 期;

殷志平 1995"A 比 s 还 w"的两种功能,《中国语文》第 2 期;

俞敏 1952"了"跟"着"的用法,《语文学习》第 5 期;

俞敏 1954 汉语动词的形态,《语文学习》第 4 期;

禹和平 1998 汉语双音节形容词 AABB 重叠式的语法功能考察,《云南师范大学学报》第 4 期;

袁宾 1987 近代汉语特殊被字式探索,《华东师大学报》第 6 期;

袁宾 1989 祖堂集被字句研究地域差异,《中国语文》第 1 期;

袁颖 2001 被动句的信息结构和信息功效初探,《长沙大学学报》第 3 期;

袁丹 2015 从传教士文献和现代方言再论百年来宁波方言声母系统

的演变，《东方语言学》第 1 期；

袁毓林 1993 正反问句及相关类型学参项，《中国语文》第 2 期；

岳立静 1999 元明之间的被字句，《古汉语研究》第 4 期；

张赪 2005 从汉语比较句看历时演变与共时地理分布的关系，语文研究，第 1 期；

张静 1979 论汉语的动词重迭形式，《郑州大学学报》第 3 期；

张宁 1987 昆明方言的重登式，《方言》第 1 期；

张潜 1999 "被"字句研究概述，《南京师范专科学校学报》第 3 期；

张黎 1996 "着"的语义分布及其语法意义，《语言研究》第 1 期；

张伯江 1996 否定的强化，《汉语学习》第 1 期；

张济卿 1996 汉语并非没有时制语法范畴——谈时、体研究中的几个问题，《语文研究》第 4 期；

张双庆、庄初升 2001 从巴色会出版物看一百多年前新界客家话的否定词和否定句，《语言研究》第 4 期；

张豫峰 1998 表比较的"有"字句，《语文研究》第 4 期；

赵新 1993 动词重叠在使用中的制约因素，《语言研究》第 2 期；

赵金铭 2002 汉语差比句的南北差异及其历史擅变，《语言研究》第 3 期；

赵世开、沈家煊 1984 汉语"了"字跟英语相应的说法，《语言研究》第 1 期；

赵则玲 2008 宁波方言的三身代词，《宁波大学学报》（人文科学版）第 6 期；

赵则玲 2017 宁波方言研究四百年述评，《浙江社会科学》第 6 期；

郑晓芳 2009 宁波方言中的"仔"，《现代语文》（语言研究版）第 4 期；

郑晓芳 2014 从宁波方言看汉语的话题结构，《宁波大学学报》（人文科学版）第 2 期；

郑晓芳 2014 宁波方言中提顿词的话语功能，《现代语文》（语言研究版）第 4 期；

郑懿德 1985 福州方言的"有"字句，《方言》第 4 期；

钟兆华 1997 论疑问语气词"吗"的形成与发展,《语文研究》第 1 期；

周丹、冯铁山 2014 宁波方言第一人称代词"数"的转指及文化内涵,《现代语文》(语言研究版) 第 2 期；

周国光 1994 试析汉语被动句的习得机制,《世界汉语教学》第 1 期；

周志锋 2010 百年宁波方言研究综述,《浙江学刊》第 1 期；

周志锋 2010 宁波方言的词汇特点,《宁波大学学报》(人文科学版) 第 1 期；

朱琳 2001 现代汉语动词带宾语的"被"字句,《语文学刊》第 3 期；

朱德熙 1982 说"跟……一样",《汉语学习》第 1 期；

朱景松 1998 动词重叠式的语法意义,《中国语文》第 5 期；

朱景松 1998 重叠式的语法意义,《中国语文》第 5 期；

朱彭年 1981 宁波方言量词的重叠式,《中国语文》第 3 期；

庄义友 2001 潮州话的否定副词,《语文研究》第 3 期；

祖人植 1997 "被"字句表义特性分析,《汉语学习》第 3 期；

左思民 1997《现代汉语的"体"概念》,《上海师范大学学报》(社科版) 第 2 期；

左思民 1998《试论"体"的本质属性》,《汉语学习》第 4 期。

字词典

汉语大字典编辑委员会 1995《汉语大字典》(缩印本),湖北辞书出版社；四川辞书出版社；

李荣主编 汤珍珠等编纂 1997《宁波方言词典》,江苏教育出版社；

朱彭年、薛恭穆等编纂 1991《阿拉宁波话》,华东师范大学出版社；

朱彭年、薛恭穆等编纂 1996《宁波方言词典》,汉语大词典出版社。

英文

J. K. Chambers and Peter Trudgill. *Dialectology*. Second edition. Beijing

University Press in 2001. Originally published by Cambridge University Press in 1998;

Paul J. Hopper Elizabeth Closs Trangott, *Grammaticalization*, Foreign Language and Research Press in 2001; Cambridge University Press in 1993;

附　　录

附录一　宁波方言语法例句

001 这句话用宁波话怎么说？

=葛句言话宁波言话咋话话？

kəʔ^{5} tɕy^{44} ɦɛ$^{22-21}$ ɦuo$^{24-22}$ ȵin^{22} pəu^{53} ɦɛ^{22} ɦuo$^{24-22}$ dza^{24} ɦuo$^{24-21}$ ɦuo$^{24-21}$？

002 你还会说别的地方的话吗？

=诺还会讲别个地方个言话哦？

noʔ^{2} ɦua^{22} xuɐi^{24} kɔ̃^{35} biʔ^{2} ɦoʔ^{2} di^{24} fɔ̃$^{53-44}$ ɦoʔ^{2} ɦɛ$^{22-21}$ ɦuo$^{24-22}$ vɐʔ^{2}？

003 不会了，我从小就没出过门，只会说××话。

=𫧃嚡，我从小门也没出过，只讲宁波言话。

vɐi^{21} lɐi^{0}，ŋo^{24} dzoŋ^{22} ɕio^{35} mən^{22} ɦa^{24} məʔ^{5} ts'əʔ^{5} kəu^{44}，tɕiʔ^{5} ɦuɐi^{35} kɔ̃$^{35-44}$ ȵin^{22} pəu$^{53-44}$ ɦɛ^{22} ɦuo$^{24-22}$。

004 会，还会说××话、××话，不过说得不怎么好。

=会讲个，还会讲上海言话，讲勒勿是交关好。

kuɐi^{44} kɔ̃^{35} ɦoʔ^{2}，ɦua^{22} kuɐi^{44} kɔ̃^{35} dzɔ̃^{22} hie^{35} ɦɛ^{22} ɦuo$^{24-22}$，kɔ̃^{35} ləʔ^{2} vəʔ^{2} zɿ^{22} tɕio$^{53-44}$ kuɛ^{53} hɔ^{35}。

005 会说普通话吗？

=普通言话会讲哦？

p'u$^{35-53}$ t'oŋ$^{53-44}$ ɦɛ^{22} ɦuo$^{24-22}$ ɦuɐi$^{24-22}$ kɔ̃^{35} vɐʔ^{2}？

006 不会说，没有学过。

=讲勿相相个，没学过。

kɔ̃^{35} vəʔ^{2} ɕiã^{53} ɕiã$^{53-44}$ ɦoʔ^{2}，məʔ^{5} ɦoʔ^{2} kəu^{44}。

007 会说一点儿，不标准就是了。

　=会讲一眼眼，没大标准。

kuɐi⁴⁴ kɔ̃³⁵ iʔ⁵ ŋiɛ²⁴ ŋiɛ²⁴⁻²², məʔ⁵ da²⁴⁻²² pio⁵³⁻⁴⁴ tsən³⁵⁻⁵³。

008 在什么地方学的普通话？

　=普通言话来阿里窠学来啦？

p'u³⁵⁻⁵³ t'oŋ⁵³⁻⁴⁴ ɦiɛ²² ɦuo²⁴⁻²² lie²² ɐʔ⁵ li⁰ k'əu⁵³⁻⁴⁴ ɦoʔ² lie²² la⁰？

009 上小学中学都学过普通话。

　=普通言话读小学中学辰光和总学过嚡。

p'u³⁵⁻⁵³ t'oŋ⁵³⁻⁴⁴ ɦiɛ²² ɦuo²⁴⁻²² doʔ² çio³⁵⁻⁵³ ɦoʔ² tsoŋ⁵³⁻⁴⁴ ɦoʔ² dzən²²
kuɔ̃⁵³⁻⁴⁴ ɦəu²² tsoŋ³⁵⁻⁵³ ɦoʔ² kəu⁴⁴ lɐi⁰。

010 谁呀？我是老王。

　=啥人啦？我是老王。

soʔ⁵ ȵin²² la⁰？ŋo²⁴ zɿ²² lɔ²⁴ ɦuɔ̃²²。

011 您贵姓？我姓王，您呢？

　=诺姓啥个啦？我姓王，诺你？

noʔ² çin⁴⁴ soʔ⁵ ɦoʔ² la⁰？ŋo²⁴ çin⁴⁴ ɦuɔ̃²², noʔ² ȵi²⁴？

012 我也姓王，咱俩都姓王。

　=我也姓王，阿拉两个和总姓王。

ŋo²⁴ ɦia²⁴ çin⁴⁴ ɦuɔ̃²², ɐʔ⁵ lɐʔ² liã²⁴ ɦoʔ² ɦəu²² tsoŋ³⁵⁻⁵³ çin⁴⁴ ɦuɔ̃²²。

013 巧了，他也姓王，本来是一家嘛！

　=咋会介凑巧啊，其也姓王，是本家人么！

dza²⁴ kuɐi⁴⁴ ka⁴⁴ ts'ø⁴⁴ tɕ'io³⁵ a⁰, dʑi²² ɦia²⁴ çin⁴⁴ ɦuɔ̃²², zɿ²² pən³⁵⁻⁵³
kuo⁵³⁻⁴⁴ ȵin²² məʔ²！

014 老张来了吗？说好他也来的！

　=老张有来的勒哦？讲好掉其也来个！

lɔ²⁴ tsã⁵³⁻⁴⁴ ɦiɣ²⁴ lie²² tiʔ⁵ ləʔ² vɐʔ²？kɔ̃³⁵⁻⁵³ hɔ³⁵⁻⁴⁴ tio⁴⁴ dʑi²² ɦia²⁴
lie²² ɦoʔ²！

015 他没来，还没到吧。

　=其还没来，可能还没到。

dʑi²² ɦua²² məʔ⁵ lie²², k'əu³⁵ nən²² ɦua²² məʔ⁵ tɔ⁴⁴。

016 他上哪儿了？还在家里呢。

= 其到阿里嘟? 还来屋落里头。

dʑi²² tɔ⁴⁴ ɐʔ⁵ li²⁴ lɐi⁰ʔ? ɦua²² lie²² uoʔ⁵ loʔ² li²⁴⁻²² dø²²。

017 在家做什么? 在家吃饭呢。

= 来屋落做啥西啦? 来屋落吃饭。

lie²² uoʔ⁵ loʔ² tsəu⁴⁴ soʔ⁵ ɕi⁵³ la⁰? lie²² uoʔ⁵ loʔ² tɕʻyoʔ⁵ vɛ²⁴。

018 都几点了? 怎么还没吃完?

= 几点钟尔嗾? 咋还没吃好?

tɕi³⁵ tie³⁵⁻⁵³ tsoŋ⁵³⁻⁴⁴ əl²⁴ lɐʔ²? dzɐʔ² ɦua²² məʔ⁵ tɕʻyoʔ⁵ hɔ³⁵⁻⁵³?

019 还没有呢, 再有一会儿就吃完了。

= 还没嘟, 再过一晌就吃好嘟。

ɦua²² məʔ⁵ lɐi⁰, tsie⁴⁴ kəu⁴⁴ iʔ⁵ zɔ̃²⁴ zø²² tɕʻyoʔ⁵ hɔ³⁵⁻⁵³ lɐi⁰。

020 他在哪儿吃的饭?

= 其饭阿里窠吃啦?

dʑi²² vɛ²⁴ ɐʔ⁵ li²⁴ kʻəu⁵³ tɕʻyoʔ⁵ la⁰?

021 他是在我家吃的饭。

= 其饭阿拉屋落吃个。

dʑi²² vɛ²⁴ ɐʔ⁵ lɐʔ² uoʔ⁵ loʔ² tɕʻyoʔ⁵ ɦioʔ²。

022 真的吗? 真的, 他是在我家吃的饭。

= 真式啊? 真式个, 其是阿拉屋落吃饭个。

tsən⁵³⁻⁴⁴ səʔ⁵ a⁰? tsən⁵³⁻⁴⁴ səʔ⁵ ɦioʔ², dʑi²² zʅ²² ɐʔ⁵ lɐʔ² uoʔ⁵ loʔ² tɕʻyoʔ⁵ vɛ²⁴ ɦioʔ²。

023 先喝一杯茶再说吧!

= 茶先吃杯再讲好嘟!

dzuo²² ɕi⁵³ tɕʻyoʔ⁵ pɐi⁰ tsie⁴⁴ kɔ̃³⁵ hɐʔ⁵ lɐi⁰!

024 说好了就走的, 怎么半天了还不走?

= 讲好掉到忙去个, 咋会半日勒还勿去啦?

kɔ̃³⁵⁻⁵³ hɔ³⁵⁻⁴⁴ tio⁴⁴ tɔ⁴⁴ mɔ²² tɕʻi⁴⁴ ɦioʔ², dzɐʔ² ɦuɐi⁰ pø⁴⁴ ȵiʔ² ləʔ² ɦua²² vəʔ² tɕʻi⁴⁴ la⁰?

025 他磨磨蹭蹭的, 做什么呢?

= 其磨磨顿顿个, 来作啥啦?

dʑi²² mo²²⁻²¹ mo²² tən⁴⁴ tən⁴⁴ ɦioʔ², lie²² tsəʔ⁵ suo⁴⁴ la⁰?

026 他正在那儿跟一个朋友说话呢。

　　＝其来该窖得一个朋友家格来讲言话。

dʑi²² lie²² gɛ²² dɐi⁰ tə?⁵ i?⁵ ɦio?² bã²² ɦiy²² kuo⁵³⁻⁴⁴ kɐ?⁵ lie²² kɔ̃³⁵ ɦiɛ²²⁻²¹ ɦiuo²⁴⁻²²。

027 还没说完啊？催他快点儿！

　　＝还没讲好啊？呕其快眼！

ɦiua²² mə?⁵ kɔ̃³⁵ hɔ³⁵⁻⁵³ a⁰？ø³⁵⁻⁴⁴ dʑi²² k'ua⁴⁴ ŋiɛ⁰！

028 好，好，他就来了。

　　＝哎，哎，其到忙来嘴。

ɦɐi²²，ɦɐi²²，dʑi²² tɔ⁴⁴ mɔ²² lie²²⁻²¹ lɐi⁰。

029 你上哪儿去？我上街去。

　　＝诺到阿里窠去啦？我到街勒去。

no?² tɔ⁴⁴ ɐ?⁵ li⁰ k'əu⁵³ tɕ'i⁴⁴ la⁰？ŋo²⁴ tɔ⁴⁴ ka⁵³ lə?² tɕ'i⁴⁴。

030 你多会儿去？我马上就去。

　　＝诺咋辰光去啦？我到忙去。

no?² dza²⁴ dzən²² kuɔ̃⁵³ tɕ'i⁴⁴ la⁰？ŋo²⁴ tɔ⁴⁴ mɔ²² tɕ'i⁴⁴。

031 做什么去呀？家里来客人了，买点儿菜去。

　　＝厄啥去啦？屋落人客来嘴，去买眼嘎饭去。

ə?⁵ suo⁴⁴ tɕ'i⁴⁴ la⁰？uo?⁵ lo?² ȵin²² k'ɐ?⁵ lie²²⁻²¹ lɐi⁰，tɕ'i?⁵ ma²⁴ ŋɛ²⁴⁻²² ɦiuo²⁴ vɛ²⁴⁻²² tɕ'i⁰。

032 你先去吧，我们一会儿再去。

　　＝诺先去好嘴，阿拉庖晌再去。

no?² ɕi⁵³ tɕ'i⁴⁴ hɐ?⁵ lɐi⁰，ɐ?⁵ lɐ?² dən²² zɔ̃⁰ tsie⁴⁴ tɕ'i⁴⁴。

033 好好儿走，别跑！小心摔跤了。

　　＝好好走，莫奔！当心滑跌。

hɔ³⁵⁻⁵³ hɔ³⁵⁻⁴⁴ tsø⁰，mɔ⁴⁴ pən⁴⁴！tɔ̃⁵³⁻⁴⁴ ɕin⁵³ ɦiuɐ?² ti?⁵。

034 小心点儿，不然的话摔下去爬都爬不起来。

　　＝当心眼，掼倒格话爬也爬勿起个。

tɔ̃⁵³⁻⁴⁴ ɕin⁵³ ŋɛ⁰，gue²⁴ tɔ⁰ kɐ?⁵ ɦiuo²⁴ bo²² ɦia²⁴ bo²² və?² tɕ'i⁰ ɦio?²。

035 不早了，快去吧！

　　＝忒晏嘴，快眼去！

t'ɐʔ⁵ ɛ⁴⁴ lɐi⁰, k'ua⁴⁴ ŋiɛ²⁴ tɕ'i⁴⁴!

036 这会儿还早呢，过一会儿再去吧。

　　=葛记还早嚜，庅晌再去好嚜。

kəʔ⁵ tɕi⁰ ɦua²² tsɔ³⁵ lɐi⁰, dən²² zɔ̃⁰ tsie⁴⁴ tɕ'i⁴⁴ hɐʔ⁵ lɐi⁰。

037 吃了饭再去好不好？

　　=饭吃好仔再去好哦？

vɛ²⁴ tɕ'yoʔ⁵ hɔ³⁵⁻⁴⁴ tsʅ⁰ tsie⁴⁴ tɕ'i⁴⁴ hɔ³⁵⁻⁵³ vɐʔ²？

038 不行，那可就来不及了。

　　=弄勿来个，格就来勿及嚜。

noŋ²⁴ vəʔ² lie²² ɦoʔ², kɐʔ⁵ zø²⁴⁻²² lie²²⁻²¹ vəʔ² dʑi²² lɐi⁰。

039 不管你去不去，反正我是要去的。

　　=但便尔去勿去，反正我是要去个。

dɛ²² bi²²ŋ²⁴⁻²² tɕ'i⁴⁴ vəʔ² tɕ'i⁴⁴, fɛ³⁵⁻⁴⁴ tsən⁴⁴ ŋo²⁴ zʅ²² io⁴⁴ tɕ'i⁴⁴ ɦoʔ²。

040 你爱去不去。你爱去就去，不爱去就不去。

　　=随便尔去勿去。诺要去就去，甋去就甭去。

zɐi²² bi²²ŋ²⁴⁻²² tɕ'i⁴⁴ vəʔ² tɕ'i⁴⁴。noʔ² io⁴⁴ tɕ'i⁴⁴ zø²² tɕ'i⁴⁴, fie⁴⁴ tɕ'i⁰ zø²²
voŋ²¹ tɕ'i⁴⁴。

041 那我非去不可！

　　=格我搭偏生要去！

kɐʔ⁵ ŋo²⁴ tɐʔ⁵ p'i⁵³⁻⁴⁴ sã⁵³ io⁴⁴ tɕ'i⁴⁴！

042 那个东西不在那儿，也不在这儿。

　　=该只东西没来该窖，也没来葛窖。

gɛ²⁴ tsɐʔ⁵ toŋ⁵³⁻⁴⁴ ɕi⁵³ məʔ⁵ lie²² gɛ²⁴ dɐi²², ɦia²⁴ məʔ⁵ lie²² kəʔ⁵ dɐi²²。

043 那到底在哪儿？

　　=格到底来阿里呢？

kɐʔ⁵ tɔ⁴⁴ ti³⁵⁻⁵³ lie²² ɐʔ⁵ li²⁴ ŋi⁰？

044 我也说不清楚，你问他去！

　　=我也话勿清爽，诺去问问其看！

ŋo²⁴ ɦia²⁴ ɦuo²⁴⁻²² vəʔ² tɕ'in⁵³ sɔ̃³⁵⁻⁴⁴, noʔ² tɕ'iʔ⁵ mən²⁴ mən²⁴⁻²²
dʑi²² k'ie⁴⁴！

045 怎么办呢？

= 格咋弄弄呢？

kɐʔ⁵ dza²⁴ noŋ²⁴ noŋ²⁴ n̠i⁰？

046 要多少才够呢？

= 要多少还只够呢？

io⁴⁴ təu⁵³⁻³⁵ sɔ³⁵ ɦua²⁴ tɕiʔ⁵ kø⁴⁴ n̠i⁰？

047 太多了，要不了那么多，只要这么多就够了。

= 忒多嘞，好甭介多个，介够就够嘞。

t'ɐʔ⁵ təu⁵³ lɐi²²，hɔ³⁵ vən²⁴⁻²² ka⁴⁴ təu⁵³ ɦoʔ²，ka⁴⁴ kø⁴⁴ zø²² kø⁴⁴ lɐi⁰。

048 不管怎么忙，也得好好儿学习。

= 但便尔咋够忙，也要好好学习。

dɛ²² bi²² ŋ²⁴⁻²² dza²⁴⁻²² kø⁴⁴ mɔ̃²²，ɦia²⁴ io⁴⁴ hɔ³⁵⁻⁵³ hɔ³⁵⁻⁴⁴ ɦoʔ²² z̠iʔ²。

049 你闻闻这朵花香不香？

= 诺嗅嗅看，葛朵花有香哦？

noʔ² ɕyoŋ⁴⁴ ɕyoŋ⁴⁴ k'ie⁴⁴，kəʔ⁵ tuo³⁵⁻⁴⁴ ɦuo²⁴⁻²¹ ɦy²⁴⁻²² ɕiã⁵³ vɐʔ²？

050 好香呀，是不是？

= 鎞介香啦，是哦？

dzɐi²² ka⁴⁴ ɕiã⁵³ la⁰，z̩²² vɐʔ²？

051 你是抽烟呢，还是喝茶？

= 诺吃香烟还吃茶啦？

noʔ² tɕ'yoʔ⁵ ɕiã⁵³⁻⁴⁴ i⁵³ ɦua²² tɕ'yoʔ⁵ dzo²² la⁰？

052 烟也好，酒也好，我都不会。

= 香烟也好，老酒也好，我和总吃勿相相。

ɕiã⁵³⁻⁴⁴ i⁵³ ɦia²⁴ hɔ³⁵⁻⁴⁴，lɔ²⁴ tɕy³⁵⁻⁵³ ɦia²⁴ hɔ³⁵⁻⁴⁴，ŋo²⁴ ɦiəu²² tsoŋ³⁵⁻⁵³ tɕ'yoʔ⁵ vɐʔ² ɕiã⁵³ ɕiã⁵³⁻⁴⁴。

053 医生叫你多睡一睡，抽烟喝茶都不行。

= 医生呕诺多睏睏其，香烟、茶和总吃勿来个。

i⁵³⁻³⁵ sã⁵³ ø³⁵ noʔ² təu⁵³ k'uən⁴⁴ k'uən⁴⁴ dz̠i²²，ɕiã⁵³ i⁵³、dzuo²² ɦiəu²² tsoŋ³⁵⁻⁵³ tɕ'yoʔ⁵ vɐʔ² lie²² ɦoʔ²。

054 咱们一边走一边说。

= 阿拉一边走一边讲。

ɐʔ⁵ lɐʔ² iʔ⁵ pi⁵³ tsø³⁵ iʔ⁵ pi⁵³ kɔ̃³⁵。

055 这个东西好是好，就是太贵了。

　　= 葛东西好是好，就是忒贵嘞。

　　kəʔ⁵ toŋ⁵³⁻⁴⁴ çi⁵³ hɔ³⁵ zʅ²² hɔ³⁵, zø²⁴ zʅ²² t'ɐ²⁵ tçy⁴⁴ lɐi⁰。

056 这个东西虽说贵了点儿，不过挺结实的。

　　= 葛东西贵是贵勒眼，不过也交关硬扎。

　　kəʔ⁵ toŋ⁵³⁻⁴⁴ çi⁵³ tçy⁴⁴ zʅ²² tçy⁴⁴ ləʔ² ŋɛ⁰, piʔ⁵ kəu⁴⁴ ɦia²⁴⁻²² tçio⁵³⁻⁴⁴
　　kuɛ⁵³ ŋã²⁴ tsɐʔ⁵。

057 他今年多大了？

　　= 其今年几岁的尔啦？

　　dzɿ²² tçin⁵³⁻⁴⁴ ȵi²²⁻²¹ tçi³⁵⁻⁴⁴ sʅ⁴⁴⁻⁵³ tiʔ⁵ əl²⁴ lɐʔ²?

058 也就是三十来岁吧。

　　= 三十多两岁。

　　sɛ⁵³⁻⁴⁴ zəʔ² təu⁵³⁻⁴⁴ liã²⁴ sʅ⁴⁴⁻⁵³。

059 看上去不过二十多岁的样子。

　　= 看上去顶多廿多两岁花头。

　　k'i⁴⁴ dzɔ̃²² tç'i⁰ tin³⁵ təu⁵³ ȵie²⁴ təu⁵³ liã²⁴ sʅ⁴⁴ huo⁵³⁻⁴⁴ dø⁰。

060 这个东西有多重呢？

　　= 葛只东西有咋够重啦？

　　kəʔ⁵ tsɐʔ⁵ toŋ⁵³⁻⁴⁴ çi⁵³ ɦy²⁴ dza²⁴ kø⁴⁴ dzoŋ²² la⁰?

061 怕有五十多斤吧。

　　= 足兴有五十多斤和。

　　tsoʔ⁵ çin⁴⁴ ɦy²⁴ ŋ̩²² zəʔ² təu⁵³⁻⁴⁴ tçin⁵³⁻⁴⁴ ɦəu⁰。

062 我五点半就起来了，你怎么七点了还不起来？

　　= 我五点半就爬起嘞，诺咋七点钟勒还勿爬起啊？

　　ŋo²⁴ ŋ̩²² tie³⁵⁻⁴⁴ pø⁴⁴ zø²² bo²²⁻²¹ tç'i³⁵⁻⁴⁴ lɐi⁰, noʔ² dza²⁴ tç'iʔ² tie³⁵⁻⁵³
　　tsoŋ⁵³⁻⁴⁴ ləʔ² ɦua²⁴ vəʔ² bo²² tç'i³⁵⁻⁵³ ɦia⁰?

063 三四个人盖一床被。一床被盖三四个人。

　　= 三四个人盖一梗被头。一梗被头盖三四个人。

　　sa⁵³⁻⁴⁴ sʅ⁴⁴⁻⁵³ ɦio ʔ² ȵin²² kie⁴⁴ iʔ⁵ kuã³⁵ bi²² dø⁰。iʔ⁵ kuã³⁵ bi²² dø⁰ kie⁴⁴
　　sa⁵³⁻⁴⁴ sʅ⁴⁴⁻⁵³ ɦioʔ² ȵin²²。

064 一个大饼加一根油条。一根油条外加一个大饼。

=一只大饼加一梗油条。一梗油条加一只大饼。

iʔ⁵ tsɐʔ⁵ dəu²⁴ pin³⁵ kuo⁵³⁻⁴⁴ iʔ⁵ kuã³⁵ ɦy²² dio²²。iʔ⁵ kuã³⁵ ɦy²² dio²²
kuo⁵³⁻⁴⁴ iʔ⁵ tsɐʔ⁵ dəu²⁴ pin³⁵。

065 两个人坐一张凳子。一张凳子坐了两个人。

　　=两个人坐一梗矮凳。一梗矮凳坐两个人。

liã²⁴ ɦoʔ² n̠in²² dzəu²⁴⁻²² iʔ⁵ kuã³⁵ a³⁵⁻⁴⁴ tən⁴⁴。iʔ⁵ kuã³⁵ a³⁵⁻⁴⁴ tən⁴⁴
dzəu²⁴⁻²² liã²⁴ ɦoʔ² n̠in²²。

066 一辆车装三千斤麦子。三千斤麦子刚好够装一辆车。

　　=一部车装三千斤麦。三千斤麦候分装一部车。

iʔ⁵ bu²⁴ tsʻuo⁵³ tsɔ̃⁵³⁻⁴⁴ sɛ⁵³⁻⁴⁴ tɕʻi⁵³ tɕin⁵³⁻⁴⁴ mɐʔ²。sɛ⁵³⁻⁴⁴ tɕʻi⁵³ tɕin⁵³⁻⁴⁴
mɐʔ² ɦø²⁴ fən⁵³ tsɔ̃⁵³⁻⁴⁴ iʔ⁵ bu²⁴ tsʻuo⁵³。

067 十个人吃一锅饭。一锅饭够吃十个人。

　　=十个人吃一镬饭。一镬饭够十个人吃。

zəʔ² ɦoʔ² n̠in²² tɕʻyoʔ⁵ iʔ⁵ ɦoʔ² vɛ²⁴。iʔ⁵ ɦoʔ² vɛ²⁴ kø⁴⁴ zəʔ² ɦoʔ²
n̠in²² tɕʻyoʔ⁵。

068 十个人吃不了这锅饭。这锅饭吃不了十个人。

　　=十个人吃勿落葛镬饭。葛镬饭十个人欠够个。

zəʔ² ɦoʔ² n̠in²² tɕʻyoʔ⁵ vəʔ² loʔ² kəʔ⁵ ɦoʔ² vɛ²⁴。kəʔ⁵ ɦoʔ² vɛ²⁴ zəʔ²
ɦoʔ² n̠in²² tɕʻi⁴⁴ kø⁴⁴ ɦoʔ²。

069 这个屋子住不下十个人。

　　=葛屋十个人庅勿落个。

kəʔ⁵ oʔ⁵ zəʔ² ɦoʔ² n̠in²² dən²²⁻²¹ vəʔ² loʔ² ɦoʔ²。

070 小屋堆东西，大屋住人。

　　=小屋安东西，大屋庅人。

ɕio³⁵⁻⁵³ oʔ⁵ ɐi⁵³⁻⁴⁴ toŋ⁵³⁻⁴⁴ ɕi⁵³，dəu²⁴ oʔ⁵ dən²² n̠in²²。

071 他们几个人正说着话呢。

　　=其拉两个人来格讲言话。

dʑi²² lɐʔ² liã²⁴ ɦoʔ² n̠in²² lie²² kəʔ⁵ kɔ̃³⁵ ɦiɛ²²⁻²¹ ɦuo²⁴⁻²²。

072 桌上放着一碗水，小心别碰倒了。

　　=桌凳高头有碗水摆眼，当心眼莫碰倒嚜。

tsəʔ⁵ tən⁴⁴ kɔ⁵³⁻⁴⁴ dø²² ɦy²⁴ uø³⁵⁻⁴⁴ sɿ³⁵ pa³⁵ ŋiɛ⁰，tɔ̃⁵³⁻⁴⁴ ɕin⁵³ ŋiɛ⁰ mɔ⁴⁴ bã²⁴ tɔ³⁵ lɐi⁰。

073 门口站着一帮人，在说着什么。

= 门口有一帮人立眼，来格讲啥个东西。

mən²²⁻²¹ kʻø³⁵⁻⁴⁴ ɦy²⁴⁻²² iʔ⁵ pɔ̃⁵³ ȵin²² liʔ² ȵiɛ⁰, lie²² kɐʔ⁵ kɔ̃³⁵ soʔ⁵ ɦoʔ²
toŋ⁵³⁻⁴⁴ ɕi⁵³。

074 坐着吃好，还是站着吃好？

= 坐仔眼吃好，还是立仔眼吃好？

dzəu²⁴ tsɿ⁴⁴ ȵiɛ²⁴ tɕʻyoʔ⁵ hɔ³⁵, ɦua²² zɿ²² liʔ² tsɿ⁴⁴ ȵiɛ²⁴ tɕʻyoʔ⁵ hɔ³⁵？

075 想着说，不要抢着说。

= 一边忖一边讲，莫抢。

iʔ⁵ pi⁵³ tsʻən³⁵ iʔ⁵ pi⁵³ kɔ̃³⁵, mɔ⁴⁴ tɕʻiã³⁵。

076 说着说着就笑起来了。

= 讲，讲，讲，讲勒笑起来嘞。

kɔ̃³⁵, kɔ̃³⁵, kɔ̃³⁵, kɔ̃³⁵ ləʔ² ɕio⁴⁴ tɕʻi³⁵⁻⁵³ lie²² lɐi⁰。

077 别怕！你大着胆子说吧。

= 莫怕，胆子大眼讲好嘞。

mɔ⁴⁴ pʻo⁴⁴！tɛ³⁵⁻⁵³ tsɿ⁰ dəu²⁴ ȵiɛ²⁴⁻²² kɔ̃³⁵ hɐʔ⁵ lɐi⁰。

078 这个东西重着呢，足有一百来斤。

= 葛东西嬲好重嘞，有一百多斤。

kəʔ⁵ toŋ⁵³⁻⁴⁴ ɕi⁵³ vɐi²¹ hɔ³⁵⁻⁴⁴ dzoŋ²² lɐi⁰, ɦy²⁴ iʔ⁵ pɐʔ⁵ təu⁵³ tɕin⁵³⁻⁴⁴。

079 他对人可好着呢。

= 其得人家交关好。

dʑi²² təʔ⁵ ȵin²² kuo⁵³ tɕio⁵³⁻⁴⁴ kuɛ⁵³ hɔ³⁵。

080 这小伙子可有劲着呢。

= 葛小后生多少有劲道的啦。

kəʔ⁵ ɕio³⁵ ɦø²² sã⁵³⁻⁴⁴ təu⁵³⁻⁴⁴ sɔ³⁵⁻⁵³ ɦy²⁴ dʑin²⁴ dɔ²⁴ tiʔ⁵ la⁰。

081 别跑，你给我站着！

= 莫奔，得我立的！

mɔ⁴⁴ pən⁴⁴, təʔ⁵ ŋo²⁴ liʔ² tiʔ⁵！

082 下雨了，路上小心着！

= 落雨嘞，路上顶当心眼！

loʔ² ɦy²² lɐi⁰ , lu²⁴ dzɔ̃²² tən³⁵⁻⁴⁴ tɔ̃⁵³⁻⁴⁴ ɕin⁵³ ŋiɛ⁰ !

083 点着火了。着凉了。

　　= 火点着嘚。伤风气嘚。

　　həu³⁵ tie³⁵⁻⁵³ tsɐʔ⁵ lɐi⁰ 。sɔ̃⁵³ foŋ⁵³⁻⁴⁴ tɕ'i⁴⁴ lɐi⁰ 。

084 甭着急，慢慢儿来。

　　= 心莫急，慢慢来。

　　ɕin⁵³ mɔ⁴⁴ tɕiʔ⁵ , mɛ²⁴ mɛ²⁴ lie²² 。

085 我正在这儿找着你，还没找着。

　　= 我候分来葛窖寻诺，还没寻着。

　　ŋo²⁴ ɦø²⁴ fən⁵³ lie²² kəʔ⁵ dɐi²² ʑin²² noʔ² , ɦua²² məʔ⁵ ʑin²² dzɐʔ² 。

086 她呀，可厉害着呢！

　　= 其啊，多少厉害的啦！

　　dʑi²² ɦa⁰ , təu⁵³ sɔ³⁵ li²⁴ liʔ² tiʔ⁵ la⁰ !

087 这本书好看着呢。

　　= 葛本书般好好看嘚。

　　kəʔ⁵ pən³⁵⁻⁵³ sʅ⁵³ vɐiʔ²¹ hɔ³⁵⁻⁴⁴ hɔ³⁵⁻⁵³ k'i⁴⁴ lɐi⁰ 。

088 饭好了，快来吃吧。

　　= 饭好嘚，快眼来吃。

　　vɛ²⁴ hɔ³⁵⁻⁵³ lɐi⁰ , k'ua⁴⁴ ŋiɛ⁰ lie²² tɕ'yoʔ⁵ 。

089 锅里还有饭没有？你去看一看。

　　= 镬勒饭还有哦？诺去看看看。

　　ɦoʔ² ləʔ² vɛ²⁴ ɦua²² ɦy²⁴ vɐʔ² , noʔ² tɕ'iʔ⁵ k'i⁴⁴ k'i⁴⁴ k'ie⁴⁴ 。

090 我去看了，没有饭了。

　　= 我看过嘚，饭没嘚。

　　ŋo²⁴ k'i⁴⁴ kəu⁴⁴ lɐi⁰ , vɛ²⁴ məʔ⁵ lɐi⁰ 。

091 就剩一点儿了，吃了得了。

　　= 只剩一眼眼嘚，吃掉算嘚。

　　tɕiʔ⁵ dzən²⁴ iʔ⁵ ŋiɛ²⁴ ŋiɛ²⁴ lɐi⁰ , tɕ'yoʔ⁵ tio⁴⁴⁻⁵³ sø⁴⁴ lɐi⁰ 。

092 吃了饭要慢慢儿的走，别跑，小心肚子疼。

　　= 饭吃好仔慢慢去，莫奔，当心肚皮痛。

　　vɛ²⁴ tɕ'yoʔ⁵ hɔ³⁵⁻⁵³ tsʅ⁰ mɛ²⁴ mɛ²⁴ tɕ'i⁴⁴ , mɔ⁴⁴ pən⁴⁴ , tɔ̃⁵³⁻⁴⁴ ɕin⁵³ tu³⁵ bi²² t'oŋ⁴⁴。

093 他吃了饭了，你吃了饭没有呢？

= 其饭吃好的嗵，诺饭有吃过的勒哦？

dʑi²² vɛ²⁴ tɕ'yoʔ⁵ hɔ³⁵⁻⁵³ tiʔ⁵ lɐi⁰, noʔ² vɛ²⁴ ɦiy²⁴⁻²² tɕ'yoʔ⁵ kəu⁴⁴ tiʔ⁵ ləʔ² vɐʔ²？

094 我喝了茶还是渴。

= 我茶吃过仔嘴巴仍方燥个。

ŋo²⁴ dzo²² tɕ'yoʔ⁵ kəu⁴⁴ tsʅ⁴⁴ tsʅ³⁵⁻⁵³ po⁰ dzən²² fɔ̃⁵³ sɔ⁴⁴ ɦoʔ²。

095 我吃了晚饭，出去溜达了一会儿，回来就睡下了，还做了个梦。

= 我夜饭吃好，到外头宕了晌，回转来就眠觉嗵，还做勒一只乱梦。

ŋo²⁴ zia²⁴ vɛ²⁴⁻²² tɕ'yoʔ⁵ hɔ³⁵⁻⁵³, tɔ⁴⁴ ŋa²⁴ dø²²⁻²⁴ dã²⁴ ləʔ² zɔ̃³⁵⁻⁴⁴, ɦuɐi²²⁻²¹ tsɐi³⁵⁻⁴⁴ lie²² zø²² k'uən⁴⁴ kɔ⁴⁴ lɐi⁰, ɦua²² tsəu⁴⁴ ləʔ² iʔ⁵ tsɐʔ⁵ lø²⁴ mɔ̃²⁴⁻²²。

096 吃了这碗饭再说。

= 葛碗饭吃好仔再讲。

kəʔ⁵ uø³⁵⁻⁵³ vɛ²⁴ tɕ'yoʔ⁵ hɔ³⁵⁻⁵³ tsʅ⁰ tsie⁴⁴ kɔ̃³⁵。

097 我昨天照了相了。

= 我昨日拍了一张照相。

ŋo²⁴ zoʔ² n̠iʔ² p'ɐʔ⁵ ləʔ² iʔ⁵ tsã⁵³⁻⁴⁴ tsɔ⁴⁴ ɕiã²⁴⁻²¹。

098 有了人，什么事都好办。

= 人有勒，啥个事体和总好办。

n̠in²² ɦiy²⁴⁻²² ləʔ², soʔ⁵ ɦoʔ² zʅ²⁴ t'i³⁵ ɦəu²² tsoŋ³⁵⁻⁵³ hɔ³⁵⁻⁵³ bɛ²⁴⁻²²。

099 不要把茶杯打碎了。

= 茶杯莫得夷敲碎。

dzo²² pɐi⁵³ mɔ⁴⁴ təʔ⁵ ʑi²² k'ɔ⁵³⁻⁴⁴ sɐi⁴⁴⁻⁵³。

100 你快把这碗饭吃了，饭都凉了。

= 诺快眼葛碗饭吃吃好，饭冷掉快嗵。

noʔ² k'ua⁴⁴ ŋɛ²⁴⁻²¹ kəʔ⁵ uø³⁵⁻⁵³ vɛ²⁴ tɕ'yoʔ⁵ tɕ'yoʔ⁵ hɔ³⁵⁻⁴⁴, vɛ²⁴ lã²⁴ tio⁴⁴⁻⁵³ k'ua⁴⁴ lɐi⁰。

101 下雨了。雨不下了，天晴开了。

= 落雨嗵。雨停嗵，天价晴嗵。

loʔ² ɦy²² lɐi⁰。ɦy²² din²² lɐi⁰，t'i⁵³ ko⁴⁴ ʑin²² lɐi⁰。

102 打了一下。去了一趟。

= 敲勒一记。去勒一埭。

k'ɔ⁵³ ləʔ² iʔ⁵ tɕi⁴⁴。tɕ'i⁴⁴ ləʔ² iʔ⁵ da²⁴⁻²²。

103 晚了就不好了，咱们快点儿走吧！

= 晏勒勿大好，阿拉快眼去！

ɛ⁴⁴ ləʔ² vəʔ² dau²⁴ hɔ³⁵，ɐʔ⁵ lɐʔ² k'ua⁴⁴ ŋɛ²⁴⁻²² tɕ'i⁴⁴！

104 给你三天时间做得了做不了？

= 得尔三日辰光做勒出做勿出？

təʔ⁵ ŋ²⁴ sɛ⁵³⁻⁴⁴ ȵiʔ² dzən²² kuɔ̃⁵³ tsəu⁴⁴ ləʔ² ts'əʔ⁵ tsəu⁴⁴ vəʔ² ts'əʔ⁵？

105 你做得了，我做不了。

= 诺好做，我做勿来。

noʔ² hɔ³⁵ tsəu⁴⁴，ŋo²⁴ tsəu⁴⁴ vəʔ² lie²²。

106 你骗不了我。

= 诺骗我勿进个。

noʔ² p'i⁴⁴ ŋo²⁴⁻²¹ vəʔ² tɕin⁴⁴ ɦoʔ²。

107 了了这桩事情再说。

= 葛事体先了掉再讲。

kəʔ⁵ zʅ²⁴ t'i³⁵ ɕi⁵³ lio²² tio⁰ tsie⁴⁴ kɔ̃³⁵⁻⁵³。

108 这间房没住过人。

= 葛间屋人没庑过。

kəʔ⁵ kie⁵³ oʔ⁵ ȵin²² məʔ⁵ dən²² kəu⁰。

109 这牛拉过车，没骑过人。

= 葛只牛拉车拉过，人没骑过。

kəʔ⁵ tɕiʔ⁵ ŋø²² la²² ts'uo⁵³ la²¹ kəu⁴⁴，ȵin²² məʔ⁵ dʑi²² kəu⁴⁴。

110 这小马还没骑过人，你小心点儿。

= 葛只小马还没骑过人，你当心眼。

kəʔ⁵ tsɐʔ⁵ ɕio³⁵⁻⁴⁴ mo²⁴⁻²² ɦua²² məʔ⁵ dʑi²² kəu⁴⁴ ȵin²²，noʔ² tɔ̃⁵³⁻⁴⁴ ɕin⁵³
ŋiɛ⁰。

111 以前我坐过船，可从来没骑过马。

= 过去我船乘过，马从来没骑过。

kəu⁴⁴ tɕʻi⁰ ŋo²⁴ zɐi²² tsʻən²² kəu⁴⁴, mo²⁴ dzoŋ²² lie²² məʔ⁵ dʑi²² kəu⁰。

112 丢在街上了。搁在桌上了。

= 丢勒街上顶眼。安勒桌凳上顶眼。

ty⁵³⁻⁴⁴ ləʔ² ka⁵³ dzɔ̃²² tən³⁵⁻⁴⁴ ŋɛ²⁴⁻²¹。ɐi⁵³⁻⁴⁴ ləʔ² tsəʔ⁵ tən⁴⁴ dzɔ̃²² tən³⁵⁻⁴⁴ ŋɛ²⁴⁻²¹。

113 掉到地上了，怎么都没找着。

= 地垟勒坠落眼勒，随便咋寻也寻勿着。

di²⁴ ʑiã²² ləʔ² toʔ⁵ loʔ² ŋiɛ²⁴ ləʔ², zɐi²² bi²² dza²⁴ ʑin²² fia²⁴ ʑin²² vəʔ² dzɐʔ²。

114 今晚别走了，就在我家住下吧！

= 夜到莫去勒，阿拉屋落庑庑的好嘞!

ʑia²⁴ tɔ⁴⁴ mɔ⁴⁴ tɕʻi⁴⁴ ləʔ², ɐʔ⁵ lɐʔ² uoʔ⁵ loʔ² dən²² dən²² tiʔ⁵ hɔ³⁵⁻⁵³ lɐi⁰!

115 这些果子吃得吃不得？

= 葛眼水果好吃哦？

kəʔ⁵ ŋɛ²⁴ sɿ³⁵⁻⁵³ kəu³⁵⁻⁴⁴ hɔ³⁵ tɕʻyoʔ⁵ vɐʔ²?

116 这是熟的，吃得。那是生的，吃不得。

= 葛是熟个，好吃个。葛是生个，吃勿来个。

kəʔ⁵ zɿ²² dzoʔ² fioʔ², hɔ³⁵⁻⁴⁴ tɕʻyoʔ⁵ fioʔ²。kəʔ⁵ zɿ²² sã⁵³ fioʔ², tɕʻyoʔ⁵ vɐʔ² lie²² fioʔ²。

117 你们来得了来不了？

= 㑚好来还来勿来啦？

nɐʔ² hɔ³⁵⁻⁴⁴ lie²² fiua²² lie²²⁻²¹ vɐʔ² lie²² la⁰?

118 我没事，来得了，他太忙，来不了。

= 我没事体，好来个，其忒忙嘞，呒告来。

ŋo²⁴ məʔ⁵ zɿ²⁴ tʻi³⁵, hɔ³⁵⁻⁴⁴ lie²² fioʔ², dʑi²² tʻɐʔ⁵ mɔ̃²² lɐi⁰, m̩²⁴⁻²¹ kɔ⁴⁴ lie²²。

119 这个东西很重，拿得动拿不动？

= 葛只东西交关重，诺驮勒动哦？

kəʔ⁵ tsɐʔ⁵ toŋ⁵³⁻⁴⁴ ɕi⁵³ tɕio⁵³⁻⁴⁴ kuɛ⁵³ dzoŋ²², noʔ² dəu²²⁻²¹ ləʔ² doŋ²² vɐʔ²?

120 我拿得动，他拿不动。

= 我驮勒动个，其驮勿动。

ŋo²⁴ dəu²² ləʔ² doŋ²² ɦioʔ², dʑi²² dəu²² vəʔ² doŋ²²。

121 真不轻，重得连我都拿不动了。

= 咋会介重啦，重勒连仔我搭驳勿动勒么。

dzɐʔ² ɦiuɐi²² ka⁴⁴ dzoŋ²² la⁰, dzoŋ²² ləʔ² li²² tsɿ⁰ ŋo²⁴ tɐʔ⁵ dəu²² vəʔ² doŋ²² ləʔ² məʔ²。

122 他手巧，画得很好看。

= 其手脚活络，画勒交关好看。

dʑi²² sø³⁵⁻⁵³ tɕiɐʔ⁵ ɦuəʔ² loʔ², ɦiuo²⁴ ləʔ² tɕio⁵³⁻⁴⁴ kuɛ⁵³ hɔ³⁵⁻⁵³ k'i⁴⁴。

123 他忙得很，忙得连吃过饭没有都忘了。

= 其交关忙，忙勒连仔饭吃没吃过也忘记嘞。

dʑi²² tɕio⁵³⁻⁴⁴ kuɛ⁵³ mɔ̃²², mɔ̃²² ləʔ² li²² tsɿ⁰ vɛ²⁴ tɕ'yoʔ⁵ məʔ⁵ tɕ'yoʔ⁵ kəu⁴⁴ ɦia²⁴ mɔ̃²⁴ tɕi⁴⁴ lɐi⁰。

124 你看他急得，急得脸都红了。

= 尔看夷急哦，急勒面孔也红嘞。

ŋ̍²⁴ k'i⁴⁴ zɿ²² tɕiʔ⁵ vəʔ², tɕiʔ⁵ ləʔ² mi²⁴ k'oŋ³⁵ ɦia²⁴⁻²² ɦioŋ²²⁻²¹ lɐi⁰。

125 你说得很好，你还会说些什么呢？

= 诺讲勒交关好，诺还会讲眼啥个呢？

noʔ² kɔ̃³⁵ ləʔ² tɕio⁵³⁻⁴⁴ kuɛ⁵³ hɔ³⁵, noʔ² ɦiua²² xuɐi⁴⁴ kɔ̃³⁵ ŋiɛ²⁴ soʔ⁵ ɦioʔ² n̠i⁰？

126 说得到，做得了，真棒！

= 讲勒到，做勒到，好个！

kɔ̃³⁵⁻⁵³ ləʔ² tɔ⁴⁴, tsəu⁴⁴ ləʔ² tɔ⁴⁴, hɔ³⁵⁻⁵³ ɦioʔ²！

127 这个事情说得说不得呀？

= 葛事体好话话勿来啊？

kəʔ⁵ zɿ²⁴ t'i³⁵ hɔ³⁵⁻⁴⁴ ɦiuo²⁴ ɦiuo²⁴ vəʔ² lie²² ɦia⁰？

128 他说得快不快？听清楚了吗？

= 其讲勒快哦？听清爽勒哦？

dʑi²² kɔ̃³⁵ ləʔ² k'ua⁴⁴ vɐʔ²？ t'in⁵³⁻⁴⁴ tɕ'in⁵³ sɔ̃³⁵⁻⁴⁴ ləʔ² vɐʔ²？

129 他说得快不快？只有五分钟时间了。

= 其讲勒快哦？只有五分钟辰光嘞。

dʑi²² kɔ̃³⁵ ləʔ² k'ua⁴⁴ vɐʔ²？ tɕiʔ⁵ ɦiy²⁴⁻²² ŋ̍²² fən⁵³⁻⁴⁴ tsoŋ⁵³⁻⁴⁴ dzən²² kuɔ̃⁵³ lɐi⁰。

130 这是他的书。

　　=葛是其个书。

　　kəʔ⁵ zʅ²² dʑi²² ɦioʔ² sʅ⁵³。

131 那本书是他哥哥的。

　　=该本书是其阿哥个。

　　gɛ²² pən³⁵⁻⁵³ sʅ⁵³ zʅ²² dʑi²² ɐʔ⁵ kəu⁵³ ɦioʔ²。

132 桌子上的书是谁的？是老王的。

　　=桌凳上顶个书是啥人啦？是老王个。

　　tsəʔ⁵ tən⁴⁴ dzɔ̃²² tən³⁵⁻⁴⁴ ɦioʔ² sʅ⁵³ zʅ²² soʔ⁵ n̠in²² la⁰？zʅ²² lɔ²⁴ ɦiuɔ̃²² ɦioʔ²。

133 屋子里坐着很多人，看书的看书，看报的看报，写字的写字。

　　=屋落里头坐勒交关多人，看书个看书，看申报纸个看申报纸，写字个写字。

　　uoʔ⁵ loʔ² li²⁴ dø²² dzəu²⁴⁻²² ləʔ² tɕio⁵³⁻⁴⁴ kuɛ⁵³ təu⁵³ n̠in²²，k'i⁴⁴ sʅ⁵³ ɦioʔ²
　　k'i⁴⁴ sʅ⁵³，k'i⁴⁴ sən⁵³⁻⁴⁴ pɔ⁴⁴⁻⁵³ tsʅ⁰ ɦioʔ² k'i⁴⁴ sən⁵³⁻⁴⁴ pɔ⁴⁴ tsʅ⁰，ɕia³⁵ zʅ²⁴
　　ɦioʔ² ɕia³⁵ zʅ²⁴。

134 要说他的好话，不要说他的坏话。

　　=要讲夷好话，莫讲夷坏话。

　　io⁴⁴ kɔ̃³⁵ ʑi²² hɔ³⁵⁻⁵³ ɦiuo²⁴⁻²²，mɔ⁴⁴ kɔ̃³⁵ ʑi²² ua³⁵⁻⁵³ ɦiuo²⁴⁻²²。

135 上次是谁请的客？是我请的。

　　=上忙是啥人请客啦？是我请客个。

　　dzɔ̃²⁴⁻²² mɔ̃²²⁻²¹ zʅ²² soʔ⁵ n̠in²² tɕ'in³⁵ k'ɐʔ⁵ la⁰？zʅ²² ŋo²⁴ tɕ'in³⁵
　　k'ɐʔ⁵ ɦioʔ²。

136 你是哪年来的？

　　=诺是阿里年来个？

　　noʔ² zʅ²² ɐʔ⁵ li²⁴ n̠i²² lie²² ɦioʔ²？

137 我是前年到的北京。

　　=我是前年子到北京个。

　　ŋo²⁴ zʅ²² ʑi²² n̠i²² tsʅ⁰ tɔ⁴⁴ poʔ⁵ tɕin⁵³ ɦioʔ²。

138 你说的是谁？

　　=诺讲个是啥人啦？

noʔ² kɔ̃³⁵ ɦioʔ² zʅ²² soʔ⁵ n̠in²² laº ?

139 我反正不是说的你。

=我反正勿是讲诺。

ŋo²⁴ fɛ³⁵⁻⁴⁴ tsən⁴⁴⁻⁵³ vəʔ² zʅ²² kɔ̃³⁵ noʔ²。

140 他那天是见的老张，不是见的老王。

=其葛日是碰老张，勿是碰老王。

dʑi²² kəʔ⁵ n̠iʔ² zʅ²² bã²⁴ lɔ²⁴ tsã⁵³⁻³⁵, vəʔ² zʅ²² bã²⁴ lɔ²⁴ ɦiuɔ̃²²。

141 只要他肯来，我就没的说了。

=只要其肯来，我就没言话嚽。

tɕiʔ⁵ io⁴⁴ dʑi²² k'ən³⁵ lie²², ŋo²⁴ zø²² məʔ⁵ ɦiɛ²²⁻²¹ ɦiuo²⁴⁻²² lɐi⁰。

142 以前是有的做，没的吃。

=过去是有勒做，呒没吃。

kəu⁴⁴ tɕ'y⁴⁴⁻⁵³ zʅ²² ɦiy²⁴ ləʔ² tsəu⁴⁴, m̩²⁴ məʔ⁵ tɕ'yoʔ⁵。

143 现在是有的做，也有的吃。

=葛记是有勒做，也有勒吃。

kəʔ⁵ tɕiº zʅ²² ɦiy²⁴ ləʔ² tsəu⁴⁴, ɦia²⁴ ɦiy²⁴ ləʔ² tɕ'yoʔ⁵。

144 上街买个蒜啊葱的，也方便。

=到街勒买只大蒜啊葱啊，也方便。

tɔ⁴⁴ ka⁵³ ləʔ² ma²⁴ tsɐʔ⁵ da²⁴ sø⁴⁴ ɦiaº ts'oŋ⁵³ ɦiaº, ɦia²⁴ fɔ̃⁵³ bi²²。

145 柴米油盐什么的，都有的是。

=柴米油盐啥个东西，和总有个。

dza²²⁻²¹ mi²⁴⁻²² ɦiy²² zʅ²² soʔ⁵ ɦioʔ² toŋ⁵³⁻⁴⁴ ɕi⁵³, ɦiəu²² tsoŋ³⁵⁻⁵³ ɦiy²⁴⁻²¹ ɦioʔ²。

146 写字算账什么的，他都能行。

=写字算账啥个，其和总做勒相相。

ɕia³⁵ zʅ²⁴ sø⁴⁴ tsã⁴⁴ soʔ⁵ ɦioʔ², dʑi²² ɦiəu²² tsoŋ³⁵⁻⁵³ tsəu⁴⁴ ləʔ²
ɕiã⁵³⁻⁴⁴ ɕiã⁵³⁻⁴⁴。

147 把那个东西递给我。

=该只东西递得我。

gɛ²² tsɐʔ⁵ toŋ⁵³⁻⁴⁴ ɕi⁵³ di²⁴ təʔ⁵ ŋo²⁴⁻²¹。

148 是他把那个杯子打碎了。

=该只杯子是其弄碎个。

gɛ²² tsɐʔ⁵ pɐi⁵³ tsʅ⁰ zʅ²² dʑi²² noŋ²⁴ sɐi⁴⁴ ɦioʔ²。

149 把人家脑袋都打出血了，你还笑！

　　＝人家头得尔血搭敲出，诺还笑！

　　n̠in²² kuo⁵³ dø²² təʔ⁵ŋ²⁴ çyoʔ⁵ tɐʔ⁵ k'ɔ⁵³ ts'əʔ⁵，noʔ² ɦiua²²⁻²⁴ çio⁴⁴！

150 快去把书还给他。

　　＝书快眼去还得夷。

　　sʅ⁵³ k'ua⁴⁴ ŋɛ⁰ tç'iʔ⁵ ɦiuɛ²² təʔ⁵ ʑi²²。

151 我真后悔当时没把他留住。

　　＝我真后悔葛辰光没得夷留落。

　　ŋo²⁴ tsən⁵³ ɦø²² huɐi³⁵⁻⁴⁴ kəʔ⁵ dzən²² kuõ⁵³⁻⁴⁴ məʔ⁵ təʔ⁵ ʑi²² ly²² loʔ²。

152 你怎么能不把人当人呢？

　　＝诺咋好勿得人当人呢？

　　noʔ² dza²⁴ hɔ³⁵⁻⁴⁴ vəʔ² təʔ⁵ n̠in²² tõ⁵³⁻⁴⁴ n̠in²² n̠i⁰？

153 有的地方管太阳叫日头。

　　＝有些地方呕太阳叫日头。

　　ɦy²⁴⁻²² çin⁵³ di²⁴ fõ⁵³⁻⁴⁴ ø³⁵ t'a⁴⁴ ʑiã²² tçio⁴⁴ n̠iʔ² dø²²。

154 什么？她管你叫爸爸！

　　＝啥个啊？其呕诺阿伯！

　　soʔ⁵ ɦioʔ² ɦia⁰？dʑi²² ø³⁵ noʔ² ɐʔ⁵ pɐʔ⁵！

155 你拿什么都当真的，我看没必要。

　　＝诺随便啥个当真个，我看没葛个必要。

　　noʔ² zɐi²² bi²² soʔ⁵ ɦioʔ² tõ⁵³⁻⁴⁴ tsən⁵³ ɦioʔ²，ŋo²⁴ k'i⁴⁴ məʔ⁵ kəʔ⁵ ɦioʔ² piʔ⁵ io⁴⁴。

156 真拿他没办法，烦死我了。

　　＝真得夷没办法，我得夷烦啊烦煞嚟。

　　tsən⁵³ təʔ⁵ ʑi²² məʔ⁵ bɛ²⁴ fɐʔ⁵，ŋo²⁴ təʔ⁵ ʑi²² vɛ²² ɦia⁰ vɛ²² sɐʔ⁵ lɐi⁰。

157 看你现在拿什么还人家。

　　＝看尔葛记驮啥个还得人家。

　　k'i⁴⁴ŋ²⁴ kəʔ⁵ tçi⁴⁴ dəu²² soʔ⁵ ɦioʔ² ɦiuɛ²² təʔ⁵ n̠in²² kuo⁵³。

158 他被妈妈说哭了。

　　＝其得其拉阿姆话哭嚟。

dʑi²² təʔ⁵ dʑiɐʔ² lɐʔ² ã⁴⁴m̩²² ɦuo²⁴ k'oʔ⁵ lɐi⁰。

159 所有的书信都被火烧了，一点儿剩的都没有。

= 所有书信和总得火烧掉嘀，一眼剩落个也没。

suo³⁵ ɦy²⁴⁻²² sɿ⁵³⁻⁴⁴ ɕin⁴⁴⁻⁵³ ɦɐu²² tsoŋ³⁵⁻⁵³ təʔ⁵ həu³⁵ sɔ⁵³ tio⁴⁴ lɐi⁰, iʔ⁵ ŋiɐ²⁴ dzən²⁴ loʔ² ɦoʔ² ɦia²⁴ məʔ⁵。

160 被他缠了一下午，什么都没做成。

= 得夷缠勒一后半日，一样事体也没做成。

təʔ⁵ ʑi²² dzɐi²² ləʔ² iʔ⁵ ɦø²² pø⁴⁴ ȵiʔ², iʔ⁵ ʑiã²⁴ zɿ²⁴ t'i³⁵ ɦia²⁴⁻²² məʔ⁵ tsəu⁴⁴ dzən⁰。

161 让人给打蒙了，一下子没明白过来。

= 得人家敲木嘀，霎时三刻没还过来。

təʔ⁵ ȵin²² kuo⁵³ k'ɔ⁵³ moʔ² lɐi⁰, zɐʔ² zɿ²² sɛ⁵³ k'əʔ⁵ məʔ⁵ ɦuɛ²²⁻²¹ kəu⁴⁴ lie²²。

162 给雨淋了个浑身湿透。

= 得雨淋勒浑身溚溚渧。

təʔ⁵ ɦy²² lin⁴⁴ ləʔ² ɦuən²²⁻²¹ sən⁵³⁻⁴⁴ dɐʔ² dɐʔ² ti⁴⁴。

163 给我一本书。给他三本书。

= 得我一本书。得其三本书。

təʔ⁵ ŋo²⁴ iʔ⁵ pən³⁵ sɿ⁵³。təʔ⁵ dʑi²² sɛ⁵³⁻⁴⁴ pən³⁵⁻⁵³ sɿ⁵³。

164 这里没有书，书在那里。

= 荡窨书没个，书来该窨。

dõ²⁴ dɐi²² sɿ⁵³ məʔ⁵ ɦoʔ², sɿ⁵³ lie²² gɛ²² dɐi²²。

165 叫他快来找我。

= 呕其快眼到我乌推来。

ø³⁵⁻⁴⁴ dʑi²² k'ua⁴⁴ ŋɛ⁰ tɔ⁴⁴ ŋo²⁴ u⁰ t'ɐi⁵³⁻⁴⁴ lie⁰。

166 赶快把他请来。

= 快眼得夷请进来。

k'ua⁴⁴ ŋɛ⁰ təʔ⁵ ʑi²² tɕ'in³⁵⁻⁵³ tɕin⁴⁴ lie²²。

167 我写了条子请病假。

= 我写勒请假条请病假的。

ŋo²⁴ ɕia³⁵ ləʔ² tɕ'in³⁵ kuo³⁵⁻⁴⁴ dio²² tɕ'in³⁵ bin²⁴ kuo³⁵⁻⁴⁴ tiʔ⁵。

168 我上街买了份报纸看。

= 我到街勒买勒份申报纸看。

ŋo²⁴ tɔ⁴⁴ ka⁵³ ləʔ² ma²⁴ ləʔ² vən²² sən⁵³⁻⁴⁴ pɔ⁴⁴⁻⁵³ tsɿ³⁵⁻⁴⁴ kʻi⁴⁴。

169 我笑着躲开了他。

= 我一边笑一边避开夷。

ŋo²⁴ iʔ⁵ pi⁵³⁻⁴⁴ çio⁴⁴ iʔ⁵ pi⁵³⁻⁴⁴ bi²⁴ kʻie⁵³⁻⁴⁴ zɿ²²。

170 我抬起头笑了一下。

= 我头抬起笑勒一记。

ŋo²⁴ dø²² die²² tɕʻiº çio⁴⁴ ləʔ² iʔ⁵ tɕiº。

171 我就是坐着不动，看你能把我怎么着。

= 我偏生坐的勿动，看尔得我咋弄弄。

ŋo²⁴ pʻi⁵³⁻⁴⁴ sã⁵³ dzəu²⁴ tiʔ⁵ vəʔ⁵ doŋ²²，kʻi⁴⁴ ŋ̩²⁴ təʔ⁵ ŋo²⁴ dza²⁴⁻²²
noŋ²⁴ noŋ⁰。

172 她照顾病人很细心。

= 其照顾病人交关仔细。

dʑi²² tsɔ⁴⁴ ku⁴⁴ bin²⁴ ȵin²² tɕio⁵³⁻⁴⁴ kuɛ⁵³ tsɿ³⁵⁻⁵³ çi⁴⁴。

173 他接过苹果就咬了一口。

= 其苹果接过么就咬了一口。

dʑi²² bin²²⁻²¹ kəu³⁵⁻⁴⁴ tɕiʔ⁵ kəu⁴⁴ məʔ² zø²² ŋɔ²⁴ ləʔ² iʔ⁵ kʻø³⁵⁻⁴⁴。

174 他的一番话使在场的所有人都流了眼泪。

= 其个言话当场来的个人听勒和总出眼泪。

dʑi²² ɦioʔ² ɦiɛ²²⁻²¹ ɦiuo²⁴⁻²² tɔ̃⁵³⁻⁴⁴ dzã²²⁻²¹ lie²² tiʔ⁵ ɦioʔ² ȵin²² tʻin⁴⁴ ləʔ²
ɦiəu²² tsoŋ³⁵⁻⁵³ tsʻəʔ⁵ ŋɛ²⁴⁻²² liº。

175 我们请他唱了一首歌。

= 阿拉请夷唱勒一首歌。

ɐʔ⁵ ləʔ² tɕʻin³⁵⁻⁴⁴ zɿ²² tsʻɔ̃⁴⁴ ləʔ² iʔ⁵ sø³⁵ kəu⁵³。

176 我有几个亲戚在外地做工。

= 我有两个亲眷来外地做工。

ŋo²⁴ ɦy²⁴ liã²⁴⁻²² ɦioʔ² tɕʻin⁵³ tɕy⁴⁴ lie²² ŋa²⁴ di²⁴⁻²² tsəu⁴⁴ koŋ⁵³。

177 他整天都陪着我说话。

= 其整日整夜和总陪勒我讲言话。

dʑi²² tsən³⁵⁻⁵³ n̠i²ʔ² tsən³⁵⁻⁵³ ʑia²⁴ ɦɐu²² tsoŋ³⁵⁻⁵³ bɐi²² lə²ʔ² ŋo²⁴⁻²² kɔ̃³⁵ ɦɛ²²⁻²¹ ɦuo²⁴⁻²²。

178 我骂他是个大笨蛋，他居然不恼火。

= 我骂其是个大戆头，其一眼也勿生气。

ŋo²⁴ mo²⁴⁻²² dʑi²² zɿ²² ɦoʔ² dəu²⁴ gɔ̃²² dəu⁰, dʑi²² iʔ⁵ ŋɛ²⁴ ɦia²⁴ vəʔ² sã⁵³ tɕ'i⁴⁴。

179 他把钱一扔，二话不说，转身就走。

= 其钞票一掼，一句言话也勿讲，旋转就走。

dʑi²² ts'ɔ⁵³ p'io⁴⁴ iʔ⁵ guɛ²⁴, iʔ⁵ tɕy³⁵ ɦɛ²²⁻²¹ ɦuo²⁴⁻²² ɦia²⁴ vəʔ² kɔ̃³⁵, za²² tsɐi³⁵⁻⁴⁴ zø²² tsø³⁵。

180 我该不该来呢？

= 我应勿应该来呢？

ŋo²⁴ in⁴⁴⁻⁵³ vəʔ² in⁴⁴ kie⁵³⁻⁴⁴ lie²² n̠i⁰？

181 你来也行，不来也行。

= 诺来也吭告，勿来也吭告。

noʔ² lie²² ɦia²⁴ m̩²⁴⁻²¹ kɔ⁴⁴, vəʔ² lie²² ɦia²⁴ m̩²⁴⁻²¹ kɔ⁴⁴。

182 要我说，你就不应该来。

= 呕我话，诺勿应该来。

ø³⁵ ŋo²⁴ ɦuo²⁴, noʔ² vəʔ² in⁴⁴⁻⁵³ kie⁵³⁻⁴⁴ lie²²。

183 你能不能来？

= 诺好来来勿来？

noʔ² hɔ³⁵ lie²² lie²² vəʔ² lie²²？

184 看看吧，现在说不准。

= 葛要看情况，葛记讲勿好。

kəʔ⁵ io⁴⁴ k'i⁴⁴ dʑin²²⁻²¹ k'uɔ̃⁴⁴, kəʔ⁵ tɕi⁰ kɔ̃³⁵ vəʔ² hɔ³⁵⁻⁵³。

185 能来就来，不能来就不来。

= 好来就来，来勿来就勿来。

hɔ³⁵ lie²² zø²⁴⁻²² lie²², lie²² vəʔ² lie²² zø²⁴⁻²² vəʔ² lie²²。

186 你打算不打算去？

= 诺打勿打算去？

noʔ² tã³⁵⁻⁵³ vəʔ² tã³⁵⁻⁵³ sø⁴⁴ tɕ'i⁴⁴？

187 去呀！谁说我不打算去？

　　＝去耶，啥人话我勿打算去啊？

　　tɕ'i⁴⁴ ʑie⁰, soʔ⁵ n̠in²² ɦuo²⁴ ŋo²⁴ vəʔ² tã³⁵⁻⁵³ sø⁴⁴ tɕ'i⁴⁴ ɦia⁰?

188 他一个人敢去吗？

　　＝其一个人敢去哦？

　　dʑi²² iʔ⁵ ɦoʔ² n̠in²² ki³⁵ tɕ'i⁴⁴ vɐʔ²²?

189 敢！那有什么不敢的？

　　＝敢耶，葛有啥个勿敢号？

　　ki³⁵ ʑie⁰, kəʔ⁵ ɦɤ²⁴ soʔ⁵ ɦoʔ² vəʔ² ki³⁵ ɦɔ⁰?

190 他到底愿不愿意说？

　　＝其到底愿勿愿意讲？

　　dʑi²² tɔ⁴⁴ ti³⁵⁻⁵³ n̠y²⁴⁻²¹ vəʔ² n̠y²⁴ i⁴⁴ kɔ̃³⁵?

191 谁知道他愿意不愿意说？

　　＝啥人晓得其愿勿愿意讲啊？

　　soʔ⁵ n̠in²² ɕio³⁵⁻⁵³ təʔ⁵ dʑi²² n̠y²⁴⁻²¹ vəʔ² n̠y²⁴ i⁴⁴ kɔ̃³⁵ ɦia⁰?

192 愿意说得说，不愿意说也得说。

　　＝愿意讲要讲，勿愿意讲也要讲。

　　n̠y²⁴⁻²¹ i⁴⁴ kɔ̃³⁵ io⁴⁴ kɔ̃³⁵, vəʔ² n̠y²⁴⁻²¹ i⁴⁴ kɔ̃³⁵ ɦia²⁴ io⁴⁴ kɔ̃³⁵。

193 反正我得让他说，不说不行。

　　＝反正我要呕其讲，勿讲弄勿来。

　　fɛ³⁵ tsən⁴⁴ ŋo²⁴ io⁴⁴ ø³⁵ dʑi²² kɔ̃³⁵, vəʔ² kɔ̃³⁵ noŋ²⁴ vəʔ² lie²²。

194 还有没有饭吃？

　　＝饭还有吃哦？

　　vɛ²⁴ ɦua²² ɦɤ²⁴ tɕ'yoʔ⁵ vɐʔ²²?

195 有，刚吃呢。

　　＝有个，刚刚开始吃。

　　ɦɤ²⁴ ɦoʔ², kuo⁵³⁻⁴⁴ kuo⁵³ k'ie⁵³⁻⁴⁴ sʅ³⁵ tɕ'yoʔ⁵。

196 没有了，谁叫你不早来！

　　＝没嘞，啥人呕诺勿早眼来！

　　məʔ⁵ lɐi⁰, soʔ⁵ n̠in²² ø³⁵ noʔ² vəʔ² tsɔ³⁵ ŋiɛ⁰ lie²²!

197 你去过北京吗？我没去过。

= 诺北京有去过哦？我没去过。

noʔ² poʔ⁵ tɕin⁵³ ɦiɣ²⁴ tɕʻiʔ⁴⁴ kəu⁴⁴ vɐʔ²？ ŋo²⁴ məʔ⁵ tɕʻiʔ⁴⁴ kəu⁰。

198 我十几年前去过，可没怎么玩，都没印象了。

= 我几十年前头去过，没大嬲和，印象搭没大嚼。

ŋo²⁴ tɕi⁵³⁻⁴⁴ zəʔ² n̠i²² ʑi²² dø⁰ tɕʻiʔ⁴⁴ kəu⁰，məʔ⁵ da²⁴⁻²² na²⁴ ɦuo²²，in⁴⁴⁻⁵³ ʑiã²⁴ tɐʔ⁵ məʔ⁵ da²⁴ lɐi⁰。

199 这件事他知道不知道？

= 葛事体其晓得哦？

kəʔ⁵ zŋ²⁴ tʻi³⁵ dʑi²² ɕio³⁵⁻⁵³ təʔ⁵ vɐʔ²？

200 这件事他肯定知道。

= 葛事体其肯定晓得。

kəʔ⁵ zŋ²⁴ tʻi³⁵ dʑi²² kʻən³⁵⁻⁴⁴ din²⁴⁻²¹ ɕio³⁵⁻⁵³ təʔ⁵。

201 据我了解，他好像不知道。

= 我了解，其好像勿晓得。

ŋo²⁴ lio²⁴⁻²¹ ka³⁵⁻⁴⁴，dʑi²² hɔ³⁵ ʑiã²⁴⁻²² vəʔ² ɕio³⁵ təʔ⁵。

202 这些字你认得不认得？

= 葛眼字诺认得哦？

kəʔ⁵ ŋiɛ²⁴ zŋ²⁴ noʔ² n̠in²⁴ təʔ⁵ vɐʔ²？

203 我一个大字也不认得。

= 我一个字也勿识个。

ŋo²⁴ iʔ⁵ ɦoʔ² zŋ²⁴ ɦia²⁴ vəʔ² səʔ⁵ ɦoʔ²。

204 只有这个字我不认得，其他字都认得。

= 只有葛个字我勿认得，余多我和总认得个。

tɕiʔ⁵ ɦiɣ²⁴ kəʔ⁵ ɦoʔ² zŋ²⁴ ŋo²⁴ vəʔ² n̠in²⁴ təʔ⁵，ɦiɣ²² təu⁵³ ŋo²⁴ ɦiɣu²² tsoŋ³⁵⁻⁵³ n̠in²⁴ təʔ⁵ ɦoʔ²。

205 你还记得不记得我了？

= 我诺还记得哦？

ŋo²⁴ noʔ² ɦiua²² tɕi⁴⁴ təʔ⁵ vɐʔ²？

206 记得，怎么能不记得！

= 记得，咋会勿记得呢！

tɕi⁴⁴ təʔ⁵，dza²⁴ kuɐi⁴⁴ vəʔ² tɕi⁴⁴ təʔ⁵ n̠i⁰！

207 我忘了，一点都不记得了。

　　=我忘记嘞，一眼也记勿得嘞。

ŋo²⁴ mõ²⁴ tɕi⁴⁴ lɐiˀ⁰, iˀ⁵ ŋɛ²⁴ ɦia²⁴ tɕi⁴⁴ vəˀ² təˀ⁵ lɐiˀ⁰。

208 你在前边走，我在后边走。

　　=诺走前头，我走后头。

noˀ² tsø³⁵ ʑi²² dø²², ŋo²⁴ tsø³⁵ ɦø²² dø²²。

209 我告诉他了，你不用再说了。

　　=我已经话相夷掉嘞，诺好啎再去话嘞。

ŋo²⁴ ʑi²² tɕin⁵³ ɦuo²⁴ ɕiã⁵³⁻⁴⁴ ʑi²² tio⁴⁴ lɐiˀ⁰, noˀ² ɦia²⁴ vən²⁴ tsie⁴⁴ tɕʻiˀ⁵ ɦuo²⁴ lɐiˀ⁰。

210 这个大，那个小，你看哪个好？

　　=葛只大，该只小，诺看阿里只好呢？

kəˀ⁵ tsɐˀ⁵ dəu²⁴, gɛ²² tsɐˀ⁵ ɕio³⁵, noˀ² kʻi⁴⁴ ɐˀ⁵ li²⁴ tɕiˀ⁵ hɔ³⁵ ȵiˀ⁰?

211 这个比那个好。

　　=葛只比该只好。

kəˀ⁵ tsɐˀ⁵ pi³⁵ gɛ²² tsɐˀ⁵ hɔ³⁵。

212 那个没有这个好，差多了。

　　=该只没葛只好，差阤嘞。

gɛ²² tsɐˀ⁵ məˀ⁵ kəˀ⁵ tsɐˀ⁵ hɔ³⁵, tsʻuo⁵³⁻⁴⁴ ȵie²²⁻²¹ lɐiˀ⁰。

213 要我说这两个都好。

　　=呕我话，葛两只和好个。

ø³⁵ ŋo²⁴ ɦuo²⁴, kəˀ⁵ liã²⁴ tɕiˀ⁵ ɦəu²² hɔ³⁵⁻⁵³ ɦoˀ²。

214 其实这个比那个好多了。

　　=实际上葛只比该只好阤嘞。

dzəˀ² tɕi⁴⁴ dzõ²² kəˀ⁵ tɕiˀ⁵ pi³⁵ gɛ²² tsɐˀ⁵ hɔ³⁵ ȵie²²⁻²¹ lɐiˀ⁰。

215 今天的天气没有昨天好。

　　=今么天价没昨日好。

tɕiˀ⁵ məˀ² tʻi⁵³ ko⁴⁴ məˀ⁵ zoˀ² ȵiˀ² hɔ³⁵。

216 昨天的天气比今天好多了。

　　=昨日天价比今么好隑嘞。

zoˀ² ȵiˀ² tʻi⁵³ ko⁴⁴ pi³⁵ tɕiˀ⁵ məˀ² hɔ³⁵ ȵie²¹ lɐiˀ⁰。

217 明天的天气肯定比今天好。

　　= 明朝天价肯定比今么好。

m̩²² tsɔ⁵³ tʻi⁵³ ko⁴⁴ kʻən³⁵ din⁰ pi³⁵ tsiʔ⁵ məʔ² hɔ³⁵。

218 那个房子没有这个房子好。

　　= 该套房子没葛套房子好。

gɛ²² tʻɔ⁴⁴⁻⁵³ vɔ̃²²⁻²¹ tsɿ⁰ məʔ⁵ kəʔ⁵ tʻɔ⁴⁴ vɔ̃²²⁻²¹ tsɿ⁰ hɔ³⁵。

219 这些房子不如那些房子好。

　　= 葛眼房子没该眼好。

kəʔ⁵ ŋɛ²⁴ vɔ̃²²⁻²¹ tsɿ⁰ məʔ⁵ gɛ²² ŋɛ²⁴ hɔ³⁵。

220 这个有那个大没有？

　　= 葛只有该只大哦？

kəʔ⁵ tɕiʔ⁵ ɦy²⁴ gɛ²² tɕiʔ⁵ dəu²⁴ vɐʔ²？

221 这个跟那个一般大。

　　= 葛只得该只一样大。

kəʔ⁵ tsɐʔ⁵ təʔ⁵ gɛ²² tsɐʔ⁵ iʔ⁵ ʑiã²⁴ dəu²⁴⁻²²。

222 这个比那个小了一点点儿，不怎么看得出来。

　　= 葛只比该只小一眼眼，看大勿出。

kəʔ⁵ tsɐʔ⁵ pi³⁵ gɛ²² tsɐʔ⁵ ɕio³⁵ iʔ⁵ ŋie²⁴ ŋie²⁴⁻²², kʻi⁴⁴ da²⁴⁻²² vəʔ² tsʻəʔ⁵。

223 这个大，那个小，两个不一般大。

　　= 葛只大，该只小，两只勿是一样大。

kəʔ⁵ tsɐʔ⁵ dəu²⁴，gɛ²² tsɐʔ⁵ ɕio³⁵，liã²⁴⁻²² tsɐʔ⁵ vəʔ² zɿ²² iʔ⁵ ʑiã²⁴ dəu²⁴⁻²²。

224 这个跟那个大小一样，分不出来。

　　= 葛只得该只大小一样，分勿出。

kəʔ⁵ tsɐʔ⁵ təʔ⁵ gɛ²² tsɐʔ⁵ dəu²⁴ ɕio³⁵ iʔ⁵ ʑiã²⁴，fən⁵³ vəʔ² tsʻəʔ⁵。

225 这个人比那个人高。

　　= 葛个人比该个人长。

kəʔ⁵ ɦoʔ² n̠in²² pi³⁵ gɛ²² ɦoʔ² n̠in²² dzã²²。

226 是高一点儿，可是没有那个人胖。

　　= 是长一眼眼，没该个人壮。

zɿ²² dzã²² iʔ⁵ ŋie²⁴ ŋie²⁴⁻²²，məʔ⁵ gɛ²² ɦoʔ² n̠in²² tsɔ̃⁴⁴。

227 他们一般高，我看不出谁高谁矮。

= 其拉一样长，我看勿出啥人长啥人矮。

dzieʔ² leʔ² iʔ⁵ ʑiã²⁴ dzã²², ŋo²⁴ k'i⁴⁴ vəʔ² ts'əʔ⁵ soʔ⁵ n̠in²² dzã²² soʔ⁵
n̠in²² a³⁵。

228 胖的好还是瘦的好？

= 壮好还瘦好？

tsɔ̃⁴⁴ hɔ³⁵ ɦua²² søⁿ⁴⁴ hɔ³⁵？

229 瘦的比胖的好。

= 瘦比壮好。

sø⁴⁴ pi³⁵ tsɔ̃⁴⁴ hɔ³⁵。

230 瘦的胖的都不好，不瘦不胖最好。

= 瘦得壮和总没好，勿瘦勿壮顶好。

sø⁴⁴ təʔ⁵ tsɔ̃⁴⁴ ɦəu²² tsoŋ³⁵⁻⁵³ məʔ⁵ hɔ³⁵，vəʔ² sø⁴⁴ vəʔ²tsɔ̃⁴⁴ tin³⁵⁻⁵³ hɔ³⁵。

231 这个东西没有那个东西好用。

= 葛只东西没该只东西好用。

kəʔ⁵ tseʔ⁵ toŋ⁵³⁻⁴⁴ çi⁵³ məʔ⁵ gɛ²² tseʔ⁵ toŋ⁵³⁻⁴⁴ çi⁵³ hɔ³⁵⁻⁵³ ʑyoŋ²⁴⁻²²。

232 这两种颜色一样吗？

= 葛两种颜色一样哦？

kəʔ⁵ liã²⁴ tsoŋ³⁵⁻⁵³ ŋɛ²² səʔ⁵ iʔ⁵ ʑiã²⁴ veʔ²？

233 不一样，一种色淡，一种色浓。

= 各样个，一种颜色浅，一种颜色深。

koʔ⁵ ʑiã²⁴ ɦoʔ²，iʔ⁵ tsoŋ³⁵ ŋɛ²² səʔ⁵ tç'i³⁵，iʔ⁵ tsoŋ³⁵ ŋɛ²² səʔ⁵ sən⁵³。

234 这种颜色比那种颜色淡多了，你都看不出来？

= 葛种颜色比该种颜色浅交关，诺看勿出啊？

kəʔ⁵ tsoŋ³⁵⁻⁵³ ŋɛ²² səʔ⁵ pi³⁵ gɛ²² tsoŋ³⁵⁻⁵³ ŋɛ²² səʔ⁵ tç'i³⁵ tçio⁵³ kuɛ⁵³⁻⁴⁴，
noʔ² k'i⁴⁴ vəʔ² ts'əʔ⁵ ɦia⁰？

235 你看看现在，现在的日子比过去强多了。

= 诺看看葛记，葛记日脚比过去好交关嘞。

noʔ² k'i⁴⁴ k'i⁴⁴ kəʔ⁵ tçi⁰，kəʔ⁵ tçi⁰ n̠iʔ² tçieʔ⁵ pi³⁵ kəu⁴⁴ tç'i⁴⁴ hɔ³⁵ tçio⁵³
kuɛ⁵³⁻⁴⁴ lɐi⁰。

236 以后的日子比现在更好。

=后头日脚比葛记要越加好。

ɦø²² dø²² n̠i̧ʔ² tɕiɐʔ⁵ pi³⁵ kə̧ʔ⁵ tɕi⁴⁴ io⁴⁴ ʑyoʔ² ko⁵³ hɔ³⁵。

237 好好干吧，这日子一天比一天好。

　　=好好弄，葛日脚一日比一日好。

hɔ³⁵⁻⁵³ hɔ³⁵⁻⁴⁴ noŋ²⁴, kə̧ʔ⁵ n̠i̧ʔ² tɕiɐʔ⁵ iʔ⁵ n̠i²² pi³⁵ iʔ⁵ n̠i̧ʔ² hɔ³⁵。

238 这些年的生活一年比一年好，越来越好。

　　=葛两年日脚一年比一年好，越来越好嘞。

kə̧ʔ⁵ liã²⁴ n̠i²² n̠i̧ʔ² tɕiɐʔ⁵ iʔ⁵ n̠i²² pi³⁵ iʔ⁵ n̠i²² hɔ³⁵, ʑyoʔ² lie²² ʑyoʔ² hɔ³⁵
lɐi⁰。

239 咱兄弟俩比一比谁跑得快。

　　=阿拉两兄弟比比看啥人奔勒快。

ɐʔ⁵ lɐʔ² liã²⁴ ɕyoŋ⁵³⁻⁴⁴ di²² pi³⁵ pi³⁵ k‘ie⁴⁴ soʔ⁵ n̠in²² pən⁴⁴ lə̧ʔ² k‘ua⁴⁴。

240 我比不上你，你跑得比我快。

　　=我比尔勿上，诺奔勒比我快。

ŋo²⁴ pi³⁵⁻⁵³ n̠²⁴⁻²² vəʔ² dzɔ̃²², noʔ² pən⁴⁴ lə̧ʔ² pi³⁵ ŋo²⁴ k‘ua⁴⁴。

241 他跑得比我还快，一个比一个跑得快。

　　=其奔勒比我快，一个比一个奔勒快。

dʑi²² pən⁴⁴ lə̧ʔ² pi³⁵ ŋo²⁴ k‘ua⁴⁴, iʔ⁵ ɦoʔ² pi³⁵ iʔ⁵ ɦoʔ² pən⁴⁴ lə̧ʔ² k‘ua⁴⁴。

242 他比我吃得多，干得也多。

　　=其比我吃勒多，事体也做勒多。

dʑi²² pi³⁵ ŋo²⁴ tɕ‘yoʔ⁵ lə̧ʔ² təu⁵³, zʅ²⁴ t‘i³⁵ ɦia²⁴ tsəu⁴⁴ lə̧ʔ² təu⁵³。

243 他干起活来，比谁都快。

　　=其做起事体来，比随便啥人快。

dʑi²² tsəu⁴⁴ tɕ‘i³⁵ zʅ²⁴ t‘i³⁵ lie²², pi³⁵ zɐi²² bi²² soʔ⁵ n̠in²² k‘ua⁴⁴。

244 说了一遍，又说一遍，不知说了多少遍。

　　=讲了一遍亦是一遍，勿晓得讲勒多少遍。

kɔ̃³⁵ lə̧ʔ² iʔ⁵ pi⁴⁴⁻³⁵ zʅ²⁴ zʅ²² iʔ⁵ pi⁴⁴⁻³⁵, vəʔ² ɕio³⁵ tə̧ʔ⁵ kɔ̃³⁵ lə̧ʔ² təu⁵³⁻⁴⁴
sɔ³⁵⁻⁵³ pi⁴⁴。

245 我最笨，可是怎么也说不过他。

　　=我忒笨嘞，咋毛也讲夷勿过。

ŋo²⁴ t‘ɐʔ⁵ bən²⁴ lɐi⁰, dza²⁴ mɔ²² ɦia²⁴ kɔ̃³⁵ zi²² vəʔ² kəu⁴⁴。

246 他走得越来越快，我都跟不上了。

　　＝其走勒越来越快，我跟勿上嘞。

　　dʑi²² tsø³⁵ ləʔ² ʑyoʔ² lie²² ʑyoʔ² kʻua⁴⁴，ŋo²⁴ kən⁵³ vəʔ² dzɔ̃²² lɐi⁰。

247 越走越快，越说越快。

　　＝越走越快，越讲越快。

　　ʑyoʔ² tsø³⁵ ʑyoʔ² kʻua⁴⁴，ʑyoʔ² kɔ̃³⁵ ʑyoʔ² kʻua⁴⁴。

248 慢慢说，一句一句地说。

　　＝慢慢较讲，一句一句话。

　　mɛ²⁴ mɛ²⁴⁻²² tɕio⁴⁴⁻⁵³ kɔ̃³⁵，iʔ⁵ tɕy³⁵ iʔ⁵ tɕy³⁵ ɦuo²⁴。

附录二　宁波方言长篇语料

一　戆头女婿①

葛只戆头女婿呢生活也隑②好啦，格么讲呢限板③老大先讲。格么老大、老二、老三。（这个傻女婿呢本事也不错，那么说呢肯定老大先说，老大、老二、老三这样的顺序说）

kəʔ⁵ tseʔ⁵ gɔ̃²² dəu²² n̠y²² çi⁴⁴ n̠i⁰ sã⁵³⁻⁴⁴ ɦuəʔ² ɦia²⁴ ŋie²² hɔ³⁵ la⁰，keʔ⁵ məʔ² kɔ̃³⁵ ni⁰ ɦiɛ²⁴ pɛ³⁵⁻⁵³ lɔ²⁴ dəu²⁴⁻²² çi⁵³ kɔ̃³⁵。keʔ⁵ məʔ² lɔ²⁴ dəu²⁴⁻²²、lɔ²⁴ n̠i²⁴⁻²²、lɔ²⁴ sɛ⁵³⁻³⁵。

丈人呢买来一匹马，葛匹马呢女婿时格④傲⑤丈人：鉴⑥介好嘞，介好哨！话来话去介好。（丈人老呢买来一匹马，女婿们要夸丈人：真是好，如此的好！不停地夸）

dzã²² n̠in²² n̠i⁰ ma²⁴⁻²² lie²² iʔ⁵ p'iʔ⁵ mo²⁴，kəʔ⁵ p'iʔ⁵ mo²⁴ n̠i⁰ n̠y²² çi⁴⁴⁻⁵³ zɻ²² keʔ⁵ ŋɔ²⁴⁻²² dzã²² n̠in²²：dzɐi²² ka⁴⁴ hɔ³⁵ lɐi⁰，ka⁴⁴ hɔ³⁵ sɔ⁰！ɦuo²⁴ lie²² ɦuo²⁴ tç'i⁴⁴ ka⁴⁴ hɔ³⁵。

格么其拉丈人话嘞桥,⑦："好，好，格尔厄话耶，只晓得'好、好'话话和！"（于是呢丈人说了：都说好好好，你们要说出具体好在哪里来，只知道"好好好"地说没用）

keʔ⁵ məʔ² dzɐiʔ² leʔ² dzã²² n̠in²² ɦuo²⁴ lɐi⁰，dzio²⁴："hɔ³⁵，hɔ³⁵，keʔ⁵ ŋ²⁴əʔ⁵ ɦuo²⁴ie⁰，tçiʔ⁵ çio³⁵⁻⁵³ təʔ⁵'hɔ³⁵、hɔ³⁵，ɦuo²⁴ ɦuo²⁴ ɦɐu⁰！"

格么其讲嘞，其拉丈人话："大女婿先讲。"（于是他说，他们的丈人说：让大女婿先说）

keʔ⁵ məʔ² dz̠i²² kɔ̃³⁵⁻⁵³ lɐi⁰，dzɐiʔ² leʔ² dzã²² n̠in²² ɦuo²⁴："dəu²⁴ n̠y²²

---

① 戆头，傻。戆头女婿即傻女婿。

② 隑，音［ŋie］，非常，十分。

③ 限板：一定。

④ 时格：总是，不停地……。

⑤ 傲：称赞。

⑥ 鉴，"咋会"［dzaɦuɐi］的合音词，意思是"怎么会"，这里表示感叹。经常与"介"组成"鉴介"，表示感叹，意思是"怎么会如此……"。

⑦ 桥，dzio²⁴，"其话"的合音合意字，意思是"他说"。

ɕi⁴⁴⁻⁵³ ɕi⁵³ kɔ̃³⁵。"

格么其咋讲呢，夷搭话："水上丢金针——水勒啦丢勒一枚金针，骑马到京城，骑来又骑去么，得金针搭还没沉啦！"格回转勒，葛形容记耶，和。（于是大女婿就说了，他说："水上丢金针——水里面丢下一枚金针上去，骑马到京城，从京城骑过去再骑回来，金针还没沉。"那就回来了，这是形容马的速度快）

kɐʔ⁵ məʔ² dʑi²² dza²⁴⁻²¹ kɔ̃³⁵ ȵi⁰, ʑi²² tɐʔ⁵ ɦuo²⁴⁻²²: "sɿ³⁵⁻⁵³ dzɔ̃²² ty⁵³⁻⁴⁴ tɕin⁵³⁻⁴⁴ tsən⁵³——sɿ³⁵ ləʔ² la⁰ ty⁵³⁻³⁵ ləʔ²iʔ⁵ mɐi²² tɕin⁵³⁻⁴⁴ tsən⁵³, dʑi²² mo²⁴ tɔ⁴⁴ tɕin⁵³⁻⁴⁴ dzən²²⁻²¹, dʑi²² lie²² ʑi²² dʑi²² tɕʻi⁴⁴ məʔ², tɐʔ⁵ tɕin⁵³⁻⁴⁴ tsən⁵³ tɐʔ⁵ ɦua²² məʔ⁵ dzən²² la⁰!" kɐʔ⁵ ɦuɐi²²⁻²¹ tsɐi³⁵⁻⁴⁴ ləʔ², kəʔ⁵ ʑin²² ʑyoŋ²² tɕiʻie⁰, ɦɐu²²。

格么第二个女婿话嘢，夷搭话："火上烌①鸡毛——火勒烌爿鸡毛弄啦，骑马到余姚，骑来又骑去么，鸡毛搭还没焦啦！"也回转勒毛②，格形容马啦快。（二女婿说："火上烧鸡毛——火上面把鸡毛烧着，骑马到余姚，骑过去再骑回来，鸡毛还没焦。"也返回来了，也形容马的速度快）

kɐʔ⁵ məʔ² di²⁴ ȵi²⁴⁻²² ɦioʔ² ȵy²² ɕi⁴⁴⁻⁵³ ɦuo²⁴ lɐi⁰, ʑi²² tɐʔ⁵ ɦuo²⁴⁻²²: "hɐu³⁵⁻⁵³ dzɔ̃²² mɐi²² tɕi³⁵ mɔ²²⁻²¹——hɐu³⁵ ləʔ² mɐi²² pɐ⁴⁴ tɕi³⁵ mɔ²²⁻²¹ noŋ²⁴ la⁰, dʑi²² mo²⁴⁻²² tɔ⁴⁴ ɦiy²²ɔ⁵³, dʑi²² lie²² ʑi²² dʑi²² tɕʻi⁴⁴ məʔ², tɕi³⁵⁻⁴⁴ mɔ²²⁻²¹ tɐʔ⁵ ɦua²² məʔ⁵ tɕio⁵³ la⁰!" ɦia²⁴ ɦuɐi²²⁻²¹ tsɐi³⁵⁻⁴⁴ ləʔ² mɔ²², kɐʔ⁵ ʑin²² ʑyoŋ²² mo²⁴ la⁰ kʻua⁴⁴。

格么第三个女婿，葛遭其拉丈母娘去帮帮其，"格其话勿相相啦，嗝话嘢！嗝话嘢！""格么也要话个和！"（第三个女婿，丈母娘帮他说话："他说不了的，别说了，别说了！""那也要说的！"）

kɐʔ⁵ məʔ² di²⁴ sɐ⁵³ ɦioʔ² ȵy²² ɕi⁴⁴⁻⁵³, kəʔ⁵ tsɔ⁵³ dzɐiʔ² lɐʔ² dzã²² m̩²² ȵiã²² tɕʻiʔ⁵ pɔ̃⁵³ pɔ̃⁵³ dʑi²², "kɐʔ⁵ dʑi²² ɦuo²⁴ vɐʔ² ɕiã⁵³ ɕiã⁵³⁻⁴⁴ la⁰, vən²⁴⁻²¹ ɦuo²⁴ lɐi⁰! vən²⁴⁻²¹ ɦuo²⁴⁻²² lɐi⁰!" "kɐʔ⁵ məʔ² ɦia²⁴io⁴⁴⁻⁵³ ɦuo²⁴ ɦoʔ² ɦɐu⁰!"

---

① 烌，烧。
② 毛，语气词，表示肯定。

　　格么其拉丈母娘"闸"① 走出么，去屋个屁啦！（于是丈母娘有点着急，匆忙走过去，不小心放了一个屁）

　　kɐʔ⁵ məʔ² dʑiɐʔ² lɐʔ² dzã²² m̩²² ȵiã²² "zɐʔ²" tsø³⁵ tsʻəʔ⁵ məʔ², tɕʻiʔ⁵ dza²⁴ ɦoʔ² pʻi⁴⁴ la⁰ ！

　　格桥："丈母屋个屁"，照其拉丈母娘来话啦，"骑马到诸暨，骑来又骑去么，葛阿拉丈母娘屁眼搭还没闭啦！"也回转尔嗽！也回转尔嗽！格马快勿啦？（于是三女婿就说了："丈母娘放个屁，照着丈母娘来说了，骑马到诸暨，骑过来骑过去，丈母娘屁门还没闭。"也返回来了，速度快不快啊）

　　kɐʔ⁵ dʑio²⁴： "dzã²² m̩²² ȵiã²² dza²² ɦoʔ² pʻi⁴⁴"，tsɔ⁴⁴ dʑiɐʔ² lɐʔ² dzã²² m̩²² ȵiã²² lie²² ɦuo²⁴ la⁰ ， "dʑi²² mo²⁴⁻²² tɔ⁴⁴ tsʅ⁵³ tɕi⁴⁴， dʑi²² lie²² ʑi²² dʑi²² tɕʻi⁴⁴ məʔ²， kəʔ⁵ ɐʔ⁵ lɐʔ² dzã²² m̩²² ȵiã²² pʻi⁴⁴ ŋɛ²⁴⁻²² tɐʔ⁵ ɦua²² məʔ⁵ pi⁴⁴ la⁰ ！" ɦia²⁴ ɦiuɐi²²⁻²¹ tsɐi³⁵⁻⁴⁴ əl²⁴ lɐʔ²！ ɦia²⁴ ɦiuɐi²²⁻²¹ tsɐi³⁵⁻⁴⁴ əl²⁴ lɐʔ²！ kɐʔ⁵ mo²⁴⁻²² kʻua⁴⁴ vəʔ² la⁰ ？

二　吃白食

　　葛遭么讲字眼和。格么讲"清、和、桥"三个字，吃白食葛乌推②。（下面我们来讲字眼。讲"清和桥"三个字，吃白食这个故事发生的地方）

　　kəʔ⁵ tsɔ⁵³ məʔ² kõ³⁵ zʅ²⁴ ɦɛ²⁴ ɦiəu²²。kɐʔ⁵ məʔ² kõ³⁵ "tɕʻin⁵³、ɦiəu²²、dʑio²²" sɛ⁵³⁻³⁵ ɦoʔ² zʅ²⁴， tɕʻyoʔ⁵ bɐʔ² zəʔ² kəʔ⁵u⁵³⁻⁴⁴ tʻɐi⁵³。

　　葛像我格，每日啦到葛爿清和桥饭店啦时格要吃白食和。（像我这样，每天到这家叫清和桥的饭店吃白吃）

　　kəʔ⁵ ʑiã²⁴ ŋo²⁴ kɐʔ⁵， mɐi²⁴⁻²² ȵiʔ² la⁰ tɔ⁴⁴ kəʔ⁵ bɛ²² tɕʻin⁵³⁻⁴⁴ ɦiəu²² dʑio²² vɛ²⁴ tie⁴⁴ la⁰ zʅ²² kɐʔ⁵io⁴⁴ tɕʻyoʔ⁵ bɐʔ² zəʔ² ɦiəu⁰。

　　格么葛日走上，葛么葛日走上呢，人家啦，格走过啦，格其葛两个啦神仙，吃白食人勿晓得其神仙。（有一天，这家饭店前走过两个神仙，吃白食的人不知道他们是神仙）

----

① 闸：同音替代词，拟声，形容速度快。
② 乌推：地方。

kɐʔ⁵ məʔ² kəʔ⁵ n̠iʔ² tsø³⁵ dzɔ̃²²⁻²¹, kɐʔ⁵ məʔ² kəʔ⁵ n̠iʔ² tsø³⁵ dzɔ̃²²⁻²¹ n̠iº, n̠in²² kuo⁵³ laº, kɐʔ⁵ tsø³⁵ kəu⁴⁴⁻⁵³ laº, kɐʔ⁵ dʑi²² kəʔ⁵ liã²⁴⁻²² ɦioʔ² laº zən²² çi⁵³, tɕʻyoʔ⁵ bɐʔ² zəʔ² n̠in²² vəʔ²çio³⁵ təʔ⁵ dʑi²² zən²² çi⁵³。

格么其拉啦来讲："葛人吃白食"，夷搭话①，"东西限板有生活②个和"。（人家在议论，这人是吃白食的，肯定有本事的）

kɐʔ⁵ məʔ² dʑiɐʔ² lɐʔ² laº lie²² kɔ̃³⁵："kəʔ⁵ n̠in²² tɕʻyoʔ⁵ bɐʔ² zəʔ²"，zi²² tɐʔ⁵ɦuo²⁴⁻²²，"toŋ⁵³⁻⁴⁴ çi⁵³ɦiɛ²⁴ pɛ³⁵⁻⁴⁴ɦiy²⁴ sã⁵³⁻⁴⁴ɦuəʔ²ɦioʔ²ɦiəuº"。

格没生活么饭店饭吃好么钞票限板要付出么，是勿啦？勿付出人家肯个啊？要得人家敲个耶！葛其是有生活么。（如果没有本事饭店饭能吃但是钱是要付的，是不是啊？不付钱人家怎么肯呢？要被人家打的！他是有本事的）

kɐʔ⁵ məʔ² sã⁵³⁻⁴⁴ ɦuəʔ² məʔº vɛ²⁴ tie⁴⁴ vɛ²⁴⁻²¹ tɕʻyoʔ⁵ hɔ³⁵⁻⁵³ məʔº tsʻɔ⁵³ pʻio⁴⁴ɦiɛ²⁴ pɛ³⁵⁻⁵³ io⁴⁴ fu⁴⁴ tsʻəʔ⁵ məʔº, zɿ²² vəʔ² laº? vəʔ² fu⁴⁴ tsʻəʔ⁵ n̠in²² kuo⁵³ kʻən³⁵⁻⁵³ ɦioʔ²ɦiaº? io⁴⁴ təʔ⁵ n̠in²² kuo⁵³ kʻɔ⁵³ ɦioʔ²ieº! kəʔ⁵ dʑi²² zɿ ɦiy²⁴ sã⁵³ ɦuəʔ² məʔº.

葛是和怕其么！没办法么，只好白食得夷吃去。（都怕他，没办法，只好白食被他吃去）

kəʔ⁵ zɿ²² ɦiəu²² pʻo⁴⁴ dʑi²² məʔº! məʔ⁵ bɛ²⁴ fɐʔ⁵ məʔº, tɕiʔ⁵ hɔ³⁵⁻⁵³ bɐʔ² zəʔ² təʔ⁵ zi²² tɕʻyoʔ⁵ tɕʻiº.

格么其拉两个人话好的："今么仔"，夷搭话，"下饭啦特别买其好"。等于吃白食人啦肯定葛爿饭店其每日、一日一餐限板厄③来啦。（于是呢两个神仙商量好，今天菜尤其要点好一点。吃白食那个人每天一餐肯定会到这家饭店来吃）

kɐʔ⁵ məʔ² dʑiɐʔ² lɐʔ² liã²⁴ ɦioʔ² n̠in²² ɦiuo²⁴ hɔ³⁵⁻⁴⁴ tiʔ⁵: "tɕiʔ⁵ məʔ² tsɿº", zi²² tɐʔ⁵ ɦiuo²⁴⁻²², "ɦiuo²² vɛ²⁴⁻²² laº dɐʔ² biʔ² ma²⁴ dʑi²² hɔ³⁵". tən³⁵⁻⁵³ ɦiy²² tɕʻyoʔ⁵ bɐʔ² zəʔ² n̠in²² laº kʻən³⁵ din²⁴⁻²¹ kəʔ⁵ bɛ²² vɛ²⁴ tie⁴⁴ dʑi²² mɐi²⁴ n̠iʔ²、iʔ⁵ n̠iʔ²iʔ⁵ tsʻɛ⁵³⁻³⁵ ɦiɛ²⁴ pɛ³⁵⁻⁵³ əʔ⁵ lie²² laº.

格么其果然其拉下饭买好么，其去勒。（果然他们菜买好，那个吃

---

① 夷搭话：转述他人用语的标记，表示"某某说"。

② 生活：本事。

③ 厄：要。

白食的就去了）

kɐʔ⁵ məʔ² dʑi²² kəu³⁵⁻⁴⁴ zø²²⁻²¹ dʑiɐʔ² lɐʔ² ɦuo²² vɛ²⁴⁻²² ma²⁴ hɔ³⁵⁻⁵³ məʔ², dʑi²² tɕʻi⁴⁴ ləʔ²。

去勒么陑①记陑记格葛两个人呢神仙，其白食人勿晓得其神仙，和。
（去了呢，在两个神仙旁边站来站去，吃白食的那个人不知道那是神仙）

tɕʻi⁴⁴ ləʔ² məʔ² ŋie²² tɕi⁴⁴ ŋie²² tɕi⁴⁴ kɐʔ⁵ kəʔ⁵ liã²⁴ ɦoʔ² ȵin²² ȵi⁰ zən²² ɕi⁵³，dʑi²² bɐʔ² zəʔ² ȵin²² vəʔ²ɕio³⁵ təʔ⁵ dʑi²² zən²²ɕi⁵³，ɦəu²²。

夷搭话今么散稞②夷搭话诺夷搭话要吃白食小菜呢厄讲两句诗和。
（他们就说今天你要吃白食的话要讲两句诗）

ʑi²² tɐʔ⁵ ɦuo²⁴⁻²² tɕiʔ⁵ məʔ² sɛ³⁵⁻⁴⁴ kʻəu⁵³ ʑi²² tɐʔ⁵ ɦuo²⁴⁻²² noʔ²ʑi²² tɐʔ⁵ ɦuo²⁴⁻²²io⁴⁴ tɕʻyoʔ⁵ bɐʔ² zəʔ²ɕio³⁵⁻⁵³ tsʻie⁴⁴ ȵiʔ⁰əʔ⁵ kɔ̃³⁵ liã²⁴⁻²² tɕy³⁵⁻⁴⁴ sɿ⁵³ ɦəu⁰。

格么其话嘞，吃白食人讲勒，和。夷搭话："讲诗"，夷搭话"咋讲讲呢？题目要俫出耶！"其介话和。（那个人就说了，那个吃白食的人就说了，要讲诗那怎么讲呢？题目你们要出好，他说）

kɐʔ⁵ məʔ² dʑi²² ɦuo²⁴ lɐi⁰，tɕʻyoʔ⁵ bɐʔ² zəʔ² ȵin²² kɔ̃³⁵ ləʔ²，ɦəu²²。ʑi²² tɐʔ⁵ ɦuo²⁴："kɔ̃³⁵ sɿ⁵³"，ʑi²² tɐʔ⁵ ɦuo²⁴ "dza²⁴ kɔ̃³⁵⁻⁵³ kɔ̃³⁵⁻⁴⁴ ȵiʔ⁰? di²² moʔ²io⁴⁴ nɐʔ² tsʻəʔ⁵ie⁰!" dʑi²² ka⁴⁴ ɦuo²⁴ ɦəu²²。

葛遭阿拉葛三个人夷搭"啥人顶大？"派年纪勒，啥人顶大？（于是三个人就开始问年龄，哪个最大）

kəʔ⁵ tsɔ⁵³ɐʔ⁵ lɐʔ² kəʔ⁵ sɛ³⁵⁻³ ɦoʔ² ȵin²² ʑi²² tɐʔ⁵ "səʔ⁵ ȵin²² tin³⁵⁻⁵³ dəu²⁴?" pʻa⁴⁴ ȵi²²⁻²¹ tɕi⁴⁴ ləʔ²，səʔ⁵ ȵin²² tin³⁵⁻⁵³ dəu²⁴?

格么一个年纪顶大么大哥、二哥么，吃白食佬倌其顶小啦，年纪。格么阿弟毛。格么排好。（于是年纪最大叫大哥，其次就二哥，吃白食的那个人最小，叫阿弟，这样排好序）

kɐʔ⁵ məʔ²iʔ⁵ ɦoʔ² ȵi²²⁻²¹ tɕi⁴⁴ tin³⁵⁻⁵³ dəu²⁴ məʔ² dəu²⁴ kəu⁵³⁻⁴⁴、ȵi²⁴ kəu⁵³⁻⁴⁴ məʔ²，tɕʻyoʔ⁵ bɐʔ² zəʔ² lɔ²⁴ kuø⁵³⁻⁴⁴ dʑi²² tin³⁵⁻⁵³ɕio³⁵ la⁰，ȵi²²⁻²¹ tɕi⁴⁴。kɐʔ⁵ məʔ²ɐʔ⁵ di²² mo⁰。kɐʔ⁵ məʔ² ba²² hɔ³⁵⁻⁵³。

――――――――

① 陑，音［ŋie］，站立的意思。
② 散稞，好像、似乎。

格么夷搭话"清和桥"三个字讲字眼①，和。（然后根据"清和桥"这三个字来讲字眼）

kɐʔ⁵ məʔ² ʑi²² tɐʔ⁵ ɦuo²⁴ "tɕ'in⁵³⁻⁴⁴ ɦiəu²² dʑio²²" sɛ⁵³⁻⁴⁴ ɦɔʔ² zๅ²⁴ kɔ̃³⁵ zๅ²⁴ ŋɛ²⁴, ɦiəu²²。

格字眼咋讲讲呢？格么其话到："一个讲'清'，一个讲'和'，一个讲'桥'"毛。（那字眼怎么讲呢？于是就说了："一个讲'清'，一个讲'和'，一个讲'桥'"）

kɐʔ⁵ zๅ²⁴ ŋɛ²⁴ dza²⁴ kɔ̃³⁵⁻⁵³ kɔ̃³⁵⁻⁴⁴ ȵi⁰? kɐʔ⁵ məʔ² dʑi²² ɦuo²⁴ tɔ⁴⁴: "iʔ⁵ɦɔʔ² kɔ̃³⁵ 'tɕ'in⁵³', iʔ⁵ɦɔʔ² kɔ̃³⁵ 'ɦiəu²²', iʔ⁵ɦɔʔ² kɔ̃³⁵ 'dʑio²²'" mɔ⁰。

格三个字眼"插"一记题目出好。（那么三个字眼一下子题目就出好了）

kɐʔ⁵ sɛ⁵³⁻³⁵ ɦɔʔ² zๅ²⁴ ŋɛ²⁴ "ts'ɐʔ⁵" iʔ⁵ tɕi⁰ di²²⁻²⁴ mɔʔ² ts'əʔ⁵ hɔ³⁵⁻⁵³。

格么讲勒毛。夷道："有水也是清，无水也是青"，哪，葛识字个人和晓得么，三点水驮掉么，和，也是青么，三点水加上也是清，其"青年"个"青"，和。（于是就讲了。第一个人说："有水也是清，无水也是青"，识字的人都知道，三点水拿掉，也读"青"，加上三点水，也读"清"，其中一个是"青年"的"青"）

kɐʔ⁵ məʔ² kɔ̃³⁵⁻⁵³ ləʔ² mɔ⁰。ʑi²² dɔ²⁴⁻²²: "ɦiy²⁴ sๅ³⁵ ɦia²⁴ zๅ²² tɕ'in⁵³, vu²² sๅ³⁵ ɦia²⁴ zๅ²² tɕ'in⁵³, na⁰, kɐʔ⁵ sɐʔ⁵ zๅ²⁴ ɦɔʔ² ȵin²² ɦiəu²² ɕio³⁵⁻⁵³ təʔ⁵ məʔ², sɛ⁵³⁻⁴⁴ tie³⁵⁻⁴⁴ sๅ³⁵⁻⁴⁴ dəu²² tio⁰ məʔ², ɦiəu²², ɦia²⁴ zๅ²² tɕ'in⁵³ məʔ², sɛ⁵³⁻⁴⁴ tie³⁵⁻⁴⁴ sๅ³⁵⁻⁴⁴ kuo⁵³⁻⁴⁴ dzɔ̃⁰ ɦia²⁴ zๅ²² tɕ'in⁵³, dʑi²² "tɕ'in⁵³⁻⁴⁴ ȵi²²" ɦɔʔ² "tɕ'in⁵³", ɦiəu²²。

"有水也是清，无水也是青"啦，夷搭话："除掉河边水么，加个争"么，夷搭话："割掉鼻子当韭菜"啦，格鼻头管"闸"记割落啦!②（有水也是清，无水也是清，他说，出掉河边水，加个"争"，割掉鼻子当韭菜，说完就把鼻子割下来了）

"ɦiy²⁴ sๅ³⁵ ɦia²⁴ zๅ²² tɕ'in⁵³, vu²² sๅ³⁵ ɦia²⁴ zๅ²² tɕ'in⁵³" la⁰, ʑi²²

---

① 讲字眼：一种文字游戏，用特定的格式即兴创作一段说词，将规定的字眼用在里头。
② 鼻头管：鼻子。

teʔ⁵ fiuo²⁴: "dʐɿ²² tio⁴⁴ fiəu²² pi⁵³ sɿ³⁵ məʔ², kuo⁵³⁻⁴⁴ fioʔ² tsən⁵³" məʔ², ʑi²² teʔ⁵ fiuo²⁴: "kəʔ⁵ tio⁰ biʔ² tsɿ³⁵ tɔ̃⁵³⁻⁴⁴ tɕy³⁵⁻⁵³ tsʻie⁴⁴" la⁰, keʔ⁵ boʔ² dø²²⁻²¹ kuø³⁵⁻⁴⁴ "zæʔ²" tɕi⁰ kəʔ⁵ loʔ² la⁰!

格么第二个呢讲"和"勒："有口也是和，无口也是和"啦，格除掉和边口么，加个斗变成科啦！五子登科人人赞啦，哪，儿子得阿爹格啦状元考出也有和，格夷道"拔落……"（第二个讲"和"，说"有口也是和，无口也是禾，除掉和边口，加'斗'变成科'科'，五子登科人人赞啊"，儿子和父亲状元都考出来也是有的，他说"拔下……"）

keʔ⁵ məʔ² di²⁴ ȵi²⁴⁻²² fioʔ² ȵi⁰ kɔ̃³⁵ "fiəu²²" ləʔ²: "fiy²⁴ kʻø³⁵ fia²⁴ zɿ²² fiəu²², vu²² kʻø³⁵ fia²⁴ zɿ²² fiəu²²" la⁰, keʔ⁵ dʐɿ²² tio⁴⁴ fiəu²² pi⁵³ kʻø³⁵ məʔ², kuo⁵³ fioʔ² tø³⁵ pi⁴⁴ dzən²² kʻəu⁵³ la⁰! ŋ̍² tsɿ⁰ tən⁵³⁻⁴⁴ kʻəu⁵³ ȵin²² ȵin²² tsɛ⁴⁴ la⁰, na⁰, ŋ̍²²⁻²¹ tsɿ⁰ təʔ⁵ eʔ⁵ tia⁵³ keʔ⁵ la⁰zɔ̃²⁴ ȵy²² kʻɔ³⁵ tsʻəʔ⁵ fia²⁴⁻²² fiy²⁴⁻²¹ fiəu⁰, keʔ⁵ʑi²² dɔ²⁴⁻²² "beʔ² loʔ²……"

一个耳朵割落，一个鼻头管割落，格其忖葛记总其总死来。（一个耳朵割下来，一个鼻子割下来，想着这下吃白食的要倒霉了）

iʔ⁵ fioʔ² ȵi²² tuo³⁵⁻⁵³ kəʔ⁵ loʔ², iʔ⁵ fioʔ² boʔ² dø²² kuø³⁵ kəʔ⁵ loʔ², keʔ⁵ dʑi²² tsʻən³⁵⁻⁴⁴ kəʔ⁵ tɕi⁰ tsoŋ³⁵⁻⁵³ dʑi²² tsoŋ³⁵⁻⁵³ ɕi³⁵⁻⁵³ lɛ⁰.

格生活陀好耶，其讲"桥"勒，葛遭。（那个吃白食的本事很大，他就说"桥"了）

keʔ⁵ sã⁵³⁻⁴⁴ fiuəʔ² ŋie²² hɔ³⁵ ie⁰, dʑi²² kɔ̃³⁵ "dʑio²²" ləʔ², kəʔ⁵ tsɔ⁵³.

"有木也是桥，无木也是桥"啦，哪，板搁搁也是桥，石头做出来也是桥毛，名堂总桥毛。（"有木也是桥，无木也是乔"，用木板做的是桥，石头做出来的也是桥，名字总归是桥）

"fiy²⁴ moʔ² fia²⁴ zɿ²² dʑio²², vu²² moʔ² fia²⁴ zɿ²² dʑio²²" la⁰, nã⁰, pɛ³⁵ koʔ⁵ koʔ⁵ fia²⁴ zɿ²² dʑio²², zæʔ² dø⁰ tsəu⁴⁴ tsʻəʔ⁵ lie²² fia²⁴ zɿ²² dʑio²² mɔ⁰, min²² dɔ̃²² tsoŋ³⁵⁻⁵³ dʑio²² mɔ⁰.

"除掉河边木么，加个女人女字弄啦，变成"娇"尔嗦。（"除掉河边木，加女变成'娇'"）

"dʐɿ²⁴ tio⁴⁴ fiəu²² pi⁵³ moʔ² məʔ², ko⁵³⁻⁴⁴ fioʔ² ȵy²² ȵin²²⁻²¹ ȵy²² zɿ⁰ noŋ²⁴ la⁰, pi⁴⁴ dzən²² 'tɕio⁵³' əl²⁴ leʔ²".

"娇娇滴滴人人赞"啦，一个女人相貌生勒陀好，是～和去看相去勒，和。眉毛席细①，和，相貌勿是□②好勒，和；樱桃小口，或者，和。（"娇娇滴滴人人夸"，一个女人相貌很好，都喜欢她，眉毛细细的，相貌很好看，樱桃小嘴）

"tɕio⁵³⁻⁴⁴ tɕio⁵³ tiʔ⁵ tiʔ⁵ zən²² zən²² tsɛ⁴⁴" la⁰, iʔ⁵ fioʔ⁵ ŋy²² ŋin²² ɕiã⁴⁴ mɔ⁰ sã⁵³⁻⁴⁴ ləʔ² ŋieʔ⁵ hɔ³⁵, zɿ²² ~, fiəu²² tɕʻiʔ⁵ kʻi⁴⁴ ɕiã⁰ tɕʻi⁴⁴ ləʔ², fiəu²²。mi²² mɔ²² zɿʔ² ɕi⁴⁴, fiəu²²; ɕiã⁵³⁻⁴⁴ mɔ⁰ vəʔ² zɿ²² kʻi⁵³ hɔ³⁵⁻⁴⁴ ləʔ², fiəu²²; ã⁵³⁻⁴⁴ dɔ²² ɕio³⁵ kʻø³⁵⁻⁴⁴, fioʔ² tsɛ⁵³, fiəu²²。

格桥"娇娇滴滴人人爱啦，拔落眉毛当韭菜"啦！其拔勒梗眉毛啦！格其生活好勿啦？（"娇娇滴滴人人爱啊，拔下眉毛当韭菜"！他就拔了根眉毛下来，他的本事大不大啊）

kɐʔ⁵ dʑio²² "tɕio⁵³⁻⁴⁴ tɕio⁵³ tiʔ⁵ tiʔ⁵ zən²² zən²²⁻²¹ ɐi⁴⁴ la⁰, bɐʔ² loʔ² mi²² mɔ²²⁻²¹ tɔ̃⁵³⁻⁴⁴ tɕy³⁵⁻⁵³ tsʻie⁴⁴" la⁰! dʑi²² bɐʔ² ləʔ² kuã³⁵⁻⁴⁴ mi²² mɔ²²⁻²¹ la⁰! kɐʔ⁵ dʑi²² sã⁵³⁻⁴⁴ fiuəʔ² hɔ³⁵⁻⁵³ vəʔ² la⁰?

生活好，好吃白食耶，生活勿好好吃白食勿啦？（本事大，可以吃白食，本事不大能吃到白食吗）

sã⁵³⁻⁴⁴ fiuəʔ² hɔ³⁵, hɔ³⁵⁻⁴⁴ tɕʻyoʔ⁵ bɐʔ² zəʔ² ieˀ⁰, sã⁵³⁻⁴⁴ fiuəʔ² vəʔ² hɔ³⁵ hɔ³⁵ tɕʻyoʔ⁵ bɐʔ² zəʔ² vəʔ² la⁰?

三　王家方井③

葛遭讲，今么子④讲一只——王家方井和。（现在讲，今天讲一个——王家方井的故事）

kəʔ⁵ tsɛ⁵³ kɔ̃³⁵, tɕiʔ⁵ məʔ² tsɿ⁰ kɔ̃³⁵⁻⁴⁴ iʔ⁵ tsɐʔ⁵——fiuɔ̃²² kuo⁵³ fɔ̃⁵³ tɕin³⁵⁻⁴⁴ fiəu²²。

王家方井是相呑阛有名个一样古器。格其呢，来格方井桥，方井桥厄窠。（王家方井是相呑很有名的一处古迹。它呢，在方井桥，方井桥那里）

---

① 席细，也写成绝细，非常细的意思。

② □，音［kʻi］，非常。

③ 录音编号161223_001，录制时间2016年，发音人，桂剑萍（女，1952年生），录音转录人阮桂君，转录时间2017年5月。

④ 今么子，今么：今天。也有写成"今末"。

ɦuɔ̃^{22} kuo^{53} fɔ̃^{53} tɕin$^{35-44}$ zɿ^{22} ɕiã$^{53-44}$ ɔ$^{44-53}$ ŋie^{22} ɦy^{24} min^{22} ɦoʔ^{2} iʔ^{5} ʑiã^{24} ku$^{35-53}$ tɕʻi^{44}。kɐʔ^{5} dʑi^{22} ȵi^{0}，lie^{22} kɐʔ^{5} fɔ̃^{53} tɕin$^{35-44}$ dʑio^{22}，fɔ̃^{53} tɕin$^{35-44}$ dʑio^{22} əʔ^{5} kʻəu^{53}。

方井桥厄窠呢，有只井。葛只井呢，方——用石头方方砌起来个和，看看呢，深也没深，陀陀厄个。格讲，据说①呢是话三四百年尔嗦葛只井已经，有。（方井桥这里，有口井。这口井呢，方——用石头方方地砌起来的，看着呢，也不深，十分那个。据说已经有三四百的历史了）

fɔ̃^{53} tɕin$^{35-44}$ dʑio^{22} əʔ^{5} kʻəu^{53} ȵi^{0}，ɦy^{24} tsɐʔ^{5} tɕin^{35}。kəʔ^{5} tsɐʔ^{5} tɕin^{35} ȵi^{0}，fɔ̃^{53}——ʑyoŋ^{24} zɐʔ^{2} dø^{22} fɔ̃$^{53-35}$ fɔ̃^{53} tɕʻiʔ^{5} tɕʻi^{35} lie^{22} ɦoʔ^{2} ɦəu^{22}，kʻi^{44} kʻi^{44} ȵi^{0}，sən^{53} ɦa^{24} məʔ^{5} sən^{53}，ŋie^{21} ŋie^{22} əʔ^{5} ɦoʔ^{2}。kɐʔ^{5} kɔ̃^{35}，tɕy^{44} soʔ^{5} ȵi^{0} zɿ^{22} ɦuo^{24} sa$^{53-44}$ sɿ$^{44-53}$ pɐʔ^{5} ȵi^{22} əl^{22} lɐʔ^{2} kəʔ^{5} tsɐʔ^{5} tɕin^{35} ʑi^{22} tɕin^{53}，ɦy$^{24-22}$。

前头呢有一个看风水个先生，其呢，为勒呢，想得葛个村庄呢，做一笔好事。（之前有一个看风水的先生，他呢，想给村庄做一件好事）

ʑi^{22} dø^{22} ȵi^{0} ɦy^{24} iʔ^{5} ɦoʔ^{2} kʻi^{44} foŋ^{53} sɿ$^{35-44}$ ɦoʔ^{2} ɕi$^{53-44}$ sã^{53}，dʑi^{22} ȵi^{0}，ɦuɐi^{22} ləʔ^{2} ȵi^{0}，ɕiã^{35} təʔ^{5} kəʔ^{5} ɦoʔ^{2} tsʻən$^{53-44}$ tsɔ̃^{53} ȵi^{0}，tsəu^{44} iʔ^{5} piʔ^{5} hɔ$^{35-53}$ zɿ$^{24-22}$。

格么看勒特猛②日，结果呢，得夷看见勒，呃—葛窨赵边湾③，赵边湾对上呢，天井头冈，天井头冈呢有一根黑龙。（于是看了好几天，结果呢，被他看见了，在赵边湾对面有的地方，叫天井头冈，那里有一条黑龙）

kɐʔ^{5} məʔ^{2} kʻi^{44} ləʔ^{2} dəʔ^{2} mã^{22} ȵiʔ^{2}，tɕiʔ^{5} kəu^{35} ȵi^{0}，təʔ^{5} ʑi^{22} kʻi^{44} tɕi$^{44-53}$ ləʔ^{2}，əʔ^{5}——kəʔ^{5} dɐi^{22} dzɔ^{22} pi^{53} uɛ$^{53-44}$，dzɔ^{22} pi^{53} uɛ$^{53-44}$ tɐi^{44} dzɔ̃$^{22-21}$ ȵi^{0}，tʻi$^{53-44}$ tɕin$^{35-44}$ dø^{22} kɔ̃$^{53-44}$，tʻi$^{53-44}$ tɕin$^{35-44}$ dø^{22} kɔ̃$^{53-44}$ ȵi^{0} ɦy^{24} iʔ^{5} kən$^{53-44}$ həʔ^{5} loŋ^{22}。

黑龙呢，其个——头啦，得身子啦，就是来赵边湾。格呢，葛窠起勒一只井呢，就是厄只黑龙个眼睛。（黑龙呢，它的头和身体，就是赵

① 据说：该词已受普通话词汇影响，宁波方言口语中很少用此词。

② 特猛：数量超过 3 以上，含有较多、很多的意思。

③ 赵边湾：地名。

边湾。于是呢，在那里砌了一口井，就在那个黑龙的眼睛上）

həʔ^{5} loŋ^{22} ȵi^{0}，dʑi^{22} ɦoʔ^{2}——dø^{22} la^{0}，təʔ^{5} sən^{53} tsɿ^{0} la^{0}，zø^{22} zɿ^{22} lie^{22} dzɔ^{22} pi^{53} uɛ$^{53-44}$。kɐʔ^{5} ȵi^{0}，kəʔ^{5} k‘əu^{53} tɕ‘i^{44} ləʔ^{2} iʔ^{5} tsɐʔ^{5} tɕin^{35} ȵi^{0}，zø^{22} zɿ^{22} əʔ^{5} tsɐʔ^{5} həʔ^{5} loŋ^{22} ɦoʔ^{2} ŋɛ^{24} tɕin^{53}。

格也交关奇怪，起好以后呢，葛只井呢，水呢，永生永世也覅燥个！——看看呢，厄个……格后来呢，厄窖横巴也造勒一根桥，也呕方井桥。（也十分奇怪，砌好以后呢，这口井的水怎么也不会干！后来呢，那里也造了一座桥，也叫方井桥）

kɐʔ^{5} ɦa^{24} tɕio$^{53-44}$ kuɛ^{53} dʑi$^{22-21}$ kua^{44}，tɕ‘i^{44} hɔ$^{35-53}$ ʑi^{22} ɦø^{22} ȵi^{0}，kəʔ^{5} tɕiʔ^{5} tɕin^{35} ȵi^{0}，sɿ^{35} ȵi^{0}，yoŋ$^{35-53}$ sã$^{53-44}$ yoŋ$^{35-53}$ sɿ^{44} ɦa^{24} vɐi^{22} sɔ^{44} ɦoʔ^{2}！k‘i^{44} k‘i^{44} ȵi^{0}，əʔ^{5} ɦoʔ^{2}……kɐʔ^{5} ɦø^{22} lie^{22} ȵi^{0}，əʔ^{5} dɐi^{22} ɦuã^{22} po$^{53-44}$ ɦa^{24} zɔ^{22} ləʔ^{2} iʔ^{5} kən$^{53-44}$ dʑio^{22}，ɦa^{24} ø$^{35-44}$ fɔ̃^{53} tɕin$^{35-44}$ dʑio^{22}。

格呢，其—，水呢，有几个特点呢？其葛水呢，是冬暖夏凉个。（那么，它，水呢，有几个特点呢？这个水呢，是冬暖夏凉的。）

kɐʔ^{5} ȵi^{0}，dʑi^{22}——，sɿ^{35} ȵi^{0}，ɦy^{24} tɕi$^{53-44}$ ɦoʔ^{2} dəʔ^{2} tie^{35} ȵi^{0}？dʑi^{22} kəʔ^{5} sɿ^{35} ȵi^{0}，zɿ^{22} toŋ^{53} nø^{22} ɦuo^{24} liã^{22} ɦoʔ^{2}。

随便诺，咋，介毛格去吃哈嚅，总从来没人，话话，冷水吃落，撒烂屙啊，肚皮痛啊，一个搭没个和！（不论你怎么喝，从来没人喝冷水拉肚子、肚子疼什么的，一个都没有）

zɐi^{22} bi^{22} noʔ^{2}，dza^{24}，ka^{44} mɔ^{22} kɐʔ^{5} tɕ‘iʔ^{5} tɕ‘yoʔ^{5} hɐʔ^{5} lɐi^{0}，tsoŋ$^{35-53}$ dzoŋ^{22} lie^{22} məʔ^{5} ȵin^{22}，ɦuo$^{24-22}$ ɦuo$^{24-22}$，lã$^{24-22}$ sɿ$^{35-53}$ tɕ‘yoʔ^{5} loʔ^{2}，dza^{22} lɛ^{24} əu^{44} ɦa^{0}，tu^{35} bi^{22} t‘oŋ^{44} ɦa^{0}，iʔ^{5} ɦoʔ^{2} tɐʔ^{5} məʔ^{5} ɦoʔ^{2} ɦəu^{22}！

格村庄勒呢，格其是话要得尔做生——外头做生活去，田勒做生活去嚅，外头去走去勒呢，直接时格和仔家生驮去，格葛窖井勒灌瓶水，格，带弄，格。葛个村庄勒呢，格，和仔靠厄只井水来吃个和。（村子里呢，如果要到外头干活去，到田里做农活去，到外头去的话，直接把家什带去，井里灌瓶水带着。这个村庄全靠这口井做饮水）

kɐʔ^{5} ts‘ən$^{53-44}$ tsɔ̃^{53} ləʔ^{2} ȵi^{0}，kɐʔ^{5} dʑi^{22} zɿ^{22} ɦuo$^{24-22}$ io^{44} təʔ^{5} ŋ^{24} tsəu^{44} sã^{53}——ŋa^{24} dø$^{22-24}$ tsəu^{44} sã$^{53-44}$ ɦuəʔ^{2} tɕ‘i$^{44-53}$，di^{22} ləʔ^{2} tsəu^{44} sã$^{53-44}$ ɦuəʔ^{2} tɕ‘i^{44} lɐi^{0}，ŋa^{24} dø$^{22-24}$ tɕ‘iʔ^{5} tsø$^{35-53}$ tɕ‘i^{44} ləʔ^{2} ȵi^{0}，dzəʔ^{2} tɕiʔ^{5} zɿ^{22} kɐʔ^{5} ɦəu^{22} tsɿ$^{44-53}$ kuo$^{53-44}$ sã^{53} dəu^{22} tɕ‘i^{0}，kɐʔ^{5} kəʔ^{5} dɐi^{22} tɕin^{35} ləʔ^{2} kuø^{44}

bin²⁴⁻²² sʐ³⁵, kɐʔ⁵, ta⁴⁴ noŋ⁰, kɐʔ⁵。kəʔ⁵ ɦioʔ² tsʻən⁵³⁻⁴⁴ tsɔ̃⁵³ ləʔ² ȵi⁰, kɐʔ⁵, ɦiəu²² tsʐ⁴⁴⁻⁵³ kʻɔ⁴⁴ əʔ⁵ tsɐʔ⁵ tɕin³⁵⁻⁵³ sʐ³⁵⁻⁴⁴ lie²² tɕʻyoʔ⁵ ɦioʔ² ɦiəu²²。

葛遭呢，还有一个特点，其呢，从来从来也没看见其燥过！（那么，还有一个特点，井水从来没见它干过）

kəʔ⁵ tsɔ⁵³ ȵi⁰, ɦiua²² ɦiɣ²⁴⁻²² iʔ⁵ ɦioʔ² dɐʔ² tie³⁵, dʑi²² ȵi⁰, dzoŋ²² lie²² dzoŋ²² lie²² ɦia²⁴⁻²² məʔ⁵ kʻi⁴⁴ tɕi⁴⁴ dʑi²² sɔ⁴⁴ kəu⁴⁴⁻⁵³！

记得还有一年，阿拉总十岁个辰光，葛一年大旱啦，旱勒是～～将近一年搭到尔嘞。（记得还有一年，我们十岁的时候，那一年大旱，旱干将近一年）

tɕi⁴⁴ təʔ⁵ ɦiua²² ɦiɣ²⁴ iʔ⁵ ȵi²²⁻²⁴, ɐʔ⁵ ləʔ² tsoŋ³⁵⁻⁵³ zəʔ² sʐ⁴⁴ ɦioʔ² dzən²² ku²⁴⁻⁴⁴, kəʔ⁵ iʔ⁵ ȵi²² dəu²⁴ ɦiɐi²² la⁰, ɦiɐi²² ləʔ² zʐ²² tɕiã⁵³⁻⁴⁴ dʑin²²⁻²¹ iʔ⁵ ȵi²² tɐʔ⁵ tɔ⁴⁴ əl²⁴ lɐʔ²。

介～，远近总，十多里路外头个地方，统统和仔没水个和，河勒呢，和仔翻底嘞，连仔①姚江搭底和看见尔嘞，没水尔嘞。（远近十多里外，全都没水了，河里也干得见了底，连姚江都可以看到河底了）

ka⁴⁴～, ɦiɣ²² dʑin²²⁻²¹ tsoŋ³⁵⁻⁵³, zəʔ² təu⁵³ li²⁴⁻²² lu²⁴ ŋa²⁴ dø²² ɦioʔ² di²⁴ fɔ̃⁵³⁻⁴⁴, tʻoŋ³⁵⁻⁵³ tʻoŋ³⁵⁻⁵³ ɦiəu²² tsʐ⁰ məʔ⁵ sʐ³⁵ ɦioʔ² ɦiəu²², ɦiəu²² ləʔ² ȵi⁰, ɦiəu²² tsʐ⁰ fɛ⁵³⁻⁴⁴ ti³⁵ lɐi⁰, li²² tsʐ⁰ zio²²⁻²⁴ kɔ̃³⁵ tɐʔ⁵ ti³⁵ ɦiəu²² kʻi⁴⁴ tɕi⁴⁴⁻⁵³ əl²⁴ lɐʔ², məʔ⁵ sʐ³⁵ əl²⁴ lɐʔ²。

格，葛只方井啦，水一眼搭嬔燥啦！（这个方井，水一点也没干）

kɐʔ⁵, kəʔ⁵ tsɐʔ⁵ fɔ̃⁵³ tɕin³⁵⁻⁴⁴ la⁰, sʐ³⁵ iʔ⁵ ŋɛ²⁴ tɐʔ⁵ vɐi²⁴ sɔ⁴⁴ la⁰！

格呢，连慈城人，廿多里路外头，格厄辰光有没手拉车，也没啥个，厄套车子个和，和仔靠人挑。（连慈城人，20多里外，那时没有手推车，也没有轿车，全靠人挑）

kɐʔ⁵ ȵi⁰, li²² dzʐ²² dzən²² ȵin²², ȵie²⁴ təu⁵³ li²⁴⁻²² lu²⁴ ŋa²⁴ dø²², kɐʔ⁵ əʔ⁵ dzən²² ku²⁴⁻⁴⁴ ɦiɣ²⁴ məʔ⁵ sø³⁵⁻⁴⁴ la⁵³⁻⁴⁴ tsʻuo⁵³⁻⁴⁴, ɦia²⁴ məʔ⁵ soʔ⁵ ɦioʔ², əʔ⁵ tʻɔ⁴⁴ tsʻuo⁵³ tsʐ⁰ ɦioʔ² ɦiəu²², ɦiəu²² tsʐ⁴⁴⁻⁵³ kʻɔ⁴⁴ ȵin²² tʻio⁵³。

格是乌早天亮②开始起，格排队，几百个人一日，格来挑水来。

---

① 连仔：连。

② 乌早天亮：很早的早晨，天刚蒙蒙亮那会。

（天蒙蒙亮开始，排队，几百个人，每天来挑水）

kɐʔ⁵ zʅ²² u⁵³ tsɔ³⁵⁻⁴⁴ t'i⁵³⁻⁴⁴ liã²⁴⁻²² k'ie⁵³⁻⁴⁴ sʅ³⁵⁻⁴⁴ tɕ'i³⁵, kɐʔ⁵ ba²² dɐi²⁴, tɕi⁵³⁻³⁵ pɐʔ⁵ ɦioʔ² n̠in²² iʔ⁵ n̠iʔ², kɐʔ⁵ lie²² t'io⁵³⁻⁴⁴ sʅ³⁵ lie²²⁻²¹。

和仔，有些呢，用瓶，有些用甏，有些用桶，葛是～～，介，顶多顶多，诺舀舀舀舀舀舀，舀到后半日三四点钟呢，得尔燥个一尺介毛格。（有的用瓶，有的用甏，有的用桶来舀，最多到下午三四点钟，井水也只降下去一尺的样子）

ɦiɐu²² tsʅ⁴⁴, ɦiɣ²⁴ ɕin⁵³ n̠i⁰, ʑyoŋ²⁴ bin²⁴, ɦiɣ²⁴ ɕin⁵³ ʑyoŋ²⁴ bã²⁴, ɦiɣ²⁴ ɕin⁵³ ʑyoŋ²⁴ doŋ²⁴, kɐʔ⁵ zʅ²² ～～, ka⁴⁴, tin³⁵⁻⁵³ tɐu⁵³ tin³⁵⁻⁵³ tɐu⁵³, noʔ² ʑio²⁴ ʑio²⁴ ʑio²⁴ ʑio²⁴ ʑio²⁴ ʑio²⁴, ʑio²⁴ tɔ⁴⁴ ɦiøʔ²²⁻²¹ pø⁴⁴ n̠iʔ² sa⁵³⁻⁴⁴ sʅ⁴⁴ tie³⁵⁻⁴⁴ tsoŋ⁵³⁻⁴⁴ n̠i⁰, tɐʔ⁵ n̠²⁴ sɔ⁴⁴ ɦioʔ² iʔ⁵ ts'ɐʔ⁵ ka⁴⁴ mɔ²² kɐʔ⁵。

是话半个钟头庵落呢，老早亦是满嘴。（如果半小时以后，马上又满了）

zʅ²² ɦiuo²⁴ pø⁴⁴ ɦioʔ² tsoŋ⁵³⁻⁴⁴ dø⁰ dən²² loʔ² n̠i⁰, lɔ²⁴ tsɔ³⁵⁻⁵³ ʑi²² zʅ²² mø²² lɐi⁰。

格葛一年呢，也救，厄只方井也救勒陷多个人弄啦！（这一年，这个井也救了很多人）

kɐʔ⁵ kəʔ⁵ iʔ⁵ n̠i²² n̠i⁰, ɦia²⁴⁻²² tɕy⁴⁴, əʔ⁵ tɕiʔ⁵ fɔ̃⁵³ tɕin³⁵⁻⁴⁴ ɦia²⁴⁻²² tɕy⁴⁴ ləʔ² n̠ie²¹ tɐu⁵³ ɦioʔ² n̠in²² noŋ⁰ la⁰！

所以呢，格么其，葛只方井啦，人家啦，也传落来一句言话。（所以，关于这口井，也流传下一句话）

suo³⁵⁻⁵³ ʑi²² n̠i⁰, kɐʔ⁵ məʔ² dʑi²², kəʔ⁵ tɕiʔ⁵ fɔ̃⁵³ tɕin³⁵⁻⁴⁴ la⁰, n̠in²² kuo⁵³ la⁰, ɦia²⁴ dzø²² loʔ² lie²² iʔ⁵ tɕy³⁵ ɦiɛ²²⁻²¹ ɦiuo²⁴⁻²²。

桥①：“走过三周岁”——就是啦投三回人身，“还只好吃相舀方井水”啦！格表示厄只井勒个水啦，是宝贝！（说“走过三世，轮回三次投胎做人，才能喝到相舀的方井之水”。表示这井水十分宝贵）

dʑio²²："tsɔ³⁵ kɐu⁴⁴ sɛ⁵³ tsø⁵³ sʅ⁴⁴"——zø²² zʅ²² la⁰ dø²² sɛ⁵³⁻⁴⁴ ɦiuɐi²² n̠in²² sən⁵³, "ɦiua²² tɕiʔ⁵ hɔ³⁵ tɕ'yoʔ⁵ ɕiã⁵³⁻⁴⁴ ɔ⁴⁴⁻⁵³ fɔ̃⁵³ tɕin³⁵⁻⁴⁴ sʅ³⁵⁻⁴⁴" la⁰！kɐʔ⁵ pio³⁵ zʅ²² əʔ⁵ tsɐʔ⁵ tɕin³⁵ ləʔ² ɦioʔ² sʅ³⁵ la⁰, zʅ²² pɔ³⁵⁻⁵³ pɐi⁴⁴！

---

① 桥：dʑio22，“其话”的合音。

格么，葛，厄种样，一直一直格弄落来。格葛只井呢，也起也勿起眼，葛啊勿葛，和话"蛮好蛮好"，一眼搭没葛。（于是这个井就一直传下来，也不起眼，只知道人家说它"很好、很好"）

keʔ⁵ məʔ², kɐʔ⁵, əʔ⁵ tsoŋ³⁵⁻⁴⁴ ȵiã²⁴⁻²², iʔ⁵ dzəʔ² iʔ⁵ dzəʔ² kɐʔ⁵ noŋ²⁴ loʔ² lie²²。keɐʔ⁵ kəʔ⁵ tseʔ⁵ tɕin³⁵ ȵi⁰, ɦia²⁴⁻²² tɕ'i³⁵ ɦia²⁴⁻²² vəʔ² tɕ'i³⁵⁻⁵³ ŋɛ²⁴⁻²², kəʔ⁵ ɦia⁰ vəʔ² kəʔ⁵, ɦiəu²² ɦiuo²⁴ "mɛ²²⁻²¹ hɔ³⁵⁻⁵³ mɛ²²⁻²¹ hɔ³⁵⁻⁵³", iʔ⁵ ŋɐ²⁴ tɐʔ⁵ məʔ⁵ kəʔ⁵。

格——，到，改——咋辰光啦？改革开放葛辰光啦。（到什么时候呢？改革开放的时候）

keʔ⁵—, tɔ⁴⁴, kie³⁵⁻⁵³——dza²⁴ dzən²² kuõ⁵³⁻⁴⁴ la⁰? kie³⁵⁻⁵³ keʔ⁵ k'ie⁵³⁻⁴⁴ fõ⁴⁴⁻⁵³ kəʔ⁵ dzən²² kuõ⁵³ la⁰。

改革开放勒么，葛遭驮来和仔那，好做生意啊，做啥个勒毛。（改革开放后，可以做生意了）

kie³⁵⁻⁵³ keʔ⁵ k'ie⁵³⁻⁴⁴ fõ⁴⁴⁻⁵³ ləʔ² məʔ², kəʔ⁵ tsɔ⁵³ dəu²² lie²² ɦiəu²² tsʅ⁴⁴ na⁰, hɔ³⁵ tsəu⁴⁴ sã⁵³ ʑi²² ɦia⁰, tsəu⁴⁴ soʔ⁵ ɦioʔ² ləʔ² mɔ²²。

葛辰光啦，村勒有一个，那，＊＊＊，其呢，是本来呢，公社勒个厄套样机械厂勒个。（那时候村里有一个＊＊＊，本来是公社机械厂的工人）

kəʔ⁵ dzən²² kuõ⁵³⁻⁴⁴ la⁰, ts'ən⁵³ ləʔ² ɦiɤ²⁴ iʔ⁵ ɦioʔ², na⁴⁴, ＊＊＊, dʑi²²⁻²⁴ ȵi⁰, zʅ²² pən³⁵⁻⁵³ lie²² ȵi⁰, koŋ⁵³⁻⁴⁴ dzuo²⁴ ləʔ² ɦioʔ² əʔ⁵ t'ɔ⁴⁴ ȵiã²⁴ tɕi⁵³⁻⁴⁴ ʑia²² ts'ã³⁵⁻⁵³ ləʔ² ɦioʔ²。

格后来呢，就是，和承包勒毛。承包勒么，其自家也承包勒毛，因为是师傅毛，格么自家承包。（后来厂承包了，他自己承包了机械厂，因为他是师傅）

keʔ⁵ ɦiɤ²² lie²² ȵi⁰, zø²⁴ zʅ²², ɦiəu²² dzən²² pɔ⁵³ ləʔ² mɔ²²。dzən²² pɔ⁵³ ləʔ² məʔ², dʑi²² ʑi²⁴ kuo⁵³⁻⁴⁴ ɦia²⁴ dzən²² pɔ⁵³ ləʔ² mɔ²², in⁵³⁻⁴⁴ ɦiuɐi²² zʅ²² sʅ⁵³ vu²² mɔ²², keʔ⁵ məʔ² ʑi²⁴ kuo⁵³⁻⁴⁴ dzən²² pɔ⁵³。

机器驮来，驮来呢，来格葛窠方井桥对落厄窠，大爿勒呢，起勒一□①屋呢，其就是做厂房嘞。（机器运过来后，在方井桥对面，大爿这个

---

① □：t'ø⁴⁴，量词，专指房屋。

地方，造了厂房）

tɕi⁵³⁻⁴⁴ tɕʻi⁴⁴⁻⁵³ dəu²² lie²², dəu²² lie²² n̩i⁰, lie²² kɐʔ⁵ kəʔ⁵ kʻəu⁵³ fɔ̃⁵³ tɕin³⁵⁻⁴⁴ dʑio²² tɐi⁴⁴ loʔ² əʔ⁵ kʻəu⁵³, dəu²⁴ bɛ²² ləʔ² n̩i⁰, tɕʻi³⁵ ləʔ² iʔ⁵ tʻø⁴⁴ oʔ⁵ n̩i⁰, dʑi²² zø²⁴ zɿ²² tsəu⁴⁴ tsʻã³⁵⁻⁴⁴ vɔ̃²² lɐi⁰。

勿晓得呢，葛屋一起，葛日一日日脚啦，葛掘地，地好——地垟掘好、地工梁打好个，葛一日日脚啦，格呢再去看方井水啦，整只井水血血红啦！全部好像是血啦！（谁知道这个房子一砌起来，那天挖地——地挖好，地工梁打好，再去看方井水，整个井水都是血红血红的，全部好像是血的颜色）

vəʔ² ɕio³⁵ təʔ⁵ n̩i⁰, kəʔ⁵ oʔ⁵ iʔ⁵ tɕʻi³⁵, kəʔ⁵ n̩iʔ² iʔ⁵ n̩iʔ² n̩iʔ² tɕiɐʔ⁵ la⁰, kəʔ⁵ dʑyoʔ² di²⁴, di²⁴ hɔ³⁵⁻⁴⁴——di²⁴ dʑiã²² dʑyoʔ² hɔ³⁵⁻⁴⁴、di²⁴ koŋ⁵³⁻⁴⁴ liã²² tã³⁵ hɔ³⁵⁻⁵³ ɦoʔ², kəʔ⁵ iʔ⁵ n̩iʔ² n̩iʔ² tɕiɐʔ⁵ la⁰, kɐʔ⁵ n̩i⁰ tsie⁴⁴ tɕʻiʔ⁵ kʻi⁴⁴ fɔ̃⁵³ tɕin³⁵⁻⁴⁴ sɿ³⁵⁻⁴⁴ la⁰, tsən³⁵⁻⁵³ tsɐʔ⁵ tɕin³⁵⁻⁵³ sɿ³⁵⁻⁴⁴ ɕyoʔ⁵ ɕyoʔ⁵ ɦoŋ²² la⁰! dzø²² bu²⁴⁻²² hɔ³⁵ ziã²⁴⁻²² zɿ²² ɕyoʔ⁵ la⁰!

介厄遭后头来呢，再机器一弄啦，锈铁烂啥个，全部来尔嘛，格厄只井水呢，破坏掉尔嘛！葛遭，吃也没味道嘞，啥个，和仔等于呒做尔嘛！（于是后来呢，再机器再发动起来，锈铁什么的，都来了，这个井水呢，就被破坏了！水也没有味道了，没有什么用处了）

ka⁴⁴ əʔ⁵ tsɔ⁵³ ɦiø²² dø²² lie²² n̩i⁰, tsie⁴⁴ tɕi⁵³ tɕʻi⁴⁴ iʔ⁵ noŋ²⁴ la⁰, ɕy⁴⁴ tʻiʔ⁵ lɛ²⁴ soʔ⁵ ɦoʔ², dzø²² bu²⁴⁻²² lie²² lʔ²⁴ lɐʔ², kɐʔ⁵ əʔ⁵ tsɐʔ⁵ tɕin³⁵⁻⁵³ sɿ³⁵⁻⁴⁴ n̩i⁰, pʻəu⁴⁴ ɦua³⁵⁻⁴⁴ tio⁴⁴ lʔ²⁴ lɐʔ²! kəʔ⁵ tsɔ⁵³, tɕʻyoʔ⁵ ɦia²⁴ məʔ⁵ mi²⁴ dɔ²⁴ lɐi⁰, soʔ⁵ ɦoʔ², ɦiəu²² tsɿ⁴⁴ tən³⁵ ɦy²² m̩²² tsəu⁴⁴⁻⁵³ əlʔ²⁴ lɐʔ²!

格厄辰光呢，村庄勒呢，有一个，格么——村民，名字么就是王惠年。（村庄里呢，有一个村民，名字叫王惠年）

kɐʔ⁵ əʔ⁵ dzən²² kuɔ̃⁵³⁻⁴⁴ n̩i⁰, tsʻən⁵³⁻⁴⁴ tsɔ̃⁵³ ləʔ² n̩i⁰, ɦiy²⁴ iʔ⁵ ɦoʔ², kɐʔ⁵ məʔ²——tsʻən⁵³⁻⁴⁴ min²²⁻²¹, min²²⁻²¹ zɿ²⁴⁻²² məʔ⁵ zø²⁴ zɿ²² ɦuɔ̃²² ɦuɐi²² n̩i²²。

其葛个人呢，隑隑厄个厄个强啦，交关强，勿怕人家呢，势力大，也勿怕人家钞票多，做人呢其也有一说一，有二说二个，格呢，威信呢也隑高。（他这个人呢，很强硬，不怕人家势力大，也不怕人家钱多，做人呢也是有一说一，有二说二，威信也很高）

dʑi²² kəʔ⁵ ɦioʔ² n̠in²² n̠i⁰, ŋie²¹ ŋie²¹ əʔ⁵ ɦioʔ² əʔ⁵ ɦioʔ² dʑiã²² la⁰, tɕio⁵³⁻⁴⁴ kuɛ⁵³ dʑiã²², vəʔ² p'o⁴⁴ n̠in²² kuo⁵³ n̠i⁰, sɿ⁴⁴ li²² dəu²⁴, ɦia²⁴ vəʔ² p'o⁴⁴ n̠in²² kuo⁵³ tsʻɔ⁵³ p'io⁴⁴ təu⁵³, tsəu⁴⁴ n̠in²² n̠i⁰ dʑi²² ɦia²⁴ ɦiɤ²⁴ iʔ⁵ soʔ⁵ iʔ⁵, ɦiɤ²⁴ n̠i²⁴ soʔ⁵ n̠i²⁴ ɦioʔ², kɐʔ⁵ n̠i⁰, uɐi⁵³⁻⁴⁴ ɕin⁴⁴⁻⁵³ n̠i⁰ ɦia²⁴ ŋie²¹ kɔ⁵³。

格其呢，就是第一个啦，就是厄日背勒板锄、铁耙呢，其呢就是将一只方井呢要去弄，挖夷掉。（他呢，就是第一个，那天背着锄头、耙子，要把方井去挖掉）

kɐʔ⁵ dʑi²² n̠i⁰, zø²⁴ zɿ²² di²⁴ iʔ⁵ ɦioʔ² la⁰, zø²⁴ zɿ²² əʔ⁵ n̠iʔ² pɐi⁴⁴ ləʔ² pɛ³⁵ zɿ²²、t'iʔ⁵ bø²² n̠i⁰, dʑi²²⁻²⁴ n̠i⁰ zø²⁴ zɿ²² tɕiã⁵³⁻⁴⁴ iʔ⁵ tsɐʔ⁵ fɔ̃⁵³ tɕin³⁵⁻⁴⁴ n̠i⁰ io⁴⁴ tɕʻiʔ⁵ noŋ²⁴, uɐʔ⁵ ʑi²² tio⁴⁴。

挖掉呢，水，一眼水呢，全部要弄夷掉，弄夷掉以后呢，格么再用水泥浇好。（挖掉后，里头的水全部要弄掉，弄掉以后呢，再用水泥浇筑好）

uɐʔ⁵ tio⁴⁴ n̠i⁰, sɿ³⁵, iʔ⁵ ŋɛ²⁴ sɿ³⁵ n̠i⁰, dzø²² bu²⁴⁻²¹ io⁴⁴ noŋ²⁴ ʑi²² tio⁰, noŋ²⁴ ʑi²² tio⁰ ʑi²² ɦø²² n̠i⁰, kɐʔ⁵ məʔ² tsie⁴⁴ ʑyoŋ²⁴ sɿ³⁵⁻⁵³ n̠i²² tɕio⁵³ hɔ³⁵⁻⁴⁴。

格呢，人家一看，其去弄去勒呢，后头和仔跟勒去弄去嚕。结果呢，花勒三四日个辰光啦，格一只井水，水弄燥。（于是，其他人看到他去处理呢，后面都跟着去了。结果呢，花了三四天的工夫，把井水弄干）

kɐʔ⁵ n̠i⁰, n̠in²² kuo⁵³ iʔ⁵ k'i⁴⁴, dʑi²² tɕʻiʔ⁵ noŋ²⁴ tɕʻi⁴⁴ ləʔ² n̠i⁰, ɦø²² dø²² ɦiɤu²² tsɿ⁰ kən⁵³ ləʔ² tɕʻiʔ⁵ noŋ²⁴ tɕʻi⁴⁴ lɐi⁰。tɕiʔ⁵ kəu³⁵ n̠i⁰, huo⁵³⁻⁴⁴ ləʔ² sa⁵³⁻⁴⁴ sɿ⁴⁴⁻⁵³ n̠iʔ² ɦioʔ² dzən²² kuɔ̃⁵³ la⁰, kɐʔ⁵ iʔ⁵ tsɐʔ⁵ tɕin³⁵⁻⁵³ sɿ³⁵⁻⁴⁴, sɿ³⁵ noŋ²⁴ sɔ⁴⁴。

弄燥呢，周边呢，再，本来是厄套样方方石头起弄毛，格和有缝毛，格么再用水泥浇牢，弄一头个地方呢进。（弄干之后呢，在井的周围，本来是用方石头砌的，石头之间是有缝隙的，现在呢，用水泥浇筑起来，留一处进水）

noŋ²⁴ sɔ⁴⁴ n̠i⁰, tsø⁵³⁻⁴⁴ pi⁵³ n̠i⁰, tsie⁴⁴, pən³⁵⁻⁵³ lie²² zɿ²² əʔ⁵ t'ɔ⁴⁴ n̠iã²⁴⁻²² fɔ̃⁵³⁻³⁵ fɔ̃⁵³ zɐʔ⁵ dø²² tɕʻi⁴⁴ noŋ⁰ mɔ⁰, kɐʔ⁵ ɦiɤu²² ɦiɤ²⁴ voŋ²⁴ mɔ⁰, kɐʔ⁵ məʔ² tsie⁴⁴ ʑyoŋ²⁴⁻²² sɿ³⁵⁻⁵³ n̠i²² tɕio⁵³⁻⁴⁴ lɔ²²⁻²¹, noŋ²⁴ iʔ⁵ dø²²⁻²⁴ ɦioʔ² di²⁴⁻²² fɔ̃⁵³⁻⁴⁴ n̠i⁰ tɕin⁴⁴。

介虽然呢葛只井水呢，后头来，那，葛也没嚜，血也没嚜，血水格也没嚜，井水也没嚜。（这样，虽然这个井水后来血也没了，原来的井水也没了）

ka⁴⁴ sɐi⁵³⁻⁴⁴ zø²²⁻²¹ ȵi⁰ kəʔ⁵ tsɐʔ⁵ tɕin³⁵⁻⁵³ sɿ³⁵⁻⁴⁴ ȵi⁰, ɦiø²² dø²² lie²², na⁴⁴, kəʔ⁵ ɦia²⁴ məʔ⁵ lɐi⁰, çyoʔ⁵ ɦia²⁴ məʔ⁵ lɐi⁰, çyoʔ⁵ sɿ³⁵⁻⁴⁴ kɐʔ⁵ ɦia²⁴ məʔ⁵ lɐi⁰, tɕin³⁵⁻⁵³ sɿ³⁵⁻⁴⁴ ɦia²⁴ məʔ⁵ lɐi⁰。

葛遭呢，水呢，总得闲遭子呢，完全完全各样，葛记个进来个水啦，是和仔一眼水库水尔辣，变勒，和得方井格走进尔辣。（现在的水呢，和过去完全是不一样的了，现在进来的水，都是水库里的水流进来的了）

kəʔ⁵ tsɔ⁵³ ȵi⁰, sɿ³⁵ ȵi⁰, tsoŋ³⁵⁻⁵³ təʔ⁵ ɦiɛ²² tsɔ⁵³ tsɿ⁰ ȵi⁰, ɦiø²² dzø²² ɦiø²² dzø²² koʔ⁵ ʑiã²⁴⁻²¹, kəʔ⁵ tɕi⁴⁴ ɦioʔ² tɕin⁴⁴ lie²² ɦioʔ² sɿ³⁵ la⁰, zɿ²² ɦiɐu²² tsɿ⁰ iʔ⁵ ŋɛ²⁴ sɿ³⁵⁻⁵³ kʻu⁴⁴ sɿ³⁵⁻⁴⁴ l²⁴ lɐʔ², pi⁴⁴ ləʔ², ɦiɐu²² təʔ⁵ fɔ̃⁵³ tɕin³⁵⁻⁴⁴ kɐʔ⁵ tsø³⁵⁻⁵³ tɕin⁴⁴ l²⁴ lɐʔ²。

格还有一个阮家嚜，阮家一个子孙其，来格外头个和。（还有一个阮家的子孙，在外头）

kɐʔ⁵ ɦiua²² ɦiɤ²⁴ iʔ⁵ ɦioʔ² n̠y²²⁻²¹ kuo⁵³⁻⁴⁴ lɐi⁰, n̠y²²⁻²¹ kuo⁵³⁻⁴⁴ iʔ⁵ ɦioʔ² tsɿ³⁵⁻⁵³ sən⁵³⁻⁴⁴ dʑi²², lie²² kɐʔ⁵ ŋa²⁴ dø²² ɦioʔ² ɦiɐu⁰。

外头因为成分推板，格总十多年没回屋落来。（因为成分差，十多年没有回家来）

ŋa²⁴ dø²²⁻²⁴ in⁵³⁻⁴⁴ ɦiuɐi²² dzən²²⁻²¹ vən²² tʻɐi⁵³⁻⁴⁴ pɛ³⁵⁻⁵³, kɐʔ⁵ tsoŋ³⁵⁻⁵³ zəʔ² təu⁵³ ȵi²² məʔ⁵ ɦiuɐi²² uoʔ⁵ loʔ² lie²²。

格呢，葛一年呢，八十七岁嚜，格带勒其拉孙子呢，格，得得屋落来勒。（那一年，八十七岁了，带着孙子，到家里来了）

kɐʔ⁵ ȵi⁰, kəʔ⁵ iʔ⁵ ȵi²²⁻²⁴ ȵi⁰, pɐʔ⁵ zəʔ² tɕʻiʔ² sɿ⁴⁴ lɐi⁰, kɐʔ⁵ ta⁴⁴ ləʔ² dʑiɐʔ² lɐʔ² sən⁵³ tsɿ⁰ ȵi⁰, kɐʔ⁵, təʔ⁵ təʔ⁵ uoʔ⁵ loʔ² lie²² ləʔ²。

屋落来其第一样就是记得一只方井，还驮勒，几只呢瓶，要到方井来灌水来。（到家来第一个就是记得那个方井，还拿了几个瓶，要到方井来装水）

uoʔ⁵ loʔ² lie²² dʑi²² di²⁴ iʔ⁵ ʑiã²⁴⁻²¹ zø²⁴ zɿ²² tɕi⁴⁴ təʔ⁵ iʔ⁵ tsɐʔ⁵ fɔ̃⁵³ tɕin³⁵⁻⁴⁴, ɦiua²² dəu²² ləʔ², tɕi³⁵ tsɐʔ⁵ ȵi⁰ bin²⁴, io⁴⁴ tɔ⁴⁴ fɔ̃⁵³ tɕin³⁵⁻⁴⁴ lie²² kuø⁴⁴ sɿ³⁵ lie²²。

　　一看呢，方井水已经变勒葛套格勒呢，格其吃吃味道，夷搭，完完全全勿是嚙，勿是以前个味道嚙。（一看呢，方井水已经变成这个样子了，尝尝水的味道，完全不一样了，不是以前的味道了）

　　iʔ⁵ k‘i⁴⁴ n̩i⁰ fɔ̃⁵³ tɕin³⁵⁻⁴⁴ sɿ³⁵⁻⁴⁴ ʑi²² tɕin⁵³ pi⁴⁴ ləʔ² kəʔ⁵ t‘ɔ⁴⁴ kɐʔ⁵ ləʔ² n̩i⁰, kɐʔ⁵ dʑi²² tɕ‘yoʔ⁵ tɕ‘yoʔ⁵ mi²⁴ dɔ²⁴, ʑi²² tɐʔ⁵, ɦiuø²² ɦiuø²² dzø²² dzø²² vəʔ² zɿ²² lɐi⁰, vəʔ² zɿ²² ʑi²² dʑi²² ɦioʔ² mi²⁴ dɔ²⁴ lɐi⁰。

　　格呢感到交关失望：我，那，最后一个心愿也没实现。格，去嚙。（感到十分失望，最后一个心愿也没有实现。于是就离开了）

　　kəʔ⁵ n̩i⁰ ki³⁵ tɔ⁴⁴ tɕio⁵³⁻⁴⁴ kuɛ⁵³ səʔ⁵ vɔ̃²⁴⁻²¹: ŋo²⁴, na⁴⁴, tsɐi⁴⁴ ɦiø²²⁻²⁴ iʔ⁵ ɦioʔ² ɕin⁵³⁻⁴⁴ n̩y²⁴⁻²¹ ɦia²⁴ məʔ⁵ dzɐʔ² ʑi²⁴⁻²²。kɐʔ⁵, tɕ‘i⁴⁴ lɐi⁰。

　　葛遭葛只井——后头来呢，葛遭村庄勒呢，越加勿对嚙，每份人家呢，和仔造葛嚙，厕所嚙，格水和得地下格去嚙，格。格一只方井呢，完完全全破坏勒。（于是这个井——后来呢，村子里更加不对了，每户人家都造厕所，水都从地下走了。这个方井呢，彻底被破坏了）

　　kəʔ⁵ tsɔ⁵³ kəʔ⁵ tsɐʔ⁵ tɕin³⁵ ɦiø²² dø²² lie²² n̩i⁰, kəʔ⁵ tsɔ⁵³ ts‘ən⁵³⁻⁴⁴ tsɔ̃⁵³ ləʔ² n̩i⁰, ʑyoʔ² kuo⁵³ vəʔ² tɐi⁴⁴ lɐi⁰, mɐi²⁴ vən²² n̩in²² kuo⁵³ n̩i⁰, ɦiəu²² tsɿ⁰ zɔ²² kəʔ⁵ lɐi⁰, ts‘ɿ⁴⁴ suo³⁵⁻⁵³ lɐi⁰, kɐʔ⁵ sɿ³⁵ ɦiəu²² təʔ⁵ di⁴⁴ ɦiuo²² kəʔ⁵ tɕ‘i⁴⁴ lɐi⁰, kɐʔ⁵。kəʔ⁵ iʔ⁵ tsɐʔ⁵ fɔ̃⁵³ tɕin³⁵⁻⁴⁴ n̩i⁰, ɦiuø²² ɦiuø²² dzø²² dzø²² p‘əu⁴⁴ ɦiua²⁴⁻²² ləʔ²。

　　厄遭再后来，方井水也没人吃嚙。葛遭自来水也装好嚙，吃呢，和仔吃葛眼水库水。（再后来，方井水也没人喝了，自来水也装好了，都喝水库里的水）

　　əʔ⁵ tsɔ⁵³ tsie⁴⁴ ɦiø²² lie²², fɔ̃⁵³ tɕin³⁵⁻⁴⁴ sɿ³⁵⁻⁴⁴ ɦia²⁴ məʔ⁵ n̩in²² tɕ‘yoʔ⁵ lɐi⁰。kəʔ⁵ tsɔ⁵³ zɿ²⁴ lie²² sɿ³⁵⁻⁴⁴ ɦia²⁴⁻²² tsɔ̃⁵³ hɔ³⁵⁻⁴⁴ lɐi⁰, tɕ‘yoʔ⁵ ni⁰, ɦiəu²² tsɿ⁰ tɕ‘yoʔ⁵ kəʔ⁵ ŋɛ²⁴⁻²² sɿ³⁵⁻⁵³ k‘u⁴⁴ sɿ³⁵⁻⁴⁴。

　　水库水呢，得人家格讲起来呢，格其也是山勒水佘①落来个和，葛不过比起方井水呢，格是~总随尔咋也了勿着②个和。（水库水，说起

----

①　佘：t‘ən⁵³，物体在水中漂。

②　了勿着：lio²⁴ vəʔ² dzɐʔ²，够不着。

来呢，也是山上的水汇集起来的，不过跟方井水比起来呢，怎么也比不
上的）

sๅ$^{35-53}$ k'u^{44} sๅ$^{35-44}$ ȵi^{0}, tə$ʔ^{5}$ ȵin^{22} kuo^{53} kɐ$ʔ^{5}$ kõ$^{35-53}$ tɕ'i^{0} lie^{22} ȵi^{0},
kɐ$ʔ^{5}$ dʑi^{22} ɦia^{24} zๅ^{22} sɛ^{53} lə$ʔ^{2}$ sๅ^{35} t'ən^{53} lo$ʔ^{2}$ lie^{22} ɦio$ʔ^{2}$ ɦiɐu^{0}, kə$ʔ^{5}$ pə$ʔ^{5}$ kəu^{44}
pi$^{35-44}$ tɕ'i^{0} fõ^{53} tɕin$^{35-44}$ sๅ$^{35-44}$ ȵi^{0}, kɐ$ʔ^{5}$ zๅ^{22} tsoŋ$^{35-53}$ zɐi^{22} ŋ̍^{24} dza^{24} ɦia^{24} lio^{24}
vɐ$ʔ^{2}$ tsɐ$ʔ^{5}$ ɦio$ʔ^{2}$ ɦiɐu^{0}。

格厄遭呢，一只方井呢，也边沿窘呢，和出草嗨，变——弄勒是～
～也没人弄，管嗨。（于是呢，这个方井呢，边上也逐渐长出了野草，
没人管了）

kɐ$ʔ^{5}$ ə$ʔ^{5}$ tsɔ^{53} ȵi^{0}, i$ʔ^{5}$ tsɐ$ʔ^{5}$ fõ^{53} tɕin$^{35-44}$ ȵi^{0}, ɦia^{24} pi$^{53-44}$ zi^{22} dɐi^{22} ni^{0},
ɦiɐu^{22} ts'ə$ʔ^{5}$ ts'ɔ^{35} lɐi^{0}, pi^{44}——noŋ^{24} lə$ʔ^{2}$ zๅ^{22}, ɦia^{24} mə$ʔ^{5}$ ȵin^{22} noŋ^{24}, kuø^{35}
lɐi^{0}。

葛遭到，老个一辈呢，格其呢，还，是时格记得一只方井。（老一
辈的人呢，还总记得这个方井）

kə$ʔ^{5}$ tsɔ^{53} tɔ^{44}, lɔ^{24} ɦio$ʔ^{2}$ i$ʔ^{5}$ pɐi^{44} ȵi^{0}, kɐ$ʔ^{5}$ dʑi$^{22-24}$ ȵi^{0}, ɦua^{22}, zๅ^{22}
zๅ^{22} kɐ$ʔ^{5}$ tɕi^{44} tə$ʔ^{5}$ i$ʔ^{5}$ tɕi$ʔ^{5}$ fõ^{53} tɕin$^{35-44}$。

有时候呢，无意有意呢，也特特意意走到方井桥边沿窘呢，去坐一
晌，看看一只井。（有时候呢，有意无意，也专门走到方井桥那边，去
坐一会，看看这个井）

ɦiy^{24} zๅ^{22} ɦiø^{24} ȵi^{0}, vu^{22} i^{44} ɦiy^{24} i^{44} ȵi^{0}, ɦia^{24} də$ʔ^{2}$ də$ʔ^{2}$ i^{44} i^{44} tsø^{35} tɔ^{44} fõ^{53}
tɕin$^{35-44}$ dʑio^{22} pi$^{53-35}$ zi^{22} dɐi^{22} ȵi^{0}, tɕ'i$ʔ^{5}$ dzɐu$^{24-22}$ i$ʔ^{5}$ zõ$^{35-44}$, k'i^{44} k'i^{44} i$ʔ^{5}$
tsɐ$ʔ^{5}$ tɕin^{35}。

厄遭到年纪轻个呢，根本勿晓得嗨，葛只方井咋毛格，闲遭子咋味
道，咋啥个，根本没人诶①嗨。

ə$ʔ^{5}$ tsɔ^{53} tɔ^{44} ȵi$^{22-21}$ tɕi^{44} tɕ'in^{53} ɦio$ʔ^{2}$ ni^{0}, kən$^{53-44}$ pən$^{35-53}$ və$ʔ^{2}$ çio^{35}
tə$ʔ^{5}$ lɐi^{0}, kə$ʔ^{5}$ tɕi$ʔ^{5}$ fõ^{53} tɕin$^{35-44}$ dza^{24} mɔ^{22} kɐ$ʔ^{5}$, ɦiɛ^{22} tsɔ^{53} tsๅ^{0} dza^{24} mi^{24}
dɔ^{24}, dza^{24} so$ʔ^{5}$ ɦio$ʔ^{2}$, kən$^{53-44}$ pən$^{35-53}$ mə$ʔ^{5}$ ȵin^{22} dzɐi^{24} lɐi^{0}。

厄记呢，井呢，仍规来眼，格地方也仍规老地方，不过水呢，葛是
～比水库水还要勿是嗨。（现在呢，井仍然在，地方也仍然在老地方，

---

① 诶：dzɐi^{24}，惦记，念叨。

不过水呢，比水库水还要不如了）

əʔ⁵ tɕi⁴⁴ ȵi⁰, tɕin³⁵ ȵi⁰, dzən²² kuɐi⁵³ lie²² ȵie⁰, kɐʔ⁵ di²⁴ fɔ̃⁵³⁻⁴⁴ ɦia²⁴ dzən²² kuɐi⁵³ lɔ²⁴ di²⁴⁻²¹ fɔ̃⁵³⁻⁴⁴, pəʔ⁵ kəu⁴⁴ sʅ³⁵ ȵi⁰, kəʔ⁵ zʅ²² ~ pi³⁵ sʅ³⁵⁻⁵³ kʻu⁴⁴ sʅ³⁵⁻⁴⁴ ɦiua²² io⁴⁴ vəʔ² zʅ²² lɐi⁰.

格人家讲呢，厄只，其拉厄路脉掘落去呢，路，刚刚掘勒一只龙，龙啦，一只眼睛啦驮来射——掘着嘞！（人家说啊，他们这路地脉挖下去，正好挖到一条龙，一条龙的眼睛挖到了）

kɐʔ⁵ ȵin²² kuo⁵³ kɔ̃³⁵ ȵi⁰, əʔ⁵ tsɐʔ⁵, dziɐʔ² lɐʔ² əʔ⁵ lu²⁴⁻²² mɐʔ² dzyoʔ² lɔʔ² tɕʻi⁴⁴ ȵi⁰, lu²⁴, kuo⁵³⁻⁴⁴ kuo⁵³ dzyoʔ² ləʔ² iʔ⁵ tsɐʔ⁵ loŋ²², loŋ²² la⁰, iʔ⁵ tsɐʔ⁵ ŋɛ²⁴ tɕin⁵³ la⁰ dəu²² lie²² zuo²⁴——dzyoʔ² tsɐʔ⁵ lɐi⁰！

掘着勒，眼睛驮来射瞎嘞。瞎勒呢，格呢出血嘞。血，厄遭一只水呢，没勒。一根龙呢，厄窖，厄路龙脉呢，断掉尔辣！和仔弄掉尔辣。（挖到后，眼睛被射瞎了。射瞎以后呢，就出血了。之后水就断了。一条龙呢，这里的龙脉呢，被挖断了，全部被破坏了）

dzyoʔ² tsɐʔ⁵ ləʔ², ŋɛ²⁴ tɕin⁵³ dəu²² lie²² zuo²⁴ hɐʔ⁵ lɐi⁰。hɐʔ⁵ ləʔ² ȵi⁰, kɐʔ⁵ ȵi⁰ tsʻəʔ⁵ ɕyoʔ⁵ lɐi⁰。ɕyoʔ⁵, əʔ⁵ tsɔ⁵³ iʔ⁵ tsɐʔ⁵ sʅ³⁵ ȵi⁰, məʔ⁵ ləʔ²。iʔ⁵ kən⁵³⁻⁴⁴ loŋ²² ȵi⁰, əʔ⁵ dɐi²², əʔ⁵ lu²⁴⁻²¹ loŋ²² mɐʔ² ȵi⁰, dø²² tio⁴⁴⁻⁵³ l²⁴ lɐʔ²！ɦiəu²² tsʅ⁰ noŋ²⁴ tio⁴⁴ l²⁴ lɐʔ²。

格，厄遭王家屋落呢，也再啊没出过啥个，厄个人啊，——，能干眼人啊，没个和。（于是王家呢，再也没有出过能干一点的人，没有了）

kɐʔ⁵, əʔ⁵ tsɔ⁵³ ɦiuɔ̃²² kuo⁵³ oʔ⁵ lɔʔ² ȵi⁰, ɦia²⁴ tsie⁴⁴ ɦia⁰ məʔ⁵ tsʻəʔ⁵ kəu⁴⁴⁻⁵³ soʔ⁵ ɦioʔ², əʔ⁵ ɦioʔ² ȵin²² ɦia⁰, nən²²⁻²¹ ki⁵³⁻⁴⁴ ŋie²⁴⁻²² ȵin²² ɦia⁰, məʔ⁵ ɦioʔ² ɦiɐu⁰。

一只水呢，水库呢，厄遭呢，也，好嘞，和仔吃水啊，汝啊，弄啊，格，和一只水库勒。（一个水库呢，现在好了，喝水啊，其他什么的啊，都用水库水）

iʔ⁵ tsɐʔ⁵ sʅ³⁵ ȵi⁰, sʅ³⁵⁻⁵³ kʻu⁴⁴ ȵi⁰, əʔ⁵ tsɔ⁵³ ȵi⁰, ɦia²⁴, hɔ³⁵⁻⁵³ lɐi⁰, ɦiəu²² tsʅ⁰ tɕʻyoʔ⁵ sʅ³⁵ ɦia⁰, dziã²² ɦia⁰, noŋ²⁴ ɦia⁰, kɐʔ⁵, ɦiəu²² iʔ⁵ tɕiʔ⁵ sʅ³⁵⁻⁵³ kʻu⁴⁴ ləʔ²。

介啦，讲啦，水吃勒勿清爽啦，得人个聪明啦是大笔头①有影响个和。（有这样的说法，水喝得不干净，是会大大影响人的聪明程度的）

ka⁴⁴ la⁰, kɔ̃³⁵ la⁰, sʐ³⁵ tɕʻyoʔ⁵ ləʔ² vəʔ² tɕʻin⁵³⁻⁴⁴ sɔ̃³⁵⁻⁵³ la⁰, təʔ⁵ n̠in²² ɦoʔ² tsʻoŋ⁵³⁻⁴⁴ min²²⁻²¹ la⁰ zʐ²² dəu²⁴ piʔ⁵ dø²²⁻²¹ ɦiɣ²⁴ in³⁵⁻⁵³ ɕiã³⁵⁻⁴⁴ ɦoʔ² ɦiəu⁰.

格闲遭子啦，人家话啦，要抬老嬢啦，要得相呑王家去抬。王家屋落啦多美女，因为啦，其葛水，方井水啦，真好勿过，吃落去甜——格吃落啦，皮肤啦，和仔是雪白席鞲个。（过去，人家说，要娶老婆，要到相呑王家去娶。王家多美女，因为他们那水，方井水，实在是太好了，喝下去甜的——喝了，皮肤全会变得雪白细腻）

kəʔ⁵ ɦiɛ²² tsɔ⁵³ tsʐ⁰ la⁰, n̠in²² kuo⁵³ ɦuo²⁴ la⁰, io⁴⁴ die²² lɔ²⁴ n̠in²¹ la⁰, io⁴⁴ təʔ⁵ ɕiã⁵³⁻⁴⁴ ɔ⁴⁴⁻⁵³ ɦuɔ̃²² kuo⁵³ tɕʻiʔ⁵ die²². ɦiuɔ̃²² kuo⁵³ uoʔ⁵ loʔ² la⁰ təu⁵³ mɐi²² n̠y²²⁻²¹, in⁵³⁻⁴⁴ ɦiuɐi²² la⁰, dʑi²² kəʔ⁵ sʐ³⁵, fɔ̃⁵³ tɕin³⁵⁻⁴⁴ sʐ³⁵⁻⁴⁴ la⁰, tsɐn⁵³ hɔ³⁵⁻⁵³ vəʔ² kəu⁴⁴, tɕʻyoʔ⁵ loʔ² tɕʻi⁴⁴ die²²——kɐʔ⁵ tɕʻyoʔ⁵ loʔ² la⁰, bi²² fu⁵³ la⁰, ɦiəu²² tsʐ⁰ zʐ²² ɕiʔ⁵ bɐʔ² ziʔ² tʻi⁴⁴ ɦoʔ².

葛葛记格是～～葛种格是～，没嘞！（现在呢，这种就没有了）

kəʔ⁵ kəʔ⁵ tɕi⁴⁴ kɐʔ⁵ zʐ²², kəʔ⁵ tsoŋ³⁵⁻⁴⁴ kɐʔ⁵ zʐ²² ～, məʔ⁵ lɐi⁰!

四　犯命案②

相呑大池头啦，旧社会辰光，出勒一件犯命案个事体。葛是～心看勒陥碎嘞！（相呑大池头这个地方，旧社会的时候，出过一件犯命案的事情。看得人心碎）

ɕiã⁵³⁻⁴⁴ ɔ⁴⁴⁻⁵³ dəu²⁴ dzʐ²² dø²² la⁰, dʑy²⁴ dzo²⁴ kuɐi⁴⁴ dzɐn²² kuɔ̃⁵³, tsʻəʔ⁵ ləʔ² iʔ⁵ dʑi²⁴ vɐ²² min²⁴ ɐi⁴⁴ ɦoʔ² zʐ²⁴ tʻi³⁵. kəʔ⁵ zʐ²² ～ ɕin⁵³ kʻi⁴⁴ ləʔ⁵ ŋie²¹ sɐi⁴⁴ lɐi⁰!

格，犯命案开始呢，辰光呢，就是因为两个女个啦，格和仔是自家村庄勒人啦。（犯命案开始，是因为两个女人，都是同一个村庄里的人）

---

① 大笔头：很大的，深远的，紧密的。

② 叙述性文本，编号161220_007，主题词：犯命案掌故。发音人：桂剑萍，女，1952年生。转录人阮桂君，转录时间2017年4月27日，录音总长7′55″。

keʔ^5, vɛ^{22} min^{24} ɐi^{44} k'ie$^{53-44}$ sɿ$^{35-44}$ n̩i^0, zən^{22} kuɔ̃^{53} n̩i^0, zø^{24} zɿ^{22} in$^{53-44}$ fiuɐi^{22} liã^{24} fioʔ^2 n̩y^{22} fioʔ^2 la^0, keʔ^5 fiɐu^{22} tsɿ^0 zɿ^{22} ʑi^{24} kuo$^{53-44}$ ts'ən$^{53-44}$ tsɔ̃^{53} ləʔ^2 n̩in^{22} la^0。

格女人斗口。斗口呢来格队勒晒谷辰光呢，多做少做个两三句个言话啦，格引勒口贼呢——一个呢就是小兰秋老孃。（是女人口角。起口角是在生产队晒谷的时候，谁做多，谁做好，相互在说，引起了口角——其中一个是小兰秋的老婆）

keʔ^5 n̩y^{22} n̩in$^{22-21}$ tø^{35} k'ø^{35}。tø^{35} k'ø^{35} n̩i^0 lie^{22} keʔ^5 dɐi^{24} ləʔ^2 sa^{44} koʔ^5 dzən^{22} kuɔ̃$^{53-44}$ n̩i^0, tɐu^{53} tsɐu^{44} sɔ$^{35-53}$ tsɐu^{44} fioʔ^2 liã^{24} sɛ^{53} tɕy$^{35-44}$ fioʔ^2 fiɛ$^{22-21}$ fiuo^{24} la^0, keʔ^5 ʑin^{24} ləʔ^2 k'ø$^{35-53}$ zəʔ^2 n̩i^0——iʔ^5 fioʔ^2 n̩i^0 zø^{24} zɿ^{22} çio^{35} lɛ^{22} tɕ'y$^{53-44}$ lɔ^{24} n̩in$^{22-21}$。

小兰秋呢，就是解放前头呢，就是伪保长。伪保长呢，其，好像做勒呢，也没大好。（小兰秋呢，解放前做过伪保长。他的伪保长也做得比较坏）

çio^{35} lɛ^{22} tɕ'y$^{53-44}$ n̩i^0, zø^{24} zɿ^{22} ka$^{35-44}$ fɔ̃$^{44-53}$ ʑi^{22} dø^{22} n̩i^0, zø^{24} zɿ^{22} uɐi^{53} pɔ^{35} tsã$^{35-44}$。uɐi^{53} pɔ^{35} tsã$^{35-44}$ n̩i^0, dʑi^{22}, hɔ$^{35-44}$ ʑiã$^{24-21}$ tsɐu^{44} ləʔ^2 n̩i^0, fia^{24} məʔ^5 da$^{24-22}$ hɔ^{35}。

解放后呢，就是，格么，驮来，总枪毙掉嘀，格。屋落呢，成分呢也没陶好。（解放后呢，就被枪毙了。家里呢，成分也不是很好）

ka$^{35-44}$ fɔ̃$^{44-53}$ fiø^{22} n̩i^0, zø^{24} zɿ^{22}, keʔ^5 məʔ^2, dəu^{22} lie^{22}, tsoŋ$^{35-53}$ tɕ'iã^{53} bi^{22} dio^{22} lɐi^0, keʔ^5。uoʔ^5 loʔ^2 n̩i^0, dzən$^{22-21}$ vən$^{24-22}$ n̩i^0 fia^{24} məʔ^5 ŋie^{21} hɔ^{35}。

格一个老孃呢因为是农村勒人，格硬外①也没啥知识，介。嘴巴呢也蛮快个和，心啦，直直个和。（他的老婆是农村人，也没有特别的知识。嘴巴也很快，心呢，直直的）

keʔ^5 iʔ^5 fioʔ^2 lɔ^{24} n̩in$^{22-21}$ n̩i^0 in$^{53-44}$ fiuɐi^{22} zɿ^{22} noŋ^{22} ts'ən^{53} ləʔ^2 n̩in^{22}, keʔ^5 in^{44} ŋa^{22} fia^{24} məʔ^5 soʔ^5 tsɿ$^{53-44}$ səʔ^5, ka^{44}。tsɿ$^{35-53}$ po$^{53-44}$ n̩i^0 fia^{24} mɛ^{22}

---

① 硬外：in^{44} ŋa^{21}，尤其、特别、特地、专门。～也没啥知识。（也没有什么特别的知识）｜葛人～坏。（这人特别外）｜没来问其，其"哒哒哒"讲煞快，～要去问问其，其么勿话嘀。（没有问他，他"咕咕咕"讲个不停，专门去问他，他么不说话了）

k'ua^{44} fioʔ^2 fiəu^0, çin^{53} la^0, dzəʔ^2 dzəʔ^2 fioʔ^2 fiəu^0。

　　格呢，其自家认为自家是总放命个做忌啦，格总。拨人家格引口贼呢也引个和。（自己呢，也认为自己做事情特别的小心。和别人偶尔也会起些口角）

kɐʔ^5 ɳi^0，dʑi^{22} dʑi^{24} kuo$^{53-44}$ zən^{24} fiuɐi^{22} dʑi^{24} kuo$^{53-44}$ zʅ^{22} tsoŋ$^{35-53}$ fɔ̃^{44} min$^{24-21}$ fioʔ^2 tsəu^{44} dʑi$^{24-21}$ la^0，kɐʔ^5 tsoŋ$^{35-53}$。pəʔ^5 ɳin^{22} kuo^{53} kɐʔ^5 ʑin^{24} k'ø$^{35-53}$ zəʔ^2 ɳi^0 fia^{24} ʑin^{24} fioʔ^2 fiəu^0。

　　格葛一回呢，来格队勒晒谷引勒口贼呢，葛个——还有一个女个呢，男人呢陋呒用，懒汉刮搭生活呢煞做个和，儿子呢也没大听话，格呢，所有个压力呢，和压勒其个身上，其呢做人呢也感到交关悲观。（这一回呢，在队里晒谷引起口角呢，是和另外一个女的，那个女的男人很没用，又懒惰又不干活，儿子也不听话，所有压力都压在女人身上，所以这个女人一直都感到十分悲观）

kɐʔ^5 kəʔ^5 iʔ^5 fiuɐi^{22} ɳi^0，lie^{22} kɐʔ^5 dɐi^{24} ləʔ^2 sa^{44} koʔ^5 ʑin^{24} ləʔ^2 k'ø$^{35-53}$ zəʔ^2 ɳi^0，kəʔ^5 fioʔ^2——fiua^{22} fiy^{24} iʔ^5 fioʔ^2 ɳy^{22} fioʔ^2 ɳi^0，nɐi^{22} ɳin$^{22-21}$ ɳi^0 ɳie^{22}m̩$^{24-21}$ zyoŋ$^{24-22}$，lɛ^{22} hɐi^{44} kuɐʔ^5 tɐʔ^5 sã$^{53-44}$ fiuəʔ^2 ɳi^0 vɐi^{22} tsəu^{44} fioʔ^2 fiəu^0，ŋ̍$^{22-21}$ tsʅ^0 ɳi^0 fia^{24} məʔ^5 da^0 t'in^{44} fiuo$^{24-21}$，kɐʔ^5 ɳi^0，suo^{35} fiy$^{24-22}$ fioʔ^2 ɐʔ^5 liʔ^2 ɳi^0，fiəu^{22} ɐʔ^5 ləʔ^2 dʑi^{22} fioʔ^2 sən^{53} dzɔ̃^{22}，dʑi$^{24-22}$ ɳi^0 tsəu^{44} ɳin^{22} ɳi^0 fia$^{24-22}$ ki$^{35-53}$ tɔ^{44} tçio$^{53-44}$ kuɛ$^{53-44}$ pɐi$^{53-44}$ kuø^{53}。

　　格么得厄个小兰秋老孃格造孽仔呢，走得屋落，忖忖自家也做人陋呒趣，格馱来吃药水嚸。吃药水馱来投①勿出么，死掉嚸！（和小兰秋老婆起口角吵架后，回到家里，想想自己做人也十分无趣，就喝农药了。喝了农药，别人洗胃救治没有成功，就死了）

kɐʔ^5 məʔ^2 təʔ^5 əʔ^5 fioʔ^2 çio$^{35-44}$ lɛ^{22} tç'y$^{53-44}$ lɔ^{24} ɳin$^{22-21}$ kɐʔ^5 zɔ^{22} ɳiʔ^2 tsʅ^{44} ɳi^0，tsø^{35} təʔ^5 uoʔ^5 loʔ^2，ts'ən^{35} ts'ən$^{35-53}$ dʑi^{24} kuo$^{53-44}$ fia^{24} tsəu^{44} ɳin^{22} ɳie^{22}m̩$^{24-21}$ ts'ʅ^{44}，kɐʔ^5 dəu^{22} lie^{22} tç'yoʔ^5 ʑiɐʔ^2 sʅ^{35} lɐi^0。tç'yoʔ^5 ʑiɐʔ^2 sʅ^{35} dəu^{22} lie^{22} dø^{24} vəʔ^2 ts'əʔ^5 məʔ^2，çi$^{35-53}$ dio^{22} lɐi^0！

　　死掉勒后啦，其是贫雇农，葛辰光啦，讲成分是～讲勒陋厉害②！

---

① 投：dø^{24}，食物中毒后灌肠使毒液吐出。

② 厉害：音［li^{24} liʔ^2］，"害"训读字，本字未考。

（死了以后呢，因为她是贫雇农，那时候个人成分是很厉害的）

ɕi³⁵⁻⁵³ dio²² ləʔ² ɦø²² la⁰, dʑi²² zʅ²² bin²² ku⁴⁴ noŋ²², kɐʔ⁵ dzən²² ku
õ⁵³⁻⁴⁴ la⁰, kõ³⁵ dzən²²⁻²¹ vən²⁴⁻²² zʅ²² ~ kõ³⁵ ləʔ² ŋie²² li²⁴ liʔ²！

格么，就是其拉呢，也有堂兄弟啊，啥个，厄个厄个，和仔，厄
个，人也蛮多个！格人家话嘞："活个没人，死勒啥会没人啊！"格呢，
和要去出场去嘞。（于是，这个女人的堂兄弟之类的，各种亲戚，也有
很多人，就说了：活的时候没有人，死了会没有人来啊！于是都要帮这
个女人出头）

kɐʔ⁵ məʔ², zø²⁴ zʅ²² dʑiɐʔ² ləʔ² ŋi⁰, ɦia²⁴⁻²² ɦiɤ²⁴⁻²² dõ²² ɕyoŋ⁵³ di²²
ɦia⁰, soʔ⁵ ɦioʔ², əʔ⁵ ɦioʔ² əʔ⁵ ɦioʔ², ɦiəu²² tsʅ⁰, əʔ⁵ ɦioʔ², ŋin²² ɦia²⁴ mɛ²²
təu⁵³ ɦioʔ²！ kɐʔ⁵ ŋin²² kuo⁵³ ɦiuo²⁴ lɐi⁰："ɦiuɐʔ² ɦioʔ² məʔ⁵ ŋin²², ɕi³⁵⁻⁵³ ləʔ²
soʔ⁵ ɦiuɐi²² məʔ⁵ ŋin²² ɦia⁰！" kɐʔ⁵ ŋi⁰, ɦiəu²² io⁴⁴ tɕʻiʔ⁵ tsʻəʔ⁵ dzã²²
tɕʻi⁴⁴ lɐi⁰。

格呢，就是得死尸呢，抬得葛份人家去。葛份人家，小兰秋拉老孃
呢，格，因为男人没个，两个囡，一个儿子，格呢一个老孃，格呢——
再加加成分推板，格么也，生活也推板个和，总也没闯好。（于是呢，
把尸体抬到人家家里去。小兰秋老婆呢，因为家里没有男人，有两个女
儿，一个儿子——再加上成分差，生活也很困难，不是很好）

kɐʔ⁵ ŋi⁰, zø²⁴ zʅ²² təʔ⁵ ɕi³⁵⁻⁵³ sʅ⁵³⁻⁴⁴ ŋi⁰, die²² təʔ⁵ kɐʔ⁵ vən²²⁻²¹ ŋin²²
kuo⁵³ tɕʻi⁴⁴。kɐʔ⁵ vən²²⁻²¹ ŋin²² kuo⁵³, ɕio³⁵⁻⁴⁴ lɛ²² tɕʻy⁵³⁻⁴⁴ ləʔ² lɔ²⁴ ŋin²²⁻²¹
ni⁰, kɐʔ⁵, in⁵³⁻⁴⁴ ɦiuɐi²² nɐi²² ŋin²²⁻²¹ məʔ⁵ ɦioʔ², liã²⁴⁻²² ɦioʔ² nø²², iʔ⁵
ɦioʔ² ŋ²²⁻²¹ tsʅ⁰, kɐʔ⁵ ŋi⁰ iʔ⁵ ɦioʔ² lɔ²⁴⁻²² ŋin²²⁻²¹, kɐʔ⁵ ŋi⁰——tsie⁴⁴ kuo⁵³
kuo⁵³⁻⁴⁴ dzən²²⁻²¹ vən²² tʻɐi⁵³⁻⁴⁴ pɛ³⁵, kɐʔ⁵ məʔ² ɦia²⁴, sən⁵³⁻⁴⁴ ɦiuɐʔ² ɦia²⁴
tʻɐi⁵³ pɛ⁰ ɦioʔ² ɦiəu⁰, tsoŋ³⁵⁻⁵³ ɦia²⁴ məʔ⁵ ŋie²² ho³⁵。

格呢，"gua～"抬进呢，人家呢，格么也好人也有个和，格通脚
嘞①，格么其拉两个囡一个儿子呢，逃走勒，逃掉！（于是呢，把尸体抬
到她家里去，也有好心人提前通风报信，她的两个女儿和一个儿子提前
逃掉了）

kɐʔ⁵ ŋi⁰, "guã²² ～" die²² tɕin⁴⁴⁻⁵³ ŋi⁰, ŋin²² kuo⁵³ ŋi⁰, kɐʔ⁵ məʔ²

————————————

① 通脚：通风报信，透露消息。

ɦia²⁴ hɔ³⁵⁻⁴⁴ ȵin²² ɦia²⁴⁻²² ɦiɣ²⁴⁻²¹ ɦioʔ² ɦiəu⁰, kɐʔ⁵ t'oŋ⁵³⁻⁴⁴ tɕiɐʔ⁵ lɐi⁰, kɐʔ⁵ məʔ² dʑiɐʔ² lɐʔ² liã²⁴⁻²² ɦioʔ² nø²² iʔ⁵ ɦioʔ² ŋ²²⁻²¹ tsʅ⁰ ȵiᵒ, dɔ²²⁻²¹ tsø³⁵⁻⁴⁴ ləʔ², dɔ²² dio²²⁻²¹ !

逃掉勒呢，一个小兰秋老孃呢，格呢，得其拉㧢牢勒。㧢牢以后呢，抬死尸呢，四个人，门板介毛格格抬进去个和。（逃掉后，小兰秋老婆被抓住了，抓住以后，四个人把尸体抬进小兰秋老婆的家里）

dɔ²² tio⁴⁴ ləʔ² ȵiᵒ, iʔ⁵ ɦioʔ² ɕio³⁵⁻⁴⁴ lɛ²² tɕ'y⁵³⁻⁴⁴ lɔ²⁴ ȵin²²⁻²¹ ȵiᵒ, kɐʔ⁵ ȵiᵒ, təʔ⁵ dʑiɐʔ² lɐʔ⁵ k'uo⁴⁴ lɔ²² ləʔ². k'uo⁴⁴ lɔ²² zi²² ɦø²² ȵiᵒ, die²² ɕi³⁵⁻⁵³ sʅ⁵³⁻⁴⁴ ȵiᵒ, sʅ⁴⁴ ɦioʔ² ȵin²², mən²²⁻²¹ pɛ³⁵⁻⁴⁴ ka⁴⁴ mɔ²² kɐʔ⁵ kɐʔ⁵ die²²⁻²¹ tɕin⁴⁴ tɕ'i⁴⁴ ɦioʔ² ɦiəu⁰。

抬进去呢，格里头呢，走进呢，房——所有东西啦，全部敲光！敲光呢，格，死尸呢，摆勒呢，中央间，格摆牢。（抬进去之后，把家里所有的东西全部砸掉，把尸体摆放在家里的正中央）

die²²⁻²¹ tɕin⁴⁴ tɕ'i⁴⁴ ȵiᵒ, kɐʔ⁵ li²⁴⁻²² dø²² ȵiᵒ, tsø³⁵ tɕin⁴⁴⁻⁵³ ȵiᵒ, vɔ̃²²——suo³⁵ ɦiɣ²⁴⁻²¹ toŋ⁵³⁻⁴⁴ ɕi⁵³ la⁰, dzø²² bu²⁴⁻²¹ k'ɔ⁵³⁻⁴⁴ kuɔ̃⁵³ ! k'ɔ⁵³⁻⁴⁴ kuɔ̃⁵³ ȵiᵒ, kɐʔ⁵, ɕi³⁵⁻⁵³ sʅ⁵³⁻⁴⁴ ȵiᵒ, pa³⁵⁻⁴⁴ ləʔ² ȵiᵒ, tsoŋ⁵³⁻⁴⁴ ȵiã⁵³⁻⁴⁴ kie⁵³⁻⁴⁴, kɐʔ⁵ pa³⁵ lɔ²²⁻²¹。

摆牢，摆好呢，得一个小兰秋老孃呢，拉来。拉来呢，格，得其呢跪的，呕死尸面前跪的。（放好后，把小兰秋老婆拉过来，让她跪在尸体前）

pa³⁵ lɔ²², pa³⁵ hɔ³⁵⁻⁵³ ȵiᵒ, təʔ⁵ iʔ⁵ ɦioʔ² ɕio³⁵⁻⁴⁴ lɛ²² tɕ'y⁵³⁻⁴⁴ lɔ²⁴ ȵin²²⁻²¹ ȵiᵒ, la⁵³ lie²²。la⁵³ lie²² ȵiᵒ, kɐʔ⁵, təʔ⁵ dʑi²² ȵiᵒ dʑy²² tiʔ⁵, ø³⁵⁻⁴⁴ ɕi³⁵⁻⁵³ sʅ⁵³⁻⁴⁴ mi²⁴ ʑi²² dʑy²² tiʔ⁵。

跪的呢，头发呢，活人个头发得死人个头发呢，得尔结好！结好呢，格，动也动勿来，格，走也走勿来！（跪下后，把活人的头发和死人的头发绑在一起，一动不能动，也走脱不了）

dʑy²² tiʔ⁵ ȵiᵒ, dø²² fɐʔ⁵ ȵiᵒ, ɦuəʔ² ȵin²² ɦioʔ² dø²² fɐʔ⁵ təʔ⁵ ɕi³⁵⁻⁵³ ȵin²² ɦioʔ² dø²² fɐʔ⁵ ȵiᵒ, təʔ⁵ ŋ²⁴⁻²² tɕiʔ⁵ hɔ³⁵⁻⁵³ ! tɕiʔ⁵ hɔ³⁵⁻⁵³ ȵiᵒ, kɐʔ⁵, doŋ²² ɦia²⁴ doŋ²² vəʔ² lie²², kɐʔ⁵, tsø³⁵ ɦia²⁴ tsø³⁵⁻⁵³ vəʔ² lie²² !

格时格介毛结弄！介毛样，三日三夜里头啦，鲇拨尔吃一口饭，鲇得尔吃一口水啦，就是！（这样一直绑着，要三天三夜，不给你吃一口

饭，也不给你喝一口水）

keʔ⁵ zɿ²² keʔ⁵ ka⁴⁴ mɔ²² tɕiʔ⁵ noŋ²⁴⁻²¹! ka⁴⁴ mɔ²² ȵiã²⁴⁻²², sɛ⁵³⁻⁴⁴ ȵiʔ²
sɛ⁵³⁻⁴⁴ ʑia²⁴⁻²¹ li²⁴⁻²² dø²² la⁰, vɐi²¹ pəʔ⁵ ŋ²⁴⁻²² tɕʻyoʔ⁵ iʔ⁵ kʻø³⁵ vɛ²⁴, vɐi²¹
təʔ⁵ ŋ²⁴⁻²² tɕʻyoʔ⁵ iʔ⁵ kʻø³⁵ sɿ³⁵ la⁰, zø²⁴ zɿ²²!

格，厄遭呢，屋落呢，所有是东西，有个东西，钞票也好，啥个，
统统翻出，格呢，开大桌嘞①！（家里所有的东西，钞票全部翻出来，摆
桌大吃大喝）

keʔ⁵, əʔ⁵ tsɔ⁵³ ȵi⁰, uoʔ⁵ loʔ² ȵi⁰, suo³⁵ fiɣ²⁴⁻²¹ zɿ²² toŋ⁵³⁻⁴⁴ çi⁵³,
fiɣ²⁴⁻²² fioʔ² toŋ⁵³⁻⁴⁴ çi⁵³, tsʻɔ⁵³ pʻio⁴⁴ fia²⁴ hɔ³⁵⁻⁵³, soʔ⁵ fioʔ², tʻoŋ³⁵⁻⁵³
tʻoŋ³⁵⁻⁴⁴ fɛ⁵³⁻⁴⁴ tsʻəʔ⁵, keʔ⁵ ȵi⁰, kʻie⁵³⁻⁴⁴ dəu²⁴ tsoʔ⁵ lɐi⁰!

饭吃好呢，碗盏爿掼糊，饭吃好碗盏爿掼糊啦！格，吃呢，勿
是——一眼勿搭界人，十里路，廿里路是话来看热闹个人呢，诺要饭吃
呢，格诺和吃哈勒，呒告个和！（饭吃好后，碗全部摔碎。一点不相关
的人，十里路，二十里路来看热闹的，都可以来吃）

vɛ²⁴ tɕʻyoʔ⁵ hɔ³⁵⁻⁵³ ȵi⁰, uø³⁵⁻⁴⁴ tsɛ³⁵⁻⁴⁴ bɛ²² guɛ²⁴ fiu²², vɛ²⁴ tɕʻyoʔ⁵
hɔ³⁵⁻⁴⁴ uø³⁵⁻⁴⁴ tsɛ³⁵⁻⁴⁴ bɛ²² guɛ²⁴ fiu²² la⁰! keʔ⁵, tɕʻyoʔ⁵ ȵi⁰, vəʔ² zɿ²²——
iʔ⁵ ŋɛ²⁴ vəʔ⁵ teʔ⁵ ka⁴⁴ ȵin²², zəʔ² li²⁴ lu²⁴, ȵie²⁴ li²⁴ lu²⁴ zɿ²² fiuo²⁴⁻²² lie²²
kʻi⁴⁴ ȵiʔ² nɔ²⁴⁻²² fioʔ² ȵin²² ȵi⁰, noʔ² io⁴⁴ vɛ²⁴ tɕʻyoʔ⁵ ȵi⁰, keʔ⁵ noʔ² fiəu²²
tɕʻyoʔ⁵ heʔ⁵ ləʔ², m̩²⁴⁻²¹ kɔ⁴⁴ fioʔ² fiəu⁰!

格，厄种格呢，吃勒三日。三日——所有屋落呢，吃勒精光。格东
西也没嘞。（这样要吃三天。三天里，家里所有的东西都吃光。东西也
没了）

keʔ⁵, əʔ⁵ tsoŋ³⁵⁻⁴⁴ keʔ⁵ ȵi⁰, tɕʻyoʔ⁵ ləʔ² sɛ⁵³⁻⁴⁴ ȵiʔ²。sɛ⁵³⁻⁴⁴ ȵiʔ²——
suo³⁵ fiɣ²⁴⁻²¹ uoʔ⁵ loʔ² ȵi⁰, tɕʻyoʔ⁵ ləʔ² tɕin⁵³ kuɔ̃⁵³。keʔ⁵ toŋ⁵³⁻⁴⁴ çi⁵³ fia²⁴
məʔ⁵ lɐi⁰。

格么，一个，再加天价也热嘞，格一个死尸呢也发臭嘞，格一个跪
弄老倌呢，格人呢，也时格晕起啊，好几回嘞。（再加上天气也热，尸
体都要发臭了，跪着的那个人，也晕过去好几回）

keʔ⁵ məʔ², iʔ⁵ fioʔ², tsie⁴⁴⁻⁵³ kuo⁵³⁻⁴⁴ tʻi⁵³ kuo⁴⁴ fia²⁴⁻²² ȵiʔ² lɐi⁰, keʔ⁵

---

① 开大桌：开宴会。

iʔ⁵ ɦoʔ² ɕi³⁵⁻⁵³ sʐ⁵³⁻⁴⁴ n̩i⁰ ɦia²⁴ feʔ⁵ tsʻø⁴⁴ lei⁰, keʔ⁵ iʔ⁵ ɦoʔ² dʑy²² noŋ²⁴⁻²¹ lɔ²⁴ kuø⁵³⁻⁴⁴ n̩i⁰, keʔ⁵ n̩in²² n̩i⁰, ɦia²⁴⁻²² zʐ²² keʔ⁵ ʑyoŋ²⁴ tɕʻi³⁵⁻⁴⁴ ɦia⁰, hɔ³⁵ tɕi⁵³ ɦuɐi²² lei⁰。

格么上面呢，也晓得呢——本来呢，刚刚犯辰光呢，也来阻止过。阻止呢，阻止勿牢！阻止勿牢呢，格么，也硬外上顶也呒人大管个和。（上头呢，其实也知道这个事情——本来呢，刚刚犯命案的时候，也来阻止过，没能阻止成功。阻止不住呢，也就不大愿意管这个事情了）

keʔ⁵ məʔ² dzɔ̃²² mi²⁴ n̩i⁰, ɦia²⁴⁻²² ɕio³⁵⁻⁵³ təʔ⁵ n̩i⁰——pən³⁵⁻⁵³ lie²² n̩i⁰, kuo⁵³⁻³⁵ kuo⁵³ vɛ²² zən²² kuɔ̃⁵³⁻⁴⁴ n̩i⁰, ɦia²⁴⁻²² lie²² tsu³⁵⁻⁵³ tsʐ³⁵⁻⁴⁴ kəu⁴⁴。tsu³⁵⁻⁵³ tsʐ³⁵⁻⁴⁴ n̩i⁰, tsu³⁵⁻⁵³ tsʐ³⁵⁻⁴⁴ vəʔ² lɔ²²! tsu³⁵⁻⁵³ tsʐ³⁵⁻⁴⁴ vəʔ² lɔ²² n̩i⁰, keʔ⁵ məʔ², ɦia²⁴⁻²² in⁴⁴ ŋa²⁴⁻²¹ dzɔ̃²² tən³⁵ ɦia²⁴⁻²² m̩²⁴⁻²¹ n̩in²² da²⁴⁻²² kuø³⁵⁻⁵³ ɦoʔ² ɦuɐu⁰。

葛遭得三日后头呢，看看油水也榨勿出勒，花头也没嘞，格么一个死尸也臭嘞，格么，出，出丧①嘞。（三天后，所有油水都榨不出来后，尸体也开始发臭了，才出葬）

kəʔ⁵ tsɔ⁵³ təʔ⁵ sɛ⁵³⁻⁴⁴ n̩iʔ² ɦiø²² dø²² n̩i⁰, kʻi⁴⁴ kʻi⁴⁴ ɦiy²²⁻²¹ sʐ³⁵⁻⁴⁴ ɦia²⁴⁻²² tsuo⁴⁴ vəʔ² tsʻəʔ⁵ ləʔ², huo⁵³⁻⁴⁴ dø²² ɦia²⁴ məʔ⁵ lei⁰, keʔ⁵ məʔ² iʔ⁵ ɦoʔ² ɕi³⁵⁻⁵³ sʐ³⁵⁻⁴⁴ ɦia²⁴ tsʻø⁴⁴ lei⁰, keʔ⁵ məʔ², tsʻəʔ⁵, tsʻəʔ⁵ sɔ̃⁵³ lei⁰。

出丧勒呢，一个人呢，跪弄老倌呢，已经路也燦走的尔嘞，格么昏昏沉沉个，格咋弄呢？弄根绳，缚担牢，人，"喇～"拖去。（出葬的时候，那个跪着的人已经路都不会走了，昏昏沉沉的，怎么办呢？拿一条绳子，把她捆起来，人拖着走）

tsʻəʔ⁵ sɔ⁵³ ləʔ² n̩i⁰, iʔ⁵ ɦoʔ² n̩in²² n̩i⁰, dʑy²² noŋ²⁴⁻²² lɔ²⁴ kuø⁵³⁻⁴⁴ n̩i⁰, zɿ²² tɕin⁵³ lu²⁴ ɦia²⁴ vɐi²¹ tsø³⁵⁻⁴⁴ tiʔ⁵ l²⁴ ləʔ², keʔ⁵ məʔ² huən⁵³ huən⁵³ dzən²² dzən²² ɦoʔ², keʔ⁵ dza² noŋ²⁴⁻²¹ n̩i⁰? noŋ²⁴ kən⁵³⁻⁴⁴ zən²², bəu²⁴ tɛ⁵³⁻⁴⁴ lɔ²², n̩in²², "la²⁴⁻²¹ ~" tʻəu⁵³ tɕʻi⁴⁴。

穿呢穿麻袋衣裳，呕重孝②。格，弄勒是～～～陷厄个嘞！拖勒，

---

① 出丧：[tsʻəʔ⁵ sɔ̃⁵³]，这里与"葬"相关的词语如"出丧""哭丧棒"都发音为[sɔ̃⁵³]，与"霜、双、伤、商"同音。

② 重孝：孝，音[hɔ⁴⁴]。在"孝敬"一词中，发音为[ɕio⁴⁴]。

介毛样个，送丧！一直到坟勒。得夷做进。（还要给她穿上麻袋，叫重
孝。弄得很那个。一边拖着，一边送葬，一直到坟头，下葬为止）

　　ts'ø⁵³ n̦i⁰ ts'ø⁵³⁻⁴⁴ mo²²⁻²¹ die²⁴⁻²² i⁵³⁻⁴⁴ zɔ̃²², ø³⁵ dzoŋ²² hɔ⁴⁴⁻⁵³。kɐʔ⁵,
noŋ²⁴ lɐʔ² zɿ²² ～ ŋie²¹ əʔ⁵ ɦoʔ² lɐi⁰！t'əu⁵³⁻⁴⁴ lɐʔ², ka⁴⁴ mɔ²² n̦iã²⁴⁻²² ɦoʔ²,
soŋ⁴⁴ sɔ̃⁵³！iʔ⁵ dzəʔ² tɔ⁴⁴ vən²² lɐʔ²。təʔ⁵ zi²² tsəu⁴⁴ tɕin⁴⁴⁻⁵³。

　　所有个开交啥个，钞票呢，全部是要厄份人家出个和！（其间所有
的开销，钱，全部要这户人家拿出来）

　　suo³⁵ ɦy²⁴⁻²² ɦoʔ² k'ie⁵³⁻⁴⁴ tɕio⁵³ soʔ⁵ ɦoʔ², ts'ɔ⁵³ p'io⁴⁴ n̦i⁰, dzø²²
bu²⁴⁻²¹ zɿ²² io⁴⁴ əʔ⁵ vən²²⁻²¹ n̦in²² kuo⁵³ ts'əʔ⁵ ɦoʔ² ɦəu⁰！

　　格介毛弄过呢，厄份人家啦，葛是没一样东西——真式话呢，一根
草搭没尔嗻！格也勿晓得要咋毛格过日脚啦！（这样过后，这户人家，
说老实话，一根草都留不下来。也不知道以后要怎么过日子）

　　kɐʔ⁵ ka⁴⁴ mɔ²² noŋ²⁴ kəu⁴⁴ n̦i⁰, əʔ⁵ vən²² n̦in²² kuo⁵³ la⁰, kəʔ⁵ zɿ²² məʔ⁵
iʔ⁵ ʑiã²⁴ toŋ⁵³⁻⁴⁴ ɕi⁵³——tsən⁵³⁻⁴⁴ səʔ⁵ ɦuo²⁴⁻²² n̦i⁰, iʔ⁵ kən⁵³⁻³⁵ ts'ɔ³⁵ tɐʔ⁵
məʔ⁵ l²⁴ lɐʔ²！kɐʔ⁵ ɦia²⁴ vəʔ² ɕio³⁵ təʔ⁵ io⁴⁴ dza²⁴ mɔ²² kɐʔ⁵ kəu⁴⁴ n̦iʔ² tɕiɐʔ⁵
la⁰！

　　厄个女个呢，也去寻死寻过，格没寻成功。（这个女的，也去自杀
过，没有成功）

　　əʔ⁵ ɦoʔ² n̦y²² ɦoʔ² n̦i⁰, ɦia²⁴ tɕ'iʔ⁵ ʑin²² ɕi³⁵ ʑin²² kəu⁴⁴, kɐʔ⁵ məʔ²
ʑin²² dzən²² koŋ⁵³。

　　不过后头来呢，两个因，招啊，招对象也招勒蛮好个和，儿子呢也
出道嘞①，格到厄记搭还来眼嘞。（不过后来，两个女儿，对象都找得很
好，儿子也很有出息，到现在呢）

　　pəʔ⁵ kəu⁴⁴ ɦiø²² dø²² lie²² n̦i⁰, liã²⁴ ɦoʔ² nø²², tsɔ⁵³⁻⁴⁴ ɦia⁰, tsɔ⁵³⁻⁴⁴ tɐi⁴⁴
ʑiã²⁴⁻²¹ ɦia²⁴⁻²² tsɔ⁵³⁻⁴⁴ ləʔ² mɛ²² hɔ³⁵⁻⁵³ ɦoʔ² ɦəu⁰, ŋ²² tsɿ⁰ n̦i⁰ ɦia²⁴ ts'əʔ⁵
dɔ²⁴ lɐi⁰, kɐʔ⁵ tɔ⁴⁴ əʔ⁵ tɕi⁴⁴⁻⁵³ tɐʔ⁵ ɦua²² lie²²⁻²⁴ ŋie²⁴⁻²² lɐi⁰！

　　葛种格事体呢，我是一生一世也只有、看见认真一回过！（这种事
情呢，我一辈子也只有、亲眼就看到过这一回）

　　kəʔ⁵ tsoŋ³⁵⁻⁵³ kɐʔ⁵ zɿ²² t'i³⁵ n̦i⁰, ŋo²⁴ zɿ²² iʔ⁵ sã⁵³ iʔ⁵ sɿ⁴⁴ ɦia²⁴ tɕiʔ⁵

————————————

　　①　出道：有出息，自力更生，自立门户有生存能力。

ɦy²⁴⁻²² k'i⁴⁴ tɕi⁴⁴ ȵin²⁴ tsən⁵³ iʔ⁵ ɦiɐi²²⁻²⁴ kəu⁴⁴⁻⁵³！

看勒是，眼面前啊，葛种格个死尸啊、头发结担牢啊，眼睛一闭一开，看见就来的，一看见就来的。心隑碎。（尸体啊，头发啊什么的，闭上眼睛就会浮现出来，心里很是难过）

k'i⁴⁴ ləʔ² zɿ²²，ŋɛ²⁴⁻²² mi²⁴ ʑi²² ɦia⁰，kəʔ⁵ tsoŋ³⁵⁻⁵³ kɐʔ⁵ ɦoʔ² ɕi³⁵⁻⁵³ sɿ⁵³⁻⁴⁴ ɦia⁰、dø²² fɐʔ⁵ tɕiʔ⁵ tɛ⁵³⁻⁴⁴ lɔ²² ɦia⁰，ŋɛ²⁴ tɕin⁵³ iʔ⁵ pi⁴⁴ iʔ⁵ k'ie⁵³，k'i⁴⁴ tɕi⁴⁴⁻⁵³ zø²⁴ lie²²⁻²⁴ tiʔ⁵，iʔ⁵ k'i⁴⁴ tɕi⁴⁴⁻⁵³ zø²⁴ lie²²⁻²⁴ tiʔ⁵。ɕin⁵³ ŋie²¹ sɐi⁴⁴。

《汉语方言语法研究丛书》书目

石城方言语法研究
山西方言语法研究
固始方言语法研究
海盐方言语法研究
临夏方言语法研究
祁门方言语法研究
宁都方言语法研究
上高方言语法研究
襄阳方言语法研究
苏皖方言处置式比较研究